PLATON

/

NOMOI

법률
-
제1판 1쇄 2016년 12월 15일
제1판 3쇄 2024년 7월 15일
-
지은이-플라톤
옮긴이-천병희
펴낸이-강규순
-
펴낸곳-도서출판 숲
등록번호-제2014-000045호
주소-경기도 파주시 돌곶이길 108-22
전화-(031) 944-3139 팩스-(031) 944-3039
E-mail-book_soop@naver.com
-

ISBN 978-89-91290-73-0 93100
값 38,000원
-
디자인-씨디자인
-
잘못 만들어진 책은 구입하신 서점에서 바꿔드립니다.
-
이 도서의 국립중앙도서관 출판예정도서목록(CIP)은 서지정보유통지원시스템 홈페이지(http//seoji.nl.go.kr)와 국가자료공동목록시스템(http//www.nl.go.kr/kolisnet)에서 이용하실 수 있습니다. (CIP2016028531)

PLATON

/

NOMOI
법률

/

플라톤 지음
천병희 옮김

플라톤, 법치국가의 모델을 제시하다

옮긴이 서문

플라톤(기원전 427년경~347년)은 관념론 철학의 창시자로 소크라테스(Sokrates), 아리스토텔레스(Aristoteles)와 더불어 서양의 지적 전통을 확립한 철학자이다. 아버지 쪽으로는 아테나이(Athenai)의 전설적인 왕 코드로스(Kodros)로, 어머니 쪽으로는 아테나이의 입법자 솔론(Solon)으로 거슬러 올라가는 부유한 명문가에서 태어난 그는 당시 다른 귀족 출신 젊은이들처럼 정계에 입문할 작정이었다. 그러나 펠로폰네소스(Peloponnesos) 전쟁(기원전 431~404년)에서 아테나이가 패하면서 스파르테(Sparte)가 세운 '30인 참주'의 폭정이 극에 달하고 이어서 이들을 축출하고 정권을 잡은 민주제 지지자들에 의해 스승인 소크라테스가 사형당하는 것을 보고, 28세이던 플라톤은 큰 충격을 받는다. 그래서 정계 진출의 꿈을 접고 철학을 통해 사회의 병폐를 극복하기로 결심을 굳힌 그는 철학자가 통치가가 되거나 통치자가 철학자가 되기 전에는 사회가 개선될 수 없다는 확신을 갖게 된다.

이 사건이 있은 뒤 이집트, 남이탈리아, 시칠리아 등지로 여행을 떠났다가 아테나이로 돌아온 플라톤은 기원전 387년경 영웅 아카데모스(Akademos)에게 바쳐진 원림(園林) 근처에 서양에 세워진 대학의 원조라고 할 수 있는 아카데메이아(Akademeia)를 개설한다. 그리고 시칠리아에 있는 쉬라쿠사이(Syrakousai) 시를 두 번 더 방문해 그곳 참주들을 만난 것말고는 다른 외부 활동은 하지 않고 연구와 강의, 저술 활동에 전념하다가 기원전 347년 아테나이에서 세상을 떠난다.

플라톤은 50년이 넘는 기간 동안 소크라테스가 대담을 주도하는 20편 이상의 철학적 대화편과 소크라테스의 변론 장면을 기술한 『소크라테스의 변론』(*Apologia Sokratous*)을 출간했는데, 이것들은 모두 지금까지 전해온다. 그 밖에도 13편의 서한이 있지만 플라톤이 썼는지에 대해서는 논란의 여지가 많다. 그의 저술은 편의상 초기, 중기, 후기로 구분된다. 『소크라테스의 변론』, 『크리톤』(*Kriton*), 『이온』(*Ion*), 『라케스』(*Laches*), 『뤼시스』(*Lysis*), 『카르미데스』(*Charmides*) 등으로 대표되는 초기 대화편에서는 소크라테스가 주역을 맡아 대담자들이 제시한 견해를 검토하고 폐기한다. 『프로타고라스』(*Protagoras*), 『고르기아스』(*Gorgias*), 『메논』(*Menon*), 『파이돈』(*Phaidon*), 『파이드로스』(*Phaidros*), 『국가』(*Politeia*), 『향연』(*Symposion*), 『테아이테토스』(*Theaitetos*) 등으로 대표되는 중기 대화편에서는 소크라테스가 여전히 주역을 맡고 있지만 플라톤이 혼불멸론과 이데아(idea)론 같은 자신의 견해를 제시하며 소크라테스의 견해를 해석하고 부연한다. 『필레보스』(*Philebos*), 『소피스트』(*Sophistes*), 『정치가』(*Politikos*), 『티마이오스』(*Timaios*), 『크리티아스』(*Kritias*), 『법률』 등으로 대표되는 후기 대화편에서는 소크라테스와 함께 혼불멸론과 이데아론이 뒷전으로 물러나고 철학적 논리적 방법론에 관심이 집중된다.

20세기 영국 철학자 화이트헤드(A. N. Whitehead)는 플라톤이 서양 철학사에 지속적으로 큰 영향을 미친 것을 두고, 서양 철학사는 플라톤 철학에 대한 각주의 역사라 해도 과언이 아니라는 말을 한 적이 있는데, 그의 이런 주장에 이의를 제기할 사람은 없는 것 같다.

플라톤의 저술들이 2천 년이 넘는 시간 동안 모두 현존할 수 있었던 것은 물론 그의 심오한 사상 덕분이겠지만, 이런 사상을 극적인 상황 설정과 등장인물의 흥미로운 묘사, 소크라테스의 인간미 넘치는 역설적 언급 등으로 재미있고 생동감 있게 독자에게 전하기 때문일 것이다. 플라톤이 그리스 최고 산문작가 중 한 사람으로 평가받는 것도 그 때문일 것이다.

『법률』은 플라톤의 마지막이자 가장 방대한 대화편인데, 미완성으로 밀랍 서판에 남아 있던 것을 오푸스(Opous) 사람 필립포스(Philippos)가 파피루스로 옮겨 적음으로써 세상에 알려졌다. 플라톤은 세 대화편 『국가』, 『정치가』, 『법률』에서 자신의 정치철학을 이론적으로 정립하고 있다. 기원전 380년대 또는 370년대에 썼을 것으로 추정되는 『국가』에서 이른바 철학자-왕이 통치하는 이상적인 왕도국가를 그리고 있다면, 기원전 350년대 또는 340년대 초에 썼을 것으로 추정되는 『법률』에는 차선책으로 법과 조직이 지배하는 현실적인 법치

• A. N. Whitehead, "The safest general characterization of the European philosophical tradition is that it consists of a series of footnotes to Plato," in: *Process and Reality: An Essay in Cosmology*, Corrected Edition (New york: Free Press 1985) p. 39.

국가를 그리고 있다. 한편 기원전 360년대 중엽 또는 말엽에 썼을 것으로 추정되는 『정치가』에서는 양떼를 돌보는 양치기처럼 백성을 돌보는, 신과 같은 왕은 후세로 갈수록 사실상 나오기 어렵다는 점을 인정했다. 이런 맥락에서도 『정치가』는 『국가』와 『법률』을 이어주는 다리 역할을 한다고 볼 수 있을 것이다.

플라톤의 대화편 중에서도 특히 긴 문장이 복잡하게 얽혀 있는 『법률』은 가장 옮기기 어려웠다. 직역을 하다보면 독자들이 이해하기 어려울 것 같고, 끊어서 의역을 하다보면 플라톤의 본래 의도에서 벗어나는 것 같아 마음에 걸리는 것이다. 그래도 손더스(T. Saunders)의 의역과 팽글(Th. L. Pangle)과 버리(R. G. Bury)와 쉡스다우(K. Schöpsdau)의 직역 가운데 어느 한쪽을 택해야 할 때 나는 우리말로 옮겼을 때의 가독성을 판단 기준으로 삼았다. 사실 플라톤의 말뜻을 정확히 이해하고 난삽한 문장을 쉬운 우리말로 옮기는 것은 누구에게도 만만한 일이 아닐 것이다. 그런 의미에서 독자들이 더 쉽고 올바르게 이해할 수 있도록 플라톤 번역 작업은 앞으로도 끊임없이 시도되어야 할 것이다.

마지막으로 이 책의 교정 작업에 참여한 윤홍배 변호사에게 감사의 마음을 전하고자 한다.

2016년 12월

천병희

주요 연대표

(이 연대표의 연대는 모두 기원전)

469년 소크라테스 태어나다

451년 알키비아데스 태어나다

450년경 아리스토파네스 태어나다

445년경 아가톤 태어나다

431년 아테나이와 스파르테 사이에 펠로폰네소스 전쟁이 발발하다

427년경 플라톤 태어나다

424년 델리온에서 아테나이군이 패하다

423년 소크라테스를 조롱하는 아리스토파네스의 희극 『구름』이 공연되다

404년 펠로폰네소스 전쟁이 끝나고 스파르테가 지원하는 '30인 참주'가 아테나이를 통치하다

403년 '30인 참주'가 축출되고 아테나이에 민주정체가 부활하다

399년 소크라테스가 재판을 받고 사형당하다

387년경 플라톤이 아카데메이아를 창설하다

384년 아리스토텔레스 태어나다

367년 아리스토텔레스가 아카데메이아에 입학하다

347년 플라톤 죽다

차례

일러두기

1. 이 책의 대본으로는 E. des Places(I-VI권 2006, 2007)와 A. Diès(VII-XII 2007)가 교열한 프랑스 Budé 판을 사용했다.
2. 현대어로 옮겨진 텍스트 중에서는 영어판 T. Saunders(Penguin Classics 2004), R. G. Bury(Loeb Classical Library, Harvard University Press 1929), Th. L. Pangle(The University Chicago Press 1980), B. Jowett(Oxford 1953), A. E. Taylor(Princeton University Press 2009), T. Griffith(Cambridge University Press 2016)와 독일어판 K. Schöpsdau(Vandenhoek & Ruprecht in Göttingen 1994), Otto Apelt(Hamburg 2004), 박종현의 한국어판(서광사 2009)을 참고했다. 주석은 위 K. Schöpsdau와 E. B. England(Cambridge University Press 2013), R. Mayhew(Oxford 2008, vol. 10), 위 한국어판을 참고했다.
3. 플라톤에 관한 자세한 참고문헌은 R. Kraut(ed.), *The Cambridge Companion to Plato*, Cambridge University Press 1992, 493~529쪽과 C. Schäfer(Hrsg.), *Platon-Lexikon*, Darmstadt 2007, 367~407쪽을, 『법률』에 관한 자세한 참고문헌은 위 K. Schöpsdau의 독일어판(I-III권) 521~537쪽과 위 R. Mayhew의 영어판 221~225쪽을 참고하기 바란다.
4. 본문의 고유명사는 그리스 원어대로 읽었다. 예. 아테나이(아테네), 스파르테(스파르타), 크레테(크레타), 아이귑토스(이집트), 시켈리아(시칠리아).
5. 본문의 좌우 난외에 표시되어 있는 625a, b, c 등은 이른바 스테파누스(Stephanus, Henricus 프 / Henri Estienne, 16세기 프랑스 출판업자) 표기를 따른 것으로 아라비아 숫자는 쪽수를, 로마자는 문단을 나타낸다. 플라톤의 그리스어 텍스트와 주요 영어판, 독일어판, 프랑스어판 등에서는 모두 스테파누스 표기가 사용되고 있어, 이 표기가 없는 텍스트나 번역서는 위치를 확인할 수 없어 사실상 참고문헌으로서의 가치가 없다고 해도 과언이 아니다.
6. 설명이 필요하다고 생각되는 부분에는 간단하게 주석을 달았다.
7. 원전의 너무 긴 문단은 적당한 길이로 나누어 읽었다.
8. Saunders의 영어판을 참고하여 12권을 주제별로 26부로 나누었다.
9. 부득이하게 본문에 들어가는 부연 설명은 〔 〕 안에 넣었다.

내용 목차

제11부 결혼: 관련 주제들

제24부 가족법

제25부 기타 입법

제26부 새벽 회의

기원전 4세기 중엽, 어느 여름날 크레테에서

대담자

아테나이(Athenai)**인** 방문객(xenos)*

클레이니아스(Kleinias) 크레테(Krete)인

메길로스(Megillos) 라케다이몬(Lakedaimon)인

* 방문객의 이름은 알 수 없다. 아테나이와 크레테는 각각 아테네와 크레타의 그리스어 이름이다. 라케다이몬은 스파르테(Sparte) 또는 그 주변 지역인 라코니케(Lakonike)를 가리키지만, 대개 스파르테와 동의어로 쓰인다.

제1권

제1부 스파르테와 크레테 법률의 문제점

머리말로서의 대화

624a **아테나이인** 여러분, 여러분 나라의 법률을 제정해준 이는 누구라고 생각하십니까? 신입니까, 아니면 인간입니까?

클레이니아스 신입니다, 손님. 신이라고 말하는 것이 가장 옳을 것입니다. 우리 사이에서는 제우스[1]이고, 여기 이 사람의 고향인 라케다이몬 사람들은 아폴론[2]이라고 말하겠지요. 그렇지 않습니까?

메길로스 네, 맞습니다.

b **아테나이인** 그러니까 호메로스의 말처럼[3] 미노스[4]가 9년마다 아버지 제우스를 뵈러 가서 그분의 지시에 따라 그대들의 도시를 위해 입법했다는 말씀인가요?

클레이니아스 아닌 게 아니라 크레테인들은 그렇게 말합니다. 그들은 또한 미노스와 형제간인 라다만튀스—여러분은 틀림없이 그 이름을
625a 들어봤을 것입니다—는 정의의 화신이었다고 말합니다. 아무튼 우리 크레테인들은 라다만튀스가 당시에 송사(訟事)들을 공정하게 처리한

까닭에 그런 명성을 얻은 것이라고 주장할 것입니다.

아테나이인 그것은 훌륭하기도 하고 제우스의 아들에게는 아주 적절
한 명성이기도 하지요. 그런데 그대와 여기 이분은 그런 법률에 의해
규정된 생활방식으로 성장했으니 우리가 함께 걸으면서 정체(政體)
와 법률에 관한 논의로 시간을 보내더라도 불쾌해하지는 않을 것 같군 b
요. 크노소스[5]에서 제우스의 동굴[6]과 신전으로 가는 길은 멀다고 들
었으니까요. 도중에 키 큰 나무들 아래 틀림없이 쉼터가 있을 터인데,
이렇게 푹푹 찌는 더위를 피하는 데는 안성맞춤이지요. 우리는 이제
젊은이들이 아닌지라 그런 쉼터에서 가끔 쉴 수 있을 것이고, 시간 가
는 줄 모르고 대화하다 보면 편안하게 여정을 마칠 수 있을 것입니다.

클레이니아스 손님, 그 길을 따라가다 보면 원림(園林)에 놀랍도록 키가

1 Zeus. 그리스 신화에서 최고신.

2 Apollon. 제우스와 레토(Leto)의 아들로 예언·음악·궁술·치유의 신이다. 중부 그리스의 델포이(Delphoi) 시에 그리스 세계에서 가장 유명한 그의 신탁소가 있었다.

3 호메로스(Homeros), 『오뒷세이아』(*Odysseia*) 19권 178~179행 참조. 호메로스는 기원전 730년경에 활동한 그리스 서사시인인데 그의 작품으로는 『오뒷세이아』 외에 『일리아스』(*Ilias*)가 남아 있다.

4 크레테의 전설적인 왕 미노스(Minos)와 전설적인 입법자 라다만튀스(Rhadamanthys)는 제우스와 에우로페(Europe)의 아들로 사후에 저승에서 혼들의 심판관이 되었다.

5 크노소스(Knosos 또는 Knossos)는 크레테 섬의 북안(北岸)에 있는 도시로 미노스 왕의 궁전이 있던 곳이다.

6 제우스가 태어났다고 전하는 딕테(Dikte) 산의 동굴이 아니라 제우스가 크로노스를 피해 옮겨져 양육되었다는 크레테 섬의 이데(Ide) 산에 있는 동굴을 가리키는 것 같다.

c 크고 아름다운 편백나무[7]들이 있는가 하면 초원도 있어 그곳에서 우
리는 휴식을 취하며 시간을 보낼 수 있습니다.

아테나이인 좋은 말씀입니다.

클레이니아스 물론입니다. 실제로 그런 것들을 보고 나면 우리는 더욱더 그렇다고 말할 것입니다. 자, 출발합시다. 행운이 우리와 함께하기를.

스파르테와 크레테 법률의 목표

아테나이인 그렇게 되기를! 이번에는 이 점에 관해 내게 답변해주십시오. 여러분의 법률이 공동식사와 체력 단련과 특정 전투 장비[8]를 제도화한 이유는 무엇입니까?

클레이니아스 손님, 생각건대 우리 크레테의 제도는 누구나 쉽게 이해할
d 수 있습니다. 여러분도 보시다시피 크레테는 전체적으로 텟살리아[9]처
럼 평지가 아닙니다. 그래서 그곳 사람들이 말[馬]을 이용하는 데 반
해 우리는 달리기를 하지요. 이곳 크레테 땅은 울퉁불퉁하여 달리기
훈련을 하는 데 더 적합하니까요. 이런 지형에서 뛰려면 반드시 경무
장을 하고 중무장은 피해야 합니다. 활과 화살이 가볍기 때문에 이런
지형에 적합해 보였던 것이지요. 크레테의 이 모든 관행은 전쟁에 대
e 비한 것이며, 내가 보기에 바로 이 점을 주목하여 입법자[10]도 제도화
한 것 같습니다. 사실 그가 공동식사를 제도화한 것도 병사들이 작전
중에는 내내 자신들의 안전을 위해 어쩔 수 없이 공동으로 식사할 수
밖에 없다는 것을 알았기 때문이지요. 그렇게 함으로써 그는 모든 사람
이 모든 나라를 상대로 평생 동안 끊임없이 전쟁을 하고 있다는 것을

깨닫지 못하는 대중의 어리석음을 나무랐던 것 같습니다. 어쨌든 전
시에는 안전을 위해 공동식사를 할 필요가 있고 치자(治者)와 피치자 626a
를 번갈아가며 수호자로 임명할 필요가 있다면, 이런 관행은 평화 시
에도 따라야 합니다. 대부분의 사람이 '평화'라고 부르는 것은 이름뿐
이며, 사실은 모든 국가가 모든 국가를 상대로 선전포고 없는 전쟁을
하는 것이 자연의 이치이니까요. 그런 시각에서 본다면 그대는 크레테
의 입법자가 전쟁을 염두에 두고서 공적인 영역과 사적인 영역의 모
든 법규[11]를 제정했음을, 또한 그런 정신으로 자신의 법률을 수호할
임무를 우리에게 부여했음을 발견할 것입니다. 전쟁에서 이기지 못 b
하면 그 밖의 것들은 소유물이든 제도든 아무 소용없으며, 패배자의
재산은 모두 승리자의 몫이 된다는 것이 그의 확신이었으니까요.

아테나이인 클레이니아스님, 그대는 크레테인들의 법규와 제도를 꿰뚫
어보는 데 잘 훈련된 것 같군요. 하지만 이 점에 대해 더 명확하게 설명
해주십시오. 그대가 잘 다스려지는 국가를 정의한 바에 따르면, 내가
생각하기에 그 국가는 다른 국가들과 싸워서 이길 수 있도록 정비되 c
고 다스려져야 한다는 것 같습니다. 그렇지 않나요?

클레이니아스 물론입니다. 여기 이분도 내 정의에 동의하리라 생각합니다.

7 kyparissos.

8 ta syssitia, ta gymnasia, he ton hoplon hexis.

9 Thessalia. 그리스 반도의 북동 지방.

10 nomothetes.

11 ta nomima.

메길로스 클레이니아스님, 라케다이몬인이라면 어찌 다른 대답을 할 수 있겠습니까?

아테나이인 만약 그것이 국가[12]와 국가 사이의 올바른 태도라면, 마을[13]과 마을 사이에는 다른 것이 올바른 태도인가요?

클레이니아스 그렇지 않습니다.

아테나이인 그렇다면 같은 것이 올바른 태도라는 말인가요?

클레이니아스 네.

아테나이인 어떻습니까? 마을 안의 가정[14]과 가정 사이, 개인과 개인 사이에서도 역시 같은 것이 올바른 태도인가요?

클레이니아스 그렇습니다.

d **아테나이인** 그렇다면 개인은 마치 적이 적을 대하듯 자신을 대해야 합니까? 아니면 우리는 뭐라고 말할까요?

클레이니아스 아테나이에서 오신 손님! 나는 그대를 앗티케[15]인이라고 부르고 싶지 않으니까요. 나는 그대가 오히려 여신의 이름으로 불릴 자격이 있다고 생각합니다. 그대는 근원을 향하여 제대로 이끌어감으로써 우리 논의를 더 명확하게 만들었으니까요. 그래서 그대는 국가적 차원에서는 모두가 모두의 적이고, 개인적인 차원에서는 각자가 자신의 적이라는 우리의 조금 전 주장이 옳다는 것을 더 쉽게 이해할 수 있을 것입니다.

e **아테나이인** 놀라운 말씀을 하시는군요. 그게 도대체 무슨 뜻이지요?

클레이니아스 손님, 이 경우에도 이기는 것은 으뜸가는 최상의 승리입니다. 자신에게 이기는 것 말입니다. 반대로 자신에게 지는 것은 모든 패배 중에서도 가장 수치스러운 최악의 패배입니다. 그것은 곧 우리 안에서 저마다 자기 자신을 상대로 하는 전쟁이 벌어지고 있다는 것을 의미합니다.

아테나이인 이제 우리 논의를 거꾸로 돌려볼까요. 우리가 저마다 자신
을 이기기도 하고 자신에게 지기도 한다면, 우리는 가정과 마을과 국
가도 그 점에서는 마찬가지라고 주장해야 하나요, 아니면 그렇게 주장 627a
해서는 안 되나요?

클레이니아스 그것들이 저마다 자신을 이기기도 하고 자신에게 지기도 한다는 뜻인가요?

아테나이인 네.

클레이니아스 그 또한 적절한 질문입니다. 그런 일이 특히 국가들 안에서는 비일비재하니까요. 더 나은 자들이 대중과 더 못한 자들을 이기는 모든 국가는 자신을 이긴다고 하는 것이 옳고, 그런 승리 때문에 칭찬받는 것이 지당하지만, 정반대일 경우에는 정반대되는 판정을 해야겠지요.

아테나이인 더 못한 요소가 더 나은 요소보다 어떤 의미에서 우월할 수 b

12 polis.

13 kome.

14 oikia.

15 앗티케(Attike 라/Attica)는 그리스 반도 남동부 지방으로 그 수도가 아테나이이다. 아테나이(Athenai)라는 지명이 이 도시의 수호 여신인 아테나(Athena)에서 유래했는지, 아니면 그 반대인지 확실하지 않다. 아테나는 제우스의 딸로 전쟁 · 공예 · 직조의 여신이다.

있는가 하는 문제는 긴 토론이 필요할 테니 제쳐두기로 합시다. 지금 내가 알기에 그대의 주장은 다음과 같습니다. 가끔은 동족 간이고 같은 나라에 속하는 다수의 불의한 시민이 단합해 소수의 올바른 시민을 제압하여 노예로 삼으려고 하는데, 불의한 다수가 이기면 그런 국가는 자기에게 진 나쁜 국가라고 불려 마땅하고 불의한 다수가 지면 그런 국가는 자기에게 이긴 좋은 국가라고 불려 마땅하다는 것입니다.

c **클레이니아스** 손님, 지금 그 말씀은 좀 이상하게 들리기는 하지만, 동의하지 않을 수 없군요.

아테나이인 잠깐! 이 점도 살펴보도록 합시다. 같은 부모 밑에서 태어난 형제가 여러 명 있다고 가정해보십시오. 그중 다수는 불의하고 소수만 올바르다고 해도 놀랄 일은 아닐 것입니다.

클레이니아스 아니고말고요.

아테나이인 그럼 사악한 형제들이 이길 경우에는 가정과 가족 전체가
자기에게 졌다고 말하고, 사악한 형제들이 질 경우 가정과 가족 전체
가 이겼다고 말할 수 있는지 계속해서 따지는 것은 나에게도 여러분에
d 게도 적절하지 못할 것입니다. 우리가 지금 보통 사람이 사용하는 표
현을 검토하는 것은 그 표현이 적절한지 부적절한지 판단하기 위해서
가 아니라, 주어진 법률 내에서 무엇이 본질적으로 옳은지 그른지 결
정하기 위해서이니까요.

클레이니아스 참으로 맞는 말씀입니다, 손님.

메길로스 그대의 말씀이 훌륭하다는 데 나도 동의합니다. 적어도 거기까지는요.

아테나이인 이 점도 살펴보도록 합시다. 방금 말한 이들 형제에게 재판관이 생길 수 있겠지요?

클레이니아스 물론입니다.

아테나이인 어느 재판관이 더 나을까요. 나쁜 형제들은 모두 죽이고 더 e
나은 형제들에게 자신들을 다스리라고 명령하는 재판관일까요, 아니
면 착한 형제들이 다스리게 하되 나쁜 형제들을 살려준 다음 기꺼
이 복종하게 만드는 재판관일까요? 어쩌면 우리는 미덕[16]이라는 관점
에서 더 훌륭한 세 번째 재판관을 추가할 수 있겠지요. 반목하는 이 가
족을 넘겨받아 그중 어느 누구도 죽이지 않고 그 구성원을 화해시키
는 재판관 말입니다. 재판관은 그들을 위해 법률을 제정함으로써 앞 628a
으로는 그들이 늘 사이좋게 지내도록 할 수도 있습니다.

클레이니아스 그런 재판관과 입법자가 훨씬 더 낫겠습니다.

아테나이인 하지만 그들을 위해 그런 법률을 제정할 때 그는 전쟁이 아니라 전쟁에 반대되는 것을 염두에 두었을 것입니다.

클레이니아스 맞는 말씀입니다.

아테나이인 국가를 화합하게 하는 사람은 어떨까요? 그가 국가의 삶을
꾸릴 때 어느 쪽 전쟁에 더 신경 쓸까요? 외적과의 전쟁일까요, 아니면
국내에서 일어나는 전쟁일까요? 내전이라고 불리는 이 전쟁은 수시로 b
일어나는데, 누구나 다 자기 나라에서는 일어나지 않기를 바라며 일

16 arete.

단 일어나면 되도록 빨리 종식되기를 바라죠.

클레이니아스 그는 분명 내전에 더 신경 쓸 것입니다.

아테나이인 그런데 어느 쪽이 더 바람직할까요? 한 당파가 파멸하고 다
른 당파가 승리함으로써 내전이 종식되는 쪽일까요, 아니면 서로 화해
함으로써 우애와 평화가 찾아오는 쪽일까요? 국가가 나중에 외적들
c 에 신경을 써야 한다면 말입니다.

클레이니아스 모두 자기 나라와 관련해서는 첫 번째보다는 두 번째 상황을 더 선호하겠지요.

아테나이인 입법자도 마찬가지 아닐까요?

클레이니아스 물론입니다.

아테나이인 그런데 모든 입법자는 입법할 때 언제나 최선의 것[17]을 목표로 삼지 않을까요?

클레이니아스 왜 아니겠습니까?

아테나이인 하지만 최선의 것은 전쟁도 내전도 아니며 — 우리는 그런
것이 필요 없게 해달라고 기도해야 합니다 — 서로 간의 평화와 우애입
d 니다. 그러니 국가가 자기에게 이기는 것은 최선의 것이 아니라 필요한
것에 속합니다. 어떤 사람이 병든 몸은 약물에 의해 정화될 때 최선의
상태에 있다고 생각하면서 그런 약물이 전혀 필요 없는 인체는 염두에
도 두지 않는다고 가정해보십시오. 마찬가지로 누가 한 국가나 개인의
행복에 대해 이런 사고방식을 갖는다면, 말하자면 외적과의 전쟁을
자신의 으뜸가는 유일한 관심사로 삼는다면, 그는 결코 참된 정치가가
되지 못할 것입니다. 전쟁을 위해 평화에 관한 것들을 입법하기보다는

평화를 위해 전쟁에 관한 것들을 입법하지 않는다면, 그는 결코 진정
한 의미의 입법자가 되지 못할 것이란 말입니다. e

클레이니아스 손님, 지금 그 말씀이 옳은 것 같습니다. 그렇다 하더라도
우리 크레테나 라케다이몬의 법규가 전쟁에 관련된 것들을 위해 온갖
노력을 기울이지 않았다고 한다면 나는 놀라움을 금치 못할 것입니다.

아테나이인 그럴 수도 있겠지요. 하지만 지금은 우리끼리 격렬하게 다 629a
툴 것이 아니라 차분하게 질문해야 할 때입니다. 우리에게도 여러분의
입법자들에게도 이런 문제는 중대한 관심사이니까요. 자, 내 논의를
바싹 뒤따르되, 아테나이 출신이지만 나중에 라케다이몬의 시민이
된 튀르타이오스[18]를 길라잡이로 삼아봅시다. 그는 누구보다도 전쟁
에 관심이 많았으니까요. 그는 이런 말을 했습니다.

> 나는 그런 사람은 언급하지도 인정하지도 않으리라.[19]

그리고이렇게 말을 이었지요. "설령 어떤 이가 가장 부유하고 좋은 것 b
들을 많이 갖고 있다 하더라도"(그러면서 그는 좋은 것들을 거의 다 열
거합니다), "만약 그가 전쟁에서 언제나 가장 훌륭한 사람이 아니라
면." 그대도 틀림없이 이 시행을 들어봤을 것입니다. 여기 있는 메길로

17 to ariston.

18 Tyrtaios. 기원전 7세기 중엽에 활동한 스파르테의 비가(悲歌) 시인.

19 *Tyrtaeus* 12 Bergk.

스님은 아마도 싫증나도록 들었을 테고.

메길로스 물론입니다.

클레이니아스 아닌 게 아니라 그 시행은 라케다이몬에서 바다 건너 크레테에까지 전해졌습니다.

아테나이인 자, 우리 함께 이 시인에게 이렇게 물어보기로 합시다. "가
장 신과 같은 시인인 튀르타이오스여, 우리가 보기에 그대는 지혜롭
c 고 훌륭합니다. 전쟁에서 탁월한 사람들을 그대가 남달리 칭찬했으니
까요. 그래서 이 문제와 관련해 우리 세 사람, 즉 나와 여기 있는 메길로
스와 크노소스 사람 클레이니아스는 그대와 대체로 의견이 일치하는
것 같습니다. 그러나 우리는 그대와 우리가 말하는 이들이 같은 사람
들인지 아닌지 명확히 알고 싶습니다. 우리에게 말씀해주십시오. 그대
도 우리처럼 전쟁을 두 가지로 구분하십니까? 아니면 어떻게 말씀하
d 시겠소?" 이에 대해 튀르타이오스보다 훨씬 보잘것없는 사람이라도
전쟁에는 두 가지가 있는데, 그중 '내전'이라는 것은 우리가 방금 말했
듯이[20] 가장 참혹한 전쟁이며, 다른 종류의 전쟁은 아마 우리 모두가
동의하겠지만 외적이나 다른 부족을 상대로 싸우는 것으로 전자보다
는 훨씬 덜 참혹하다고 사실대로 대답할 것입니다.

클레이니아스 물론입니다.

아테나이인 "한데 튀르타이오스여, 그대는 어느 쪽 전사를 찬양하고
어느 쪽 전사를 비난했습니까? 그들은 대체 어떤 종류의 전쟁을 하기
e 에 그대가 그토록 찬양하는 것입니까? 분명 외적과 싸우는 전사들인
것 같습니다. 아무튼 그대는 그대의 시에서 '피비린내 나는 살육을 응

시하며 돌진하여 적군과 근접전을 벌일'[21] 용기가 없는 자들은 참을 수 없노라고 말했습니다." 이어서 우리는 이렇게 말할 것입니다. "튀르타이오스여, 그러니까 그대가 가장 칭찬하는 것은 외적을 상대로 하는 나라 밖 전쟁에서 두각을 나타내는 전사들인 것 같습니다." 그러면 그는 그렇다고 시인하고 동의하겠지요?

클레이니아스 그러겠지요.

아테나이인 비록 이들이 용감하기는 하지만 우리는 가장 큰 전쟁에서 630a
가장 두각을 나타낸 사람들이 이들보다 훨씬 더 용감하다고 주장합니다. 시인이 우리의 이런 주장을 증언해주고 있습니다. 시켈리아에 있는 메가라[22] 시민인 테오그니스[23] 말입니다. 그는 이런 말을 했지요.

> 퀴르노스여, 당파싸움이 미쳐 날뛸 때 믿을 수 있는 사람은
> 제 몸무게만 한 금이나 은과 맞먹는 값어치가 있다네.[24]

20 628b 참조.

21 *Tyrtaios*, 단편 9, 11f. Diehl = 단편 12, 11f. West.

22 Megara. 여기서는 아테나이와 코린토스(Korinthos) 사이에 있는 도시가 아니라, 시칠리아 섬의 동해안 쉬라쿠사이(Syrakousai) 시와 카타네(Katane) 시 사이에 있는 이른바 메가라 타 휘블라이아(Megara ta Hyblaia) 시를 말한다. 시켈리아(Sikelia)는 시칠리아의 그리스어 이름이다. 테오그니스는 시칠리아 메가라의 명예시민일 뿐이고 사실은 본토의 메가라에서 활동했다고 보는 이들도 있다.

23 Theognis. 기원전 6세기 중엽에 활동한 그리스 비가 시인으로 그의 시는 지금 1,400행쯤 남아 있다.

24 *Theognis*, 77f.

우리는 더 참혹한 전쟁에서는 이런 사람이 앞서 말한 사람보다 훨씬 더 낫다고 말합니다. 마치 정의, 절제, 지혜[25]가 용기[26]와 하나로 결합
b 된 것이 단순한 용기보다 더 나은 만큼 말입니다. 내전 중에는 미덕을 모두 구비하지 않은 사람은 믿음직하지도 않고 건전하지도 않을 테니까요. 그러나 튀르타이오스가 말하는 전쟁에서는 두 발로 떡 버티고 서서 싸우다가 죽을 각오가 되어 있는 자들이 용병(傭兵) 중에도 아주 많겠지만, 극소수를 제외하고는 이들 대부분이 무모하고 불의하고 거만하며 가장 어리석은 자들입니다. 그렇다면 도대체 이 논의의 결론
c 은 무엇이며, 무엇을 밝히고자 내가 이런 말을 하느냐고요? 간단히 말해, 제우스에게 배운 이곳 크레테의 입법자는 물론이고 조금이라도 도움이 되는 모든 입법자는 언제나 최고의 미덕에만 주목하고 입법한다는 것을 밝히려는 것입니다. 그것은 테오그니스에 따르면 '위기 상황에서의 믿음직함'[27]인데, '완전한 정의'라고 부를 수 있겠지요. 그러나 튀르타이오스가 극찬하는 미덕은 고상한 것이며 시인에 의해 적절히
d 칭송되기도 하지만 그럼에도 서열과 가치에서는 네 번째[28]라고 말하는 것이 가장 옳겠지요.

클레이니아스 손님, 그건 우리 입법자를 훨씬 하위 등급으로 깎아내리는 것입니다.

아테나이인 클레이니아스님, 우리가 깎아내리는 것은 우리 자신입니다. 뤼쿠르고스[29]와 미노스가 주로 전쟁을 염두에 두고 라케다이몬과 이곳 크레테의 법규를 입법했다고 우리가 믿는다면 말입니다.

클레이니아스 그러면 우리는 어떻게 말해야 합니까?

아테나이인 우리는 신적인 입법에 대해 논하고 있는 만큼 진리와 정의가
요구하는 대로, 입법자는, 미덕 그것도 가장 하찮은 부분이 아니라 미 e
덕 전체를 염두에 두고 입법했다고 말해야겠지요. 또한 그는 자신의
법률을 조목별로 입안하려 했으나 그것은 오늘날의 입법자들이 사용
하는 것과는 다른 것이라고 말했어야 하겠지요. 오늘날의 입법자는 저
마다 필요하다고 느끼는 항목만 제시하면서 자신의 법전에 추가하니
까요. 이를테면 어떤 사람은 재산 상속과 상속녀에 관해, 어떤 사람은
폭행에 관해, 또 다른 사람들은 그 밖에 무수히 많은 그런 것을 그렇게
합니다. 그러나 우리는 제대로 된 입법은 우리가 방금 시작한 것처럼 그 631a
렇게 진행되어야 한다고 주장합니다. 사실 나는 그대가 법률을 해석해
보려는 시도에 감탄했습니다. 그대가 미덕에서 출발하여 미덕이야말
로 입법자의 목표였다고 말한 것은 옳았으니까요. 하지만 그대는 입법
자가 전적으로 미덕의 부분 그것도 가장 작은 부분만 염두에 두고 입
법했다고 말했는데, 이러한 주장이 내게는 더이상 옳지 않아 보였기에
내가 이 모든 설명을 자세히 부연한 것입니다. 그렇다면 그대한테서 나
는 어떤 식의 설명을 듣고 싶어하는 걸까요? 말해주길 바라십니까? b

클레이니아스 물론입니다.

25 dikaiosyne, sophrosyne, phronesis
26 andreia.
27 pistotes en tois deinois.
28 정의, 절제, 지혜 다음으로 놓인다는 뜻.
29 Lykourgos. 기원전 9세기경에 활동한 스파르테의 전설적인 입법자.

아테나이인 이렇게 말씀하셨어야지요. "손님, 크레테인들의 법률이 헬
라스[30]인들 사이에서 유난히 명성을 떨치는 것은 우연한 일이 아닙니
다. 그 법률은 옳고, 온갖 좋은 것을 제공함으로써 그 법률 아래 사는
사람들을 행복하게 해주니까요. 그런데 좋은 것들은 두 가지, 즉 인간
적인 것과 신적인 것으로 나뉩니다. 그리고 인간적인 좋은 것들은 신
적인 좋은 것들에 달려 있으며, 어떤 국가가 그중 더 큰 것을 받으면 더
c 작은 것도 갖게 되지만, 더 큰 것을 받지 못하는 국가는 두 가지 다 갖
지 못합니다. 더 작은 좋은 것 중 첫 번째는 건강[31]이고, 두 번째가 아름
다움[32]이며, 세 번째가 달리기와 다른 체력 단련을 위한 체력[33]이며,
네 번째는 부(富)인데 눈먼[34] 부가 아니라 지혜와 함께하는 시력이 날
카로운 부 말입니다. 그런가 하면 신적인 좋은 것 중 으뜸가는 첫 번째
는 지혜이고, 두 번째가 혼의 이성적인 절제이며, 이 둘이 용기와 결합
d 할 때 생겨나는 것이 세 번째인 정의이고, 네 번째는 용기입니다. 이 신
적인 좋은 것들은 모두 본성상 인간적인 좋은 것들에 우선하며, 입법
자는 당연히 그것들의 서열을 그렇게 정해야 합니다.

그러고 나서 입법자는 시민들에게 주어진 다른 법령도 이런 좋은 것
들에 주목하는데, 이들 가운데 인간적인 좋은 것들은 신적인 좋은 것
들에, 신적인 좋은 것들은 모두 지도자인 지성[35]을 주목한다는 점을 시
e 민들에게 알려야 합니다. 시민들이 결혼하면 남자아이와 여자아이가
태어나고 자라서 청년기와 장년기를 거쳐 노년기에 이르는데, 입법자는
모든 단계에서 시민들을 감독하며 적절히 명예를 부여하고 벌도 주어야
합니다. 또한 시민들의 모든 교류와 관련해 입법자는 그들의 괴로움과

즐거움과 욕구와 애욕을 감시하고 감독하면서 법률 자체를 통해 올바르게 나무라거나 칭찬해야 합니다. 또한 시민들은 분노하기도 하고 두려워하기도 하며, 불운 때문에 마음이 동요하기도 하고 행운을 만나 마음의 동요에서 벗어나기도 합니다. 말하자면 그들은 질병이나 전쟁, 가난이나 그와 반대되는 것들에서 사람들이 통상적으로 경험하는 모든 감정을 느낍니다. 이 모든 것과 관련해 입법자는 그때그때 어떤 마음가짐이 고상하고 어떤 마음가짐이 비열한지 가르치고 규정해야 합니다. 632a

그다음으로 입법자는 시민들이 돈을 벌고 쓰는 방법을 감시해야 b
하고, 자발적이든 자발적이지 않든 그들이 어떻게 서로 단체를 결성하고 해체하는지 감독해야 하며, 이런 업무 하나하나를 어떻게 처리하는지 지켜보고 어떤 방법이 옳은지 또는 옳지 못한지 눈여겨보면서 법률에 복종하는 자들에게는 명예[36]를 나누어주되 복종하지 않는 자들
에게는 응분의 대가를 치르게 해야 합니다. 마지막으로 정체 전체가 c
완성 단계에 이르면 입법자는 죽은 자들에게는 저마다 어떻게 장례식을 치러주고 어떤 명예를 나누어줘야 할지 결정해야 합니다. 이 모든

30 Hellas. 그리스의 그리스어 이름.

31 hygeia.

32 kallos.

33 ischys.

34 그리스 신화에서 부의 신 플루토스(Ploutos)는 눈먼 신이다.

35 nous.

36 time. 문맥에 따라서 '관직'으로 옮길 수도 있다.

것을 살펴보고 나서 입법자는 수호자[37]들을 임명할 것인데(그중 더러는 지혜가 인도하고 더러는 참된 판단[38]이 인도할 것입니다), 이는 지성이 이 모든 것을 한데 묶어서 이것들은 절제와 정의를 추종하는 것이지 부나 명예를 추종하는 것이 아니라는 것을 보여주게 하려는 것입
d 니다." 여러분, 나는 여러분이 이런 식으로 설명해주기를 원했고 지금도 원하고 있습니다. 어째서 이 모든 규정이 미노스와 뤼쿠르고스가 제정한 이른바 제우스의 법률과 퓌토[39]의 아폴론의 법률에서 발견될 수 있으며, 어째서 그것들의 체계적인 배열이 전문 기술에 의해서든 경험에 의해서든 법률에 정통한 사람에게는 아주 명백하지만 우리 같은 사람들에게는 결코 명백하지 못한지 말입니다.

클레이니아스 그렇다면 손님, 우리는 논의를 어떻게 이끌어가야 합니까?

용기와 즐거움

아테나이인 내 생각에 우리는 되돌아가서 처음부터 다시 출발해야 할
e 것 같습니다. 앞서 그랬듯이, 먼저 용기를 북돋우는 활동을 살펴본 다음 우리는 다른 미덕을 하나하나 논할 것입니다. 여러분만 좋으시다면 말이지요. 첫 번째 논의를 마치는 대로 그것을 본보기로 하여 같은 방법으로 다른 것들도 논의하면서 여행의 지루함을 덜도록 합시다. 미덕 전체를 살펴본 다음에는 우리가 방금 열거한 규정이 목표로 삼는 것은 미덕이라는 것을 보여줄 수 있겠지요. 신이 원하신다면.

633a **메길로스** 좋은 말씀입니다. 그리면 먼저 여기 있는 제우스의 예찬자[40]부터 검토해보십시오.

아테나이인 그러겠습니다. 하지만 나는 그대와 나도 검토할 것입니다. 이 논의는 우리 모두에 관련되니까요. 여러분은 말씀해주십시오. 여러분의 입법자는 전쟁을 염두에 두고 공동식사와 체력 단련을 생각해냈다는 것이 우리 주장인가요?

메길로스 네.

아테나이인 세 번째 것과 네 번째 것은 무엇입니까? 다른 미덕의 부분(또는 그런 부분을 무엇이라고 부르든 간에)을 다루는 데서도 그렇게 열거하는 것이 필요할 것 같으니까요. 우리의 말뜻을 분명하게 할 수만 있다면 말입니다.

메길로스 입법자가 생각해낸 세 번째 것은 사냥이라고 나도 다른 라케 b
다이몬인들도 모두 대답할 것입니다.

아테나이인 네 번째 것과 가능하다면 다섯 번째 것도 말해봅시다.

메길로스 네 번째 것도 말해보겠습니다. 그것은 고통의 인내입니다. 그것은 우리 라케다이몬인들의 삶의 두드러진 특징 가운데 하나로, 권투 경기나 심한 매질을 당하기 마련인 도둑질[41]에서 볼 수 있습니다. 게다가 '암행 감찰'[42]이란 게 있어 수많은 힘든 일을 통해 고통에 대한

37 phylax.

38 alethes doxa.

39 Pytho. 델포이의 옛 이름.

40 클레이니아스.

41 당시 스파르테에서는 훈련의 일환으로 도둑질을 하다 잡힌 소년은 매를 맞게 했다.

c 인내력을 기르는 데 놀랍도록 기여하지요. 거기에 참가하는 사람들은 겨울에 맨발로 다니고 침구 없이 잠을 자며, 시중드는 자 없이 혼자 자신을 돌보며 밤이고 낮이고 온 나라를 떠돌아다닙니다. 또한 소년들의 나체 축제[43]는 한여름의 푹푹 찌는 더위에 맞서 싸우며 놀라운 인내력을 보여주지요. 그 밖에도 그런 관행은 아주 다양해 일일이 열거하자면 끝이 없습니다.

아테나이인 훌륭한 말씀입니다, 라케다이몬에서 오신 손님! 하지만 우리는 용기를 어떻게 정의할 것인가요? 용기를 단순히 두려움이나
d 고통과의 투쟁이라고 정의할까요, 아니면 자신은 그런 것들을 초월했다고 믿는 사람의 마음도 밀랍처럼 녹일 만큼 감언이설로 속이고 유혹하는 동경과 즐거움도 그 투쟁 대상에 포함시킬까요?

메길로스 나는 나중의 정의가 옳다고 생각합니다. 용기는 그 모든 것과 투쟁하지요.

아테나이인 아까 한 말을 우리가 기억한다면, 여기 있는 크노소스 출신 친구는 국가도 개인도 "자기에게 진다"는 말을 했습니다. 그렇지 않나요, 클레이니아스님?

클레이니아스 네, 그랬지요.

e **아테나이인** 지금 우리는 고통에 진 사람을 비겁하다고 말하는 것인가요, 아니면 쾌락에 진 사람도 비겁하다고 말하는 것인가요?

클레이니아스 내 생각에 비겁하다는 표현은 쾌락에 진 사람에게 더 어울릴 것 같습니다. 실제로 우리는 누구나 고통에 제압된 사람보다는 쾌락에 제압된 사람이 더 창피스럽게 자기에게 진 것이라고 말합니다.

아테나이인 그러면 제우스에게 영감을 받은 크레테의 입법자도 아폴론에게 영감을 받은 라케다이몬의 입법자도 입법할 때 분명 왼쪽 것에만 저항할 수 있고 오른쪽의 유혹적인 감언이설에는 속수무책인 절름발이 용기가 아니라 양쪽 모두에 저항할 수 있는 용기를 염두에 두었겠지요? 634a

클레이니아스 양쪽 모두에 저항할 수 있는 용기를 염두에 두었을 것이라고 나는 생각합니다.

아테나이인 그러면 우리는 그대들 두 분의 국가에는 쾌락을 피하기보다는 쾌락을 맛보게 해주는 어떤 관행이 있는지 말해야 할 것입니다. 마치 국가의 관행이 고통을 피하지 않고 시민들을 고통 속으로 인도해 고통을 이겨내도록 강요하거나 명예로 보답하겠다고 설득했듯이 말이 b
오. 여러분의 법률 어디에 쾌락에 대해 같은 구실을 하는 제도가 있습니까? 내가 알고 싶은 것은 여러분 나라의 어떤 제도가 같은 사람들을 고통에 대해서도 쾌락에 대해서도 똑같이 용감하게 만들어주느냐는 것입니다. 그들이 이겨야 할 곳에서는 이기게 해주고, 가장 가까이 있는 가장 위험한 적들에게는 절대로 지지 않도록 해주는 것 말입니다.

메길로스 손님이여, 나는 고통에 대처하는 법률은 많이 언급할 수 있지만 쾌락의 경우에는 중요하고도 명백한 사례들을 제시하기가 쉽지 않 c
을 것 같군요. 하지만 사소한 사례들은 제시할 수 있을 것 같습니다.

42 krypteia. 선발된 청소년들에게 부과된 일종의 교육 과정으로, 이때는 국가가 시키는 여러 가지 힘들고 위험한 일을 해내야만 했다.

43 ta gymnopaidiai. 스파르테에서 한여름에 열리던 소년들의 축제.

클레이니아스 나 역시 크레테의 법률에서 명백한 사례들을 제시할 수가 없군요.

아테나이인 더없이 훌륭한 분들이여, 그건 전혀 놀라운 일이 아닙니다. 그러나 우리 가운데 한 사람이 참되고 가장 훌륭한 것을 발견하겠다는 욕심에서 다른 사람의 국법의 어떤 점을 비판하더라도 화내지 말고 서로 상냥하게 받아들이도록 합시다.

클레이니아스 옳은 말씀입니다, 아테나이에서 오신 손님. 그러니 우리가 따라야겠지요.

d **아테나이인** 클레이니아스님, 화를 내는 것은 사실 우리 나이에는 어울리지 않습니다.

클레이니아스 그러고말고요.

아테나이인 누가 라케다이몬의 정체나 크레테의 정체의 어떤 점에 대해 비판하는 것이 타당한가, 타당하지 않은가 하는 것은 다른 문제입니다. 아무튼 대중이 말하는 것은 그대들 두 분보다는 내가 더 잘 전할 수 있을 것입니다. 여러분의 법률이 적절하게 구성되어 있다면, 가장 훌륭한 규정 가운데 하나는 젊은이 중 누구도 어떤 법률이 훌륭한지 또는 훌륭하지 못한지 따지는 것을 허용하지 않는다는 것이니까요. 오
e 히려 법률은 신에게서 유래한 만큼 모두 훌륭한 것이라는 데 다들 이구동성으로 동의해야 하고, 누가 다른 말을 하면 귓등으로도 듣지 말아야 한다는 것입니다. 그러나 누군가 연로한 사람이 여러분의 법률에 지적할 것이 있으면 젊은이가 아무도 없을 때 관리나 같은 또래에게 그런 말을 해야 한다는 것입니다.

클레이니아스 지당한 말씀입니다, 손님. 그대는 이 법률을 제정한 최초
의 입법자로부터 시간적으로 멀리 떨어져 있으면서도 지금 예언자처 635a
럼 그의 의도를 정확히 알아맞혀 사실대로 전해주신 것 같습니다.

아테나이인 지금 이곳에는 젊은이가 없으니, 우리 나이를 보아서라도
입법자는 이런 주제에 관해 법을 어기는 일 없이 우리끼리 대화를 나
누는 것을 분명 허용할 것입니다.

클레이니아스 그러고말고요. 그대는 망설이지 말고 우리 법률을 비판해
주십시오. 결점을 안다는 것은 결코 불명예스러운 일이 아니며, 성내지 않
고 비판을 호의적으로 받아들이면 대개 그 결점을 고칠 수 있으니까요. b

아테나이인 좋습니다. 그러나 여러분의 법률을 되도록 세세히 검토하
기 전에 나는 여러분의 법률을 비판하지 않고 내가 느끼는 의문을 지
적하겠습니다. 우리가 알고 있는 헬라스인들과 이민족 중에서 오직 여
러분의 경우에만 입법자가 가장 매력적인 쾌락과 오락을 멀리하고 그
것들을 맛보지 못하게 했기에 하는 말입니다. 하지만 앞서 말했듯이,
고통과 두려움에 관해서는 여러분의 입법자는 어려서부터 줄곧 고통
과 두려움을 피해온 사람은 나중에 피할 수 없는 어려움이나 고통과 c
두려움과 맞닥뜨리면 그것들에 단련된 자들 앞에서 달아나다가 그들
의 노예가 될 것이라고 생각했습니다. 생각건대 바로 이 입법자는 쾌
락의 경우에도 같은 견해를 갖고 자신에게 이렇게 말했어야 할 것입니
다. "만약 우리 시민들이 가장 매력적인 쾌락을 경험하지 못하고 자란
다면, 그리고 그들이 그런 쾌락과 맞닥뜨렸을 때 굳건하게 버티며 수치
스러운 행동을 거부하도록 단련되지 못한다면, 쾌락에 빠져 두려움에 d

진 자들과 같은 운명을 맞을 것이다. 그들은 쾌락의 유혹에 맞서 버틸 수 있고 이 방면에는 대가이지만 악당이기도 한 자들에게 더 굴욕적인 다른 방법으로 노예가 될 것이다. 그러면 우리 시민들은 혼이 반은 노예이고 반은 자유민인지라 진정한 의미에서 용감한 자유민이라고 불릴 자격이 없을 것이다." 여러분은 지금 이 말에 일리가 있다고 생각하는지 검토해주십시오.

e **클레이니아스** 듣고 보니 일리가 있는 것 같습니다. 하지만 그런 중대한 일에서 경솔하게 남의 말을 쉽게 믿는다는 것은 젊은이들과 지각없는 자들이나 할 짓이겠지요.

아테나이인 그러면 클레이니아스님과 라케다이몬에서 오신 손님, 우리가 다루기로 한 두 번째 주제로 넘어가 용기 다음으로 절제[44]를 논한다고 생각해보십시오. 우리는 전쟁과 관련해서는 여러분 국가의 두 정체가 아무렇게나 다스려지는 국가들의 정체보다 우월하다는 것을 발견
636a 했습니다. 절제와 관련해서는 어떤 점에서 우월함을 발견하게 될까요?

메길로스 그것은 꽤 어려운 문제입니다. 하지만 공동식사와 체력 단련은 이 두 가지 미덕을 가꾸기 위해 훌륭하게 고안된 것이라고 말할 수 있습니다.

아테나이인 여러분, 정체가 이론적으로나 실제적으로나 똑같이 이론(異論)의 여지가 없기란 사실 어렵습니다. 정체는 몸의 경우와 유사해 특정 체질에 특정 처방만이 적합하다고 주장할 수 없는데, 그 처방이 어떤 점에서는 이롭지만 어떤 점에서는 몸에 해로울 수밖에 없기 때문
b 이지요. 그처럼 체력 단련과 공동식사도 지금은 여러 가지 점에서는

국가에 이롭지만 내전이 벌어질 때는 위험합니다. 이 점은 밀레토스와 보이오티아와 투리오이의 젊은이들에 의해 이미 입증되었지요.[45] 또한 이 오래된 관행은 인간뿐 아니라 동물에게도 자연스러운 사랑의 즐거움을 망쳐놓은 것 같습니다. 이런 왜곡은 일차적으로 여러분 두 국가의 책임이고, 체력 단련에 전념하는 다른 국가들 역시 비난받아 마땅합니다. 이런 주제를 가벼운 마음으로 고찰하든 진지하게 고찰하든 여러 c
분은 여자와 남자가 자식을 갖기 위해 성관계를 맺을 때는 둘이 경험하는 쾌락은 자연스러운 것이지만, 남자끼리 또는 여자끼리 성교할 때 그들이 경험하는 쾌락은 자연에 반하는 것이며, 이런 더없이 뻔뻔스러운 짓을 저지르는 것은 쾌락에 대한 욕구를 억제할 수 없기 때문이라는 것을 명심해야 합니다. 그래서 우리는 모두 크레테인들이 가뉘메데스[46] 이야기를 지어냈다고 비난하는 것입니다. 크레테인들은 자신들의 법률이 제우스에게서 유래했다고 믿기에 자신들이 제우스의 선례에 따 d
라 자연에 반하는 그런 쾌락도 즐기기 위해 제우스에 관한 그런 이야기를 지어냈다고 말입니다. 우리는 이야기 자체에는 더이상 관심이 없

44 sophrosyne.

45 밀레토스(Miletos)는 소아시아 이오니아 지방의 도시이다. 보이오티아(Boiotia)는 앗티케 지방과 맞닿은 그리스 반도 중동부 지방이다. 투리오이(Thourioi)는 쉬바리스(Sybaris) 시의 폐허 위에 아테나이인들이 건설한 남이탈리아의 도시이다. 이곳 젊은이들이 체력 단련장이나 공동식사 장소에 자연스럽게 모여 반란을 모의했다는 뜻이다.

46 Ganymedes. 트로이아의 미남 왕자로 제우스 또는 제우스의 독수리에 의해 납치되어 제우스의 술 따르는 시종이 되었다고 한다. 이는 그가 제우스의 연동(戀童 paidika)이 된 것으로 볼 수 있을 것이다.

지만, 사람들이 법률에 관해 고찰할 때는 거의 전적으로 국가와 개인의 즐거움과 괴로움을 고찰합니다. 즐거움과 괴로움이라는 이 두 샘은
e 자연적으로 흘러나오며, 길어야 할 샘에서 길어야 할 때 길어야 할 만큼 긷는 자는 국가든 개인이든 다른 생명체든 행복하게 살지만, 멋모르고 때 아니게 긷는 자는 그와 반대되는 삶을 삽니다.

제2부 교육 수단으로서의 술잔치

잘못된 무조건적 금주

메길로스 훌륭한 말씀입니다, 아테나이인이여. 무엇이라고 대답해야 할지 말문이 막히는군요. 하지만 내 생각에 라케다이몬의 입법자가 쾌락을 피하라고 지시한 것은 옳은 것 같습니다. 크노소스의 법률은
637a 원한다면 여기 있는 클레이니아스님이 옹호할 것입니다. 내가 보기에 쾌락에 관한 스파르테의 법률이 세상에서 가장 훌륭한 것 같습니다. 우리 법률은 사람들이 최대의 쾌락과 방탕과 온갖 어리석음에 가장 잘 빠지게 하는 것을 나라에서 완전히 추방했으니까요. 그대는 스파르테인들이 지배하는 곳에서는 농촌이든 도시든 술잔치는 물론이고 술잔치에 동반되어 온갖 가능한 쾌락을 최대한 깨우는 것을 일절 볼 수 없을 것입니다. 술 취해 흥청거리는 사람을 보고도 그 자리에서 엄벌로 다스리지
b 않는 사람은 없으며, 디오뉘소스 제(祭)[47]를 핑계 삼아도 놓아주지 않습니다. 하지만 나는 전에 그런 사람들이 그대의 나라에서는 짐수레

를 타고 있는 것을 보았으며, 우리의 식민시 가운데 타라스[48]에서는 디오뉘소스 제 때 도시 전체가 취한 것도 보았습니다. 하지만 우리 나라에서 그런 일은 일어나지 않습니다.

아테나이인 라케다이몬에서 오신 손님, 그런 종류의 탐닉은 모두 인내
심이 있는 곳에서는 권장할 만하지만, 인내심이 느슨한 곳에서는 그만
큼 어리석은 것이 됩니다. 아테나이인은 라케다이몬 여인들의 방종을 c
지적함으로써 곧바로 맞받아칠 수 있을 것입니다. 그러나 타라스에서
나 아테나이에서나 라케다이몬에서나 그런 관행이 잘못된 것이 아니
라 올바른 것임을 입증해주는 답변은 하나뿐이겠지요. 어떤 나라에
서 익숙지 못한 관행을 보고 놀란 외국인에게는 누구나 다음과 같이
대답할 것입니다. "놀라지 마시오, 손님. 우리 사이에서 그것은 관습이
라오. 아마 그대들에게는 이런 것들과 관련한 다른 관습이 있겠지요." d
하지만 여러분, 지금 우리는 다른 사람들이 아니라, 입법자들 자신의 악
덕과 미덕에 대해 논의하고 있습니다. 그러니 술 취함 일반에 대해 더 자
세히 논의하기로 합시다. 그것은 사소한 일이 아니며, 그것을 제대로
이해하는 것은 하찮은 입법자나 할 일이 아니니까요. 내가 지금 말하
는 것은 포도주 마시기 또는 금주 일반에 대해서가 아니라, 술 취함에
대해서입니다. 그리고 우리가 스퀴타이족[49]과 페르시아인들과 카르
케돈[50]인들과 켈트족[51]과 이베리아[52]인들과 트라케인들의(이들은 모 e

47 Dionysia. 주신(酒神) 디오뉘소스(Dionysos)를 기리는 축제.
48 Taras. 남이탈리아에 있는 그리스 식민시로 지금의 Taranto.

두 호전적인 종족입니다) 관습을 따를 것이냐, 아니면 그대들 라케다이몬인의 관습을 따를 것이냐 하는 것입니다. 라케다이몬인들은 그대의 말처럼 철저히 금주하는 데 반해, 스퀴타이족과 트라케인들은 남자도 여자도 희석하지 않은 포도주[53]를 마시며 옷자락에 쏟기도 하면서 고상하고 행복한 관행을 따르는 것이라고 믿으니 말입니다. 이들보다 더 품위를 지키기는 하지만 페르시아인 역시 이런 관습과 그대들이 배격하는 다른 관습에 몹시 탐닉합니다.

638a **메길로스** 하지만 아테나이인이여, 우리가 손에 무기를 들면 이들은 모두 달아나고 맙니다.

아테나이인 메길로스님, 그런 말씀 마십시오. 군대가 뚜렷한 이유 없이
달아나거나 추격하는 일은 과거에도 많이 있었고, 미래에도 많을 테니
까요. 따라서 전쟁의 승패가 어떤 관행의 장점과 단점을 결정하는 명백
하고 이론의 여지가 없는 판단 기준이라고 하기는 어려울 것입니다. 사
b 실은 더 큰 나라가 더 작은 나라와 싸워서 이기니까요. 그리하여 쉬라
쿠사이[54]인들은 그 지역에서 가장 훌륭하게 다스려진다고 여겨지던
로크리스[55]인들을 예속시키고, 아테나이인들은 케오스[56]인들을 예
속시키고 있습니다. 그런 예는 부지기수입니다. 그러니 지금은 승리나
패배는 논외로 하고 개별 관행 자체를 논의함으로써 그것의 장점을 우
리 자신에게 확신시키되, 이러저러한 관행은 좋고 이러저러한 관행은
나쁘다고만 말해봅시다. 여러분은 먼저 우리가 이런 관행의 장점과 단
점을 올바로 판단하자면 어떻게 해야 하는지 내 설명을 들어보십시오.

c **메길로스** 그러자면 어떻게 해야 한다는 말씀인가요?

아테나이인 내 생각에 어떤 관행을 논의의 대상으로 삼되 그것이 언급
되자마자 비난하거나 칭찬하려고 하는 사람은 모두 적절하게 하지 못
하는 것 같습니다. 그들의 행동은 누가 치즈를 좋은 먹을거리라고 칭
찬하는 말을 들으면 치즈의 효과나 먹는 방법에 대해서, 다시 말해 치
즈는 누가 어떤 건강 상태에서 무엇과 함께 어떤 상태로 어떻게 먹어
야 하는지 알아보지도 않고 대뜸 치즈를 비난하는 사람과 같습니다.
우리도 지금 토론을 하면서 똑같은 짓을 하고 있는 것 같습니다. '술 취 d
함'에 관해 운을 떼었을 뿐인데 한쪽은 대뜸 비난하고 다른 쪽은 칭찬
하는데, 양쪽 다 아주 이상한 방법으로 그렇게 합니다. 양쪽 다 증인과
지지자를 내세우면서 한쪽은 자신이 내세우는 증인과 지지자가 더
많다는 이유로, 다른 쪽은 술을 마시지 않는 사람이 전투에서 이기는
것을 볼 수 있다는 이유로 저마다 자신의 말이 옳다고 주장하니까요.
그래서 그것이 우리 사이에 논쟁거리가 된 것입니다. 하지만 다른 관

49 Skythai. 흑해 북안과 지금의 남러시아에 살던 기마 유목민족.

50 Karchedon. 카르타고(Carthago)의 그리스어 이름.

51 Keltoi.

52 Iberia. 지금의 동(東)스페인.

53 고대 그리스인들은 포도주를 물로 희석하여 마셨다.

54 Syrakousai. 시칠리아 섬의 동쪽 해안에 있는 큰 도시.

55 여기서는 그리스 본토에 있는 로크리스(Lokris)가 아니라 로크리스인들이 남이탈리아에 건설한 식민시를 말한다.

56 Keos. 에게 해의 퀴클라데스 군도(Kyklades) 가운데 하나로 앗티케 지방의 남동단에 있는 수니온 곶(Sounion)에서 멀지 않다.

e 습도 이런 식으로 일일이 검토한다면 그것은 내 성미에 맞지 않습니다.
그래서 지금 우리 주제인 술 취함에 대해 내가 옳다고 생각하는 다른
방법으로 논의하고 싶습니다. 그리고 그렇게 함으로써 그런 모든 주제
를 다루는 올바른 방법이 무엇인지 보여줄 수 있을지 시도해보려 합니
다. 사실 이와 관련하여 의견을 달리하는 수백 수천의 국가가 여러분
의 두 국가와 논쟁하려 할 테니까요.

메길로스 이런 것들을 고찰하는 올바른 방법이 정말로 있다면 그게 무
639a 엇인지 듣기를 망설여서는 안 되겠지요.

아테나이인 그러면 대충 다음과 같은 방법으로 고찰해보기로 합시다. 어떤 사람은 염소 치는 것을 권장하고 염소 떼는 훌륭한 재산이라고 칭찬하지만, 다른 사람은 염소 떼가 염소치기 없이 풀을 뜯다가 농작물을 망쳐놓는 것을 보고는 염소를 비난할 뿐 아니라, 마찬가지로 주인이 없거나 주인이 나쁜 동물도 모두 비난한다고 가정해보십시오. 비난의 대상이 무엇이건 우리는 그런 사람의 비난을 적절하다고 생각할까요?

메길로스 어떻게 그럴 수 있겠습니까?

b **아테나이인** 어떤 사람이 뱃멀미를 하건 안 하건 항해 지식만 갖고 있다
면 우리는 그를 훌륭한 선장이라고 부를 수 있을까요? 아니면 어떻게
말할 수 있을까요?

메길로스 결코 훌륭한 선장이 아니겠지요. 아무리 기술이 뛰어나도 그대가 언급하는 그런 증상이 있다면요.

아테나이인 군대의 지휘관은 어떻습니까? 군사 지식만 있으면 그가 위험에 처해 비겁자가 되고 겁에 질려 멀미를 하면서도 능히 지휘할 수

있을까요?

메길로스 어떻게 그럴 수 있겠습니까?

아테나이인 그런데 그가 그런 기술도 없는 데다 비겁하기까지 하다면 어떨까요?

메길로스 전혀 쓸모없는 자를 말씀하시는군요. 그는 정말이지 남자들이 아니라 여자들의 지휘관입니다.

아테나이인 이번에는 본성상 통솔자가 있거나 통솔자가 있을 때 유익 c
한 어떤 공동체[57]를 가정해보십시오. 그리고 그 공동체가 통솔자 밑에서 그가 이끌 때 제대로 작동하는 것은 본 적이 없고, 통솔자가 없거나 통솔자가 나쁠 때만 본 사람이 그 공동체를 칭찬하거나 비난한다고 가정해보십시오. 우리는 그런 공동체의 그런 구경꾼들의 비난이나 칭찬이 쓸모 있다고 여길까요?

메길로스 어떻게 그럴 수 있겠습니까? 그런 공동체 가운데 제대로 된 것을 그들이 본 적도 없고 그것에 참여한 적도 없다면 말입니다. d

아테나이인 잠깐! 우리는 술잔치 참석자나 술잔치도 일종의 공동체라고 말할 수 있을까요?

메길로스 물론이지요.

아테나이인 그런데 그런 공동체가 제대로 운영되는 것을 본 사람이 있을까요? 물론 그대들 두 분은 전혀 없다고 대답하시는 것이 쉽겠지요.

57 koinonia.

그대들 두 분의 나라에서는 술잔치가 관행도 아니고 합법적이지도 않으니까요. 그러나 나는 여기저기서 여러 종류의 술잔치를 접하며 그것
e 들을 거의 모두 탐문해보았는데, 그중 어떤 것이 모든 점에서 제대로 운영되는 것을 본 적도 없거니와 그런 말을 들은 적도 없습니다. 사소한 점에서는 제대로 운영될지 몰라도 대부분이 전체적으로는 사실상 잘못 운영되고 있었습니다.

클레이니아스 손님, 그게 무슨 말씀이신지요? 자세히 설명해주십시오.
640a 그대 말씀처럼 우리는 술 취함과 관련된 관행에 경험이 없는지라 그런 관행을 접하더라도 아마 그것의 어떤 점이 옳고 그른지 곧바로 알지 못할 테니까요.

아테나이인 일리 있는 말씀입니다. 하지만 내 설명을 듣고 이해하려고 노력해보십시오. 한데 어떤 목적을 위해 결성되었건 모든 모임이나 공동체에는 당연히 통솔자가 있어야 한다는 것은 이해하시죠?

클레이니아스 물론입니다.

아테나이인 또한 우리는 방금 전사들의 지휘관은 용감해야 한다고 말했습니다.

클레이니아스 그렇습니다.

아테나이인 용감한 사람은 겁쟁이보다는 두려움에 덜 동요할 것입니다.

b **클레이니아스** 그 또한 그렇습니다.

아테나이인 두려움을 전혀 모르고 동요하지 않는 사람을 군대의 지휘관으로 임명할 수만 있다면 우리는 반드시 그래야 하지 않을까요?

클레이니아스 물론입니다.

아테나이인 하지만 지금 우리가 논의하고 있는 것은 전쟁이 일어나 적군이 적군과 만날 때 군대를 통솔할 사람이 아니라, 평화 시에 서로 우의를 다지려고 친구들이 친구들과 만날 때 모임을 통솔할 사람입니다.

클레이니아스 옳습니다.

아테나이인 하지만 그런 모임은 술 취함이 수반될 경우, 소란에서 자유 c
로울 수 없을 것입니다. 자유로울 수 있을까요?

클레이니아스 어찌 자유로울 수 있겠습니까? 그와 정반대일 것이라고 생각합니다.

아테나이인 그러면 그들에게도 먼저 통솔자가 필요하겠지요?

클레이니아스 물론입니다. 그들에게는 특히 필요합니다.

아테나이인 가능하다면 우리는 그들에게 동요하지 않는 통솔자를 구해주어야겠지요?

클레이니아스 왜 아니겠습니까?

아테나이인 또한 모임을 이해하는 사람이어야 합니다. 그가 할 일은 모
임의 구성원 사이에 이미 조성된 우애를 보전할뿐더러 그때그때 모임 d
을 통해 우애를 더욱 두텁게 하는 것이니까요.

클레이니아스 참으로 맞는 말씀입니다.

아테나이인 그러면 우리는 술 취하지 않은 지혜로운 사람을 술 취한 사람들의 통솔자로 임명해야지, 그 반대로 해서는 안 되겠지요? 술 취한 지혜롭지 못한 젊은 통솔자가 큰 잘못을 저지르지 않으려면 정말로 운이 좋아야 할 테니까요.

클레이니아스 억세게 운이 좋아야겠지요.

아테나이인 따라서 만약 이런 모임들이 국가 안에서 흠잡을 데 없이 운
e 영되는데 누가 이런 모임 자체를 비판한다면 그의 그런 비판은 옳을
수도 있겠지요. 하지만 그가 이런 모임들이 최악으로 운영되는 것을
보고 술 취함과 관련된 관행을 비판한다면 그는 분명 첫째, 그런 관행
이 잘못 운영되고 있다는 것을 모르고 있으며 둘째, 술 취하지 않은 통
치자나 통솔자 없이 운영되면 어떤 관행이건 나쁜 인상을 준다는 것
641a 을 모르고 있습니다. 아니면 그대는 선장이나 그 밖의 모든 통솔자도
술에 취하면 배든 전차든 군대든 그가 조종하는 모든 것을 뒤엎어놓
는다는 것을 모르시겠습니까?

술잔치가 교육에 도움이 될 수 있는가

클레이니아스 손님, 그건 전적으로 맞는 말씀입니다. 다음에는 이 점에
관해 말씀해주십시오. 술잔치라는 이 관행이 올바로 운영될 경우, 우
리에게 무슨 이득이 됩니까? 이를테면 우리가 방금 언급한 군대의 경
우 제대로 된 지휘관을 만나면 그의 군사들은 전쟁에서 이길 것인데,
그것은 적지 않은 이득입니다. 그 점에서는 다른 경우들도 마찬가지입
b 니다. 하지만 술잔치에서 어떻게 처신해야 하는지 가르친다고 해서 그
것이 개인이나 국가에 무슨 큰 이득이 되겠습니까?

아테나이인 어떻습니까? 한 아이나 아이들의 한 무리가 제대로 지도받는다고 해서 그것이 국가에 무슨 큰 이득이 될 것이라고 우리가 말할 수 있겠습니까? 그런 질문을 받는다면 우리는 한 아이가 제대로 지도받는다면 국가에 작은 이득이 될 뿐이라고 대답하겠지요. 그러나 그

대가 교육 일반이 국가에 무슨 큰 이득이 되느냐고 묻는다면 대답하기 어렵지 않습니다. 훌륭한 교육을 받은 사람은 훌륭한 사람이 되고, 훌륭한 사람이 되면 그들은 다른 일에도 성공할뿐더러 적군과 싸워서 c 이깁니다. 이렇듯 교육은 승리를 가져다주지만, 승리는 때로는 교육 부족을 가져다줍니다. 많은 사람이 전쟁에서 승리하면 교만해지고, 교만해지면 수천 가지 다른 악덕으로 가득 차니까요. 그리하여 많은 승리가 득보다 실이 많았고[58] 앞으로도 그렇겠지만, 교육이 득보다 실이 많았던 적은 결코 없었습니다.

클레이니아스 손님, 우리가 보기에 그대는 술을 마시면서 친구들과 시 d 간을 보내는 일이 제대로 운영되기만 하면 교육에 크게 기여한다는 취지로 그런 말씀을 하시는 것 같습니다.

아테나이인 물론입니다.

58 이를 카드모스식 승리(Kadmeia nike)라고 한다. 포이니케(Phoinike 지금의 페니키아) 지방의 튀로스(Tyros) 왕 아게노르(Agenor)의 아들 카드모스(Kadmos)는 황소로 변신한 제우스에게 납치된 누이 에우로페(Eupope)를 찾아나서지만 아폴론의 지시에 따라 누이 찾기를 포기한다. 그러고는 테바이(Thebai)에 성을 쌓기 시작하는데, 그전에 물 길러 간 전우들을 죽인 용을 죽여 그 이빨들을 땅에 뿌리자 거기에서 완전 무장한 전사들(Spartoi '뿌려진 자들')이 솟아난다. 그가 그들 사이에 돌멩이를 던지자 그들이 서로 싸우기 시작하더니 마지막에 다섯만 남게 되자 싸움을 멈추고 카드모스와 손을 잡았다고 한다. 이들은 서로 싸우며 큰 희생을 치르고서야 싸움을 멈추었다. 이렇게 어느 한쪽이 이겼다고 할 수 없는 승리, 실이 많은 승리를 '카드모스식 승리'라고 한다. 영어권에서는 로마군과 싸워 몇 차례 승리하지만 그로 인해 더 큰 타격을 받은 에페이로스(Epeiros) 왕 퓌르로스(Pyrrhos 기원전 319~272년)에게서 유래한 '퓌르로스의 승리'(Pyrrhic victory)라는 말이 널리 쓰인다.

클레이니아스 그렇다면 방금 그 말씀이 어째서 참인지 설명해주실 수 있겠습니까?

아테나이인 클레이니아스님, 신만이 그런 견해가 참이라고 주장할 수 있겠지요. 그만큼 의견이 분분하니까요. 하지만 이제 우리는 법률과 정체에 관해 논의하기 시작했으니, 필요하다면 나는 내 견해를 기꺼이 밝히겠습니다.

e **클레이니아스** 우리는 바로 지금 논의 중인 문제에 대한 그대의 의견을
듣고 싶습니다.

막간극: 아테나이인에게 답변을 요구하다

아테나이인 그렇다면 이렇게 합시다. 그대들 두 분은 내 말뜻을 이해하
려고 노력해보십시오. 나는 내 말뜻을 어떻게든 명확히 설명하도록 하
겠습니다. 하지만 먼저 여러분에게 해둘 말이 있습니다. 모든 헬라스인
사이에서 아테나이인들은 말하기를 좋아하고 말수가 많기로, 라케다
이몬인들은 말수가 적기로, 크레테인들은 수다스럽다기보다는 재치
642a 있기로 정평이 나 있습니다. 그래서 내가 술 취함과 같은 사소한 주제
와 관련하여 긴말을 늘어놓으면 여러분이 나를 침소봉대하는 사람으
로 여길까 두렵습니다. 그러나 술 취함을 올바로 다루는 일은 시가(詩
歌)[59]를 올바로 다루지 않고서는 우리 논의에서 충분히 설명될 수 없
으며, 시가 또한 교육 전체를 다루지 않고서는 제대로 설명될 수 없습
니다. 그래서 제대로 설명하려면 긴 논의가 필요하지요. 그러니 우리
b 가 어떻게 해야 할지 생각해주세요. 현재로서는 이런 것들은 제쳐두고

법률에 관한 다른 주제로 넘어가는 게 어떻겠습니까?

메길로스 아테나이인이여, 그대는 아마도 우리 집안이 라케다이몬에서 아테나이의 이익을 대변하는 현지인 영사(領事)라는 사실을 모르시나 봅니다. 단언컨대 아이들은 누구나 자신의 집안이 어떤 나라의 현지인 영사라는 말을 들으면 아주 어려서부터 곧장 그 나라에 대해 호감을 갖게 됩니다. 마치 제2의 조국인 것처럼 말입니다. 내가 느끼는 감정도 바로 그렇습니다. 라케다이몬인들이 무슨 일로 아테나이인들 c
을 칭찬하거나 비난할 때마다 나는 곧바로 아이들이 "메길로스야, 너희 나라가 우리에게 잘못하고 있어" 또는 "너희 나라가 우리에게 잘하고 있어"라고 말하는 것을 듣곤 했으며, 그런 말을 듣고 아테나이를 비난하는 자들에 맞서 아테나이를 위해 계속 싸우다 보니 아테나이에 진심으로 호감을 갖게 된 것이지요. 그래서 나는 지금도 아테나이의 방언이 듣기 좋으며, "훌륭한 아테나이인들은 비길 데 없이 훌륭하다"
는 많은 사람의 주장이 참으로 맞다고 생각한답니다. 훌륭한 아테나 d
이인들만이 외부의 강압 없이 신의 섭리에 의해 본성적으로 거짓 없이 진실로 훌륭하니까요. 그러니 그대는 내 걱정일랑 하지 말고 원하는 만큼 마음껏 말씀하십시오.

클레이니아스 손님, 내 이야기마저 듣고 나면 그대는 마음 놓고 원하는 만큼 말씀하시게 될 것입니다. 그대는 아마 신과 같은 에피메니데스[60]

59 mousike.

가 이곳 출신이라는 말을 들었을 겁니다. 나의 친척이기도 한 그분은
페르시아 전쟁[61]이 발발하기 10년 전에 신탁에 따라 아테나이에 가서
신이 정해준 제물을 바치고 나서 당시 페르시아의 침공을 두려워하던
e 아테나이인들에게 이렇게 말했습니다. "페르시아인들은 10년 안에는
오지 않을 것이며, 그들이 올 때는 자신들의 뜻을 전혀 이루지 못하고
저지른 것보다 더 많은 나쁜 일을 당한 채 물러갈 것입니다." 그때 우리
선조들과 아테나이인들은 친구 사이가 되었고, 그때 이후로 나와 우
643a 리 선조들은 아테나이인들에게 호감을 갖고 있습니다.

교육의 본질과 목적 (1)

아테나이인 두 분은 분명 내 말을 들을 마음의 준비가 되어 있는 것 같습니다. 나도 준비는 되었지만 내 몫을 해낸다는 것은 결코 쉬운 일이 아닙니다. 그래도 시도해봐야겠지요. 그렇다면 논의를 돕기 위해 우리는 먼저 교육이 무엇이며 그 기능[62]이 무엇인지 정의해야 합니다. 이것이 주신(酒神)[63]에 이를 때까지 지금 이 논의가 반드시 가야 하는 길이라는 데 우리가 동의했으니까요.

클레이니아스 꼭 그렇게 하도록 하십시오. 그대가 원하신다면.

b **아테나이인** 교육을 무엇이라고 정의해야 하는지 말할 테니, 여러분은
내 말이 마음에 드는지 생각해보십시오.

클레이니아스 말씀 계속하십시오.

아테나이인 그러겠습니다. 내 주장은 특정한 일에 뛰어난 사람이 되려면 누구나 어릴 때부터 줄곧 그 일을 실습해야 한다는 것입니다. 놀이

를 하건 작업을 하건 그 일에 적합한 도구들로 소일해야겠지요. 예컨
대 훌륭한 농부가 되려는 사람은 농사짓기 놀이를 해야 하고, 훌륭한
목수가 되려는 사람은 장난감 집짓기 놀이로 소일해야 합니다. 그리고 c
어느 경우든 가르치는 사람은 실물 도구를 본뜬 모형 도구들을 대주
어야 합니다. 또한 그들은 이 단계에서는 꼭 필요한 기본기를 익혀야
하는데, 이를테면 목수가 되려는 사람은 놀이를 통해 자와 먹줄 다루
는 법을 배워야 하고, 전사가 되려는 사람은 실제로 그렇게 하건 놀이
로 그렇게 하건 그와 유사한 행동을 통해서 그렇게 하건 승마술을 배
워야 합니다. 우리는 놀이를 이용해 아이들이 성인이 되었을 때 수행해
야 할 활동들에 즐거움과 욕구를 느끼도록 유도해야 합니다. 한마디로 d
교육의 핵심은 놀이를 이용하여 어린아이의 혼이 성인이 되었을 때 완
벽하게 수행해야 할 일을 최대한 사랑하게 만드는 것이라는 게 나의
주장입니다. 아까 말했듯이 일단 여기까지 내가 말한 것이 여러분 마
음에 드는지 생각해보십시오.

클레이니아스 어찌 마음에 들지 않겠습니까?

아테나이인 그러나 우리가 말하는 교육이 무엇인지는 아직 명확하게 정의되지 않았습니다. 우리가 지금 개개인의 양육을 비난하거나 칭찬

60 Epimenides. 크레테의 반(半)전설적인 예언자이자 의사로 실제로는 기원전 600년경에 활동했다고 한다.

61 기원전 490~479년.

62 dynamis.

63 여기서는 술, 포도주 또는 '술 취함'을 뜻한다.

e 하면서 우리 가운데 누군가는 교육받았다고 말하고 누군가는 교육받
지 못했다고 말할 때, 때로는 소매업이나 해운업 등등에 아주 잘 교육
받은 사람들도 교육받지 못했다고 말하니까요. 그런데 지금 우리가 논
의하려는 것은 그런 좁은 의미의 교육이 아니라, 올바로 다스릴 줄 알고
다스림을 받을 줄도 아는 훌륭한 시민이 되겠다는 강렬한 욕구를 불러
644a 일으키는 어릴 때부터의 미덕[64] 교육입니다. 내 생각에 우리는 이 논의
에서 이런 종류의 양육[65]만을 따로 떼어내어 '교육'[66]이라고 불러야 할
것 같습니다. 반면 돈벌이나 체력 또는 지성이나 정의와 무관한 다른
종류의 지적 능력[67]을 추구하는 양육은 저속하고 자유민에 어울리지
않으며 '교육'이라고 불릴 자격이 전혀 없습니다. 하지만 우리는 명칭을
갖고 서로 다투지 말고, 올바로 교육받은 사람은 대개 훌륭한 사람이 되
며 교육은 훌륭한 사람에게 주어진 아름다운 선물 중에서도 으뜸가는
b 것인 만큼 어떤 경우에도 낮잡아보아서는 안 된다는 우리가 방금 동의
한 주장을 견지하도록 합시다. 또한 교육이 정도에서 벗어나더라도 바
로잡을 수 있다면 각자는 이 일을 위해 평생토록 최선을 다해야 합니다.

클레이니아스 옳은 말씀입니다. 우리는 그대의 말씀에 동의합니다.

아테나이인 우리는 또한 자신을 다스릴 수 있으면 좋은 사람이고, 그럴
수 없으면 나쁜 사람이라는 데도 아까[68] 동의했습니다.

클레이니아스 지당한 말씀입니다.

아테나이인 그러면 우리는 그 점을 다시 검토하며 우리의 말뜻이 대체
c 무엇인지 더 자세히 알아보도록 합시다. 내가 할 수 있다면 비유를 통
해 여러분에게 설명해볼까 합니다만.

클레이니아스 계속하십시오.

아테나이인 그러면 우리 각자는 한 사람이라고 가정해도 되겠지요?

클레이니아스 네.

아테나이인 그리고 각자는 자기 안에 즐거움과 괴로움[69]이라는 서로 상반된 어리석은 두 조언자를 갖고 있다고 가정해도 되겠지요?

클레이니아스 그렇습니다.

아테나이인 이 둘에 더하여 저마다 미래에 대한 판단[70]도 있는데, 이
것은 예기(豫期)[71]라고 통칭됩니다. 그중 특히 괴로움의 예기는 '두려
움'[72]이라 불리고, 즐거움의 예기는 '자신감'[73]이라 불립니다. 이것들 d
모두 위에 '헤아림'[74]이 있는데, 우리는 이것에 힘입어 즐거움과 괴로
움 가운데 어느 것이 더 좋고 어느 것이 더 나쁜지 판단합니다. 그리고
이런 헤아림이 국가의 공적인 견해가 되면 '법률'이라고 불립니다.

클레이니아스 겨우겨우 따라가고 있습니다. 하지만 내가 따라간다고 보

64 arete.

65 trophe.

66 paideia.

67 sophia. 문맥에 따라 '지혜'(사변적인)로 옮길 수도 있다.

68 626d~e 참조.

69 hedone kai lype. 문맥에 따라 '쾌락과 고통'으로도 옮겼다.

70 doxa.

71 elpis. 문맥에 따라 '희망'으로 옮길 수도 있다.

72 phobos.

73 tharros.

74 logismos. 문맥에 따라 '계산' '셈' '추론' 등으로 옮길 수도 있다.

고 그다음 것도 말씀해주십시오.

메길로스 그 점은 나도 마찬가지랍니다.

아테나이인 우리는 이 문제를 이런 시각에서 보기로 합시다. 우리들 살
아 있는 생명체는 저마다 신들의 꼭두각시라고 생각하자는 말입니다.
우리가 신들의 장난감으로 조립되었는지 아니면 어떤 진지한 목적을 위
e 해 조립되었는지 우리는 알지 못합니다. 우리가 알고 있는 것은 우리 안
의 이런 감정들이 힘줄 또는 노끈처럼 상반된 행위를 향하여 상반된 방
향으로 우리를 밀고 당기는데, 여기에 미덕과 악덕의 차이가 있다는 것
입니다. 우리 논의에 따르면 각자는 이런 노끈 중 하나를 언제나 따르며
어떤 일이 있어도 그것을 놓지 말고 다른 노끈들의 당김에 저항해야 합
645a 니다. 이 노끈은 헤아림의 황금 같은 신성한 당김으로서 국가의 공법(公
法)이라고 불립니다. 이 노끈은 황금 같기 때문에 유연하지만, 다른 노끈
들은 온갖 것을 닮았기에 딱딱하고 무쇠와 같습니다. 하지만 우리는 법
률이라는 이 가장 고상한 당김에 언제나 협력해야 합니다. 헤아림은 고
상하지만 온유하고 강압적이지 않으므로 우리 안의 황금이 다른 성분
들을 이기려면 그것의 당김에는 조력자들이 필요하기 때문입니다. 그렇
b 게 하면 우리 자신을 꼭두각시에 비유한 미덕에 관한 이야기는 완전 실
패작이 되지 않을 것이며, 자신을 이긴다거나 자신에게 진다는 표현[75]
이 무엇을 의미하는지 조금 더 분명해질 것입니다. 또한 국가와 개인의
의무도 더 잘 구분할 수 있을 것입니다. 개인은 자신 안에서 이런 노끈
들을 제대로 헤아려 거기에 따라 살아야 하고, 국가는 어떤 신이나 이
런 것들의 전문가로부터 넘겨받아 그것을 국내의 다스림과 다른 국가

들과의 관계를 위해 법률로 구현해야 합니다. 그러면 악덕과 미덕이 더 c
분명하게 구별될 것이며, 이것들이 밝혀지면 아마도 교육과 다른 관행들도 더 명백히 밝혀질 것입니다. 특히 술을 마시며 함께 소일하는 관행은 사소한 일에 지나치게 긴말을 늘어놓는다고 여겨지겠지만 실은 그렇게 긴말을 늘어놓을 가치가 있는 주제라는 것이 밝혀질 것입니다.

술잔치의 교육 효과 (1)

클레이니아스 좋은 말씀입니다. 지금의 우리 논의에 중요해 보이는 것이면 무엇이든 충분히 검토하기로 합시다.

아테나이인 말씀해주십시오. 우리가 이 꼭두각시에게 술을 먹이면 그 d
것은 어떤 상태가 될까요?

클레이니아스 무엇을 염두에 두고 그런 질문을 하시는 거죠?

아테나이인 아직 특별히 염두에 두고 있는 것은 없고, 일반적으로 꼭두각시가 술에 취하면 그 결과 어떤 일이 일어날지 묻는 것입니다. 내 말뜻을 더 명확히 설명해보겠습니다. 내가 묻는 것은 이런 것입니다. 술을 마시면 즐거움과 괴로움, 분노와 애욕이 더 강렬해지나요?

클레이니아스 네, 아주 강렬해집니다.

아테나이인 감각적 지각[76]과 기억과 판단과 지혜는 어떤가요? 그런 것 e
들도 더 강렬해지나요? 아니면 누군가 고주망태가 되면 그런 것들은 그

75 626e~627a 참조.

76 aisthesis.

에게서 아주 떠납니까?

클레이니아스 네, 그런 것들은 그에게서 아주 떠납니다.

아테나이인 그러면 혼은 그가 어린아이였을 때와 같은 상태로 돌아가겠지요?

클레이니아스 물론입니다.

아테나이인 그러면 그때는 그의 자제력이 땅에 떨어질 것입니다.

646a **클레이니아스** 네, 땅에 떨어질 것입니다.

아테나이인 우리 주장에 따르면, 그런 사람은 가장 사악한 사람이겠지요?

클레이니아스 그렇습니다.

아테나이인 그렇다면 노인만이 두 번째로 아이가 되는 것이 아니라, 주정뱅이도 그런 것 같습니다.

클레이니아스 참으로 맞는 말씀입니다, 손님.

아테나이인 이런 관행을 온갖 노력을 기울여 회피할 것이 아니라 몸소 경험해보아야 한다고 우리를 설득하려 드는 어떤 논리라도 있습니까?

클레이니아스 있는 것 같습니다. 아무튼 그대는 그렇다고 말씀하시고, 조금 전에 그것을 설명하려고 했습니다.

b **아테나이인** 맞습니다. 제대로 일깨워주시는군요. 지금도 나는 그럴 참입니다. 두 분이 내 말을 듣고 싶다고 했으니까요.

클레이니아스 왜 듣고 싶지 않겠습니까? 인간은 때로는 자진하여 타락의 나락에 떨어져야 한다는 그대의 이상한 역설 때문에라도 꼭 듣고 싶습니다.

아테나이인 혼의 타락을 말씀하시는 거로군요. 그렇지 않나요?

클레이니아스 그렇습니다.

아테나이인 클레이니아스님, 몸의 나쁜 상태에 빠져드는 것은 어떨까요? 누군가 수척함이나 추함이나 무기력 같은 몸의 나쁜 상태에 자진하여 빠져든다면 우리는 놀라겠지요? c

클레이니아스 왜 아니겠습니까?

아테나이인 어떻습니까? 약을 복용하러 자진하여 의원을 찾는 사람은 자신의 몸이 그 직후에도 여러 날 동안, 만약 평생 동안 계속되면서 더는 살고 싶지 않을 그런 상태가 된다는 것을 모르리라고 생각합니까? 또는 우리는 체력 단련을 위해 체육관을 찾는 사람들은 일시적으로는 몸이 더 허약해진다는 것을 알지 못합니까?

클레이니아스 그런 것이라면 우리도 알고 있습니다.

아테나이인 또한 우리는 그다음에 올 이익 때문에 그들이 자진하여 그곳으로 간다는 것도 알고 있겠지요?

클레이니아스 참으로 훌륭한 말씀입니다. d

아테나이인 다른 관행도 같은 시각에서 보아야 하지 않을까요?

클레이니아스 물론입니다.

아테나이인 그러면 함께 술을 마시며 소일하는 일도 같은 시각에서 보아야 합니다. 이것도 다른 관행에 포함시키는 것이 옳다면 말입니다.

클레이니아스 왜 아니겠습니까?

아테나이인 그렇게 소일하는 것이 체력 단련 못지않게 우리에게 이득이 되는 것이 분명하다면, 그것은 우선 체력 단련과는 달리 고통을 수반하지 않는다는 점에서 체력 단련보다 우월합니다.

e **클레이니아스** 옳은 말씀입니다. 하지만 그런 관행에서 그런 이익을 발견할 수 있다면 놀라움을 금치 못할 것입니다.

아테나이인 그러면 우리는 바로 그 점을 설명하려고 노력해야 할 것 같습니다. 자, 말씀해주십시오. 우리는 두려움을 거의 상반되는 두 종류로 나눌 수 있을까요?

클레이니아스 어떤 종류로 나눈다는 거죠?

아테나이인 다음과 같이요. 나쁜 일이 일어날 것이라고 예상할 때 우리는 그것을 두려워하지요.

클레이니아스 네.

아테나이인 또한 비열한 짓이나 비열한 말을 하여 평판이 나빠질 것이
647a 라고 생각할 때 우리는 때로는 세평(世評)[77]을 두려워합니다. 나는 이런 두려움을 수치심이라고 부르는데, 남들도 다 그런다고 생각합니다.

클레이니아스 왜 아니겠습니까?

아테나이인 이것들이 내가 말하는 두 종류의 두려움입니다. 그중 두 번째 것은 고통과 두려움의 다른 대상들뿐만 아니라, 가장 크고 가장 흔한 즐거움과도 상반됩니다.

클레이니아스 참으로 옳은 말씀입니다.

아테나이인 그래서 입법자와 조금이라도 가치 있는 사람은 누구나 이런 두려움을 가장 존중하여 '겸손'[78]이라 부르고, 반면 그에 상반되는
b 자신감은 '불손'[79]이라 부르며 개인이든 국가든 모두에게 가장 큰 해악으로 여기는 것이 아닐까요?

클레이니아스 옳은 말씀입니다.

아테나이인 또한 이런 두려움은 수많은 큰 위험으로부터도 우리를 지켜주지만 특히 전쟁에서 승리와 안전을 확보하는 데는 다른 어떤 것보다 더 효과적이지 않을까요? 사실 승리를 가져다주는 것은 두 가지인데, 그중 하나는 적군에 대한 자신감이고, 다른 하나는 전우들 앞에서 겁쟁이라고 망신당하는 것에 대한 두려움이니까요.

클레이니아스 그렇습니다.

아테나이인 그래서 우리는 저마다 두려움을 떨쳐버리기도 하고 두려워 c
하기도 해야 하는데, 그 각각의 이유는 우리가 이미 설명한 바 있습니다.

클레이니아스 그렇습니다.

아테나이인 또한 누군가를 온갖 두려운 것들에 맞서서 두려움을 느끼지 못하도록 하고 싶다면 그런 사람으로 만들기 위해 우리는 법률의 도움을 받아 그를 두려움에 노출시켜야 합니다.

클레이니아스 그럴 것 같습니다.

아테나이인 반면에 우리가 누군가를 정의의 도움을 받아 두려워하는 사람으로 만들려고 한다면 어떻게 해야 할까요? 우리는 그가 자신의 쾌락들과 싸워 이기게 만들려면 그가 파렴치[80]와 맞붙어 싸우게 하여

77 doxa.

78 aidos.

79 anaideia.

80 anaischyntia.

d 파렴치에 단련되도록 해주어야 하지 않을까요? 누군가 진정으로 용감
해지려면 먼저 자신 안의 비겁함과 싸워서 이겨야 합니다. 그런 종류의
싸움에 경험이 없고 단련되지 않은 사람은 용감해질 수 있는 자신의 능
력을 절반도 발휘하지 못할 것입니다. 절제도 마찬가지가 아닐까요? 파
렴치하고 불의한 짓을 하도록 부추기는 수많은 쾌락과 욕구에 맞서 놀이
나 진지한 활동에서 말과 행동과 기술의 도움으로 싸워서 이겨보기는커
녕 그런 경험이 전혀 없는 사람이 과연 완벽하게 절제할 수 있을까요?

클레이니아스 그러기는 어려울 것 같습니다.

e **아테나이인** 그렇다면 어떤 신이 인간들에게 두려움의 물약을 주었는데,
누가 그 물약을 더 많이 마실수록 마실 때마다 자신을 그만큼 더 불행하
다고 여기게 되어 자신에게 지금 일어나고 있는 일과 앞으로 일어날 일
648a 을 모두 두려워한다고 가정해보십시오. 그리하여 종국에 가서는 가장
용감한 사람도 완전한 두려움에 사로잡혀버리지만 자고 난 뒤 일단 약
효가 떨어지면 매번 원래의 자신으로 되돌아온다고 가정해보십시오.

클레이니아스 하지만 손님, 우리는 그런 종류의 물약이 세상에 있다고 말할 수 있을까요?

아테나이인 없습니다. 하지만 그런 물약이 있다면 입법자는 그것을 사
용하여 용기를 불어넣을 수 있지 않았을까요? 그와 관련하여 우리는
입법자에게 이렇게 말을 걸겠지요. "입법자여, 그대가 입법하는 것이
b 크레테인들을 위해서든 다른 나라 사람들을 위해서든 그대는 무엇보
다도 그대의 시민들의 용기와 비겁함을 시험할 수 있는 어떤 시금석을
갖고 싶지 않소?"

클레이니아스 분명 모든 입법자는 "그렇소"라고 대답하겠지요.

아테나이인 "어떻습니까? 그대는 큰 위험이 따르지 않는 안전한 시금석을 원하시오, 아니면 그와 반대되는 것을 원하시오?"

클레이니아스 시금석은 안전해야 한다는 데 모두 동의할 것입니다.

아테나이인 "그 물약을 사용하기 위해 그대는 그들을 그런 두려움으로
인도하여 그들이 두려움을 느끼면 격려하고 충고하고 명예를 높여줌
으로써 그들이 두려움을 느끼지 않게 하며, 그대가 시키는 대로 하지 c
않고 모든 면에서 그대가 바라는 사람이 되기를 거부하는 자는 누구
든지 망신시키겠지요? 또 훈련을 용감하게 잘 마친 자들은 벌주지 않
고 보내주겠지만 그렇지 못한 자는 벌주겠지요? 아니면 그대는 그 물
약에 불만은 없지만 전혀 사용하지 않을 건가요?"

클레이니아스 손님, 입법자가 왜 그걸 사용하지 않겠습니까?

아테나이인 클레이니아스님, 아무튼 그 훈련은 오늘날 사용되는 방법
들에 비하면 놀랍도록 간편하며 개인에게도 작은 집단에게도 그대가
원하는 규모의 집단에게도 적합할 겁니다. 그러니 누가 최선의 상태에 d
이르기 전에는 자신을 남에게 보이기 싫고 망신당할까봐 외딴 곳으로
물러나 수천 가지 자질구레한 것 대신 이 물약만 구비하고 혼자서 두려
움에 맞서는 훈련을 한다면 그는 잘하는 것입니다. 또한 누가 천성과 수
련에 의해 자신은 이미 충분히 준비되었다고 믿고는 주저 없이 여럿이
같이 마시는 훈련을 하면서 자신이 그 물약으로 인한 불가피한 변화를
극복할 능력이 있다는 것을 보여준다면 그 또한 잘하는 것입니다. 그럼 e
으로써 그는 자신의 미덕에 힘입어 꼴사나운 실수는 단 한 번도 하지

않을뿐더러 다른 사람이 되지도 않으며, 오히려 자신도 남들처럼 술에 질까 두려워서 술잔을 마지막으로 돌리기 전에 자리를 뜰 수 있다는 것을 보여줄 것입니다.

클레이니아스 네, 손님. 그렇게 행동한다면 그런 사람도 절제 있다고 할 수 있겠지요.

649a **아테나이인** 그렇다면 입법자에게 다시 말합시다. "좋습니다, 입법자님. 두려움을 자아내는 그런 약은 신이 인간에게 주지도 않았고 인간이 스스로 생각해내지도 못한 것 같습니다. 나는 마술사들은 우리 술잔치에서 배제하니까요. 하지만 두려움을 모르게 하고 그래서는 안 되는 것들에 대해 때아니게 지나친 자신감을 갖게 하는 마실 거리가 있습니까? 아니면 이에 대해 우리는 무엇이라고 말해야 합니까?"

클레이니아스 그는 아마 술[81]을 염두에 두고 "있다"고 대답하겠지요.

아테나이인 그러면 그것은 방금 언급한 것의 정반대이겠지요? 우선 그

b 것을 마시는 사람은 마시자마자 전보다 기분이 좋아지고 많이 마실수록 그만큼 더 낙관적이 되고 자신이 무엇이든 할 수 있다고 생각하겠지요? 그리하여 종국에는 자신은 지혜로우니 무슨 말을 해도, 무슨 짓을 해도 된다고 믿고는 조금도 두려워하지 않고 주저 없이 아무 말이나 하고 아무 짓이나 하겠지요? 생각건대, 이에 대해서는 누구나 우리에게 동의할 것입니다.

클레이니아스 물론입니다.

아테나이인 그러면 우리 혼인에서 두 가지를 보살펴야 하는데, 그중 하나는 우리가 최대한 자신감을 갖는 것이고 다른 하나는 우리가 최대한 두려

움을 느끼는 것이라는 게 우리의 주장이라는 점을 상기하도록 합시다. c

클레이니아스 그대가 말씀하신 두 번째 것은 '겸손'의 특징인 것 같습니다.

아테나이인 제대로 기억하시는군요. 하지만 용기와 대담성은 두려움 속에서 단련되어야 하는 만큼 우리는 상반된 것은 상반된 것들 속에서 양성되어야 하는지 살펴보아야 합니다.

클레이니아스 분명 그런 것 같습니다.

아테나이인 그렇다면 그 속에서 우리가 자연스럽게 남달리 대담해지고
용감해지는 경험이란 바로, 우리가 파렴치와 대담성에서 최대한 자유 d
로워지는 대신 부끄러운 것은 어떤 경우든 감히 말하거나 당하거나 행하기를 두려워하도록 훈련하는 데 필요한 경험인 것 같습니다.

클레이니아스 그런 것 같습니다.

아테나이인 그런데 우리가 파렴치하고 대담해지는 것은 이런 것들을 경험할 때가 아닐까요? 분노, 애욕, 교만, 무지, 이익 추구, 비겁함 말입니다. 우리는 거기에 부(富), 아름다움, 체력, 사람을 쾌락으로 도취시켜 제정신이 아니게 만드는 모든 것을 추가할 수 있겠지요. 하지만 첫
째, 사람의 성격을 시험하는 데서 둘째, 사람의 성격을 훈련하는 데서 e
조심스럽게 이용하기만 하면 흥겨운 술잔치보다 더 값싸고 더 해가 없으며 더 적절한 것이 어디 있겠습니까? 그도 그럴 것이 어느 쪽이 더 위험하겠는지 생각해보십시오. 만 가지 불의(不義)의 원인인 음흉하고

81 oinos. 포도주.

사나운 기질을 타고난 사람과 위험 부담을 무릅쓰고 돈거래를 하는 것이 디오뉘소스 축제 기간 동안 그와 함께하는 것보다 더 위험하지
650a 않을까요? 또는 성적 쾌락의 노예가 된 사람을 시험해보고 싶어 그대는 그에게 딸이나 아들이나 아내를 맡김으로써 그의 혼의 상태를 알아내기 위해 가장 소중한 사람들을 위험에 내맡기시겠습니까? 사실 만 가지 다른 예를 들더라도 큰 비용을 들이지 않고 놀이를 통해 성격을 점검하는 이런 방법이 얼마나 유리한지 충분히 보여주지 못할 것입
b 니다. 이와 관련해서는 이것이 서로를 시험하는 공정한 방법이며 다른 시험들보다 더 값싸고 더 안전하며 더 신속하다는 데 크레테인들도 다른 나라 사람들도 이의를 제기하지 않을 것이라고 우리는 생각합니다.

클레이니아스 그건 맞는 말씀입니다.

아테나이인 따라서 혼의 본성과 상태를 아는 것은 혼을 돌보는 일을 관장하는 기술에 가장 쓸모 있는 것 가운데 하나일 것인데, 우리는 그 기술을 정치학[82]이라고 주장하고 있습니다. 그렇지 않습니까?

클레이니아스 그러고말고요.

82 politike.

제2권

제3부 교육에 이바지하는 기술

교육의 본질과 목적 (2)

아테나이인 이어서 우리가 술잔치와 관련하여 고찰해야 할 일은 이처 652a
럼 인간의 타고난 성향을 살피는 것이 술잔치의 유일한 이점인가, 아
니면 술잔치를 제대로 이용할 경우, 거기에는 우리가 진지하게 다루어
야 할 다른 큰 이점들이 있는가 하는 것입니다. 이에 대해 우리는 뭐라
고 말할까요? 그런데 우리 논의는 그런 것들이 있다고 암시하는 것 같
습니다. 하지만 어느 정도 그렇고 어째서 그런지 정신 차리고 들어봅시 b
다. 논의의 덫에 걸리지 않도록 말입니다.

클레이니아스 말씀 계속하십시오.

아테나이인 나는 우리가 바른 교육을 어떻게 정의했는지 되짚어보고 653a
싶습니다. 짐작컨대 바른 교육을 보전하는 일은 제대로 운영되기만 하
면 술잔치라는 관행에 달려 있는 것 같기에 하는 말입니다.

클레이니아스 굉장한 말씀을 하시는군요.

아테나이인 내가 주장하는 것은 어린아이가 유아기에 처음 느끼는 지

각은 쾌락과 고통이며, 쾌락과 고통을 통해 미덕과 악덕이 혼 안에 처
음 생긴다는 것입니다. 지혜와 흔들리지 않는 참된 의견[1]이 늘그막에
라도 생기는 사람은 누구든 행운아입니다. 아무튼 그것들과 그것들에
b 수반되는 좋은 것들을 모두 가진 사람은 완벽합니다. 따라서 나는 어
린아이들에게 처음 생기는 미덕을 '교육'이라고 부릅니다. 쾌락과 호
감, 고통과 미움이 그 이유를 이해할 수 있기 전부터 어린아이들의 혼
안에 제대로 생겨날 때 말입니다. 하지만 나중에 그 이유를 알고 나면
그들의 이성과 감정은 그것은 적절한 습관을 통해 제대로 훈련받았기
때문이라고 이구동성으로 주장할 것입니다. 이성과 감정의 이러한 조
화[2] 전체가 미덕입니다. 그러나 미워해야 할 것은 처음부터 끝까지 미
c 워하게 만들지만 사랑해야 할 것은 처음부터 끝까지 사랑하게 만드는
쾌락과 고통에 관련된 특정 훈련을 떼어내어 '교육'이라고 부른다면,
내 생각에 올바른 명칭을 부여하는 것 같습니다.

클레이니아스 손님, 우리가 생각하기에 교육에 대한 그대의 발언은 방
금 말씀하신 것도 앞서 말씀하신 것도 모두 옳은 것 같습니다.

기술은 교육을 어떻게 보완해야 하는가

아테나이인 좋습니다. 그렇다면 교육은 쾌감과 고통의 감정을 올바로
훈련하는 것입니다. 그러나 사람이 살다 보면 그 효과는 느슨해지다가
d 크게 약화됩니다. 그래서 신들은 이처럼 고생하도록 태어난 인간 종
족을 불쌍히 여겨 신들을 기리는 축제 기간에는 노고에서 벗어나 쉴
수 있게 한 것입니다. 그리고 신들이 무사 여신[3]들과 무사 여신들의 선

도자[4]인 아폴론과 디오뉘소스가 축제에 동참하게 한 것은 그렇게 함으로써 인간들이 다시 온전해지고 이들 신들에 힘입어 원기를 회복하도록 하기 위해서였습니다. 오늘날 우리가 귀가 따갑도록 듣는 이론이 하나 있는데, 우리는 그것이 사실에 부합하는지 아닌지 살펴보기로 합시다. 그 이론에 따르면, 사실상 모든 젊은 것은 몸도 혀도 가만있을 수 e
가 없어 언제나 움직이거나 소리 지르려고 하는데, 더러는 신이 나서 춤추고 유희하듯 뛰어오르고 껑충껑충 뛰는가 하면 더러는 온갖 종류의 소리를 질러댄다는 것입니다. 그런데 다른 동물은 모두 움직임에 관한 질서와 무질서의 감각 — 우리는 이것을 리듬과 선법(旋法)[5]이라 부르
지요 — 이 없는 데 반해 우리 인간은 이 둘을 느끼기도 하고 즐길 수도 654a
있는데, 이것은 무도(舞蹈)의 동참자로서 우리에게 주어졌다고 우리가

1 alethes doxa.

2 symphonia.

3 무사(Mousa 복수형 Mousai) 여신들은 제우스와 므네모쉬네(Mnemosyne '기억') 여신의 딸들로 시가의 여신들이다. 그들의 수는 3명, 7명 또는 9명이라고 하는데 고전기(기원전 480~323년)에는 9명으로 확정되었다. 그들은 또 로마 시대 후기에는 저마다 한 가지 기능을 맡게 되는데, 칼리오페(Kalliope)는 서사시를, 클레이오(Kleio 라/Clio)는 역사를, 에우테르페(Euterpe)는 피리 및 피리가 반주하는 서정시를, 멜포메네(Melpomene)는 비극을, 테릅시코레(Terpsichore)는 가무를, 에라토(Erato)는 뤼라(lyra) 및 뤼라가 반주하는 서정시 또는 연애시를, 폴륌니아(Polymnia 라/Polyhymnia)는 처음에는 찬신가를 나중에는 무언극을, 우라니아(Ourania 라/Urania)는 천문학을, 탈레이아(Thaleia 라/Thalia)는 희극과 목가(牧歌)를 관장하는 것으로 여겨졌다.

4 mousegetes.

5 rhythmos kai harmonia.

방금 말한 바로 그 신들의 선물이라는 것입니다. 그리하여 그 신들은 노래와 춤으로 우리가 함께 어우러지게 함으로써 우리가 움직이도록 부추기며 우리의 합창가무단[6]을 이끄는데, 그분들이 그것을 '합창가무단'이라고 이름 지은 것은 그것이 우리로 하여금 환희[7]를 느끼게 하기 때문이라는 것입니다. 우리는 일단 이 이론을 받아들여, 교육은 아폴론과 무사 여신들에게서 비롯되는 것이라고 주장할까요? 아니면 달리 뭐라고 할까요?

클레이니아스 그렇다고 주장해야겠지요.

b **아테나이인** 그러면 우리는 교육받지 못한 사람은 합창가무단에 참가할 수 있을 만큼 훈련받지 못한 사람이고, 교육받은 사람은 충분히 훈련받은 사람으로 보아야겠지요?

클레이니아스 물론입니다.

아테나이인 합창가무단의 공연은 춤과 노래가 결합된 것입니다.

클레이니아스 그렇지요.

아테나이인 그러면 훌륭하게 교육받은 사람은 노래도 잘 부르고 춤도 잘 출 수 있을 것입니다.

클레이니아스 그런 것 같습니다.

아테나이인 이제 우리가 방금 말한 것이 무슨 뜻인지 살펴보기로 합시다.

클레이니아스 어떤 것 말씀인가요?

아테나이인 "그는 노래도 잘 부르고 춤도 잘 춘다"고 우리는 말했는데,
c 거기에다 "만약 그가 훌륭한 노래를 부르고 훌륭한 춤을 춘다면"이라고 덧붙일까요? 아니면 덧붙이지 말까요?

클레이니아스 덧붙입시다.

아테나이인 그런데 어떤 사람이 아름다운 것을 아름다운 것이라고 여
기고 추한 것을 추한 것이라고 여기며 이런 판단에 따라 그것들을 대
한다면, 어떨까요? 그는 자기가 아름답다고 생각하는 것을 그때그때
말과 몸짓으로 적절히 표현할 수 있겠지요. 비록 그가 아름다운 것을
기뻐하지 않고 아름답지 못한 것을 미워하지 않는다 해도 말입니다. d
그런가 하면 다른 사람은 목소리와 몸을 이용해 아름다운 것을 표현
하거나 아름다운 것을 이해하는 데는 그다지 능하지 못해도, 아름다
운 것은 무엇이든 반기고 아름답지 못한 것은 무엇이든 혐오하므로 즐
거움과 괴로움을 올바로 느낍니다. 이 둘 중 어느 쪽이 음악적으로 더
잘 훈련되고 더 유능한 합창가무단원이 될까요?

클레이니아스 손님, 교육과 관련해서는 후자가 훨씬 뛰어납니다.

아테나이인 그러니 만약 우리 세 사람이 노래와 춤과 관련하여 무엇이
훌륭한 것[8]인지 이해한다면, 우리는 또한 누가 제대로 교육받은 사람
이고 누가 제대로 교육받지 못한 사람인지도 구별할 수 있을 것입니
다. 그러나 그것을 알지 못한다면 우리는 바른 교육을 보호할 안전장 e
치가 있는지, 있으면 어디에 있는지 결코 구별하지 못할 것입니다. 그
렇지 않습니까?

클레이니아스 그렇습니다.

6 choros.

7 chara.

8 to kalon. 아름다운 것.

아테나이인 그러면 그다음으로 우리가 사냥개처럼 추적해야 할 것들은 아름다운 자세[9]와 가락[10]과 노래와 춤입니다. 만약 이것들이 우리의 추적에서 벗어난다면 헬라스인 것이건 이민족 것이건 바른 교육에 대해 우리가 더 논의해봤자 소용없는 짓일 것입니다.

클레이니아스 네, 그렇습니다.

아테나이인 좋습니다. 그러면 우리는 아름다운 자세와 가락을 무엇이
655a 라고 정의해야 합니까? 자, 생각해보십시오. 용감한 혼과 비겁한 혼이 똑같은 곤경에 처한다면, 그들의 자세와 발성이 같을 수 있을까요?

클레이니아스 어찌 같을 수 있겠습니까? 안색부터 다를 텐데.

아테나이인 좋은 말씀입니다, 벗이여. 하지만 시가(詩歌)는 리듬과 선법을 포함하는 만큼 시가에는 자세와 가락이 있으므로 어떤 가락이나 자세가 '리듬에 맞다'거나 '선법에 맞다'고 할 수는 있지만, 합창가무단의 지휘자가 쓰는 '색조가 훌륭하다'[11]는 비유를 가락이나 자세에 사용하는 것은 옳지 못합니다. 그러나 비겁자와 용감한 사람의
b 자세와 가락과 관련하여 용감한 사람의 자세와 가락은 '훌륭하다'고 하고, 비겁자의 자세와 가락은 '추하다'고 하는 것은 옳습니다. 하지만 이런 것에 관해 너무 긴 토론에 말려드는 것을 피하기 위해 혼이나 몸의 미덕 또는 그것의 모상(模像)[12]에 속하는 자세와 가락은 모두 훌륭하고, 악덕에 속하는 것들은 그와 정반대라고 간단히 요약하기로 합시다.

클레이니아스 이치에 닿는 제안을 하시는군요. 지금으로서는 우리가 거기에 동의하는 것으로 여겨주십시오.

예술에서는 즐거움이 적절한 판단 기준인가

아테나이인 여기 또 다른 문제점이 있습니다. 합창가무단의 모든 공연
에 우리는 모두 똑같은 정도의 즐거움을 느낍니까, 아니면 그것은 사 c
실과는 거리가 멉니까?

클레이니아스 그것은 전혀 사실이 아닙니다.

아테나이인 그렇다면 우리가 이처럼 헤매는 까닭이 무엇이라고 말할까
요? 아름다운 것은 사람에 따라 다른가요? 아니면 아름다운 것은 같
은 것인데도 같지 않은 것으로 여겨지는 것일까요? 합창가무단의 악
덕 공연이 미덕 공연보다 더 아름답다거나, 남들은 모두 반대되는 시
가를 좋아해도 자기는 사악함을 표현하는 자세를 즐긴다고 주장할 사
람은 아무도 없을 테니 말입니다. 적어도 대다수 사람은 혼에 즐거움
을 주는 시가의 능력이 시가를 판단하는 기준이 되어야 한다고 주장 d
합니다. 하지만 그런 주장은 받아들일 수 없으며, 그런 말을 하는 것은
불경합니다. 오히려 우리가 헤매는 것은 이런 이유에서인 것 같습니다.

클레이니아스 어떤 이유입니까?

아테나이인 합창가무단의 공연은 온갖 종류의 행위와 상황을 통하여 성격을 모방하는데, 개별 연기자들은 일부는 자기 성격을 표현함으로

9 schema.

10 melos.

11 euchron.

12 eikon.

써, 일부는 남들 성격을 모방함으로써 자신이 맡은 역을 연기합니다.
그래서 합창가무단의 공연에서 말하는 것이나 노래 부르는 것이나 그
e 밖의 다른 요소가 그들이 타고난 성격이나 몸에 밴 습관 또는 이 둘 모
두에 맞으면, 그들은 좋아서 칭찬하며 "훌륭하다"고 말하기 마련입니
다. 하지만 이런 공연들이 그들의 본성이나 기질이나 습관에 맞지 않
을 때도 있는데, 그럴 때는 그런 공연을 좋아하거나 칭찬하지 않고 "형
편없다"고 말합니다. 그런데 누군가의 본성은 올바르지만 몸에 밴 습
관이 그 반대이거나 습관은 올바르지만 본성은 그 반대일 경우, 그가
656a 좋아하는 것과 그가 칭찬하는 것이 상반될 수 있습니다. 그런 사람들
은 그런 공연들이 즐겁기는 하지만 나쁘다고 말하니까요. 그래서 그들
은 지혜롭다고 생각되는 사람들 앞에서는 좋은 것이라고 진지하게 인
정하는 것처럼 보일까봐 그런 몸짓에 탐닉하고 그런 노래를 부르기를
부끄러워하지만, 마음속으로는 그런 것들을 좋아합니다.

클레이니아스 지당한 말씀입니다.

아테나이인 나쁜 자세나 나쁜 가락을 즐기는 사람은 그로 인해 해를 입
고, 그와 반대되는 것을 즐기는 사람은 덕을 보겠지요?

클레이니아스 아마도 그렇겠지요.

b **아테나이인** '아마도'가 아니라 '확실히'라고 말해야겠지요. 그것은 누
군가 나쁜 사람들의 사악한 성격과 함께 살면서 혐오하기는커녕 그런
성격을 좋아하며 반기고 그런 성격이 얼마나 비뚤어진 것인지 꿈속에
서처럼 반쯤밖에 알지 못하기에 건성으로 비판하는 경우와도 같습니
다. 그런 사람은 분명 자신이 좋아하는 것의 성격에 그것이 좋은 것이

든 나쁜 것이든 동화될 수밖에 없습니다. 설령 부끄러워서 그것을 칭찬하지는 않는다 하더라도 말입니다. 사실 성격이 이렇게 불가피하게 동화되는 것보다 더 큰 좋음이나 나쁨이 있다고 말하기는 어려울 것입니다.

클레이니아스 내 생각에도 그런 것 같습니다.

이집트의 예술 검열제도

아테나이인 그렇다면 시가 교육과 오락에 관한 법률이 제대로 제정되어 있거나 앞으로 제대로 제정될 국가에서 시인들은 어떤 리듬이든 어떤 가락이든 어떤 가사든 자신이 좋아하는 것들을, 법을 준수하는 시민의 아들들과 합창가무단의 젊은이들에게 그것들이 미덕과 악덕과 관련하여 이들에게 미치는 영향을 무시한 채 제멋대로 가르쳐도 된다고 생각할까요? c

클레이니아스 그건 말도 안 됩니다. 어떻게 그럴 수 있겠습니까?

아테나이인 하지만 오늘날 아이귑토스[13]를 제외한 사실상 모든 국가에서 그런 일이 허용되고 있습니다. d

클레이니아스 그런 일이 아이귑토스에서는 어떻게 법제화되어 있다는 말씀인가요?

아테나이인 듣기만 해도 놀랄 것입니다. 그곳 사람들은 국가의 젊은이들은 좋은 자세와 좋은 가락을 훈련을 통해 익혀야 한다는, 지금 논하고 있

13 Aigyptos. 이집트.

는 원칙을 이미 오래전에 알고 있었던 것 같습니다. 그들은 좋은 자세와
e 좋은 가락의 목록을 작성하여 신전에 게시했습니다. 그래서 화가들과 어
떤 종류의 것이든 자세를 재현하는 사람 누구에게나 이런 공식적인 목
록을 수정하거나 개혁하는 것이 허용되지 않았고, 오늘날에도 허용되지
않습니다. 이 분야에서도, 시가 전반에서도 말입니다. 그래서 그곳에서
유심히 살펴보면 그대는 1만 년 전에 — 대충이 아니라 정확히 1만 년 전
657a 에 — 오늘날에 만들어진 것들보다 더 아름답지도 더 추하지도 않은 그림
과 조각품을 발견하게 될 것입니다. 같은 기술로 만든 것들이니까요.

클레이니아스 정말 놀라운 말씀을 하시는군요.

아테나이인 아니, 그것은 입법자와 정치가의 최고의 업적이라고 말해
야겠지요. 물론 그곳에서도 그대는 나쁜 점을 많이 발견할 것입니다.
하지만 시가와 관련해 다음 사실은 참이고 주목할 가치가 있습니다.
입법을 통해 본성적으로 올바른 시가를 확고하게 제도화하는 것은
가능하다는 사실 말입니다. 그러나 그것은 신이나 신과 같은 인간이
b 나 할 수 있는 일입니다. 실제로 아이귑토스인들은 오랫동안 보존된
가락들은 이시스[14] 여신의 작품이라고 말합니다. 따라서 내가 말했듯
이, 누가 시가에서 올바름의 원칙을 어떻게든 파악하는 데 성공한다
면 주저 없이 이를 법률과 규정으로 만들어야 합니다. 즐거움을 추구
하고 지루함을 피하고 싶은 욕구는 언제나 새로운 시가를 찾게 하겠지
만, 그렇게 봉헌된 합창가무단의 공연을 시대에 뒤떨어진 것으로 낙인
찍어 퇴출시킬 힘은 없으니까요. 아무튼 아이귑토스에서는 퇴출시킬
힘이 없었고, 사실은 오히려 그와 정반대였습니다.

클레이니아스 그대가 방금 말씀하신 바에 따르면 실제로 그런 것 같습니다. c

적절한 즐거움과 부적절한 즐거움

아테나이인 그렇다면 시가와 합창가무가 수반되는 놀이의 올바른 이용은 대략 다음과 같은 것이라고 주저 없이 주장할 수 있겠지요? 우리는 잘나간다고 생각하면 즐겁고, 반대로 즐거우면 우리가 잘나간다고 생각합니다. 그렇지 않습니까?

클레이니아스 그렇습니다.

아테나이인 또한 그처럼 즐거울 때는 우리는 가만있지 못합니다.

클레이니아스 맞습니다.

아테나이인 젊은이들은 스스로 춤추고 노래하고 싶어합니다. 그러나 연장자들은 이전의 민첩함이 떨어지는지라 젊은이들의 놀이와 축제 d
를 구경하며 시간을 보내는 것이 적절하다고 생각합니다. 또한 우리는 이전의 민첩함이 우리를 떠나는 것이 아쉬워서 젊은이들이 경연하게 합니다. 젊은이들은 우리 안에 잠자고 있는 젊음의 감정을 기억을 통해 가장 잘 일깨워줄 수 있으니까요.

클레이니아스 참으로 맞는 말씀입니다.

아테나이인 그러면 축제 참가자들과 관련하여 오늘날 대중이 주장하 e

14 Isis. 고대 이집트의 풍요의 여신.

는 것을 전혀 근거 없는 것으로 여겨서는 안 되겠지요? 우리를 가장 신나고 즐겁게 해주는 사람이 가장 재주 있는 사람이니 우승자가 되어야 마땅하다는 주장 말입니다. 그럴 때는 우리가 훙청망청 놀아도 좋은 만큼 가장 많은 사람을 가장 즐겁게 해주는 사람이, 방금 말했듯이
658a 상을 받아야 하니까요. 그러는 것이 이론적으로도 옳거니와 실제로도 옳지 않을까요?

클레이니아스 아마도 옳겠지요.

아테나이인 하지만 클레이니아스님, 우리는 이런 일을 성급하게 결정할 것이 아니라, 부문별로 나누어 다음과 같이 문제를 검토하기로 합시다. 누가 경연을 개최하는데 그것이 체육 경기인지 시가 경연인지 마술(馬術) 경기인지 그 성격을 전혀 구분하지 않고는 온 시민을 한데 모아놓고 상을 제시하면서, 이것은 순전히 즐거움을 위한 경기인 만큼 원하는 사람은 누구든 경기에 참가할 수 있으며 관중을 가장 즐겁게 해
b 주는 사람이 우승자가 될 것이라고 선언한다고 가정해보십시오. 이어서 그가 방법에는 아무런 제약을 두지 않은 채 이 한 가지 점에서 탁월하기만 하면 경쟁자 중에서 가장 즐겁게 해주는 자로 인정받아 상을 타 갈 것이라고 선언한다고 가정해보십시오. 그가 그렇게 선언한다면 어떤 일이 일어날 것이라고 생각합니까?

클레이니아스 어떤 점에서 말입니까?

아테나이인 아마도 어떤 사람은 호메로스처럼 서사시를 음송하고, 어떤 사람은 키타라[15] 반주에 맞춰 노래하며, 어떤 사람은 비극을 연출하고, 다른 사람은 희극을 연출하겠지요. 또한 누군가 자기는 인형극을

보여주어야 우승할 가능성이 가장 높다고 생각하더라도 전혀 놀랄 일 c
이 아니겠지요. 이런 경쟁자들과 그 밖의 사람들이 수없이 경연에 참가할 때 우리는 도대체 누가 우승하는 것이 옳다고 말할 수 있을까요?

클레이니아스 질문이 이상하군요. 경연 참가자의 공연을 일일이 제 귀로 들어보기도 전에 도대체 누가 이미 알고 있다는 듯이 그대에게 대답할 수 있겠습니까?

아테나이인 어떻습니까? 여러분은 이 이상한 질문에 내가 답변하기를 원하십니까?

클레이니아스 물론입니다.

아테나이인 만약 아주 어린 아이들이 판정한다면 인형극 연출자에게 유리한 판정을 하겠지요. 그렇지 않을까요?

클레이니아스 왜 아니겠습니까? d

아테나이인 그리고 더 큰 아이들은 희극 연출자를 선택하겠지요. 그런가 하면 교육받은 여자들과 젊은이들과 거의 모든 주민은 비극을 선택할 것입니다.

클레이니아스 십중팔구 그럴 겁니다.

아테나이인 우리 늙은이들은 아마도 누가 『일리아스』나 『오뒷세이아』나 헤시오도스[16]의 서사시 중 일부를 훌륭하게 음송하는 것을 들으면

15 kithara. 고대 그리스의 발현악기(撥絃樂器)로 뤼라(lyra)를 개량한 것이다.

16 Hesiodos. 기원전 700년경에 활동한 그리스 서사시인이다. 그의 작품으로는 『신들의 계보』(*Theogonia*)와 『일과 날』(*Erga kai hemerai*) 등이 남아 있다.

가장 좋아하며 그가 단연 우승자라고 말하겠지요. 누가 정당한 우승자인가 하는 것이 우리의 다음 질문입니다. 그렇지 않나요?

클레이니아스 그렇습니다.

e **아테나이인** 분명 우리 세 사람은 우리 또래 남자들이 선택한 자가 정당
한 우승자라고 말할 것입니다. 우리가 생각하기에 우리의 이런 관습
이 오늘날 모든 나라와 도처에서 볼 수 있는 모든 관습 가운데 월등히
훌륭한 것이니까요.

클레이니아스 물론입니다.

아테나이인 거기까지는 나도 대중에게 동의합니다. 즐거움이 시가를 판
단하는 적절한 기준이라는 것 말입니다. 그러나 그 즐거움은 아무나
느끼는 그런 즐거움이어서는 안 됩니다. 오히려 가장 훌륭한 사람과 충
분히 교육받은 사람을 즐겁게 해주는 시가들이 가장 훌륭한 것들이
659a 며, 그 시가들이 미덕과 교육에서 다른 사람은 어느 누구도 이르지 못
한 높은 경지에 오른 단 한 사람을 즐겁게 해줄 때 특히 그렇습니다. 그
래서 우리는 이런 것들을 판정하는 사람에게는 미덕이 필요하다고 주
장하는 것입니다. 그런 사람은 분별력뿐 아니라 용기도 있어야 하니까
요. 참된 판관은 관객이 시키는 대로 판정해서는 안 되고, 군중의 고함
소리나 자신의 무지에 주눅 들어서도 안 되기 때문입니다. 또한 알고 있
으면서도 용기 없고 비겁한 탓에 처음 판관 자리에 앉았을 때 신들을 불
b 렀던 바로 그 입으로 거짓 맹세를 하며 경솔하게 판정해서도 안 됩니다.
당연한 일이지만 판관은 관객의 제자가 아니라 스승으로서 판관 자리
에 앉아 있는 만큼 관객에게 적절하지 못하고 바르지 못한 방법으로 즐

거움을 제공하는 자들을 제지해야 합니다. (헬라스의 옛 법률에 따르면 판관에게는 그러는 것이 허용되었습니다.) 예컨대 오늘날 시켈리아[17]와 이탈리아[18]에서 시행 중인 법률은 관객에게 결정권을 위임하여 거수가결로 우승자를 결정하게 함으로써 시인들을 망쳐놓았습니다. 시인들이 판관들의 타락한 취미에 영합하니까요. 그리하여 관객이 시인들의 c
스승이 된 거죠. 또한 그런 법률은 관객의 즐거움도 망쳐놓았습니다. 관객은 자신들의 성격보다 더 나은 성격을 묘사하는 것을 들음으로써 더 높은 수준의 즐거움을 경험해야 하는데도 지금 그들에게는 그들 자신의 잘못으로 그와 정반대되는 일이 벌어지고 있으니까요. 그렇다면 그에 대한 논의를 마무리한 지금 우리는 도대체 어떤 결론을 내려야 할까요? 여러분은 혹시 이런 결론을 내려야 하는 게 아닌지 살펴보십시오.

클레이니아스 어떤 결론 말이죠?

아테나이인 내가 보기에 우리 논의는 세네 번이나 돌고 돌아 같은 곳으 d
로 되돌아온 것 같습니다. 말하자면 교육은 법률에 의해 올바른 것으로 공표되고 가장 유능하고 나이가 많은 사람에 의해 경험에 근거해 진실로 올바른 것으로 인정된 원칙을 향하여 아이들을 이끌고 인도하는 과정입니다. 그래서 아이의 혼이 법률이나 법률에 복종하기로 설득된 사람들이 인정하지 않는 방법으로 즐거움과 괴로움을 느끼는 버릇을 들이지 않고, 그들을 따라가며 노인과 똑같은 것들에 대해 즐거움

17 Sikelia. 시칠리아의 그리스어 이름.

18 Italia. 남부 이탈리아.

e 과 괴로움을 느끼도록 하기 위해 우리가 '노래'[19]라고 부르는 것이 생
겨났는데, 그것은 사실은 우리가 말하는 조화[20]를 혼 안에 만들어내
기 위해 진지하게 고안한 주문(呪文)[21]입니다. 그러나 젊은이들의 혼
은 진지한 학습을 감당할 수 없는지라 주문은 '놀이'나 '노래'라고 부
르며 그런 이름으로 제공되지요. 이는 몸이 아프거나 허약한 사람들
660a 을 돌보는 사람들이 몸에 유익한 양분은 맛있는 먹을거리와 마실 거리
로 제공하되 몸에 해로운 양분은 역겨운 먹을거리와 마실 거리로 제공
하여 환자들이 전자는 반기지만 후자는 싫어하는 바람직한 버릇을 들
이게 하는 것과도 같습니다. 마찬가지로 올바른 입법자도 시인이 아름
답고 정선된 언어를 사용하여 절제 있고 용감하고 모든 점에서 훌륭한
사람의 자세를 리듬으로 그리고 가락을 선법으로 재현함으로써 올바
르게 시를 짓도록 설득할 것이며, 설득되지 않으면 강요할 것입니다.
b **클레이니아스** 하지만 손님, 그대는 오늘날 다른 국가에서는 시인들이 정
말로 그런 식으로 시를 짓는다고 믿으십니까? 내가 알기로는 이곳 크레
테와 라케다이몬말고는 그대가 말씀하시는 그런 관행은 어디에도 없
습니다. 춤과 시가 전반에 걸쳐 언제나 새로운 것들이 도입되고 있습니
다. 이런 변화를 불러오는 것은 법률이 아니라 어떤 무질서한 즐거움인
c 데, 이런 즐거움은 그대가 말씀하시는 아이귑토스인들의 취미처럼 변
함없고 늘 한결같기는커녕 한순간도 같은 상태로 머물지 않으니까요.
아테나이인 좋은 말씀입니다, 클레이니아스님. 하지만 만약 내가 그대
가 언급한 관행이 오늘날 시행되고 있는 듯이 말한 것처럼 보였다면,
그것은 십중팔구 내가 생각하는 바를 명확하게 표현하지 못해 그대가

내 말뜻을 오해하게 만든 탓이겠지요. 시가와 관련하여 내 바람을 말했을 뿐인데 내가 마치 현재의 사실을 말하는 듯한 인상을 준 것 같습니다. 이미 심하게 망가져버려 치유할 수 없게 된 것을 비난하는 것은 결코 즐거운 일이 아니지만 필요할 때도 있습니다. 이런 원칙들에 그대 d
도 동의하시니 자, 말씀해주십시오. 그대는 이런 원칙들이 다른 헬라스인보다도 크레테인들과 라케다이몬인들 사이에서 더 잘 지켜지고 있다고 주장하십니까?

클레이니아스 물론입니다.

아테나이인 어떨까요, 그런 원칙들을 다른 헬라스인도 받아들인다면? 그러면 지금보다 사정이 더 나아졌다고 할 수 있겠지요?

클레이니아스 훨씬 나아지겠지요. 만약 다른 헬라스인이 크레테와 라케다이몬의 관행을 받아들인다면 말입니다. 그것은 방금 그대가 권장하신 것이기도 하고요.

정의와 행복은 함께한다

아테나이인 자, 그러면 이제 이 문제와 관련하여 합의를 이끌어내도록 합시다. 그대들 두 분의 나라에서 모든 교육과 시가가 가르치는 것은 e
이런 것이 아닐까요? 말하자면 여러분은 훌륭한 사람은 크든 작든 강

19 oide.
20 이성과 감정의 조화. 653b 참조.
21 epoide.

하든 약하든 부유하든 가난하든 절제 있고 올바른 까닭에 행복하고
축복받았지만, 누가 키뉘라스나 미다스[22]보다 더 부유하다 하더라도
불의하다면 비참한 인간으로 괴로운 삶을 산다고 가르치도록 여러분
의 시인에게 강요합니다. 또한 여러분의 시인[23]은 이렇게 말하는데, 그
의 말이 옳습니다. 누가 올바르지 못하면서 고상하다고 일컬어지는 모
든 것을 행하고 소유한다 하더라도 "나는 그런 사람은 노래하지 않을 것
661a 이오." 설령 그런 사람이 "백병전을 벌이며 적을 공격한다 하더라도." 어
떤 사람이 불의하다면 나는 그가 "피비린내 나는 살육을 보고도 버텨
내는 것도", "트라케[24] 지방에서 불어오는 북풍[25]보다 더 빨리 달리는
것도", 좋은 것이라고 불리는 다른 어떤 것이 그에게 생기는 것도 원하지
않습니다. 사실 대중이 좋다고 말하는 것들은 진실로 좋은 것들이 아닙
니다. 대중에 따르면 건강이 으뜸가는 좋음이고, 미모가 두 번째이며, 부
(富)가 세 번째입니다. 그 밖에도 그들이 말하는 좋은 것은 부지기수입
b 니다. 이를테면 눈과 귀가 밝은 것, 감각의 대상을 빨리 지각하는 것, 나
아가 참주(僭主)[26]가 되어 하고 싶은 대로 하는 것이 있는데, 이런 더없
는 행복의 극치는 이런 좋은 것들을 모두 소유하여 곧바로 불사(不死)
의 존재가 되는 것입니다. 그러나 우리 세 사람은 올바르고 경건한 사람
에게는 이 모든 것이 가장 좋은 소유물이지만, 불의한 자들에게는 건강
을 비롯하여 이 모든 것이 저주라고 주장합니다. 사실 누가 좋다고 불리
c 는 이 모든 것을 갖고 있지만 정의와 미덕 일반이 결여된 상태로 영원히
죽지 않는다면 그에게는 보는 것, 듣는 것, 느끼는 것은 물론이고 살아 있
다는 것 자체가 가장 큰 재앙일 테지만, 그런 사람이 아주 짧은 기간만

생존한다면 그것은 작은 재앙일 것입니다. 여러분은 아마 여러분 나라의 시인들이 내가 말하는 그런 것들을 말하도록, 그리고 여러분의 젊은이들을 교육하기 위해 그들이 만들어내는 리듬과 선법에서 나의 이런 원칙을 구현하도록 설득하거나 강요할 것입니다. 그렇지 않습니까? 잘 생각해보십시오. 내 주장은 명확합니다. 이른바 '나쁜 것들'은 올바른 사 d
람에게는 나쁘지만 불의한 사람에게는 좋고, 이른바 '좋은 것들'은 좋은 사람에게는 참으로 좋지만 나쁜 사람에게는 나쁘다는 것입니다. 다시 묻겠습니다. 우리 세 사람은 합의에 이르렀나요? 아니면 어떤가요?

클레이니아스 내가 보기에 부분적으로는 그런 것 같고, 부분적으로는 그러지 못한 것 같습니다.

아테나이인 누가 건강과 부와 참주의 권력을 영원히 누린다고 가정해보십시오. 여러분만 좋다면 나는 거기에다 엄청난 힘과 용기를 덧붙이고, 그를 죽음과 이른바 다른 재앙들에서 벗어나게 해주겠습니다. 하 e
지만 그의 내면에는 불의와 교만[27]만이 가득하다고 가정해보십시오. 그런 삶을 사는 사람은 행복하지 못하고 비참하다고 말해도 나는 아

22 키뉘라스(Kinyras)는 퀴프로스(Kypros) 섬의 전설적인 왕으로 큰 부자였다고 한다. 미다스(Midas)는 소아시아 프뤼기아(Phrygia) 지방의 왕으로 그가 손으로 만지는 것은 모두 금으로 변했다고 한다.

23 튀르타이오스. 629a 참조.

24 Thraike. 지금의 그리스 북동 지방과 불가리아.

25 그리스 신화의 북풍의 신 보레아스(Boreas)를 말한다.

26 tyrannos. 무력으로 정권을 탈취한 일종의 군사독재자.

27 adikia kai hybris.

마 여러분을 설득하지 못하겠지요?

클레이니아스 참으로 맞는 말씀입니다.

아테나이인 좋습니다. 그다음에는 우리가 뭐라고 말해야 할까요? 용감하고 강하고 잘생기고 부유한 데다 평생토록 원하는 것은 무엇이든 하
662a 는 어떤 사람이 불의하고 교만하다면, 여러분은 그가 수치스러운 삶을 살 수밖에 없다고 생각하지 않으십니까? 아무튼 여러분은 그의 삶을 '수치스럽다'고 부르는 데는 동의하시겠지요?

클레이니아스 물론입니다.

아테나이인 그러면 어떻습니까? 그가 '나쁜' 삶을 살 것이라는 데도 동의하십니까?

클레이니아스 아니, 거기에는 동의하고 싶지 않습니다.

아테나이인 어떻습니까? '즐겁지 못한'이나 '자신에게 이롭지 못한'이라는 표현은 받아들이겠습니까?

클레이니아스 우리가 어떻게 그런 표현들까지 받아들일 수 있겠습니까?

b **아테나이인** "어떻게"라고 물으시는 것입니까? 친구들이여, 우리가 이 점에 대해 합의에 이른다면 그것은 기적이나 다름없을 것입니다. 지금은 우리가 서로 의견을 아주 달리하니까요. 친애하는 클레이니아스님, 내가 보기에 이런 결론은 당연하며 크레테가 섬이라는 사실보다 더 분명합니다. 만약 내가 입법자라면 나는 시인들과 모든 시민이 그렇게
c 말하도록 강요하려고 노력할 것이며, 나라 안의 누군가 사악하지만 즐겁게 사는 자들이 있다거나 유익하고 이득이 되는 것은 올바른 것과는 별개의 것이라고 주장한다면 엄벌로 다스릴 것입니다. 또한 나는 세

상의 다른 사람은 물론이고 아마도 크레테인들과 라케다이몬인들이
오늘날 말하는 것과 다른 많은 것도 말하도록 우리 시민을 설득할 것입
니다. 자, 가장 훌륭한 분들이여, 제우스와 아폴론에 맹세코, 여러분을
위해 입법해준 이 두 분 신에게 우리가 묻는다고 가정해보십시오. "가
장 올바른 삶이 가장 즐거운 삶입니까? 아니면 삶에는 두 가지가 있어, d
그중 하나는 가장 즐거운 삶이고 다른 하나는 가장 올바른 삶입니까?"
두 가지가 있다고 그분들이 대답할 경우, 우리가 제대로 묻고 싶다면 또
다시 물을 것입니다. "우리는 둘 중 어느 쪽이 더 행복하다고 말해야 합
니까? 가장 올바른 삶을 사는 사람입니까, 아니면 가장 즐거운 삶을 사
는 사람입니까?" 만약 그분들이 "가장 즐거운 삶을 사는 사람이"라고
대답한다면 이상한 답이라고 할만 합니다. 나는 그런 말은 신들이 아니
라 선조나 입법자가 할 법하다고 생각하고 싶군요. 그러니 내가 앞서 던 e
진 질문을 선조나 입법자 가운데 한 분에게 물은 것으로 생각하고, 그분
이 가장 즐거운 삶을 사는 사람이 가장 행복하다고 대답한다고 가정합
시다. 그러면 나는 이렇게 말하겠지요. "아버지, 아버지는 내가 최대한
행복하게 살기를 원하지 않으셨나요? 그런데도 아버지는 언제나 최대
한 올바르게 살라고 나에게 권유하기를 멈추지 않으시는군요." 그런 시
각에서 보면 그런 취지의 말을 한 사람은 입법자든 선조든 아마 논리적
이지 못하고 앞뒤가 안 맞는 말을 하는 것처럼 보일 것입니다. 그런가 하
면 가장 올바른 삶이 가장 행복한 삶이라고 그가 밝힌다면 그의 말을
들은 사람은 누구나 그런 삶에는 즐거움보다 더 나아서 법률이 칭찬해 663a
마지않는 어떤 좋고 아름다운 것이 있는지 캐묻겠지요. 그도 그럴 것이

올바른 사람이 얻는 좋음은 그 어떤 것도 즐거움과는 떨어질 수 없는 것이 아닐까요? "자, 말해보십시오. 인간과 신들에게 좋은 평판과 칭찬을 듣는 것은 좋고 아름답지만 즐겁지는 않고 나쁜 평판은 즐거운가요?" 우리는 "친애하는 입법자님, 물론 그렇지 않습니다"라고 대답할 것입니다. 아니면 남을 해코지하지도 않고 남에게 해코지당하지도 않는 것은 좋고 아름답기는 해도 즐겁지 않고, 남을 해코지하고 남에게 해코지당하는 것은 즐겁기는 해도 수치스럽고 나쁜 것인가요?

클레이니아스 어찌 그럴 수 있겠습니까?

b **아테나이인** 그러니 즐거운 것과 올바르고 좋고 아름다운 것을 갈라놓지 않는 이론은 다른 데는 도움이 안 되더라도 누군가가 올바르고 경건한 삶을 살도록 설득하는 데는 도움이 될 것입니다. 그래서 그것들이 그렇지 않다고 주장하는 이론은 입법자의 관점에서는 가장 수치스럽고 적대적인 이론입니다. 괴로움보다 더 많은 즐거움을 가져다주지 않을 어떤 것을 행하도록 자진하여 설득당할 사람은 아무도 없을 테니까요.

사물을 멀리서 보면 누구에게나 특히 어린아이에게는 흐릿하게 보
이기 마련인데, 입법자는 안개를 걷어냄으로써 우리의 이러한 인상을
c 정반대로 바꿀 것입니다. 그리고 정의와 불의에 대한 우리의 판단은 그
림자 그림과 같은 것이어서, 정의의 적에게는 자신의 불의하고 사악한
관점에서 보면 불의가 즐거워 보이는 반면 정의는 즐겁지 않아 보이지
만, 올바른 사람의 관점에서 보면 정의와 불의는 언제나 그와 정반대
로 보인다고 습관화나 칭찬이나 논의를 통해 우리를 설득할 것입니다.

클레이니아스 그런 것 같습니다.

아테나이인 그런데 우리는 어느 쪽 판단이 더 참된 것이라고 주장할까요? 더 못한 혼의 판단입니까, 더 나은 혼의 판단입니까?

클레이니아스 당연히 더 나은 혼의 판단이겠지요. d

아테나이인 그러면 불의한 삶은 올바르고 경건한 삶보다 당연히 더 수치스럽고 더 사악할뿐더러 사실은 덜 즐겁겠군요.

클레이니아스 친구들이여, 아무튼 지금 우리 논리대로라면 그런 것 같습니다.

아이들은 쉽게 설득당한다

아테나이인 그리고 지금 우리 논의가 입증한 것이 사실과 다르다 하더
라도 조금이라도 쓸모 있는 입법자라면 젊은이들을 위해 감히 거짓말
을 할 경우 이보다 더 유익하며, 모두가 모든 것을 강요받지 않고 자발
적으로 올바르게 행하도록 하는 데 이보다 더 효과적인 거짓말을 할 e
수 있을까요?

클레이니아스 손님, 진리는 아름답고 영원한 것입니다. 하지만 사람들에게 진리를 설득하기란 쉬운 일이 아닌 것 같습니다.

아테나이인 그럴지도 모르지요. 하지만 시돈[28]인들의 신화는 믿기 어려운 이야기인데도 사람들을 쉽게 설득했고, 그 밖에도 그런 이야기는 부지기수랍니다.

28 Sidon. 페니키아 지방의 큰 도시로 여기서는 페니키아와 동의어로 쓰이고 있다. '시돈인들의 신화'란 카드모스 신화를 말하는데 이에 관해서는 641c와 1권 주 58 참조.

클레이니아스 그게 어떤 이야기들이지요?

아테나이인 이빨들을 대지에 뿌린 이야기와 그 이빨들에서 중무장한 전사들이 태어났다는 이야기 말입니다. 이 놀랄 만한 사례가 입법자에
664a 게 보여주는 것은 입법자가 시도하기만 하면 젊은이들에게 무엇이든 설득할 수 있다는 것입니다. 따라서 입법자는 어떤 믿음이 국가에 가장 유익한지 고찰하고 찾아내면 됩니다. 그러기 위해 입법자는 공동체 전체가 이런 것들에 대해 노래와 이야기와 논의에서 평생토록 최대한 한 목소리를 낼 수 있도록 하는 가능한 모든 방책을 세워야 합니다. 하지만 여러분은 이에 대해 다르게 생각한다면 기탄없이 반박해주십시오.

b **클레이니아스** 우리 가운데 어느 누구도 그대의 의견을 반박할 수 없을 것 같습니다.

세 합창가무단

아테나이인 그렇다면 다음 주제를 제시하는 것은 내 몫이겠군요. 우리의 합창가무단은 셋 다 아직 어리고 부드러울 때 아이들의 혼에 마법을 걸어야 하고, 우리가 이미 말했거나 앞으로 거론할 고상한 원칙을 모두 되풀이하여 들려주어야 합니다. 그리고 이런 원칙의 핵심으로서 우리는 신들이 말하는 가장 즐거운 삶과 가장 좋은 삶은 같다고 주장
c 해야 합니다. 그러면 우리는 엄연한 사실을 말할뿐더러 우리가 설득해야 할 사람들을 우리가 다른 원칙을 내세울 때보다 더 효과적으로 설득할 것입니다.

클레이니아스 그대의 말씀에 동의하지 않을 수 없군요.

아테나이인 먼저 무사 여신들에게 바쳐진 어린이 합창가무단이 모든
시민 앞에서 그런 원칙을 더없이 진지하게 선창하는 것이 가장 옳겠지
요. 두 번째로 30세가 안 된 사람들의 합창가무단이 등장하여 자기
들이 하는 말이 진실임을 증언해달라고 아폴론 파이안[29]을 부르며 자
기들이 젊은이들을 설득할 수 있게 자비를 베풀어달라고 기도할 것
입니다. 세 번째로 30세와 60세 사이에 있는 사람들이 노래해야 합니 d
다. 그러면 60세 넘은 사람들이 남는데, 이들은 물론 더는 노래할 수 없
지만 같은 인물들이 등장하는 이야기들을 신에게 영감 받은 목소리로
들려줄 것입니다.

클레이니아스 하지만 손님, 그대가 말씀하시는 세 번째 합창가무단원은 대체 어떤 사람들입니까? 그들과 관련하여 그대가 무슨 말씀을 하시려는 것인지 우리는 명확히 이해하지 못했습니다.

아테나이인 하지만 지금까지 우리가 논의한 것은 대부분 그들을 위해서였습니다.

클레이니아스 우리는 여전히 이해하지 못하겠으니 더 자세히 설명해주 e
십시오.

아테나이인 기억하건대 우리는 이 논의의 첫머리[30]에서 모든 어린것은 본성이 불같아서 몸도 혀도 가만있을 수 없기에 제멋대로 소리지르며 껑충껑충 뛴다고 말했습니다. 또 우리는 말하기를, 다른 동물은 몸과

29 Paian. 치유의 신으로서의 아폴론의 다른 이름.

30 653d 이하 참조.

목소리에서 질서 감각을 발전시킬 수 없지만 인간만은 그럴 수 있는
665a 능력을 타고나는데, 운동의 질서는 '리듬'이라 하고 고음과 저음이 결합하는 목소리의 질서는 '선법'이라 하며, 이 둘의 결합은 '합창가무단에 의한 공연'이라 한다고 했습니다. 또 우리는 신들이 우리를 불쌍히 여겨 아폴론과 무사 여신들을 우리 합창가무단의 동참자와 선도자로 지정해주었다고 했습니다. 그분들 외에도, 기억하건대, 세 번째로 디오뉘소스를 지정해주었다고 우리는 말했습니다.

클레이니아스 물론 기억하고 있습니다.

아테나이인 아폴론의 합창가무단과 무사 여신들의 합창가무단은 이
b 미 설명했으니, 마지막이자 세 번째인 디오뉘소스의 합창가무단도 설명해야 할 것입니다.

클레이니아스 왜죠? 그대가 설명해주십시오. 하긴 연로한 사람들의 디오뉘소스 합창가무단은 아주 이상하게 들립니다. 아무튼 처음 듣기에는 그렇습니다. 30세, 아니 50세도 넘은 사람부터 60세가 다 된 사람들까지 디오뉘소스를 위해 실제로 노래하며 춤을 춘다는 뜻이라면 말입니다.

아테나이인 정말로 맞는 말씀입니다. 한데 그렇게 하는 것이 어째서 합리적인지 설명이 필요할 것 같습니다.

클레이니아스 물론입니다.

아테나이인 그러면 우리는 앞서 말한 것에는 동의하는 것인가요?

c **클레이니아스** 어떤 것 말씀이죠?

아테나이인 어른이든 아이든 자유민이든 노예든 남자든 여자든 국가

전체가 우리가 말한 주문들로 끊임없이 자신들에게 마법을 걸어야 하며, 노래하는 자들이 그 노래들에서 충족되지 않는 욕구와 즐거움을 느끼도록 가능한 온갖 방법으로 끊임없이 변화와 다양성을 그 노래들에 부여해야 한다는 것 말입니다.

클레이니아스 그래야 한다는 데 어찌 동의하지 않을 수 있겠습니까?

아테나이인 이 마지막 합창가무단은 우리 국가에서 가장 훌륭한 부분 d
으로 그 구성원의 연륜과 지혜 덕분에 어떤 다른 집단보다 더 설득력이 있는데, 이 부분이 도대체 어디서 그것의 가장 아름다운 노래들을 불러야 가장 효과적일까요? 아니면 가장 아름답고 가장 유익한 노래들을 가장 잘 부를 수 있는 이 부분을 어리석게도 무시해버릴까요?

클레이니아스 무시해서는 안 됩니다. 그대가 방금 말한 대로라면 말입니다.

아테나이인 어떻게 하는 것이 좋을까요? 이렇게 하면 어떻겠는지 여러분이 검토해보십시오.

클레이니아스 어떻게 한다는 거죠?

아테나이인 누구나 늙으면 노래하기도 싫어지고 노래하는 것이 덜 즐거우며, 노래하지 않을 수 없을 때는 노래하는 것을 부끄러워하게 되는데, 이런 경향은 늙어갈수록 그리고 더 신중해질수록 심해집니다. 그 e
렇지 않습니까?

클레이니아스 그렇고말고요.

아테나이인 그러니 그는 극장에서 온갖 사람이 모인 앞에 서서 노래하는 것은 더 부끄러워하게 되겠지요. 또한 그 나이의 남자들이 우승을 위해 경연에 참가하는 합창가무단의 단원처럼 발성 연습을 할 때는 살을 빼고 절식해야 한다면, 노래하는 것을 즐겁지 못하고 창피스러운 일로 여겨 열성을 보이지 않을 것입니다.

666a **클레이니아스** 온당한 말씀입니다.

아테나이인 그러면 노래에 열성을 보이게 하려면 어떻게 그들을 격려해야 할까요? 우리는 먼저 이렇게 입법하지 않을까요? 18세 미만의 아이들은 일절 술을 마셔서는 안 된다고 말입니다. 우리는 그들이 과업에 착수하기도 전에 이미 그들의 몸과 혼에 깃든 불에다 불을 쏟아부어서는 안 되며, 젊은이의 격하기 쉬운 성질을 경계해야 한다고 그들에게 가르칠 것입니다. 우리의 두 번째 법률은 30세 미만의 젊은이에게 적정
b 량의 음주는 허용하되 취하거나 과음하는 것은 금할 것입니다. 그러나 그가 40줄에 들면 공동식사의 즐거움에 참가하여 연로한 자들의 휴식 시간이기도 한 이 입교의식에 신들, 특히 디오뉘소스를 초청해야 합니다. 이는 노년의 경직성을 치유할 수 있는 약으로서 디오뉘소스가 인간에게 준 선물이니까요. 그것의 효과는 우리가 다시 젊어져 혼이 의기소침함을 털어버림으로써 딱딱해진 혼의 성질이 마치 불속에 넣은 무쇠
c 처럼 더 부드러워지고 더 유연해지는 것입니다. 누구나 이런 상태가 되면 무엇보다도 우리가 되풀이하여 '주문'이라고 말한 노래를 부르는 일에 더 열성을 보이고 덜 부끄러워하지 않을까요? 낯선 사람들이 다수 모인 앞에서라면 몰라도 소수의 친구들이 모인 앞에서는 말입니다.

클레이니아스 훨씬 더 그렇겠지요.

아테나이인 그들이 우리 노래에 참가하게 하기 위해 그런 방책을 쓰는

것도 부적절하지 않겠군요. d

클레이니아스 부적절하지 않고말고요.

아테나이인 그들은 어떤 목소리로 어떤 노래를 부를까요? 분명 그들에게 적합한 노래여야겠지요?

클레이니아스 왜 아니겠습니까?

아테나이인 그러면 그 신과 같은 남자들에게 어떤 노래가 적합할까요? 합창가무단의 노래겠지요?

클레이니아스 아무튼 손님, 우리 크레테인들과 라케다이몬인들이라면 합창가무단에서 연습을 통해 익힌 것말고 다른 노래는 부를 수 없을 것입니다.

아테나이인 당연하지요. 사실 여러분은 가장 아름다운 노래에는 이르지 못했으니까요. 여러분의 정체는 도시 거주자들의 공동체가 아니라 e
군영(軍營)을 닮았고, 여러분은 젊은이들이 망아지 떼처럼 함께 풀을 뜯게 하니까요. 여러분 가운데 어느 누구도 자신의 망아지가 격렬하게 항의한다고 같이 풀을 뜯는 무리에서 끌고 나가 개인 마부에게 맡기지 않습니다. 빗질을 해주거나 쓰다듬어주면서 훈련을 시키지도 않으며 교육에 신경 쓰지 않습니다. 그러면 그는 훌륭한 전사가 될 뿐 아니 667a
라 국가나 그 도시들의 유능한 관리가 될 텐데도 말입니다. 그런 사람은 한마디로 우리가 앞서 말했듯이 튀르타이오스의 전사보다 더 훌륭한 전사입니다. 그는 공적으로든 사적으로든 언제 어디서나 용기를 미덕의 서열에서 네 번째로 평가하고, 첫 번째로 평가하지 않으니까요.

클레이니아스 손님, 그대는 이번에도 우리 입법자를 은근히 깎아내리시는군요.

아테나이인 클레이니아스님, 설령 내가 그런다 해도 고의로 그러는 것
은 아닙니다. 그러나 두 분만 좋다면 우리는 논의가 이끄는 대로 따라
가야 합니다. 만약 우리가 합창가무단이나 공공 극장에서의 음악보다
b 더 아름다운 음악을 안다면 이를 이들 노인에게 할당해야 합니다. 그
들은 우리가 말했듯이 합창가무단이나 공공 극장에서의 음악은 창피
해하지만 더없이 아름다운 음악에는 참여하고 싶어하니까요.

클레이니아스 물론입니다.

세 번째 합창가무단의 자격: 예술의 현대적 경향에 대한 비판

아테나이인 먼저 어떤 기쁨이 수반되는 모든 것의 가장 중요한 가치는
틀림없이 기쁨 자체이거나 어떤 올바름이거나 세 번째로 어떤 유익함
이 아닐까요? 이를테면 먹는 것과 마시는 것과 영양 섭취 일반에는 우
리가 즐거움이라고 부르는 기쁨이 수반된다고 나는 주장합니다. 그러
c 나 그런 올바름과 유익함은 바로 우리가 섭취하는 음식물의 '건강에
좋음'입니다. 이것이 그런 음식물들의 진정한 올바름이니까요.

클레이니아스 물론입니다.

아테나이인 배움에도 어떤 기쁨, 즉 즐거움이 수반됩니다. 그러나 그것의 올바름과 유익함을, 그것의 탁월함과 고상함을 산출하는 것은 참입니다.

클레이니아스 그렇습니다.

d **아테나이인** 닮은 것을 만들어내는 모방 예술은 어떻습니까? 이런 예술

이 닮은 것을 만드는 데 성공하여 어떤 즐거움이 수반된다면 이를 기쁨이라고 말하는 것은 지당하지 않을까요?

클레이니아스 지당합니다.

아테나이인 그러나 일반적으로 말해서 그런 것의 올바름은 실물의 양과 질을 정확히 재현하는 데 달려 있고, 그것이 주는 즐거움에 달려 있지 않습니다.

클레이니아스 좋은 말씀입니다.

아테나이인 그러면 즐거움은 어떤 유익함도 참도 유사성도 해악도 산
출하지 않고 다른 것들에 수반되는 기쁨의 요소를 위해서만 산출되는 e
어떤 것을 판단할 때에만 적절한 판단 기준일 것입니다. 사실 그런 것은 다른 것들이 아무것도 수반되지 않는 만큼 '즐거움'이라고 부르는 것이 가장 좋을 것입니다.

클레이니아스 그대는 지금 해롭지 않은 즐거움만을 말씀하시는군요.

아테나이인 네. 그리고 이런 즐거움이 이렇다 할 해악이나 이익을 가져다주지 않을 때 나는 그것을 '놀이'[31]라고도 부릅니다.

클레이니아스 참으로 맞는 말씀입니다.

아테나이인 그러면 우리가 말한 것들로 미루어 모방[32]이나 같음[33]을 판
단하는 데는 즐거움과 참되지 못한 의견이야말로 가장 적합하지 못한 668a

31 paidia.

32 mimesis.

33 isotes.

판단 기준이라고 말할 수 있지 않을까요? 같은 것이 같고 균형 잡힌 것이 균형 잡히는 것은 누군가가 그렇다고 믿기 때문이 아니고 누군가가 기뻐하기 때문도 아닙니다. 말하자면 그것이 그런 것은 다른 어떤 것 때문이 아니라 무엇보다도 정확성 때문이 아닐까요?

클레이니아스 전적으로 동의합니다.

아테나이인 그래서 우리는 모든 시가는 묘사와 모방의 기술이라고 말하는 것이 아닐까요?

클레이니아스 물론입니다.

아테나이인 그러니 즐거움이 시가의 판단 기준이라고 주장하는 사람
이 있다면 우리는 그런 주장은 단호하게 배격해야 하며, 혹시 어딘가
b 에 그런 시가가 있다면 결코 진지한 것으로 받아들여서는 안 되고 아
름다움이라는 모형과 닮은 데가 있는 시가를 선호해야 합니다.

클레이니아스 참으로 맞는 말씀입니다.

아테나이인 따라서 가장 아름다운 노래와 시가를 추구하는 이러한 사람들[34] 은 즐거운 음악이 아니라 올바른 음악을 추구해야 하는데, 모방의 올바름은 우리가 말했듯이 모형의 양과 질을 성공적으로 재현하는 데 있습니다.

클레이니아스 왜 아니겠습니까?

아테나이인 또한 시가의 경우 시가의 모든 작품은 모방이고 묘사라는
c 데는 누구나 동의할 것입니다. 적어도 이 점에는 시인도 관객도 배우도
모두 동의하지 않을까요?

클레이니아스 물론 동의하겠지요.

아테나이인 각각의 작품을 실수 없이 판단하려는 사람은 그 작품의 정확한 본성을 알아야 할 것 같습니다. 그것의 본질[35]을, 다시 말해 그것이 의도하는 바가 무엇이며 그것이 무엇을 재현한 것인지 알지 못한다면, 작가가 목표 달성에 성공했는지 실패했는지 알기 어려울 테니까요.

클레이니아스 물론 알기 어렵겠지요.

아테나이인 또한 작품의 올바름을 알지 못하는 사람은 작품의 좋음과 d
나쁨을 판단할 수 없겠지요? 내 말뜻이 좀 모호하지만 이렇게 말하면
아마 더 명확해지겠지요.

클레이니아스 어떻게 하신다는 거죠?

아테나이인 우리 눈으로 볼 수 있는 모상은 물론 수없이 많습니다.

클레이니아스 네.

아테나이인 어떻습니까? 그런 것들의 경우에도 누군가 재현된 몸[36]들
의 각각의 본성을 모른다면 작품이 올바르게 완성되었는지 알 수 있
을까요? 말하자면 그는 작품이 몸의 각 부분의 수와 배열을 그대로 간
직하고 있는지, 각 부분들의 정확한 수는 얼마이며 각 부분은 서로 적 e
절한 질서를 유지하며 나란히 자리잡고 있는지, 나아가 각 부분의 색
깔과 형상은 포착했는지, 아니면 이 모든 것이 뒤죽박죽 되었는지 알
아야 하지 않을까요? 누군가 모방된 생명체가 무엇인지 전혀 모른다

34 세 번째 합창가무단의 단원. 667b 참조.

35 ousia.

36 soma.

면 이런 것들을 제대로 판별할 수 있다고 생각하십니까?

클레이니아스 어떻게 그럴 수 있겠습니까?

아테나이인 어떻습니까? 만약 그리거나 조각된 것이 사람이며 그것의 모든 부분과 색깔과 형상이 예술가의 기술에 의해 포착된 것이라는 것
669a 을 우리가 안다면 말입니다. 그것을 아는 사람은 누구나 틀림없이 그 작품이 아름다운지, 아니면 어떤 점에서 아름답지 못한지도 쉽게 구별할 수 있지 않을까요?

클레이니아스 손님, 그럴 경우에는 생명체의 재현에서 아름다운 것이 무엇인지 사실상 우리 모두가 판단할 수 있을 것입니다.

아테나이인 정곡을 찌르시는군요. 그러니 그림이나 시가나 다른 예술 분야에서 개별 모상의 현명한 판관이 되려는 사람은 이런 세 가지 자질을
b 구비해야 합니다. 그는 첫째, 무엇을 재현한 것인지 알아야 하고 둘째, 그것이 얼마나 올바르게 재현되었는지 알아야 하며 셋째, 노랫말과 가락과 리듬과 관련하여 그것이 얼마나 잘 재현되었는지 알아야 합니다.

클레이니아스 아닌 게 아니라 그런 것 같습니다.

아테나이인 그러면 우리는 시가 특유의 어려움이 무엇인지 주저 없이 지적하기로 합시다. 시가는 어떤 종류의 모상보다 더 많이 논의되는 만큼 더 많은 주의를 요하니까요. 시가와 관련하여 실수를 범하는 사
c 람은 나쁜 성향에 호감을 갖게 됨으로써 아주 큰 해악을 끼칩니다. 또한 시인은 시인으로서 무사 여신들보다 열등하므로 자신의 실수를 알아차리기는 매우 어렵습니다. 무사 여신들은 남자들을 위한 노랫말에 여자의 음색과 가락을 부여하거나, 노예와 자유민이 아닌 이들을 재

현하기에 적합한 리듬을 자유민을 표현하는 데 쓰이는 가락과 동작에 맞추거나, 반대로 자유민들에게 적합한 리듬과 동작을 구성한 뒤 이런 리듬에 그와 상반되는 가락과 노랫말을 부여하는 등의 실수는 결코 저
지르지 않으니까요. 또한 무사 여신들은 짐승과 사람과 악기의 소리와 d
온갖 소음을 함께 섞으면서 하나의 대상을 재현한다고도 주장하지 않을 것입니다. 하지만 인간인 시인은 이런 모든 것이 이치에 어긋나게 뒤범벅이 되게 함으로써, 오르페우스[37]의 말처럼 "제대로 즐길 줄 아는 나이가 된" 사람들에게 웃음거리가 되지요. 왜냐하면 그런 사람들은 그 모든 것이 뒤범벅이 되어 있지만 시인이 반주 없는 노랫말을 운율에 맞춤으로써 리듬과 동작을 가락과 분리시키고, 키타라나 피리[38] 소리
만 사용함으로써 노랫말에서 가락과 리듬을 빼버리는 것을 보게 될 e
것인데, 그렇게 되면 이처럼 노랫말 없는 리듬이나 선법이 의도하는 바가 무엇이며 그것들이 언급할 가치가 있는 어떤 대상을 모방하는지 알기가 매우 어려울 것이기 때문입니다. 우리는 그런 관행이 속도와 손재주와 짐승들의 소리를 아주 좋아하고 그래서 춤과 노래가 수반되지

37 Orpheus. 고대 그리스의 전설 속 가인(歌人).

38 '피리'라고 옮긴 아울로스(aulos)는 지금의 오보에나 클라리넷에 가까운 관악기로 2개의 관을 동시에 불어 소리를 냈다. 디튀람보스, 비극과 희극의 코로스 반주악기로 사용되었으며 잔치 때나 제물을 바칠 때, 장례 때도 연주되었다. 뤼라는 활을 사용할 줄 몰라 손가락으로 뜯거나 채 따위로 켜던 발현악기로 현의 길이가 모두 같다는 점에서 하프와 다르다. 피리와 더불어 고대 그리스의 주요 악기인 뤼라는 주로 서정시 반주에 사용되었다. 키타라는 소리가 더 잘 울리도록 뤼라를 개량한 것이다.

670a 않는 피리나 키타라를 사용하는 만큼 아주 촌스럽다는 것을 알아야 합
니다. 피리나 키타라만 사용하는 것은 음악과는 무관한 손재주에 불과하
니까요. 하지만 이론에 관해서는 이쯤 해둡시다. 우리가 고찰하는 것은
이미 30세와 50세가 넘은 우리 시민이 어떤 종류의 시가를 피해야 하느냐
가 아니라, 어떤 종류의 시가를 가까이해야 하느냐는 것이니까요. 그런데
내 생각에 지금까지 말한 것으로 미루어 우리 논의는 노래를 불러야 할
이 50세 넘은 사람들은 틀림없이 합창가무단의 음악보다 더 수준 높은
b 교육을 받았으리라 암시하는 것 같습니다. 그들은 리듬과 선법에 민감
할뿐더러 지식을 갖고 있음이 틀림없으니까요. 그렇지 않으면 가락이
올바른지, 주어진 경우에 도리스 선법[39]이 적합한지 여부와, 시인이 올
바른 리듬에 가락들을 배정했는지 여부를 어떻게 알 수 있겠습니까?

클레이니아스 분명 알 길이 없겠지요.

아테나이인 일반 대중이 자신은 무엇이 좋은 선법이고 무엇이 좋은 리
듬인지 안다고 믿는다면 그것은 정말 가소로운 일입니다. 그들은 피리
c 에 맞춰 노래하고 리듬에 맞춰 춤추도록 훈련받았을 뿐입니다. 그들은
자신들이 그것들 각각을 알지도 못하면서 그러고 있다는 데 생각이
미치지 못합니다. 사실은 적합한 요소들을 갖춘 가락은 올바르고, 요
소들이 적합하지 못한 가락은 올바르지 못합니다.

클레이니아스 그야 당연하지요.

아테나이인 어떨까요? 가락의 요소들이 무엇인지 전혀 모르는 사람이 있다면 우리가 말했듯이 그는 가락이 올바로 연주되었는지 알 수 있을까요?

클레이니아스 무슨 방도로 알 수 있겠습니까?

아테나이인 그렇다면 우리는, 노래하도록 우리가 청하고 어떤 의미에서
는 강요하고 있는 이들 가수가 선법과 리듬을 눈여겨봄으로써 그 나이 d
와 그런 성격의 사람들이 노래하기 적합한 것들을 고를 수 있도록 저
마다 가락의 음조와 리듬의 스텝을 따라갈 수 있을 만큼은 반드시 교
육받아야 한다는 사실을 다시 확인한 것 같습니다. 그런 식으로 노래
하면 그 순간 그들 자신도 해롭지 않은 즐거움을 느낄뿐더러 고상한 e
성품을 적절히 받아들이도록 젊은이들을 인도할 것입니다. 이들 가수
의 교육 수준이 그 정도라면 그들은 대중이나 시인들보다 더 철저히
교육받았다고 할 수 있습니다. 시인은 리듬과 선법을 알아야 하지만,
세 번째 것, 즉 모방물이 고상한지 고상하지 않은지는 알 필요가 없으
니까요. 그러나 우리 가수들은 어떤 시가가 가장 고상하고 어떤 시가
가 두 번째로 고상한지 구분할 수 있기 위해서는 세 분야[40] 모두에 똑
같이 능해야 합니다. 그렇지 않으면 그들은 미덕을 지향하도록 자신들 671a
의 주문으로 젊은이들을 호릴 수 없을 것입니다.

술잔치의 교육 효과 (2)

아테나이인 우리는 디오뉘소스의 합창가무단을 옹호하는 것은 정당하다는 것을 보여주려던 우리 논의의 원래 의도를 최선을 다해 실행에

39 doristi. 용기와 절제를 고양하는 데 적합한 선법이라고 한다.

40 668d~669b 참조.

옮겼는데, 과연 그런지 검토해봅시다. 그런 모임은 술을 많이 마실수
록 더 소란해지기 마련입니다. 그런 경향은 지금 논의되는 모임에서는
b 불가피하다고 우리가 처음부터 전제한 것입니다.[41]

클레이니아스 네, 불가피하지요.

아테나이인 그러나 다들 마음이 들뜨고 즐거워서 자신은 거리낌없이 수다를 떨면서도 옆 사람 말은 들으려 하지 않을뿐더러 저마다 자신은 물론이고 남들까지도 통솔할 자격이 있다고 생각합니다.

클레이니아스 물론입니다.

아테나이인 또한 우리는 이런 일이 일어나면 불속의 무쇠처럼 술 마시
는 자의 혼이 뜨겁게 달아올라 더 어리고 더 연해져서 그들을 단련하
c 고 형성할 만한 능력과 기술을 가진 사람이면 누구나 그들을 어릴 때
처럼 쉽게 다룰 수 있다는 것을 발견한다고 말하지 않았던가요? 그런
데 이렇게 형성하는 것은 앞서와 마찬가지로 훌륭한 입법자가 할 일입
니다. 술 마시는 사람이 지나치게 유쾌하고 자신만만하고 부끄럼이 없
어져서 말하고 침묵하고 술 마시고 노래하는 순서를 지키려 하지 않으
면, 입법자는 그가 모든 걸 정반대로 행하게끔 만들 수 있는 법률을 제
d 정해야 할 것입니다. 그러면 이런 아름답지 못한 지나친 자신감이 모습
을 드러낼 경우, 이들 법률이 정의와 함께 가장 아름다운 두려움[42]을 들
여보내 그것과 맞서 싸우게 할 것인데, 우리는 이런 신적인 두려움을 '겸
손'과 '수치심'이라고 불렀습니다.[43]

클레이니아스 그렇습니다.

아테나이인 또한 우리는 이들 법률의 수호자와 이들의 동료 일꾼으로

냉정하고 술 취하지 않은 사람들을 임명하여 이들이 술에 취해 정신
이 맑지 않은 사람들을 지휘하게 해야 합니다. 이들의 도움 없이 술 취
함과 싸운다는 것은 냉정한 지휘관 없이 적군과 맞서 싸우는 것보다 더
위험하니까요. 이들과 디오뉘소스의 지휘관들, 즉 60세가 넘은 사람
들에게 기꺼이 복종하기를 거부하는 자는 아레스[44]의 지휘관들에게 e
불복하는 자 못지않게, 아니 더 심하게 치욕을 당할 것입니다.

클레이니아스 옳은 말씀입니다.

아테나이인 그러니 그렇게 술에 취해 즐긴다면 함께 술을 마시는 사람
들에게는 이득이 되지 않을까요? 그들은 요즘처럼 서로 적이 되는 대
신 전보다 더 친한 사이가 되어 헤어질 테니까요. 그런데 그것이 가능한
것은 그들에게는 모임 전체를 조정할 법률이 있고, 술 취하지 않은 사 672a
람들이 술 취한 사람들에게 내리는 지시에 그들이 따르기 때문입니다.

클레이니아스 맞습니다. 술 취함이 지금 말씀하신 그런 것이라면 말입니다.

아테나이인 그러니 우리는 술 취함은 나쁘니 국가에 받아들여질 가치가 없다며 디오뉘소스의 선물을 이전처럼 무조건 깎아내리지 맙시다. 그것을 위해서는 할 말이 더 많으니까요. 하지만 그것이 가져다주는

41 640c 참조.

42 phobos.

43 646e~647c 참조.

44 디오뉘소스는 주신(酒神)이고 아레스(Ares)는 전쟁의 신이다.

가장 큰 이득을 대중 앞에서는 말하기를 삼가야 합니다. 말해봐야 대
b 중은 오해하고 제대로 이해하지 못하니까요.

클레이니아스 그게 무엇입니까?

아테나이인 좀 덜 알려진 이야기와 전설에 따르면, 디오뉘소스는 의붓어머니 헤라[45]에 의해 혼의 판단력을 빼앗긴 적이 있는데, 그에 대한 보복으로 우리에게 박코스[46]적 열광과 일체의 광란하는 합창가무를 보내주었고 그가 우리에게 술을 선물한 것도 바로 그런 의도에서였다고 합니다. 그러나 나는 이런 종류의 이야기는 신들에 대해 그렇게 말해도 괜찮다고 생각하는 사람들에게 말하도록 맡기겠습니다. 하지만 성숙했을 때 지성[47]을 사용하는 어떤 생명체도 태어날 때는 지성이 전
c 혀 없거나 성숙했을 때만큼은 없다는 정도는 나도 압니다. 그래서 모든 생명체는 적절한 수준의 지성을 갖추기 이전인 이 기간에는 완전히 미쳐서 제멋대로 소리지르는가 하면, 혼자 설 수 있게 되자마자 제멋대로 껑충껑충 뛰는 것입니다. 그리고 여러분도 기억하시겠지만, 우리는 이것이 시가와 체육의 기원[48]이라고 말했습니다.[49]

클레이니아스 물론 기억하고 있습니다.

아테나이인 그리고 이 기원이 인간에게 리듬과 선법에 대한 감각을 심
d 어주었으며, 아폴론과 무사 여신들과 디오뉘소스가 그것을 심는 데 협력했다고 우리가 주장한 것도 여러분은 기억하십니까?

클레이니아스 어찌 기억하지 못하겠습니까?

아테나이인 무엇보다도 다른 사람이 제시한 논의는 술은 복수심에서 우리를 미치게 하려고 인간에게 주어진 것이라고 주장하는 것 같습니다. 그

러나 우리가 제시하는 논의는 그와 정반대로 술은 혼에 겸손을 심어주고 몸에 건강과 힘을 심어줄 목적으로 약으로 주어진 것이라고 주장합니다.

클레이니아스 손님, 그대는 논의를 더없이 훌륭하게 요약해주셨습니다.

술 취함의 용도에 대한 논의의 마무리

아테나이인 이제 합창가무단에 대한 논의를 절반은 마쳤습니다. 나머지 e
절반도 우리에게 좋다고 생각되는 대로 검토할까요, 아니면 생략할까요?

클레이니아스 절반이라니 그게 어떤 것들이며, 어떻게 나누신다는 것입니까?

아테나이인 우리가 볼 때 노래하기와 춤추기를 모두 합한 것은 교육 전체이기도 합니다. 그리고 그중 목소리와 관련된 부분은 리듬과 선법으로 이루어져 있습니다.

클레이니아스 네.

아테나이인 몸의 움직임에 관련된 둘째 부분 역시 리듬을 갖는데, 이는 목소리의 움직임과 공유하는 특징이기도 합니다. 하지만 자세는 몸
움직임의 고유한 특징입니다. 마치 가락이 목소리 움직임의 고유한 특 673a
징이듯이 말입니다.

45 Hera. 제우스의 누이이자 아내. 디오뉘소스는 제우스와 세멜레(Semele)의 아들이다.

46 Bakchos. 디오뉘소스의 다른 이름.

47 nous.

48 arche.

49 653d~e, 664e 참조.

클레이니아스 참으로 맞는 말씀입니다.

아테나이인 그런데 혼 안으로 침투하는 목소리를 우리는 미덕을 위한 교육이라고 여기고는 무슨 이유에서인지 모르겠으나 시가[50]라고 명명했습니다.

클레이니아스 옳은 말씀입니다.

아테나이인 그러나 단순한 놀이를 위한 것일 때 우리가 '춤'이라고 불렀던 몸동작들이 몸 상태를 탁월하게 해줄 때는, 그런 목적으로 몸을 체계적으로 단련하는 것을 '체육'[51]이라고 불러야 합니다.

클레이니아스 정말로 옳은 말씀입니다.

b **아테나이인** 시가와 관련하여 우리는 조금 전에 시가를 다룸으로써 합창가무의 절반 정도를 검토하고 다루었다고 말했는데, 지금도 그러기로 합시다. 다른 절반도 논의할까요? 아니면 무엇을 어떻게 할까요?

클레이니아스 손님, 그대는 크레테인들과 라케다이몬인들과 대화하고 있으며, 우리는 시가에 관해서는 철저히 논의하면서도 체육에 관해서는 생략했습니다. 그대는 그런 질문에 우리 둘 중 누가 어떤 대답을 할 것이라고 생각하십니까?

아테나이인 단언컨대 그대의 그런 질문은 내 질문에 대한 명쾌한 답변
c 입니다. 나는 그대의 질문이 내가 말했듯이 답변일뿐더러 사실상 체육에 관해서도 철저히 논의하라는 요구라고 이해하니까요.

클레이니아스 제대로 이해하셨군요. 아무쪼록 그렇게 해주십시오.

아테나이인 그래야겠지요. 사실 그대들 두 분에게 친숙한 주제에 관해 논의하는 것은 그다지 어려운 일도 아닙니다. 두 분은 다른 기술보다

는 이 기술[52]에 훨씬 더 경험이 많으니까요.

클레이니아스 대체로 그렇습니다.

아테나이인 우리가 논의하고 있는 놀이의 기원도 모든 생명체는 뛰박 d
질하는 습관을 타고난다는 사실에서 찾아야 하며, 앞서 말했듯이 인
간은 리듬 감각을 갖게 됨으로써 춤을 탄생시켰습니다. 그리고 가락
은 리듬을 상기시키고 일깨우므로 이 둘의 결합에서 합창가무와 즐거
운 놀이가 생겨난 것입니다.

클레이니아스 참으로 맞는 말씀입니다.

아테나이인 그런데 앞서 말했듯이 우리는 합창가무의 한 부분은 이미 논의했고, 이번에는 다른 부분을 논의하려 합니다.

클레이니아스 물론입니다.

아테나이인 하지만 먼저 술 취함의 이용에 대한 논의를 마무리짓기로
합시다. 여러분만 동의하신다면. e

클레이니아스 어떻게 마무리짓는다는 거죠?

아테나이인 만약 어떤 국가가 일련의 법규로써 방금 언급한 음주의 관행을 통제하고 절제하는 습관이 몸에 배게 하려고 진지한 목적으로 이용한다면, 그리고 다른 즐거움들도 같은 원칙에 따라 그 관행을 제어하기 위한 방책으로서만 허용한다면, 이 모든 것은 우리가 말한 것처럼

50 mousike.

51 gymnastike.

52 체육.

이용되어야 합니다. 그러나 국가가 음주를 단순한 놀이로 취급하여, 누구든 원하는 사람은 원하는 때에 원하는 사람과 함께 마시는 것이 허용
674a 되고 그 밖의 관행도 모두 그런 식으로 이용한다면, 나는 그런 국가나 개인이 술에 취해야 한다는 데에는 결코 찬성표를 던지지 않을 것입니다. 나는 크레테인들과 라케다이몬인들의 관행보다는 오히려 출전 중에는 음주를 금하고 출전 기간 내내 물만 마시게 하는 카르케돈[53]인들의 법률을 지지할 것입니다. 나는 거기에 덧붙이겠습니다. 나라 안에서 남녀 노예는 술을 입에 대서는 안 되고, 관리는 임기 중에 술을 마셔서
b 는 안 되며, 선장과 배심원은 근무 중에는 금주해야 한다고 말입니다. 또한 중대사를 협의하려는 사람은 누구도 술을 마셔서는 안 되고, 체력 증진과 질병 치료를 위해서가 아니라면 어느 누구도 낮에 술을 마셔서는 안 되며, 아이를 낳을 생각이 있다면 밤에도 남녀 모두 술을 마셔서는 안 된다고 말입니다. 그 밖에도 법률을 존중하는 지각 있는 사람이라면 술을 마시지 않는 것이 옳다고 여겨질 경우가 수없이 많습니다. 따라서
c 내 주장이 옳다면 어느 나라에도 포도나무가 많이 필요하지 않겠지요. 오히려 농산물 일반과 먹을거리 전체를 조절하는 방법의 하나로 무엇보다 포도주 생산은 최소량으로 제한해야 할 것입니다. 친구들이여, 여러분만 동의한다면 이상으로 술에 관한 논의는 마무리된 것으로 합시다.

클레이니아스 훌륭한 말씀입니다. 그리고 우리는 거기에 동의합니다.

53 Karchedon. 카르타고.

제3권

제4부 역사의 교훈 (1): 입법과 권력의 균형

대홍수 이후의 삶

아테나이인 그러면 그 문제는 해결된 것으로 볼 수 있겠습니다. 하지만 676a
우리는 정체들이 처음에 어떻게 생겨났다고 말할 수 있을까요? 정체의 기원은 이런 관점에서 볼 때 가장 쉽고도 잘 알 수 있지 않을까요?

클레이니아스 어떤 관점에서 보아야 할까요?

아테나이인 우리가 한 국가의 도덕적 고양이나 타락을 관찰할 때 늘 취하는 관점에서 보자는 말입니다.

클레이니아스 그게 어떤 관점이죠?

아테나이인 무한히 긴 시간을 두고 그 기간에 일어난 변화를 관찰하는 b
것입니다.

클레이니아스 무슨 말씀이신지요?

아테나이인 자, 말씀해보십시오. 그대는 국가가 존재하고 인간들이 국가 공동체에서 산 것이 얼마나 오래인지 알 수 있을 것이라고 생각하십니까?

클레이니아스 그건 결코 쉽지 않습니다.

아테나이인 하지만 그건 헤아릴 수 없을 만큼 엄청나게 오래전 일이라는 것은 알고 있겠지요?

클레이니아스 물론 그쯤은 알고 있습니다.

아테나이인 그런데 이 기간에 수천수만의 국가가 생겨났다가 생겨난 만
c 큼이나 많은 국가가 멸망하지 않았을까요? 또한 그 국가들은 어디서나 되풀이하여 온갖 유형의 정체를 채택하지 않았을까요? 또한 때로는 작은 국가가 더 큰 국가가 되고 큰 국가가 더 작은 국가가 되는가 하면, 좋은 국가가 나쁜 국가가 되고 나쁜 국가가 좋은 국가가 되지 않았을까요?

클레이니아스 당연하지요.

아테나이인 이러한 변화의 원인을 우리가 그럴 수만 있다면 알아내기로 합시다. 그러면 우리는 아마도 정체가 처음에 어떻게 생겨나서 어떻게 바뀌는지 알 수 있을 것입니다.

클레이니아스 좋은 제안입니다. 그러니 우리는 최선을 다해야 합니다. 그대는 그대의 견해를 설명하기 위해서, 우리는 그대를 따라가기 위해서 말입니다.

677a **아테나이인** 여러분은 옛날이야기에 어떤 진실이 담겨 있다고 생각하십니까?

클레이니아스 어떤 옛날이야기 말씀이죠?

아테나이인 홍수나 역병이나 수많은 다른 이유로 세상이 여러 차례 파괴되었고, 그때마다 인류는 소수만이 살아남았다는 옛이야기 말입니다.

클레이니아스 네. 그런 이야기는 누구에게나 아주 그럴듯하게 들리지요.

아테나이인 그러면 이 파멸 가운데 하나를 떠올려봅시다. 홍수로 인한 파멸 말입니다.

클레이니아스 홍수로 인한 파멸과 관련하여 어떤 점을 떠올릴까요?

아테나이인 그때 파멸을 면한 사람들은 대개 산중의 목자(牧者)들이고, b
이들이 산꼭대기 어딘가에 보존된 인류의 작은 불씨라는 점 말입니다.

클레이니아스 분명 그렇습니다.

아테나이인 또한 그런 사람들은 필시 기술 일반은 물론이고 도시 거주자들이 탐욕과 경쟁심에서 서로 간에 꾸미는 계략이나 서로에게 저지르는 온갖 비열한 행위에 서툴렀을 것입니다.

클레이니아스 틀림없이 그랬겠지요.

아테나이인 들판과 바닷가에 자리잡은 도시들은 그때 완전히 파괴된 c
것으로 생각할까요?

클레이니아스 네, 그렇게 생각하기로 하지요.

아테나이인 그리하여 그들의 도구들과, 통치술이나 다른 분야에서의 탁월한 발견도 그때 모두 파괴되지 않았을까요? 클레이니아스님, 그런 것들이 그동안 내내 오늘날과 같은 수준으로 남아 있었다면 어떻게 새로운 것이 발명될 여지가 있었겠습니까?

클레이니아스 그러니까 우리는 이런 기술들이 수백만 년 동안 당시 사 d
람들에게 알려져 있지 않다가 1천 년 또는 2천 년 전부터서야 다이달로스와 오르페우스와 팔라메데스[1]가 여러 가지를 발명하고, 마르쉬아스와 올륌포스[2]가 음악 예술의 선구자가 되고, 암피온[3]이 뤼라 연주 기술을 발견하고 그 밖의 수많은 사람이 수많은 다른 기술을 발명했다고 생각해야겠네요. 말하자면 이 모든 것은 엊그제 일어난 일이라고 할 수 있겠군요.

아테나이인 클레이니아스님, 그대가 말 그대로 '어저께' 태어난 그대 친구 에피메니데스[4]를 거기서 제외한 것은 잘한 일입니다.

클레이니아스 에피메니데스를 두고 하시는 말씀인가요?

e **아테나이인** 그렇습니다. 그분을 두고 하는 말입니다. 친구여, 그분은 자신의 발명으로 다른 발명가들을 모두 능가했으니까요. 헤시오도스가 이미 오래전에 말하고 예언한 것[5]이기는 하지만, 그것을 실천에 옮긴 것은 에피메니데스라고 그대들 크레테인은 주장하니 말입니다.

클레이니아스 네, 우리는 그렇다고 주장합니다.

아테나이인 우리는 파멸 이후 인류의 상황은 이렇다고 말할 수 있지 않을까요? 광대하고 무시무시한 황폐화에도 불구하고 비옥한 토지도 많았으며, 대부분의 동물은 죽었지만 몇 안 되는 소떼와 염소 떼가 어
678a 딘가에 살아남아 역시 몇 안 되는 초기의 목자들에게 먹을거리를 대주었다고 말입니다.

클레이니아스 물론입니다.

아테나이인 우리는 지금 국가와 정체와 입법에 관해 논의하고 있는데, 그때에는 그 모든 것의 흔적이 말하자면 기억 속에라도 남아 있었을 것으로 생각할 수 있을까요?

클레이니아스 결코 그렇지 않겠지요.

아테나이인 그렇다면 국가, 정체, 기술, 입법, 수많은 악덕과 미덕 등 오늘날 우리가 가진 모든 것은 그런 상태에서 생겨난 게 아닐까요?

클레이니아스 무슨 말씀이신지요?

아테나이인 클레이니아스님, 그때 사람들은 도시 생활의 고상한 점도 수치스러운 점도 몰랐을 텐데 우리는 그런 그들이 전적으로 유덕(有德)하거나 사악해졌다고 생각할 수 있을까요? b

클레이니아스 좋은 말씀입니다. 우리는 그대의 말뜻을 알겠습니다.

아테나이인 그렇다면 세월이 흘러 인류가 불어나면서 문명이 발전하여 현 단계에 이른 것이겠지요?

클레이니아스 참으로 옳은 말씀입니다.

1 다이달로스(Daidalos)는 아테나이 출신 기술자이자 조각가이다. 오르페우스(Orpheus)는 트라케 출신의 전설적인 가인으로 그가 악기를 연주하면 야수들도 유순해졌다고 한다. 팔라메데스(Palamedes)는 에우보이아(Euboia) 섬 출신의 그리스군 지장(智將)인데 오뒷세우스의 모함으로 트로이아 성 앞에서 돌에 맞아 죽는다.

2 마르쉬아스(Marsyas)는 소아시아 프뤼기아 지방 출신으로 상반신은 사람이고 하반신은 염소인 사튀로스(Satyros)인데 아폴론에게 음악 경연을 자청했다가 져서 껍질이 벗겨지는 벌을 받는다. 올륌포스(Olympos)는 소아시아 프뤼기아 지방 출신 가인으로 시가의 신화적인 창시자이다. 『향연』 215c 참조.

3 암피온(Amphion)은 제토스(Zethos)와 더불어 제우스와 안티오페(Antiope)의 쌍둥이 아들인데 테바이 성을 쌓을 때 그가 뤼라를 연주하면 돌들이 저절로 움직여 성벽이 축조되었다고 한다.

4 1권 주 60 참조.

5 채소나 나물 따위의 검소한 먹을거리가 정직하지 못한 진수성찬보다 우리 몸에 더 이롭다고 주장하는 헤시오도스의 『일과 날』 40~41행을 가리키는 말이다.

> 어리석도다! 그들은 · · ·
> 아욱과 둥굴레 속에 얼마나 큰 이익이 들어 있는지 모르고 있어요.

아테나이인 그 과정은 아마도 갑자기 진행된 것이 아니라 조금씩 진행되었을 것이며, 오랜 시간이 걸렸을 것입니다.

c **클레이니아스** 십중팔구 그랬겠지요.

아테나이인 사람들은 고지대에서 평야로 내려갈 생각을 하며 모두 두려움에 망연자실했을 것입니다.

클레이니아스 왜 아니겠습니까?

아테나이인 또한 당시에는 사람의 수가 적어 서로 만나는 것이 반갑지 않았을까요? 하지만 뭍길이나 바닷길로 서로 방문하기 위해 사용하던 운송수단이 그것을 조립하는 기술과 함께 사실상 모두 사라져버려 교
d 류하기가 그리 쉽지 않았을 것입니다. 쇠와 구리와 온갖 광물이 진흙 속에 파묻혀 사라져버린 까닭에 광물을 새로 정련하기가 사실상 불가능하여 목재가 품귀 현상을 빚었으니까요. 설령 산속 어딘가에 도구들이 남아 있었다 하더라도 금세 닳아 없어졌을 테고, 채광 기술이 인간들 사이에 다시 모습을 드러내기 전에는 그것들이 다른 도구로 대치될 수 없었으니 말입니다.

클레이니아스 물론 그럴 수 없었겠지요.

아테나이인 생각건대 얼마나 많은 세대가 지난 뒤에 그런 일이 일어났을까요?

e **클레이니아스** 분명 아주 많은 세대가 지난 뒤겠지요.

아테나이인 그러면 쇠와 구리와 온갖 광물에 의존하는 모든 기술은 그 기간 동안 또는 그 이상의 기간 동안 사라져버리지 않았을까요?

클레이니아스 물론입니다.

아테나이인 또한 그 기간에는 내전과 전쟁[6]도 여러 이유에서 사라져버렸습니다.

클레이니아스 어째서 그렇습니까?

아테나이인 첫째, 그들은 외로웠기 때문에 서로 사랑하고 우호적이었습
니다. 둘째, 그들은 먹을거리를 두고 서로 다툴 필요가 없었습니다. 당 679a
시 사람들은 주로 목축으로 살아갔는데, 초기의 소수에게라면 몰라도
그들에게 목초지가 부족하지는 않았으니까요. 그래서 그들은 젖과 고
기가 결코 부족하지 않은 데다 사냥을 통해서도 양질의 먹을거리를 넉
넉히 마련할 수 있었습니다. 또한 옷, 침구, 집은 물론이고 요리나 다른
목적을 위한 용품도 넉넉했습니다. 질그릇을 굽거나 천을 짜는 기술에
는 쇠가 필요하지 않은데, 인류가 그런 곤경에 처할 때마다 새싹이 돋
아 자랄 수 있도록 신이 인간에게 이 두 기술을 하사하여 이런 것들을 b
모두 마련하게 했기 때문이지요. 그래서 그들은 너무 가난하지도 않았
고, 가난 때문에 서로 다투지도 않았습니다. 그런가 하면 금과 은이 없
는지라 부자가 될 수도 없었지요. 그런데 고매한 성품은 대개 부유하지
도 가난하지도 않은 공동체에서 생겨나기 마련입니다. 그런 공동체에 c
서는 오만도 불의도, 시기심도 질투심도 자라날 여지가 없으니까요. 그
러니 그들이 훌륭했던[7] 것은 이런 이유들과 그들의 이른바 '순진함'[8]

6 stasis. polemos.

7 agathos. 또는 '착했던'.

8 euetheia.

때문이었습니다. 그들은 어떤 것이 '좋다'거나 '나쁘다'는 말을 들으면
순진하게 그 말이 절대적인 진리라고 믿고 곧이들었으니까요. 아무도
요즘 사람들처럼 약아빠져 그 말이 거짓말이 아닐까 의심하기는커녕
신들과 인간에 관한 이야기들을 사실이라고 믿고 거기에 따라 살아갔
던 것이지요. 그런 이유에서 그들은 우리가 방금 말한 그런 종류의 사
람들이 된 것입니다.

d **클레이니아스** 아무튼 여기 있는 메길로스님과 나는 그대의 말씀에 동
의합니다.

아테나이인 그러니 우리는 그런 식으로 여러 세대를 산 사람들은 대홍
수 이전 사람들이나 요즘 사람들에 비해 어쩔 수 없이 기술 일반, 특히
전쟁 기술에 서투르고 무지했다고 말해야 하지 않을까요? 그들은 오
늘날 육지와 바다에서 쓰이는 전쟁 기술이나, 서로 해코지하고 불의를
저지르기 위해 말과 행동으로 온갖 음모를 꾸미는 이른바 '소송'이나
e '내란'이라는 국내에서의 전쟁 기술을 전혀 몰랐으니까요. 우리는 또
한 그들이 더 순진하고 더 용감하고 더 절제 있고 모든 면에서 더 올곧
았다고 말해야 하지 않을까요? 그 이유는 우리가 이미 설명했습니다.

클레이니아스 옳은 말씀입니다.

전제정체

아테나이인 그러면 이러한 재구성과 거기에서 이끌어낼 결론은 당시
사람들이 어째서 법률의 필요성을 느꼈는지, 누가 그들의 입법자였는
680a 지를 우리가 이해하기 위한 수단이라는 점을 명심해야 합니다.

클레이니아스 잘 일깨워주셨습니다.

아테나이인 그들에게는 아마 입법자가 필요하지 않았을 것이고, 당시는 입법자가 필요한 상황도 아니었을 것입니다. 우주 주기(週期)의 그 단계에서 태어난 사람들은 아직 문자에 의한 기록물이 없어 관습과 이른바 '조상 전래의' 법률에 따라 살았으니까요.

클레이니아스 확실히 그랬을 것 같습니다.

아테나이인 하지만 그것은 이미 정체의 일종입니다.

클레이니아스 어떤 종류의 정체라는 거죠?

아테나이인 나는 당시의 정체를 누구나 '전제정'[9]이라고 부른다고 생 b
각하는데, 이 정체는 지금도 여러 곳의 헬라스인과 이민족[10] 사이에 존속하고 있습니다. 이것이 아마 호메로스가 퀴클롭스[11]들의 살림살이와 관련하여 언급하고 있는 것일 텐데, 그건 이런 것입니다.

그들은 의논하는 회의장도 없고 법규도 없으며,
높은 산봉우리들 사이에 있는 속이 빈 동굴들에 살면서
저마다 자기 자식들과 아내들에게 법규를 정해주고
자기들끼리는 서로 참견하지 않아요.[12] c

9 dynasteia.

10 barbaros.

11 Kyklops(복수형 Kyklopes '눈이 둥근 자'). 오뒷세우스가 트로이아 전쟁을 끝내고 귀향할 때 만났다는 외눈박이 식인 거한.

12 『오뒷세이아』 9권 112~114행.

클레이니아스 그대들의 시인은 아주 매력적이었던 것 같습니다. 우리는 그의 다른 시행도 읽어보았는데 매우 세련된 시행이었어요. 하지만 나는 그의 작품을 많이는 알지 못합니다. 우리 크레테인들은 외지인의 시에는 그다지 탐닉하지 않으니까요.

메길로스 하지만 우리 라케다이몬인들은 탐닉한답니다. 또한 우리는
호메로스를 그런 시인들의 우두머리로 여기지요. 하지만 그가 그런 생
d 활방식은 라케다이몬적이라기보다는 언제나 이오니아적입니다. 방금
든 예에서도 그는 자신의 이야기에서 퀴클롭스들의 원시적인 생활
습관을 그들의 야만성 탓으로 돌림으로써 분명 그대의 논의를 뒷받침
하는 것 같습니다.

아테나이인 그렇습니다. 그는 내게 유리한 증언을 하고 있지요. 그러니 그를 가끔은 그런 종류의 정체가 생겨난다는 것을 입증해줄 증인으로 삼기로 합시다.

클레이니아스 좋은 말씀입니다.

아테나이인 그리고 그런 정체는 대홍수 뒤의 어려움 때문에 가구별로
또는 씨족별로 흩어져 살던 이 사람들 사이에서 생겨나지 않았을까
e 요? 그런 정체에서는 가장 나이 많은 구성원이 부모한테서 권력을 물
려받아 통치하고 다른 구성원은 그를 따름으로써 새 떼처럼 한 무리
를 이룰 테니까요. 그리하여 그들은 가부장적 권위와 모든 왕정 가운
데 가장 올바른 왕정의 지배를 받을 것입니다.

클레이니아스 진정으로 동의합니다.

원시 도시와 입법의 기원

아테나이인 그다음에는 여러 가족이 한데 뭉쳐 더 큰 공동체를 이룹니
다. 처음에는 산비탈에서 농사를 지으면서 야수들을 막아줄 울타리 681a
가 되도록 담을 둘렀는데, 그것이 나중에는 하나의 커다란 공동 거주
지가 되었지요.

클레이니아스 아닌 게 아니라 그랬을 것 같습니다.

아테나이인 어떻습니까? 다음은 이랬을 것 같지 않습니까?

클레이니아스 어떻게요?

아테나이인 원래는 작았던 이들의 거주지가 점점 더 커지는 과정에서
작은 씨족 집단은 저마다 가장 나이 많은 구성원의 통치를 받으며 서
로 떨어져 살았기에 고유한 관습을 따랐을 것이란 말입니다. 부모가 b
다르고 교사가 다른 만큼 그들의 종교적 사회적 규범도 달랐는데, 조상
이 더 절제 있거나 더 용감하면 자손도 더 절제 있거나 더 용감했습니
다. 이렇듯 각 씨족의 아버지는 자식과 자식의 자식에게 자신의 성향
을 각인해주었기에, 각 씨족 집단은 고유한 법률을 유지한 채로 더 큰
공동체에 편입되었다는 것이 우리의 주장입니다.

클레이니아스 왜 아니겠습니까?

아테나이인 또한 씨족 집단은 저마다 틀림없이 자신의 법률이 더 마음 c
에 들었지만 다른 씨족의 법률은 덜 마음에 들었을 것입니다.

클레이니아스 그렇습니다.

아테나이인 그러면 우리는 자신도 모르게 말하자면 입법의 기원에 발
을 들여놓은 것 같습니다.

클레이니아스 전적으로 동의합니다.

아테나이인 이런 통합의 다음 단계는 당연히 모든 씨족의 법규[13]를 검토한 뒤 그중 공동체의 이익에 가장 부합하는 것들을 받아들이도록 씨족의 지도자와 우두머리, 즉 '왕'에게 공개적으로 제의할 대표자들
d 을 선출하는 것입니다. 이들 대표자는 '입법자'라고 불릴 것인데, 지도자를 통치자로 임명함으로써 서로 분리된 전제정체에서 일종의 귀족정체[14] 또는 왕정을 만들어내겠지만, 정체의 이러한 과도기에는 자신들이 국가를 통치할 것입니다.

클레이니아스 아닌 게 아니라 그런 변화가 차례로 일어나겠지요.

트로이아

아테나이인 이제 우리는 세 번째 유형의 정체를 논의하기로 합시다. 여기에는 정체와 국가의 온갖 형태와 온갖 변종이 한데 모여 있습니다.

e **클레이니아스** 그게 어떤 유형입니까?

아테나이인 그것은 호메로스가 두 번째 유형 다음 것이라고 언급한 것입니다. 그는 세 번째 유형의 기원을 이렇게 기술하고 있지요. 그는 어딘가에서[15] 말하고 있습니다.

> 다르다노스가 다르다니에를 세우셨소. 그때만 해도 아직
> 필멸의 인간들의 도시인 신성한 일리오스가 들판에 세워지지 않았고
> 사람들은 샘이 많은 이데 산[16]의 기슭에 살고 있었기 때문이오.

호메로스는 신에게서 영감을 얻어 이 시행과 퀴클롭스들에 관한 시 682a
행을 이치에 맞게 지은 것입니다. 시인들은 신성한 족속인지라 카리스 여신들[17]과 무사 여신들의 도움과 영감으로 가끔은 사물의 정곡을 찌르는 노래를 하니까요.

클레이니아스 그러고말고요.

아테나이인 그러면 지금 우리가 다루던 이야기를 좀 더 해보기로 합시다. 우리의 의도와 관련하여 무언가를 시사해줄 수도 있으니까요. 그래봐야 하지 않겠습니까?

클레이니아스 물론 그래야지요. b

아테나이인 우리 주장에 따르면, 사람들이 고지대에서 넓고 아름다운 들판으로 내려왔을 때, 일리온은 이데 산에서 흘러내리는 여러 강 근처 그다지 높지 않은 언덕 위에 세워졌습니다.

클레이니아스 아무튼 그렇게 전해지고 있습니다.

아테나이인 그런데 그런 일이 일어난 것은 대홍수 이후 세월이 한참 지

13 to nomimon.

14 aristokratia. 최선자(最善者)(들)의 정체.

15 『일리아스』 20권 216~218행.

16 다르다노스(Dardanos)는 제우스의 아들로 트로이아 왕가의 시조이다. 다르다니에(Dardanie)는 다르다노스가 이데(Ide) 산기슭에 세운 도시이다. 일리오스(Ilios)와 일리온(Ilion)은 일로스(Ilos) 왕에게서 유래한 트로이아의 다른 이름으로 트로이아가 도성과 그 주변 지역을 가리키는 것과는 달리 도성만을 가리키는데, 일리오스는 주로 서사시에서, 일리온은 주로 비극에서 쓰인다.

17 Charites(단수형 Charis). 우미(優美)의 여신들.

난 뒤라고 우리는 생각하지 않습니까?

클레이니아스 물론 세월이 한참 지난 뒤겠지요.

c **아테나이인** 그들이 그다지 높지 않은 언덕들을 믿고 산에서 흘러내리는 여러 강 근처에 도시를 세웠을 때는 분명 앞서 말한 대홍수를 거의 망각하다시피 했을 것입니다.

클레이니아스 그렇다면 그것은 그들과 대홍수 사이에 기나긴 시간의 간극이 있었다는 명백한 증거입니다.

아테나이인 또한 그때는 이미 인구가 증가하여 다른 도시도 많이 세워졌겠지요.

클레이니아스 물론입니다.

아테나이인 이들 도시는 아마 바닷길로도 일리온을 공격했겠지요. 이때는 모든 사람이 아무 두려움 없이 바닷길을 이용했으니까요.

d **클레이니아스** 그랬을 것 같습니다.

아테나이인 그리고 아카이오이족[18]이 10년간 포위한 뒤 트로이아를 함락했습니다.

클레이니아스 그러고말고요.

아테나이인 일리온이 포위되었던 이 10년 동안 포위자들의 본국에서는 저마다 젊은이들의 반란으로 나쁜 일이 많이 일어났습니다. 이들 젊은
e 이는 고향 도시로 귀국하는 전사들을 정당하게 고이 맞아주지 않았고, 그래서 살인과 학살과 망명이 대규모로 이어졌습니다. 망명했다가 돌아온 자들은 아카이오이족에서 도리에이스족[19]으로 이름을 바꾸었는데, 그때 망명자들을 규합한 사람이 도리에우스[20]였기 때문이지

요. 그 후속 사건들은 그대들 라케다이몬인의 설화에서 끝까지 이야기되고 있습니다.

메길로스 물론입니다.

도리에이스족 동맹

아테나이인 우리가 입법에 관해 논의하다가 시가와 술잔치 문제가 제기되는 바람에 거기에서 이야기가 옆길로 샜는데, 이제는 우리 주제와 본격적으로 씨름할 기회를 잡았습니다. 이야기가 옆길로 새기 시작한 바로 그 대목으로 우리가 마치 신이 인도하듯 되돌아왔으니까요. 라
케다이몬의 정주(定住) 말입니다. 두 분은 라케다이몬의 정주는 제대 683a
로 된 것이라고 주장했고, 크레테의 법률이 라케다이몬의 법률과 비슷하다는 이유로 크레테에 대해서도 같은 말을 했습니다. 우리는 여러 정체와 정주에 관해 두서없이 논의했건만 적어도 이 정도의 소득은 올렸습니다. 우리는 첫 번째, 두 번째, 세 번째 유형의 국가가 오랜 기간에

18 Achaioi. 트로이아 전쟁 때 가장 강력한 그리스 부족으로 호메로스의 작품에서는 대개 넓은 뜻으로 쓰여 그리스인 전체를 가리킨다. 펠로폰네소스(Peloponnesos) 반도 북안 지방은 호메로스의 작품에서는 아카이아(Achaia)가 아니라 아이기알로스(Aigialos)이다.

19 도리에이스족(Dorieis)은 이름만 바꾼 아카이오이족이 아니라, 아카이오이족, 아이올레이스족(Aioleis), 이오네스족(Iones 또는 Iaones)과 더불어 고대 그리스 민족을 구성한 4대 부족의 하나로 맨 마지막으로 서북부에서 남하하여 주로 펠로폰네소스 반도에 거주했다.

20 Dorieus. 그에 관해서는 달리 알려진 것이 없다.

걸쳐 차례차례 정착되는 것을 보았습니다. 이제는 네 번째 국가[21] 또는 여러분만 좋으시다면 민족[22]이 모습을 드러내는데, 이것은 이전에 정
b 착되어가다가 이제야 정착을 마쳤습니다. 그런데 만약 이 모든 것으로부터 어떤 정주가 훌륭하고 어떤 정주가 훌륭하지 못하며, 보존되는 것은 어떤 법률이고 파괴되는 것은 어떤 법률이며, 어떤 종류의 변화가 국가를 행복하게 만드는지 알 수 있다면, 메길로스님과 클레이니아스님, 우리는 이 모든 것을 처음부터 다시 논의해야 할 것입니다. 지금까지 논의한 것에 어떤 잘못이 없다면 말입니다.

c **메길로스** 손님, 우리가 입법의 문제를 다시 고찰하려 할 경우, 질적으로나 양적으로나 방금 들은 것 못지않은 논의를 듣게 될 것이라고 어떤 신이 약속한다면, 나는 그것을 듣기 위해 먼 길이라도 자청할 것이며, 오늘 하루도 짧다고 생각할 것입니다. 비록 이날은 태양신이 방향을 바꾸어 여름에서 겨울로 접어드는 그날[23]에 가깝지만 말입니다.

아테나이인 그러면 우리가 고찰을 서둘러야 할 것 같습니다.

메길로스 물론입니다.

아테나이인 메길로스님, 그러면 라케다이몬뿐 아니라 아르고스와 멧
d 세네[24]와 그 속령(屬領)들이 사실상 여러분 선조들의 지배를 받던 시기에 우리가 살고 있다고 가정합시다. 전하는 이야기에 따르면, 그분들의 다음 결정은 자신들의 군대를 셋으로 나눠 아르고스, 멧세네, 라케다이몬 이렇게 세 도시를 세우는 것이었습니다.

메길로스 바로 그렇습니다.

아테나이인 그리하여 테메노스는 아르고스 왕이 되고, 크레스폰테스

는 멧세네 왕이 되고, 프로클레스와 에우뤼스테네스[25]는 라케다이몬 왕이 되었습니다.

메길로스 왜 아니겠습니까?

아테나이인 그리고 누가 그들의 왕권을 전복하려 할 경우, 그들을 도와
주겠다고 당시의 모든 사람이 맹세했습니다. e

메길로스 물론입니다.

아테나이인 하지만 어떤 왕정이나 정부가 무너질 경우, 그것은 분명 그 누구도 아닌 통치자 자신의 책임이 아닐까요? 아니면 우리는 조금 전에 이 주제와 마주쳤을 때[26] 그렇다고 확인했지만 이제는 잊었나요?

메길로스 그걸 어떻게 잊을 수 있겠습니까?

아테나이인 그러면 이제 우리는 우리 주장을 더 확실한 발판 위에 올려
놓을 수 있을 것입니다. 우리의 역사 탐구는 조금 전과 같은 결론에 이
른 것 같으니까요. 그리하여 우리는 추측이 아니라 실제 사실에 근거
하여 탐구를 계속할 것인데, 실제 사실이란 이런 것입니다. 세 왕가와 684a

21 첫 번째 국가는 가부장적인 씨족 국가를, 두 번째 국가는 귀족들이 지배하는 씨족 연맹을, 세 번째 국가는 트로이아처럼 평지에 세워진 다양한 정체의 국가를, 이제부터 논의할 네 번째 국가는 그런 국가들의 연맹을 의미한다.

22 ethnos.

23 하지.

24 아르고스(Argos)는 펠로폰네소스 반도 북동부에 있는 도시이자 지역의 이름이고, 멧세네(Messene)는 펠로폰네소스 반도 서남부에 있는 도시이자 지역의 이름이다.

25 Temenos, Kresphontes, Prokles, Eurysthenes.

26 626d~627a와 683a~b 참조.

그들이 지배하는 세 왕국은 그들이 지배와 피지배를 위해 제정한 공
동의 법률에 따라 서로 맹세를 주고받았는데, 왕들은 세월이 흘러도
자신의 가계(家系)가 존속하는 한 통치를 강화하지 않겠다고 맹세했
습니다. 또한 피치자들은 치자들이 약속을 지키는 한 자신들도 왕권
을 전복하지 않을뿐더러 남들도 왕권을 전복하지 못하게 하겠다고 맹
b 세했지요. 또한 그들은 왕들은 불의를 당하는 다른 왕들과 백성[27]을
돕고, 백성은 불의를 당하는 다른 백성과 왕들을 돕게 하겠다고 맹세
했습니다. 그렇지 않습니까?

메길로스 그렇습니다.

아테나이인 이렇게 세 나라에서 확립된 정체를 위해 입법한 사람이 왕이든 다른 누구든 가장 중요한 원칙은 이런 것이 아니었을까요?

메길로스 그게 뭐죠?

아테나이인 어떤 나라가 정해진 법률을 위반할 때마다 다른 두 나라가 서로 동맹하여 그 나라에 맞선다는 것 말입니다.

메길로스 분명 그렇습니다.

c **아테나이인** 물론 대부분의 백성은 입법자에게 일반 대중이 이의 없이
받아들일 그런 종류의 법률을 제정해주기를 요구하겠지요. 그러나 그
것은 누군가 체육교사나 의사에게 즐겁게 몸을 단련해주거나 치료해
달라고 요구하는 것과도 같습니다.

메길로스 전적으로 동의합니다.

아테나이인 하지만 대개는 큰 고통 없이 건강과 원기를 회복할 수 있다면 만족하겠지요.

메길로스 물론입니다.

아테나이인 또한 당시 사람들에게는 입법을 용이하게 하는 데 적잖이 d
도움이 되는 다른 이점도 있었습니다.

메길로스 그게 뭐죠?

아테나이인 일종의 재산 균등을 확립하려던 그들의 입법자의 노력이 다
른 나라에서처럼 크게 비난받지 않았습니다. 법률을 제정할 때 누군가
그런 조치들 없이는 평등이 충분히 실현될 수 없다고 보고 토지 소유와
관련하여 변화를 꾀하고 부채를 탕감해주려 한다고 가정해보십시오. 그
럴 경우 누구나 다 "손대서는 안 되는 것들에서 손을 떼시오" 라고 외치 e
며 그런 종류의 개혁을 시도하는 입법자를 공격할 것이며, 입법자의 토
지 재분배와 부채 탕감 정책은 욕만 먹게 될 것입니다. 그러면 누구나 절
망하게 되지요. 도리에이스족에게는 또 다른 큰 이점이 있었습니다. 서
로 원한을 품지 않았다는 것이지요. 그래서 아무도 이의를 제기하지 않
는 가운데 토지가 분배되었고, 그들에게는 오래된 큰 빚도 없었습니다.

메길로스 맞습니다.

아테나이인 그렇다면 여러분, 도대체 왜 그들의 정주와 입법이 그처럼 실패로 끝나고 말았을까요?

메길로스 무슨 말씀이신지요? 도대체 그것들의 어떤 점을 비판하시는 685a
겁니까?

27 demos.

아테나이인 세 국가가 세워졌지만 그중 두 국가[28]에서는 정체와 법률이
급속히 망가지고, 한 국가만이 살아남았습니다. 그대들 나라 라케다
이몬 말입니다, 메길로스님.

메길로스 그대는 쉽지 않은 문제를 제기하시는군요.

아테나이인 하지만 우리는 지금 그것을 고찰하고 캐물으면서, 우리가
출발하면서 말했듯이,[29] 고통스럽지 않게 도보여행을 해야 합니다. 우
b 리처럼 나이가 지긋한 사람들에게는 법률로 절제 있는 놀이를 하는 것
이 어울리니까요.

메길로스 물론이지요. 우리는 그대의 말씀처럼 해야 합니다.

아테나이인 그런데 우리의 고찰을 위해 어떤 법률이 이들 나라에 질서
를 부여한 법률보다 더 훌륭한 주제를 제공할 수 있겠습니까? 아니면
우리가 그 정주를 고찰할 수 있는 더 유명하고 더 큰 도시들이 있나요?

메길로스 이들 도시보다 더 좋은 예를 들기는 쉽지 않을 겁니다.

아테나이인 당시 사람들은, 마치 전에 일리온 주변에 살던 자들이 니노
스[30]가 세운 앗쉬리아 제국의 힘을 믿고 대담하게도 트로이아를 상대
로 전쟁을 일으켰을 때처럼, 이민족[31]의 침공을 받을 경우, 이런 조치
c 들이 펠로폰네소스뿐 아니라 헬라스인 전체를 보호하기에 충분하다
고 생각했음이 틀림없습니다. 앗쉬리아 제국의 위용은 지금도 적잖이
남아 있고, 마치 오늘날 우리가 대왕(大王)[32]을 두려워하듯 당시 사람
들은 앗쉬리아 제국의 통합된 조직을 두려워했습니다. 앗쉬리아 제국
d 의 일부인 트로이아가 두 번째[33]로 함락되자 앗쉬리아인들은 헬라스
인에게 큰 원한을 품었으니까요. 이런 위험에 대처하기 위해 당시 헤라

클레스의 아들인 형제 왕들이 다스리던 세 국가에 분산 배치되었던 도리에이스족의 군대를 통합한 것은 훌륭한 발상이었고, 그들의 장비 또한 배를 타고 트로이아로 갔던 군대보다 더 우수했습니다. 사람들은 첫째 헤라클레스의 아들들이 지휘관으로서 펠롭스의 손자들[34] 보다
더 훌륭하다고 생각했고, 둘째, 그들의 군대도 트로이아 원정군보다 e
더 용감하다고 생각했습니다. 아카이오이족인 원정군은 도리에이스족인 그들의 군대에 패했으니까. 당시 사람들이 이런 의도에서 이런 조치를 취한 것이라고 봐야 하지 않을까요?

메길로스 물론입니다.

아테나이인 또한 그들은 십중팔구 이런 조치들이 안정적이고 오래 존
속될 것으로 기대하지 않았을까요? 그들은 수많은 노고와 위험을 같 686a
이한 데다 지금은 그들의 왕들이 형제 간인 만큼 한 가족의 지휘를 받고 있을뿐더러 거기에 더하여 수많은 예언자, 특히 델포이[35]의 아폴론

28 아르고스와 멧세네.

29 625b 참조.

30 Ninos. 앗쉬리아 제국의 창건자.

31 barbaros.

32 ho megas basileus. 페르시아 왕.

33 트로이아는 프리아모스가 통치할 때 아가멤논(Agamemnon)이 이끄는 그리스 연합군에 함락되기 전에 라오메돈(Laomedon)이 왕이었을 때 헤라클레스가 이끄는 소수의 군대에 함락된 적이 있다.

34 Pelops. 아가멤논과 메넬라오스(Menelaos).

35 1권 주 2 참조.

과 상의했으니까요.

메길로스 물론 십중팔구 그렇게 기대했겠지요.

왜 동맹이 깨졌는가

아테나이인 그러나 그런 큰 기대는 금세 무산된 것 같습니다. 우리가 조금 전에 말했듯이, 동맹의 작은 부분인 여러분의 나라 라케다이몬을 제
b 외하고는 말입니다. 그래서 오늘날까지도 라케다이몬은 다른 두 회원국과 전쟁을 멈추지 않고 있습니다. 그러나 그들이 원래 의도를 실현하고 공동 정책을 추구했더라면 그들의 군사력은 무적이었을 것입니다.

메길로스 왜 아니겠습니까?

아테나이인 어째서 그리고 어떻게 그들의 계획에 차질이 생겼을까요? 그토록 큰 동맹체가 어떤 우연에 의해 파괴되었는지 고찰하는 것은 보람 있는 일이 아닐까요?

c **메길로스** 이런 사례를 무시하고 다른 데로 시선을 돌린다면, 이토록 훌륭하고 중요한 것들을 보존하거나 반대로 완전히 파괴하는 다른 법률이나 정체를 다른 데서는 결코 발견하지 못할 것입니다.

아테나이인 그러면 운 좋게도 우리는 중차대한 고찰 대상과 맞닥뜨린 것 같군요.

메길로스 물론입니다.

아테나이인 하지만 메길로스님, 우리는 그런 줄도 모르고 진부한 생각을 갖고 있는 것 같습니다. 사람들은 훌륭한 것을 볼 때마다 그걸 훌륭하게 사용하는 법을 알기만 하면 놀라운 결과를 얻을 것이라고 생각

하니까요. 하지만 지금 이 문제를 우리는 옳지 않게 그리고 비현실적 d
으로 생각할 수도 있으며, 어떤 것을 그런 식으로 생각하는 다른 사람
들도 그 점에서는 마찬가지일 수 있습니다.

메길로스 무슨 말씀이신지요? 우리는 그대가 무엇을 두고 그런 주장
을 한다고 말할까요?

아테나이인 메길로스님, 나는 방금 나 자신을 비웃었습니다. 우리가 논
의 중인 군대를 바라보았을 때, 나는 누가 당시 그것을 제대로 사용하
기만 했더라면, 내가 말했듯이 헬라스인의 수중에 참으로 훌륭하고
놀라운 도구가 들어왔겠구나 하는 생각이 들었기 때문입니다.

메길로스 그대의 말씀이 모두 훌륭하고 일리 있으니, 우리가 칭찬하는 e
것도 훌륭하고 일리 있지 않을까요?

아테나이인 그럴지도 모르지요. 아무튼 크고 강력하고 힘 있는 것을 보
는 사람은 누구나 곧바로 그것을 소유한 자가 그런 성질과 그런 크기
를 가진 도구를 사용할 줄만 안다면 놀라운 업적을 많이 성취하여 행
복할 것이라는 느낌을 갖게 되리라는 것이 내 생각입니다.

메길로스 그 또한 옳지 않나요? 아니면 그대는 어떻다고 보십니까? 687a

아테나이인 누가 그렇게 칭찬하는 것을 정당화하기 위해서는 매번 무
엇에 주목해야 하는지 생각해보십시오. 먼저 우리가 논의 중인 사안
과 관련하여, 당시 군대를 조직하던 사람들이 자신의 직무를 알고 있
었다면 어떻게든 그 일에 성공했겠지요. 하지만 문제는 '어떻게' 성
공했냐는 것입니다. 그들은 당연히 군대를 통합하고 상비군 체제를
유지해야겠지요. 그래야만 그들 자신은 자유를 누리고 자신들이 원하

b 는 남들을 지배할 수 있었을 것이며, 그들도 그들의 자손들도 헬라스인들 사이든 이민족들 사이든 온 세상에서 원하는 일이면 무엇이든 할 수 있었을 테니까요.

메길로스 물론입니다.

아테나이인 또한 큰 부나 남다른 가문의 후광 따위를 보고 찬사를 늘어놓는 사람이 있다고 가정해보십시오. 그가 찬사를 늘어놓는 것은 그런 이점을 가진 자는 모든 소원 또는 대부분의 소원과 가장 중요한 소원들을 이룰 것이라고 보기 때문이 아닐까요?

메길로스 아닌 게 아니라 그런 것 같습니다.

c **아테나이인** 자, 그렇다면 모든 인간에게 공통된 어떤 욕구가 있다는 것이 밝혀졌습니다. 그게 우리 논의의 결론 아닌가요?

메길로스 그게 어떤 욕구입니까?

아테나이인 가능하다면 만사가, 그게 안 되면 인간사라도 자기 마음대로 되었으면 하는 욕구 말입니다.

메길로스 물론입니다.

아테나이인 소년기에서 노년기에 이르기까지 우리 모두가 언제나 원하는 바인 만큼 우리는 당연히 늘 그것을 기원하지 않을까요?

메길로스 왜 아니겠습니까?

d **아테나이인** 또한 우리는 친구들을 위해서도 아마 그들이 자신을 위해 기원하는 것들을 기원할 것입니다.

메길로스 물론입니다.

아테나이인 아들은 아버지에게는 친구입니다. 비록 한 사람은 아이이고 다른 사람은 어른이지만 말입니다.

메길로스 왜 아니겠습니까?

아테나이인 하지만 아버지는 아들의 기원 가운데 많은 것이 제발 이루어지지 않게 해달라고 신들에게 기원할 것입니다.

메길로스 기원하는 아들이 아직 철없는 아이일 때 말씀인가요?

아테나이인 그렇습니다. 또한 아버지가 노망이 들거나 젊은 혈기가 왕 e
성하여 훌륭한 것과 올바른 것들에 관해 아무것도 아는 것이 없을 때도 그렇지요. 그런 아버지는 비참하게 죽은 힙폴뤼토스[36]를 대하는 테세우스와 같은 심적 상태가 되어 격정적으로 기원할 것입니다. 한데 아들이 훌륭한 것과 올바른 것들을 알고 있다면, 그런 아들이 아버지를 따라 기원할 것이라고 생각하십니까?

메길로스 무슨 말씀인지 알겠습니다. 그대의 말씀은 사람은 자기 소원이 스스로의 합리적인 판단에 의해 뒷받침될 때에만 모든 것이 자기 소원대로 되기를 기도하고 기원해야 하며, 국가든 개인이든 우리 모두가 바로 지성을 갖도록 기도하고 기원해야 한다는 뜻인 것 같습니다.

아테나이인 그래요. 무엇보다도 한 국가의 입법자는 법률을 제정할 때 688a
언제나 지혜에 주목해야 한다는 뜻입니다. 방금 생각이 나서 여러분에

36 힙폴뤼토스(Hippolytos)는 아테나이 왕 테세우스(Theseus)의 아들로 젊은 의붓어머니 파이드라(Phaidra)의 구애를 거절한다. 그러자 파이드라가 오히려 힙폴뤼토스가 자기에게 구애했다며 모함하자 테세우스는 이를 믿고 힙폴뤼토스를 추방하여 비참하게 죽게 만든다.

게도 상기시켜드립니다. 우리가 논의의 첫머리에서 말한 것을 아직도
기억하고 있다면 말입니다. 두 분께서 권고하신 것은 훌륭한 입법자
는 전쟁을 위해 자신의 모든 법률을 제정해야 한다는 것이었습니다.
하지만 나는 그것은 네 가지 미덕 가운데 하나를 위해 법률을 제정하
b 라고 그에게 명령하는 것이라고 주장했습니다. 그래서 나는 입법자는
미덕 전체에, 그중에서도 특히 으뜸가는 미덕인 지혜와 지성과 의견과
이것들을 따르는 사랑과 욕구에 주목해야 한다고 말했습니다. 논의가
한 바퀴 돌아 같은 논점으로 돌아온 지금도 내가 여전히 발언하고 있
으니 나는 이전과 같은 주장을 하겠습니다. 농담으로 들어도 좋고 원
하신다면 진담으로 들어도 좋습니다. 나의 주장은, 지성이 결여된 경
우에는 자기가 원하는 것과 정반대되는 일들이 일어나므로 기원하는
c 것이 도리어 위험하다는 것입니다. 여러분이 내 말을 진담으로 여기신
다면 그렇게 하십시오. 확신하건대 조금 전에 설명한 바에 따르면 여
러분은 왕들이 망하고 그들의 계획 전체가 무산된 것은 지배자들이
나 피지배자들의 비겁함이나 전쟁에 관한 지식의 결여 때문이 아니었
다는 것을 곧 알게 될 것입니다. 그런 참사가 빚어진 것은 모든 다른 악
덕, 특히 가장 중대한 인간사에 대한 무지[37] 탓입니다. 그때 실제로 그
d 런 일이 일어났다면 지금도 일어나고 앞으로도 똑같이 일어날 것입니
다. 여러분이 원하신다면 나는 논의의 다음 단계를 따라가며 그 점을
알아내어 내 친구들인 여러분에게 최선을 다해 밝히겠습니다.

클레이니아스 손님, 말로 하는 칭찬은 오히려 부담스러울 테니 우리는
행동으로 그대에게 경의를 표하겠습니다. 우리는 그대의 담론을 귀담

아듣겠단 말입니다. 그것이 칭찬이 자발적인지 아닌지 보여주는 최선의 방법이니까요.

메길로스 훌륭한 말씀입니다, 클레이니아스님. 우리는 그대가 말씀하 e
신 대로 합시다.

클레이니아스 그렇게 되겠지요. 신께서 원하신다면. 자, 말씀하십시오.

아테나이인 우리는 남은 논의의 길을 따라가며 그때 그 제국을 무너뜨린 원흉은 가장 큰 무지이며, 그런 무지는 지금도 본성적으로 똑같은 결과를 초래한다고 주장합니다. 그게 사실이라면 입법자는 국가에 지혜[38]는 되도록 많이 주입하고 어리석음[39]은 되도록 많이 제거하려고 노력해야 합니다.

클레이니아스 자명합니다.

아테나이인 그렇다면 어떤 종류의 무지를 '가장 크다'고 불러야 마땅할 689a
까요? 두 분은 내 설명에 동의하는지 검토해보십시오. 나는 그걸 이런 종류의 무지라고 봅니다.

클레이니아스 그게 어떤 종류지요?

아테나이인 누가 고상하고 훌륭하다고 판단되는 것은 좋아하는 대신, 싫어하고 사악하며 불의하다고 판단되는 것은 좋아하고 반길 때의 무지 말입니다. 나는 괴로움과 즐거움의 감정과 이성적인 판단 사이의 이

37 amathia.

38 phronesis. 실천적 지혜.

39 anoia.

런 불협화음을 극단적이고 가장 큰 무지라고 주장합니다. 왜냐하면
그런 불협화음은 혼의 대부분에 속하기 때문입니다. 혼 가운데 괴로
b 움과 즐거움을 느끼는 부분은 국가로 치면 민중이나 대중에 해당하니
까요. 그래서 혼이 스스로 타고난 지배 원칙인 지식이나 의견이나 이성
과 대립할 때 나는 이를 어리석음이라고 부릅니다. 그것은 대중이 통
치자들과 법률에 복종하지 않는 국가에도 적용되고, 혼 안에 내재하
는 고상한 원칙들이 득이 되기는커녕 오히려 해가 될 때의 개인에게도
적용됩니다. 내가 국가에서나 개인에서나 가장 큰 불협화음을 내는 것
c 으로 간주하는 것은 이런 종류의 모든 무지이지 장인(匠人)의 무지가
아닙니다. 여러분이 내 말뜻을 이해한다면 말입니다.

클레이니아스 손님, 우리는 이해할뿐더러 그대의 말씀에 동의합니다.

아테나이인 그럼 이 문제와 관련해서는 이런 사항을 모르는 시민에게는
어떤 권력도 맡겨서는 안 된다고 결정하고 선언한 것으로 합시다. 그런
사람들은 무지한 탓에 비난받아 마땅합니다. 설령 그들이 계산에 아주
능하고 온갖 요령과 혼을 기민하게 해주는 모든 것에 잘 훈련되어 있다
d 고 하더라도 말입니다. '지혜롭다'고 할 사람들은 그와 정반대되는 사람
들입니다. 속담처럼 그들이 "읽을 줄도 모르고 헤엄칠 줄도 모른다" 해
도 말입니다. 그리고 국가의 관직은 이런 지각 있는 사람들에게 맡겨야
합니다. 그도 그럴 것이 친구들이여, 화합[40] 없이 어떻게 지혜가 조금이
라도 존재할 수 있겠습니까? 그것은 불가능합니다. 오히려 가장 훌륭
하고 가장 큰 화합이 가장 큰 지혜라고 말하는 것이 온당할 것입니다.
이성적으로 살아가는 사람은 이런 지혜에 관여하겠지만, 이런 지혜가

결여된 사람은 틀림없이 가정을 망치고 국가의 구원자가 되기는커녕
그와 정반대라는 것이 드러날 것입니다. 이런 것들에 무지하니까요. 그 e
러니 방금 말했듯이 이것을 우리의 선언으로 받아들이기로 합시다.

클레이니아스 네, 받아들이기로 하지요.

일곱 가지 다스릴 권리

아테나이인 그런데 국가에는 치자들과 피치자들[41]이 있기 마련입니다.

클레이니아스 물론입니다.

아테나이인 좋습니다. 크고 작은 국가와 가정에서 치자와 피치자에 해 690a
당하는 호칭에는 어떤 것들이 얼마나 있을까요? 그중 하나는 아버지
와 어머니가 아닐까요? 또한 일반적으로 부모가 자식을 다스리는 것
은 어디서나 당연한 권리가 아닐까요?

클레이니아스 그러고말고요.

아테나이인 바로 그다음은 고귀한 자가 미천한 자를 다스리는 권리입니다. 이어 세 번째는 나이 많은 사람이 다스리고 나이 적은 사람이 다스림을 받는 것입니다.

클레이니아스 물론입니다.

아테나이인 네 번째는 노예는 다스림을 받고 주인은 다스리는 것입니다. b

40 개인의 경우 이성과 감정 사이의 화합을, 국가의 경우 치자와 피치자 사이의 화합을 말한다.

41 archontes, archomenoi.

클레이니아스 왜 아니겠습니까?

아테나이인 생각건대, 다섯 번째는 강자는 다스리고 약자는 다스림을 받는 것입니다.

클레이니아스 방금 언급하신 종류의 다스림은 정말이지 피할 수 없는 것입니다.

아테나이인 그것은 모든 생명체 사이에 가장 널리 퍼져 있는 다스림이기도 한데, 그것을 테바이 시인 핀다로스는 언젠가 '자연의 섭리'[42]라고 하였습니다.[43] 그러나 가장 중요한 것은 무식한 자는 따르고 지혜로
c 운 자는 이끌고 다스려야 한다는 여섯 번째 권리인 것 같습니다. 하지만 가장 지혜로운 핀다로스여, 내가 '자연의 섭리'라고 한 것은 사실은 강요 없이 자진하여 법의 지배를 받아들이는 것인데, 이를 자연에 반한다고 말하기는 어려울 것입니다.

클레이니아스 온당한 말씀입니다.

아테나이인 일곱 번째 다스림은 신의 뜻에 달려 있고 운수소관이어서 누군가가 추첨하도록 설득하되, 당첨되는 사람이 다스리고 당첨되지 않으면 다스림을 받는 것이 가장 공정하다고 일러두는 것입니다.

클레이니아스 참으로 옳은 말씀입니다.

d **아테나이인** 우리는 입법 임무에 경솔하게 임하는 사람에게 농담 삼아 이렇게 말할 수 있을 것입니다. "입법자여, 그대는 다스릴 수 있는 권리가 얼마나 많으며, 그것들이 본성적으로 서로 상반된다는 것이 보이십니까? 이제 그것이 내란[44]의 원인이라는 것을 우리가 알았으니, 그대는 그것을 제거해야 합니다. 하지만 그대는 먼저 아르고스와 멧세네

의 왕들이 어떤 잘못을 저질러 이런 권리들을 어떻게 침범했기에 자신들과 당시 경탄의 대상이던 헬라스인들의 힘을 망쳐놓았는지 우리와 e
함께 고찰하도록 하십시오. 그것은 "때로는 전체보다 반(半)이 더 많다"[45]는 헤시오도스의 말이 더없이 옳다는 것을 그들이 몰랐기 때문

42 kata physin.

43 핀다로스, 단편 169a(Race)와 플라톤의 대화편 『고르기아스』 484b 참조. 이 단편은 다음과 같이 시작된다.

> 법은 사멸하는 모든 것과
> 불멸하는 모든 것의 왕이로다.
> 법은 강력한 손으로 가장 난폭한 것도 올바르게
> 만든다네. 그 증거로 나는 헤라클레스의 업적들을
> 내세우노라. 그는 허락을 받거나 대금을 지불하지도 않고
> 게뤼온의 소떼를 퀴클롭스가 쌓은 에우뤼스테우스의
> 성문으로 몰고 갔노라.

핀다로스(Pindaros 기원전 518~446년 이후)는 테바이 근처에서 태어난 그리스 서정시인으로 그리스 4대 경기에서 우승한 자들을 위해 써준 승리의 송시(epinikion)들이 유명하다. 헤라클레스(Herakles)는 그리스 신화에서 가장 강력한 영웅으로 그의 12고역 이야기가 특히 유명하다. 게뤼온(Geryon)은 머리 또는 몸이 셋인 거한으로 먼 서쪽에 있는 에뤼테이아(Erytheia) 섬에서 오르트로스(Orthros)라는 개를 데리고 소떼를 치며 살았는데, 이 소떼를 빼앗아 그리스로 몰고 가는 것이 헤라클레스의 10번째 고역이었다. 퀴클롭스는 호메로스에서는 야만적인 식인 거한으로 등장하지만 후기 신화에서는 주로 불의 신 헤파이스토스(Hephaistos)의 일꾼들로 등장한다. 티륀스(Tiryns)와 뮈케나이(Mykenai)의 거석으로 쌓은 성벽은 이들이 축조한 것이라고 한다. 에우뤼스테우스(Eurystheus)는 헤라클레스에게 12고역을 시킨 뮈케나이 왕이다.

44 stasis.

45 『일과 날』 40행.

아닐까요? 전부를 가지는 것이 해롭고 반이면 충분할 때는, 충분한 것이 넘쳐나는 것보다 더 나은 만큼 더 바람직한 선택이라는 것이 헤시오도스의 말뜻이기에 하는 말입니다."

클레이니아스 지당한 말씀입니다.

아테나이인 그렇다면 우리는 이런 파괴적인 과정이 어디에서 시작한다고 생각합니까? 왕들 사이에서일까요, 민중 사이에서일까요?

691a **클레이니아스** 그것은 십중팔구 사치스러운 생활로 인해 교만해진 왕들의 병폐일 것입니다.

아테나이인 그렇다면 정해진 법을 무시하고 더 많이 가지려는 이런 욕구에 사로잡힌 것은 분명 당시의 왕들이 아닐까요? 그들은 스스로 말과 맹세로 찬양한 것과 자신의 욕구를 일치시키지 못했는데, 지혜인 것처럼 보여도 정작 어리석음의 극치인 이러한 불일치가 부조화와 심한 무교양[46]으로 모든 것을 망쳐놓은 것이 아닐까요?

클레이니아스 아닌 게 아니라 그런 것 같습니다.

스파르테가 성공한 이유

b **아테나이인** 좋습니다. 그렇다면 입법자는 입법할 당시 이런 병폐가 생기는 것을 막기 위해 어떤 예방조치를 강구해야 할까요? 신들에 맹세코, 오늘날에는 그것을 아는 것은 지혜로운 것도 아니고, 대답하기 어려운 것도 아닙니다. 하지만 당시에 그런 문제를 예견했다면 우리보다 더 지혜로운 사람들이었겠지요. 당시에 그걸 예견하는 것이 가능했다면 말입니다.

메길로스 더 명확하게 말씀해주십시오.

아테나이인 이렇게 말하는 것이 가장 명확하겠지요.

메길로스 어떻게요?

아테나이인 만약 누가 균형의 법칙을 무시하고 작은 함선에 엄청나게 c
큰 돛을 달거나 작은 몸에 너무 많은 음식물을 공급하거나 감당할 능
력도 없는 혼을 너무 높은 관직에 앉힌다면, 그 결과는 언제나 비참합
니다. 몸과 혼이 부풀어 올라, 몸에서는 병이 생기고 혼에서는 교만이
곧바로 불의로 치닫습니다. 그래서 결론이 뭐냐고요? 친구들이여, 간
단히 말해 어떤 관직도 책임질 수 없는 젊은 나이에, 타고난 자질에 힘
입어 세상에서 가장 큰 권력을 감당할 수 있는 인간의 혼은 없다는 것
입니다. 그런 혼의 생각은 언제나 병 가운데서도 가장 고약한 무질서 d
와 광기로 가득 차서 가까운 친구들에게도 미움 받습니다. 그리고 일
단 그런 일이 일어나면 그런 혼은 급속히 망가지며 자신의 모든 권력
을 잃게 됩니다. 위대한 입법자가 할 일은 균형감각을 갖고 이런 위험
을 예방하는 것입니다. 당시에 일어난 일을 오늘날 우리가 정확히 추
정할 수 있다면 당시에는 이런 일이 일어났던 것 같습니다.

메길로스 그게 어떤 일이죠?

아테나이인 어떤 신이 여러분을 염려하여 미래를 내다보고 하나의 혈
통에서 두 명의 왕[47]이 생겨나게 함으로써 왕권을 적절히 제한한 것 e

46 amousia.

말입니다. 그 뒤 인간의 지혜와 신적인 힘을 겸비한 어떤 사람[48]이 여러분의 정부가 아직도 열기에 들떠 있음을 간파하고는 28명의 원로에게
692a 중대사에서 왕들 못지않은 결정권을 부여함으로써 왕가의 자의적인 힘에 노년의 신중함을 가미했습니다. 여러분의 '세 번째 구원자'[49]는 정부가 아직도 들뜬 흥분 상태에 있는 것을 보고는 거기에 에포로스[50]들의 권력이라는 일종의 재갈을 물렸는데 그들의 권력은 추첨에 의한 정부에 가까운 것이었습니다. 이처럼 여러분의 왕정은 올바른 요소들이 섞이며 균형을 유지함으로써 스스로도 살아남고 국가의 다른 부분들도 살아
b 남게 했습니다. 만약 테메노스와 크레스폰테스와 그들이 누구든 당시의 입법자들에게 이 일이 맡겨졌더라면 아리스토데모스의 몫[51] 조차 살아남지 못했을 것입니다. 입법에 충분한 경험이 없었으니까요. 그렇지 않았다면 그들은 참주[52]의 권력으로 바뀔 수도 있는 권력을 장악한 젊은 혼을 맹세[53]로 제어할 수 있으리라고 생각하지 않았을 테니까요. 하지만 신은 정부가 되도록 오래 존속하려면 그때는 어떠해야 하며 지금
c 은 어떠해야 하는지 보여주었습니다. 앞서 말했듯이, 지금은 이런 것을 아는 데 큰 지혜가 필요하지 않습니다. 역사적인 선례를 미루어 짐작하는 것은 어려운 일이 아니니까요. 그러나 그때 이 모든 것을 내다보며 누가 여러 관직을 통제하고 셋[54]을 하나로 통합할 수 있었다면, 당시의 훌륭한 계획들은 무산되지 않았을 것이고 페르시아나 다른 어느 군대가 우리를 만만하게 보고 헬라스를 공격해오는 일은 결코 없었겠지요.

클레이니아스 맞는 말씀입니다.

d **아테나이인** 클레이니아스님, 무엇보다도 헬라스인들이 페르시아인들

을 물리친 방식은 치욕적인 것이었습니다. 당시 육지와 바다에서 승전한 분들이 혁혁한 전과를 올리지 못했다는 뜻으로 '치욕적'이라고 말하는 것이 아닙니다. 내가 '치욕적'이라고 말하는 것은 우선 이들 세 국가 중에 한 국가만이 헬라스를 지키기 위해 싸웠기 때문입니다. 다른 두 국가는 철저히 썩어 있었습니다. 한 국가[55]는 있는 힘을 다해 라케다이몬과 싸움으로써 라케다이몬이 헬라스를 방어하는 일을 돕지 못하게 방해
했고, 영토가 셋으로 나뉠 때 셋 중 으뜸이던 아르고스는 이민족을 물 e
리쳐달라는 요청을 받고도 이를 묵살하고 돕지 않았습니다.[56] 그때의 전쟁과 관련하여 수많은 사건을 열거하며 헬라스가 떳떳하지 못했다고 비난할 수 있습니다. 사실 헬라스가 자신을 지켜냈다고 말하는 것

47 스파르테에서는 두 왕이 왕권을 나누어 가졌는데, 최초의 왕들인 프로클레스와 에우뤼스테네스(683d 참조)는 아리스토데모스(Aristodemos)의 쌍둥이 아들이다.

48 스파르테의 전설적인 입법자인 뤼쿠르고스.

49 테오폼포스(Theopompos). 기원전 8세기의 스파르테 왕.

50 에포로스(ephoros 복수형 ephoroi '국정감독관')들은 스파르테의 최고 관리로서 기원전 5세기 말부터 매년 5명씩 시민들에 의하여 선출되었는데, 왕을 견제하고 사법권을 행사하며 장군을 소환하고 외국과 조약을 맺는 등 막강한 권한을 행사했다. 당시는 마땅한 연호가 없던 때라 에포로스 중 최고 연장자의 이름에서 따와 '아무개가 에포로스였던 해에'라는 표현으로 연호를 대신했다.

51 라케다이몬.

52 tyrannos. 일종의 군사독재자.

53 684a 참조.

54 왕권, 원로원, 국정감독관직.

55 멧세네.

56 헤로도토스(Herodotos), 『역사』 7권 148장 이하 참조.

693a 은 틀린 말입니다. 아테나이인들과 라케다이몬인들의 공동 결의가 임
박한 노예 상태를 막아주지 않았더라면 민족들이 지금쯤 완전히 섞여
서 헬라스인이 헬라스인과 섞이고, 헬라스인들이 이민족과 섞이고, 이
민족이 헬라스인과 섞여 있겠지요. 마치 오늘날 페르시아 제국의 지배
를 받는 민족들이 뿔뿔이 흩어져 비참하게 살다가 지금은 다시 무리
지어 함께 살듯이 말입니다.

클레이니아스님과 메길로스님, 우리가 왜 과거와 현재의 이른바 '정
치가'들과 입법자들을 이렇게 비난할까요? 그것은 그들이 왜 잘못했
b 는지 알아내면 그들이 어떤 다른 길을 갔어야 했는지 알 수 있기 때문
입니다. 이를테면 우리는 지나치게 강하거나 혼합되지 않은 정부를 입
법하는 것은 잘못이라고 말했습니다. 입법자들은 국가는 자유롭고
지혜롭고 자신에게 우호적이어야 하며, 입법자가 입법할 때는 이 점을
염두에 두어야 한다는 것을 명심해야 합니다. 우리는 누차 어떤 목표
들을 제시하며 입법자는 입법할 때 그런 것들을 주목해야 한다고 말
c 했는데, 이런 목표들이 매번 달라 보이더라도 놀라서는 안 됩니다. 오
히려 입법자가 절제나 지혜나 우애를 주목해야 한다고 우리가 말할
때, 이 모든 목표는 다르지 않고 같다는 점을 명심해야 합니다. 그러니
그 밖에도 이런 표현을 많이 접한다 하더라도 혼란스러워 해서는 안
됩니다.

제5부 역사의 교훈 (2): 전제정체와 민주정체

두 가지 기본 정체

클레이니아스 우리가 이 주제를 다시 논한다면 그 점을 명심하도록 하
겠습니다. 하지만 그대는 우애와 지혜와 자유와 관련하여 입법자는
무엇을 목표로 삼아야 하는지 설명하려고 하셨는데, 이제는 그것을 d
말씀해주십시오.

아테나이인 그러면 들어보십시오. 정체에는 어머니와도 같은 것이 둘 있어 거기에서 나머지 다른 정체가 생겨났다고 누가 말한다면, 그는 옳은 말을 하는 것입니다. 그중 하나는 전제정체[57]라고 다른 하나는 민주정체[58]라고 부르는 것이 옳은데, 전자의 극단적인 경우는 페르시아인들의 정체이며 후자의 극단적인 경우는 아테나이인들의 정체입니다. 나머지 정체는 앞서 말했듯이 사실상 이 두 정체의 변종입니다. 어떤 정
체가 지혜와 더불어 자유와 우애를 누리려면 반드시 이 두 요소가 공
존해야 합니다. 또한 어떤 국가도 이 두 요소 없이는 훌륭한 정체를 가 e
질 수 없다고 주장할 때 우리가 조언하려는 것도 바로 이 점입니다.

클레이니아스 왜 아니겠습니까?

아테나이인 페르시아인들의 국가는 전제정체만을 필요 이상으로 선호

57 monarchia.

58 demokratia.

하고 아테나이인들의 국가는 민주정체만을 선호했기에, 어느 국가에서도 이 두 요소가 균형을 이루지 못했습니다. 하지만 두 분의 국가인 라케다이몬과 크레테에서는 이 두 요소가 균형을 이루었지요. 페르시아와 아테나이도 옛날에는 그럴 때가 있었지만 지금은 상황이 나빠졌
694a 습니다. 이제 그 원인을 분석해볼까요?

클레이니아스 당연히 그래야겠지요. 우리가 자신에게 부과한 과제를 완수하려면 말입니다.

페르시아의 전제정체

아테나이인 그러면 역사에 귀를 기울여봅시다. 퀴로스[59] 치하에서 페르시아인들은 자유와 예속이 적절히 혼합된 삶을 살았는데, 먼저 자신들이 자유민이 된 다음 수많은 다른 민족의 주인이 되었습니다. 치자인 그들이 피치자들에게 자유를 나눠주며 평등하게 대해주자, 병
b 사들이 지휘관들에게 더 호감을 느꼈고 위기 때 더 헌신적이었습니다. 또한 피치자 중에 누가 지혜로워서 조언을 해줄 수 있다면 왕은 시기하기는커녕 언로를 터주며 조언으로 도움을 줄 수 있는 자들을 존중했습니다. 그래서 지혜로운 자는 지혜로 공동체에 봉사할 수 있었지요. 그리하여 당시 페르시아인들은 자유와 우애와 지성의 공유에 힘입어 번창 일로에 있었습니다.

클레이니아스 아닌 게 아니라 그랬던 것 같습니다.

c **아테나이인** 그런데 이런 이점이 캄뷔세스[60] 치하에서 사라졌다가 다레이오스[61] 치하에서 사실상 완전히 회복된 것은 어떻게 설명할 수 있을

까요? 사건을 재구성하기 위해 점(占) 치듯 추측해볼까요?

클레이니아스 네. 그러는 것이 우리의 탐구 대상을 고찰하는 데 도움이 될 것 같으니까요.

아테나이인 추측하건대, 퀴로스는 분명 훌륭한 장군이자 애국자였지만 올바른 교육[62]에 대해서 생각해본 적이 없고 집안 살림[63]에 주의를 기울인 적이 전혀 없습니다.

클레이니아스 어째서 그런 주장을 하시는 거죠?

아테나이인 그는 젊어서부터 평생을 전장에서 보냈고, 아이들을 양육 d
하는 일은 여인들에게 맡겼던 것 같습니다. 여인들은 아이들을 아주 어려서부터 아무것도 부족한 것이 없는 행복하고 축복받은 존재로 길렀는데, '복 받은' 아이들에게 무슨 일이든 아무도 반대하지 못하게 하고 아이들이 무슨 말을 하고 무슨 짓을 하건 모두가 칭찬하도록 강요함으로써 그런 사람으로 길렀던 것이지요.

59 Kyros(재위기간 기원전 559~530년). 페르시아 제국을 창건한 대(大)퀴로스.

60 Kambyses(재위기간 기원전 530~522년). 대(大)퀴로스의 장남으로 이집트를 정복했다.

61 Dareios(라/Darius 재위기간 기원전 521~486년). 다레이오스 1세. 기원전 490년 그리스를 침공했다가 마라톤(Marathon) 전투에서 패해 퇴각한다. 10년 뒤인 기원전 480년 그의 아들이자 후계자인 크세르크세스(Xerxes)가 대군을 이끌고 다시 그리스를 침공했으나 살라미스(Salamis) 해전에서 패하여 퇴각한다. 그 뒤 페르시아는 대체로 수세를 취하다가 기원전 330년 알렉산드로스(Alexandros) 대왕에 의해 멸망한다.

62 paideia orthe.

63 oikonomia. 또는 경영.

클레이니아스 말씀을 들어보니, 그건 훌륭한 교육이었던 것 같은데요.

e **아테나이인** 여성적인 교육이라 해야겠지요. 남자들이 전쟁과 끊임없는 위험에 붙들려 여가를 내지 못하고 집을 떠나 있는 사이 최근에야 부유해진 왕실 여인들이 아이들 교육을 도맡았으니까요.

클레이니아스 일리 있는 말씀입니다.

아테나이인 한편 아이들의 아버지는 아이들을 위하여 양떼와 가축 떼를 포함하여 인간과 다른 동물의 수많은 무리를 계속해서 모았으나
695a 자신이 이 모든 것을 물려주려던 후계자들이 전통적인 페르시아식 훈련을 받지 못하고 있다는 것을 알지 못했지요. 그 훈련은 페르시아인들이 양치기들이고 척박한 땅에서 태어났는지라 야영도 뜬눈으로 망을 보는 것도 가능하며 필요하면 병사도 될 수 있는 건장한 양치기들을 길러낼 수 있는 혹독한 것이었습니다. 하지만 그는 아들들이 여인들과 내시들로부터 이른바 '행복'에 의해 타락한 메디아[64]식 교육을
b 받았다는 것을 알지 못했습니다. 퀴로스의 아들들은 교사한테 야단맞은 적이 없을 때 될 법한 그런 아이들이 되었지요. 그리하여 퀴로스의 사후 왕국을 물려받았을 때 그의 아들들은 허랑방탕한 생활을 했습니다. 먼저 동등하게 나누는 것을 참지 못해 한 명이 다른 한 명을 죽였고,[65] 그다음 남은 한 명은 폭음과 무교육 때문에 미친 나머지, 캄뷔세스의 어리석음을 경멸한 당시 환관[66]이라 불린 자의 주도 아래 메디아인들의 손에 자신의 왕위를 잃고 말았습니다.

c **클레이니아스** 아무튼 그런 이야기가 전해오고 있는데, 아마도 사실인 것 같습니다.

아테나이인 또한 전하는 이야기에 따르면, 그러다가 제국은 다레이오스를 포함한 일곱 사람[67]에 의해 도로 페르시아인들의 손에 넘어갔다고 하더군요.

클레이니아스 물론입니다.

아테나이인 이 이야기를 따라가며 어떤 일이 일어났는지 살펴봅시다.[68] 다레이오스는 왕자가 아니었고, 사치스럽게 양육되지도 않았습니다. 그가 나타나 다른 여섯 사람의 도움으로 제국을 손에 넣었을 때 그것을 일곱 부분으로 나누었는데, 그 희미한 흔적이 오늘날에도 남아 있습니다. 그는 정치적 평등을 어느 정도 도입한 법을 제정하여 제국을 d
다스리는 것이 좋겠다고 생각했고, 퀴로스가 페르시아인들에게 약속한 공납(貢納)에 관한 규정을 법제화했습니다. 그는 돈과 선물로 페르시아인들을 자기편으로 만들었고, 모든 페르시아인 사이에 우애와 협력의 감정을 불러일으켰습니다. 그리하여 군대는 그에게 호감을 갖게 되어 퀴로스가 남긴 영토에다 그것 못지않은 영토를 덧붙여주었지요. 그러나 다레이오스의 후계자 크세르크세스는 다시 왕실의 사치스러

64 Media. 카스피해 남쪽에 있던 나라로 처음에는 페르시아의 종주국이었으나 나중에는 종속국이 된다. 메디아는 흔히 페르시아와 동의어로도 쓰인다. '메디아식 교육'이란 야단치지 않는 부드럽고 무른 교육을 가리키는 듯하다.

65 캄뷔세스가 아우 스메르디스(Smerdis)를 죽인 것을 말한다.

66 자기가 스메르디스라고 주장하며 왕위를 요구하던 마고스(magos '사제') 고마테스(Gomates)를 말한다. 이에 관해서는 헤로도토스, 『역사』 3권 61~79장 참조.

67 다레이오스와 힘을 모아 찬탈자를 축출한 페르시아 귀족들.

68 헤로도토스, 『역사』 3권 68~88장 참조.

운 교육을 받으며 자랐습니다. 아마 우리는 그의 아버지에게 말해도
e 되겠지요. "다레이오스여, 그대는 퀴로스의 실수를 타산지석으로 삼지 않고 퀴로스가 캄뷔세스를 양육한 것과 똑같은 생활 습관으로 크세르크세스를 양육했소이다." 그리하여 크세르크세스는 똑같은 교육의 산물인 캄뷔세스와 비슷한 불운을 겪었지요. 그 뒤로 페르시아에는 진실로 위대한 왕은 사실상 한 명도 없었습니다. 명목상이라면
696a 몰라도.[69] 단언컨대 그것은 불운 탓이 아니라, 참주들과 엄청난 부자의 자식들이 으레 영위하는 나쁜 삶 탓입니다. 그런 교육을 받고서는 노소를 막론하고 어떤 남자도 미덕에서 탁월할 수 없으니까요. 그러니 입법자는 이런 점을 주목해야 하고, 우리도 지금 여기서 그래야만 한다는 것이 나의 주장입니다. 라케다이몬인들이여, 적어도 이 점을 여러분 국가의 공로로 인정하는 것은 옳을 것입니다. 관직을 배분하고
b 교육을 시키면서 가난과 부, 그리고 사인(私人)과 왕을 구별하지 않는 것 말입니다. 여러분의 나라가 처음 창건될 때 어떤 신에게서 받은 신탁에 정해진 구별말고는 말입니다. 또한 누가 미덕이 없거나 미덕은 있어도 절제가 없는데 걸음이 재다든가 잘생겼다든가 힘이 세다고 해서 높은 관직을 맡아서도 안 되겠지만, 누가 남달리 부유하다고 해서 국가가 그에게 높은 관직을 맡겨도 안 됩니다.

클레이니아스 손님, 그게 무슨 말씀이신지요?

아테나이인 용기는 아마도 미덕의 한 부분이겠지요?

클레이니아스 물론입니다.

아테나이인 그렇다면 그대는 내 논의를 들었으니 스스로 판단해보세요.

어떤 사람이 대단히 용감하지만 절제할 줄 모르고 방종하다면 그대는 그런 사람을 동거인이나 이웃으로 기꺼이 받아들이겠습니까?

메길로스 제발 그런 일이 없기를! c

아테나이인 그러면 자기 분야에 대해 아는 것이 많지만 올바르지 못한 장인은 어떤가요?

메길로스 나는 결코 그를 반기지 않을 것입니다.

아테나이인 정의는 절제 없이는 생겨나지 않습니다.

메길로스 어찌 생겨날 수 있겠어요?

아테나이인 또한 우리가 방금 제시한 '지혜로운' 사람[70]도 생겨나지 않을 것입니다. 즐거움과 괴로움의 감정을 올바른 이성에 맞추고 이에 복종하는 사람 말입니다.

메길로스 그러고말고요.

아테나이인 국가에서 관직을 맡기는 것이 어떤 때 옳고 어떤 때 옳지 않은지 판단하기 위해서는 이런 점을 고찰해야 합니다. d

메길로스 그게 뭐죠?

아테나이인 절제가 어떤 혼 안에 다른 미덕들과 떨어져 단독으로 있는 것을 발견하면 우리가 그것을 칭찬하는 것이 옳은가요, 아니면 비난하는 것이 옳은가요?

메길로스 뭐라고 대답해야 할지 모르겠네요.

69 페르시아 왕은 다른 왕들과는 달리 '대왕'(ho megas basileus)이라고 불렸다.

70 689d 참조.

아테나이인 사실은 제대로 대답했습니다. 그대가 둘 중 어느 한쪽을 선택했다면 나는 그대가 엉뚱한 말을 한 것으로 생각했을 거예요.

메길로스 그러면 내 대답이 옳은 것이었군요.

e **아테나이인** 그렇습니다. 칭찬받거나 비난받을 수 있는 것들에 대한 첨가물에 불과한 것은 언급할 가치가 없는 만큼 말하지 않고 그냥 넘어가는 것이 더 낫습니다.

메길로스 절제를 두고 그렇게 말씀하시는 것 같군요.

아테나이인 그렇습니다. 또한 일반적으로 절제라는 첨가물과 결합했을 때 우리에게 가장 이득이 되는 것이 가장 칭찬받아 마땅하고, 두 번째로 이득이 되는 것이 두 번째로 칭찬받아 마땅하며, 다른 것들도 이런 원칙에 따라 순서대로 받아 마땅한 칭찬을 받을 것입니다.

697a **메길로스** 그러고말고요.

아테나이인 어떻습니까? 우리는 이번에도[71] 이런 것들을 배분하는 것은 입법자가 할 일이라고 주장하지 않겠습니까?

메길로스 그야 물론이지요.

아테나이인 그대는 이런 것들을 저마다 세세히 배분하는 일을 모두 입법자에게 맡기기를 원하십니까? 그러나 우리는 법률 애호가인 만큼 법률을 셋으로 나눠 가장 중요한 부류와 두 번째로 중요한 부류와 세 번째로 중요한 부류로 구분해볼까요?

메길로스 그게 좋겠습니다.

b **아테나이인** 그러니까 어떤 국가가 살아남아 인간이 누릴 수 있는 모든 행복을 누리려면 명예와 불명예를 올바르게 배분하는 것이 꼭 필요하

다는 것이 우리의 주장입니다. 여기서 올바르게 배분한다 함은 혼에
절제가 있는 한 혼에 관련된 좋은 것들[72]을 가장 가치 있는 으뜸가는
것으로, 몸에 관련된 훌륭하고 좋은 것들을 버금가는 것으로, 이른바
재산과 재물에 관련된 좋은 것들을 세 번째 것으로 삼는 것입니다. 만
약 어떤 입법자나 국가가 이런 원칙을 무시하고 부를 가장 존중하거나 c
다른 열등한 좋은 것 가운데 하나를 더 높은 자리로 올린다면 그는 경
건하지도 않고 정치가답지도 않은 짓을 하게 됩니다. 우리는 그렇게 선
언한 것으로 할까요, 아니면 어떻게 할까요?

메길로스 분명 그렇게 선언한 것으로 합시다.

아테나이인 우리는 페르시아인들의 정체를 고찰하다가 이런 것들에 관
해 이렇듯 길게 논의하게 되었습니다. 우리는 그들의 상황이 해마다
더 악화되는 것을 보는데, 그들이 민중에게서 지나치게 자유를 빼앗
고 과도하게 전제정체를 도입함으로써 국가 안에서 우애와 연대감을 d
말살한 것이 그 원인이라고 주장합니다. 일단 우애와 연대감이 사라지
자 치자들의 정책은 피치자들인 민중의 이익을 위해서가 아니라, 자신
들의 권력 유지를 위해 입안되었습니다. 치자들은 자신들에게 조금이
라도 이익이 되겠다 싶으면 도시와 우방국을 불과 칼로 파괴하여 무자
비하고 심하게 미워하기도 하고 그들에게 미움 받기도 했습니다. 자신
들 편에서 싸울 민중이 필요해지자 그들은 군대가 충성심도 없고 위험 e

71 632b~c 참조.

72 ta agatha.

을 무릎쓰고 싸울 의사도 없음을 알게 됩니다. 수백만의 대군이 있지만 전투에는 모두 무용지물인지라, 병력이 부족하기라도 한 것처럼 병사들을 고용함으로써 용병과 외국인이 자신들의 안전을 지켜줄 것이
698a 라고 생각합니다. 이에 더하여 그들은 멍청해진 나머지 국가에서 명예롭고 훌륭하다고 일컬어지는 것들은 금과 은에 비하면 모두 허섭스레기에 지나지 않다는 것을 행동으로 보여주곤 합니다.

메길로스 그러고말고요.

아테나이인 페르시아인들에 관한 논의는 이것으로 끝냅시다. 우리의 결론은 백성이 부당하게 예속되고 치자들이 지나치게 전제적이어서 그들의 제국이 잘못 다스려지고 있다는 것입니다.

메길로스 물론입니다.

아테나이와 페르시아의 전쟁

아테나이인 그다음으로 우리는 앗티케[73]의 정체를 검토하되 이번에도 같은 원칙에 따라 모든 지배로부터 완전한 자유를 요구하는 것(모든 지배를 거부하는 까닭에 정당한 지배도 받아들이지 않는 것)은 적절한 정도의 타인에 의한 지배보다 훨씬 더 나쁘다는 것을 입증해야 합니다.

b 페르시아인들이 헬라스인들, 아니 에우로페[74]에 사는 모든사람을 공격해왔을 때, 우리 아테나이인들의 정체는 낡은 것이었고 일부 관직은 네 가지 재산등급[75]에 근거한 것이었습니다. 우리 마음속에는 경외[76]라는 여왕이 자리잡고서 당시 시행 중인 법률에 기꺼이 복종하며 살게 만들었습니다. 게다가 엄청난 규모의 군대가 육지와 바다에서 동시

에 공격해오자 우리는 절망적인 두려움에 휩싸여 치자들과 법률에 더 c
욱더 고분고분 복종했습니다. 그리고 이 모든 것 덕분에 강한 연대감
을 느꼈습니다. 살라미스[77] 해전이 있기 10년 전쯤 다티스[78]가 페르시
아군을 이끌고 도착했는데, 다레이오스는 아테나이인들과 에레트리
아[79]인들을 공격하도록 그를 파견하며 이들을 노예로 만들어 끌고 오
라고 명령했고 실패하면 사형에 처하겠다고 으름장을 놓았습니다. 그
래서 다티스는 자신의 수만 대군으로 에레트리아인들을 단기간에 완
전히 정복하고 나서 그에게서 벗어난 에레트리아인은 단 한 명도 없다 d
는 간담을 서늘케 하는 전언을 아테나이로 전했는데, 다티스의 군사
들은 실제로 손에 손을 잡고 에레트리아 전역을 저인망식으로 훑었습
니다. 이 전언이 사실이건 아니건 그 출처가 어디건 간에 모든 헬라스
인이 겁을 먹었습니다. 특히 아테나이인들이 겁에 질려 사방으로 사절
단을 보내 도움을 청했지만 라케다이몬인들말고는 누구도 그들을 도 e

73 앗티케(Attike 라/Attica). 그리스 반도의 동남부 지방으로 그 수도가 아테나이이다.

74 Europe. 유럽 대륙.

75 아테나이의 입법자 솔론(Solon 기원전 640년경~561년 이후)은 아테나이 시민들을 재산에 따라 4개 등급으로 나누고 어떤 관직은 특정 재산등급에 속하는 자들에게만 개방했다.

76 aidos.

77 아테나이 서남쪽 앞바다에 있는 섬.

78 Datis. 기원전 490년 마라톤 전투 때 페르시아 장군.

79 Eretria. 에우보이아(Euboia) 섬에 있는 도시로 이오니아(Ionia)인들이 페르시아에 반기를 들었을 때 아테나이인들과 함께 이들을 배후에서 지원했다.

와주려 하지 않았지요. 하지만 라케다이몬인들도 멧세네와 교전하느
라 발목이 잡혔든 아니면 우리가 들어 알지 못하는 다른 일로 방해받
았든 전투가 끝난 하루 뒤에야 마라톤에 도착했습니다.

그 뒤에는 엄청난 준비를 하고 있다는 이야기와 위협하는 말들이 페
르시아 왕 쪽으로부터 끊임없이 들려왔습니다. 몇 년 뒤 다레이오스
는 죽었지만 왕위를 계승한 그의 성급한 젊은 아들이 여전히 원정 계
699a 획에 열을 올리고 있다는 소문이 들려왔지요. 아테나이인들은 마라
톤에서 있었던 일 때문에 이 모든 준비가 자신들을 겨냥한 것이라고
생각했습니다. 페르시아가 아토스[80]에 운하를 뚫고 헬레스폰토스[81]
에 배다리를 놓았으며 함선이 엄청나게 많다는 말을 듣고는 육지에서
도 바다에서도 자신들이 구원받을 수 없다고 믿었습니다. 그들은 아무
도 자신들을 도우러 오지 않으리라 생각했던 것이지요. 그들은 지난번
에 페르시아인들이 에레트리아를 공격하여 함락했을 때 아무도 에레
트리아인들을 돕지 않았고 위험에 맞서 그들 편에 서지 않았다는 것을
b 기억하고 있었으니까요. 그래서 아테나이인들은 이번에는 육지에서 똑
같은 일이 일어날 것으로 예상했으며, 또한 1천 척 이상의 함선이 침공
해온다니 바다에서 구원받을 가망성도 전혀 없다고 보았습니다. 그들
에게는 오직 한 가지 희망이 남아 있을 뿐이었습니다. 그것은 실낱같은
절망적인 희망이었지만 다른 희망은 없었습니다. 그들은 지난번 일을
돌이켜보며 그때도 똑같이 절망적인 상황에서 자신들이 승리를 쟁취
했다고 생각한 것입니다. 이런 희망이 떠받쳐주자 그들은 이 위기에서
c 벗어나는 것은 오직 그들 자신과 신들에게 달려 있음을 깨달았습니다.

이 모든 것이 그들에게 연대감을 불어넣었는데, 당시 그들이 실제로 느낀 두려움 때문이기도 하고 국법에 대한 전통적인 또 다른 두려움 때문이기도 했습니다. 우리는 이것을 앞선 논의에서[82] 누차 '경외'라고 부르며, 훌륭한 사람이 되려면 이것의 노예가 되어야 한다고 말한 바 있습니다. 하지만 겁쟁이는 이런 두려움에 구애받지 않고 놀라지도 않습니다. 그러나 그때 이런 두려움에 사로잡히지 않았더라면 우리 백성은 그때 그랬던 것처럼 자신들을 지키기 위해 뭉치지 않았을 것이고,
신전과 무덤과 조국과 친척과 친구를 지켜내지도 못했을 것입니다. 대 d
신 우리는 그때 풍비박산이 되어 사방으로 뿔뿔이 흩어졌겠지요.

메길로스 손님, 그대 자신에게도 그대의 조국에도 어울리는 참으로 옳은 말씀입니다.

아테나이인 그건 그렇습니다, 메길로스님. 그대는 조상들의 성격을 타고난 만큼 내가 당시의 역사를 그대에게 이야기하는 것은 옳은 일이니까요. 하지만 메길로스님과 클레이니아스님, 두 분은 우리가 말하는 것들이 입법과 관계가 있는지 검토해보십시오. 나는 이야기를 위해

80 Athos. 에게 해 북안의 칼키디케(Chalkidike) 반도 남단에 있는 산으로 크세르크세스는 물살이 거센 이 반도를 우회하는 위험을 피하기 위해 반도가 육지와 연결되는 지협에 운하를 뚫게 했다.

81 Hellespontos. 에게 해와 마르마라(Marmara) 해를 잇는 지금의 다르다넬스(Dardanelles) 해협. 크세르크세스는 대군을 그리스로 진격시키기 위해 이 해협에 배다리를 놓게 했다.

82 645e, 647c, 671d 참조.

이야기하는 것이 아니라, 입법을 위해 이야기하고 있으니까요. 두 분
e 은 주목하십시오. 어떤 의미에서는 우리 아테나이인들도 페르시아인
들과 똑같은 일을 겪었습니다. 물론 페르시아인들은 백성을 전적으로
예속시켰고, 반대로 우리는 민중을 완전한 자유로 이끌었지만 말입니
다. 하지만 우리의 이전 논의는 우리가 앞으로 무엇을 논하고 그것을
어떻게 추구해야 하는지 가리켜주기에 충분할 것입니다.

700a **메길로스** 좋은 말씀입니다. 하지만 지금 말씀하신 것을 한층 더 명확하
게 설명해주십시오.

아테나이 민주정체의 타락

아테나이인 그러지요. 친구들이여, 옛 법률이 통용되었을 때 백성은 무엇을 지배하는 위치에 있지 않고 어떤 의미에서는 자진하여 법률의 노예가 되었습니다.

메길로스 어떤 법률을 두고 하시는 말씀인가요?

아테나이인 먼저 나는 당시의 시가에 관한 규정을 염두에 두고 있습니
다. 시가는 어떻게 삶이 지나치게 자유로워지기 시작했는지 처음부
터 설명하기에 적절한 분야이니까요. 당시 아테나이 시가는 여러 부류
b 와 형식으로 나뉘어 있었습니다. 노래의 한 부류는 신들에 대한 기원
(祈願)이었는데, 이것은 찬신가[83]라 불렸습니다. 이와 정반대되는 다
른 부류는 만가(挽歌)라 부르는 것이 적절하겠지요. 파이안[84]이 세 번
째 부류였고, 디튀람보스[85]라는 네 번째 부류도 있었는데, 이것은 디
오뉘소스[86]의 탄생에 관한 것이었던 것 같습니다. 다른 종류의 노래도

있었는데, 그들은 이것에 노모이[87]라는 이름을 붙이고 '키타라 반주에
맞춘'이라는 말을 덧붙였습니다. 일단 이런저런 부류들이 확정되자 어
떤 종류의 가락을 다른 종류에 속하는 곡에 잘못 사용하는 것이 금지되
었습니다. 또한 이런 기준들을 알고는 판단을 내리는 데 그 지식을 사용 c
하고 복종하지 않는 자를 처벌하는 권위를 가진 것은 요즘처럼 날카로
운 휘파람도, 관객의 교양 없는 아우성도, 갈채를 보내는 박수소리도 아
니었습니다. 대신 교양 있는 사람들이 자신들은 공연을 끝까지 주의 깊
게 경청하는 것을 받아들이고, 아이들과 가정교사들과 군중은 언제든
지 매로 다스릴 수 있었지요. 그만큼 군중은 극장에서 엄격하게 통제되 d
었고 아우성으로 판단하는 것이 금지되었습니다. 그러나 세월이 흐르면
서 규정을 어기기 시작한 몰취미한 시인들이 등장하는데, 이들은 시적
재능을 타고났으나 무사 여신이 정해놓은 올바르고 적법한 기준들을 알
지 못했습니다. 그들은 즐거움에 대한 광적이고 지나친 욕구에 사로잡
혀 만가와 찬신가를 섞고 파이안을 디튀람보스와 섞는가 하면 피리[88]를
위한 가락을 키타라로 모방했는데, 그 결과는 모든 양식을 총체적으
로 뒤섞어놓은 것이었습니다. 그들은 어리석게도 본의 아니게 음악에 e

83 hymnos.

84 paian. 아폴론 찬가.

85 dithyrambos.

86 Dionysos. 주신(酒神).

87 nomoi. nomos('법률' '관습' '가락')의 복수형.

88 2권 주 38 참조.

는 옳고 그름의 기준 같은 것은 없으며 음악에서 가장 정확한 판단 기준
은 좋은 사람이건 나쁜 사람이건 듣는 사람의 즐거움이라는 거짓말을
퍼뜨렸습니다. 그들은 이런 원칙에 따라 시를 짓고 거기에 같은 취지의
주장을 덧붙임으로써 대중이 시가에 관한 법규를 어기게 만드는가 하
면, 뻔뻔스럽게도 시가에 관해서는 자신들이 능히 판단할 수 있다고 생
701a 각하게 만들었습니다. 그 결과 전에는 조용하던 청중이 소리를 지르기
시작하며 시가에서 무엇이 좋고 무엇이 나쁜지 안다고 주장했습니다.
그리하여 '최선자 지배'[89] 대신 일종의 사악한 '청중 지배'[90]가 생겨났
습니다. 이런 '민주주의'[91]가 자유민에 국한되고 시가에만 적용되었
다면, 폐해가 심각하지 않았겠지요. 하지만 사실은 시가가 빌미가 되
어 너도나도 자기는 만물박사라고 믿고는 법률을 무시하기 시작했고,
방종[92]이 뒤따랐습니다. 자신들이 잘 안다고 생각하면서 사람들은 겁
b 이 없어졌고, 겁이 없어지면서 뻔뻔스러워졌습니다. 더 나은 사람들의
의견을 겁없이 무시하는 것은 바로 사악한 뻔뻔스러움이니까요. 그리
고 이런 뻔뻔스러움은 지나치게 대담한 자유에서 생겨나는 법입니다.

메길로스 참으로 맞는 말씀입니다.

아테나이인 이런 자유 다음에는 통치자들에게 복종하기를 거부하는
자유가 뒤따라오며, 그다음에 사람들은 아버지와 어머니와 어른들의
충고를 듣지 않습니다. 마지막의 전(前) 단계에서는 법을 무시하려 들
c 고, 마지막 단계에서는 맹세와 약속과 신들을 전혀 아랑곳하지 않을
것입니다. 그들은 이야기로 전해오는 옛날의 티탄 신족[93]의 기질을 재
현해 보여주며 이들과 같은 처지가 되어 고통이 멎지 않는 비참한 삶

을 살 것입니다. 그런데 우리가 왜 이런 말을 했을까요? 혀가 질주할 때
는 언제나 거기에 말처럼 재갈을 물려야 합니다. 입에 재갈을 물리지
않은 채 논의에 끌려가다보면 말 그대로 말에서 떨어지기 마련이니까 d
요. 그래서 다시 묻거니와, 왜 이런 말을 했을까요?

메길로스 좋은 질문입니다.

요점 정리

아테나이인 그런 말을 한 것은 이런 의도 때문입니다.

메길로스 어떤 의도지요?

아테나이인 우리는 입법자가 입법할 때는 자신이 법을 제정해주는 국가가 자유로워야 하고 자신과 친구가 되어야 하며 지성을 가져야 한다는 세 가지 목표에 주안점을 두어야 한다고 말했습니다.[94] 그런가요, 그렇지 않나요?

메길로스 물론 그랬지요.

89 aristokratia. 귀족정체.

90 theatrokratia.

91 demokratia.

92 eleutheria. 또는 자유.

93 티탄(Titan 복수형 Titanes) 신족(神族)은 그리스 신화에서 우라노스(Ouranos '하늘')와 가이아(Gaia '대지') 사이에 태어난 12명의 자녀를 말한다. 이들은 제우스를 중심으로 한 올림포스 신들과의 권력 투쟁에서 져서 대부분 지하 세계의 가장 깊은 곳인 타르타로스(Tartaros)에 유폐된다.

94 693b~c 참조.

e **아테나이인** 그래서 우리는 가장 전제적인 정체와 가장 자유로운 정체를
골라 지금 둘 중 어느 것이 제대로 다스려지는지 살펴보고 있습니다. 한
데 우리는 전제적인 정체든 자유로운 정체든 적절한 균형을 유지할 때
크게 번창하는 것을 보았습니다. 그러나 한쪽은 예속을 향해, 다른 쪽
은 자유를 향해 극단으로 나가면 어느 쪽에도 이로울 게 없었습니다.

702a **메길로스** 참으로 맞는 말씀입니다.

아테나이인 또한 우리는 이런 것들 때문에 도리에이스족 군대가 정주
한 일, 다르다노스가 산자락에 정착한 일, 바닷가에 터를 잡은 일, 대
홍수에서 살아남은 최초의 인간들에 대해 고찰했던 것입니다.[95] 그전
에 우리는 같은 관점에서 시가와 술 취함에 관해 논했고, 그 이전 주제
들도 그 점에서는 마찬가지였습니다. 이 모든 논의의 목적은 어떻게 해
b 야 국가가 가장 잘 다스려지며, 어떻게 해야 개인이 자신의 삶을 가장
훌륭하게 영위할 수 있는지 알기 위해서였습니다. 하지만 메길로스님
과 클레이니아스님, 우리가 의미 있는 결론에 도달했는지 우리의 대화
에서 어떻게 검증할 수 있을까요?

크레테의 새 식민시 건설 계획

클레이니아스 손님, 한 가지는 분명히 알 것 같습니다. 우리 대화에서 이
런 주제들을 다룬 것이 내게는 행운이라는 것 말입니다. 내게는 그런
것들이 곧 필요할 것 같으니까요. 내가 그대와 여기 있는 메길로스님
을 만난 것은 천만다행입니다. 지금 내 사정을 두 분에게 숨기지 않겠
c 습니다. 오히려 나는 두 분을 만난 것을 길조라고 생각합니다. 크레테

의 대부분이 식민시를 건설하려 해서 그 일을 크노소스인들에게 맡겼고, 크노소스인들의 국가는 그 일을 나와 다른 9명에게 맡겼습니다. 또한 우리는 크레테의 법률이 만족스러우면 크레테의 법률을 토대로 입법을 하되, 다른 곳의 법률이 더 우수해 보이면 다른 곳의 법이라고 해서 채택하기를 망설이지 말라는 지시를 받았습니다. 그러니 지금 내게 이렇게 해주십시오. 그러는 게 두 분에게도 좋을 것입니다. 우리가 말 d
한 것 중에서 골라 마치 처음부터 건설하는 것처럼 가상적인 국가를 건설하기로 합시다. 그렇게 하면 우리는 탐구 중인 주제를 고찰할 수 있을 것이고, 나는 그것을 미래의 국가를 위한 얼개로 사용할 수도 있을 것입니다.

아테나이인 아무튼 반가운 소식입니다, 클레이니아스님. 메길로스님만 이의를 제기하지 않는다면, 나는 전적으로 그대가 하자는 대로 할 것이라 믿어도 좋습니다.

클레이니아스 좋은 말씀입니다.

메길로스 나도 그럴 것이라 믿어도 좋습니다.

클레이니아스 두 분께서는 참으로 좋은 말씀을 하셨습니다. 그러면 우 e
선 이론적으로 국가를 건설해보기로 합시다.

95 676~693 참조.

제4권

제6부 마그네시아와 그 주민들

천연자원

704a **아테나이인** 자, 우리는 이 미래의 국가가 어떤 나라일 거라 생각해야 합니까? 나는 이 나라의 현재 이름이 무엇인지 또는 미래에 어떤 이름을 가져야 하는지 묻는 게 아닙니다. 그것은 아마 창건의 종류나 어떤 지역적 특성에 의해 정해질 테니까요. 새 나라는 어떤 강이나 샘이나 지
b 역 신의 이름에서 그 이름을 따올 것이란 말입니다. 지금 내가 묻는 것은 이 나라가 해안에 있어야 하는지, 아니면 내륙에 있어야 하는지 하는 것입니다.

클레이니아스 손님, 내가 조금 전에 언급한 나라는 바다에서 80스타디온[1]쯤 떨어져 있습니다.

아테나이인 어떻습니까? 그 나라의 해안지대에는 항구들이 있나요, 아니면 항구라고는 전혀 없나요?

클레이니아스 이 나라의 해안지대에는 더 바랄 것이 없을 정도로 훌륭한 항구들이 있습니다, 손님.

아테나이인 그건 유감이로군요. 그 주변 지역은 어떤가요? 나지 않는 것 c
이 없나요, 아니면 나지 않는 것도 있나요?

클레이니아스 사실상 나지 않는 것이 없습니다.

아테나이인 이 나라와 국경을 맞댈 이웃나라가 있나요?

클레이니아스 전혀 없습니다. 그래서 이곳에 나라를 세우는 것입니다. 오래전에 이곳 주민들이 이주한 까닭에 이 지역은 황무지가 된 지 아주 오랩니다.

아테나이인 어떻습니까? 이곳의 들과 산과 숲의 비율은 각각 어느 정도인가요?

클레이니아스 전체적으로 크레테의 나머지 지역과 거의 같습니다. d

아테나이인 편평하다기보다는 울퉁불퉁하다는 말씀이로군요.

클레이니아스 그렇습니다.

아테나이인 그렇다면 이 나라는 미덕을 획득하는 일에 치유할 수 없을
만큼 부적합하지는 않겠군요. 만약 이 나라가 훌륭한 항구들이 있는
해안지대에 있고 나지 않는 게 없는 대신 많은 것이 부족하다면, 그런
나라에서 약삭빠르고 사악한 성격들이 많이 생겨나는 것을 막기 위해
서는 그야말로 위대한 구원자와 신과 같은 입법자가 필요할 테니까요. e
하지만 바다에서 80스타디온이나 떨어져 있다는 것이 위안이 되는군
요. 그렇다 하더라도 이 나라는 필요 이상으로 바다에 가깝고, 훌륭한

1 stadion. 1스타디온은 지역과 시대에 따라 조금씩 다르기는 하지만 대략 175~200미터이다.

항구들이 있다니 더더욱 그렇습니다. 하지만 그나마 다행이라고 여겨야
705a 합니다. 어떤 나라가 바다 가까이 있으면 일상생활이 즐겁기는 하지만
바다는 사실은 '짜고 쓴 이웃'[2]이니까요. 바다는 나라의 시장들을 외국
에서 들여온 물건들을 파는 도매업과 소매업으로 가득 채우고, 사람들
의 혼에 교활하고 기만적인 버릇을 낳음으로써 시민들끼리도 다른 나
라 사람들을 대할 때도 불신하고 적대하도록 만드니까요. 이 점에서 이
b 나라에는 나지 않는 것이 없다는 점이 위안이 되겠네요. 그리고 이 나
라는 지형이 울퉁불퉁한지라 모든 것을 대량으로 생산하지는 못할 것
입니다. 만약 잉여 농산물을 대량으로 수출할 수 있다면 이 나라에는
그 대가로 받은 은화와 금화가 넘칠 것인데, 한 나라가 고상하고 올바른
생활습관을 들이는 데 사실 이보다 더 큰 해악은 달리 없습니다. 여러
분이 기억하신다면 앞서의 논의에서도[3] 우리는 그렇게 주장했습니다.

클레이니아스 물론 기억하지요. 그리고 우리는 그때도 지금도 우리 주
장이 옳다는 데 동의합니다.

c **아테나이인** 어떻습니까? 그 주변 지역에 배를 만드는 데 쓸 목재는 많은
가요?

클레이니아스 이렇다 할 전나무도 소나무도 없으며, 편백나무도 많지
않습니다. 또한 배 목수들이 매번 선박의 내장재로 사용해야 하는 낙
엽송이나 플라타너스도 조금밖에 없습니다.

아테나이인 그런 자연의 특성도 이 나라에 해롭지 않을 것입니다.

클레이니아스 어째서요?

d **아테나이인** 어떤 나라가 적들의 나쁜 관습을 쉽게 모방할 수 없다는 것

은 좋은 일입니다.

클레이니아스 지금까지 논한 것 중 무엇을 염두에 두고 그런 말씀을 하시는 거죠?

아테나이인 클레이니아스님, 처음에 크레테의 법률에 관해 우리가 언급한 것[4]을 염두에 두고 나를 주시하십시오. 우리는 크레테의 법률이 추구하는 목표는 한 가지뿐이라고 말했고, 두 분은 그 목표가 전쟁이라고 단언했습니다. 그러나 나는 그런 법규들이 미덕을 목표로 삼는 것은 훌륭하지만 그 목표가 미덕 전체에 적용되지 않고 미덕의 한 부
분에 국한되는 것에는 전적으로 동의할 수 없다고 대답했습니다. 그 e
러니 이번에는 여러분이 나를 따라, 내가 미덕 전체에 이바지하지 않고 미덕의 일부만 촉진하는 법률을 제정하는 경우, 내 입법 행위를 주시하십시오. 나는 궁수(弓手)처럼 언제나 지속적으로 좋은 결과를 수
반할 수밖에 없는 목표를 겨냥하는 법률만이 올바로 제정된 것이라고 706a
주장합니다. 법률은 그것이 부(富)든 그런 종류의 다른 어떤 것이든 내가 제시한 요구 조건을 충족시키지 못하면 무시해야 합니다.

내가 언급한 적들에 대한 이런 나쁜 모방은 바닷가에 사는 사람들이 미노스 같은 적들에게 괴롭힘을 당할 때 발생하는데, 미노스는 전

2 기원전 7세기의 스파르테 시인 알크만(Alkman)의 시에서 인용한 것이다. Edmonds, *Lyra Graeca*, 1권 108~109쪽(Loeb Classical Library 1922).

3 679b 참조.

4 625d, 629e 이하 참조.

에 앗티케 지방 주민들에게 가혹한 공물[5]을 바치도록 강요한 적이 있
었지요. 물론 그대들에 대한 우리의 해묵은 원한을 상기시키려고 이런
b 이야기를 하는 것은 아닙니다. 그때 미노스는 해상에서 세력이 막강했
으나 아테나이인들은 오늘날과 같은 전함들을 갖지 못했으며, 그들 나
라에는 그들이 강력한 함대를 가질 만큼 목재도 넉넉하지 못했습니다.
그래서 그들은 크레테인들이 바다를 이용하는 것을 모방하여 자신들
이 곧바로 뱃사람이 됨으로써 적군을 물리칠 수가 없었습니다. 설령 그
렇게 할 수 있었다 하더라도, 자신들이 수병이 됨으로써 나쁜 습관을
들이는 것보다는 일곱 소년을 여러 번 잃는 편이 그들에게는 더 이로웠
c 을 것입니다. 그들은 전에는 중무장보병[6]들이었는데, 중무장보병들은
땅위에 버티고 설 수 있습니다. 수병은 수시로 해안에 뛰어내렸다가 함선
들이 있는 곳으로 급히 철수하는 나쁜 버릇이 있으며, 적이 공격해올 때
있는 힘껏 용감히 싸우다가 죽지 못해도 그것을 전혀 수치로 여기지 않
을뿐더러 무기를 버리고 줄행랑을 쳐도 그럴듯한 변명을 늘어놓거나
그것이 "수치스럽지 않은 도주"라고 말합니다. 군사를 해군으로 만들
경우 이런 용어들을 각오해야 하는데, 이런 표현들은 극찬할 것이 못 되
d 고 오히려 그와 정반대입니다. 사람들은 결코 나쁜 습관을 들여서는 안
되며, 시민 가운데 엘리트 층은 더욱 그래서는 안 되기 때문입니다.

그런 관행이 나쁘다는 것은 호메로스에게서도 배울 수 있습니다. 그의 책에서 오뒷세우스는 아카이오이족이 전투에서 트로이아인들에게 밀리 사 함선들을 바닷물로 끌어내리라고 명령한다고 해서 아가멤논[7]을 비난하기 때문입니다. 오뒷세우스는 화가 나 아가멤논에게 이렇게 말합니다.

그대는 전쟁과 함성이 한창 어우러졌는데도 훌륭한 갑판이 e
덮인 함선들을 바다로 끌어내리라고 명령하니 말이오.
그러면 트로이아인들에게는 바라고 바라던 일이 이루어지고
우리에게는 갑작스러운 파멸이 닥칠 것이오.
우리가 함선들을 일단 바다로 끌어내리면, 아카이오이족은
전쟁을 막지 못하고 자꾸 뒤돌아보며 싸움터에서 물러설 것이오.
그러면 그대의 그런
조언은 우리의 파멸을 의미한다는 것이 드러날 것이오.[8] 707a

그러니까 들판에서 싸우는 중무장보병대를 지원하기 위해 바닷가에 삼단노선[9]들을 늘어서게 하는 것은 나쁜 작전이라는 것을 호메로

5 크레테 왕 미노스는 아들 안드로게오스(Androgeos)가 아테나이의 축제 경기에 참가했다가 살해되자 강력한 해군으로 아테나이를 포위하여 해마다 또는 9년에 한 번씩 처녀와 총각 7쌍을 소의 머리에 사람의 몸을 한 괴물 미노타우로스(Minotauros)에게 제물로 바칠 것을 강요한다. 훗날 아테나이의 왕자 테세우스(Theseus)가 제물이 되기를 자청해 크레테에 가서 아리아드네(Ariadne) 공주의 도움으로 미노타우로스를 없앤다.

6 hoplites.

7 트로이아 전쟁 때 그리스군 총사령관.

8 호메로스, 『일리아스』 14권 96행 이하. 현존하는 호메로스의 텍스트와 일치하지 않는 곳도 있다. '아카이오이족'은 호메로스에서는 펠로폰네소스 반도 북안에 있는 '아카이아 지방 사람들'이 아니라 그리스인 전체를 통틀어 일컫는 이름 가운데 하나이다.

9 삼단노선(trieres)은 좌우 양현에 노 젓는 자리가 3층씩 있는, 길이 37미터 최대 너비 5미터의 플라톤 당시에는 최신형 전함으로 노꾼만 170명이나 되었고 모두 200명쯤 승선했다.

스도 알고 있었습니다. 그런 버릇을 들이면 사자도 사슴 앞에서 달아
나게 될 테니까요. 게다가 국력이 해군에 달려 있는 국가들은 자신들
의 안전에 대한 대가로 가장 고상한 전사들에게 명예를 부여하지 않습
니다. 그들이 전쟁에서 승리한 것은 키잡이와 갑판장과 노꾼들의 기술
b 과 잡다한 어중이떠중이들의 협력 덕분인지라 그들 각자에게 올바로
명예를 수여할 수 없기 때문입니다. 하지만 명예를 올바로 수여할 수
없다면 한 국가가 어떻게 올바를 수 있겠습니까?

클레이니아스 사실상 그것은 불가능하죠. 하지만 손님, 헬라스를 구한
것은 헬라스인들이 이민족과 싸운 살라미스 해전이었다고 우리 크레
테인들은 주장합니다.

아테나이인 아닌 게 아니라 대부분의 헬라스인과 이민족은 그렇게 말
c 합니다. 그렇지만 친구여, 나와 여기 있는 메길로스는 헬라스를 구한
것은 마라톤과 플라타이아이[10]에서의 지상전이라고 주장합니다. 전
자는 헬라스를 구원하기 시작했고 후자는 그것을 마무리했으니까요.
또한 우리는 이들 지상전은 헬라스인들을 더 훌륭하게 만들었지만 해
전은 그들을 더 나쁘게 만들었다고 주장합니다. 그때 우리를 구하는
데 일조한 해전들에 관해 — 나는 그대를 위해 살라미스 섬 주변의 전
투뿐 아니라 아르테미시온 곶[11] 앞바다의 전투도 해전으로 간주할 용
d 의가 있으니까요 — 그런 표현을 써도 지나치지 않다면 말입니다. 하지
만 우리가 지금 한 국가의 자연적 특성과 법률체계를 고찰하는 것은
그 국가의 미덕을 평가하기 위해서입니다. 우리는 대중처럼 인간의
최고선은 살아남아 단순히 생존하는 것이라고 생각하지 않습니다.

인간의 최고선은 최대한 미덕을 구비하고, 살아 있는 동안 계속해서 그런 상태를 유지하는 것입니다. 생각건대, 우리는 이 점에 관해서도 앞서[12] 이미 언급한 것 같습니다.

클레이니아스 물론입니다.

아테나이인 그렇다면 우리는 이 한 가지만 생각하면 되겠지요. '우리는 전과 같은 방법을 따르고 있으며, 그것은 과연 한 국가를 세우고 한 국가를 위해 입법하는 최선의 방법인가?' 하는 것 말입니다.

클레이니아스 그렇습니다. 그것은 단연 최선의 방법입니다. e

새 식민시 개척자들

아테나이인 그다음에는 이 점에 관해서도 말씀해주십시오. 여러분은 어떤 사람들을 정착시킬 것입니까? 각 도시의 인구가 식량 공급 능력을 넘어섰다고 보고, 크레테에서 온 사람이면 어느 지역에서 왔건 다 받아들일 참인가요? 내 생각에 헬라스에서 오는 사람이라고 해서 다 받아들이지는 않을 것 같으니까요. 비록 여러분의 나라에서는 아르고

10 페르시아군이 기원전 480년 살라미스 해전에서 참패하자 크세르크세스 왕이 이끄는 본대는 페르시아로 철수하지만 마르도니오스(Mardonios)가 이끄는 부대는 그리스에 잔류하다가 이듬해인 기원전 479년 보이오티아(Boiotia) 지방의 도시 플라타이아이(Plataiai) 전투에서 그리스 연합군에게 섬멸된다.

11 그리스 에우보이아 섬 북단에 있는 아르테미시온 곶 앞바다에서의 전투(기원전 480년)에서는 그리스 함대와 페르시아 함대가 서로 치열한 탐색전을 벌였다.

12 661c 참조.

708a 스와 아이기나[13]와 헬라스의 그 밖의 지역에서 건너온 이주민이 더러 눈에 띄기는 하지만 말입니다. 그러니 말씀해주십시오. 여러분은 이번에는 어디에서 온 이민단을 받으실 참이죠?

클레이니아스 이민단은 크레테 전역에서 오겠지요. 다른 헬라스인들 중에서는 아마 펠로폰네소스 반도에서 건너온 이주민이 특히 환영받겠지요. 그대는 방금 이곳에는 아르고스에서 건너온 이주민이 더러 있다고 하셨는데 전적으로 옳은 말씀입니다. 거기에는 이곳에서 가장 이름난 씨족인 고르튄[14]인들도 포함되는데, 그들은 펠로폰네소스 반도의 고르튄 시에서 이주해온 자들이니까요.

b **아테나이인** 그러면 크레테의 국가들이 식민시를 건설하기는 결코 쉽지 않을 것입니다. 이주민에게는 벌떼의 통일성 같은 것이 없으니까요. 말하자면 그들은 국토가 협소하거나 그 밖의 어려움 때문에 어쩔 수 없이 단일 영토를 떠나온 단일 부족으로서 자신들과 뒤에 두고 온 자들 사이에 선린 관계를 유지하며 식민시를 건설하는 것이 아닙니다. 또한 내전에 시달린 나머지 한 국가의 일부 주민이 살던 곳을 떠나 다른 곳으로 이주하지 않을 수 없을 때도 있을 것이고, 국가 전체가 저항할 수
c 없는 적군의 공격에 완패하여 도주한 경우도 있겠지요. 이 모든 경우 한 국가를 건설하고 그 국가를 위해 입법하는 것은 어떤 점에서는 더 쉬운 일이지만 다른 점에서는 더 어렵습니다. 단일 부족이 같은 말을 사용하고 같은 법을 지킬 때는 모두가 같은 종교 행사에 참가하므로 어떤 연대감을 느낄 것입니다. 하지만 그들은 자신들의 고향 것과 다른 법률이나 정체는 쉽게 받아들이지 못할 것입니다. 나쁜 법률이 그

들에게 내전의 원인이 되었음에도 그런 이민단은 때로는 오랜 습관 탓에 전에 그들을 파멸케 한 바로 그 습관을 견지하려고 하는데, 이런 불복종은 국가의 건설자와 입법자에게 골칫거리입니다. 반면 사방에서 끌어모은 백성은 아마도 새로운 법률에 더 잘 복종하겠지만, 그들이 한 쌍의 말처럼 한마음 한뜻이 되어 같은 방향으로 움직이게 하는 것은 매우 힘든 일이며 많은 시간이 걸립니다. 하지만 어쩔 수 없는 노릇이지요. 그래서 국가를 건설하고 그 국가를 위해 입법을 하자면 가장 완전한 미덕을 지닌 사람들이 필요한 것입니다. d

클레이니아스 그런 것 같습니다. 하지만 무엇을 염두에 두고 그렇게 말씀하시는 것인지 더 명확히 설명해주십시오.

자비로운 독재자의 필요성

아테나이인 클레이니아스님, 입법자들에게로 되돌아가 그들을 다시 고찰하고 있는 지금 나는 그들을 낮잡아 보는 말을 해야 할 것 같습니다. 그러나 우리가 하는 말이 시의적절하다면 문제될 게 없겠지요. 그렇다면 내가 왜 안절부절못하는 거죠? 그런 원칙은 사실상 모든 인간사에 적용되는 것 같은데 말입니다. e

클레이니아스 무엇에 관해 그렇게 말씀하십니까?

13 Aigina. 앗티케 지방 앞바다에 있는 섬.

14 Gortyn.

아테나이인 내가 말하려고 한 것은 어떤 법률도 인간이 제정하는 것이
709a 아니라, 온갖 방법으로 발생하는 온갖 종류의 우연과 사고가 우리를
위해 모든 법률을 제정한다는 것입니다. 정체를 전복하고 법률을 다시
제정하게 하는 것은 전쟁이나 극심한 빈곤으로 인한 고통이니까요. 또
한 질병들 때문에 개혁이 필요할 때가 있습니다. 역병이 발생하거나 불
순한 일기가 잦고 수년간 지속될 때는 말입니다. 누가 이 모든 가능성
을 내다본다면, 그는 방금 내가 말한 것과 같은 결론에 도달할 것입니
b 다. 어떤 법도 인간이 제정하는 것이 아니라, 인간사는 사실상 모두 우
연히 일어난 일이라는 것 말입니다. 항해술과 키잡이나 의사나 장군의
기술과 관련하여 그런 말을 하는 것은 옳은 것 같습니다. 하지만 이 모
든 것과 관련하여 이렇게 말하는 것도 똑같이 옳은 것 같습니다.

클레이니아스 어떻게 말한다는 거죠?

아테나이인 신이 우연과 기회의 도움을 받아 모든 인간사를 조종한다
는 취지의 말을 하는 것 말입니다. 이를 좀 더 유연하게 표현하자면, 이
둘을 뒷받침하기 위해서는 '기술'[15]이라는 세 번째 요인이 있어야 한
c 다는 것을 인정해야 합니다. 이를테면 키잡이가 폭풍 속에서 좋은 기
회를 잡기 위해 자신의 기술을 사용한다면, 나는 그것을 큰 이득이라
고 생각합니다. 그렇지 않나요?

클레이니아스 그렇고말고요.

아테나이인 그렇다면 우리는 다른 경우에도 같은 원칙을 적용해야 하겠지만 입법의 경우에는 특히 그래야 할 것입니다. 한 국가의 주민들이 행복하게 살려면 어떤 지리적 조건들이 충족되어야 하고, 이런 조

건들이 모두 충족되면 그런 국가에 필요한 것은 진리를 고수하는 입법자를 만나는 것이니까요.

클레이니아스 참으로 맞는 말씀입니다.

아테나이인 그렇다면 우리가 열거한 각 분야의 기술자는 그것이 우연에 의해 주어지면 자기 기술로 보완만 하면 되는 그런 조건을 올바로 기원할 수 없을까요? d

클레이니아스 물론 올바로 기원할 수 있겠지요.

아테나이인 또한 방금 열거한 다른 기술자들도 모두 누가 묻는다면 자신이 기원하는 조건이 무엇인지 말할 수 있을 것입니다. 그렇지 않을까요?

클레이니아스 그야 물론입니다.

아테나이인 아마 입법자도 마찬가지로 그럴 것입니다.

클레이니아스 나는 그렇게 생각합니다.

아테나이인 그렇다면 우리는 입법자에게 이렇게 말합시다. "자, 입법자여, 그대의 요구를 말하시오. 우리가 어떤 상태의 국가를 그대에게 넘겨주어야 그대는 그것을 인수한 뒤 앞으로는 자력으로 그 국가를 만족스럽게 경영할 수 있겠소?" 그런 질문에 어떻게 답변하는 것이 옳을까요? 우리가 입법자를 대신해서 답변할까요? 아니면 어떻게 할까요? e

클레이니아스 네, 그렇게 하죠.

15 techne.

아테나이인 그러면 그는 이렇게 말할 것입니다. "여러분은 참주가 다스리는 국가를 내게 주시오. 그러나 그 참주는 젊고 기억력이 좋고 쉬 배우고 용감하고 고상한 사람이어야 합니다. 또한 그의 다른 능력들이 쓸모
710a 있으려면 그의 참주적인 혼은 미덕의 모든 부분에 반드시 수반된다고 우리가 앞서 동의한 바 있는 그런 자질[16]도 갖추고 있어야 합니다."

클레이니아스 메길로스님, 손님께서 반드시 수반된다고 말씀하시는 것은 내 생각에 절제[17]인 것 같습니다. 그렇지 않나요?

아테나이인 그렇습니다, 클레이니아스님. 그러나 그것은 통상적인 종류의 절제입니다. 사람들이 근엄하게 말할 때 지혜[18]와 동일시하는 그런 종류가 아니라, 아이들이나 동물들에게 날 때부터 본능적으로 생겨나 그중 더러는 즐거움과 관련하여 절제하는 데 성공하지만 더러는
b 실패하는 그런 종류라는 말입니다. 또한 우리는 이런 자질은 이른바 수많은 '좋음'과 떨어져 혼자 있을 때는 논의할 가치가 없다고 말했습니다. 두 분은 물론 내 말이 무슨 뜻인지 이해할 것입니다.

클레이니아스 물론입니다.

아테나이인 그러면 우리 참주는 다른 자질에 더하여 그런 자질을 타고나야 합니다. 그 국가가 사람들이 가장 행복한 삶을 사는 데 필요한 정체를 최대한 빨리, 최대한 효과적으로 가지려면 말입니다. 정체를 확립하는 데 이보다 신속하고 더 훌륭한 방법은 있지도 않고 있을 수도 없으니까요.

c **클레이니아스** 하지만 손님, 누가 그런 주장을 하면서 어떻게, 어떤 논거에 의해 자신이 옳다고 확신할 수 있지요?

아테나이인 클레이니아스님, 적어도 이 경우 그게 자연의 이치라는 것을 알기란 결코 어려운 일이 아닙니다.

클레이니아스 무슨 말씀이신지요? 그러니까 참주가 있어야 하고, 그는 젊고 절제 있고 쉬 배우고 기억력이 좋고 용감하고 고상해야 한다는 말씀인가요?

아테나이인 거기에 '행운아'란 말도 보태십시오. 다른 점에서가 아니라 이 점에서 말입니다. 말하자면 그는 탁월한 입법자와 동시대인이어야 하고 두 사람은 운 좋게도 서로 만나야 합니다. 그런 조건이 충족되면, d 신께서 어떤 국가가 번창하기를 원할 때 행하는 일들을 사실상 다 해주신 것이니까요. 차선의 조건은 그런 치자가 두 명 있는 것이고, 세 번째로 좋은 것은 그런 치자가 여러 명 있는 것입니다. 치자의 수가 많을수록 어려움도 많아지고, 치자의 수가 적을수록 어려움도 적어지니까요.

클레이니아스 그대의 주장인즉 최선의 정체는 뛰어난 입법자와 예의 바른 참주에 힘입어 참주정체에서 생겨나며, 그것이 그런 변화를 가져오는 가장 빠르고 가장 쉬운 방법이라는 것이로군요. 차선책은 과두정체에서 출발하는 것이겠고 — 그런 뜻 아닌가요? — 세 번째로 좋은 것은 e 민주정체에서 출발하는 것이겠군요.

아테나이인 결코 그렇지 않습니다. 최선의 출발점은 참주정체이고, 차

16 696c~d 참조.

17 sophrosyne.

18 phronesis.

선의 출발점은 입헌군주제[19]이며, 세 번째로 좋은 출발점은 어떤 종류의 민주정체입니다. 네 번째인 과두정체는 치자들의 수가 가장 많기 때문에 최선의 국가가 자라나는 것을 받아들이기가 가장 어렵습니다. 그래서 우리는 참된 입법자가 저절로 태어나 국가에서 가장 영향력 있는 자들과 같은 정도로 권력에 참여할 때 그런 변화가 일어난다고 주장하

711a 는 것입니다. 그리고 국가에서 가장 영향력 있는 요소가 참주정체에서처럼 가장 강력하면서도 수적으로 가장 적을 때 그런 곳에서 대개 변화가 빠르고 쉽게 일어납니다.

클레이니아스 어째서 그렇습니까? 우리는 모르겠습니다.

아테나이인 우리는 이 점을 한 번이 아니라 누차 언급한 것 같은데요. 하지만 두 분은 아마도 참주가 다스리는 국가를 본 적이 없나 봅니다.

클레이니아스 없습니다. 보고 싶지도 않고요.

b **아테나이인** 하지만 보았다고 가정해보십시오. 그러면 방금 내가 말한 것과 같은 것을 보시게 될 것입니다.

클레이니아스 그게 뭐였지요?

아테나이인 참주가 한 국가의 관습을 바꾸기로 작정하면 많은 노력이 필요한 것도 아니고 시간이 많이 걸리는 것도 아니라는 것 말입니다. 그는 그 길이 미덕의 실천을 향하든 악덕의 실천을 향하든 시민들에게 가도록 독려하고 싶은 길로 앞장서서 나아가며 자신이 본보기가 됨으로써 완전한 도덕적 청사진을 제시하기만 하면 됩니다. 그는 어떤 행동 방식

c 은 칭찬하고 명예를 안겨주되 다른 행동 방식은 비난해야 하며, 어떤 행위에서든 불복종하는 자에게는 불명예를 안겨주어야 합니다.

클레이니아스 그런데 어째서 우리는 그처럼 설득과 강요를 동시에 이용하는 치자를 여타 시민들이 곧바로 따라가리라고 생각하는 거죠?

아테나이인 친구들이여, 한 국가가 법률을 바꾸는 데는 치자들을 따르
는 것보다 더 빠르고 쉬운 방법은 없습니다. 다른 방법은 지금도 없고,
앞으로도 없을 것이며, 우리는 그렇지 않다고 설득당해서도 안 됩니
다. 우리가 실현할 수 없거나 실현하기 어려운 것은 사실 그런 것이 아
닙니다. 실현하기 어렵고, 기나긴 역사에서 매우 드물게 일어나는 것은 d
다른 일입니다. 하지만 일단 그런 일이 일어나면 그 국가에는 온갖 '좋
음'이 무수히 많이 생길 것입니다.

클레이니아스 그게 어떤 것입니까?

아테나이인 절제와 올바름에 대한 타고난 욕구가 강력한 권력자들을
인도하는 경우를 말합니다. 그들은 전제군주일 수도 있고, 부나 출생
에서 탁월할 수도 있으며, 네스토르[20]의 환생일 수도 있겠지요. 그는 e
언변의 힘에서 만인을 능가했지만 자제력은 더더욱 남들을 능가했다
고 하니까요. 그것은 물론 트로이아 전쟁 때 일이고, 오늘날에는 그런
이야기는 들리지 않습니다. 그러나 그런 사람이 과거에 있었거나 앞으
로 나타나거나 지금 우리 사이에 살아 있다면, 그렇게 절제 있는 사람
의 삶은 행복할 것이고 그의 입에서 나오는 절제 있는 말을 듣는 사람
은 행복할 것입니다. 모든 종류의 권력에도 같은 원칙이 적용됩니다. 712a

19 basilike politeia.

20 Nestor. 트로이아 전쟁 때 활약한 언변에 능한 그리스군의 노장.

최고 권력이 한 사람 안에서 지혜와 절제와 결합할 때 최선의 정체와 법률이 태어나며, 이는 달리 이룰 수 없습니다. 나의 신탁 같은 허구에 관해서는 이쯤 해둡시다. 그리고 한 국가가 훌륭한 법률을 갖는다는 것은 어떤 의미에서는 어려운 일이지만, 내가 제시한 조건만 충족된다면 다른 의미에서는 그보다 빠르고 더 쉬운 일은 없다는 것은 이미 입증된 사실로 받아들입시다.

클레이니아스 어째서 그렇습니까?

어떤 정체를 처방할 것인가

b **아테나이인** 우리는 노인이지만 어린아이처럼 이 신탁을 그대의 나라에 적용하여 거기에 맞는 법률을 말로 만드는 놀이를 해봅시다.

클레이니아스 지체하지 말고 어서 해봅시다.

아테나이인 그러면 국가를 건설하는 자리에 참석해달라고 신을 초빙합시다. 신께서는 우리의 기도를 들으시기를! 들으시고는 우리가 국가를 건설하고 법률을 제정하는 일을 돕기 위해 자비롭고 호의적으로 우리에게 다가오시기를!

클레이니아스 부디 신께서 와주시기를!

c **아테나이인** 그런데 우리가 이 국가에 처방하려는 것은 도대체 어떤 정체입니까?

클레이니아스 무슨 뜻으로 하는 질문인지 더 자세히 설명해주십시오. 민주정체와 과두정체와 귀족정체와 군주정체 중에서 하나를 선택하라는 뜻인가요? 그대는 아마도 참주정체는 염두에 두시지 않는 것 같으니까요. 아무튼 우리는 그렇지 않으실 것이라고 생각합니다.

아테나이인 자, 두 분 가운데 누가 먼저 이 용어 가운데 어느 것이 자기 나라의 정체에 맞는지 답변해주시겠어요?

메길로스 연장자인 내가 먼저 답변하는 것이 옳겠지요?

클레이니아스 아마도 그런 것 같습니다. d

메길로스 그런데 아테나이인이여, 라케다이몬의 정체를 살펴볼 때 그것
을 어떤 이름으로 불러야 하는지 즉답을 드리기가 난감합니다. 내가 보
기에 그것은 참주정체를 닮은 것 같습니다. 라케다이몬의 에포로스 제
도는 참주정체의 두드러진 특징 가운데 하나이니까요. 또한 그것이 모
든 정체 중에서 가장 민주적으로 운영된다는 느낌이 들 때도 있어요. 그
런가 하면 또한 그것이 귀족정체임을 부인하는 것도 매우 어리석은 짓
이겠지요. 거기에는 또 종신군주제가 내포되어 있는데, 우리 자신은 물 e
론이고 모든 사람이 그것이 가장 오래된 군주정체라고 말합니다. 그래
서 갑자기 그런 질문을 받고보니, 아까도 말씀드렸듯이 라케다이몬의
정체가 이들 정체 가운데 어느 것에 속하는지 단언하기가 난감합니다.

클레이니아스 메길로스님, 난감하기는 나도 마찬가집니다. 우리 크노소스의 정체가 이들 정체 가운데 어느 하나에 해당한다고 단언하기는 매우 어렵다고 생각되니까요.

아테나이인 여러분, 그것은 여러분이 실제로 정체에 관여하기 때문입니
다. 그러나 우리가 방금 언급한 정체들은 사실은 정체가 아니라, 그중
일부는 주인 노릇을 하고 다른 일부는 종노릇을 하는 국가들의 운영 713a
방식이며, 국가는 매번 지배계급에서 이름을 따옵니다. 그러나 한 국

가가 그런 원칙에 따라 명명되어야 한다면 당연히 이성적인 인간들을 지배하는 신에게서 이름을 따와야 할 것입니다.

클레이니아스 그게 어떤 신이죠?

크로노스[21] 시대

아테나이인 우리가 이 질문에 만족스럽게 답변하려면 이 설화를 좀 더 이용해야 할 것 같습니다. 그렇지 않습니까?

클레이니아스 그렇다면 그래야겠지요.

아테나이인 당연히 그래야지요. 사람들이 말하기를, 우리가 앞서[22] 논
b 의한 국가들이 형성되기 훨씬 이전인 크로노스 시대에 매우 성공적인
통치와 경영이 있었다고 합니다.[23] 오늘날의 최선의 국가 경영은 사실
은 그것을 모방한 것입니다.

클레이니아스 그러면 우리는 그것에 관해 반드시 들어야겠군요.

아테나이인 그렇습니다. 그래서 나는 그것을 우리 논의에 끌어들인 것입니다.

클레이니아스 그러신 것은 더없이 타당합니다. 또한 그 이야기를 마저
c 들려주시는 것도 매우 타당하겠지요. 그렇게 하는 것이 적절하다면
말입니다.

아테나이인 여러분의 요구에 부응하도록 노력해야겠지요. 전해오는 설화에 따르면 당시 사람들은 놀랍도록 행복한 삶을 살았고, 노력하지 않아도 모든 것이 풍족했다고 합니다. 그 이유는 이런 것이었다고 합니다. 크로노스는 앞서 우리가 말했듯이[24] 무제한의 권력을 갖고 모든

인간사를 처리할 때는 인간은 본성상 누구나 오만과 불의로 가득 찬
다는 것을 알았습니다. 이 점을 명심하고 그는 인간이 아니라 더 고상 d
하고 더 신적인 존재인 수호신[25]들을 우리 국가들의 왕과 치자로 임명
했습니다. 오늘날 우리도 같은 원칙에 따라 양떼나 다른 가축 떼를 다
루지요. 우리는 일부의 소를 소떼의 지배자로 삼거나 일부의 염소를
염소 떼의 지배자로 삼지 않고, 더 고상한 종족인 우리 자신이 그것들
을 지배합니다. 마찬가지로 인간에게 호의적이었던 크로노스도 그때
더 훌륭한 종족인 수호신들을 시켜 우리를 돌보게 했는데, 수호신들
은 자신들도 편안하고 우리도 편안하게 우리를 돌보며 평화와 겸손과 e
법질서와 정의를 아낌없이 베풀었고, 그리하여 인간 종족을 불화에서
해방시켜 행복하게 만들었습니다.

이 설화는 오늘날에도 진리를 내포하는데, 치자가 신이 아니라 인간인 국가에서는 백성이 악과 노고에서 벗어날 길이 없다는 것입니다.

21 Kronos. 우라노스(Ouranos '하늘')의 아들이자 제우스의 아버지로 티탄(Titan) 신족(神族) 중 한 명이다. 그는 아버지 우라노스를 거세하고 우주의 지배자가 되지만, 자신도 자식들 가운데 한 명에 의해 권좌에서 축출될 운명임을 알고 자식이 태어나는 족족 삼켜버린다. 그러나 그는 어머니의 기지로 살아남은 제우스와 그 형제들에 의해 대지에서 가장 깊은 곳에 있는 타르타로스(Tartaros)로 추방되고, 이어서 제우스를 우두머리로 하는 올륌포스 신족의 시대가 열린다. 헤시오도스에 따르면 그가 통치하던 시기는 인류의 황금시대였다고 한다.

22 676a 이하 참조.

23 플라톤의 다른 대화편 『정치가』 271 참조.

24 691c~d 참조.

25 daimon. 신령. 신과 인간의 중간적 존재.

이 설화가 주는 교훈은 크로노스 시대에 산 인간의 생활방식을 모방
하기 위해 온갖 노력을 기울여야 한다는 것입니다. 우리는 공적인 생
714a 활도 사적인 생활도 가정도 국가도 우리 내면의 불멸의 요소에 복종
하면서 그리고 이러한 지성의 배분에 법률이란 이름을 부여하면서 경
영해야 합니다. 하지만 만약 개인이든 과두정체든 민주정체든 마음속
으로 즐거움을 욕구하고 자신을 즐거움으로 가득 채우려 한다면, 그
리하여 자제력 없이 역병에 시달리듯 만족할 줄 모르는 끝없는 악에
시달린다면, 만약 그런 자가 법률을 짓밟으면서 국가나 개인을 지배한
b 다면, 방금 내가 말했듯이 구원할 방도가 없습니다. 클레이니아스님,
우리는 이 설화를 검토해야 합니다. 우리가 그것을 믿을 것인지, 아니
면 어떻게 할 것인지 말입니다.

클레이니아스 우리는 당연히 믿어야겠지요.

법률이 최고여야 한다

아테나이인 그대는 정체의 종류만큼 법률의 종류도 많다고 주장하는
사람들이 있다는 것을 아십니까? 그러나 정체 가운데 대중이 인정하
는 것들은 우리가 방금 검토했습니다. 지금 제기된 문제를 사소한 것이
라고 생각하지 마십시오. 사실 그것은 중대한 문제입니다. 우리는 정
의와 불의의 목적은 무엇이어야 하는가 하는 문제와 다시[26] 맞닥뜨렸
c 기 때문입니다. 이 사람들의 주장에 따르면, 법률은 전쟁이나 미덕 일
반을 겨냥해서는 안 되고 그게 어떤 것이든 기존 정체의 이익을 옹호
함으로써 그 정체가 전복되지 않고 언제까지나 지배하도록 해야 하니

까요. 그들은 또 사실에 부합되게 정의를 규정하려면 이렇게 표현하는 것이 가장 훌륭한 방법이라고 주장합니다.

클레이니아스 어떻게 말입니까?

아테나이인 "정의는 강자(强者)에게 유익한 것이다"[27]라고 말입니다.

클레이니아스 더 명확히 설명해주십시오.

아테나이인 핵심은 이런 겁니다. 그들의 주장에 따르면, 국가의 법률은 그때그때 국가를 지배하는 세력이 제정한다는 것입니다. 그렇지 않나요?

클레이니아스 맞는 말씀입니다.

아테나이인 그들은 묻겠지요. "그대는 민주정체나 다른 정체나 심지어 d
참주정체가 득세한다면 그 지배 세력 자체의 이익을 증진하고 그 자체가 언제까지나 지배하도록 입안된 것말고 다른 법안을 자진하여 통과시킬 것이라고 생각하시오? 언제까지나 지배하는 것이 그것의 주된 목표가 아닐까요?"

클레이니아스 당연하지요.

아테나이인 그렇다면 입법자는 이들 법률을 정의라고 부르며 이것들을 어기는 자는 누구든 불의를 저지르는 자로서 처벌하겠지요?

클레이니아스 확실히 그럴 것 같습니다.

아테나이인 그리하여 그런 법률들은 언제나 그런 식으로 정의가 되는 것입니다.

26 630b, 690b~c 참조.

27 『국가』 1권 338c.

클레이니아스 아무튼 지금의 논의에 따르면 그렇습니다.

e **아테나이인** 이것은 다스림에 관련된 저 권리[28] 가운데 하나이기 때문이지요.

클레이니아스 어떤 권리들이었나요?

아테나이인 누가 누구를 다스릴 것인가와 관련해 앞서 우리가 검토한 권리들 말입니다. 부모는 자식을 다스려야 하고, 나이 많은 사람은 젊은이를 다스려야 하며, 고귀한 사람은 미천한 자를 다스려야 하는 것으로 밝혀졌습니다. 여러분이 기억하신다면 그 밖에도 다른 권리가 많이 있었는데, 그중 어떤 것들은 서로 충돌했습니다. 우리가 지금 논
715a 의하는 권리는 분명 그중 하나였습니다. 우리는 핀다로스를 인용하며 그는 극단적인 폭력을 자연의 섭리라고 부르며 정당화하고 있다고 주장한 것 같습니다.[29]

클레이니아스 네, 그때 그렇게 말했지요.

아테나이인 그러면 우리가 어떤 부류의 사람들에게 국가를 맡겨야 할지 생각해보십시오. 이런 일은 어떤 국가들에서는 이미 수천 번이나 일어났으니까요.

클레이니아스 그게 뭐죠?

아테나이인 관직[30]을 두고 서로 경쟁할 경우, 경쟁에서 이긴 자들이 국가 권력을 완전히 독점하여 패자들과 그 자손들을 권력에서 완전히 배제
b 합니다. 그리고 누가 관직에 진출하여 그 일로 원한을 품고 반란을 일으킬까봐 양측은 서로 밀착 감시를 합니다. 물론 우리는 지금 그런 정체들은 진정한 정체가 아니라고 말하며, 국가 전체의 복리를 위해 제정되지

않은 법률은 사이비 법률이라고 주장합니다. 또한 우리는 법률이 특정
인의 이익을 위해 제정될 때는 그 입법자들은 시민이 아니라 패거리이
며, 그런 법률이 정의라는 그들의 주장은 헛소리를 늘어놓는 것이라고
단언합니다. 우리가 이런 말을 하는 것은, 그대의 국가에서는 우리가 어
떤 사람을 그가 부자거나 힘이나 체격이나 가문 같은 자질을 갖고 있기 c
때문에 관직에 임명하는 일은 없을 것이기 때문입니다. 오히려 우리는
신들에게 봉사하는 최고 관직은 기존 법률에 가장 잘 복종하며 그 점에
서 동료 시민 중 으뜸인 사람에게 배정해야 한다고 주장합니다. 두 번
째 상을 타는 사람에게 그다음 관직이 배정되고, 나머지 관직도 같은
원칙에 따라 순서대로 배정되어야 합니다. 이들은 대개 '치자들'[31]이
라 불리지만, 내가 지금 이들을 '법률에 봉사하는 조력자들'[32]이라고
부르는 것은 신조어를 만들기 위해서가 아니라, 무엇보다도 이것이 한 d
국가의 성공과 실패를 결정한다고 믿기 때문입니다. 법률이 치자들에
게 종속되는 무력한 국가에는 파멸이 임박해 보이니까요. 그러나 법률
이 치자들의 주인이고 치자들이 법률의 노예인 곳에서는 구원은 물론
이고 신들이 국가들에 내려주는 온갖 축복이 보입니다.

클레이니아스 손님, 과연 그렇습니다. 연세가 높으시니 관찰력도 날카

28 690a~c 참조.

29 690b와 3권 각주 42 참조.

30 arche.

31 hoi archontes.

32 hyperetes tois nomois.

로우시군요.

e **아테나이인** 누구나 젊을 때는 이런 것들이 흐릿하게 보이지만 노인이
되면 아주 또렷하게 보인답니다.

클레이니아스 참으로 맞는 말씀입니다.

새 이주민들에게 건네는 인사말

아테나이인 그다음에는 어떡할까요? 이제 이주민이 도착하여 우리 앞에 서 있다고 가정하고 그들에게 인사말을 건네는 것으로 우리의 남은 논의를 끝맺어야 하지 않을까요?

클레이니아스 왜 아니겠습니까?

아테나이인 그러면 우리는 그들에게 이렇게 말합시다. "여러분, 옛이야
기에 따르면 신은 만물의 시작과 끝과 중간을 손에 쥐고 자연 질서에
716a 따라 곧바로 나아가며 자신의 주기를 완성합니다. 신성한 법률을 버리
는 자들을 벌하는 정의[33]가 언제나 신을 따르고, 행복하게 살려는 사
람은 겸손하고 유순하게 정의를 바싹 뒤따릅니다. 그러나 젊고 어리석
은 탓에 자만심에 부풀거나 부나 명예나 잘생긴 몸에 우쭐해져 혼이 오
만으로 불타는 나머지 자신은 지배자나 길라잡이가 필요 없고 오히려
b 자신이 남들을 인도할 수 있다고 믿는 자는 신에게 버림 받아 뒤처집
니다. 그렇게 뒤처지면 그는 자기와 같은 다른 사람들을 끌어모아 미쳐
날뛰며 모든 것을 혼란에 빠뜨립니다. 그리고 그는 많은 사람에게 대단
한 인물처럼 보이지만 오래지 않아 정의에게 벌금을 톡톡히 물고 자신
은 물론 가정과 나라까지 완전히 망쳐놓습니다. 사물의 이치가 이러할

진대 분별 있는 사람은 무엇을 행하거나 궁리해야 하고, 무엇을 행하거나 궁리하지 말아야 합니까?"

클레이니아스 이것만은 분명합니다. 모든 사람은 신과 그 일행을 따르는 무리에 속할 궁리를 해야 합니다.

아테나이인 "그러면 어떤 행위가 신의 사랑을 받고 신을 따르는 것일까 c
요? 한 가지밖에 없는데, '유유상종'이라는 옛말에 함축되어 있습니다.
그것이 적도(適度)를 지킨다면 말입니다. 그러나 적도를 지키지 못하는
것들은 저들끼리도 적도를 지키는 것들에게도 사랑받지 못합니다. 우
리에게는 신이 그 무엇보다도 '만물의 척도'[34]이며, 그들이 말하는 어
떤 인간보다 훨씬 더 그렇습니다.[35] 그러므로 그런 존재에게 사랑받고
싶은 사람은 자신이 그런 존재가 되려고 최대한 노력해야 합니다. 따라
서 이 논리에 따르면 우리 가운데 절제 있는 사람은 신을 닮았으니 신에 d
게 사랑받고, 무절제하고 불의한 사람은 신을 닮지 않은 신의 적입니다.
다른 자질에도 같은 원칙이 적용됩니다. 우리는 이 모든 것으로부터 이
런 원칙이 — 나는 모든 원칙 중에서 이 원칙이 가장 고상하고 참되다고
생각합니다 — 도출된다는 점을 분명히 해둡시다. 말하자면 선한[36] 사

33 dike.

34 panton chrematon metron.

35 인간(anthropos)이 만물의 척도라는 소피스트 프로타고라스(Protagoras)의 명제를 암시하는 말이다. 이에 관해서는 플라톤의 다른 대화편 『크라튈로스』 385e 이하, 『테아이테토스』 152a 참조.

36 agathos.

람이 신들에게 제물을 바치고 기도와 봉헌물과 온갖 섬김으로 늘 신들
과 친하게 지낸다면, 이것이 그에게는 가장 고상하고 훌륭한 일일뿐더
e 러 행복한 삶을 위해서도 가장 도움이 되며 그에게 가장 어울리는 일이
라는 것입니다. 그러나 악한 자가 그렇게 한다면 그 결과는 당연히 정반
대입니다. 선한 사람의 혼은 깨끗하지만 악한 자의 혼은 불순하므로,
선한 사람이나 신이 불순한 자에게서 선물을 받는다는 것은 옳지 못한
717a 데, 이는 곧 경건한 자들의 노력은 그들 모두에게 더없이 유익하지만 불
경한 자들은 신들을 위해 아무리 노력해봐야 시간낭비라는 뜻입니다.

이것이 우리가 겨냥해야 할 과녁입니다. 하지만 과녁을 맞히려면 우
리는 어떤 화살을 사용해야 하며, 어떤 활이 화살을 가장 잘 쏠 수 있
을까요? 우리는 이 무기들의 이름을 댈 수 있을까요? 단언컨대 무엇보
다도 올륌포스의 신들과 국가의 수호신[37]들 다음으로 지하의 신들[38]
에게 짝수와 둘째와 왼쪽을 그분들에게 합당한 명예로 배정한다면 경
b 건이라는 과녁을 똑바로 맞힐 것입니다. 먼저 말한 신들에게는 더 윗
길인, 홀수와 그런 것들과 대립되는 것들[39]이 배정되어야 합니다. 분별
있는 사람이라면 이들 신들 다음에는 수호신[40]들을, 수호신들 다음에
는 영웅들을 숭배할 것입니다. 바로 그다음 순서는 조상신에게 바쳐진
개인 사당에서 법에 따라 제사를 지내는 것이고, 그다음은 살아 계신
어버이를 섬기는 것입니다. 빚진 사람이 빚 중에서도 으뜸가고 가장 크
며 가장 오래된 것을 갚는 것은 당연하기 때문입니다. 그는 자기가 갖고
c 있는 것은 모두 자기를 낳아 길러주신 분들의 것이라고 생각하고는 먼
저 재산으로 다음에는 몸으로 세 번째로는 혼으로 그분들을 정성껏

섬겨야 합니다. 그분들은 그가 어릴 때 돌보느라 애쓰고 고생했는데,
그렇게 함으로써 그는 오래전에 빚진 것을 그분들이 늙어서 몹시 도
움이 필요할 때 갚아야 합니다. 또한 아들은 평생토록 어버이에게 말
조심을 해야 합니다. 생각 없이 함부로 말하다가는 중벌을 받기 때문 d
입니다. 그런 일은 모두 정의의 여신[41]의 사자(使者)인 네메시스[42]가 감
시하니까요. 따라서 어버이가 노여워하면 아들은 복종해야 하며, 어
버이가 노여움을 말로 표현하든 행동으로 표현하든 아들은 어버이의
노여움을 풀어드려야 합니다. 아들에게 모욕당했다 싶을 때 아버지가
특히 노여워하는 것은 당연하기 때문입니다.

어버이가 세상을 떠나면 조촐한 장례가 가장 아름다운데, 관습이 요
구하는 것보다 더 화려해서도 안 되고 선조들이 자기 어버이를 위해 치 e
른 장례만 못한 것이어서도 안 됩니다. 아들은 해마다 돌아오는 제사도
그런 마음가짐으로 모심으로써 고인들의 명예를 높여야 합니다. 그가
고인들의 명예를 높이는 가장 좋은 방법은 그분들을 잊지 않고 늘 추모
하며 자기가 처분할 수 있는 돈 가운데 적정 액수를 그분들을 위해 지출 718a
하는 것입니다. 그런 규칙에 따라 살아간다면 우리는 저마다 신들은 물

37 아테나 같은 신을 말한다.

38 하데스, 페르세포네(Persephone) 등.

39 오른쪽, 홀수 따위.

40 daimon.

41 Dike.

42 Nemesis. 응보의 여신.

론이고 우리보다 더 강력한 존재들[43]한테서 응당 받게 되어 있는 보답을 받을 것이며, 우리 삶의 대부분을 행복을 기대하며 보낼 것입니다."

제7부 올바른 입법 방법: 법률과 전문(前文)

입법자는 자신의 법률이 정당함을 증명해야 한다

아테나이인 자녀와 친척과 친구와 동료 시민에 대한 우리의 임무가 무엇이고, 신이 우리가 손님을 어떻게 접대하기를 요구하는지, 또 우리가 이들 각 부류와 어떻게 교류해야 하는지에 대해서는 법률 자체가 설명
b 할 것입니다. 우리가 그런 것들을 준수함으로써 법에 따라 밝고 질서 정연하게 살아가기를 원한다면 말입니다. 법률은 때로는 설득하고 때로는 (설득을 거부하는 성격을 다룰 때는) 강요하고 처벌할 것입니다. 그리하여 법률은 신들이 동의한다면 우리 나라를 행복하고 번영하는 국가로 만들 것입니다. 그 밖에도 입법자가 나와 의견을 같이한다면 반드시 언급해야 할 것들이 더러 있지만, 그런 것들을 법률의 형태로 표현하기는 쉽지 않을 것입니다. 그래서 내 생각에 입법자는 자신을 위해서도 자신이 입법해주려는 사람들을 위해서도 그런 것들을 어떻게 다
c 루는지 본보기를 제시하며 그 밖의 다른 것들도 모두 최선을 다해 설명한 뒤에 입법 작업에 착수해야 합니다. 그런데 그런 것들은 어떤 형태로 표현할 수 있을까요? 그런 것들을 한 가지 본보기로 설명한다는 것은 결코 쉬운 일이 아니지만, 우리가 그것들에 관해 확실한 것을 포착

할 수 있을는지 문제를 이렇게 고찰해봅시다.

클레이니아스 어떻게 고찰한다는 것인지 말씀해주십시오.

아테나이인 나는 시민들이 미덕에 관한 한 선선히 수긍했으면 좋겠습니다. 입법자가 입법을 통해 실현하고자 노력하는 것도 분명 이것일 것입니다.

클레이니아스 왜 아니겠습니까? d

아테나이인 내 생각에 내가 방금 설명한 그런 접근 방식은 완전히 야만적인 혼을 만나지만 않는다면 듣는 사람이 더 유순하고 더 선선히 입법자의 조언에 귀를 기울이게 만드는 데 어느 정도 도움이 될 것 같습니다. 그래서 입법자의 그런 말들이 듣는 사람을 조금이라도 다루기 쉽게 만들고 더 쉬 배우게 만든다면 입법자는 만족해야 합니다. 되도록 빨리 최대한 훌륭해지려고 열심인 사람들은 아주 드물어서 그런 사람들을 찾기란 쉽지 않으니까요. 아닌 게 아니라 대부분의 사람은 "악덕에 이르는 길 e
은 평탄하며 매우 짧기에 땀 흘리지 않고 갈 수 있다"는 헤시오도스의 말이 얼마나 지혜로운지 입증하곤 합니다. 그는 이렇게 말을 잇습니다.

> 하지만 미덕 앞에는 불사신들께서 땀을 갖다놓으셨소.
> 그리로 가는 길은 멀고 가파르며 처음에는 울퉁불퉁하기까지
> 하다오. 하지만 일단 정상에 도착하면 719a
> 처음에는 비록 힘들었지만 나아가기가 한결 수월하지요.[44]

43 717b 참조.

44 『일과 날』 287~292행. 처음 두 행은 현존하는 텍스트와 좀 다르다.

클레이니아스 그분은 훌륭한 말씀을 하신 것 같습니다.

아테나이인 확실히 그렇습니다. 이제 나는 앞선 논의의 결론이라고 여기는 것을 두 분에게 제시할까 합니다.

클레이니아스 그러십시오.

아테나이인 우리는 입법자와 대화를 나누며 이렇게 말을 건넵시다. "말
b 해주시오, 입법자여. 우리가 무엇을 행하고 말해야 하는지 그대가 알
고 있다면 우리에게 말해주리라는 것도 분명하지 않나요?"

클레이니아스 그야 당연하지요.

아테나이인 "그런데 우리는 조금 전에[45] 입법자는 시인들이 제멋대로 시를 짓게 내버려두어서는 안 된다고 그대가 말하는 것을 듣지 않았던가요? 시인들은 자신들이 무슨 말을 할 때 무엇이 법률에 배치되고 국가에 유해한지 모르니까요."

클레이니아스 맞는 말씀입니다.

아테나이인 우리가 시인들을 대변하여 입법자에게 다음과 같이 말한다면 우리가 하는 말은 적절한 것일까요?

클레이니아스 어떻게 말한다는 거죠?

c **아테나이인** 이렇게요. "입법자여, 우리 시인들도 늘 말하고 다른 사람
들도 모두 동의하는 옛이야기에 따르면, 시인이 무사 여신의 세발솥[46]
에 앉으면 제정신이 아니게 되어 저절로 물이 솟아오르는 샘과 같아진
다고 합니다. 그리고 시인의 기술은 모방[47]의 기술이기에 성격이 상반
된 사람을 그릴 때는 종종 자가당착에 빠질 수밖에 없고, 상반된 발언
d 가운데 어느 것이 참인지 모릅니다. 그러나 입법자의 경우 그럴 수 없

습니다. 입법자는 자신의 법률이 같은 주제로 상반된 두 가지 말을 하
도록 해서는 안 됩니다. '한 가지 주제에는 한 가지 말'이 그의 원칙이어
야 합니다. 이를테면 방금 그대가 말한 것을 생각해보시오. 장례는 과
도하거나 부족하거나 적당할 수 있는데, 그대는 그중 한 가지, 즉 중간
것을 택하여 이를 무조건 칭찬하며 권장하시더군요. 하지만 우리 시에
서 남달리 돈 많은 어떤 여자가 자신의 장례에 관해 지시한다면 나는 e
과도한 장례를 권할 것입니다. 인색하고 가난한 사람은 부족한 장례를
칭찬할 것이며, 알맞은 정도의 재산을 갖고 있고 절도 있는 사람은 그
대와 같은 장례를 칭찬할 것입니다. 그러나 그대는 '알맞다'는 말을 방
금 그대가 사용한 것과 같은 의미로 사용해서는 안 되고, '알맞다'가
무엇을 의미하며 얼마나 많은지 설명해야 합니다. 그러지 않으면 그대
는 그런 말이 법률이 된다고 생각해서는 안 됩니다."

클레이니아스 참으로 맞는 말씀입니다.

두 부류의 의사

아테나이인 그렇다면 우리 입법자는 자신의 법률에 머리말도 달지 않
고 곧바로 이것은 하고 저것은 하지 말라고 말하고, 어기면 처벌하겠다 720a

45 656 이하 참조.

46 tripous. 호메로스의 작품에서는 발이 셋 달린 솥으로 주로 물을 데우는 데 사용했다. 델포이의 아폴론 신전에서는 예언녀 퓌티아(Pythia)가 신의 뜻을 풀이할 때 앉는 의자로 삼각대(三脚臺) 위에 세발솥을 올려놓고 그 위에 앉아 예언했다.

47 mimesis.

고 윽박지르기만 하고는 자신이 입법해주는 사람들을 위해 격려나 설득의 말은 한 마디도 하지 않고 다른 법률로 넘어가야 합니까? 의사의 경우도 마찬가지입니다. 그대도 기억하겠지만, 어떤 의사는 부드럽게 치료하지만, 다른 의사는 거칠게 치료합니다. 그래서 아이들이 의사에게 부드럽게 치료해주기를 청하듯이, 우리도 입법자에게 가장 부드러운 치료제로 우리의 무질서를 치료하기를 청할 것입니다. 예를 들어볼까요? 우리는 의사가 있고 의사의 조수가 있다고 말하지만, 조수도 '의사'라고 부릅니다.

b **클레이니아스** 물론입니다.

아테나이인 이들 '의사'는 자유민이든 노예든 관찰하고 주인의 지시에 따름으로써 경험에 의해 기술을 습득합니다. 그들은 자유민 의사가 자신을 위해 배워서 제자에게 전수하는 것과 같은 체계적인 지식은 갖고 있지 않습니다. 그대는 이른바 의사는 두 부류가 있다는 데 동의하십니까?

클레이니아스 물론입니다.

c **아테나이인** 그러면 그대는 나라에는 노예와 자유민이라는 두 부류의 환자가 있다는 것도 아시겠군요. 노예 환자는 노예 의사가 돌아다니며 치료하거나 자신의 진찰실에서 상담해줍니다. 이런 부류의 의사는 노예 개개인이 앓고 있는 병에 대해 설명해주거나 설명을 들으려 하지 않고, 자신이 정확한 지식을 갖고 있는 것처럼 경험에 비춰 가장 좋다고 생각되는 처방을 해줍니다. 그는 참주처럼 자신만만하게 처방하고 나서 다음 노예 환자에게 달려가는데, 그렇게 함으로써 환자를 돌보는

주인의 노고를 덜어줍니다. 반면에 자유민 의사는 대개 자유민의 질병을 치료하고 관찰하는데, 환자와 그의 친구들을 문진함으로써 경험에 근거하여 병력(病歷)을 작성하는 방법을 택합니다. 그리하여 그는 자신도 환자에게서 무엇인가를 배우는 동시에 개별 환자에게 가능한 모든 처방을 다 해줍니다. 그런 의사는 환자의 동의를 받기 전에는 어떤 처방도 하지 않으며, 동의를 받은 뒤에는 계속해서 협조하도록 설득하면서 환자가 건강을 완전히 회복하도록 이끌어주려고 합니다. 환자를 치료하는 의사나 사람들의 체력을 단련시키는 체육 교사에게 두 방법 가운데 어느 것이 더 나을까요? 그들은 한 가지 기능을 수행하기 위해 이중의 방법을 써야 합니까, 방법도 한 가지여야 합니까? 환자를 고집쟁이로 만드는 더 열등한 방법 말입니다.

d

e

클레이니아스 손님, 이중의 방법이 훨씬 더 낫겠습니다.

법률의 두 범주: 본보기

아테나이인 그대는 이 이중의 방법과 한 가지 방법이 입법 행위에 적용될 때는 어떻게 되는지 검토하고 싶으십니까?

클레이니아스 왜 그러고 싶지 않겠습니까?

아테나이인 자, 신들에 맹세코 말씀해주십시오. 입법자가 제정할 첫 번째 법률은 무엇일까요? 그는 당연히 나라와 관련된 자신의 법령에서 출산의 출발점을 맨 먼저 조정하지 않을까요? 721a

클레이니아스 물론입니다.

아테나이인 그리고 모든 나라에서 출산의 출발점은 남녀가 결혼하고 성관계를 맺는 것이 아닐까요?

클레이니아스 왜 아니겠습니까?

아테나이인 모든 나라를 위한 올바른 정책은 아마도 결혼에 관한 법률을 맨 먼저 통과시키는 것인 듯합니다.

클레이니아스 전적으로 동의합니다.

아테나이인 그러면 먼저 단순한 형태의 결혼 법률을 말해봅시다. 그것은 어떤 것일까요? 아마도 이런 것이겠지요.

b "남자는 30세에서 35세 사이에 결혼해야 한다. 그러지 않으면 그는
벌금을 물고 불명예를 감수해야 한다. 벌금의 액수는 이러저러하며,
불명예는 이러저러한 종류의 것이다." 단순한 형태의 결혼 법률은 그
러할 것입니다. 그러나 이중의 형태는 이럴 것입니다. "남자는 30세에
서 35세 사이에 결혼해야 한다. 그리고 이것이 인간이 자연의 섭리에
따라 불사(不死)[48]에 관여하는 방법이며, 인간은 누구나 본성적으로
c 불사에 강렬한 욕구를 느낀다는 점을 명심해야 한다. 이름 없이 무덤
속에 누워 있는 대신 유명해지고 싶어하는 것은 그런 욕구의 한 가지
표현이다. 그래서 인류는 본성적으로 영원의 동반자이며 현재에도 미
래에도 영원과 함께할 것이다. 인류는 후손을 남겨 통일성과 동질성을
언제까지나 유지하게 함으로써 불사한다. 인류는 그렇게 생식으로 불
사에 관여하는 것이다. 그것을 자의적으로 자기한테서 빼앗는 것은 경
건하지 못한 짓이며, 처자를 갖지 않으려는 자는 의도적으로 그런 짓
d 을 하는 자이다. 법에 복종하는 자는 방면되고 벌금을 물지 않을 것이
나, 법에 불복하여35세가 지나도록 결혼하지 않는 자는 매년 일정 금

액의 벌금을 물어야 한다. 독신 생활이 자기에게 이득이 되고 편하다고 생각하지 못하도록. 그런 자는 또한 나라의 젊은이가 연장자에게 그때그때 베푸는 여러 가지 명예도 박탈당해야 한다." 누가 이 법률을 듣고 다른 법률과 비교해보면 개별 경우마다 설득과 위협을 결합함으 e
로써 그 길이가 두 배는 되어야 하는지, 아니면 위협만 함으로써 그 길이가 단순해도 되는지 판단할 수 있을 것입니다.

메길로스 아테나이인이여, 언제나 더 짧은 쪽을 선호하는 것이 우리 라코니케[49] 식입니다. 하지만 누가 이들 성문법 가운데 우리 나라에서는 어느 쪽을 택하고 싶은지 나에게 묻는다면 나는 더 긴 쪽을 택할 것입
니다. 그리고 나는 그대가 방금 예시한 경우처럼 두 가지 가능성이 다 722a
있을 때는 모든 법률에서 같은 선택을 할 것입니다. 하지만 클레이니아스님도 우리의 현재 입법에 동의해야 할 것입니다. 지금 이런 법률을 사용하려는 것은 그의 나라이니까요.

클레이니아스 메길로스님, 참 좋은 말씀을 해주셨소.

아테나이인 하지만 성문법이 길어야 하느냐 짧아야 하느냐를 논하는 일로 시간을 보내는 것은 어리석은 짓일 것입니다. 내 생각에 우리가 존중해야 하는 것은 가장 훌륭한 것이지, 가장 짧은 것이나 긴 것이 아
니니까요. 하지만 방금 언급한 두 종류의 법률 가운데 한쪽이 다른 쪽 b
보다 실용적인 목적을 위해서는 두 배나 뛰어날뿐더러 조금 전에 말했

48 athanasia.

49 Lakonike. 스파르테 주변 지역.

듯이[50] 두 부류의 의사와 비교한 것은 더없이 적절했습니다. 그러나 이
와 관련하여 입법에는 교육받지 못한 대중에게 가능한 한도 내에서 설
득과 강제라는 두 방법을 다 사용할 수 있음에도 어떤 입법자도 이를
c 알아채지 못한 것 같으며, 입법자는 한 가지 방법만 사용합니다. 즉 입
법자는 입법할 때 강제에 설득을 섞지 않고 단순하게 강제만 사용합니
다. 그런데 여러분, 내가 보기에 입법에는 세 번째 조건이 있는데, 이것
은 반드시 지켜져야 하지만 오늘날 어디에서도 지켜지지 않습니다.

클레이니아스 어떤 조건을 말씀하시는 건가요?

전문(前文)의 본질

아테나이인 그것은 우리가 오늘 나눈 대화에서 어떤 신의 도움으로 생
겨난 것입니다. 우리는 새벽부터 입법에 관해 논의하기 시작해 한낮이
되어서야 이 사랑스러운 쉼터에 도착했습니다. 그동안 우리는 법률에
d 관해서만 대화했지만, 조금 전에야 법률에 관해 말하기 시작했고 우리
가 지금껏 말한 것은 모두 법률의 전문[51]이었다는 생각이 듭니다. 내가
왜 이런 말을 할까요? 모든 발언과 목소리를 통한 표현에는 서곡 또는
예행연습이 있는데, 이것은 다음에 올 연주를 돕기 위한 기술적인 준
비라는 점을 지적하기 위해서입니다. 실제로 키타라가 반주하는 노
e 래 곡들[52]과 모든 종류의 작곡에는 정교하게 손질한 서곡이 선행합
니다. 하지만 우리가 나라 법이라고 부르는 진짜 법률들[53]의 경우, 아
무도 '서곡'이라는 말을 하거나 '서곡'을 작곡해 발표한 적이 없습니
다. 마치 그런 것은 존재하지 않는 것처럼 말입니다.

하지만 내 생각에 우리가 나눈 대화는 그런 것이 실제로 존재한다는 것을 보여주고 있습니다. 또한 그때 우리가 '이중의 것'이라고 말한 법률도 지금은 단순히 '이중의 것'이 아니라 '법률'과 '전문'이라는 두
요소를 갖고 있다는 뜻인 것 같습니다. 우리가 노예 의사의 처방에 비 723a
겼던 '참주적인 지시'는 순수 법입니다. 그러나 그것에 선행하는 부분은 메길로스님의 말씀처럼 본질적으로 '설득하는 것'이지만 연설의 머리말과 같은 기능을 합니다. 내 생각에 입법자가 이처럼 온갖 설득하는 말을 건네는 것은 자신이 말을 건네는 사람이 법이라는 자신의 지시를 더 호감을 갖고, 따라서 더 배우겠다는 의도를 갖고 받아들이
도록 만들기 위해서인 것 같습니다. 따라서 내가 보기에 이 요소는 법 b
률의 '본문'이 아니라 '전문'이라 하는 것이 적절할 것 같습니다. 대체 무슨 말을 하고 싶어서 내가 이런 말을 할까요? 입법자는 언제나 법률 전체에도 개별 법률에도 반드시 '전문'을 달아야 한다는 것입니다. 그러면 그 이득이 방금 예를 든 두 법률[54]에서만큼이나 클 것입니다.

클레이니아스 나는 입법자가 비록 이 분야의 전문가이기는 하지만 그런 식으로 입법해달라고 부탁했으면 합니다.

아테나이인 클레이니아스님, 모든 법률에는 전문이 있으며 입법의 첫 번 c

50 720c 이하 참조.

51 prooimion.

52 nomoi.

53 nomoi.

54 결혼에 관한 법률. 721b~d 참조.

째 과제는 법규마다 그 앞에 적절한 전문을 다는 것이어야 한다는 데 그대가 동의하는 것은 옳다고 생각합니다. 전문 다음에 언급될 것은 시시한 것이 아닐뿐더러 이것을 명확히 기억하느냐 않느냐에 따라 큰 차이가 나기 때문입니다. 하지만 주요 법률과 사소한 규정에 똑같이 전문을 달
d 도록 요구한다면 그것은 옳지 못합니다. 모든 종류의 노래나 연설에 그럴 필요는 없기 때문입니다. 물론 그런 것들에도 본성상 전문 같은 것이 있겠지만 그것을 사용하는 것이 언제나 적절한 것은 아니니까요. 이를 판단하는 일은 그때그때 연설가나 가수나 입법자에게 맡겨야 합니다.

제8부 법전에 대한 보편적인 전문

머리말

클레이니아스 참으로 맞는 말씀인 것 같습니다. 하지만 손님, 미루느라 더이상 시간 낭비하지 말고 본론으로 돌아가 그대만 괜찮으시다면, 전문을 작성하는 것이라고 말씀하지 않으셨던 발언[55]에서 다시 출발하
e 도록 합시다. (놀이하는 사람들에 따르면 두 번째에는 행운이 따른다고 하지 않습니까.) 우리가 지금까지처럼 닥치는 대로 말하는 것이 아니라 전문을 작성하는 것이라고 의식하고서 말입니다. 그리고 우리가 작성하는 것이 전문이라는 데 동의하고 나서 시작합시다. 신들에 대한 경배와 소상들에 대한 배려는 앞서 말한 것이면 충분할 것입니다. 이제 그다음 주제를 다룹시다. 그대가 판단하기에 전문 전체가 충분히 언

급되었다 싶을 때까지 말입니다. 그런 연후에는 법률 자체에 대한 그대의 논의를 계속하셔도 좋습니다.

아테나이인 그러니까 신들과 그다음 분들과 살아 계신 어버이와 돌아 724a
가신 어버이에 대해서는 우리가 이미 충분히 전문을 작성했다는 말씀이로군요. 그래서 그대는 지금 이와 관련하여 언급하지 않고 남은 것이 있으면 다 밝혀달라고 내게 요구하시는 것 같습니다.

클레이니아스 전적으로 그렇습니다.

아테나이인 좋습니다. 그다음 문제는 자신의 혼과 몸과 재산을 돌보려는 노력을 얼마나 집중하거나 늦추어야 하느냐는 것입니다. 이것은 적
절한 주제이며, 이런 문제들을 다루는 것은 말하는 사람에게도 듣는 b
사람에게도 매우 유익합니다. 이런 문제들을 숙고함으로써 그들은 최대한 교육받은 사람이 될 테니까요. 그렇다면 바로 이런 것들이 우리가 다음에 논하고 귀를 기울여야 하는 것들입니다.

클레이니아스 지당한 말씀입니다.

55 715e~718a에서 따옴표로 묶인 부분.

제5권

혼을 존중하는 일의 중요성

726a **아테나이인** “방금 신들과 사랑하는 조상들에 관한 지시를 들은 사람은 이제는 모두 내 말에 귀를 기울이시오.[1]

인간의 소유물 중에서 가장 신성한 것은 (비록 신들이 더 신성하기는 하지만) 혼[2]입니다. 혼은 그 무엇보다도 인간 자신의 것이기 때문입니다. 인간의 소유물은 누구에게나 두 부류로 나뉩니다. 더 강하고 더 나은 쪽은 주인 노릇을 하고, 더 약하고 더 못한 쪽은 종노릇을 합니다. 따라서 사람은 언제나 자기 안의 노예보다는 자기 안의 주인을 존
727a 중해야 합니다. 그러니 사람은 자기 주인인 신들과 신들을 보좌하는 수호신들 다음으로 자기 혼을 존중해야 한다고 말한다면 나는 올바른 권고를 하는 것입니다.

그러나 우리 중에 자기 혼을 제대로 존중하는 사람은 사실상 아무도 없습니다. 존중한다고 생각할 뿐이지요. 존중이란 신성하고 좋은 것인지라 나쁜 것에 의해서는 결코 주어질 수 없기 때문입니다. 그래서 누가 말이나 선물이나 고분고분함으로 자기 혼을 더 위대하게 만든다고 생각하면서도 혼의 상태를 조금도 개선하지 못한다면, 그는 자기 혼을 존

중한다고 생각만 할 뿐 사실은 전혀 존중하는 것이 아닙니다. 예컨대 모든 소년은 어른이 되자마자 무엇이든 알 수 있다고 생각하며, 자기 혼을 b 칭찬하고 자기 혼이 원하는 것이면 무엇이든 하도록 격려하는 것이 자기 혼을 존중하는 것이라고 생각합니다. 그런데 방금 말한 바에 따르면, 그런 태도는 자기 혼을 존중하는 것이 아니라 해코지하는 것입니다.

하지만 우리 주장에 따르면 그는 신들 다음으로 자기 혼을 존중해야 합니다. 마찬가지로 누가 자기 과오와 수많은 큰 불행을 매번 자신이 아니라 남들 탓으로 돌리며 자신은 무죄임을 입증할 때도 그는 틀림없이 자기 혼을 존중한다고 생각할 것입니다. 하지만 그는 사실은 자기 혼을 해코지하는 것입니다. 또한 누가 입법자의 권고와 조언을 무시하고 즐 c 거움에 탐닉할 때도 그는 결코 자기 혼을 존중하는 것이 아니라 고통과 후회를 가득 안겨줌으로써 자기 혼을 불명예스럽게 합니다. 반대로 누가 남들이 권장하는 노고와 두려움과 어려움과 고통을 굳건하게 견디지 못하고 회피한다면 이 역시 자기 혼을 존중하는 것이 아닙니다. 그런 회피 행위는 혼에 불명예를 안겨주니까요. 또한 누가 삶은 무조건 좋은 것이라고 여긴다면 그는 자기 혼을 존중하는 것이 아니라 불명예스 d 럽게 하는 것입니다. 그럴 경우 그는 저승은 무조건 나쁜 것이라고 자기 혼이 생각하도록 내버려두기 때문입니다. 그는 그런 생각에 맞서 저승 신들과의 만남이 어쩌면 우리에게 가장 큰 축복일는지 자기는 알지 못

1 새 이민자들에게 하는 말이다.

2 psyche.

한다는 것을 증명함으로써 자기 혼을 교화해야 하는데도 말입니다. 또
한 누가 미덕보다 아름다움을 더 존중할 때도 그것은 바로 자기 혼을
말 그대로 철저히 무시하는 것입니다. 그는 혼보다 몸이 더 존중되어야
e 한다고 주장할 테니까요. 하지만 이는 거짓된 주장입니다. 대지에서 태
어난 것은 어떤 것도 천상의 것보다 더 존중되어서는 안 되기 때문입니
다. 또한 혼에 대해 다른 의견을 갖고 있는 사람은 자기가 무시하는 이
소유물이 얼마나 놀라운 것인지 모릅니다. 또한 누가 부정한 방법으로
728a 돈을 벌고 싶어하거나 그렇게 돈을 버는 데 물리지 않을 때도 그는 선물
들로 자기 혼을 존중하는 것이 아닙니다. 천만의 말씀. 그는 자기 혼의
존경스럽고 아름다운 것을 약간의 금을 받고 파는 것입니다. 그러나 땅
위 또는 땅밑의 금을 다 합쳐도 미덕과 맞바꿀 수는 없습니다.

간단히 말해 입법자는 어떤 것이 수치스럽고 나쁜 것인지, 어떤 것
이 좋고 아름다운 것인지 열거하고 분류하는데, 누가 그 가운데 한 종
류는 회피하려고 온갖 노력을 기울이되 다른 종류는 있는 힘을 다해
b 추구하지 않는다면, 그런 사람은 누구나 자신의 그런 행위가 자신의
가장 신성한 소유물인 혼을 더없이 불명예스럽고 혐오스럽게 대하는
것임을 깨닫지 못하는 것입니다. 악행에 대한 '처벌'[3]과 관련하여 무엇
이 가장 큰 처벌인지 생각해보는 사람은 사실상 아무도 없기 때문입니
다. 가장 큰 처벌은 나쁜 사람들을 닮는 것이고, 그렇게 닮을수록 좋은
사람들과의 건전한 대화를 피하며 그들에게서 멀어지는 한편 나쁜 사
람들과 어울리며 그들을 붙좇는 것입니다. 그런 사람들과 어울리는
사람은 필연적으로 그런 사람들이 본성적으로 서로에게 행하고 말하

는 것을 행하거나 당하기 마련입니다. 이런 당함은 처벌이 아니라 응보 c
입니다. 정의와 처벌은 고상한 것인데 반해 응보는 악행에 수반되는 고
통이기 때문입니다. 그런데 누가 이런 일을 당하든 당하지 않든 그는
똑같이 비참합니다. 전자의 경우 그는 치유되지 않기 때문이고, 후자
의 경우 그는 많은 사람이 구제받도록 죽임을 당하기 때문입니다.

간단히 말해 우리에게 '명예'[4]란 더 나은 것을 따르는 것이고, 결함
이 있는 것을 가능하면 최대한 완전하게 만드는 것입니다. 따라서 나
쁜 것은 피하고 가장 좋은 것을 추적해 붙잡되, 일단 사냥감을 붙잡은 d
뒤에는 그것과 더불어 여생을 함께 보내는 데는 본성적으로 혼보다
더 적합한 인간의 소유물은 없습니다."

몸

아테나이인 "그래서 혼에게 명예의 서열에서 두 번째 자리가 주어진 것
입니다. 명예의 세 번째 자리는 당연히 몸에게 돌아갑니다. 이는 누구
나 다 아는 사실입니다. 이번에도 몸을 존중하는 여러 이유를 검토하
고, 그중 어떤 것이 참이고 어떤 것이 거짓인지 알아보아야 합니다. 이
것은 입법자가 할 일입니다. 입법자는 아마 그것들을 이렇게 열거할 것
입니다. 존중받아 마땅한 것은 아름답거나 강하거나 민첩하거나 큰 몸
이 아니며, 많은 사람의 생각과 달리 건강한 몸도 아닙니다. 물론 이 모 e

3 dike.

4 time. 존중함.

든 것과 상반된 자질을 가진 몸도 아닙니다. 입법자는 이들 양 극단의 중간 상태를 차지하는 몸이야말로 가장 건강하고 가장 균형이 잘 잡혔다고 말할 것입니다. 한쪽 극단은 혼을 우쭐대고 대담하게 만들고, 다른 쪽 극단은 혼을 야비하고 비굴하게 만들기 때문입니다."

부

"또한 돈과 재물의 소유도 마찬가지여서 그 가치는 같은 척도로 평가
729a 해야 합니다. 둘 다 너무 많으면 나라와 개인들 사이에 적대감과 불화를 낳고, 부족하면 대개 노예 상태에 이르게 합니다."

아이들에 대한 의무

"따라서 아이들을 최대한 부자로 남겨두기 위하여 아이들 때문에 돈을 좋아해서는 안 됩니다. 그것은 아이들에게도 국가에도 더 나은 것이 아니니까요. 젊은이에게는 아첨꾼이 꾀지는 않지만 필요한 것들이 부족하지 않을 정도의 재산이 가장 알맞고 가장 훌륭합니다. 그런 재산은 우리 본성과 훌륭하게 조화를 이루며 우리의 삶을 불안으로부
b 터 해방시키기 때문입니다. 우리가 자식에게 많이 물려주어야 할 것은 겸손[5]이지 황금이 아닙니다. 젊은이들에게 겸손을 물려주는 방법은 그들이 겸손하지 않을 때 나무라는 것이라고 우리는 생각합니다. 요즘 사람들은 젊은이는 누구에게나 겸손해야 한다고 훈계하는데, 그렇게 훈계한다고 해서 젊은이들에게 겸손이 생겨나는 것은 아닙니다. 오히려 현명한 입법자는 연장자들에게 젊은이들 앞에서 겸손하고, 자신

들이 뭔가 수치스러운 것을 행하거나 말하는 것을 젊은이 가운데 누
가 보지 못하게 하라고 권고할 것입니다. 노인이 파렴치한 곳에서는 젊 c
은이도 더없이 파렴치하기 마련이니까요. 젊은이와 우리 자신을 교육
하는 최선의 방법은 남을 훈계하는 것이 아니라, 남에게 훈계한 것을
평생 동안 스스로 실천하는 것입니다."

친척 · 친구 · 국가에 대한 의무

"만약 누가 같은 가족 신들을 섬기는 혈연 공동체의 모든 구성원을 존
중하고 존경한다면, 그는 자기 자식들이 출산하는 일을 출산의 신들
이 당연히 호의적으로 돌봐줄 것이라고 기대해도 좋을 것입니다. 또한
누가 친구와 동료가 자기에게 베푼 호의는 그들 자신이 생각하는 것보 d
다 더 크고 더 중요하다고 평가하고, 자신이 그들에게 베푼 호의는 그
들이 생각하는 것보다 더 작다고 평가한다면, 그들은 그에게 일상의
교제에서 호의적일 것입니다. 국가와 동료 시민과의 관계에서도 올
림피아 경기[6] 또는 전쟁이나 평화의 다른 경기에서 우승하는 것보다
는 조국의 법률에 봉사했다는 명성으로 모든 사람을 이기는 쪽을 택
하는 사람이 단연 가장 훌륭한 사람입니다. 평생토록 어느 누구보다
도 조국의 법률에 더 헌신적으로 봉사했다는 명성 말입니다." e

5 aidos. 또는 경외, 염치.

6 고대 그리스의 4대 경기 중 하나로 근대 올림픽 경기의 전신이다.

외국인에 대한 의무

“외국인과 맺은 계약은 신성불가침한 것으로 여겨야 합니다. 실제로
신은 동료 시민 사이의 범죄보다 외국인 사이나 외국인에 대한 범죄를
더 신속히 응징합니다. 외국인은 주위에 친구나 친족이 없는지라 인간
과 신들에게 더 동정받기 때문입니다. 그래서 누구든 그를 위해 복수
730a 할 힘이 있는 사람은 기꺼이 그를 도와줍니다. 외국인 개개인을 보호
해주는 수호신과 신이 특히 그럴 힘이 있는데, 이들은 손님의 보호자
[7] 제우스의 수행원입니다. 따라서 조금이라도 선견지명이 있는 사람
이라면 평생 외국인에게 범죄를 저지르지 않고 자기 인생의 종말에 도
달하려고 조심조심할 것입니다. 외국인과 내국인에게 저지른 범죄
중에서는 언제나 탄원자에게 저지른 범죄가 가장 중대합니다. 신이
자신을 증인으로 부른 탄원자에게 도와주겠다고 일단 약속하면 그
신은 탄원자의 든든한 보호자가 되어 그가 무슨 피해를 당하면 반드
시 복수하기 때문입니다.”

b 이상으로 우리는 부모, 자기 자신, 자기 재산, 조국, 친구, 친족, 외국
인, 내국인과 맺는 관계를 나름대로 철저히 고찰해보았습니다. 그다
음에 우리가 해야 할 일은 가장 고상한 삶을 영위하려는 사람은 어떤
종류의 인간이어야 하는지 고찰하는 것입니다. 그러나 이는 법률의 역
할이 아니며, 우리는 오히려 어떻게 해야 칭찬과 비난이 그들 각자를
더 고분고분하고 앞으로 제정될 법률에 더 호감을 갖도록 교육할 수
있는지 논해야 합니다.

개인의 도덕성

"참됨[8]은 신들을 위해서도 인간을 위해서도 모든 좋은 것의 으뜸입니 c
다. 행복하고 복 받으려는 사람은 되도록 오래 참된 사람으로 살기 위
해 처음부터 곧바로 참됨에 참여해야 합니다. 그런 사람은 믿을 수 있
기 때문입니다. 그러나 고의로 거짓말하기 좋아하는 사람은 믿을 수
없고, 몰라서 거짓말하기 좋아하는 사람은 어리석습니다. 둘 중 어느
쪽도 부럽지 않습니다. 믿을 수 없는 사람도 무식한 사람도 모두 친구
가 없기 때문입니다. 그런 사람은 시간이 지나면 본색이 드러나고, 노
년의 어려움 속에서 인생이 종말에 다가가면 완전 외톨이가 되어 친구 d
와 자식이 살아 있든 죽었든 사실상 독거 노인으로 살아갑니다.

불의를 저지르지 않는 사람은 존중받아야 합니다. 그러나 불의한 자
가 불의를 저지르지 못하게 하는 사람은 그보다 두 배 더 존중받아야
합니다. 전자는 한 사람 몫을 하지만, 후자는 남의 불의를 당국에 고발
함으로써 여러 사람 몫을 해내기 때문입니다. 하지만 당국이 범행을 저
지하도록 최대한 협조하는 사람이야말로 그의 나라에서 위대하고 완벽
한 시민으로, 미덕의 경기에서 우승한 사람으로 선언되어 마땅합니다.

절제와 지혜, 그것을 가진 사람이 혼자서 소유할 뿐 아니라 남들에 e
게도 나눠줄 수 있는 그 밖의 미덕에도 같은 찬사를 보내야 합니다. 그
런 것을 나눠주는 사람이 가장 존중받아야 하고, 나눠주고 싶지만 그

7 xenios.

8 aletheia. 또는 '참' '진리' '진실'.

럴 능력이 없는 사람은 그다음으로 존중받아야 합니다. 자기 미덕을
731a 혼자 독점하려는 인색한 사람은 비난받아 마땅합니다. 하지만 그것을
가진 사람 때문에 미덕 자체를 저평가해서는 안 되며, 오히려 우리는
그것을 획득하기 위해 최선을 다해야 합니다.

우리 각자는 미덕에서 승리하려고 경쟁(은) 하되 서로 시기하지 말
아야 합니다. 그런 사람은 경쟁하되 남을 모함하고 깎아내리지 않음으
로써 국가를 키웁니다. 그러나 시기심 많은 사람은 남을 모함함으로써
우위를 확보해야 한다고 믿기에 자신도 진정한 미덕을 위해 덜 노력하
b 는 한편 부당하게 비난받게 함으로써 경쟁자를 낙담시킵니다. 그리하
여 그는 미덕을 획득하려는 국가 전체의 노력을 방해하고 국가의 명성
을 떨어뜨리는 데 나름대로 한몫 거듭니다."

범죄자를 어떻게 다룰 것인가

"모든 사람은 기개(氣槪)[9]와 최대한의 온유함을 겸비해야 합니다. 잔
인하고 고치기 어렵거나 아예 고칠 수 없는 남의 범행에서 벗어나려면
그런 범행과 싸워서 이기거나 가차 없이 처벌하는 수밖에 없는데, 그
c 런 일은 어떤 혼도 기개 없이는 해낼 수 없기 때문입니다. 한편 범죄자
의 범행을 고칠 수 있는 경우, 맨 먼저 알아야 할 것은 불의한 자는 모
두 본의 아니게 불의하다는 것입니다. 가장 나쁜 것을 그것도 자신의
가장 소중한 부분에 자진하여 받아들일 사람은 세상 어디에도 없을
것입니다. 그런데 우리의 주장에 따르면, 각자에게 가장 소중한 부분
은 그의 혼입니다. 그러니 가장 나쁜 것을 자신의 가장 소중한 부분으

로 자진하여 받아들여 평생토록 그것과 더불어 살 사람은 아무도 없 d
을 것입니다. 불의한 자는 나쁜 것들을 지닌 자와 마찬가지로 동정받아 마땅합니다. 그래서 고칠 수 있는 나쁜 것들을 지니고 있는 자를 동정하고 여자처럼 계속해서 바가지를 긁는 대신 분노를 억제하고 삭이는 것이 허용됩니다. 그러나 손쓸 수 없을 정도로 철저히 빗나간 악인에게는 분통을 터뜨려야 합니다. 그래서 우리는 훌륭한 사람은 그때그때 상황에 따라 기개가 있거나 온유해야 한다고 주장하는 것입니다."

이기심

"대부분의 사람이 혼 안에 타고나는 모든 악덕 중에 최악의 것은 각자가 자기를 용서하며, 그럼으로써 거기에서 벗어날 방도를 강구하지 않
는 것입니다. 각자는 본성적으로 자신의 친구이며 당연히 그래야 한 e
다는 주장에서 이 악덕이 어떤 것인지 어느 정도 알 수 있습니다. 하지만 사실 우리가 범하는 온갖 범죄는 언제나 자신에 대한 지나친 사랑에서 비롯됩니다. 진리보다 자기 자아를 더 존중해야 한다고 믿기에
우리가 사랑하는 것에 눈멀게 하고 올바른 것과 좋은 것과 아름다운 732a
것을 잘못 판단하게 만드는 사랑 말입니다. 위대한 인간이 되려는 사람은 자신이나 자신의 것들을 사랑할 것이 아니라, 자신이 행한 것이든 남들이 행한 것이든 올바른 행위를 사랑해야 합니다. 무지한 사람

9 thymos.

이 언제나 자신은 지혜롭다고 확신하는 것은 바로 이 이기심의 악덕에
서 비롯됩니다. 그 결과 우리는 사실은 아무것도 모르면서 무엇이든
b 다 안다고 믿으며, 자기가 모르는 것을 행하도록 남에게 맡기지 않고
자신이 행하려고 함으로써 과오를 범하지 않을 수 없습니다. 따라서
각자는 지나친 자기 사랑을 자제하고 자기보다 나은 사람을 추종해야
하며, 이때 부끄럽다는 핑계를 대서는 안 됩니다."

행복할 때와 불행할 때의 올바른 자세

우리가 흔히 듣는 것들 가운데 이것들보다 덜 중요하지만 덜 유용하지
는 않은 것이 있는데, 우리는 이것들을 상기(想起)하면서 열거해야 합
니다. 마치 무엇인가가 유출되면 반대 방향에서 언제나 무엇인가가 유
입되어야 하듯, 상기[10]는 유출된 지혜의 유입이기 때문입니다.

c "따라서 지나친 웃음도 지나친 눈물도 삼가야 하며, 모두가 모두에
게 그렇게 하도록 권해야 합니다. 또한 지나친 기쁨이나 지나친 고통
을 억제함으로써 의젓하게 처신하려고 노력해야 합니다. 우리 수호신
이 잘나갈 때도, 운이 따르지 않아 우리 수호신이 높은 절벽 같은 어려
움과 맞닥뜨렸을 때도 말입니다. 우리는 언제나 신께서 내려주시는 축
d 복이 우리에게 닥친 고난을 덜어줄 것이고, 우리의 현재 처지를 개선
할 것이며, 우리의 행운이 나날이 불어나도록 우리를 행운아로 만들
것이라는 희망을 가져야 합니다. 각자는 이런 희망을 갖고 살되, 이 모
든 조언을 기억하며 일할 때도 여가 시간에도 남에게도 자신에게도 언
제나 있는 힘을 다해 생생하게 상기하려고 노력해야 합니다."

이제까지 우리가 어떤 일을 해야 하며 각자는 어떤 사람이 되어야 e
하는지 종교적 관점에서 나름대로 철저히 설명했습니다. 그러나 우리
는 인간의 관점에서는 아직 말하지 않았습니다. 우리는 신들이 아니
라 인간과 대화하는 만큼 당연히 그래야 하는데도 말입니다.

미덕과 행복

"인간의 본성에는 무엇보다도 즐거움과 괴로움과 욕구가 포함되어 있
습니다. 따라서 그것들은 사멸하는 동물이 꽁꽁 묶여 있고 꼼짝없이
매달려 있는 밧줄과도 같습니다. 그래서 우리는 가장 고상한 삶을 찬양
해야 하는데, 그것은 명성과 관련해서 우월할 뿐만 아니라, 음미할 만하 733a
고 젊어서부터 그 앞에 몸을 사리지 않는다면 우리 모두가 추구할 만하
다는 점에서도 우월하기 때문입니다. 그러니까 평생토록 즐거움은 더
느끼고 괴로움은 덜 느끼는 것 말입니다. 누가 그런 것을 올바로 음미한
다면 결과가 그렇게 되리라는 것이 당장 분명히 드러날 것입니다.

하지만 여기서 '올바름'이란 무엇입니까? 우리는 지금 이 점을 논의
의 취지에 비추어 고찰해야 합니다. 어떤 생활방식이 우리 본성에 맞
고 다른 생활방식은 맞지 않는지 알기 위해 우리는 더 즐거운 삶과 더
괴로운 삶이라는 두 생활방식을 비교해보아야 합니다. 우리는 즐거움
을 원합니다. 우리는 괴로움을 선택하지도 원하지도 않습니다. 우리는 b

10 anamnesis.

괴로움에서 벗어날 수 있다면 즐거움도 괴로움도 아닌 중립 상태를 원
하지만, 즐거움을 잃는다면 원하지 않습니다. 우리는 덜한 괴로움과
더한 즐거움을 원하지, 덜한 즐거움과 더한 괴로움을 원하지는 않습니
다. 그러나 즐거움과 괴로움의 비율이 똑같은 두 상황에서 어느 한쪽
을 선택해야 할 경우, 우리가 원하는 것이 무엇인지 딱 잘라 말할 수 없
습니다. 우리의 소원을 결정하는 수와 크기와 강도와 동등함 또는 그
c 반대되는 것들을 이렇게 고려하는 것은 우리가 선택할 때마다 모두 영
향을 끼치거나 아니면 영향을 끼치지 못합니다.
이런 것들은 그리 되도록 정해져 있는 만큼, 우리는 즐거움과 괴로
움이 많고 크고 강렬하지만 즐거움이 우세한 삶을 원하고 괴로움이
우세한 삶을 원하지 않습니다. 즐거움과 괴로움이 적고 작고 미약할
때도, 우리는 괴로움이 우세한 삶을 원하지 않고 즐거움이 우세한 삶을
원합니다. 즐거움과 괴로움이 균형을 이루는 균형 잡힌 삶의 경우에도
앞서와 같이 생각해야 합니다. 우리가 좋아하는 즐거움이 우세한 균형
d 잡힌 삶은 원하지만, 우리가 싫어하는 괴로움이 우세한 균형 잡힌 삶은
원하지 않습니다. 그런 의미에서 우리는 우리 모두의 삶이 이 두 감정에
묶여 있다고 생각해야 하며, 우리가 본성적으로 어떤 종류의 삶을 원하
는지 고찰해야 합니다. 만약 우리가 원하는 것이 이 범위 바깥에 있다고
주장한다면, 이는 실제 삶에 대한 무지와 무경험에서 나온 말입니다.
그런데 누가 자신이 원하는 것과 싫어하는 것을, 자발적으로 하는
것과 마지못해 하는 것을 결정한 다음 자신에게 친근하고 즐겁고 기
e 장 훌륭하다고 생각되는 것을 선택하는 데 길라잡이가 되게끔 그 결정

을 준칙으로 삼는다면, 그는 자신이 인간으로서 최대한 행복하게 살 수 있는 삶을 선택할 것입니다. 그러면 그가 그런 선택을 할 수 있는 삶은 어떤 것이며, 그것은 얼마나 많을까요? 열거해봅시다. 절제 있는 삶이 그중 하나이고, 지혜로운 삶, 용감한 삶, 건강한 삶도 그중 하나라고 합시다. 이것들에 반대되는 삶이 네 가지 있는데, 어리석은 삶, 비겁한 삶, 방종한 삶과 병약한 삶이 그것입니다.

그런데 절제 있는 삶을 아는 사람은 그런 삶이 모든 점에서 유순하 734a
여 괴로움도 즐거움도 부드러우며 욕구도 심하지 않고 애욕에도 광기
가 없다고 주장합니다. 그러나 방종한 삶은 모든 점에서 격하여 괴로
움도 즐거움도 극단적이며 욕구도 강렬하고 자극적이며 애욕도 더없
이 광기를 띤다고 주장할 것입니다. 또한 그는 절제 있는 삶에서는 크
기와 수와 빈도에서 즐거움이 괴로움보다 우세하고, 방종한 삶에서는
괴로움이 즐거움보다 우세하다고 주장할 것입니다. 따라서 앞의 삶은
당연히 우리에게 더 즐겁지만 뒤의 삶은 더 괴로울 수밖에 없습니다. b
그러니 적어도 즐겁게 살기를 원하는 사람이라면 자신이 방종하게 사
는 것을 자발적으로 허용하지는 않을 것입니다. 방금 우리가 한 말이
옳다면 누가 방종한 경우, 그는 자발적으로 방종한 것이 아님이 분명
합니다. 세상 사람이 대개 절제 없는 삶을 사는 것은 무지하기 때문이
거나 무절제하기 때문이거나 무지하면서 무절제하기 때문입니다. 건
강한 삶과 병약한 삶에 대해서도 이와 똑같이 생각해야 합니다. 둘 다
즐거움과 괴로움을 포함하고 있지만 건강한 삶에서는 즐거움이 괴로
움보다 우세하고, 병약한 삶에서는 괴로움이 즐거움보다 우세하다고 c

말입니다. 하지만 여러 삶 가운데서 선택할 때 우리가 원하는 것은 괴
로움이 우세한 삶이 아닙니다. 우리는 괴로움이 즐거움보다 적은 삶을
더 즐거운 삶으로 판단했습니다. 따라서 절제 있는 삶과 지혜로운 삶
과 용감한 삶이 방종한 삶과 어리석은 삶과 비겁한 삶보다 괴로움과
즐거움을 더 적게, 더 작게, 더 드물게 느낀다고 말할 것입니다. 그러나
즐거움에서는 먼저 열거한 것들이 우세한 반면 괴로움에서는 나중
d 에 열거한 것들이 우세하므로, 용감한 삶이 비겁한 삶을 이기고 지혜
로운 삶이 어리석은 삶을 이기는 것입니다. 그래서 전자, 즉 절제 있는
삶과 용감한 삶과 지혜로운 삶과 건강한 삶이 비겁한 삶과 어리석은
삶과 방종한 삶과 병약한 삶보다 더 즐거운 법입니다.

간단히 말해 몸이나 혼의 미덕을 갖춘 삶이 악덕을 포함한 삶보다 더
즐거울뿐더러 고상함과 올바름과 미덕과 명성에서도 단연 우월합니
e 다. 그래서 그것은 그런 삶을 사는 사람이 그와 반대되는 삶을 사는 사
람보다 모든 점에서 더 행복한 삶을 살게 해줄 것입니다."

제9부 새 국가 건설

국가의 예비적 분석

법률의 전문에 관한 설명은 이쯤에서 끝냅시다. 서곡 다음에는 반드시 본곡[11]이, 더 정확히 말해 국법의 요강이 이어져야 하겠지요. 천을 짜거나 다른 세공품을 엮어 만들 때는 씨줄과 날줄이 같은 소재로 만

들어져서는 안 되고, 날실은 더 우수한 소재로 만들어져 튼튼하고 촘
촘하지만 씨실은 더 부드럽고 적당히 유연해야 합니다. 마찬가지로 국 735a
가를 통치할 고위 관리는 교육을 적게 받고 덜 검증된 시민과 구별되
어야 합니다. 정체에는 두 요소가 있는데, 그중 하나는 개인을 관직에
임명하는 것이고, 다른 하나는 관직에 법률을 배정하는 것이니까요.

시민들의 선발

이 모든 것에 앞서 우리는 다음을 명심해야 합니다. 가축 떼를 돌보는 b
사람은 양치기든 소를 치는 사람이든 말을 먹이는 사람이든 또 다른
가축의 목자든 자신이 돌보는 특정 가축의 공동 생활에 필요한 정화
(淨化)[12]를 먼저 시행하지 않고는 결코 가축 떼를 돌보려 하지 않을 것
입니다. 그는 병약하고 열등한 것들은 추려내어 다른 가축 떼에 보내
고 건강한 순종들만 돌볼 것입니다. 그러지 않으면 타고난 천성과 나
쁜 양육에 의해 망가진 몸과 혼을 돌본다고 목자가 아무리 노력해도 c
헛수고가 되리라는 것과, 이와 같은 현재의 가축들을 정화하지 않으
면 이것들이 개별 가축 떼에서 습관과 몸이 타락하는 데 그치지 않고
건강한 것들마저 망칠 것임을 알기 때문이지요. 이 점은 하등동물의
경우에는 그리 심각하지 않으며, 예를 들어 설명해도 될 것입니다.

그러나 인간의 경우에는 정화와 그 밖의 다른 조치와 관련하여 각

11 nomos. 또는 법률.

12 katharmos.

개인에게 적합한 것을 찾아서 설명하는 것이 입법자에게 더없이 중요
d 합니다. 이를테면 국가 전체를 정화하는 데는 몇 가지 방법이 있는데,
그중 어떤 것은 온건하지만 다른 것들은 가혹합니다. 입법자가 참주라
면 국가를 가혹하게 정화할 수 있는데, 이것이 최선의 방법입니다. 그러
나 입법자가 참주의 권력 없이 새로운 국가를 건설하고 새로운 법을 제
정해야 한다면 온건한 정화로 만족해야 할 것입니다. 최선의 방법은 극
e 약처럼 고통스럽습니다. 그것은 '처벌'과 연결된 '재판'을 말하는데, 처
벌은 추방과 사형까지 포함할 수도 있으니까요. 그것은 대개 국가에 엄
청난 해악을 끼치는 치유할 수 없는 중죄인을 제거하는 데 쓰입니다.
더 온건한 정화는 이런 것입니다. 식량이 부족하여 무산자들이 지
도자들을 추종하여 유산자들의 재산을 공격하는 데 가담할 용의를
736a 보인다면, 그런 자들은 국가라는 몸에 자라난 질병으로 보아야 합니
다. 따라서 그런 자들은 식민시 개척이라는 미명하에 최대한 호의적
으로 나라 밖으로 내보내야 합니다. 모든 입법자는 어떻게든 처음에
그렇게 해야 합니다. 그러나 지금의 우리에게는 이 문제는 비교적 간단
한 편입니다. 현재 우리는 식민시를 개척하거나 정화를 통해 백성을 선
b 별할 필요가 없으니까요. 오히려 우리는 샘이나 산골 급류 등 여러 수
원에서 하나의 저수지로 물이 합류할 때처럼 그중 일부는 빼내고 일
부는 다른 데로 물길을 돌려 최대한 깨끗한 물이 모이도록 신중을 기
해야 합니다. 국가를 건설하는 일은 언제나 힘들고 위험해 보입니다.
그러나 우리는 실제로가 아니라 이론상으로 작업하고 있는 만큼 시민
의 모집과 정화가 우리 뜻대로 이루어졌다고 칩시다. 우리는 새 국가

의 시민이 되려는 백성 중에 나쁜 사람들은 온갖 설득의 수단을 통해 c
시간을 넉넉히 갖고 새 국가에 합류하는 것을 막겠지만 훌륭한 사람
들은 최대한 예를 갖춰 환영할 것이기 때문입니다.

토지의 분배 (1)

우리가 식민시를 건설할 때의 헤라클레스의 후손들 못지않은 행운아
임을 잊어서는 안 됩니다. 우리는 그들이 무시무시하고 위험한 토지
분배와 채무 탕감과 재산 분배를 어떻게 피했는지 알았으니까요.[13] 오
래된 국가가 이런 문제들을 다루기 위해 입법을 해야 할 경우 개혁하 d
지 않고 내버려둘 수도 없고 개혁할 수도 없어, 남은 가능성이라곤 말
하자면 기도나 하며 장기간에 걸쳐 조금씩 조심스럽게 나아가는 것밖
에 없습니다. 그건 이런 식입니다. 개혁가 중 더러는 언제나 대지주여
야 하고 다수의 채무자를 거느리고 있어야 하며, 채무를 탕감해주거
나 토지를 분배해줌으로써 박애정신에서 채무자 중 고통받는 자들과
자기 재산을 나누어 가질 용의가 있어야 합니다.

그들은 어떻게든 적도(適度)를 유지하려고 하며, 가난은 부의 감소 e
가 아니라 탐욕의 증가에 있다고 확신합니다. 이런 신념은 국가를 지
키는 가장 중요한 기초이며, 그것이 어떤 것이든 우리가 말한 것과 같
은 조건들[14]에 적합한 국가를 나중에 세울 수 있는 튼튼한 토대입니

13 684e 참조.
14 재산 공유?

737a 다. 그러나 이런 토대가 부실할 경우, 어떤 국가든 개혁은 쉽지 않을 것입니다. 방금 말했듯이 우리는 그런 어려움들에서는 비껴 서 있습니다. 하지만 그런 어려움들에 봉착할 때 어떻게 우리가 거기서 벗어날 수 있는지 말해보는 편이 더 옳을 것입니다. 그렇다면 이렇게 말해둡시다. 그런 어려움들에서 벗어나는 길은 정의감이 수반된 부에 대한 무관심이며, 넓고 좁고를 떠나 우리가 그런 어려움들에서 벗어날 수 있는 다른 길은 없다고. 그러니 이 원칙을 우리 국가를 위한 버팀목으로
b 로 받아들입시다. 우리는 어떻게든 시민들의 재산이 그들 사이에 분쟁거리가 되지 않도록 해두어야 합니다. 조금이라도 지각 있는 입법자라면 서로 묵은 원한이 있는 사람들을 위하여 나머지 제도를 앞장서서 자진하여 정비하지 않을 것입니다. 그러나 지금의 우리에게처럼 신이 새 국가를 건설할 백성을 주시고 아직은 서로 원한이 없는 곳에서 토지와 집들의 분배 때문에 서로 적의를 품도록 부추기는 것은 사람이라면 극악무도한 바보라도 차마 못할 짓입니다.

c 그렇다면 올바른 분배 방법은 어떠해야 할까요? 먼저 시민들의 총수를 결정해야 합니다. 그다음에는 시민들을 나누되 얼마나 많은 부분으로 나누고 각 부분은 얼마나 커야 하는지 합의해야 합니다. 토지와 집은 이들 부분 사이에 되도록 동등하게 분배되어야 합니다. 적정 인구수
d 는 토지와 이웃나라를 고려하여 결정해야 합니다. 토지는 검소하게 살아가는 일정 수의 인구를 부양할 수 있을 만큼 넓으면 충분하고, 그 이상은 필요하지 않습니다. 주민은 이웃나라의 공격을 받을 때 자신을 지킬 수 있고 이웃나라가 불의를 당할 때 최소한 도움을 줄 수 있을 만큼

많아야 합니다. 우리는 토지와 이웃나라를 살펴본 다음 이런 점들을 결정하며 우리가 왜 그렇게 하는지 이유를 댈 것입니다. 그러나 지금은 논의를 진척시켜 우리 입법의 윤곽과 밑그림을 완성하도록 합시다.

인구수 (1)

토지 보유자와 보유 토지의 방어자는 5,040명이 적정수라고 보고, 토 e
지와 집들도 같은 수의 부분으로 나눕시다. 사람과 할당 토지가 하나의
짝을 이루도록 말입니다. 이 전체 수를 먼저 두 부분으로 나누고, 그다
음에는 세 부분으로 나눕시다. 전체 수는 본성상 넷, 다섯, 그리고 차례
대로 열까지도 나눌 수 있으니까요. 모든 입법자는 당연히 수에 관해서
어떤 수가 모든 국가에서 가장 유용하며 왜 그런지 정도는 알아야 합니 738a
다. 그러니 우리는 연속 나눗수[15]를 가장 많이 가진 수를 고르기로 합
시다. 물론 모든 정수(整數)는 온갖 목적을 위해 온갖 방법으로 나뉠 수
있겠지만, 5,040은 1부터 10까지의 연속 나눗수를 포함하여 59개 이상
의 나눗수는 허용하지 않는데,[16] 이것들로 전시 활동과 모든 계약과 거
래와 세수(稅收)와 분배 같은 평화 시의 활동을 충족시켜야 합니다. b

15 다음에 나오는 수인 5,040을 말한다.

16 5,040이라는 수는 7의 계승(階乘), 즉 1×2×3×4×5×6×7이다. 이것의 나눗수는 10까지의 연속 수 외에 49(7×7)개인데, 12, 14, 15, 16, 18, 20, 21, 24, 28, 30, 35, 36, 40, 42, 45, 48, 56, 60, 63, 70, 72, 80, 84, 90, 105, 112, 120, 126, 140, 144, 168, 180, 210, 240, 252, 280, 315, 336, 360, 420, 504, 560, 630, 720, 840, 1008, 1260, 1680, 2520이 그것이다. 이 중 28개는 7의 배수이고 21개는 아니다.

종교 행사와 공동체 행사

법률이 그렇게 규정하는 사람들은 수에 관한 이런 사실들을 깊이 이
해하려고 여가 시간에도 노력해야 합니다. 그것들은 정확히 내가 말한
그대로이며, 국가를 건설할 때 그것들을 말해야 하는 이유는 이렇습니
다. 처음부터 새 국가를 건설하든 멸망한 옛 국가를 재건하든 지각 있
는 입법자라면 나라 안의 여러 집단이 세워야 할 신전과 신들은 물론
이고 그 신전들이 어떤 신 또는 수호신의 이름으로 불려야 하는지에
c 대해 델포이나 도도네나 암몬[17]으로부터 어떤 지시를 받았건 이를 바
꿀 생각은 하지 않을 것입니다.

또는 이런 세부적인 것들은 환영이나 신적인 영감에 관한 오래전 이
야기들에 의해 암시되었을 수 있고, 그것들이 백성으로 하여금 제물
을 바치는 제사를 모시게 했을 수도 있습니다. 그것들은 그 고장 것일
수도 있고 튀르레니아[18]나 퀴프로스[19]나 그 밖의 다른 곳에서 유래한
것일 수도 있습니다. 아무튼 이런 이야기들을 믿고 그들은 신탁소와
신상과 제단과 신전을 봉헌하고, 이것들 각각을 위해 신성한 땅을 한
d 뙈기씩 배정했습니다. 입법자는 이런 것들은 그 어느 것도 조금이라도
바꾸어서는 안 됩니다. 입법자는 각 시민 집단에게 신이나 수호신이나
영웅[20]을 배정해야 하며, 토지를 나눌 때는 먼저 이들에게 신성한 땅
과 그에 딸린 모든 것을 배정해야 합니다. 그리하여 주민의 여러 집단
이 정기적으로 한데 모이면 자신들의 다양한 필요를 충족할 수 있을
것입니다. 또한 시민들은 제물을 바칠 때 서로 알아보고 우의를 다질
e 것인데, 국가를 위해서는 시민들이 서로 친해지는 것보다 더 유익한 것

은 없습니다. 왜냐하면 사람들의 성격이 훤히 드러나지 않고 서로 어둠에 싸여 있는 곳에서는 합당한 명예나 관직이나 재판을 기대할 수 없기 때문입니다. 그러니 모든 국가의 모든 시민은 자신은 음험하지 않고 언제나 정직하고 참되게 보이도록 하고, 음험한 다른 사람이 자기를 속이지 못하도록 각별히 노력해야 합니다.

이상 국가와 현실 국가: 재산 공유제

입법이라는 이 놀이에서 다음 수(手)는 장기판에서 선을 넘는 것만 739a
큼이나 익숙하지 않은 것이어서[21] 처음 듣는 사람은 놀라움을 금치 못할 것입니다. 하지만 그가 이치를 따지고 경험을 활용한다면 자기가 세우는 국가는 최선의 국가가 아니라 차선의 국가에 불과하다는 것을 알게 될 것입니다. 참주의 권력을 갖지 못한 입법자가 무엇을 의미하는지 알지 못하는 사람은 아마도 그런 국가를 받아들이기를 거부할

17 델포이는 파르나소스(Parnasos) 산 남쪽 비탈에 있는 도시로 그곳에 유명한 아폴론 신전이 있었다. 도도네(Dodone)는 그리스 북서부 에페이로스(Epeiros) 지방에 있는 도시로 그곳에는 제우스의 오래된 신탁소가 있었다. 암몬(Ammon)은 북아프리카에서 쓰이던 제우스의 다른 이름으로 지금의 리비아 땅 시와(Siwa) 오아시스에 그의 유명한 신탁소가 있었다.

18 튀르레니아(Tyrrhenia)는 이탈리아 반도 중서부에 있는 지금의 토스카나(Toscana) 지방의 그리스어 이름이다.

19 퀴프로스(Kypros)는 지중해 북동부에 있는 지금의 키프로스 섬이다.

20 고대 그리스인들은 영웅이 사후에도 나라를 지켜줄 수 있다고 믿었다.

21 어떤 놀이의 어떤 규칙을 말하는지 알 수 없으나, 여기서는 이상 국가에서나 가능한 다음 이야기를 처음 듣는 사람은 놀랄 것이라는 뜻인 것 같다.

b 것입니다. 하지만 가장 올바른 방법은 최선의 정체와 차선의 정체와
세 번째로 좋은 정체를 설명하고 나서 그중에서 선택하는 일을 국가
를 건설하는 책임을 맡은 사람에게 일임하는 것입니다. 그러니 우리도
지금 그런 방법에 따라 미덕에서 으뜸가는 정체를 설명하고, 이어서 버
금가는 정체를 설명하고 그다음에는 셋째 가는 정체를 설명하기로 합
시다. 이번에는 그 선택권을 클레이니아스님에게 맡기기로 합시다.
그러나 언젠가 그런 것 중에서 선택해야 할 경우, 자기 조국에서 마음
에 드는 것을 자기 기질에 따라 받아들이기를 원하는 다른 사람에게
도 맡기기로 합시다.

으뜸가는 국가와 으뜸가는 정체와 최선의 법률은 "친구들은 모든
c 것을 공유한다"[22]는 옛 속담이 온 나라에 되도록 광범위하게 효력을
갖는 곳에서 볼 수 있습니다. 처자(妻子)와 재산의 공유라는 상황이 오
늘날 실제로 어딘가에 존재하는지 아니면 앞으로 언젠가 존재할지 모
르겠지만, 아무튼 그런 국가에서는 '사유재산'이라는 개념은 생활의
모든 국면에서 완전히 사라질 것입니다. 그리고 눈, 귀, 손처럼 본성상
'내 것'인 것도 외견상 그것들이 모두 함께 보고 듣고 행동한다는 의미
에서 어떻게든 공동의 것이 되게 하려고 온갖 가능한 방안을 강구할
d 것입니다. 모든 사람이 같은 것을 즐거워하고 괴로워할 것이며, 그래서
모두가 이구동성으로 칭찬하고 비난할 것입니다. 간단히 말해 법률이
국가에 최대한의 통일성을 부여할 것입니다. 그러면 아무도 완전무결
한 법률에 대해 이보다 더 올바른 또는 더 나은 기준을 정하지 못할 것
입니다. 그런 나라에는 아마도 신이나 신의 자녀가 여러 명 살 것입니

다. 그러면 그런 규칙을 지키며 그곳에서 살아가는 삶은 정말 행복할 것 e
입니다. 따라서 사람들은 정체의 본보기를 더이상 찾을 필요 없이 이 국가에 주목하며 최대한 이 국가를 닮은 국가를 찾으려고 노력해야 합니다. 이것이 우리가 다루었던 정체인데, 만약 어떤 방법을 통해서 실현될 수만 있다면 이것은 불멸성에 아주 가까이 다가갈 것이며 두 번째로 가치 있는 것이 될 것입니다. 세 번째로 좋은 것은 신의 뜻이라면 우리가 나중에 설명할 것입니다. 지금 당장에는 두 번째로 좋은 국가는 어떤 것이며, 어떻게 해서 그런 국가가 생기는지 설명해야겠지요?

토지의 분배 (2)

그들은 먼저 토지와 집을 분배하되 공동으로 경작하면 안 됩니다. 740a
재산의 공유는 우리처럼 태어나 자라고 교육받은 사람들에게는 무리한 요구이니까요. 그러나 분배는 이런 의도로 시행되어야 합니다. 추첨에 의해 일정 넓이의 토지를 받은 사람은 누구나 그것을 국가 전체의 공유재산으로 여겨야 하며, 조국의 한 부분인 자기 토지를 자식들이 어머니를 돌보는 것 이상으로 돌봐야 합니다. 대지는 여신이며 인간의 여주인입니다. 그는 나라의 신들과 수호신들에 대해서도 같은 신념을 가져야 합니다.

22 『국가』 424a 참조.

인구수 (2)

b 이런 조치들이 구적으로 존속하려면 추가적인 조치가 필요합니다. 즉
우리가 정하는 화로의 수는 언제나 그대로 머물러야 하지 더 많아져
도 더 적어져도 안 됩니다. 각 나라가 이것을 담보할 수 있는 최선의 방
법은 다음과 같을 것입니다. 추첨에 의해 토지를 할당받은 사람은 언
제나 아들 가운데 가장 총애하는 아들 한 명을 집안의 상속자로 남겨,
그가 자기를 계승하여 아직 살아 있건 아니면 이미 세상을 떠났건 가
c 문과 나라의 신격화된 선조를 섬기게 해야 합니다. 다른 자식들이 여
러 명일 경우 딸은 우리가 나중에 제정하게 될 법률에 따라 출가시키
고, 아들들은 아들이 없는 시민에게 입양시키되, 되도록 개인적으로
호감이 가는 사람에게 보내야 합니다. 그러나 호감이 가는 사람이 없
거나 다른 가족도 아들이든 딸이든 식구가 너무 많거나 그와 반대로
d 불임으로 인해 식구가 너무 적을 수 있습니다. 그런 모든 경우에는 우
리가 임명할 가장 명예로운 최고 관리가 면밀히 검토한 뒤 넘치는 식구
와 모자라는 식구에 어떻게 대처할지 결정할 것이며, 언제나 5,040가
구를 유지하도록 최선을 다해 대책을 강구할 것입니다.

여러 대책이 있습니다. 아이가 너무 많이 태어나면 출산을 억제하
는 방법이 있고, 그런가 하면 다산을 촉진하고 장려하는 방법도 있습
e 니다. 또한 명예나 불명예에 의해서나, 노인이 젊은이에게 주는 충고에
의해서도 소기의 목적을 달성할 수 있습니다. 마지막으로 5,040가구
를 도저히 유지할 수 없고, 부부간의 애정을 바탕으로 인구수가 엄청
나게 늘어나 난처해질 경우에는 앞서 누차 언급한 바 있는 오래된 방

편이 있습니다. 보내는 사람들과 떠나는 사람들이 서로 의가 상하지
않게 적정 규모의 식민시로 이주민을 내보내는 것입니다. 그런가 하면
역병이나 홍수, 파괴적인 전쟁이 덮쳐 인구수가 정해진 수를 크게 밑 741a
돌 수 있는데, 그럴 경우에도 우리는 엉터리 교육을 받은 시민들을 자
진하여 받아들이면 안 됩니다. 하지만 사람들이 말하기를, 신도 필요
를 이길 수는 없다고 하지 않습니까.[23]

보유 토지는 양도할 수 없다

우리의 현재 논의가 말을 할 줄 알아 우리에게 이렇게 충고한다고 가
정해봅시다. "가장 훌륭한 친구들이여, 사실을 무시하고 해이해져서
수학이나 유용하고 생산적인 그 밖의 다른 학문에서 유사함과 동등
함과 동일함과 일치의 개념을 과소평가하지 마시오. 첫째, 여러분은 b
방금 말한 숫자를 평생토록 고수하시오. 또한 여러분이 처음에 합리
적인 것으로 할당받은 전체 재산의 상한선을 지키고 서로 보유 토지
를 사고팔지 마시오. 그러면 그것을 배분해준 신이나 다름없는 추첨
도 입법자도 여러분을 도와주지 않을 것이오. 이에 불복종하는 자에
게 법률은 두 가지를 경고하고 있소. 그대는 할당에 참가할 수도 있고 c
거부할 수도 있소. 그러나 일단 참가하면 다음 조건들을 지켜야 하오.
그대는 대지가 모든 신에게 바쳐진 신성한 것이라는 것과, 남녀 사제들

23 시모니데스(Simonides)의 것이라는 이 시행은 조금 변형되어 『프로타고라스』 345d에서도 인용되고 있다. 『법률』 818b도 참조.

이 첫 번째 제물을 바칠 때도 두 번째 제물을 바칠 때도 세 번째 제물을 바칠 때도 할당 토지나 집을 사거나 파는 자는 그 죄에 상응하는 벌을 받아야 한다는 취지의 기도를 올리는 것을 보았음을 인정해야 하오.

그대는 그 자세한 내용을 편백나무 조각에 새겨 후세 사람이 교훈
d 으로 삼도록 신전에 보관해야 하오. 그 밖에도 그대는 보는 눈이 가장 날카로워 보이는 관리를 임명하여 사람들이 법규를 지키는지 감시하게 해야 하오. 각종 위법 행위를 그대가 알게 되어 명령에 불복종하는 자는 법률과 신에 의해 벌받도록 말이오. 옛 속담에서 이르듯 적당히 조정만 하면 이런 법규를 지키는 것이 그것을 지키는 모든 국가에 얼마나 좋은 것인지 나쁜 사람은 그 누구도 모를 것이오. 그런 지식은 경
e 험과 좋은 습관의 산물이며, 그런 체제 아래서는 큰돈을 번다는 것이 불가능하고, 그래서 천한 방법으로 돈벌이하는 사람이 있어서도 안 되고 있을 수도 없기 때문이지요. 여러분도 아시다시피 수공(手工)은 자유민의 성격을 거칠고 비열하게 만듭니다. 그래서 어느 누구도 그런 방법으로 돈을 모으고 싶어하지 않을 것이오."

금전 소유

742a 이 모든 것과 밀접한 관계가 있는 또 다른 법률이 있습니다. 사인은 어느 누구도 금과 은을 소유하지 못하게 하는 것입니다. 그러나 일꾼이나 그런 종류의 꼭 필요한 구성원처럼 사실상 피할 수 없는 일상의 거래를 위해서는 화폐[24] 사용이 허용되어야 합니다. 돈을 받고 일하는 노예나 외국인에게 임금을 지불해야 하니까요. 이런 목적을 위해 그들

은 자기들 사이에서는 통용가치가 있지만 다른 사람들에게는 통용가치가 없는 화폐를 소유해야 한다는 데 우리는 동의합니다. 출정할 때나 사절단이나 공적인 용무로 외국을 여행할 때는 헬라스 공용 화폐 b
를 사용해야 합니다. 이런 목적을 위해 국가는 항상 헬라스 화폐를 소유하고 있어야 합니다. 사인이 외국에 나갈 필요가 있을 경우 먼저 당국의 허가를 받아야 하며, 외화를 남겨 귀국할 때는 국가에 예치하고 같은 가치의 국내 화폐로 교환해야 합니다. 누가 외화를 사사로이 소유하고 있다가 적발되면 그 돈은 국가가 환수해야 합니다. 누가 그런 줄 알고도 신고하지 않으면 반입자와 똑같이 저주를 받고 비난받아야 c
하며, 또한 반입한 외화보다 적지 않은 벌금을 물어야 합니다.

누가 결혼하거나 딸을 출가시킬 경우, 지참금은 일절 주지도 받지도 말아야 합니다. 또한 믿을 수 없는 사람에게는 돈을 맡기지 말아야 하며, 이자를 받고 돈을 빌려주어서도 안 됩니다. 빌리는 사람이 이자도 원금도 상환하기를 거부하는 것은 용납될 수 있기 때문입니다.

이런 것들이 국가가 추구할 최선의 정책이라는 것을 알 수 있는 가장 좋은 방법은 이것들을 기본 목표에 비추어 검토하는 것입니다. 단 d
언컨대, 지성을 지닌 정치가의 의도는 대중[25]이 훌륭한 입법자가 가져야 한다고 주장하는 그런 것이 아닙니다. 대중은 입법자가 자신의 호의로 입법하는 국가를 최대한 크고 부유하고, 금광과 은광을 보유하

24 nomisma.

25 hoi polloi.

며, 육지와 바다에서 최대한 많은 사람을 지배하게 만들어야 한다고 주장할 것입니다. 또한 대중은 올바른 입법자는 자신의 국가가 최대한 훌
e 륭하고 행복하기를 바라야 한다고 덧붙일 것입니다. 하지만 이런 요구 가운데 어떤 것은 실현될 수 있지만 어떤 것은 실현될 수 없습니다. 입법자는 가능한 것을 바라야지 공연히 불가능한 것을 바라거나 시도해서는 안 됩니다. 그러자면 시민들은 행복하면서 동시에 훌륭해야 할 텐데(입법자가 바라는 것도 그런 것이겠지요), 미덕과 거부(巨富)는 양립할 수 없습니다. 그것이 대중이 말하는 거부일 경우에는 말입니다. 대중은 억만금의 재산을 가진 소수를 거부라고 생각하는데, 그런 재산은 악당
743a 도 가질 수 있으니까요. 그러면 나는 부자가 훌륭하지 않고도 정말로 행복할 수 있다는 그들의 주장에 결코 동의하지 않을 것입니다. 남달리 훌륭하면서도 남달리 부유하다는 것은 불가능하니까요.

"왜죠?" 하고 누군가 물을 수 있겠지요. "왜냐하면" 하고 우리는 대답할 것입니다. "올바른 방법과 불의한 방법에 의한 이득은 단지 올바른 방법만에 의한 이득보다 두 배도 더 되는데, 고상하게든 수치스럽게든 돈을 쓰려고 하지 않는 이들이 지출하는 것은 고상한 목적에도 돈을 쓰기를 좋아하는 고상한 이들이 지출하는 것의 반밖에 안 되기 때
b 문이죠. 그래서 두 배나 벌면서 반밖에 지출하지 않는 사람보다 그와 반대로 행동하는 사람이 더 부자가 된다는 것은 불가능합니다.[26] 이 가운데 한쪽은 훌륭한 사람이고, 다른 쪽은 절약하는 한 나쁘지 않지만 경우에 따라서는[27] 악당입니다. 그래서 그는 우리가 앞서 말했듯이 결코 훌륭하지 못합니다. 올바른 방법과 불의한 방법으로 돈을 벌어

서 올바른 방법으로도 불의한 방법으로도 지출하지 않는 사람이 절약까지 하면 부자가 되지만, 대개 낭비벽이 심한 악당은 아주 가난하기 때문입니다. 고상한 목적에 돈을 쓰고 올바른 방법으로만 돈을 버는 사람은 특출한 부자가 되기도, 찢어지게 가난하기도 쉽지 않습니다. 따라서 거부들은 훌륭한 사람이 아니라는 우리의 주장은 옳으며, 훌륭하지 못하다면 그들은 행복하지도 못합니다. c

우리 입법의 기본 목표는 시민들이 최대한 화목한 가운데 가장 행복하게 사는 것입니다.[28] 하지만 서로 간에 송사가 잦고 불법행위가 빈발하는 곳이 아니라 그런 것들이 사소하고 드문 곳이라야 시민들이 서로 친구가 될 수 있습니다. 그래서 우리는 국가에는 금도 은도 있어서는 안 되고 천한 수공이나 이자 놀이나 뚜쟁이질에 의한 큰 돈벌이도 있어서는 안 된다고 주장하는 것입니다. 시민들의 부는 농산물 생산에 국한하되 그것도 돈을 버느라 돈을 버는 목적에 소홀해지지 않는 범위 내에서 그렇게 해야 합니다. 그런 목적은 혼과 몸을 돌보는 일 d

26 A(훌륭한 사람)는 올바른 방법으로 3백만 원을 벌어 그중 1백만 원을 생필품 구입에 1백만 원을 고상한 목적에 지출하니 1백만 원이 남는다. B(훌륭하지 못한 사람)는 올바른 방법과 불의한 방법으로 6백만 원을 벌어 그중 1백만 원을 생필품 구입에 지출하고 고상한 목적에는 한 푼도 지출하지 않으니 5백만 원이 남는다. 세 번째 유형(C)은 B보다 더 나쁜데 불의하게 벌어서 불의하게 지출하기 때문이다. 유형 A는 어째서 훌륭한 사람이 아주 부유하지도 않고 아주 가난하지도 않은지, 유형 B는 어째서 나쁜 사람이 아주 부유한지, 유형 C는 어째서 나쁜 사람이 아주 가난한지 말해준다.

27 불의한 방법으로 돈을 벌 때를 말한다.

28 693b, 701d 참조.

e 인데, 혼과 몸은 체육과 여타 교육 없이는 언급할 가치가 없습니다. 그
래서 우리는 돈을 보살피는 일은 맨 꼴찌로 존중되어야 한다고 누차 말
했습니다. 모든 사람이 진지하게 관심을 갖는 것은 모두 세 가지인데,
제대로 방향을 잡는다면 돈에 대한 관심이 세 번째이자 마지막이고,
몸에 대한 관심이 두 번째이고, 혼에 대한 관심이 으뜸가기 때문입니다.
우리가 다루는 정체에서 이런 가치 서열이 통용된다면 그것의 입법은
744a 올바른 것입니다. 그러나 그곳에서 제정된 법률 가운데 어떤 것이 국가
안에서 절제보다는 건강을, 건강과 절제보다는 부를 우선시하는 것으
로 밝혀진다면 그것은 분명 잘못 제정된 것입니다. 그래서 입법자는 자
꾸 자문해봐야 합니다. '내가 원하는 것이 무엇인가?' '나는 이것으로
성공했는가, 아니면 과녁을 빗맞혔는가?' 그러면 입법자는 입법 작업
을 스스로 성공적으로 완수하고 다른 사람들을 그 작업에서 벗어나게
하겠지만, 다른 방법으로는 결코 성공하지 못할 것입니다.

네 가지 재산등급

단언컨대, 추첨에 의해 토지를 할당받은 사람은 우리가 말한 그런 조
b 건들로[29] 소유해야 합니다. 식민시로 이주할 때 개개인이 다른 것도 똑
같이 소유한다면 그야 물론 좋은 일이겠지요. 하지만 그것은 불가능하
고, 어떤 사람들은 상대적으로 많은 재산을 갖고, 다른 사람들은 상대
적으로 적은 재산을 갖고 도착할 것입니다. 그래서 여러 이유에서, 특
히 공적인 생활에서의 기회균등 때문에 재산 평가 기준은 동등하지
않아야 합니다. 관직과 과세와 분배가 시민 개개인의 가치에 의해 조

정되기 위해서는 말이지요. 시민 각자의 가치를 평가할 때는 그의 개인
적인 미덕 또는 그의 선조의 미덕이나 체력 또는 잘생긴 외모, 부나 가 c
난을 대하는 태도까지 고려해야 합니다. 간단히 말해 분쟁을 피하기 위
해 시민들은 '비례적 불균등'[30]에 근거해 되도록 평등하게 평가받고 관
직을 부여받아야 합니다. 그래서 1등급, 2등급, 3등급, 4등급 또는 그
밖의 어떤 이름으로 불리든 재산은 규모에 따라 네 등급으로 나누어
야 합니다. 시민들은 원래 등급에 머물 수도 있고, 가난했다가 부자가 d
되거나 부자였다가 가난해지면 그에 합당한 등급으로 이동하겠지요.

이 모든 점을 고려하여 나는 다음과 같은 법안을 통과시키려 합니
다. 국가가 내란이라는 표현보다는 해체라는 표현이 더 적합할 가장
위험한 역병에 걸리는 것을 막기 위해서는 일부 시민이 극빈자가 되거
나 거부가 되게 내버려두어서는 안 됩니다. 양쪽 모두 저 두 재앙을 초
래하기 때문입니다.[31] 그래서 입법자는 부와 가난의 한도를 공표해야
합니다. 가난의 하한선은 할당 토지의 지가(地價)여야 합니다. 할당 토 e
지는 불변해야 하며 관리나 미덕에 야망이 있는 다른 사람은 누구의
할당 토지든 줄어드는 것을 간과해서는 안 됩니다. 입법자는 할당 토
지를 척도로 삼아 한 사람이 그 가치의 두 배, 세 배, 네 배까지 소유하
는 것을 허용할 것입니다. 누가 발견하거나 증여받거나 사업이 번창하

29 740a~741e 참조.

30 이에 관해서는 757 참조.

31 728e~729a 참조.

745a 거나 운이 좋아 허용된 것 이상이 생기거나 하여 그 이상을 취득하는
경우, 그 초과분을 국가와 국가의 수호신들에게 바치면 명망도 높이지
고 벌도 받지 않을 것입니다. 그러나 누가 이 법을 어길 경우, 누구든 원
하는 사람이 신고하여 초과분의 절반을 포상금으로 받고 나머지 절
반은 신들에게 귀속시켜야 하며, 유죄 판결을 받은 사람은 초과분에
맞먹는 벌금을 자기 재산에서 내야 합니다. 할당 토지 외에 각자가 소
유하고 있는 재산은 공적인 등기부에 등재해 국가가 임명한 문서 보관
b 담당관에게 맡겨야 합니다. 사실들이 명백한 만큼 금전 문제로 인한
모든 송사가 원활하게 진행될 수 있도록 말입니다.

국가의 행정 단위

그다음으로 입법자가 해야 할 일은 도성을 되도록 나라의 중앙에 건설
하는 것입니다. 이때 입법자는 도시가 요구하는 다른 편리한 점까지 갖
춘 곳을 골라야 하는데, 그런 것은 쉽게 알 수 있고 열거할 수 있습니다.
그런 다음 입법자는 나라를 12부분으로 나누되, 먼저 헤스티아[32]와 제
우스와 아테나의 신전을 세우고 나서 이를 아크로폴리스[33]라 이름 붙
c 이고 성벽을 둘러야 합니다. 그러고 나서 그는 아크로폴리스를 기점으
로 도성과 온 나라를 방사상(放射狀)으로 12부분으로 나눌 것인데, 이
12부분은 토양이 비옥한 곳은 더 작고 토양이 척박한 곳은 더 크다는
점에서 똑같아야 합니다. 입법자는 또 할당 토지를 5,040개로 나누고
이를 다시 둘로 나누어, 각각의 할당 토지가 두 부분, 즉 도심에 가까
운 부분과 변경에 가까운 부분으로 이루어지게 해야 합니다. 도심에

가장 가까운 부분은 변경에 가장 가까운 부분과, 도심에 두 번째로 가
까운 부분은 변경에 두 번째로 가까운 부분과 짝을 이루는 식으로 말 d
입니다. 입법자는 이들 두 부분에 대해 방금 토양의 비옥함과 척박함
에 관해 언급한 방책을 써서 그 크기에 변화를 주면서 그것들을 균등
하게 만들어야 합니다. 또한 시민들도 12부분으로 나누고 할당 토지
외의 다른 재산도 최대한 균등하게 배분하고 나서 포괄적인 명세서를
작성합니다. 마지막으로 12신에게 12할당 토지를 정해 바치고 봉헌하
며 각 부분에 할당받은 신의 이름을 붙이되 그것을 '부족'[34]이라고 불 e
러야 합니다. 또한 그들은 도성도 나라의 나머지 부분과 같은 방법으
로 나누어야 합니다. 그리고 시민은 저마다 국가의 중심부와 가까운
곳에 한 채, 변경 가까이에 한 채 이렇게 집을 두 채씩 가져야 합니다.
이상으로 이주 작업이 끝난 걸로 합시다.

이론은 현실에 맞게 수정되어야 한다

여기서 우리가 명심해야 할 것이 하나 있습니다. 이런 청사진은 모든
세부 사항이 계획대로 정확하게 실현될 만큼 유리한 환경을 만날 법하
지 않다는 것입니다. 그것은 그와 같은 공동생활에 불만이 없으며, 평 746a

32 Hestia. 화로의 여신. 올륌포스의 12신에 포함되지만 어떤 명단에서는 그녀 대신 주신(酒神) 디오뉘소스가 포함된다.

33 akropolis. '도시에서 가장 높은 곳'이란 뜻으로 문맥에 따라 '성채'로 옮길 수도 있다.

34 phyle.

생을 얼마 안 되는 정해진 재물로 살아가고, 각자에게 정해준 출산정
책을 받아들이는 사람들을 전제로 합니다. 그런데 과연 사람들이 재
물과, 우리가 방금 말한 여러 이유에서 입법자가 금지 항목에 추가할
것이 분명한 것들을 빼앗기고도 묵묵히 참을까요? 더군다나 도성은
중앙에 있고 집들은 그 주위로 사방에 배치되어야 한다는 입법자의
설명은 그야말로 꿈같은 이야기거나 밀랍으로 국가와 시민의 모형을
만든 것일 수도 있습니다.

b 이런 이의 제기에도 일리가 있는 만큼, 입법자는 그것을 다음과 같
이 재고해야 합니다. 그러니까 입법자가 우리에게 다시 이렇게 말합니
다. "친구들이여, 우리의 이 담론을 진행하며 내가 지금의 이의 제기에
도 일리가 있다는 것을 간과했을 것이라고 생각하지 마시오. 하지만
나는 미래를 위해 계획을 세울 때는 언제나 그 계획이 어떻게 실현될
것인지 본보기를 제시하는 사람은 가장 고상하고 가장 참된 것은 하
c 나도 생략하지 않는 것이 옳다고 생각합니다. 그러나 이런 것들이 실현
될 수 없다 싶은 사람은 그것들을 한쪽으로 제쳐두고 시도하지 말고,
대신 나머지 대안 가운데 그것에 가장 가깝고 그의 정책에 본성적으
로 가장 유사한 것을 실현하려고 해야 합니다. 하지만 그는 입법자가
자기 의도를 끝까지 설명하게 해야 하며, 끝까지 설명한 뒤에는 입법자
와 함께 입법자의 입법 제안 가운데 어떤 것이 유익하고 어떤 것이 너
d 무 어려운지 검토해야 합니다. 가장 보잘것없는 품목을 만들어내는
장인이라도 명망을 얻사면 일관되게 제품을 만들어야 하기 때문입니
다."[35]

산술의 이점

시민들을 12부분으로 나누기로 결정했으니 이제 우리는 스스로 수없
이 나뉠 수 있는 12부분이 저마다 어떻게 해서 분명히 다시 나뉘며, 이
어서 다시 나뉜 것들이 어떻게 해서 5,040에 이를 때까지 계속해서 나
뉘는지[36] 알아야 합니다. 이런 수학적인 얼개에서 씨족과 구역과 마을
[37]이 생겨나고, 군편제와 행군 대열과 화폐 단위와 고체나 액체를 재는 e
척도와 저울이 생겨났습니다. 법률은 적정 비율을 유지하고 서로 조
화를 이루도록 이런 세부 사항들을 모두 조정해야 합니다. 그뿐 아니
라 입법자는 좀스럽게 보일까 두려워하지 말고, 규격에 맞지 않는 도
구는 무엇이든 시민들이 갖지 못하게 해야 합니다. 입법자가 보편적인 747a
원칙으로 인정해야 할 것은 수의 나눔과 변화는 수에 내재하는 것도
평면과 입체와 소리와 상하운동과 회전운동에 내재하는 것도 모든 분
야에 유용하다는 것입니다.

입법자는 이 모든 점에 주목하며 최대한 이 수학적인 체계를 고수하
라고 명령해야 합니다. 가정 살림을 위해서든 정체를 위해서든 모든 전 b
문 기술을 위해서든 아이들을 위한 어떤 교과목도 산술 공부만큼 큰
영향을 미치는 것은 없습니다. 그러나 산술 공부의 가장 큰 이점은 꾸

35 입법자는 언제나 이상적인 것을 추구해야지 같은 기획에서 이상적인 것과 차선의 것을 섞으면 안 된다는 뜻이다.

36 5,040을 12부족으로 나누면 각 부족은 420가구가 된다. 420은 다시 1, 2, 3, 4, 5, 6, 7, 10, 12, 14, 15, 20, 21, 28, 30 등으로 나뉠 수 있다.

37 phratria, demos, kome.

벅꾸벅 조는 무식꾼을 깨우고 쉬 배우게 하고 기억력이 좋게 하고 총명하게 만들어, 그가 이 신적인 기술에 힘입어 타고난 능력 이상으로 발전하게 된다는 것입니다. 이들 지식은 훌륭하고 적절한 교과목이 될 것입니다. 만약 이들 지식을 충분히 익혀 이득을 보게 될 사람들의 혼
c 에서 다른 법률과 관행들에 의해 쩨쩨함과 탐욕을 제거할 수만 있다면 말입니다. 그러지 못하면 부지불식간에 지혜로운 사람 대신 교활한 인간을 만들어낼 것입니다. 우리는 오늘날 아이귑토스인들과 포이니케[38]인들과 자유민답지 못한 마음으로 부와 인생에 접근하는 그 밖의 수많은 다른 민족에게 그런 일이 일어난 것을 볼 수 있습니다. 그렇
d 게 된 것은 그들의 입법자가 무능하거나 운이 나빴기 때문일 수도 있고, 아니면 자연의 영향으로 그렇게 되었을 수도 있습니다.

기후의 영향

메길로스님과 클레이니아스님, 우리는 지역에도 차이가 있어 어떤 지역은 더 나은 사람들을 낳지만 어떤 지역은 더 못한 사람들을 낳는다는 것을 간과해서는 안 됩니다. 따라서 입법할 때는 이런 사실을 무시해서는 안 됩니다. 어떤 지역은 여러 가지 바람과 열기 때문에 적합하거나 부적합하고, 다른 지역은 수질 때문에 적합하거나 부적합합니다. 또 어떤 경우에는 땅에서 나는 먹을거리가 몸이나 혼에 영양분을
e 공급하거나 독이 될 수도 있습니다. 하지만 최상의 지역은 하늘에서 미풍이 불고 수호신들이 자신들의 거처로 삼는 곳으로서, 그때그때 이주해와서 정착하는 사람들을 선선히 반기기도 하고 그렇지 않기도 하

지요. 지각 있는 입법자라면 이런 영향들을 인간으로서 가능한 한 세심하게 검토해본 후에 이런 영향들에 적합한 법률을 제정하려 할 것입니다. 클레이니아스님, 그대도 그렇게 해야 합니다. 그대가 식민시를 개척하려 한다면 맨 먼저 이런 일들에 전념해야 합니다.

클레이니아스 아테나이에서 오신 손님, 참으로 좋은 말씀을 해주셨습니다. 나는 당연히 말씀해주신 대로 시행해야겠지요.

38 Phoinike. 페니키아.

제 6권

제 10부 관리의 임명

최고위직 관리를 임명할 때의 문제점

751a **아테나이인** 내가 지금까지 말한 것들 다음으로 그대가 해야 할 일은 국가를 위해 관리들을 임명하는 것입니다.

클레이니아스 아닌 게 아니라 그럴 것 같습니다.

아테나이인 정체의 구성에는 두 단계가 포함됩니다. 첫째 단계는 관직을 정하고 그 관직을 맡을 사람들을 임명하는 것입니다. 말하자면 얼마나 많은 관직이 있어야 하며, 관리들은 어떻게 충원해야 하는지 결정해야 합니다. 그러고 나서 각각의 관직에 고유한 법률을 정해주어
b 야 합니다. 말하자면 각각의 관직에는 어떤 법률이 적합하며 그 수는 얼마여야 하고 어떤 유형의 것이어야 하는지 결정해야 합니다. 하지만 관직을 선택하기 전에 잠시 중단하고 관직의 선택과 관련 있는 원칙을 정해둡시다.

클레이니아스 그게 뭐죠?

아테나이인 이런 것입니다. 누구나 다 알겠지만, 입법은 중요한 일이기

는 하나 잘 구성된 국가가 무능한 관리를 시켜 잘 제정된 법률을 관리
하게 한다면 좋은 법률도 쓸모없어지고 심한 웃음거리가 될뿐더러 법 c
률 자체가 국가에 엄청난 해악과 위험을 안겨줄 것입니다.

클레이니아스 왜 아니겠습니까?

아테나이인 친구여, 그러면 우리는 그대가 지금 구상하는 국가와 정체
에 그럴 위험이 도사린다는 것을 알아야 합니다. 그대도 보다시피 첫째,
후보자들이 통치 권력에 정당하게 진출하려면 그들의 성격과 출신 성
분을 어릴 적부터 선발 시점에 이르기까지 충분히 검증해야 합니다. 둘 d
째, 선발할 사람들은 법을 준수하는 습관 속에서 성장하여 정당한 이
유에서 후보자들을 받아들이거나 받아들이지 않고, 공과에 따라 선
발하거나 거부할 수 있어야 합니다. 하지만 지금 우리가 다루는 사람들
은 얼마 전에 한데 모여 서로 알지도 못하고 교육도 받지 못했는데, 그런
그들이 어떻게 실수하지 않고 제대로 관리를 선발할 수 있겠습니까?

클레이니아스 그건 사실상 불가능할 것입니다.

아테나이인 하지만 "일단 경기에 참가하면 핑계는 없다"[1] 는 말도 있지
않습니까. 그것이 지금 우리의 처지입니다. 그대는 그대 말처럼[2] 아홉 e
동료와 함께 나라를 세우는 일에 열성을 다하겠다고 크레테인들에게
약속했고, 나는 또 지금 내가 이야기하는 밑그림으로 그대를 돕겠다 752a
고 약속했으니까요. 일단 시작한 이상 내 이야기를 머리가 없는 상태

1 일단 경기에 참가하면 기권해서는 안 된다는 뜻이다.

2 702c 참조.

로 남겨두고 싶지 않습니다. 그게 그런 상태로 사방을 돌아다닌다면 꼴불견일 테니까요.

클레이니아스 참으로 좋은 지적을 해주셨습니다, 손님.

아테나이인 그뿐만 아니라, 나는 최선을 다해 그렇게 할 것입니다.

클레이니아스 그러면 무조건 우리가 계획한 대로 합시다.

아테나이인 그렇게 해야지요. 그게 신의 뜻이고, 우리가 그렇게 오랫동안 나이를 이길 수 있다면,

b **클레이니아스** 그건 아마도 신의 뜻이겠지요.

아테나이인 물론이지요. 그러니 신의 뜻을 따르되 이 점을 명심합시다.

클레이니아스 그게 뭐죠?

아테나이인 우리가 지금 국가를 건설하는 방식이 매우 대담하고 무모하다는 것 말입니다.

클레이니아스 정확히 무엇을 염두에 두고 그런 말씀을 하시는지요?

아테나이인 지금 입법된 법률을 그런 법률을 경험해보지 않은 사람들이 받아들일지 어떨지 고려하지 않고 우리는 망설임 없이 입법하고 있다는 것입니다. 클레이니아스님, 그들이 처음에는 그중 어떤 것도 쉽
c 게 받아들이려 하지 않을 것이라는 정도는 매우 지혜로운 사람이 아니더라도 누구나 알 수 있습니다. 가장 좋은 방법은 사람들이 어릴 때 그 법률을 맛보는 것을 볼 수 있을 만큼 우리가 현지에 오래 머무르는 것이겠지요. 그 뒤 그들이 성장하여 법률에 충분히 익숙해지면 국가의 모든 공식자 선출에 참가할 수 있습니다. 어떤 방법이나 수단에 의해서든 그렇게 될 수만 있다면, 그런 수업 과정을 마친 국가는 튼튼하

기가 반석 같을 것이라고 나는 확신합니다.

클레이니아스 일리 있는 말씀입니다. d

법률 수호자의 선출

아테나이인 그러면 우리가 이렇게 하면 그런 목적을 달성할 수단을 발
견할 수 있을지 살펴보기로 합시다. 클레이니아스님, 나는 모든 크레
테인 중에서 크노소스인들에게는 특별한 의무가 있다고 주장합니다.
그들은 여러분이 이주할 땅에 대한 종교적인 의무를 다하는 것만으로
만족해서는 안 됩니다. 그들은 또한 으뜸가는 관리가 가장 안전하고
훌륭한 방법으로 임명되도록 혼신의 노력을 다해야 합니다. 다른 관 e
리를 선출하는 일에는 덜 신경 써도 되지만, 무엇보다도 법률 수호자
를 선출하는 일에는 반드시 열성을 다해야 합니다.

클레이니아스 그런 목적을 달성할 수 있는 어떤 합리적인 방법을 찾아
낼 수 있을까요?

아테나이인 이런 방법이 있지요. "크레테인들의 아들들이여, 크노소스
인들은 그들의 도시가 여러분의 수많은 도시 중에서 탁월하므로 얼마
전에 도착한 이주민과 협력하여 모두 37명을 선출하되, 이주민 중에서
19명을 뽑고 나머지는 크노소스 자체에서 뽑아야 한다고 나는 주장합
니다." 크노소스인들은 이들을 그대의 나라에 맡겨야 하며, 그대를 식 753a
민시의 시민으로 만들어 18명에 포함시켜야 합니다. 그대의 동의를 받
거나, 아니면 적당히 압력을 가해서 말입니다.

클레이니아스 그런데 손님, 그대와 메길로스님은 왜 우리 나라를 다스

리는 일에 참여하지 않는 거죠?
아테나이인 클레이니아스님, 아테나이는 통이 크고, 스파르테도 마찬
가지입니다. 게다가 두 나라는 멀리 떨어져 있습니다. 그러나 그대에게
는 이런 정체가 모든 점에서 적합하며, 방금 그대에 관해 말한 것은 다
b 른 이주민에게도 적용될 수 있습니다. 그렇다면 우리의 현재 상황에는
어떻게 대처해야 하는지 이미 설명한 것으로 칩시다.

하지만 세월이 가고 정체가 존속하면 이들 관리는 대략 다음과 같이
선출되어야 합니다. 기병이나 보병으로 복무하고 나이와 힘이 허용하
는 한 전장에서 싸운 사람은 모두 관리 선출에 참가해야 합니다. 선거
c 는 국가가 가장 존중하는 신전에서 진행되어야 합니다. 그리고 각자는
투표하고 싶은 후보자의 이름과 그의 아버지의 이름과 그가 속하는 부
족과 구역을 적은 작은 서판(書板)을 신의 제단에 갖다놓되 자신의 이
름과 인적사항도 그 옆에 적어야 합니다. 그로부터 30일 안에는 원하는
사람은 누구든 서판에 적힌 것이 마음에 들지 않을 경우, 시장[3]에 전시
하는 것이 허용됩니다. 그 뒤 관리들은 위에서부터 300명 안에 든다고
d 판단되는 이름이 적힌 서판들을 온 나라에 공시해야 합니다. 이 명단에
근거하여 투표자들은 그들의 인적사항을 다시 적어야 하며, 그중 두 번
째로 위에서부터 100명 안에 드는 이름들을 지난번처럼 공시해야 합
니다. 세 번째에는 원하는 사람은 누구든 제물로 바친 토막 낸 가축들
사이를 통과하며 이들 100명 중에서 마음에 드는 사람에게 투표합니
다. 검표 과정을 거친 뒤 최다득표를 한 37명을 당선자로 공표합니다.

e 그런데 클레이니아스님과 메길로스님, 어떤 사람들이 우리 나라에

서 관리와 그들의 심사에 관한 이 모든 일을 조정해야 합니까? 우리는
이처럼 처음 구성되는 국가에서는 그런 사람들이 있어야 한다는 것을
알지만, 관리가 임명되기 전에 그런 사람들이 과연 있을 수 있을까요?
하지만 그런 사람들은 어떻게든 있어야 하며, 그뿐만 아니라 그들은
보잘것없는 자들이 아니라 가장 우수한 사람들이어야 합니다. 속담처
럼 시작이 전체의 반이며, 좋은 시작은 누구나 칭찬하니까요. 하지만 754a
내가 보기에, 좋은 시작은 반 이상이며, 어느 누구도 이를 충분히 칭찬
한 적이 없습니다.

클레이니아스 참으로 지당한 말씀입니다.

아테나이인 우리가 좋은 시작의 가치를 인정하는 만큼 이 문제를 논의하지도 않고 지나칠 것이 아니라, 어떻게 해야 좋은 시작을 할 수 있는지 명확히 하도록 합시다. 하지만 나는 당면 과제와 관련하여 필요하고 유익한 한 가지 제안을 하는 것말고는 아무런 조언도 해줄 수 없습니다.

클레이니아스 그게 무엇인가요?

아테나이인 우리가 세우려고 하는 이 나라는 그것을 세우는 나라말고
는 말하자면 아버지도 없고 어머니도 없습니다. 물론 나는 새로 세워 b
진 많은 나라가 그 나라를 세운 본국과 종종 사이가 나빠졌고 앞으로
도 그럴 것이라는 것을 모르는 바 아닙니다. 하지만 지금은 아이를 상
대하는 것과 같습니다. 아이는 언젠가는 부모와 사이가 나빠지겠지만

3 agora.

지금은 어려서 의지할 데 없는지라 아이는 부모를 사랑하고 부모는 아
이를 사랑합니다. 또한 아이는 언제나 가족한테 되돌아가고, 친족들이
자신의 유일한 동맹군임을 발견합니다. 그처럼 크노소스가 새 국가의
c 보호자 노릇을 하는 만큼 크노소스인들은 새 국가에게, 새 국가는 크
노소스인들에게 자연스레 그런 감정을 느낄 것입니다. 훌륭한 말은 두
번 말해도 해로울 것이 없는지라 나는 방금 한 말[4]을 되풀이하거니와,
크노소스인들은 새로 도착한 이주민과 공동으로 이 모든 일을 처리해
야 하며 그러기 위해서는 이주민 중에서 되도록 가장 연로하고 가장 훌
륭한 남자 100명 이상을 뽑아야 합니다. 크노소스인 중에서도 또 100명
d 이 있어야 합니다. 이들은 새 국가에 가서 관리가 법률에 따라 임명되
고 임명된 다음에는 심사받도록 함께 보살펴야 한다고 나는 주장합니
다. 이런 일이 끝나고 나면 크노소스인들은 크노소스에서 살고, 새 국
가는 자력으로 대책을 강구하고 번영을 누리기 위해 노력해야 합니다.

법률 수호자의 의무와 임기, 재산 등록

37인 위원회에 속하는 사람들[5]은 지금 여기서도 그렇거니와 앞으로
도 항구적으로 다음과 같은 의무를 수행하도록 선출된 것입니다. 첫
째, 그들은 법률 수호자[6] 노릇을 해야 합니다. 둘째, 그들은 각자가 관
리에게 자신의 전 재산을 적어낸 문서를 관리해야 합니다. 최고의 재
e 산등급에 속하는 사람은 400드라크메[7], 2등급에 속하는 사람은 300
드라크메, 3등급에 속하는 사람은 200드라크메, 4등급에 속하는 사람
은 100드라크메까지는 신고하지 않아도 됩니다. 누가 등록된 것 이상

의 재산을 갖고 있는 것으로 밝혀지면 초과분은 모두 국가의 것으로 해야 합니다. 게다가 원하는 사람은 누구든 그런 사람을 고발할 수 있는데, 이익을 얻고자 법을 무시했다는 이유로 유죄 판결을 받는다면 이는 아름답거나 자랑스럽기는커녕 창피할 것입니다. 따라서 원하는 사람은 누구든 부끄러운 방법으로 이익을 챙기려 했다는 이유로 그런
사람을 법률 수호자의 법정에 고발해야 합니다. 피고인이 유죄 판결을 755a
받으면 국가의 공공 재산에서 배제되어야 하며, 국가에서 무엇을 분배할 때 아무것도 분배받지 못하게 해야 합니다. 처음에 추첨에 의해 할당받은 토지 외에는 말입니다. 또한 그가 살아 있는 동안, 원하는 사람은 누구든 열람할 수 있는 곳에 그의 범죄 사실이 기록되어야 합니다.

법률 수호자는 20년 이상 관직에 있어서는 안 되고, 선출될 때는 50세가 넘어야 하며, 60세에 선출된 사람은 10년 동안만 관직에 있어야
합니다. 같은 논리에 따라 70세를 넘은 사람은 이런 위원회 같은 요직 b
을 맡겠다고 기대해서는 안 됩니다.

이상이 법률 수호자가 져야 할 세 가지 의무입니다.[8] 그러나 법전이 더 확대되면, 새 법률마다 이미 언급한 것들 외에 이 위원회에 속하는

4 752d 참조.

5 752a.

6 nomophylax.

7 드라크메(drachme)는 고대 그리스의 화폐 단위로 1드라크메는 6오볼로스(obolos)이고, 100드라크메는 1므나(mna)이며, 60므나는 1탈란톤(talanton)이다.

8 첫째 법률의 수호, 둘째 재산 신고 문서 관리, 셋째 부정 축재자의 심판.

사람들이 또 무엇을 해야 하는지 지시할 것입니다. 지금은 다른 관리의 선출에 관해 차례차례 논하기로 합시다.

군관

c 그다음으로 우리는 장군[9]과 전시에 이들을 보좌할 군관(軍官), 즉 기병대장[10]과 부족별 지휘관[11]과 부족별 보병 파견부대장을 뽑아야 하니까요. 이들 부족별 보병 파견부대장은 파견대장[12]이라고 부르는 것이 편리할 것이며, 실제로 대부분의 사람은 그들을 그렇게 부릅니다.

장군

법률 수호자는 시민 중에서 장군 후보자의 명단을 작성해야 하며, 그러려면 적령기에 군복무를 마쳤거나 복무 중인 모든 사람이 후보자
d 명단에서 장군을 선출해야 합니다. 하지만 누가 후보자 명단에 없는 사람이 명단에 있는 사람보다 더 낫다고 생각하면, 누구 대신에 누구를 추천하는지 이름을 말하고 나서 맹세를 하며 대체 후보자를 추천해야 합니다. 둘 중 어느 쪽이든 거수가결로 결정되는 쪽이 후보자 명단에 올라야 합니다. 거수가결로 최다득표를 한 3인의 후보자가 장군이 되어 법률 수호자와 똑같은 방법으로 심사를 받은 뒤 전쟁에 관련된 업무를 감독해야 합니다.

파견대장

e 선출된 장군은 나름대로 각 부족에 1명씩 모두 12인의 파견대장 후보

자 명단을 작성해야 합니다. 이들의 경우에도 대체 후보 추천과 거수가결, 심사는 장군의 경우와 똑같은 방법으로 진행되어야 합니다.

각종 선거

지금은 평의회[13]와 운영위원이 선출되기 전이므로 법률 수호자가 최
대한 신성하고 널찍한 장소에 이러한 선거 모임을 소집하되, 중무장보
병과 기병과 마지막으로 다른 부대원을 따로따로 앉혀야 합니다. 장군
과 기병대장은 참석자 전원이 거수가결로 선출하고, 파견대장은 방패 756a
병이, 부족별 지휘관은 기병대 전체가 선출해야 합니다. 경무장보병과
궁수와 다른 부대원의 지휘관은 장군이 알아서 임명해야 합니다.

기병대장

아직 기병대장을 임명하는 일이 남아 있습니다. 장군 후보자 명단을
작성한 그 사람들이 기병대장 후보자 명단을 작성해야 하며, 그들의
선출과 대체 후보 추천도 똑같은 방법으로 진행되어야 합니다. 기병대 b
장은 보병이 지켜보는 가운데 기병대가 거수가결로 선출해야 하며, 최

9 strategos.
10 hipparchos.
11 phylarchos.
12 taxiarchos.
13 boule.

다득표를 한 두 후보자가 전체 기병대를 지휘해야 합니다. 투표에 대한 이의 제기는 두 번까지 허용되며, 누가 세 번째로 이의 제기를 하면 투표 집계인들이 거수가결로 자기들끼리 결정해야 합니다.

평의회 구성원의 선출

평의회는 그 구성원이 12의 30배여야 합니다. 360은 나누기 편리한 수
c 이기 때문입니다. 전체를 4로 나눈, 90은 곧 각 재산등급에서 선출될
구성원의 수가 될 것입니다. 첫 번째 투표는 최고 재산등급 출신의 구
성원을 뽑는 것인데, 이 투표에는 모두가 참가해야 하며 이에 불복하
는 자는 정해진 벌금을 물어야 합니다. 임명 절차가 완료되면 누군가
선출된 후보자들의 이름을 등록할 것입니다.

그다음 날 그들은 전과 똑같은 절차에 따라 두 번째 재산등급 출신 구성원을 임명합니다.

셋째 날에는 원하는 사람은 누구든 세 번째 등급 출신 후보자들에
d 게 투표할 수 있습니다. 그러나 상위 세 등급에 속하는 시민들은 의무
적으로 투표해야 하지만, 네 번째이자 최하위 재산등급에 속하는 사
람은 투표하지 않더라도 벌금을 물지 않습니다.

넷째 날에는 모두가 네 번째이자 최하위 등급 출신 후보자들에게
투표해야 합니다. 세 번째 등급과 네 번째 등급에 속하는 사람은 투표
하지 않더라도 벌금을 물지 않지만 두 번째 등급과 첫 번째 등급에 속
하는 사람은 투표하지 않으면 벌금을 물어야 하는데, 두 번째 등급에
e 속하는 사람은 기본 벌금의 세 배를, 첫 번째 등급에 속하는 사람은 그

네 배를 물어야 합니다.

다섯째 날에는 관리들이 등록된 이름을 모든 시민에게 알리고, 이 명단에 근거하여 각자는 투표하거나 아니면 기본 벌금을 물어야 합니다. 각 재산등급에서 180명을 선출한 뒤 마지막으로 이 가운데 반을 추첨으로 뽑습니다. 그러면 이들이 심사를 받은 뒤 그 해의 평의회를 구성할 것입니다.

평등의 개념

이러한 선거제도는 군주정체와 민주정체의 중용을 지킬 것인데, 정체는 언제나 바로 이런 중용을 추구해야 합니다. 주인과 노예는 설령 지 757a
위가 같아진다 하더라도 결코 친구가 될 수 없기 때문입니다. 정직한 사람과 악당 사이의 관계도 마찬가지입니다. 만인에 대한 무차별적인 평등은 결과적으로 불평등이 되고, 이런 상황은 둘 다 나라를 내분으로 가득 채울 것입니다. "평등[14]이 우정을 낳는다"는 옛말은 참되며 옳고 적절하지만, 어떤 종류의 평등이 그렇게 할 수 있느냐 하는 것은 명확하지 않기에 어려운 문제가 아닐 수 없습니다. 이름은 같지만 사실 b
은 많은 점에서 서로 상반되는 두 가지 평등이 존재하기 때문입니다. 첫 번째 종류의 평등, 즉 척도와 무게와 수에 따른 평등은 국가나 입법자의 소관입니다. 말하자면 추첨으로 똑같이 분배하면 됩니다. 그러

14 isotes.

나 가장 참되고 훌륭한 평등은 누구나 쉽게 볼 수 있는 것이 아닙니다.
거기에는 제우스의 판단력이 필요합니다. 그리고 그것은 인간에게 조
금밖에 도움이 되지 않습니다. 그러나 그 조금의 도움이 국가나 개인에
c 게 온갖 좋은 것을 가져옵니다. 그것은 더 큰 것에게는 더 많이, 더 작은
것에게는 더 적게 분배함으로써 각자에게 본성에 따라 적당량을 나눠
줍니다. 무엇보다 미덕이 더 큰 자들은 언제나 우대하고, 미덕과 교육에
서 그와 정반대인 자들에게는 그에 맞춰 합당한 대우를 합니다. 사실
우리에게 정치란 바로 이러한 정의입니다. 클레이니아스님, 우리는 지
d 금 이것을 추구해야 하며, 지금 세워지고 있는 국가를 위해서는 이런 종
류의 평등에 주목해야 합니다. 다른 국가를 세우는 사람도 입법할 때
바로 이 점을 주목해야지, 소수의 참주나 한 명의 참주나 민중에 의한
지배를 주목하면 안 됩니다. 입법자는 언제나 정의를 목표로 삼아야 하
는데, 그것은 우리가 말한 그대로입니다. 말하자면 그것은 그때그때 동
등하지 않은 자들에게 주어지는 자연스러운 평등[15]입니다.

하지만 어떤 한 부분에서 내전에 휘말리는 것을 피하자면 모든 국가
는 어쩔 수 없이 이런 개념들을 변형된 의미로 사용하지 않을 수 없습
e 니다. 용인과 관용은 언제나 완전성과 정확성을 훼손하므로 엄밀한 정
의의 적이기 때문입니다. 그래서 대중의 불만 때문에 추첨에 의한 평
등을 이용하지 않을 수 없습니다. 하지만 그럴 때도 우리는 추첨이 올
바른 결정을 하게 해달라고 행운의 신들에게 기도합니다. 우리는 어쩔
758a 수 없이 두 가지 평등을 이용해야 하지만 성공하기 위해서는 행운이
필요한 두 번째 평등은 되도록 덜 이용해야 합니다.

평의회 운영 위원

친구들이여, 한 국가가 존속하려면 우리가 말한 그런 이유에서 그런
정책을 추구해야 합니다. 국가는 밤낮으로 지킬 사람이 필요한 항해
하는 배와 같습니다. 국가 간의 사건이라는 파도를 헤치고 나아가는
만큼 국가는 늘 온갖 음모에 휘말릴 위험에 처해 있습니다. 그래서 국
가에는 낮부터 밤까지 그리고 밤부터 낮까지 잇달아 교대로 근무할 b
관리가 필요하며, 파수꾼이 파수꾼과 계속해서 근무 교대를 해야 합
니다. 그러나 인원이 많으면 이런 일을 민첩하게 처리할 수 없으므로 평
의회 구성원의 대다수는 대부분의 시간을 개인적인 일에 종사하며 자
신의 집안일을 처리하게 해야 합니다. 따라서 우리는 평의회 구성원을
한 달에 하나씩 모두 12개 집단으로 나누어 그들이 번갈아가며 파수
를 보게 해야 합니다. 그들의 업무는 대기하고 있다가, 정보를 제공하 c
기 위해서든 아니면 다른 나라가 물었으면 국가가 답변해야 하고 다른
나라에게 물었으면 국가가 답변을 들어야 하는 사안에 대해 묻기 위
해서든 외국 또는 자국 내에서 누가 오면 그를 맞이하는 것입니다.

그들은 나라 안에서 일어나기 쉬운 온갖 변혁[16]에 특히 관심을 가져
야 하며, 가능하다면 그런 변혁이 일어나지 않도록 예방하고, 일단 일 d
어나면 국가가 되도록 빨리 이를 감지하고 사태를 수습할 수 있어야
합니다. 그래서 이 집행 위원회에는 항상 정기적인 모임뿐 아니라 비상

15 산술적인 평등이 아니라 미덕에 비례하는 평등.

16 neoterismos. 또는 혁명.

사태로 인한 회합을 소집하거나 해산할 권한이 있어야 합니다. 평의회의 12분의 1이 이 모든 일을 처리하되 대신에 그 해의 남은 12분의 11은 쉬어야 합니다. 그러나 평의회의 이 부분은 당번을 서는 동안에는 언제나 다른 관리와 협력하며 나라의 파수꾼 노릇을 해야 합니다.

다른 관리: 사제

e 도성은 그렇게 정돈하는 것이 적절할 것입니다. 하지만 나머지 영토는 어떻게 보살피고 어떻게 정돈해야 합니까? 도성 전체와 나라 전체가 열두 부분으로 나뉜 다음에는 도성의 거리, 집, 공공건물, 항구, 시장과 샘, 특히 성역과 신전을 포함한 모든 곳에는 그것들을 돌볼 관리들이 임명되어야 하지 않을까요?

클레이니아스 왜 아니겠습니까?

759a **아테나이인** 우선 신전에는 신전지기와 남녀 사제가 있어야 합니다. 그 다음에는 도로와 공공건물이 적절한 수준에 이르게 하고, 사람과 동물이 이것들을 훼손하지 못하게 하고, 도성과 교외가 문화생활에 어울리는 상태를 유지하도록 세 부류의 관리를 선출해야 합니다. 우리는 방금 언급한 업무들을 관장하는 자는 '도성 감독관'[17]이라 부르고, 시장의 질서를 유지하는 자는 '시장 감독관'[18]이라고 부를 것입니다.

b 남녀 사제가 사제직을 세습한 경우, 이를 변경하면 안 됩니다. 그러나 새로 이주한 경우, 흔히 그러하듯 신전이 하나도 없거나 몇 안 될 때는 남녀 사제를 신들을 위해 신전지기로 임명해야 합니다. 이 모든 관리는 일부는 투표로 선출하고 일부는 추첨으로 뽑아야 합니다. 모든

농촌지역과 도시지역에서 민중에 속하는 자들과 민중에 속하지 않는 자들이 서로 섞임으로써 주민들이 최대한 연대감을 느끼도록 말입니
다. 사제를 선출할 때는 신이 몸소 소원을 표명하게 해야 하며, 추첨의 c
행운은 신의 뜻에 맡겨야 합니다. 그러나 우리는 당첨자가 첫째, 건강하고 적출(嫡出)인지, 그다음으로 그가 도덕적인 수준이 높은 가정에서 성장했는지, 또한 본인과 부모가 모두 살인이나 그런 종류의 천인공노할 범죄에 연루되지 않았는지 심사해야 합니다.

그들은 종교에 관한 모든 법률을 델포이에서 가져오되, 그 해설자[19]
를 임명한 다음 그것을 이용해야 합니다. 모든 사제직은 임기가 1년 이 d
내여야 합니다. 종교법에 맞게 우리의 종교 의식을 주재하고자 하는 자는 60세가 넘어야 합니다. 이런 규정은 여자 사제에게도 적용되어야 합니다.

해설자의 선출

해설자는 3명이어야 합니다. 12부족이 4부족씩 세 집단으로 나뉘어 집단마다 자기 중에서 4명씩 해설자를 추천합니다. 최다득표를 한 3명이 심사를 받은 뒤 각 집단에서 1명씩 신탁에 의해 선출되도록 이들 9명의 이
름을 델포이로 보냅니다. 그들에 대한 심사와 연령제한은 사제의 경우 e

17 astynomos.

18 agoranomos.

19 exegetes.

와 같아야 합니다. 이들 3명은 평생 해설자로 봉직해야 합니다. 1명이 죽으면 결원이 생긴 4부족으로 이루어진 집단이 보궐선거를 실시합니다.

재무관

각 신전의 신성한 재물과 신전의 경내와 그곳의 수확물과 세수를 관리
760a 할 재무관은 최고 재산등급에서 선출되어야 하는데, 가장 규모가 큰
신전에는 3명을, 그보다 규모가 작은 신전들에는 2명을, 규모가 아주
작은 신전에는 1명을 선출해야 합니다. 이들 관리의 선출과 심사는 장
군의 경우와 같아야 합니다. 종교와 관련된 조정에 대해서는 이쯤 해
둡시다.

국방

가능한 한 어떤 것도 무방비 상태로 두어서는 안 됩니다. 도성을 지키
는 일은 장군, 파견대장, 기병대장, 부족별 지휘관, 평의회 구성원, 도성
b 감독관과 시장 감독관의 임무입니다. 우리가 일단 그들을 적법하게 선
출하여 임명한 이상은 말입니다. 나머지 국토 전체는 이런 식으로 지
켜야 합니다. 우리는 전 국토를 되도록 균등하게 12부분으로 나누고,
추첨에 의해 각 부분에 한 부족을 1년 동안 배정합니다. 그러면 각 부
족은 매년 5명의 농촌 감독관 또는 수비대장을 대주어야 하는데, 이 5
c 명 중 각자에게 자신의 부족 구성원 중에서 25세 이상이고 30세 이하
인 젊은이 12명을 차출할 권한이 주어져야 합니다. 이들 12인 집단에
매달 한 부분씩 국토의 12부분이 추첨에 의해 배정되어야 합니다. 그

들 모두가 체험을 통해 전 국토를 알도록 말입니다. 수비대원의 근무
연한과 수비대장의 임기는 각각 2년으로 합니다. 추첨에 의해 배정된
부분, 즉 국토의 지역에서 출발하여 수비대장은 자기 대원을 매달 인
접 지역을 향해 오른쪽으로 원을 그리며 인솔해야 하는데, 여기서 '오 d
른쪽'이란 동쪽을 의미합니다. 그러나 되도록 많은 수비대원이 1년의
한 계절에만 국토를 체험하는 것으로는 충분하지 않습니다. 우리는 그
들이 각 지역에서 계절에 따라 무슨 일이 일어나는지도 알기를 원합니
다. 그래서 첫 해가 끝나고 나면 수비대장은 여러 지역을 통과하며 출
발 지역을 향해 반대쪽으로 대원들을 인솔해야 합니다. 둘째 해가 다 e
가도록 말입니다. 셋째 해에 부족은 12명의 부하를 맡을 농촌 감독관
또는 수비대장 5명을 새로 뽑아야 합니다.

각 지역에 머무는 동안 그들은 이런 일을 할 것입니다. 그들은 먼저
국토가 적을 최대한 잘 방어하도록 필요한 곳에 도랑과 해자를 파고
어떤 방법으로든 국토와 재산을 해하려 하는 자들을 제지하기 위해
힘닿는 데까지 방어시설을 구축해야 합니다. 그들은 이런 목적을 위
해 그 지역민의 짐 나르는 가축을 부리고 노예를 감독하되 가급적 농 761a
한기를 택해 징발해야 합니다. 감독관들은 어디서나 되도록 적은 이동
하기 어렵게 만들고 아군 쪽은 사람이든 짐 나르는 가축이든 사육하
는 가축이든 이동하기 쉽게 만들어야 하며, 모든 길을 통행하기 편리
하도록 평평하게 닦아놓아야 합니다.

또한 하늘에서 내리는 비가 나라에 해롭지 않고 이롭도록, 감독관
들은 고산지대에서 언덕 사이의 깊은 계곡으로 흘러내리는 빗물을 제 b

방과 도랑으로 막아야 합니다. 계곡이 빗물을 흡수하여 저장하고 있
다가 더 낮은 곳에 있는 모든 농촌 지역에 냇물과 샘물을 대주고 아무
리 가문 지역에도 맑은 물을 넉넉히 공급하도록 말입니다. 또한 감독
관들은 땅에서 솟아나는 물은 냇물이든 샘물이든 나무를 심고 건조
c 물들을 지어 아름답게 꾸미고 지하 수로를 이용해 개별 물줄기를 넉
넉하게 모아야 합니다. 그리고 근처에 신에게 바쳐진 원림이나 성역이
있으면 관개시설을 통해 사시사철 그 신전으로 물이 흘러들게 함으로
써 그곳을 아름답게 가꾸어야 합니다. 그런 곳에는 어디에나 젊은이
들이 자신들과 노인들을 위한 체력 단련장[20]과 노인들을 위한 온수
d 목욕탕을 지어야 하며 이를 위해 잘 마른 장작을 잔뜩 쌓아두어야 합
니다. 이는 병자와 농사일로 지친 농부에게 도움을 주기 위한 것으로,
신통찮은 의사에게 치료받는 것보다 훨씬 낫습니다.

농촌 법정

이와 같은 활동은 어떤 지역을 아름답게 가꾸고 개선할뿐더러 반가운
휴식도 덤으로 제공할 것입니다. 감독관들의 진정한 의무는 이런 것이
어야 합니다. 각 60인 집단[21]은 적들뿐만 아니라 자칭 친구들로부터도
e 자기 지역을 지켜야 합니다. 노예나 자유민이 이웃이나 다른 시민에게
불의한 짓을 할 경우, 피해자가 고소한 사건은 감독관들이 재판해야
합니다. 사소한 사건은 감독관 자신이 재판하지만, 피해 금액이 300드
라크메를 초과하는 더 중대한 사건은 감독관 5명과 12인조(組) 중 하
나와 더불어 17명이 재판해야 합니다.

그러나 어떤 재판관 또는 관리도 감사를 받지 않고는 직무를 수행할
수 없습니다. 왕처럼 최종 판결을 내리는 관리는 예외지만 말입니다. 하
지만 이들 농촌 감독관은 예외여서는 안 됩니다. 만약 그들이 부당한
지시를 하거나, 주인의 허락도 받지 않고 농기구를 빼앗거나 옮기려 하 762a
거나, 뇌물을 받거나, 부당한 벌금을 물게 함으로써 관할 지역 주민들에
게 몹쓸 짓을 한다면 말입니다. 그래서 아첨꾼의 유혹에 넘어가면 그들
은 전 국가적으로 망신을 당해야 합니다. 그들이 관할 지역 주민들에게
저지른 다른 불의한 짓 가운데 피해 금액이 100드라크메를 초과하지
않는 사건에 대해서는 자진하여 마을 주민과 이웃 주민들 앞에서 재
판받아야 합니다. 피해 금액이 100드라크메 이상이거나 그보다 더 적
다 하더라도 가해자가 달마다 늘 다른 고장으로 전출되니 처벌을 면할 b
수 있으리라고 믿고 재판받으려 하지 않을 경우, 피해자는 그를 일반 법
정에 제소해야 합니다. 그리고 피해자가 승소하면 자진하여 재판을 받
지 않으려고 도망친 가해자에게 두 배의 벌금을 물게 합니다.

농촌 감독관은 어떻게 살아야 하는가

관리와 농촌 감독관은 2년 임기 동안 이렇게 생활해야 합니다. 첫째,
모든 지역에서 공동식사[22]를 시행하고, 거기에 전 지역 주민이 참석해 c

20 gymnasion.

21 5명의 농촌 감독관에게는 각각 수비대원이 12명씩 배정된다.

22 syssitia.

야 합니다. 누가 상관의 지시를 받지 않거나 불가피한 사정이 없는데도 단 하루라도 공동식사에 빠지거나 외박하는 경우, 5명의 지도자는 그의 이름을 탈영자로 시장에 내걸어야 합니다. 그렇게 하면 그는 조국에 대한 의무를 저버린 자로 낙인찍혀, 그를 만나는 사람은 누구든 원
d 하면 벌받지 않고 그를 매질할 수 있습니다. 지도자 중에서 누가 그런 짓을 하면 59명의 동료 전원이 그를 주목해야 합니다. 만약 그들 중 한 명이 무슨 일이 일어나고 있는지 알거나 듣고도 제소하지 않는다면 그도 젊은 대원에게 적용되는 것과 같은 법률로 처벌하되 더 엄하게 처벌해야 합니다. 그는 젊은 대원을 감독할 모든 권한을 박탈당합니다. 법률 수호자는 이런 일들을 예의 주시하여, 이런 일이 아예 일어나지 않
e 게 하거나 일단 일어나면 반드시 합당한 처벌이 뒤따르게 해야 합니다. 모든 사람이 반드시 명심해야 할 것은, 어떤 사람도 먼저 남을 섬기지 않고는 훌륭한 주인이 될 수 없다는 것입니다. 따라서 사람은 잘 다스리는 것보다도 잘 섬기는 것에 자부심을 느껴야 합니다. 그런데 섬김 중에 으뜸가는 것은 법률을 섬기는 것입니다. 그것은 신들을 섬기는 것이기 때문입니다. 버금가는 것은 젊은이가 명예롭게 산 나이 많은 사람을 섬기는 것입니다.

또한 농촌 감독관 중 1명이 된 사람은 2년 임기 동안 매일 익히지 않은 검소한 식사를 해야 합니다. 12명의 대원은 선발될 때마다 5명의 관
763a 리와 만나 자신들은 하인인 만큼 자신들을 위해 다른 하인이나 노예를 갖지 않을 것이며, 다른 사람, 즉 농부나 마을 주민의 머슴도 사적인 용도를 위해서가 아니라 공적인 용무를 위해서만 부리겠다고 결의해야

합니다. 공적인 용무를 제외하고는 그들은 자신의 하인이자 자신의 주
인으로서 자기 힘으로 살아가야 할뿐더러 방방곡곡을 방어도 할 겸 철
저히 알기 위해 여름이나 겨울이나 무장을 하고 전 국토를 답사해야 합 b
니다. 누구나 자기 국토를 정확히 알아야 하며, 그보다 유용한 공부는
아무것도 없기 때문입니다. 사실은 그래서 젊은이들은 사냥개를 데리
고 사냥하거나 다른 사냥을 해야 합니다. 그런 활동이 각자에게 가져다
주는 다른 즐거움과 이익을 떠나서 말입니다. 이들을 '암행 감사'[23] 또
는 '농촌 감독관' 또는 그 밖에 무엇이라고 부르든, 국토를 안전하게 지
키는 데 일조하려는 사람은 누구나 그러한 활동에 매진해야 합니다. c

도성 감독관

그다음으로 선출해야 할 관리는 시장 감독관과 도성 감독관입니다.
모두 3명인 도성 감독관은 도성의 12부분을 세 집단으로 나누어 60명
의 농촌 감독관처럼 도성 안의 도로와 농촌에서 도성으로 통하는 도
로를 관리하고 건축물을 감독하는데, 이는 모든 건축물이 규정에 맞 d
게 건축되도록 하기 위해서입니다. 무엇보다도 그들은 물을 관리하
여, 농촌 감독관이 좋은 상태로 보내준 물이 깨끗하고 풍부하게 샘으
로 흘러들어 도성을 꾸미고 도성에 이익이 되게 해야 합니다. 이들 역
시 공익을 돌볼 재능과 여가가 있어야 합니다. 그래서 도성 감독관을

23 kryptos.

지명하는 사람은 누구나 최고 재산등급에 속하는 사람 중에서 골라
e 야 합니다. 거수가결로 최다득표자 6명이 결정되면 담당 관리가 그중
에서 3명을 추첨으로 뽑아야 합니다. 그러면 이들이 심사 과정을 거친
뒤 정해진 법률에 따라 관직에 취임합니다.

시장 감독관

그다음에는 첫 번째와 두 번째 재산등급에서 5명의 시장 감독관을 선
출해야 합니다. 그들을 선출하는 과정은 대체로 도성 감독관의 경우
와 같습니다. 거수가결에 의한 후보자 중에서 10명이 선출되면 투표로
그중 5명을 뽑고, 그러면 이들이 심사 과정을 거쳐 관직에 취임해야 합
764a 니다. 모든 사람이 모든 선거에서 의무적으로 투표해야 합니다. 누가
투표하려 하지 않다가 당국에 고발되면 50드라크메의 벌금을 물고 악
당이라고 낙인찍혀야 합니다. 민회나 공적인 모임에 참석하는 것은 선
택 사항입니다. 하지만 첫 번째와 두 번째 재산등급에 속하는 사람은
의무적으로 집회에 참가해야 하며, 참가하지 않은 것으로 판명되면 10
드라크메의 벌금을 물어야 합니다. 그러나 세 번째나 네 번째 재산등
급에 속하는 사람은 의무적으로 참가하지 않아도 되며, 관리들이 불
가피한 이유로 모두에게 참석하도록 통보하지 않은 이상 벌금을 물지
않아도 됩니다.

b 시장 감독관은 법률이 정한 대로 시장의 질서를 유지하고, 그 누구
도 훼손하는 일이 없도록 시장에 있는 신전들과 샘들을 돌보아야 합니
다. 그들은 그런 것들을 훼손하는 자가 노예나 외국인일 경우 태형이

나 구금으로 벌하고, 자국민이 그런 못된 짓을 저지르면 100드라크메
까지는 알아서 벌금을 부과할 수 있지만, 도성 감독관과 공동으로 재
판할 때는 벌금 한도액이 200드라크메까지 올라갑니다. 도성 감독관 c
도 자신의 업무 영역 내에서 벌금을 부과하고 처벌할 권한을 갖되, 100
드라크메까지는 자신이 알아서 벌금을 부과하고 시장 감독관과 함께
할 때는 벌금 한도액이 200드라크메까지 올라갑니다.

교육 관리

그다음에는 시가와 체육[24]을 담당할 관리를 임명하는 것이 적절할 것
입니다. 이들은 각각 두 부류인데, 한 부류는 교육[25]을 담당하고 다른
부류는 경연[26]을 담당합니다. 법률이 말하고자 하는 '교육 관리'란 체
육관과 학교가 질서를 유지하도록 보살피고 동시에 그 안에서의 교육 d
과정과 소년 소녀의 등교와 기숙 같은 관련 업무를 감독하는 감독관
을 의미합니다.

'경연 담당관'이란 체육 경기나 시가 경연에서 참가자들의 우열을 가리는 심판원을 의미합니다. 이들도 두 종류가 있는데, 일부는 시가를 담당하고 다른 일부는 체육 경기를 담당합니다. 체육 경기에서는 같은 사람이 사람과 말의 심판원이 될 수 있습니다. 그러나 시가의

24 mousike, gymnastike.

25 paideia.

26 agonistike.

e 경우 합창의 심판원이 다르고, 서사시 음송시인[27]이나 키타라 연주
자나 피리 연주자 등등의 독창 모방자들의 심판원이 달라야 합당
할 것입니다.
먼저 춤과 온갖 음악적 활동으로 이루어진 소년들과 성인 남자들과
소녀들의 놀이를 감독할 관리를 뽑아야 할 것입니다. 이런 것들을 위
765a 해서는 1명이면 충분한데, 40세가 넘어야 합니다. 독창을 위해서는 30
세가 넘은 관리 한 명이면 충분합니다. 그는 경연 참가자들을 입장시
키고 그들 사이에서 능히 우열을 가릴 수 있을 것입니다. 합창가무단[28]
을 구성하고 감독할 관리는 다음과 같은 방법으로 선출해야 합니다.
그런 일에 애착을 느끼는 사람은 모두 선거 집회에 참석해야 하며 참
석하지 않는 사람에게는 벌금을 물려야 합니다. 이는 법률 수호자가
결정할 일입니다. 다른 사람들은 원하지 않는다면 반드시 참석하지 않
b 아도 됩니다. 선거인들은 반드시 전문가 중에서 추천해야 합니다. 심
사 과정에서도 당첨된 후보자를 오직 한 가지 이유에서 받아들이거
나 거부해야 하는데, 그것은 바로 그가 전문가냐 비전문가냐 하는 것
입니다. 거수가결에 의한 최다득표자 10명 중에서 1명을 추첨으로 선
발해 심사 과정을 거친 뒤 법에 따라 1년 동안 합창가무단을 맡깁니다.
독창과 피리 경연의 경우도 마찬가지입니다. 당첨된 후보자는 똑같은
기준을 적용하여 그해 독창과 피리 경연에 참가한 자들의 우열을 가
리되 자신에 대한 심사는 심사관들에게 맡겨야 합니다.
c 그다음에는 말과 사람의 체육 경기에서 우열을 가릴 심판원을 두
번째와 세 번째 재산등급에 속하는 사람 중에서 뽑아야 합니다. 상위

세 재산등급에 속하는 자들은 의무적으로 선거에 참가하게 하되, 최하위 재산등급에 속하는 자는 참가하지 않더라도 벌금을 부과하지 말아야 합니다. 심판원의 수는 3명이어야 하는데, 이들은 거수가결에서 최다득표를 한 20명 중에서 추첨으로 뽑은 다음 심사관들의 승인을 받아 임명합니다.

만약 누가 어떤 관직에 당첨된 뒤 심사 과정에서 결격 사유가 있는 것으로 판명되면 똑같은 방법으로 다른 사람을 뽑아 똑같은 심사 과정을 거쳐야 합니다. d

교육 담당관

이 분야에서 우리가 아직도 임명하지 않은 것은 소년 소녀를 위한 교육 전반을 감독할 관리입니다. 이를 위하여 1명의 관리를 법률에 따라 임명해야 합니다. 그는 50세가 넘어야 하며 되도록 본처 소생 아들들과 딸들의, 아니면 본처 소생 아들들 또는 딸들의 아버지여야 합니다. 선출된 후보자와 그를 선출하는 선거인 모두 이 관직이 국가의 최고위직 중에서도 가장 중요한 것이라고 믿어야 합니다. 모든 생명체는 성장의 첫 단계에서 번창하면 그것의 타고난 미덕과 거기에 적합한 완성에 대해 강한 충동을 느끼는데, 이는 식물이나 길들인 동물이나 야생 동물이나 인간의 경우에도 마찬가지입니다. 단언컨대 인간은 길들 e

27 rhapsodos.

28 choros.

766a 인 동물입니다. 하지만 올바른 교육을 받고 운 좋게 훌륭한 본성을 타고나는 경우 인간은 가장 신적이고 가장 유순한 동물이 되지만, 교육을 충분히 받지 못하거나 훌륭하게 교육받지 못하는 경우, 지상에서 가장 야만적인 존재가 되는 경향이 있습니다. 그래서 입법자는 아이들의 교육을 부차적인 것 또는 부수적인 것으로 다루어서는 안 됩니다. 입법자는 아이들을 감독할 적임자의 선출을 중차대한 일로 여겨야 하며, 시민 중에서 모든 면에서 가장 훌륭한 사람을 아이들의 감독관으
b 로 임명해야 합니다. 따라서 평의회와 운영 위원[29]을 제외한 모든 관리가 아폴론 신전에 모여 저마다 법률 수호자 중에서 교육 감독관으로서 최적임자라고 생각하는 사람에게 비밀투표를 해야 합니다. 최다득표자는 그를 선출한 관리들의 심사를 받아야 하며, 이 자리에 법률 수
c 호자는 참석하지 않습니다. 교육 담당관의 임기는 5년이며, 6년째에는 똑같은 방식으로 후임자를 선출해야 합니다.

임기 중 사망 시의 보궐선거

관직에 취임한 자가 임기를 30일 이상 남겨두고 사망할 때는 관련 관리들이 전과 같은 방법으로 그의 후임자를 지정해야 합니다. 또한 고아의 후견인이 사망할 때는 사촌의 자녀에 이르기까지 국내에 거주하는
d 친가 쪽과 외가 쪽 친척이 10일 이내에 후임자를 지정해야 합니다. 그렇게 하지 않으면 그들이 아이에게 새 후견인을 지정할 때까지 매일 1드라크메의 벌금을 물려야 합니다.

세 등급의 법정

사법제도가 제대로 정비되어 있지 않은 국가는 당연히 국가일 수 없습니다. 만약 재판관이 말수가 적고, 예비심문에서 중재에서처럼 소송 당사자보다 더 많은 말을 할 수 없다면, 어느 쪽이 옳은지 결코 정확하게 판결할 수 없을 것입니다. 그래서 재판관이 다수일 때는 물론이고 소수라도 능력이 부족할 때는 훌륭한 판결을 내리기가 어렵습니다. 쌍 e
방 간의 쟁점은 언제나 분명해야 하는데, 서두르지 않고 느긋하게 거듭하여 심문하는 것이 쟁점을 분명히 하는 데 도움이 됩니다. 그러기 위해 소송 당사자는 먼저 친구들이자 쟁점이 된 행위를 가장 잘 알고 있는 이웃들에게 가야 합니다. 만약 어느 한쪽이 판결에 만족하지 못 767a
한다면 두 번째 법정에 가야 합니다. 그러나 처음 두 법정이 모두 쟁점을 해결하지 못하면 세 번째 법정이 최종 판결을 내려야 합니다.

어떤 의미에서 사법제도의 정비는 관리를 선출하는 것입니다. 모든 관리가 때로는 재판관이 되어야 하는가 하면, 재판관은 엄밀히 말해 관리가 아니지만 그가 재판을 하며 판결을 내리는 날에는 어떤 의미에서 상당히 중요한 관리가 되기 때문입니다. 그러니 재판관도 관리라고 보고, 재판관에는 어떤 사람이 적합하며, 재판관은 어떤 사건을 재 b
판해야 하며, 각종 송사에는 얼마나 많은 재판관이 참석해야 하는지 말해봅시다. 가장 기본적인 형태의 법정은 양쪽 소송 당사자가 서로

29 758a~d 참조.

합의하여 재판관을 선택하는 법정[30]입니다. 사건을 다른 법정에 제소
하는 것은 두 가지 이유 때문입니다. 그중 하나는 어떤 사인이 불의를
당했다고 다른 사인을 고소해 법정에서 판결을 구하는 경우이고, 다
른 하나는 누군가 어떤 시민이 공익을 해친다고 믿고 공공의 복리를
c 옹호하려고 하는 경우입니다. 이제 우리는 재판관은 어떤 사람이어야
하며, 누가 재판관이 되어야 하는지 말해야 합니다.

최고 법정 재판관의 선출

첫째, 어떤 문제를 두고 서로 세 번째로 다투는 사인을 위해 공동 법정
을 개설해야 하는데, 그것은 이렇게 구성됩니다. 임기가 1년 이상인 모
든 관리는 하지 다음달 새해가 시작되기[31] 전날에 같은 신전에 모여 신
에게 맹세한 다음, 관청마다 그 관청에서 가장 훌륭해 보이며 다가오
d 는 해에 동료 시민의 사건을 가장 훌륭하고 경건하게 재판해줄 것 같
은 재판관을 한 명씩 뽑아, 말하자면 맏물로서 그 신에게 바쳐야 합니
다. 선출된 재판관은 선거인들 앞에서 심사를 거쳐야 하며, 심사를 통
과하지 못하면 대신 다른 사람을 같은 절차에 따라 선출해야 합니다.
심사를 통과한 자들은 다른 법정의 판결을 받아들이기를 거부하는
e 소송 당사자의 사건을 재판하되 공개적으로 투표해야 합니다. 평의회
구성원과 재판관을 선출한 다른 관리들은 의무적으로 이 재판을 방
청해야 하지만, 다른 사람들은 원하는 사람만 방청합니다.

부당한 판결

누가 어떤 재판관이 부당한 판결을 내렸다고 고발할 경우, 법률 수호자에게 고발장을 제출해야 합니다. 어떤 재판관이 부당한 판결을 내렸다고 유죄 판결을 받으면 피해자에게 피해액의 절반을 벌금으로 물게 해야 합니다. 만약 이 재판관이 더 많은 벌금을 물어야 할 것으로 생각되면, 그를 재판하는 재판관은 그가 추가로 받아야 할 벌이 무엇이며, 국가와 고발인에게 추가로 물어야 할 벌금이 얼마인지 산정해야 합니다.

민중 법정

국가에 대한 범죄를 재판할 때는 무엇보다 대중[32]이 반드시 재판에 참 768a
여하게 해야 합니다. 국가에 대한 불의는 모든 시민에 대한 불의인 만큼, 그들이 그런 재판에서 배제되면 당연히 화를 낼 것이기 때문입니다. 그런 재판의 시작과 끝은 민중[33]에게 맡겨야 하겠지만 심문은 피고와 원고가 합의하여 선출한 3명의 최고위직 관리에게 맡겨야 합니다. 양쪽이 자신들끼리 합의를 이끌어낼 수 없으면 양쪽이 선택한 것 중에서 위원회가 결정해야 합니다.

30 앞서 말한 이웃들의 법정을 말한다.

31 음력을 쓰는 아테나이에서는 새해가 하지(6월 21일경) 다음 달 신월(新月)과 더불어 시작된다.

32 plethos.

33 demos.

부족 법정

b 사적인 소송에도 되도록 모든 시민이 참여할 수 있어야 합니다. 재판
에 참여할 권리에서 배제되면 자신이 나랏일에 전혀 참여하지 못한
다고 생각할 것이기 때문입니다. 그래서 부족별로 법정을 개설해야
하는데, 거기에서는 그때그때 추첨에 의해 선출된 재판관이 외부 압
력에 휘둘리지 않고 공정하게 판결할 것입니다. 그러나 그런 사건의 최
종 판결은 우리 주장에 따르면 인간의 능력으로 가능한 범위 내에서
가장 덜 타락한 다른 법정에서 내려져야 하는데, 그것은 바로 이웃들
c 앞에서도 부족 법정에서도 사건을 해결하지 못하는 소송 당사자를 위
한 법정[34]입니다.

우리의 계획은 밑그림에 불과하다

사법제도에 관해서는 이쯤 해둡시다. 그것은 관청이라 하기도 어렵고
관청이 아니라 하기도 어렵습니다. 우리는 피상적인 밑그림 같은 것을
제시했는데, 거기에는 세부 묘사가 약간 포함되어 있지만 대부분은 빠
져 있습니다. 소송의 정확한 법적 조정과 분류에 대해서는 입법의 마지
막 단계에서 자세히 설명하는 것이 옳을 것이기 때문입니다. 그러니 이
d 주제는 우리의 입법이 마무리될 즈음에나 다루어질 것입니다. 우리는
다른 관청의 개설을 위한 규정은 대부분 설명했습니다. 하지만 국가와
국가 경영 전체의 모든 개별적인 세부 사항을 명확하고 정확하게 그리
는 것은 불가능합니다. 우리가 개별 부분을 순서에 따라 검토하며 처음
부터 끝까지 주제 전체를 설명하기 전에는 말입니다. 지금까지 관리의

선출에 대해 설명했는데 그것으로 우리의 이전 주제는 매듭지읍시다. e
그리고 이제 더는 미루거나 연기할 필요가 없으니 입법을 시작합시다.

제11부 결혼: 관련 주제들

젊은 입법자들

클레이니아스 손님, 그대가 지금까지 말씀하신 것도 마음에 들었지만, 지금까지 논의된 것을 앞으로 논의될 것에 결부시키는 그대의 그 말씀에 나는 더 감명받았습니다.

아테나이인 그러면 우리 노인들이 지금까지 이런 생각들을 갖고 멋있 769a
게 공놀이[35]를 한 셈이군요.

클레이니아스 그러고말고요. 하지만 그런 것들은 대장부가 진지하게 추구해야 할 일이란 뜻으로 그런 말씀을 하시는 것 같습니다.

아테나이인 그럴지도 모르지요. 그건 그렇고 이 점에 대해서도 그대가 내게 동의하시는지 살펴봅시다.

클레이니아스 그게 무엇이며, 어떤 것이죠?

아테나이인 그대도 아시다시피, 무엇을 그리건 화가의 작업은 끝이 없
어 보입니다. 색을 칠한다거나 돋보이게 함으로써(그런 것을 전문 화가 b

34 최고 법정.
35 685a 참조.

가 무엇이라고 부르든) 마무리하는 과정은 아무리 해도 아름다움과 선명함에서 그림이 더는 개선의 여지가 없는 그런 경지에는 결코 도달할 수 없을 것 같단 말입니다.

클레이니아스 나도 그렇다는 것을 대충은 알고 있습니다. 남이 하는 말을 듣고 말입니다. 그런 종류의 기술에는 나는 문외한이나 다름없으니까요.

아테나이인 그래도 무방합니다. 우리는 방금 그림에 관한 생각을 이용
c 하여 이런 사실을 설명할 수 있을 테니까요. 어느 날 누군가가 결코 더
나빠지는 일 없이 시간이 지남에 따라 점점 더 좋아질 세상에서 가장
아름다운 그림을 그리기로 작정했다고 가정해봅시다. 그대도 아시겠
지만 화가는 필멸의 존재인 만큼 세월이 경과한 탓에 그림이 손상되면
바로잡아주고 스승이 기술 부족으로 소홀히 한 점을 보완해줌으로써
그림을 앞으로 더 아름답게 해줄 수 있는 후계자를 남겨두지 않는다
면, 그의 엄청난 노력의 결실도 단명할 수밖에 없지 않을까요?

클레이니아스 맞는 말씀입니다.

d **아테나이인** 어떻습니까? 그대는 입법자의 의도도 그렇다고 생각하지
않습니까? 그는 먼저 자신의 법률을 최대한 정확하게 작성하려 할 것
입니다. 그 뒤 세월이 흘러 자신의 이론을 실천을 통해 시험할 때, 자신
이 창건한 국가의 정체와 질서가 결코 더 나빠지지 않고 점점 더 좋아
지려면 자기가 작성한 법전의 수많은 불가피한 결함을 후계자가 바로
e 잡아야 한다는 것을 모를 만큼 어리석은 입법자가 있을까요?

클레이니아스 입법자라면 누구나 그러기를 원하겠지요. 왜 그러지 않

겠습니까?

아테나이인 그러니 만약 어떤 입법자가 어떻게 하면 법률을 지키고 바로잡을 수 있는지 말이나 행동으로 많든 적든 남을 이해시킬 수 있는 어떤 방법을 안다면 자신의 목적을 달성할 때까지는 결코 그것을 설명하기를 포기하지 않겠지요?

클레이니아스 어찌 포기할 수 있겠습니까? 770a

아테나이인 그러면 나와 그대들 두 분이 지금 해야 할 일은 그런 것이 아닐까요?

클레이니아스 무슨 말씀이신지요?

아테나이인 우리는 지금 법률을 제정하려 하고 있고 법률 수호자도 이미 선발해놓았습니다. 그런데 우리는 인생의 황혼기에 접어들었고 그들은 우리에 비해 젊으니까 우리는 우리 주장처럼 스스로 법률을 제정하는 동시에 그들을 입법자 겸 법률 수호자로 만들기 위해 최대한 노력해야 하지 않을까요?

클레이니아스 물론 그렇게 해야겠지요. 우리에게 그럴 능력이 있다면 b
말입니다.

아테나이인 아무튼 시도해보고 노력해봐야겠지요.

클레이니아스 왜 아니겠습니까?

아테나이인 그들에게 우리는 이렇게 말합시다. "우리 법률의 친애하는 수호자들이여, 우리는 우리 법전의 각 분야마다 아주 많은 것을 빠뜨릴 수 있는데, 그건 어쩔 수 없는 일이오. 하지만 우리는 중요한 것과 전체적인 체계의 밑그림을 그리려고 최대한 노력할 것이며, 이 밑그림

c 의 세세한 부분을 채우는 것은 여러분 몫이오. 그러니 여러분이 이 일
을 해내려면 어디에 주안점을 두어야 하는지 내 말을 들어보시오. 메
길로스와 나와 클레이니아스는 이에 관해 누차 논의한 끝에 우리의
방안이 훌륭하다는 데 의견을 같이했소. 그래서 우리는 여러분이 우
리의 사고방식에 공감하여 우리의 제자가 되어, 법률 수호자와 입법
자가 주목해야 한다고 우리 세 사람이 합의한 목표를 주목하기 바라
d 오. 우리 합의의 핵심은 이런 것이오. '우리 삶의 목표는 인간에게 합
당한 혼의 미덕에 이르는 것이오. 우리에게 도움을 줄 수 있는 것은 여
러 가지라오. 그것은 우리의 활동이거나 어떤 습관이거나 어떤 소유
물이거나 어떤 욕구이거나 어떤 판단이거나 학습의 결과물일 수 있는
데, 이 모든 것은 공동체의 남녀노소 모두에게 유효하오. 수단이 무엇
이건 우리가 말한 목표를 달성하기 위해 우리는 평생토록 모든 노력을
경주해야 하오. 어느 누구도 이런 목표에 방해가 되는 다른 것을 더 존
e 중하는 것으로 드러나서는 안 되오. 심지어 그것이 국가라 하더라도
말이오. 국가가 자진하여 예속의 멍에를 지고 무가치한 자에게 다스
림 받는 것을 용인하느니 불가피하다면 차라리 국가가 파괴되도록 내
버려두거나 아니면 국가를 떠나 망명길에 올라야 하오. 본성적으로 인
간을 더 나쁘게 만드는 정체로 바뀌는 것을 용인하느니 차라리 그와
같은 온갖 고통을 감수해야 하오.'

이상이 우리가 아까 합의한 것들이오. 그러니 여러분은 우리의 이 두
771a 가지 목표[36]를 주목하며 법률을 검토하되, 우리의 법률을 칭찬하거나
혹시 우리에게 아무런 도움도 되지 않는다면 비난해야 합니다. 하지만

여러분은 그런 목표를 달성하는 데 도움이 되는 법률은 환영하고 반기며 그것이 시키는 대로 살아야 하오. 그러나 사람들이 '좋은 것'[37]이라고 부르는 그 밖의 다른 것을 겨냥하는 활동에는 작별을 고해야 하오."

종교 축제의 개설

우리 법전의 다음 부분을 시작하는 가장 좋은 방법은 종교에 관한 것
을 다루는 것이겠지요. 먼저 우리는 5,040이란 수로 되돌아가 그것이
전체로서도 부족 구성의 수로서도 편리한 나눗수를 얼마나 많이 가졌 b
고 가지는지 살펴보아야 합니다.[38] 각 부족의 가구 수는 전체의 12분
의 1이며,[39] 그것은 정확히 20×21입니다. 우리의 전체 수는 12로 나뉠
수 있는데, 12는 부족의 수이기도 합니다. 또한 그러한 나눔은 1년의
달수와 우주의 주기에 해당하는 만큼 신의 선물로서 신성시되어야 합
니다. 그래서 모든 국가는 타고난 본능에 이끌려 그런 나눔을 신성시
했습니다. 비록 어떤 사람들은 다른 사람들보다 더 정확히 나누었고,
그 종교적인 배경이 더 성공적으로 입증되긴 했지만 말입니다. 아무 c
튼 우리는 5,040이라는 수를 선택한 것은 백번 옳았다고 주장합니다.
그것은 1에서 12에 이르는 모든 수로 나뉠 수 있습니다. 11만 빼고 말입

36 혼의 미덕과 거기에 이르게 해주는 상태들.

37 건강, 부 따위.

38 737e 이하 참조.

39 420.

니다. 그러나 이런 약점은 아주 쉽게 상쇄할 수 있습니다. 그것을 상쇄하는 한 가지 방법은 화로 두 개를 빼는 것이니까요.[40] 사실이 그렇다
d 는 것을 우리는 더 한가할 때 쉽게 증명할 수 있을 것입니다. 그러니 지금은 우리가 방금 설명한 규칙을 믿고 그에 따라 우리의 수를 계속해서 나누기로 합시다. 우리는 국가의 각 부분마다 신 또는 신들의 자녀를 배정하고 제단과 그에 딸린 것들을 대주어야 합니다. 우리는 이들 제단에 제물을 바칠 목적으로 매달 두 번씩 모이기로 정해야 하는데, 그중 열두 번은 각 부족이 나뉜 부분[41]을 위해서, 열두 번은 국가가 나뉜 부분을 위해서 그래야 합니다. 우리가 그러는 것은 첫째, 신들과 신적인 존재들의 호감을 사기 위함이고 둘째, 우리 자신이 온갖 종류의 교제를 통해 서로 친근해지고 친숙해지기 위함인데, 우리는 오히려 이 점을 더 강조하고 싶습니다.[42]

e **결혼: 배우자의 선택 (1)**

사람들이 서로 혼인 관계를 맺고 더불어 살려면 신부 집안과 신부 자신과 신부가 시집갈 시댁 식구에 대해 가능한 모든 정보를 제공할 수 있어야 합니다. 그런 일과 관련해서는 최대한 실수를 예방하는 것이 극히 중요합니다. 그토록 진지한 목적을 달성하기 위해서는 젊은이들
772a 의 놀이조차도 그 점을 염두에 두고 고안해야 합니다. 말하자면 소년 소녀는 그렇게 할 수 있는 그럴듯한 핑계만 생기면 함께 윤무(輪舞)를 추며 남을 보기도 하고 남에게 사신을 보일 수도 있어야 하며, 염치와 절제가 허용하는 범위에서 옷을 벗고 춤을 추어야 합니다.

법률의 변경

이 모든 일을 감독하고 조정하는 일은 합창가무단의 관리와 입법자가
맡아야 하는데, 또한 그들은 법률 수호자와 힘을 모아 우리가 누락한
것을 정비해야 합니다. 앞서 우리가 말했듯이, 입법자는 그런 일에 어
쩔 수 없이 수많은 사소한 것을 누락하기 마련입니다. 그러니 그의 법 b
률을 매년 운용하는 자들은 경험을 통해 지식이 축적된 만큼 세부 사
항을 해마다 조정하고 수정해야 합니다. 그런 모든 과정을 충분히 조
정할 수 있는 법전이 만들어졌다고 판단될 때까지 말입니다. 제물 바
치는 일과 윤무와 관련하여 세부 사항에 이르기까지 경험을 쌓는 데
는 10년이면 적당하고 충분할 것입니다. 최초 입법자가 살아 있는 동안 c
에는 관리들은 그와 상의해야 하지만, 그가 죽은 뒤에는 자기 관할 영
역에서 누락된 점을 보완하자고 법률 수호자에게 독자적으로 제안해
야 하며, 모든 세부 조항이 완전하게 손질되었다고 생각될 때까지 이
런 일을 계속해야 합니다. 그렇게 한 뒤 그들은 법률을 고칠 수 없는 것
으로 확정하고 최초의 입법자가 정해준 나머지 법률과 함께 그 법률
을 준수해야 합니다. 그들은 단 하나의 세부 사항도 임의대로 바꿔서
는 안 됩니다. 그러나 바꾸지 않을 수 없다고 판단되면 그들은 관리와 d

40 5,040-2=5,038인데, 이것은 11로 나눌 수 있다는 뜻이다. 여기서 '화로'란 가구를 뜻한다.

41 구역. 746d 참조.

42 738d~e 참조.

모든 시민과 신들의 모든 신탁과 상의하되, 만장일치로 동의하면 바꾸지만 그러지 않으면 어떤 경우에도 바꿔서는 안 됩니다. 바꾸는 것에 반대하는 자가 있으면 언제나 그가 이기는 쪽으로 법으로 정해야 합니다.

혼인법

그가 누구든 25세 된 남자가 남을 보기도 하고 자신을 남에게 보이기도 하여 알맞은 출산의 동반자로 마음에 드는 짝을 찾았다고 생각한다면 아무튼 35세 안에는 결혼시켜야 합니다. 하지만 먼저 적절하고
e
알맞은 짝을 찾는 방법을 듣게 합니다. 클레이니아스님의 말씀처럼,[43] 각각의 법률은 적절한 전문(前文)을 앞세워야 하니까요.

클레이니아스 손님, 내가 보기에 우리 대화에서 가장 적절한 시점에 때맞춰 잘 일깨워주시는군요.

혼인법에 대한 전문: 배우자의 선택 (2)

아테나이인 좋은 말씀입니다. 우리는 훌륭한 부모 밑에서 자란 사람에
773a 게 이렇게 말합시다. "젊은이여, 자네는 분별 있는 사람들이 칭찬할 만한 결혼을 해야 하네. 그런 사람들은 자네에게 가난한 집에 장가드는 것을 피하거나 부잣집에 장가들려고 유별나게 애쓰지도 말며, 만약 다른 조건이 동일하다면 언제나 자네보다 좀 더 가난한 집에 장가들라고 조언할 걸세. 그러는 것이 국가에도 서로 혼인하는 양쪽 집안에도 유익할 걸세. 인간이 미덕에 이르기 위해서는 양쪽 집안이 균형을
b 이루고 서로 보완적인 편이 양쪽 집안 모두 같은 극단으로 치닫는 것보

다 훨씬 나을 테니까. 또한 자신이 매사에 너무 저돌적이고 성급하다 싶은 남자는 차분한 성격의 집안에 장가들려고 애써야 하며, 그와 반대되는 성격을 타고난 사람은 자기와 성격이 반대인 집안에 장가들어야 하네. 결혼에는 한 가지 보편적인 원칙이 적용되어야 하네. 곧 우리는 국가에 이로운 결혼을 해야지, 각자 자기 마음에 드는 결혼을 해서는 안 되네. 사람은 누구나 본성적으로 자기와 닮은 사람에게 끌리기
마련인지라, 그리되면 부와 성격이 고르지 못한 탓에 국가 전체가 균 c
형을 잃고 말 걸세. 그리고 이것은 분명 대부분의 국가에서 우리 나라에서는 보고 싶지 않은 결과들을 낳게 될 걸세."

만약 우리가 법률의 형태로 명시적으로 이런 지시를 한다면, 이를테면 "부자는 부자와 혼인해서는 안 되고, 유력자는 유력자와 혼인해서는 안 되며, 성질이 급한 사람은 느긋한 사람과 혼인하고 성질이 느긋한 사람은 성질이 급한 사람과 혼인해야 한다"고 한다면 그것은 우스꽝스러울 뿐만 아니라, 많은 사람이 이에 분개할 것입니다. 국가가 왜
포도주 희석용 동이[44] 안의 혼합물과 같아야 하는지 이해하기란 쉽지 d
않으니까요. 그런데 처음에 포도주를 부으면 미친 듯이 끓어오르지만 정신을 맑게 하는 또 다른 신[45]으로 그것을 일단 희석하면 둘이 멋있

43 723b~c 참조.

44 krater. 고대 그리스인들은 포도주 희석용 동이에 포도주와 물을 1:3 또는 2:3의 비율로 희석하여 마셨다.

45 물. 포도주의 신은 디오뉘소스이다.

게 결합하여 훌륭하고 마시기 좋은 음료가 되지요. 아이를 출산하는 결합에도 똑같은 원리가 적용된다는 것을 아는 사람은 사실 극소수에 불과합니다. 따라서 우리는 그런 것을 법률로 규정하기를 포기하는 대신 대등한 집안과 혼인하여 끝없이 부를 탐하는 것보다는 균형 잡힌 아
e 이를 출산하는 것이 더 중요하다고 생각하도록 주문(呪文)[46]으로 개인을 설득하려고 노력해야 합니다. 혼인을 통해 부자가 되려는 자는 꾸짖어서 그러지 못하게 해야지, 성문법으로 강제할 일이 아닙니다.

혼인 실패

혼인에 대해서는 이쯤 해둡시다. 우리는 아까 우리 대신 신들을 섬길 후손을 남김으로써 영원한 생명에 참여하는 것이 우리의 의무라고 말
774a 했는데, 이것은 거기에 덧붙인 격려의 말이라고 해둡시다. 제대로 작성된 전문이라면 결혼의 의무에 관해 이 모든 것은 물론이고 그 이상도 말할 수 있을 것입니다.

하지만 누가 고의로 불복종하고 동료 시민과 떨어져 외돌토리로 살다가 35세가 되도록 결혼하지 않으면 매년 벌금을 물리되, 그가 최고 재산등급에 속할 때는 100드라크메, 두 번째 재산등급에 속할 때는 70드라크메, 세 번째 재산등급에 속할 때는 60드라크메, 네 번째 재산등급에 속할 때는 30드라크메를 부과해야 합니다. 이 돈은 헤라[47]에게 봉헌
b 해야 합니다. 매년 벌금을 내지 못하는 자는 벌금의 열 배를 갚게 해야 합니다. 그 금액은 여신의 회계원이 징수하게 하고 만약 회계원이 징수하지 못하면 그 금액을 자기 돈으로 대신 내게 해야 합니다. 모든 회계원

은 감사 때 이에 대해 책임져야 합니다. 결혼하기를 거부하는 남자가 물어야 하는 벌금에 대해서는 이쯤 해둡시다. 명예에 관해 말하자면 그는 연하의 젊은이들에게 조금도 존경받지 못하고, 젊은이 가운데 자진하여 그의 말을 듣는 사람은 아무도 없게 해야 합니다. 노총각이 누군가를 벌주려고 하면, 모두들 피해자를 돕고 보호해야 합니다. 옆에 있으면서 c
돕지 않는 자는 법률이 비겁하고도 나쁜 시민으로 선언해야 합니다.

지참금

지참금에 대해서는 앞서 이미 말한 바 있지만,[48] 다시 일러두거니와 가난한 사람이 돈이 없어서 늙도록 장가들지 못하거나 딸을 출가시키지 못하는 일은 결코 없을 것입니다. 이 나라에는 생활필수품이 없는 사람은 아무도 없을 테니까요. 따라서 아내들이 오만해지는 일도 줄어들고, 남편들이 돈이 없어 종처럼 굽실거리는 일도 줄어들 것입니다. d
이 법률에 복종하는 사람은 그만큼 좋은 일을 하는 것입니다. 그러나 이 법률에 불복하여 신부의 혼수로 가장 낮은 재산등급의 경우 50드라크메 이상, 세 번째 재산등급의 경우 100드라크메 이상, 두 번째 재산등급의 경우 150드라크메 이상, 최고 재산등급의 경우 200드라크메 이상을 주거나 받는 자는 같은 금액을 국고에 바쳐야 합니다. 하지만

46 659e 참조.

47 헤라는 제우스의 아내로 결혼의 여신이다.

48 742c.

주거나 받은 금액은 헤라와 제우스에 봉헌해야 합니다. 이 돈은 이 두 분
e 신의 회계원이 징수해야 하는데, 우리는 앞에서도 결혼하기를 거부하는 자들에게서 헤라의 회계원이 벌금을 징수하거나 그러지 못하면 자기 돈으로 대신 내야 한다고 말했습니다. 약혼시킬 권한은 첫째, 약혼녀의 아버지에게 있고 둘째, 할아버지에게 있으며 셋째, 같은 아버지에게서 태어난 오라비에게 있습니다. 이들이 한 명도 없을 때는 어머니 쪽 친척이 같은 순서대로 그럴 권한을 가집니다. 예사롭지 않은 불상사가 발생하면 가장 가까운 친척들이 소녀의 후견인들과 함께 그럴 권한을 가집니다.

775a 결혼식을 올리기 전에 바치는 제물과 결혼식을 올리기 전이나 올리는 동안이나 올린 뒤에 거행해야 하는 다른 관련 의식에 대해서는 해설자에게 물어보고 그가 지시하는 대로 하면 모든 것을 적절히 수행했다고 믿어도 좋습니다.

결혼 잔치

결혼 잔치에는 양쪽 가족이 각각 남자 친지와 여자 친지 5명 이상씩 초대해서는 안 되고, 친족과 가족 구성원도 같은 수만큼 초대해야 합니다. 어느 누구도 자기 재산으로 감당할 수 있는 것 이상으로 비용을 지출해서는 안 됩니다. 가장 부유한 등급은 100드라크메 이상, 그다음 등
b 급은 50드라크메 이상을 지출해서는 안 되며, 지출 한도는 재산등급이 내려갈수록 같은 비율로 줄어듭니다. 이 법규에 복종하는 사람은 모두가 칭찬해야 합니다. 그러나 불복하는 자는 법률 수호자가 결혼의 무사 여신들의 가락[49]들을 제대로 배우지 못한 속물로서 벌해야 합니다.

취하도록 술을 마시는 것은 우리에게 포도주를 선사한 신[50]의 축제말
고는 어느 곳에서도 적절하지 않을뿐더러 위험하기도 합니다. 진지한
태도로 결혼에 임하는 사람에게는 특히 그렇습니다. 무엇보다도 결혼
식 날에는 신랑 신부가 인생의 중대 전환점에 서 있는 만큼 정신이 맑 c
아야 하기 때문입니다. 또한 이는 태어날 아이가 항상 최대한 정신이
맑은 부모 사이에서 잉태되도록 하기 위해서이기도 합니다. 어느 날 낮
또는 밤에 신의 도움으로 아이가 잉태될지 사실상 말하기 어려우니까
요. 그 밖에도 부모의 몸이 술에 취해 맥이 빠진 상태에서 아이를 잉태
해서는 안 되며, 태아는 튼튼하게 뿌리내린 채 흔들림 없이 차분하게
제대로 자라야 합니다. 그러나 술 취한 사람은 몸도 마음도 미쳐 날뛰 d
므로 자신도 비틀거리고 남도 비틀거리게 합니다. 그래서 술 취한 사람
은 자기 씨를 뿌리는 데 서투르고 비효율적이어서 성격도 몸도 비뚤어
진, 믿음이 가지 않는 균형 잡히지 않은 자식을 낳게 될 것입니다. 그러
므로 남자는 1년 내내 그리고 평생토록 특히 출산할 수 있는 기간에는
일부러 건강을 해치는 짓이나 교만하고 불의한 짓을 하지 않으려고 조
심해야 합니다. 그런 짓들은 반드시 아이들의 혼과 몸에 각인되어 아
버지를 빼닮은, 모든 면에서 못난 자식을 낳을 테니까요. 특히 결혼식 e

49 원어 nomos에는 '법률'이란 뜻도 있다. 722d~e 참조.

50 주신 디오뉘소스.

을 올리는 날의 낮과 밤에는 그런 짓들을 피해야 합니다. 사람이 훌륭하게 시작하면, 그 시작은 마치 신처럼 누구든 자기를 섬기는 자에게 만사형통하게 해주기 때문입니다.

신혼부부의 생활

776a 신랑은 부모와 떨어져 할당 토지에 포함된 두 집[51] 가운데 하나를 아이를 낳아 기를 보금자리로 여기고, 거기서 가정을 이루고 결혼생활을 하며 자신과 아이들을 위해 생계를 꾸려나가야 합니다. 가족이 떨어져 있어 서로가 그리워지면 연대감이 강해지지만, 가족이 지나치게 함께하여 서로가 그리워질 만큼 오래 떨어져 있지 않으면 지겨워서 서로 정떨어지는 법입니다. 그래서 신혼부부는 아버지와 어머니와 처가 식구에게 지금까지 살던 집을 맡기고, 마치 식민시로 이주한 사람들처
b 럼 식민시에 살면서 자신들이 그들을 방문하기도 하고 그들의 방문을 받기도 해야 합니다. 또한 신혼부부는 아이를 낳아 양육함으로써 생명의 횃불을 세대에서 세대로 넘겨주며, 법에서 정한 대로 항상 신들을 섬겨야 합니다.

노예제도의 문제점

이번에는 재산에 관해 따져봅시다. 재산은 한 사람이 얼마나 소유하는 것이 적당할까요? 대부분의 가재(家財)의 경우 그것이 어떤 것이어야 하는지 알기도, 그것을 취득하기도 어렵지 않습니다. 그러나 노예
c 의 경우에는 모든 점에서 어렵습니다. 그 이유는 우리가 노예와 관련

해 사용하는 용어는 그들에 대한 우리의 실제 경험과 부분적으로는 일치하고 부분적으로는 일치하지 않는다는 점에서, 우리가 사용하는 용어가 부분적으로는 옳고 부분적으로는 옳지 않기 때문입니다.

메길로스 그게 무슨 말씀이신지요? 손님, 그대가 무슨 말씀을 하시는지 우리는 아직 모르겠습니다.

아테나이인 메길로스님, 그건 당연한 일입니다. 라케다이몬인들의 헤일로테스들 제도[52]는 사실상 모든 헬라스인에게 가장 큰 어려움과 논쟁거리를 제공합니다. 어떤 사람들은 그것을 좋은 제도라 하고, 다른 사람들은 나쁜 제도라 하니까요. 반면 헤라클레이아인들에게 정복되어 노예로 전락한 마리안뒤노이족[53]과 텟살리아[54] 지방의 농노[55]들은 d
논쟁거리를 덜 제공합니다. 이런 경우들과 이와 비슷한 경우를 고려할 때 우리는 노예 소유와 관련하여 어떻게 해야 할까요? 내가 이야기를 하다가 지나가는 말로 언급하자 당연한 일이지만 그게 무슨 뜻이냐고 그대가 물어본 것이 있는데, 그건 이런 것입니다. 사람은 되도록 선량하고 유능한 노예를 데리고 있어야 한다는 것이 우리 모두의 주장

51 745c~d 참조.

52 헤일로테이아(heiloteia). 헤일로테스들(Heilotes)은 스파르테인들에게 정복된 라코니케와 멧세니아(Messenia) 지방의 주민들로 농노 신분으로 농촌에 거주했다.

53 Mariandynoi. 이들은 흑해 남안 비튀니스(Bithynis) 지방에 살던 트라케인 부족으로 근처에 있던 메가라(Megara)의 식민시 헤라클레이아(Herakleia)에 거주하던 그리스인들에게 정복되어 노예가 되었다.

54 Thessalia. 그리스 반도의 북동부 지방.

55 penestes.

이라는 것을 우리는 알고 있습니다. 실제로 모든 미덕에서 주인의 형제
e 나 아들들보다 나은 노예들이 이미 많이 있었고, 그들은 가끔 주인의 생명과 재산과 집안 전체를 구해주었습니다. 우리는 노예에 관해 그런 이야기를 하는 사람들이 있다는 것을 알고 있습니다.

메길로스 물론입니다.

아테나이인 하지만 노예의 혼은 건전한 구석이라고는 전혀 없으므로 지각 있는 사람이라면 그들 족속을 믿어서는 안 된다고 그와 반대되는 주장을 하는 사람들도 있지 않습니까? 실제로 우리의 가장 지혜로운 시인은 제우스와 관련하여 이렇게 말했습니다.

777a 예속의 날이 인간들을 덮치면 목소리가 멀리 들리는
제우스께서 그들의 지성을 반이나 앗아가니까요.[56]

이 문제에 대해 사람들은 서로 의견이 다릅니다. 어떤 사람들은 노예 족속을 전혀 믿지 않고 마치 짐승을 다루듯 채찍과 몰이 막대기로 쳐서 자기 노예들의 혼을 세 배, 아니 여러 배나 더 노예답게 만듭니다. 그런가 하면 다른 사람들은 모든 점에서 이들과 정반대로 합니다.

메길로스 물론입니다.

b **클레이니아스** 그러면 손님, 의견이 이토록 서로 다른데 노예의 소유와 처벌과 관련하여 우리 나라에서는 어떻게 해야 합니까?

아테나이인 어떻습니까, 클레이니아스님? 사람이라는 동물은 분명 까다로운 존재여서, 노예와 자유민 주인이라는 두 범주로 나누는 것이

실용적인 목적을 위해서는 필요하겠지만 지금도 앞으로도 그런 구분에 쉽게 응하지 않을 것 같아 보입니다. 말하자면 노예는 다루기 어려운 소유물입니다. 멧세니아[57] 지방과, 노예가 모두 같은 말을 쓰는 나 c
라들에서 자꾸 되풀이되는 반란은 실제로 노예제도가 얼마나 큰 재앙을 가져다주는지 보여주었습니다. 또한 우리는 이탈리아[58] 해안에 출몰해 약탈을 일삼던 이른바 '떠돌이들'[59]의 강도 행각도 지적할 수 있습니다. 누가 이런 점을 모두 고려한다면 이 문제를 어떻게 다루어야 할지 난감할 것입니다.

실제로 우리에게 남는 것은 두 가지 방책뿐입니다. 첫째, 노예들이 노예 신분을 순순히 받아들이려면 모두가 같은 나라에서 오거나 같 d
은 말을 쓰는 일이 없도록 조처해야 합니다. 둘째, 노예들을 스스로를 위해서뿐 아니라 무엇보다 우리 자신을 위해서 적절히 훈련시켜야 합니다. 노예를 훈련시키는 가장 좋은 방법은 자신의 노예를 오만하게 대하지 않고, 동등한 사람에게보다도 노예에게 불의한 짓을 되도록 덜 하는 것입니다. 가식이 아니라 본성적으로 정의를 존중하고 불의를 미워하는 사람은 쉽게 불의하게 대할 수 있는 상대를 대할 때 극명하게

56 『오뒷세이아』 17권 322~323행. 현존하는 호메로스의 텍스트와는 약간 차이가 있다.
57 Messenia. 라케다이몬의 서쪽 지방으로, 그곳 주민들은 오랜 전쟁 끝에 스파르테인들에게 정복되어 노예로 전락했다.
58 Italia. 지금의 남(南)이탈리아를 말한다.
59 peridinoi. 또는 해적들.

e 드러나니까요. 노예를 대하는 태도와 행위가 불경과 불의에 오염되지 않은 자야말로 미덕의 씨를 뿌리는 데 가장 적임자일 것입니다. 주인이나 참주나 모든 권력자가 자기보다 더 약한 자를 대하는 태도에 대해서도 당연히 같은 말을 할 수 있습니다. 그렇다 하더라도 노예를 처벌해야 할 때는 당연히 처벌해야 하며, 자유민의 경우처럼 훈계만 함으로써 버릇을 잘못 들여서는 안 됩니다. 노예에게 건네는 말은 사실상 모두 명령

778a 이어야 하고, 남자든 여자든 노예와는 어떤 경우에도 농담을 해서는 안 됩니다. 많은 사람이 주책없이 노예에 대한 이런 태도로 노예의 버릇을 잘못 들여놓음으로써 양쪽 모두에게 삶을 더 어렵게 만들곤 합니다. 말하자면 노예는 다스림 받기가, 그들 자신은 다스리기가 어려워집니다.

클레이니아스 옳은 말씀입니다.

국가의 건조물들

아테나이인 우리는 각종 업무를 지원할 능력이 있는 노예를 시민에게 충분히 제공하려고 최대한 노력했으니, 다음에는 말로 주거 계획의 밑그림을 그려야 하지 않을까요?

b **클레이니아스** 물론입니다.

아테나이인 우리 나라는 새 나라이고 지금까지 사람이 살지 않은 까닭에 신전과 성벽을 포함하여 전체적인 건축 계획을 세세히 조정해야 할 것 같습니다. 클레이니아스님, 이런 문제는 당연히 결혼 문제에 앞서 다루어졌어야 하는데, 지금 우리 나라는 이론상으로만 존재하므로 우리처럼 지금 다루어도 무방할 것입니다. 그러나 우리가 실제로 나라

를 세울 때는 신의 뜻에 따라 결혼 문제에 앞서 건축 계획을 조정할 것
이며, 결혼 문제는 이 분야에서 우리 노력의 대미를 장식할 것입니다. c
지금 여기서는 우리 건축 계획의 밑그림을 간략하게 그리도록 합시다.

클레이니아스 물론입니다.

아테나이인 신전은 시장[60] 주위에, 그리고 도성으로 둘러싸인 높은 곳
에 세워져야 합니다. 안전과 청결을 위해서 말입니다. 신전 가까이에는
관청의 청사와 법정이 세워져야 합니다. 그리하면 한편으로는 종교와
관련된 문제도 다루기 때문에, 다른 한편으로는 신들의 처소이기 때
문에 가장 신성한 그곳에서 재판을 하기도 하고 판결을 받아들이기도 d
할 것입니다. 이 건축물 중에는 살인 사건과 사형에 해당하는 모든 범
죄를 재판할 법정도 있을 것입니다.

메길로스님, 성벽과 관련하여 나는 성벽은 땅에 누워 자도록 내버
려두어야지 일어나게 해서는 안 된다는 점에서 스파르테와 의견을 같
이합니다. 그 이유가 무엇이냐고요? 이와 관련하여 어떤 시인의 자주
인용되는 멋진 말이 있는데, 그에 따르면 "성벽은 청동과 무쇠로 쌓아
야지 흙으로 쌓아서는 안 된다"는 것입니다.[61] 게다가 우리의 계획은 e
당연히 큰 웃음거리가 될 것입니다. 만약 우리가 적군이 국경을 넘어

60 agora.

61 어떤 시인의 말인지 알 수 없다. 아이스퀼로스(Aischylos)의 비극 『페르시아인들』(*Per-sai*) 349행에도 비슷한 말이 나온다. 여기서 '청동과 무쇠'란 청동과 무쇠로 무장한 전사들을 말한다.

침입하는 것을 막기 위해 해마다 젊은이들을 지방으로 내려보내 해자
와 도랑을 파고 여러 가지 구조물을 세우게 하는 한편, 도성 주위에도
성벽을 쌓을 계획을 세운다면 말입니다. 성벽은 첫째, 도성 안에 사는
사람들의 건강에 이롭지 못하고,[62] 그다음으로 주민의 혼이 나약하게
779a 하는 경향이 있습니다. 성벽은 그들이 밤낮으로 파수를 봄으로써 적
군을 막고 자신들의 안전을 확보하는 대신 그 뒤로 피신하게 합니다.
말하자면 성벽은 그들이 자기를 지키는 가장 확실한 방법은 성벽과 성
문으로 방책을 치고 그 뒤에서 잠이나 자는 것이라고 생각하게 만듭니
다. 마치 그들은 안락한 삶을 위해 세상에 태어난 것처럼 말입니다. 그
들은 편안함은 사실은 노고의 결실이며, 그런 역겨운 안락과 나태의
결실은 새로운 노고일 뿐이라는 생각은 꿈에도 하지 않습니다. 아무
튼 나는 그렇게 생각합니다.

b 그럼에도 사람들에게 성벽이 꼭 필요하다면, 처음부터 도성 전체가
사실상 하나의 성벽이 되도록 여염집들의 토대를 놓아야 합니다. 말
하자면 모든 집이 같은 모양과 같은 크기로 도로에 면해 있으면 방어
하기가 쉬울 것입니다. 그리하면 도성 전체가 하나의 집처럼 보여 보기
에도 좋을뿐더러 지키기 쉽고 안전하다는 점에서 최상의 도시 계획이
될 것입니다. 건축물을 본래 계획대로 유지할 책임은 주로 거주자들의
c 몫이지만, 도성 감독관들도 이들을 감독하며 의무를 게을리하는 자
들에게는 벌금을 부과해야 합니다. 그들은 또한 도성 안의 모든 것이
청결을 유지하도록 보살펴야 하며, 개인이 집을 짓거나 땅을 팜으로써
국유지를 잠식하는 것을 막아야 합니다. 이들 관리는 또한 빗물이 적

절히 흘러가도록 보살펴야 합니다. 말하자면 그들은 도성 안팎의 모든
일을 목적에 맞도록 조정해야 합니다. 이 모든 세부 사항과 법률이 그
불완전함으로 인해 빠뜨린 그 밖의 모든 것은 법률 수호자가 경험에 d
비추어 추가적인 규정을 만들어 조정해야 합니다.

여자들도 공동식사에 참여해야 한다

이제 이들 건축물과 시장 주변의 건축물과 체육관과 모든 학교 건물이 세워져 그곳을 자주 찾을 사람들을 기다리고 있고, 극장도 관객을 맞을 준비가 되어 있으니, 우리는 입법 순서에 따라 결혼 이후의 문제로 넘어갑시다.

클레이니아스 물론 그래야지요.

아테나이인 클레이니아스님, 결혼식은 이제 끝난 것으로 가정합시다.
그로부터 아이가 태어나기까지는 1년 가까이 시간이 걸립니다. 많은 e
나라와 달라야 할 나라에서 신랑 신부가 어떻게 이 기간 동안 살아야
하느냐는 것은 우리가 앞서 말한 것[63]에 이어지는데, 단정적으로 말하
기가 그리 쉽지 않습니다. 우리는 앞에서도 이처럼 까다로운 문제들과
맞닥뜨렸지만, 대중에게는 그중 어느 것도 이처럼 받아들이기 어렵게
느껴지지 않을 것입니다. 하지만 클레이니아스님, 우리가 옳고 참되다
고 생각하는 것은 어떤 경우에도 말해야 합니다.

62 인구 과밀로 전염병이 발생할 수 있기 때문이다.

63 776b 참조.

클레이니아스 물론입니다.

780a **아테나이인** 공동체와 공공생활에서의 올바른 태도에 관해 국가에 법
률을 공표하고자 하는 사람이 사적인 일에서는 정작 그래야 하는 경
우에도 원칙적으로 강제력을 행사해서는 안 되며, 모든 사람은 매사
에 규제받는 대신 원하는 대로 하루하루를 살아갈 자유를 가져야 한
다고 생각한다고 가정해봅시다. 만약 그가 사생활을 그의 입법에서 제
외해도 시민들은 법률에 따라 자신들의 공공생활과 공동생활을 조정
하는 데 동의할 것으로 기대한다면, 그것은 착각입니다. 왜 이런 말을
b 하느냐고요? 우리는 갓 결혼한 신랑들이 더도 말고 덜도 말고 결혼하
기 전만큼 공동식사에 참여해야 한다고 주장하려 하기 때문입니다.
공동식사의 관습이 여러분 나라에 처음 도입되었을 때 사람들은 놀랐
을 것입니다. 아마도 전쟁이나 중대한 몇몇 위급 사태가 여러분에게 이
런 관습을 강요했겠지요. 여러분이 인구 부족 사태로 어려움을 겪고
있을 때 말입니다. 그러나 여러분이 마지못해 공동식사를 일단 시행해
c 보고는 이런 관습이 여러분의 안전에 크게 기여한다는 것을 알았습니
다. 그리하여 공동식사는 여러분 사이에서 제도화되었던 것입니다.

클레이니아스 아무튼 그런 것 같습니다.

아테나이인 내가 말했듯이 그것은 전에는 놀라운 관습이었고, 그런 관습을 강요하는 것을 우려하는 사람들도 있었을 것입니다. 그러나 입법자가 오늘날 그런 관습을 강요하려 한다면 그것은 그다지 어려운 일이 아닐 것입니다. 그러나 그것에 이어지는 다른 제도도 있는데, 그것이 어딘가에 존재한다면 탁월한 제도이겠지만 현재는 존재하지 않습

니다. 내가 말하려는 제도는 설명하기도 쉽지 않고 실행하기도 쉽지 않
아, 입법자가 아무리 공을 들여도 그의 노력은 속담 말처럼 "시루에 물 d
퍼붓기"가 될 것입니다.

클레이니아스 손님, 대체 무슨 말씀을 하시려고 그렇게 뜸을 들이시는
건가요?

아테나이인 여러분은 내 말을 들어보십시오. 우리가 이 문제로 공연히
많은 시간을 낭비하지 않도록 말입니다. 한 나라에서 법과 질서에 관
여하는 것은 모두 온갖 좋은 것을 가져다주지만, 질서가 없거나 질서
가 잘못 잡힌 것은 대개 질서가 잘 잡힌 다른 것들을 망쳐놓습니다. 이
원칙은 우리가 논의 중인 주제에도 적용됩니다. 클레이니아스님과 메 e
길로스님, 여러분은 어떤 신적인 필연에 의해 훌륭하고도 내가 말했듯
이 놀라운 제도를 갖고 있습니다. 남자들을 위한 공동식사 말입니다.
하지만 여러분이 법전에서 여자들을 위한 배려를 소홀히 하여 여자들 781a
을 위한 공동식사의 관습이 빛을 보지 못한 것은 아주 잘못된 것입니
다. 연약하기에 천성적으로 더 비밀스럽고 더 교활한 여성은 우리 인간
의 절반에 해당하는데도 입법자의 잘못된 양보 탓에 무질서한 상태
로 방치되어 있습니다. 이처럼 여성을 소홀히 한 탓에 여러분은 만약
법제화되었더라면 지금보다 훨씬 더 나아졌을 많은 것을 놓쳐버린 것
입니다. 여자들을 제멋대로 하도록 방임하는 것은 생각처럼 절반만 잃 b
는 것이 아닙니다. 미덕을 위한 자질에서 여성이 남성보다 열등한 그만
큼 여성은 남성보다도 더, 아니 두 배나 더 위험합니다. 그러니 우리가
이 점을 재고하고 바로잡아 우리의 모든 제도가 여자들과 남자들에게

다 같이 적용되게 하는 것이 국가의 행복을 위해 더 나을 것입니다. 하
지만 현재에는 불행히도 인류가 그런 경지에 이르지 못한 터라, 지각
c 있는 사람이라면 공동식사를 국가 차원에서 공적 제도로 인정하지 않
는 다른 지역들과 국가들에서는 그런 일을 언급조차 하지 않을 것입
니다. 그러면 어떻게 해야 여자들이 공개된 장소에서 먹고 마시도록 하
고도 웃음거리가 되는 것을 피할 수 있을까요? 여성은 그런 것은 결코
순순히 받아들이지 않을 것입니다. 여자들은 집안의 내밀한 곳에 숨
어 사는 버릇이 있어, 누가 자신들을 억지로 밝은 곳으로 끌어내려 하
d 면 심하게 반발할 것이며, 입법자도 그들을 감당하지 못할 것입니다.
그러니 여자들은 내가 말했듯이 다른 곳에서는 아우성을 치며 바른
말을 입 밖에 내지도 못하게 할 것이나, 이 나라에서는 아마 용납할 것
입니다. 그러니 정체에 관한 우리 논의가 이론적으로 완전하기를 바라
신다면, 나는 이 제도의 장점과 이점을 설명하고 싶습니다. 두 분께서
도 듣고 싶다면 말입니다. 듣고 싶지 않다면 그만두기로 합시다.

클레이니아스 아닙니다, 손님. 우리 두 사람은 설명이 듣고 싶어 안달이 날 지경입니다.

세 가지 본능적 욕구: 먹고 싶은 욕구, 마시고 싶은 욕구, 성적 욕구

아테나이인 그러면 들어보세요. 여러분이 보기에 내가 앞서 말한 것들
로 되돌아가 거기서부터 출발하는 것처럼 보이더라도 놀라지 마십시
e 오. 우리에게는 여가가 있고, 온갖 가능한 시각에서 입법 문제를 고찰
하지 못할 만큼 급한 일도 없으니까요.

클레이니아스 옳은 말씀입니다.

아테나이인 그러면 첫머리에서 말한 것[64]으로 되돌아가기로 합시다. 인류는 시작도 없었고 끝도 없을 것이며 늘 존재했고 언제까지나 존재할 것이거나, 아니면 처음 생긴 뒤로 헤아릴 수 없이 오랜 시간 존재했을 782a 것입니다. 그 정도는 삼척동자라도 알 수 있지요.

클레이니아스 물론입니다.

아테나이인 어떻습니까? 이 세상 곳곳에 국가들이 생겨나고 파괴되었고, 질서정연하거나 무질서한 온갖 관습이 받아들여졌으며, 마실 거리와 먹을거리에 대한 갖가지 욕구가 생겨났다고 우리는 생각하지 않습니까? 또한 계절이 다양하게 변하면서 생명체도 자연스레 수많은 b 변화를 겪었을 것입니다.

클레이니아스 왜 아니겠습니까?

아테나이인 어떤가요? 포도나무가 이전에는 없다가 어떤 시점에 나타났다고 우리는 믿지 않습니까? 올리브나무도 그렇고 데메테르와 코레의 선물[65]도 그렇고. 우리는 트립톨레모스[66]란 사람이 그런 것을 우리에게 전수했다고 믿지 않습니까? 그리고 이런 것이 존재하지 않던 때에

64 676b 이하 참조.

65 데메테르는 농업과 곡물의 여신이다. 코레(Kore '소녀')는 데메테르의 딸로 저승의 신 하데스(Hades)의 아내가 된 페르세포네의 다른 이름이다. '데메테르와 코레의 선물'이란 곡물을 뜻한다.

66 Triptolemos. 데메테르와 페르세포네를 기리는 엘레우시스(Eleusis) 비의(秘儀)와 농업의 창시자.

는 동물들이 지금처럼 서로 잡아먹었다고 생각해야 하지 않을까요?

클레이니아스 물론입니다.

c **아테나이인** 물론 우리는 인간 제물의 관습이 많은 부족 사이에 지금도
남아 있는 것을 봅니다. 하지만 듣자하니 다른 곳에서는 그와 반대되는
관습이 유행했고, 우리가 소고기를 먹을 엄두를 내지 못했으며, 신들에
게 바치는 제물이 동물이 아니라 케이크나 꿀에 잰 과일이나 그 밖의 다
른 정결한 제물이던 때가 있었습니다. 사람들은 고기를 먹거나 신들의
제단을 피로 더럽히는 것은 불경한 짓이라는 이유로 육식을 삼갔던 것
이지요. 그래서 당시 사람들은 혼이 없는 음식만 먹고 혼이 있는 것들은
d 일절 먹지 않음으로써 이른바 '오르페우스적'[67] 삶을 살았습니다.

클레이니아스 많은 사람이 그런 이야기를 하던데, 그럴듯하더군요.

아테나이인 하지만 내가 왜 지금 여러분에게 이 모든 것을 이야기하느냐고 누군가 물을 수 있을 것입니다.

클레이니아스 당연히 그렇게 생각할 수 있겠지요, 손님.

아테나이인 그렇다면 클레이니아스님, 내가 그다음 것들을 설명해보겠습니다.

클레이니아스 말씀하십시오.

아테나이인 내가 보기에 인간의 모든 행위는 세 가지 필요와 욕구에 달
려 있습니다. 올바로 교육받은 사람은 이런 본능들이 미덕으로 인도
e 할 테지만, 잘못된 교육을 받은 사람은 정반대로 인도할 것입니다. 인
간은 태어나는 순간부터 먹을거리와 마실 거리를 욕구합니다. 모든 동
물은 이런 욕구가 생길 때마다 본능적으로 충족시키고 싶어하는데,

그렇게 하고 싶은 열망이 가득 차면 몸의 즐거움에 대한 욕구를 충족시키는 것말고 다른 일을 하여 온갖 괴로움에서 벗어나도록 하라고 아무리 타일러도 귓등으로도 안 듣습니다. 가장 강한 세 번째 필요, 즉 우 783a
리가 가장 예민하게 느끼는 욕망[68]은 맨 마지막에 발동하는데, 그것은 바로 생식욕으로서 인간 안의 온갖 방종과 광기에 불을 지릅니다. 우리는 이 세 가지 병적인 본능을 최고의 즐거움이라고 불리는 것 대신 진정한 최고의 즐거움으로 인도해야 하며, 두려움과 법률과 참된 이성[69]이라는 세 가지 가장 강력한 수단으로 억제해야 합니다. 또한 우리는 그것들이 자라는 것을 억제하고 유입되는 것을 막기 위해 무사 b
여신들과 각종 경기를 주관하는 신들에게 도움을 청해야 합니다.

올바른 출산 (2)

결혼 다음에 출산을 논하고, 출산 다음에 양육과 교육을 논하기로 합시다. 우리 논의를 그런 순서로 진행하면 아까 공동식사의 문제에 접근했을 때처럼 각각의 개별 법률을 완성할 수 있을 것입니다. 우리가 시민들과 더 친해지다보면 그런 모임들이 남자들만을 위한 것이어야 하는지, 아니면 여자들을 위한 것이기도 해야 하는지 더 잘 볼 수 있을

67 오르페우스는 야수들도 감동시켰다는 그리스의 전설 속 가인이다. 그의 추종자들은 퓌타고라스(Pythagoras)의 추종자들처럼 혼의 윤회를 믿었기에 육식을 하지 않았다고 한다.

68 eros.

69 logos.

것이란 말입니다. 또한 우리가 아직도 법제화되지 않은 까닭에 지금은
c 우리에게 방해되는 것을 정돈하고 나면 우리는 그것에 의지해 방금 말
했듯이 공동식사의 성격을 더 정확히 꿰뚫어보고 공동식사에 적합하
고 합당한 법률을 더 잘 제정할 수 있을 것입니다.

클레이니아스 참으로 맞는 말씀입니다.

아테나이인 그러면 방금 말한 것들을 기억해둡시다. 그것들이 나중에 다 필요할지도 모르니까요.

클레이니아스 특히 어떤 것을 기억해두라고 말씀하시는 거죠?

아테나이인 우리가 세 가지 이름으로 구분한 세 가지 충동 말입니다. 우
리는 그것을 첫째 먹을거리에 대한 욕구라고 말했고, 둘째가 마실 거
d 리에 대한 욕구였으며, 셋째는 성적 욕구였습니다.

클레이니아스 손님, 아무튼 우리는 그대가 지금 말씀하시는 것들을 기억해두지요.

아테나이인 좋습니다. 그러면 신혼부부에게 그들이 어떻게 어떤 방법으로 출산해야 하는지 일러주도록 합시다. 만약 우리가 일러주는 대로 하지 않으면 우리는 그들을 몇 가지 법률로 위협할 것입니다.

클레이니아스 어떻게요?

아테나이인 신부와 신랑은 국가에 최대한 아름답고 가장 훌륭한 아이
e 를 낳아주겠다고 다짐해야 합니다. 함께 어떤 계획을 실천하는 사람
은 자신과 계획에 정신을 집중할 때에는 언제나 아름답고 훌륭한 결과
가 나오지만, 정신을 집중하지 못하거나 지성이 없을 때에는 정반대되
는 결과가 나옵니다. 따라서 신랑은 신부에게 그리고 아이 낳는 일에

정신을 집중해야 하고, 신부도 그래야 합니다. 그들에게 아직 아이가
생기지 않은 동안에는 특히 그래야 합니다. 이 일은 우리가 선발한 여 784a
인들이 감독할 것인데, 이들은 다수일 수도 있고 소수일 수도 있습니
다. 이들을 얼마나, 언제 임명할 것인지는 관리들이 결정할 일입니다.
이 여인들은 매일 하루의 3분의 1까지 에일레이튀이아[70]의 신전에 모
여야 하며, 모였을 때는 각자가 동료들에게 보고해야 합니다. 아이를
낳을 수 있는 나이의 남자나 여자가 제물을 바치며 결혼식을 올릴 때
자신에게 부과된 임무말고 다른 일에 정신이 팔려 있는 것을 목격했 b
을 때는 말입니다. 가임기 남녀의 출산과 이들을 감독하는 기간은 10
년이어야 하고 그 이상이어서는 안 됩니다. 아이가 많이 태어날 때는
말입니다. 그러나 어떤 부부가 이 기간이 지나도록 아이가 없다면 그
때는 양쪽 모두에게 유리한 조건에 대해 가족과 여자 감독관과 상의
한 뒤 이혼해야 합니다. 그러나 무엇이 양쪽 모두에게 적당하고 유리
한지에 대해 다툼이 생기면 10명의 법률 수호자를 중재자로 뽑아 이들 c
이 결정하고 지시하는 대로 따라야 합니다.

여자 감독관들은 젊은 사람들의 집에 들어가 훈계하기도 하고 위협하기도 하여 그들이 못된 짓과 어리석은 짓을 못하게 해야 합니다. 그래도 효과가 없을 경우 그들은 법률 수호자들에게 가서 이를 보고해야 하며, 그러면 이들은 단호한 조치를 취해야 합니다. 법률 수호자들

70 Eileithyia. 출산의 여신.

조차 어떻게 할 수 없을 때는 해당자의 이름을 게시하고 자기들은 아
d 무개 아무개를 개선할 수 없었다고 맹세함으로써 사건을 공표해야 합
니다. 이름이 게시된 사람이 법정에서 자신을 고발한 사람에게 승소하
지 못하면, 사람들은 그가 불명예스럽게도 결혼식과 출산 축하 잔치
에 참석하지 못하게 해야 합니다. 그래도 참석하면 원하는 사람은 누
구든 그를 주먹질로 응징하게 하되 그 일로 처벌받지 않게 해야 합니
다. 여자가 못된 짓을 하여 이름이 게시되고 법정에서 승소하지 못한
다면 그녀에게도 같은 규정이 적용되어야 합니다. 말하자면 그녀는 여
인들의 행렬과 여인들에게 주어지는 여러 가지 명예에서 배제되고 결
혼식과 출산 축하 잔치에 참석하지 못하게 해야 합니다.

간통

e 법률이 정한 대로 출산하기를 마친 뒤 남자가 다른 여자와 성관계를
맺거나 여자가 다른 남자와 성관계를 맺을 경우 상대가 아직 가임기에
있을 때는, 아직도 가임기에 있는 사람들을 위해 기술한 것과 같은 처
벌을 받아야 합니다. 가임기가 끝난 뒤에는 이 모든 점에서 절제하는
남자 또는 여자가 존경받게 하되, 문란하게 성관계를 맺는 사람은 정
785a 반대되는 평가를 받게, 아니 악평을 듣게 해야 합니다. 주민 대다수가
성생활에서 절도를 지킬 경우에는 그런 규정은 언급하거나 입법하지
말아야 합니다. 그러나 그들의 품행이 좋지 못하면 우리가 방금 제정
한 법률을 본떠 규정을 만들고 입법해야 합니다.

출생신고와 사망신고

각자에게는 첫 해가 삶 전체의 시작인 만큼, 모든 소년과 소녀의 출생
연도가 '출생'이란 제목 아래 가족 사당에 등록되어야 합니다. 또한 씨
족별로 하얗게 칠한 벽에 그 해에 연호를 제공하는 아르콘[71]들의 임기
를 죽 적게 합니다. 그리고 살아 있는 씨족 구성원 이름은 그 옆에 적 b
되, 사망자 이름은 삭제해야 합니다.

71 아르콘(archon '통치자'). 아르콘은 아테나이를 포함하여 대부분의 그리스 도시국가에서 사법권과 행정권을 가진 최고 관리에게 주어진 이름이다. 기원전 11세기경 왕정이 끝나면서 아테나이에서는 귀족계급에서 선출된 3명의 아르콘이 정부를 맡았는데, 이들의 임기는 처음에는 10년이었으나, 기원전 683년부터는 1년이었으며 기원전 487년부터는 추첨으로 임명되었다. 그중 아르콘 에포뉘모스(eponymos '이름의 원조')는 수석 아르콘으로, 그의 임기에 해당하는 해는 당시에는 널리 쓰이는 연호가 없어 '아무개가 아르콘이던 해'라는 식으로 그의 이름에서 연호를 따온 까닭에 그렇게 불린 것이다. 그는 주로 재산과 가족의 보호와 관련하여 광범위한 권한을 행사하며 판아테나이아 제(Panathenaia)와 디오뉘소스 제(Dionysia)를 주관했다. 기원전 7~6세기에는 이 관직을 차지하려고 정파끼리 치열한 각축전을 벌였지만 기원전 487년부터는 야심가들도 더이상 이 관직을 탐내지 않았다. 아르콘 바실레우스(basileus '왕')는 왕정 시대에 왕들이 주관한 여러 가지 종교적 임무를 수행했는데, 각종 비의와 레나이아 제(Lenaia) 등을 관장했으며 아레이오스 파고스(Areios pagos) 회의도 주관했다. 아르콘 폴레마르코스(polemarchos '장군' '대장')는 원래 군대를 지휘하는 일을 맡아보았으나, 아르콘들이 추첨으로 임명되기 시작한 기원전 487년부터는 군 지휘권이 장군(strategos)에게 넘어가면서 주로 아테나이 시민이 아닌 사람들에 관한 사법 업무를 맡아보았다. 기원전 7세기 들어 언젠가 3명의 아르콘에 6명의 테스모테테스(thesmothetes '입법관')가 추가되었는데 이들은 주로 각종 소송 업무를 주관했다. 기원전 6세기 초 솔론은 아르콘의 관직을 상위 두 재산등급에게만 개방했으나, 기원전 457년부터는 세 번째 재산등급에게도 개방되었다. 퇴직 아르콘들은 아레이오스 파고스 회의체의 종신 회원이 되었으나, 나중에 그들도 추첨으로 임명되면서 정치적 영향력을 상실했다.

연령 제한

여자는 길게 잡아서 16세에서 20세 사이에 결혼하고, 남자는 30세에서 35세 사이에 결혼해야 합니다. 여자는 40세부터, 남자는 30세부터 관직에 취임할 수 있습니다. 남자의 군복무 기간은 20세에서 60세까지입니다. 여자들은 군복무가 꼭 필요하다고 생각될 경우 출산을 마친 뒤부터 50세까지 복무하게 하되, 저마다 실행할 수 있고 적성에 맞는 임무가 주어져야 합니다.

제7권

제12부 교육

성문법과 불문율 (1)

아테나이인 이제 남자아이들과 여자아이들이 태어났으니 다음에는 788a
그들의 양육과 교육에 관해 논의하는 것이 가장 합리적일 것입니다.
이에 관해 언급하지 않고 그냥 넘어간다는 것은 있을 수 없는 일입니
다. 하지만 우리가 이를 입법하기보다는 일종의 가르침이나 조언으로
말해두는 것이 더 좋을 것 같습니다. 가정생활이라는 사적 영역에서
는 모두에게 드러나지 않는 사소한 일들이 많이 일어나기 때문입니다.
이것들은 각자의 괴로움과 즐거움과 욕구에서 생기기에 입법자의 조 b
언과 배치될 수 있으며 시민들이 서로 다른 성향을 갖게 할 수도 있으
니까요. 이는 나라에는 나쁜 것입니다. 이런 일들은 사소하고 잦은 까
닭에 법률로 처벌하는 것은 적절하지 않지만, 사람들이 사소한 일들
에서 법을 어기는 버릇이 들면 성문법까지도 훼손하는 경향이 있기 때 c
문입니다. 그래서 그런 점들에 관해 입법까지는 어렵다 해도 언급하지
않고 그냥 넘어갈 수는 없습니다. 우선 내 말이 무슨 뜻인지 예를 들어

설명해보겠습니다. 지금은 내 말뜻이 애매모호한 것 같으니까요.

클레이니아스 참으로 맞는 말씀입니다.

태교

아테나이인 모든 점에서 올바른 양육은 몸과 혼을 최대한 아름답고 훌륭하게 만들 수 있음을 보여주어야 한다고 말한다면 그것은 아마도 맞는 말이겠지요.

클레이니아스 물론입니다.

d **아테나이인** 아이들의 몸을 가장 아름답게 만들려면 아이들이 아주 어려서부터 최대한 똑바르게 자라야 한다고 나는 생각합니다.

클레이니아스 물론입니다.

아테나이인 어떻습니까? 우리가 보건대 모든 동물의 초기 성장 단계가 가장 왕성하고 가장 빠르지 않습니까? 그래서 많은 사람이 인간의 경우, 5세 이후 20년 동안 자란 것이 처음 5년 동안 자란 것의 두 배가 못 된다고 주장하는 것입니다.

클레이니아스 맞습니다.

789a **아테나이인** 어떻습니까? 적당한 운동을 자주 하지 않고 빨리 자라는 것은 몸에 수많은 해악을 끼친다는 것을 우리는 알지 않습니까?

클레이니아스 물론 알지요.

아테나이인 그러면 몸에 최대의 영양분이 공급될 때 가장 많은 운동이 필요합니다.

클레이니아스 어떻습니까, 손님? 우리는 정말로 갓난아이나 어린아이에게 가장 많은 운동을 처방하자는 것인가요?

아테나이인 그게 아니라, 더 일찍 처방하자는 것입니다. 그들이 어머니의 자궁 안에서 영양분을 공급받을 때 말입니다.

클레이니아스 손님, 그게 무슨 말씀이죠? 태아에게 그렇게 하자는 것인가요?

아테나이인 그렇습니다. 여러분이 태아 운동에 관해 모르신다 해도 전 b
혀 놀랄 일이 아닙니다. 이상한 주제이기는 하지만 여러분에게 설명해
보고 싶습니다.

클레이니아스 물론 그러셔야지요.

아테나이인 그런 것이라면 많은 사람이 필요 이상으로 체육 경기를 하
는 아테나이에서 더 쉽게 이해할 수 있을 것입니다. 그곳에서는 소년들
뿐만 아니라 어른들도 어린 새[1]를 키워 서로 싸움을 붙입니다. 하지만
그들은 새들에게 서로 싸움을 붙임으로써 적절한 운동량을 제공한 c
다고는 꿈에도 생각지 못합니다. 이에 더하여 각자는 새들을 작은 것
은 주먹 안에, 큰 것은 겨드랑이 밑에 끼고 많은 스타디온을 산책합니
다. 자신들의 건강을 위해서가 아니라 이들 동물의 몸 상태가 좋아지
게 하려고 말입니다. 그럼으로써 그들은 이해력이 있는 사람에게 이런
사실을 보여줍니다. 자신의 노력으로 움직이든 아니면 탈것이나 배나 d
말이나 그 밖의 다른 운반체에 실려 이동하든 모든 몸에게 온갖 종류

1 아테나이인들은 특히 메추라기들끼리 싸움 붙이기를 좋아했다.

의 운동과 흔들림은 유익하고 기운 나게 해주며, 그리하여 이런 것들
은 모두 몸이 먹은 것과 마신 것을 소화할 수 있게 해줌으로써 우리를
건강하고 아름답고 강하게 만들어준다는 것 말입니다. 이 모든 점을
e 고려할 때 우리는 우리의 다음 과제는 무엇이어야 한다고 말할 수 있
을까요? 여러분은 우리가 웃음거리가 되는 한이 있어도 임신부는 산
책을 해야 하고 아이가 태어나면 아직 말랑말랑한 동안 밀랍처럼 주
물러야 하며 두 살이 될 때까지는 포대기에 싸서 키워야 한다는 취지
의 법률을 제정하기를 원하십니까? 보모들에게는 그러지 않으면 벌금
을 물리겠다며 아이들을 늘 안거나 싣고 야외나 신전이나 친척집에 다
니도록 강요할까요? 아이들이 제 발로 설 수 있을 때까지는 말입니다.
그때도 보모들은 아이들의 어린 사지가 너무 큰 압력을 받아 뒤틀리
790a 는 일이 없도록 조심하고 세 살이 다 될 때까지는 계속해서 안거나 싣
고 다녀야 하나요? 보모는 힘이 세야 하고, 여러 명이 있어야 하나요?
또한 우리는 이런 법규를 어길 때마다 벌금을 물도록 명문화해야 하나
요? 천만의 말씀. 그러면 방금 내가 말한 일이 더 많이 일어날 겁니다.

클레이니아스 그게 어떤 것이지요?

아테나이인 우리가 세상의 웃음거리가 되는 것 말입니다. 게다가 보모도 여자이고 노예인지라 우리 말을 고분고분 듣지 않을 것이고요.

클레이니아스 그러면 우리는 왜 이런 것들을 논의해야 한다고 주장했지요?

아테나이인 이런 이유에서지요. 나라의 주인과 자유민은 보모와는 성
b 격이 다른 만큼 혹시 우리 논의를 듣고는 사생활이 제대로 조정되지

않을 경우, 공동체의 법적 기반이 튼튼해지기를 기대한다는 것은 어리
석은 짓이라는 올바른 결론에 이를까 싶어서죠. 이것을 아는 사람이
라면 우리가 방금 제안한 것들을 자진하여 법률로 받아들일 것이며,
일단 받아들이면 가정과 국가를 잘 다스려 행복해질 것입니다.

클레이니아스 아주 일리 있는 말씀입니다.

아테나이인 하지만 이런 종류의 입법을 아직은 중단하지 맙시다. 우리 c
는 이왕 아이들의 몸에 관해 논의하기 시작했으니, 같은 방식으로 접
근하여 아이들의 혼을 어떻게 형성해야 하는지 설명해보기로 합시다.

클레이니아스 좋은 생각입니다.

운동의 중요성. 야단법석을 떠는 의식

아테나이인 그러면 다음은 몸과 혼에 다 적용되는 기본 원리로 받아들
이기로 합시다. 갓난아이에게는 양육과 운동이 가능하다면 낮에도
밤에도 내내 지속되어야 합니다. 가능하다면 늘 배를 타고 있는 것처
럼 사는 것이 모두에게, 특히 갓난아이에게 유익하기 때문입니다. 그 d
러나 그것이 불가능하다면 우리는 갓난아이가 이와 가장 가까운 상태
에 있게 해주려고 노력해야 합니다.

같은 결론을 이끌어낼 수 있는 또 다른 증거가 있는데, 바로 어린아이의 보모와 코뤼반테스[2] 병에 걸린 자를 치유하는 여인들도 경험을 통해

2 Korybantes. 퀴벨레(Kybele) 여신의 사제들로 그들은 피리 반주에 맞춰 미친 듯이 춤추었다고 한다. 피리에 관해서는 2권 주 38 참조.

이런 치료법[3]을 배우고 그 가치를 알게 되었다는 것입니다. 그래서 어
머니가 쉬 잠들지 못하는 아이를 재우고 싶으면 아이가 가만히 있게
e 내버려두지 않고 오히려 움직이게 합니다. 말하자면 어머니는 아이를
계속해서 안고 어릅니다. 말없이 그러는 것이 아니라 가락을 흥얼거리
면서 말이지요. 그리하여 어머니는 춤과 음악이 결합된 치료제를 사
용하여 말 그대로 아이를 호려 잠재웁니다. 마치 피리 연주가 신들린
박코스[4] 여신도들을 호리듯이 말입니다.

클레이니아스 그러면 손님, 이 모든 것의 주된 원인은 무엇이라고 생각해야 합니까?

아테나이인 그걸 아는 것은 그다지 어렵지 않습니다.

클레이니아스 왜 그렇습니까?

아테나이인 이 두 상태는 일종의 두려움일 것인데, 두려움은 혼의 나쁜
791a 습성에서 비롯됩니다. 누가 그런 상태를 외부로부터 흔들어주면 이런
외부로부터의 운동은 두려움과 광기라는 내적인 움직임을 제압함으로
써 혼 안에 차분하고 평온한 감정이 일게 하여 이것이 저마다 거칠어진
심장 박동을 가라앉혀줍니다. 그 결과는 아주 만족스럽습니다. 그것은
쉬 잠들지 못하는 아이들이 잠들게 해주고, 깨어 있는 신들린 자들이
피리 반주에 맞춰 춤추게 됨으로써 광란 뒤에 다시 정신 건강을 회복하
b 게 해줍니다. 저마다 좋은 전조를 위해 제물을 바치는 신들의 도움으로
말입니다. 이런 설명은 간단하지만 충분히 설득력이 있습니다.

클레이니아스 물론입니다.

아테나이인 그런데 이런 조치들에 그런 힘이 있다면, 앞서 언급한 사람

들의 경우 이런 점에도 유의해야 합니다. 아주 어려서부터 두려움 속에서 자란 혼은 누구보다도 소심해지기 쉬울 것이라는 점 말입니다. 그리고 이것은 누구나 용기를 기르는 것이 아니라 비겁을 기르는 것이라고 주장할 것입니다.

클레이니아스 왜 아니겠습니까?

아테나이인 반대로 우리는 어려서부터 용기를 기르는 것은 우리에게 c
닥친 두려움과 공포를 극복하는 것이라고 주장할 것입니다.

클레이니아스 옳은 말씀입니다.

아테나이인 그러면 우리는 지속적인 운동으로 어린아이를 훈련시키는 것은 혼의 미덕의 한 부분을 계발하는 데 크게 기여한다고 말할 수 있을 것입니다.

클레이니아스 물론입니다.

어린아이는 얼마나 기분이 좋아야 하는가

아테나이인 또한 기분이 좋으냐 나쁘냐 하는 것은 혼의 성격이 좋으냐 나쁘냐를 결정하는 두드러진 요인일 것입니다.

클레이니아스 왜 아니겠습니까?

아테나이인 그러면 어떻게 해야 이 두 성질 가운데 우리가 원하는 것을 d
아이가 태어나자마자 심어줄 수 있을까요? 또한 어떻게 해야 그리고

3 동종 치료법.

4 Bakchos. 주신 디오뉘소스의 다른 이름.

어느 정도까지 우리가 그 성질들을 마음대로 할 수 있는지 설명해야 할 것입니다.

클레이니아스 왜 아니겠습니까?

아테나이인 나는 사치가 아이의 성격을 까다롭고 화를 잘 내고 사소한 일에 격하게 반응하게 만든다고 생각하는 사람입니다. 반대로 지나치고 야만적인 억압은 아이를 비굴하고 자유민답지 않고 사람을 싫어하게 만들며 공동체의 구성원으로서 부적합하게 만듭니다.

e **클레이니아스** 그러면 아직 말뜻도 알아듣지 못하고 어떤 교육도 받지 않은 아이를 나라가 어떻게 양육해야 합니까?

아테나이인 대략 이렇게 해야겠지요. 갓 태어난 동물은 그 순간부터 곧바로 소리를 내지르는데, 특히 인간 종족이 그렇습니다. 인간은 소리를 지를뿐더러 다른 동물보다 울기도 잘하니까요.

클레이니아스 물론입니다.

아테나이인 그래서 보모는 아이가 무엇을 원하는지 알고 싶으면 무
엇인가를 제공했을 때 아이가 나타내는 이런 감정 표현으로 판단합니
792a 다. 보모는 무엇인가를 줄 때 아이가 잠자코 있으면 옳게 제공하는 것
이고, 아이가 울면서 소리를 지르면 잘못 제공하는 것이라고 여기니
까요. 이렇듯 아이는 자신이 무엇을 좋아하고 무엇을 싫어하는지 울
음소리와 고함소리로 알리는데, 이것은 결코 좋은 전조가 아닙니다.
이 기간은 3년 이상 지속되는데, 그것은 인생의 작지 않은 부분을 나
쁘게 (또는 좋게) 보내는 것이죠.

클레이니아스 옳은 말씀입니다.

아테나이인 성격이 까다롭고 상냥하지 못한 사람은 대개 훌륭한 사람이 그래야 하는 것 이상으로 불평과 불만으로 가득 차 있을 것이라고 b 두 분은 생각하지 않습니까?

클레이니아스 나는 그렇다고 생각합니다.

아테나이인 어떻습니까? 우리가 기르는 아이가 생후 3년 동안에 괴로움과 두려움과 일체의 고통을 되도록 적게 느끼도록 하려고 최선을 다한다면 이렇게 기른 아이의 혼은 더 쾌활하고 상냥해질 것이라고 기대할 수 있지 않을까요?

클레이니아스 분명 그럴 것입니다, 손님. 특히 우리가 기르는 아이에게 누가 많은 즐거움을 제공한다면 말입니다. c

아테나이인 클레이니아스님, 그 점에서는 그대에게 동의하고 싶지 않습니다. 우리가 볼 때 그렇게 하는 것은 아이를 심하게 망쳐놓을 것이기 때문입니다. 그런 일은 매번 양육의 맨 첫 단계에서 일어나니까요. 하지만 우리가 하는 말이 옳은지 살펴보기로 합시다.

클레이니아스 무슨 뜻인지 말씀해주세요.

아테나이인 내 말뜻은 우리는 지금 아주 중요한 주제를 논의하고 있다는 겁니다. 그러니 메길로스님, 그대도 이 문제를 고찰해보고 우리가 판단할 수 있도록 도와주십시오. 내 주장은 이렇습니다. 바른 삶은 즐거움을 추구하는 것도 괴로움을 전적으로 피하는 것도 아니며, 그 중용[5] d

5 meson.

에 만족하는 것입니다. 나는 조금 전에 그런 심적 상태를 상냥함이라
고 불렀는데, 이것이야말로 바로 우리가 말하는 신의 심적 상태입니
다. 그리고 신탁의 말씀들로 미루어 헤아리건대, 그것은 일리 있는 추
측입니다. 단언컨대 우리 가운데 한 사람이 신처럼 살기를 열망한다
면 그는 이런 심적 상태에 이르려고 노력해야 합니다. 그는 그럼으로
써 괴로움에서 벗어나리라고 믿고 즐거움에 탐닉해서도 안 되고, 남녀
e 노소를 불문하고 남도 그렇게 행동하도록 용인해서는 안 됩니다. 특히
갓난아이에게는 되도록 그래서는 안 됩니다. 이때는 누구에게나 성격 전
체가 습관을 통해 가장 효과적으로 뿌리내리기 때문입니다. 나아가 내
가 농담하는 것으로 여겨지지만 않는다면, 모든 여자 중에서도 임신
부에게 임신 중인 그 해에는 각별히 신경을 쓰라고 말하고 싶습니다. 임
신부가 임신 기간 내내 상냥하고 쾌활하고 온화한 몸가짐을 존중하는
대신 수많은 무절제한 즐거움이나 괴로움에 탐닉하지 못하도록 말입
793a 니다.

클레이니아스 손님, 우리 둘 중에 누가 옳은 말을 했는지 메길로스님에게 물어볼 필요는 없습니다. 나는 모든 사람이 극단적인 괴로움과 즐거움은 피하고 언제나 중용을 지켜야 한다는 그대의 말씀에 동의하니까요. 그대는 옳은 말씀을 하셨을뿐더러 내게서 옳은 대답을 들으신 것입니다.

아테나이인 참으로 옳은 말씀입니다, 클레이니아스님. 그것들에 이어 다음도 우리 셋이서 고찰하기로 합시다.

클레이니아스 그게 뭐죠?

불문율의 의미

아테나이인 우리가 지금 상세히 다루는 것은 모두 대중이 '성문화되지
않은 관습법'이라고 부르는 것에 속합니다. 그리고 이런 것은 모두 바 b
로 대중이 '조상 전래의 관습법'이라고 부르는 것입니다. 또한 그것을
법률이라고 불러도 안 되고, 언급하지 않은 채 그냥 넘어가도 안 된다
는 취지의 조금 전 우리의 결론도 옳은 것이었습니다. 그것들은 모든
정체의 노끈으로서 이미 성문화되고 입법화된 모든 법률과 앞으로 제
정될 법률을 연결해주기 때문입니다. 그것은 조상 전래의 아주 오랜
관습법과도 같아서 올바로 도입되어 습관화되면 기존의 성문법을 감 c
싸고 보호해줍니다. 그러나 그것들이 정도(正道)에서 벗어나면, 가운
데가 휘는 건물의 버팀목처럼 건물 전체를 차례차례 무너지게 합니다.
옛 기초가 무너지면서 버팀 기둥도, 나중에 그 위에 아름답게 지은 것
도 함께 무너져 내리는 것이지요. 클레이니아스님, 우리는 이런 점을
명심하고 갓 태어난 그대의 나라를 한데 꽁꽁 묶어야 합니다. 그리고
'법률'이든 '관습'이든 '제도'이든 대소 불문하고 하나도 빠뜨리지 않
도록 최선을 다해야 합니다. 이런 것들에 의해 국가는 한데 묶이고, 이 d
런 것들은 서로 의존할 때에만 지속되는 법입니다. 따라서 자질구레해
보이는 수많은 관습이나 관행이 흘러들어 와 우리 법전이 더 길어지더
라도 놀랄 일이 아닙니다.

클레이니아스 옳은 말씀을 하시니, 우리는 이를 명심하겠습니다.

조기 교육

e **아테나이인** 남자아이 또는 여자아이가 3세가 될 때까지 누가 이런 규
정을 정확하고 체계적으로 지킨다면 어린아이의 양육에 적잖은 도움
이 될 것입니다. 3세에서 6세까지 아이의 혼은 놀이를 원합니다. 이때
는 아이가 응석 부리는 것을 막기 위해 벌을 주어야 하지만 모욕감을
느끼게 해서는 안 됩니다. 우리는 노예와 관련하여 처벌받은 자가 원
한을 품도록 모욕적인 벌을 주어서도 안 되고, 처벌하지 않음으로써
794a 나쁜 버릇을 들이게 해서도 안 된다고 말했는데,[6] 이는 당연히 자유민
에게도 적용되어야 합니다. 이 나이의 아이들을 위한 놀이는 대부분 아
이들이 함께 모였을 때 스스로 찾아냅니다. 3세가 되자마자 아이들은
6세가 될 때까지 마을 신전에 모여야 하는데, 이는 각 마을의 아이들이
한곳에 모이는 것입니다. 이 아이들의 행실이 바른지 그른지는 보모가
감독해야 합니다. 보모들과 이들이 감독하는 아이들 집단 전체는 그런
b 목적으로 미리 선발된 12여인 중 1명이 한 집단을 1년 동안 돌보도록 배
정할 것인데, 법률 수호자가 이들을 배정합니다. 12여인은 결혼을 감독
하는 여인들[7]이 선발하되 자신들과 같은 또래를 각 부족에서 한 명씩
뽑아야 합니다. 이렇게 배정된 여인은 의무적으로 날마다 신전을 찾아
가 불의한 짓을 하는 자를 벌주되 상대가 남녀 노예이거나 외국인 남
c 녀일 때는 나라의 노예를 시켜 처벌해도 됩니다. 그러나 상대가 시민일
경우 처벌에 이의를 제기하면 재판받기 위해 도성 감독관 앞으로 데려
가야 하지만, 이의를 제기하지 않으면 자신이 직접 처벌해도 됩니다.

소년과 소녀가 6세가 되면 자리를 같이해서는 안 되고 소년은 소년

들과, 소녀는 소녀들과 소일해야 합니다. 이때는 소년들도 소녀들도 배
움에 들어서야 하는데, 남자아이들은 승마, 궁술, 투창, 투석 교사들
에게 가야 하고, 여자아이들도 동의할 경우, 특히 무기를 다루는 기본 d
지식을 배워두어야 합니다. 이 분야에서 지금 보편화된 관행이 편견에
근거한다는 것을 아는 사람은 사실상 아무도 없기에 하는 말입니다.

클레이니아스 그게 어떤 관행인가요?

양손잡이

아테나이인 손과 관련해서 오른쪽과 왼쪽이 본성적으로 서로 다른 특
정 활동에 적합하다는 믿음 말입니다. 두 발과 두 다리는 분명 기능상
아무런 차이가 없으니까요. 그러나 손에 관한 한 우리는 보모들과 어 e
머니들의 어리석음 탓에 모두 한쪽을 제대로 못 쓰게 되었습니다. 양
쪽 사지의 타고난 자질은 사실상 균형을 이루는데, 우리 자신이 올바
로 사용하지 않음으로써 습관을 통해 서로 다르게 만든 것입니다. 물
론 왼손으로 뤼라를 쥐고 오른손으로 채를 쥐는 등 그다지 중요하지
않은 행위들에는 그렇게 되어도 문제될 게 없습니다. 하지만 굳이 그럴
필요가 없는 경우에도 이런 본보기들을 따라 하는 것은 사실상 어리 795a
석은 짓입니다. 이 점은 스퀴타이족[8]의 관행이 잘 보여주는데, 그들은

6 777d 참조.

7 784a 참조.

8 Skythai. 흑해 북안에서 남(南)러시아에 걸쳐 거주하던 기마 유목민족.

활짱을 밀어내는 데 왼손을 쓰고 시위에 화살을 끼우는 데 오른손만 쓰는 것이 아니라, 두 동작에 양손을 똑같이 사용합니다. 이를테면 전차를 몰 때나 그 밖의 활동들에서 우리는 그와 비슷한 예를 많이 볼 수 있는데, 거기에서 우리는 왼손을 오른손보다 더 약하게 만드는 사람은 자연에 반하는 짓을 하고 있다는 것을 알 수 있습니다.

b 앞서 말했듯이, 뿔로 된 채나 유사한 도구들의 경우에는 별로 문제될 게 없습니다. 그러나 전쟁에서 활과 투창 등의 철제 무기를 사용해야 할 때는 큰 차이가 나며, 중무장에 중무장으로 맞서야 할 때는 엄청난 차이가 납니다. 이런 것을 배운 사람과 배우지 않은 사람 사이에는, 그리고 훈련된 전사와 훈련되지 않은 전사 사이에는 큰 차이가 나는 법입니다. 완벽하게 훈련된 팡크라티온[9] 선수나 권투 선수나 레슬링 선수는 왼쪽으로도 싸울 수 있으며, 그래서 그가 방향을 바꾸어 다른 쪽에서 싸우도록 상대편이 강요하면 절름발이처럼 비틀거리지 않고
c 균형을 유지합니다. 마찬가지로 무기를 사용할 때나 그 밖의 활동을 할 때도 같은 원칙이 적용되어야 한다고 보아야 할 것입니다. 말하자면 두 조(組)의 사지를 갖고 있다면 공격과 방어를 위해 가능하다면 그중 어느 것도 놀리거나 훈련되지 않은 상태로 두어서는 안 됩니다. 누가 게뤼오네스나 브리아레오스[10]의 몸을 갖고 태어난다면 100개의 손으로 100개의 투창을 던질 수 있어야 합니다. 이 모든 것을 감독하는 일
d 은 남녀 관리에게 맡겨야 하는데, 여자 관리는 놀이와 양육을, 남자 관리는 학습을 감독해야 합니다. 모든 소년과 소녀가 양발과 양손을 다 잘 쓰고, 타고난 소질을 습관 때문에 망치는 일이 없도록 말입니다.

체력 단련 (1)

학습은 사실상 두 범주로, 즉 몸을 위한 체력 단련과 혼의 훌륭함을 목표로 하는 시가 교육으로 나눌 수 있을 것입니다. 또한 체력 단련은 춤과 레슬링으로 나눌 수 있습니다. 그런데 춤의 한 종류는 품위 있고 자 e
유민다운 자세를 유지하며 무사 여신의 말씀을 모방하는 것이고, 다른 종류는 건강과 민첩성과 아름다움을 목표로 합니다. 이 경우 사람들은 사지와 신체 부분을 알맞게 굽히고 펴는 데 몰두합니다. 사지와 신체의 부분이 나름대로 우아하게 움직이다가 그 우아함이 춤 전체에 전파되고 주입되도록 말입니다. 안타이오스와 케르퀴온이 쓸데없 796a
는 경쟁심에서 도입한 레슬링 기술이나, 에페이오스와 아뮈코스[11]가

9 pankration. 레슬링과 권투가 합쳐진 자유형 격투기.

10 Geryones 또는 Geryon 또는 Geryoneus. 먼 서쪽에 있는 에뤼테이아 섬에 살며 허리 부분에서 몸통과 머리가 세 부분으로 나뉘었다는 괴물이다. Briareos. 100개의 손을 가진 거한이다.

11 안타이오스(Antaios)는 포세이돈의 아들로 지나가는 나그네에게 레슬링 시합을 강요하여 자기에게 지면 모두 죽였다. 그는 대지에 몸이 닿아 있는 동안에는 죽지 않게 되어 있었는데 헤라클레스가 그를 공중으로 들어올려 압살했다고 한다. 케르퀴온(Kerkyon) 역시 포세이돈의 아들로 레슬링에 발을 쓰는 기술을 도입했다고 한다. 그도 지나가는 나그네에게 레슬링 시합을 강요하여 지면 모두 죽였으나, 테세우스에게 패해 죽임을 당했다. 에페이오스(Epeios)는 트로이아 목마를 만든 이로서, 파트로클로스(Patroklos)의 장례 경기 때 권투에서 우승했다(『일리아스』 23권 668행 참조). 아뮈코스(Amykos)는 포세이돈의 또 다른 아들로 지나가는 나그네에게 권투 시합을 강요하여 자기에게 지면 모두 죽였으나 아르고 호 선원(Argonautes) 중 한 명인 폴뤼데우케스(Polydeukes 라/Pollux)에게 져서 죽임을 당한다. 권투 시합 때 주먹에 감는 가죽 띠는 그가 고안한 것이라고 한다.

개발한 권투 기술은 전투에서 싸울 때는 아무 쓸모가 없으므로 찬사
를 받을 자격이 없습니다. 그러나 목과 손과 옆구리를 풀려나게 하는,
정상적인 레슬링 훈련은 힘과 건강을 위해 경쟁심에서 우아한 자세로
하는 만큼 매우 유익하므로 결코 소홀히 해서는 안 됩니다. 따라서 우
b 리가 입법의 이 대목에 이르면 가르칠 사람과 배울 사람에게 일러주어
야 합니다. 가르칠 사람은 호의를 가지고 이런 것들을 빠짐없이 전수하
고, 배울 사람은 감사하는 마음으로 받아들이라고 말입니다.

또한 우리는 모방할 가치가 있는 합창가무단 공연을 언급하지 않고
그냥 넘어가서는 안 됩니다. 이곳 크레테에서 볼 수 있는 쿠레테스들
의 무장 놀이와 라케다이몬에서 볼 수 있는 디오스쿠로이들[12]의 무장
놀이가 거기에 속합니다. 또한 아테나이에서는 우리의 처녀 여주인[13]
c 이 합창가무단의 공연이 마음에 들어, 맨손으로 춤추어서는 안 되고
완전 무장한 채 춤추어야 한다고 생각했습니다. 우리 소년 소녀는 여
신이 보여준 본보기를 진심을 다해 모방하고, 그녀가 준 선물[14]을 소
중히 여겨야 합니다. 그것은 전쟁에도 축제에도 유용하니까요. 소년들
은 어려서부터 군복무를 할 나이가 되기 전까지 어떤 신을 찬양하기
위해 행렬을 지어 행진할 때마다 언제나 무장을 하고 말을 타야 하며,
신들과 신들의 아들들에게 탄원할 때는 때로는 빠른 걸음으로 때로는
d 느린 걸음으로 춤추며 나아가야 합니다. 경연과 예비 경연도 어떤 목
적이 있다면 바로 이런 목적들[15]을 위해 치러져야 합니다. 이런 것들은
전시에도 평화 시에도, 국가를 위해서도 개인의 가정을 위해서도 유용
하기 때문입니다. 다른 종류의 체력 단련은 놀이를 위한 것이든 진지

한 목적을 위한 것이든 자유민이 할 것이 못 됩니다.[16]

메길로스님과 클레이니아스님, 내가 대화의 첫머리에서[17] 설명할 필요가 있다고 말한 체력 단련에 관해서는 이제 사실상 다 설명했으니, 이상으로 완결된 걸로 합시다. 여러분이 이보다 더 좋은 체력 단련 방법을 알고 있다면 우리가 공유하도록 말씀해주십시오. e

클레이니아스 손님, 그대가 말씀하신 것을 제쳐두고 체력 단련과 경연에 관해 그보다 더 좋은 제안을 하기는 쉽지 않을 것입니다.

교육 개혁의 위험

아테나이인 다음 주제는 아폴론과 무사 여신들의 선물들입니다. 아까는 우리가 이 주제는 모두 논의했으니 논의 대상으로는 체력 단련만

12 제우스의 아버지 크로노스는 자신이 자기 자식 중 한 명에 의해 축출될 운명임을 알고 자식이 태어나는 족족 삼켜버린다. 그러나 제우스가 크레테 섬에서 태어났을 때 그의 어머니 레아는 크로노스에게 아기 대신 돌멩이를 포대기에 싸서 건네주고, 아기는 크레테 섬의 한 동굴에 감춰두고는 자신의 시종인 쿠레테스들(Kouretes)을 시켜 아기를 돌보게 한다. 그러자 쿠레테스들이 아기의 울음소리가 크로노스에게 들리지 않도록 아기 주위에서 춤추며 창으로 방패를 요란하게 두드렸다고 한다. 디오스쿠로이들(Dioskouroi '제우스의 아들들')이란 백조로 변신한 제우스와 스파르테 왕비 레다(Leda) 사이에서 태어난 쌍둥이 형제 카스토르(Kastor)와 폴뤼데우케스를 말한다.

13 아테나이의 수호 여신 아테나(Athena).

14 완전 무장한 채 추는 춤.

15 전쟁에서의 유용성과 축제에서의 유용성.

16 633b~c 참조.

17 673a~b 참조.

남아 있다고 생각했습니다.[18] 하지만 지금은 빠뜨린 것이 상당수 있는데, 그것들을 맨 먼저 말해야 한다는 것이 분명해졌습니다. 그러니 그것들을 순서대로 논의하기로 합시다.

클레이니아스 당연히 논의해야지요.

797a **아테나이인** 그러면 여러분은 내 말을 들어보십시오. 앞서 이미 들으셨지만 말입니다. 이처럼 이상하고 익숙하지 않은 것은 말하는 사람이나 듣는 사람이나 각별히 조심해야 하는데, 지금의 경우가 그렇습니다. 나는 많은 사람이 입 밖에 내기를 두려워할 법한 말을 하려고 하니까요. 하지만 나는 용기를 내어 물러서지 않을 것입니다.

클레이니아스 손님, 지금 말씀하시는 것이 대체 어떤 것인가요?

아테나이인 아이들의 놀이야말로 제정된 법률이 존속할지 못할지를 결정하는 주된 요인이라는 것을 아는 사람은 모든 나라에 한 명도 없
b 다고 주장하고 싶군요. 여러분이 아이들의 놀이 방식을 통제할 수 있고, 같은 아이들이 언제나 같은 조건과 같은 상태에서 놀이를 하며 같은 놀이기구에 의해 마음이 즐거워진다면, 그들은 진지한 의도로 제정된 법규도 존속하도록 가만히 내버려둘 것입니다. 그러나 놀이는 언제나 변하고 계속해서 바뀌고 새로운 것이 발명되며, 젊은 세대가 같은 놀이에 열광하는 일은 결코 없습니다. 그들에게는 몸가짐이나 다른 소유물에서 무엇이 적절하고 무엇이 적절하지 않은지에 대해 일치된
c 지속적인 기준이 없고, 그들은 언제나 개혁하거나 형태와 색채 등과 관련하여 관습을 따르지 않는 것들을 도입하는 사람을 특히 존경합니다. 사실 국가에 이런 사람보다 더 큰 위협은 없다고 말해도 결코 지

나친 표현이 아닙니다. 그는 옛것을 경멸하고 새것을 존중하게 만듦으로써 젊은이들의 성격을 은밀히 변화시키니까요. 되풀이하여 말하거니와, 모든 국가에 그런 말과 사고방식보다 더 큰 해악은 없습니다. 여러분은 그 해악이 얼마나 큰지 내 말을 들어보십시오.

클레이니아스 사람들이 나라 안의 옛것에 불평을 늘어놓는 것을 말씀 d
하시는 건가요?

아테나이인 물론입니다.

클레이니아스 보시면 아시겠지만, 그런 말씀이라면 우리는 귓등으로 흘리지 않고 마음을 열고서 들을 것입니다.

아테나이인 그러겠지요.

클레이니아스 그러니 말씀 계속하십시오.

아테나이인 그러면 자, 우리는 이 주장을 평소보다 더 귀담아듣고, 이를 서로에게 설명할 때도 더 주의를 기울이도록 합시다. 우리는 나쁜 것을 제외하고는 모든 것의 변화가 더없이 위험하다는 것을 발견하
게 될 것입니다. 이는 계절과 바람과 몸의 양생과 혼의 성격의 경우도 e
마찬가지입니다. 간단히 말해 방금 말했듯이 나쁜 것만 빼고는 예외 없이 다 그렇습니다. 몸이 온갖 종류의 먹을거리와 마실 거리와 노고에 익숙해지는 방식을 예로 들어보지요. 처음에는 이런 것들이 몸을 불편하게 하지만, 시간이 지나면서 바로 이 양생법으로 해서 몸에 살

18 672e~673d 참조.

798a 이 오릅니다. 그리하여 양생법과 살이 일종의 협력 관계를 맺게 되면 몸은 이런 동질적이고 친근한 체계에 점점 익숙해져서 더없이 행복하고 건강한 삶을 삽니다. 그런데 누가 널리 인정된 다른 양생법 중 하나로 바꾸도록 강요받는다고 생각해보십시오. 그는 처음에는 병에 걸려 불편하겠지만, 새로운 양생법에 익숙해짐으로써 힘들게 정상 상태로 되돌아갈 것입니다.

우리는 인간의 사고와 혼에도 똑같은 원리가 적용된다고 생각해야
b 합니다. 사람들이 그 안에서 자란 법률이 천행으로 오랜 기간 바뀌지 않고, 법률이 지금과 다른 적이 있었다는 것을 기억하거나 들은 사람이 아무도 없다면 혼은 전통에 대한 존경심으로 가득 차 기존의 것을 바꾸기를 두려워할 것입니다. 입법자는 국가 안에 이런 상태가 실현될 수 있도록 어떻게든 방책을 모색해야 합니다. 나는 이렇게 그 방책을 모색하고 싶군요. 모든 입법자는 우리가 아까 말했듯이[19] 아이들의 놀이는 실은 놀이인 만큼 그것을 바꿔도 심각하고 중대한 해악을 초래하
c 지 않는다고 생각합니다. 그래서 입법자들은 그러한 변화를 막기는커녕 양보하고 순응합니다. 그들은 놀이에 변화를 꾀하는 소년은 필연적으로 이전 세대와는 다른 사람이 되고, 다른 사람이 되면 다른 생활방식을 요구하게 되며, 그렇게 되면 다른 제도와 법률을 원하게 된다는 사실을 생각하지 못하는 것입니다.

그다음 단계는 우리가 방금[20] 국가에 가장 큰 해악이라고 말한 것인
d 데, 그런 사태를 우려하는 입법자는 한 명도 없습니다. 외형에만 영향을 미치는 다른 변화는 사소한 해악을 끼치지만, 사람의 도덕적인 처

신을 칭찬하거나 비난하는 기준이 자꾸 바뀌는 것은 중대한 결과를 초래하는 만큼, 매우 조심해야 합니다.

클레이니아스 왜 아니겠습니까?

아테나이인 어떻습니까? 아까 우리는 리듬과 시가 일반은 훌륭한 사람과 나쁜 사람의 성격을 모방한 것이라고 말했는데, 우리는 여전히 그 말을 믿나요? 아니면 어떤가요? e

클레이니아스 그에 대한 우리의 견해는 전혀 달라진 게 없습니다.

아테나이인 그렇다면 단언컨대 우리 아이들이 춤이나 시가에서 다른 모방에 관여하고 싶지 않도록, 그리고 누가 온갖 즐거움으로 우리 아이들을 유혹하지 못하도록 방법을 강구해야겠군요?

클레이니아스 참으로 옳은 말씀입니다.

아테나이인 그런데 우리 가운데 누가 이런 목적을 달성하기 위해 아이 799a
귑토스인들의 방법[21] 보다 더 나은 방법을 알고 있을까요?

클레이니아스 어떤 방법을 말씀하시는 건지요?

아테나이인 우리의 모든 춤과 가락을 봉헌하는 방법이지요. 맨 먼저 해야 할 일은 연중에 무슨 축제를 언제 어느 신이나 신의 아들이나 수호신을 위해 거행할 것인지 계획하여 정함으로써 축제일을 정비하는 것입니다. 그다음에는 신들에게 제물을 바칠 때는 그때그때 어떤 노래

19 797a.

20 797c 참조.

21 656d~657b 참조.

를 부르고, 어떤 합창가무로 그때그때의 제물을 봉헌해야 할지 결정해
b 야 합니다. 이런 일은 먼저 특정한 사람들이 정해야 합니다. 그러고 나면 모든 시민이 운명의 여신들[22]과 그 밖의 모든 신에게 제물을 바치고 헌주함으로써 개별 신과 신적인 존재를 위해 정해진 개별 노래를 함께 봉헌해야 합니다. 그러나 누가 이에 불복하여 어떤 신에게 다른 찬신가나 춤을 바치면, 남녀 사제는 법률 수호자와 힘을 모아 종교 법과 세속 법에 따라 그를 축제에서 배제해야 합니다. 배제된 자가 순순히 응하지 않으면, 살아 있는 동안에는 누구든 원하는 자에 의해 불경죄로 고발당할 것입니다.

클레이니아스 옳은 말씀입니다.

c **아테나이인** 이제 우리가 이 주제를 논의하기에 이르렀으니 나이 많은 사람답게 조심스럽게 처신해야 합니다.

클레이니아스 무슨 말씀이신지요?

아테나이인 노인은 물론이고 젊은이도 모두 이상한 것과 생소한 것을 보거나 들으면, 의심스러운 점 때문에 대뜸 동조하지는 않을 것입니다. 오히려 혼자 걷든 다른 사람과 함께 걷든 세 갈래 길에 이르러 어느 길
d 이 맞는지 잘 알지 못하는 나그네처럼 멈춰 서서 의심나는 점에 관해 자신이나 남에게 물어볼 것이며, 길이 어디로 향하는지 방향을 확실히 알기 전에는 여행을 계속 하지 않을 것입니다. 우리도 지금 그렇게 해야 합니다. 우리는 법률에 관한 논의에서 역설과 마주친 만큼 그것을 철저히 검토해야 하며, 그런 중대사에 관해 이 나이에 경솔하게도 당장 뭔가 확실한 것을 말할 수 있다고 주장해서는 안 됩니다.

클레이니아스 참으로 맞는 말씀입니다.

아테나이인 따라서 우리는 이 문제에 시간을 할애할 것이며, 충분히 검 e
토한 뒤에 확실한 결론을 내릴 것입니다. 그러나 우리가 지금 다루는
입법에 속하는 법규를 완성하는 작업에 쓸데없이 방해받는 일이 없도
록 서둘러 법규를 완성하기로 합시다. 신이 원하신다면, 이런 검토가
완전히 종결되면서 우리의 당면 문제도 깨끗이 해결될 것입니다.

클레이니아스 손님, 참으로 좋은 제안입니다. 그러니 그대가 제안하신 대로 합시다.

아테나이인 그렇다면 우리는 노래가 법률[23]이 되었다는 역설에 동의한
것으로 가정합시다. 아마도 옛사람들도 키타라가 반주하는 노래에 그
런 이름을 붙인 것 같은데, 그들은 잠들어 있을 때나 깨어 있을 때의 환 800a
영을 본 어떤 사람의 직관에 힘입어 우리가 말하는 것을 어렴풋이 알
았던 것 같습니다. 어쨌거나 우리는 이렇게 결정합시다. 물론 다른 법
률도 위반해서는 안 되겠지만, 어느 누구도 공공의 신성한 노래나 젊
은이들의 합창가무 일반과 다른 노래를 부르거나 춤을 추어서는 안
됩니다. 복종하는 자는 처벌을 면할 것이나, 불복하는 자는 우리가 아
까 말했듯이 법률 수호자와 남녀 사제가 처벌할 것입니다. 이 문제는 b

22 운명의 여신들(Moirai)의 이름은 '주어진 몫'이란 뜻의 moira에서 온 것으로 셋 중 라케시스(Lachesis)는 '배분하는 여자'라는 뜻이고, 클로토(Klotho)는 '실 잣는 여자'라는 뜻이고, 아트로포스(Atropos)는 때가 되면 가차없이 실을 잘라버리는 '되돌릴 수 없는 여자'라는 뜻이다.

23 '노래'와 '법률' 모두 그리스 원어는 nomos이다. 722d~e 참조.

지금 우리가 말한 대로 확정된 걸로 할까요?

클레이니아스 확정된 걸로 합시다.

몇 가지 모형

아테나이인 그러면 어떻게 해야 웃음거리가 되지 않고 이런 법규를 입법할 수 있을까요? 이와 관련하여 우리가 주목해야 할 것이 또 있습니다. 이 일에서 가장 안전한 방법은 몇 가지 모형을 만들어보는 것입니다. 그중 하나는 이런 것입니다. 법률이 명한 대로 제물 바치는 의식이 치러지고 제물로 바친 고기가 불타고 있는데, 아들이든 형제든 누가
c 개인 자격으로 제단과 제물 옆에 서서 아주 불경스러운 말을 내뱉는다고 생각해보십시오. 단언컨대 그의 불경스러운 말에 아버지와 다른 친척들은 절망감과 불길한 예감에 사로잡혀 그것을 불길한 전조라고 생각하지 않을까요?

클레이니아스 물론입니다.

아테나이인 그런데 그런 일이 우리가 사는 이 지역에서는 사실상 모든 나라에서 일어나고 있습니다. 관리가 공개적으로 제례 의식을 행하면 합창가무단이 하나가 아니라 무리 지어 와서 제단에서 멀리 떨어진 곳
d 이 아니라 때로는 제단 바로 옆에 자리잡고 서서는 신성한 제물에 온갖 불경한 말을 쏟아부으며 노랫말과 리듬과 더없이 애절한 선법으로 청중의 혼을 옥죕니다. 그리고 방금 제물을 바친 그 공동체로 하여금 가장 많은 눈물을 흘리게 하는 데 성공하는 합창가무단에게 우승상이 주어집니다. 이런 관습[24]은 우리가 거부해야 하지 않을까요? 시민들이

정말로 그런 애절한 노래를 들을 필요가 있다면, 그런 궂은 일을 하도록 e
정해진 날에 듣는 것이 더 좋을 것이며, 나라 밖에서 합창가무단을 고용하여 노래하게 하는 것이 더 적절할 것입니다. 누가 대곡꾼들을 고용하여 카리아[25] 지방의 만가를 부르며 장례 행렬을 따르게 하듯이 말입니다. 특히 장례식 때의 만가에 적절한 의상은 화관이나 도금한 장신구가 아니라, 이 주제를 되도록 빨리 마무르기 위해 말하자면 그와 정반대되는 것이어야 합니다. 이와 관련하여 다시 묻고자 합니다. 노래를 위한 모형 중 먼저 이것을 받아들이는 것에 우리가 만족하는지 말입니다.

클레이니아스 그게 뭐죠?

아테나이인 상서로운 말[26] 말입니다. 우리가 말하는 그런 종류의 노래 801a
는 모든 점에서 상서로운 것이어야 하지 않을까요? 아니면 더이상 묻지 말고 그대로 규칙으로 정할까요?

클레이니아스 그대로 규칙으로 정하십시오. 그대의 이 법률은 만장일치로 가결되었으니까요.

아테나이인 상서로운 말 다음에는 무엇이 시가의 두 번째 법률이 될까요? 우리의 노래는 우리가 그때그때 제물을 바치는 신들에게 올리는 기도여야 하는 것 아닐까요?

클레이니아스 왜 아니겠습니까?

24 nomos.

25 Karia. 지금의 터키 남서부 지방.

26 euphemia.

아테나이인 세 번째 법률은 기도하는 것은 신들에게 간청하는 것이라
b 는 사실을 시인들은 알아야 하며, 따라서 좋은 것인 줄 잘못 알고 나쁜 것을 간청하지 않도록 각별히 조심해야 한다고 나는 생각합니다.

클레이니아스 물론입니다.

아테나이인 그런데 우리는 조금 전에[27] 은의 부든 금의 부든 우리 나라에서는 신전이나 거처를 가져서는 안 된다는 주장에 설득당하지 않았던가요?

클레이니아스 분명히 그랬습니다.

아테나이인 이런 주장은 무엇을 보여주는 본보기라고 할 수 있을까요?
c 시인이 좋은 것과 그렇지 않은 것을 제대로 구별할 능력이 전혀 없다는 것을 보여주는 본보기가 아닐까요? 따라서 시인이 노랫말과 노랫가락에서 이런 실수를 하여 잘못된 기도를 지을 경우, 우리 시민들이 가장 중요한 문제들에서 부적절한 것을 기원하게 만들 것입니다. 그래서 아까도 말했듯이, 우리는 이보다 더 중대한 실수를 많이 발견하지 못할 것입니다. 그러니 우리는 이것을 시가와 관련된 법률 모형의 하나로 정할까요?

클레이니아스 그게 뭐죠? 우리에게 더 자세히 설명해주십시오.

아테나이인 시인은 국가가 관습적으로 정의로운 것 또는 아름다운 것
d 또는 좋은 것이라고 여기는 것에 상반되는 것은 어떤 것도 작시해서는 안 되며, 작시한 것은 그런 일을 처리하도록 임명된 판관과 법률 수호자에게 보여주고 승인받기 전에는 어떤 사인에게도 보여주어서는 안 된다는 것 말입니다. 그런데 우리는 시가 분야의 입법자와 교육 감독

관을 선출했으니[28] 이들 판관은 사실상 이미 임명했습니다. 어떻습니까? 자꾸 같은 질문을 합니다만, 이것을 세 번째 원칙이자 세 번째 법률 모형으로 정할까요? 어떻게 생각하나요?

클레이니아스 당연히 그렇게 해야지요.

아테나이인 그다음에는 기도를 곁들여 찬신가와 찬사로 신들을 칭송 e
하는 것이 적절할 것입니다. 신들 다음에는 수호신과 영웅들에게도 각자에게 적절한 기원을 곁들인 찬사를 바치게 될 것입니다.

클레이니아스 왜 아니겠습니까?

아테나이인 그다음으로 이런 법률을 주저 없이 제정해야 합니다. 몸과 마음을 바쳐 힘들고 혁혁한 업적을 쌓고 법률에 흔쾌히 복종하다가 죽어간 모든 시민에게는 당연히 찬사가 바쳐져야 한다는 것입니다.

클레이니아스 왜 아니겠습니까?

아테나이인 하지만 아직 살아 있는 사람에게 찬사와 찬가를 바치는 것 802a
은 문제가 있습니다. 우리는 그가 인생의 전 주로를 성공적으로 완주할 때까지 기다려야 합니다. 혁혁한 공을 세운 사람들에게는 남녀 불문하고 이런 명예가 모두 주어져야 합니다.

시가의 조정

노래와 춤은 이렇게 조정되어야 합니다. 우리가 옛사람에게서 물려받

27 728a, 741e 참조.

28 764c~766c 참조.

은 것 중에는 고풍스럽고 아름다운 곡이 많이 있으며, 우리가 몸을 단
련하기를 원하는 경우 춤도 마찬가지입니다. 우리는 그중에서 지금 수
b 렵되고 있는 정체에 적합하고 알맞은 것을 주저 없이 골라야 합니다.
그중에서 고르기 위해 50세 이상 된 심사관들을 선출해야 합니다. 그
들은 옛 작품 중에서 무엇이 적합하고 무엇이 결함이 있거나 전혀 쓸
모없는지 결정하는데, 후자는 완전히 버리고 전자는 시인과 음악가의
조언을 구하여 수정하고 재정비해야 합니다.

c 그들은 이들의 시적 재능은 이용하되 소수를 제외하고는 이들의 취
미와 기호를 신뢰하면 안 됩니다. 대신 그들은 입법자의 의도를 해석
하여 춤과 노래와 합창가무 일반을 입법자의 의도에 맞게 정비해야 합
니다. 조정되지 않은 음악은 조정되고 나면 더 감미로워지지는 않더라
도 훨씬 나아지는 법입니다. 즐거움은 무엇보다 모든 음악에 공통된
것입니다. 누가 어려서부터 어른이 되어 사리를 분별할 때까지 절도 있
d 고 절제된 음악만 듣고 자랐다면, 그와 반대되는 음악을 들을 때마다
혐오감을 느끼며 "저속하다"고 말할 것입니다. 반면 그가 감미로운 통
속 음악을 듣고 자랐다면 이와 반대되는 음악을 차갑고 불쾌하다고 말
할 것입니다. 그러니 내가 방금 말했듯이, 즐거움이나 즐겁지 않음과
관련해서는 어떤 음악도 다른 음악보다 더 우월하거나 더 열등하지 않
습니다. 차이라면 한쪽의 음악적 환경은 좋은 영향을, 다른 쪽의 음악
적 환경은 나쁜 영향을 끼친다는 것뿐입니다.

클레이니아스 좋은 말씀입니다.

e **아테나이인** 나아가 우리는 여자에게 적합한 노래와 남자에게 적합한

노래를 대략적으로라도 구별하고, 그 각각에 알맞은 선법과 리듬을 제시해야 합니다. 노랫말이 선법에 맞지 않거나 박자가 리듬에 맞지 않다면 그것은 끔찍한 일일 텐데, 그런 일은 노래를 이 모든 요소에 맞추지 못해서 발생합니다. 그래서 이런 요소들은 대략적으로나마 법률로 제정할 필요가 있습니다. 한 가지 가능성은 남자가 부르는 노래와 여자가 부르는 노래에 음악적 필연성이 요구하는 리듬과 선법을 배정하는 것입니다. 그러나 여자가 부르는 노래에 관한 우리의 규제는 이보다 더 명확해야 하며 양성 간의 자연스러운 차이에 근거해야 합니다. 그래서 우리는 통 크고 용기를 지향하는 기질은 남성적인 특징으로, 단정하고 절제를 지향하는 기질은 법률에서나 이론에서나 여성적인 특징으로 제시해야 합니다. 이상이 이 문제에 대한 우리의 조정입니다.

여가의 선용

그다음에 우리는 이런 것들을 어떻게 누구에게 언제 가르치고 전수할 803a
것인가를 논의해야 합니다. 배 목수는 배를 만들 때 먼저 용골을 놓음
으로써 배의 윤곽을 잡는데, 우리 혼의 성격에 따라 여러 가지 삶을 구
별하려고 함으로써 지금 내가 하는 일도 그와 비슷하다는 느낌이 듭
니다. 우리가 인생이라는 항해를 가장 성공적으로 마치려면 어떤 방법 b
을 택하고 어떤 자세를 취해야 하는가 하는 문제를 올바로 고찰함으로
써 실제로 혼의 성격들의 용골을 놓는 것이니까요. 물론 인간사는 너
무 진지하게 대할 가치는 없지만, 불행히도 우리는 진지하게 대할 수밖
에 없습니다. 하지만 우리의 처지를 알고 적당한 목적에 우리의 진지

한 노력을 기울이는 것이 합당할 것입니다. 내 말이 무슨 뜻이냐고요? 누가 내게 그런 질문을 던지든 그렇게 묻는 것은 옳습니다.

c **클레이니아스** 그렇습니다.

아테나이인 단언컨대 진지하게 대할 것은 진지하게 대하되 그렇지 않은 것은 그래서는 안 됩니다. 신은 본성상 온갖 진지하고 복된 노력의 대상이지만, 인간은 아까 말했듯이[29] 신의 장난감으로 만들어졌고 그게 그의 가장 좋은 부분입니다. 그러니 모든 남자와 여자는 이런 역할에 맞게 가장 아름다운 놀이를 하면서 오늘날 지배적인 것과는 상반되는 사고방식으로 평생토록 시간을 보내야 합니다.

d **클레이니아스** 어떻게 말씀입니까?

아테나이인 오늘날 사람들은 진지한 활동의 목적은 여가라고 믿습니다. 이를테면 전쟁은 진지한 일이며 평화를 위해 치러져야 한다고 생각합니다. 하지만 사실 전쟁에는 진정한 놀이나 이렇다 할 교육은 없었고 없으며 없을 것입니다. 그런데 우리는 교육이야말로 가장 중요한 일이라고 주장합니다. 따라서 우리는 저마다 인생의 대부분을 평화롭게 보내야 하며, 그것이 여가를 가장 선용하는 것이 될 것입니다. 그러
e 자면 무엇이 바른 길일까요? 사람은 제물을 바치고 노래하고 춤추며 놀이로 살아가야 합니다. 신들의 총애를 받고 적군을 물리치고 싸워 이길 수 있으려면 말입니다. 우리가 대략적으로 설명한 방법으로 노래하고 춤춘다면 그는 이 두 가지 목적을 달성할 것입니다. 말하자면 그는 그를 위해 표시해둔 길을 가야 합니다. 시인이 한 말이 참이라고 믿고는 말입니다.

> 텔레마코스! 어떤 것은 자네가 마음속으로 스스로 생각할 것이고 804a
> 어떤 것은 신이 말하게 해주실 걸세. 자네는 아마 신들의 뜻을
> 거슬러서는 태어날 수도 자라날 수도 없었을 테니까.[30]

우리가 기르는 아이들도 똑같은 사고방식을 가져야 합니다. 그들은 우리가 조언한 것으로 충분하기도 하지만, 신들의 총애를 받고 우리 본성이 요구하는 삶을 살려면 어떤 신에게 언제 각종 놀이를 바쳐야 하는지 제물과 춤에 관해 수호신과 신이 지시해줄 것이라고 믿어야 합 b
니다. 그들은 대체로 꼭두각시들이고 진실에는 조금밖에 관여하지 못하니까요.

메길로스 손님, 그대는 인간 종족을 낮잡아 보시는군요.

아테나이인 메길로스님, 놀라지 마시고 나를 이해해주십시오. 인간을 신과 비교하다가 그만 그런 말을 하게 된 것이랍니다. 그러니 그대만 좋으시다면, 우리 인간 종족은 아주 보잘것없지는 않고 조금은 진지하게 대할 가치가 있다고 합시다. c

취학

그다음 논의 대상은 공공의 체력 단련장과 공립학교 건물들입니다. 이것들은 도심 안 세 곳에 자리잡고 있어야 하고, 마찬가지로 교외에도

29 644d 참조.

30 『오뒷세이아』 3권 26~28행.

세 곳에 승마술을 가르치는 학교와 궁술과 다른 장거리 무기 던지기
에 적합한 공터가 있어 젊은이들이 이들 기술을 배우고 연습할 수 있
어야 합니다. 우리는 이것들에 관해 이미 언급했지만,[31] 충분히 설명하
지 못했다면 지금 설명하며 우리의 요구를 법제화합시다.

d 이들 시설에는 급료를 주기로 하고 외국에서 데려올 교사가 거주하
며 제자에게 전쟁과 시가에 필요한 기술을 가르치게 해야 합니다. 아
이들이 취학할 것이냐 말 것이냐는 아버지가 제멋대로 결정해서는 안
되고, 되도록 '모든 남자와 모든 아이가' 의무적으로 교육을 받아야
합니다. 그들은 아버지보다는 먼저 국가에 속하기 때문입니다.

여자들의 교육

나는 이 법이 소년들은 물론이고 소녀들에게도 적용된다고, 다시 말해
e 소녀들도 똑같은 훈련을 받아야 한다고 말하고 싶습니다. 또한 나는 승
마술이나 체력 단련의 어떤 부분은 남자에게는 적합하지만 여자에게
는 적합하지 않다고 제약을 두지 않겠습니다. 흑해 연안에는 말을 탈
뿐만 아니라 활과 다른 무기도 사용하는 사우로마티데스족[32]이라는
여인들이 수없이 많이 살고 있다는 옛이야기를 듣고 곧이들었고, 지
805a 금도 그렇다고 믿습니다. 그곳에서는 남자와 여자가 똑같이 그런 기술
을 연마해야 하며 실제로 똑같이 연마합니다. 또한 나는 이와 관련하
여 이런 생각을 해봅니다. 만약 그런 것이 가능하다면 오늘날 이곳 헬
라스 땅에서처럼 남녀가 합심하여 있는 힘을 다해 같은 목표를 추구하
지 않는 것은 어리석음의 극치라고 말입니다. 지금과 같은 상황에서는

거의 모든 국가가 반쪽짜리 국가에 불과하고 가진 능력을 반밖에 발휘하지 못합니다. 같은 비용과 노력으로 두 배를 성취할 수 있는데도 b
말입니다. 입법자에게 이보다 더 큰 실수가 어디 있겠습니까!

클레이니아스 아무튼 그런 것 같습니다. 그렇지만 손님, 지금 우리가 말하는 내용 가운데 많은 것이 일반적인 정체와는 양립할 수 없습니다. 하지만 일단 논의가 진행되는 대로 내버려두었다가 논의가 다 끝난 뒤 좋다고 생각되는 것을 선택하자는 그대의 말씀이 옳습니다.[33] 그래서 내가 이의를 제기한 것에 자책감이 듭니다. 그러니 앞으로도 말씀하시 c
고 싶은 것을 말씀하십시오.

아테나이인 클레이니아스님, 내가 말하고 싶은 것은 조금 전에 말했듯이,[34] 만약 우리가 논의하는 것이 가능하다는 점이 사실에 의해 입증되지 않는다면 누군가 우리의 제안에 이의를 제기할 수 있겠지만, 이 법률을 결코 받아들일 수 없는 사람은 다른 방법으로 이의를 제기해야 한다는 것입니다. 우리는 교육과 그 밖의 모든 것에 최대한 여성도 d
남성과 공동으로 참여해야 한다는 주장을 철회하지 않을 테니까요. 우리는 이 문제를 이런 시각에서 보아야 합니다. 자, 여자들이 남자들과 공동으로 삶 전체에 관여하지 않는다면, 우리는 여자들을 위해 당

31 764c, 779d.

32 Sauromatides. 호전적인 여인족 아마조네스족(Amazones)의 한 지파. 헤로도토스, 『역사』 4권 110~117장 참조.

33 764c, 799e 참조.

34 781a 이하 참조.

연히 다른 생활 계획표를 만들어주어야 하지 않을까요?

클레이니아스 당연히 그래야겠지요.

아테나이인 만약 우리가 지금 여자들을 위해 요구하고 있는 이와 같은
동등한 지위를 거부한다면 오늘날 유행하는 체계 가운데 어떤 것을
e 받아들일까요? 트라케인들이나 다른 부족처럼 여자들이 농사도 짓
고 소떼와 양떼도 치고 노예와 다름없이 일하게 할까요? 아니면 아테
나이와 헬라스의 다른 지방에서 하는 것처럼 할까요?

오늘날 우리 아테나이인들은 모든 재물을 말하자면 한 집에 모아놓
고 여자들이 재물은 물론이고 북과 물레를 관장하게 합니다. 아니면 메
길로스님, 이 둘의 중간인 라케다이몬 식 생활방식을 받아들일까요?
806a 소녀들은 의무적으로 체력 단련과 시가 교육을 받아야 하고, 여인들은
물레질은 면제받지만 결코 과소평가할 수 없거나 쓸모없지 않은 활동
적인 삶이라는 천을 짜야 합니다. 말하자면 여자들은 집안일을 돌보고
관리하며 자식을 양육하는 데는 그런대로 중간쯤 가지만 전쟁에는 관
여하지 않습니다. 그래서 위급한 일이 생겨 국가와 자식의 생명을 위해
b 싸워야 할 때에도 여자들은 아마조네스족처럼 활을 쏠 수 없고 다른 무
기를 날려 보낼 수도 없으며, 여신[35]을 흉내 내어 방패와 창을 들 수도
없습니다. 더 큰일은 못해도 전열을 갖춘 자신들의 모습을 보여줌으로
써 적군에게 두려움을 안겨주고 조국이 파괴되는 것을 당당하게 막을
수 있을 텐데도 말입니다. 그렇게 살다보니 그들은 사우로마티데스족
을 모방할 엄두를 내지 못합니다. 사우로마티데스족은 여자이지만 그
c 들에 비하면 남자 같아 보일 테니까요. 이와 관련하여 그대들 스파르

테인들의 입법자를 칭찬하고 싶은 사람은 칭찬하라 하세요. 하지만 내 주장은 결코 바뀌지 않을 것입니다. 입법자는 온전해야지 반쪽짜리여서는 안 됩니다. 남자들은 규제하면서 여자들은 제멋대로 흥청망청 사치스러운 삶을 살도록 내버려두어서는 안 된다는 말입니다. 그것은 국가에 온전한 행복 대신 반쪽짜리 행복만 안겨줄 것입니다.

메길로스 클레이니아스님, 어떻게 할까요? 손님이 우리 스파르테를 이처럼 깎아내리도록 그냥 내버려둘까요?

클레이니아스 그럼요. 우리가 이분에게 거리낌 없이 말할 자유를 보장 d
한 만큼 법률을 모든 관점에서 충분히 검토할 때까지는 참아야 하니까요.

메길로스 옳은 말씀입니다.

아테나이인 그렇다면 다음 주제에 관해 설명해도 되겠군요?

클레이니아스 왜 아니겠습니까?

어떻게 여가를 즐길 것인가

아테나이인 우리 시민들에게 생필품이 넉넉하게 공급되고, 기술에 관련된 일은 남에게 맡기고, 농사는 노예들에게 맡겨 이들이 검소하게
살아가기에 충분한 농산물을 대준다면 그들의 생활방식은 어떨까 e
요? 또한 그들에게는 공동식사가 남자들 것 따로, 딸들과 이들의 어머

35 아테나. 796b 참조.

니를 포함한 가족들 것 따로 마련된다고 생각해보십시오. 공동식사는 경우에 따라 남녀 관리들이 주재하는데, 이들 관리는 날마다 공동식사에 참여한 사람들의 품행을 눈여겨보고 나서 각각의 모임을 파
807a 하며, 관리들과 다른 참가자들이 그날의 낮과 밤이 바쳐진 신들에게 헌주하고 나면 모두 집으로 돌아가야 한다고 생각해보십시오. 이런 식으로 정돈된 삶을 살아가는 사람들에게는 꼭 필요하고 더없이 알맞은 일이 하나도 남아 있지 않아, 그들은 저마다 가축처럼 자신을 살찌우는 일로 하루하루를 살아가야 합니까? 단언컨대 그것은 옳지도 않고 아름답지도 않습니다. 그런 식으로 사는 사람은 그에 합당한 운명을
b 피할 수 없을 것이며, 느긋하게 자신을 살찌우는 게으른 가축의 운명은 대개 용감하고 힘든 삶을 사느라 바짝 여윈 다른 동물에게 갈기갈기 찢기는 것입니다.

물론 아내와 자식과 집을 사유재산으로 소유하는 것을 개인에게 용인하는 한 우리는 목표를 원하는 만큼 정확하게 달성할 수 없을 것입니다. 그러나 우리가 방금 말한 차선책[36]이 실현된다면 그 결과는 상
c 당히 만족스러울 것입니다. 그러나 단언컨대, 여가를 누리는 삶을 사는 사람에게는 아주 사소하고 보잘것없기는커녕 정의로운 법이 부과할 수 있는 가장 중대한 과제가 남아 있습니다. 퓌토[37] 경기나 올륌피아 경기에서 우승을 목표로 하는 사람의 삶은 다른 활동을 하기에는 너무 바쁘듯이, 전적으로 몸과 혼의 미덕을 돌보는 일에 바쳐진, 그래서
d 삶이라고 불리기에 가장 합당한 삶은 두 배 이상 바쁘기에 하는 말입니다. 부차적인 일이 몸에 필요한 운동이나 영양분을 공급하는 일이나

혼에 필요한 학습과 습관들을 방해해서는 안 되기 때문입니다. 이런 것들에서 완전하고 만족스러운 효과를 보자면 온 낮과 밤을 바쳐도 충분하지 못할 것입니다.

자연의 이치가 그러하니 모든 자유민이 하루의 새벽부터 이튿날 새
벽에 해가 뜰 때까지의 모든 시간을 어떻게 보내야 할지 일과표가 있어 e
야 합니다. 하지만 입법자가 집안일 관리와 관련하여, 이를테면 시민들
이 국가 전체를 쉼 없이 체계적으로 수호하려면 밤잠을 줄여야 한다는
둥 시시콜콜한 세부 사항을 자꾸 언급한다면 품위를 잃을 것입니다. 어
떤 시민이 어느 날 밤새도록 잠을 잔다면 모두가 이를 부끄럽고 자유민
답지 못한 행위로 여겨야 합니다. 아니, 그는 언제나 맨 먼저 잠에서 깨 808a
어나 일어나야 하며, 자신의 그런 모습을 하인들에게 보여야 합니다. 우
리가 그런 것을 '법'이라 하든, '습속'이라 하든 말입니다. 특히 집안의
안주인은 맨 먼저 다른 여인들을 잠에서 깨워야 합니다. 만약 안주인이
하녀들에 의해 깨어난다면 남녀 노예와 아이 노예끼리는 물론이고, 그
럴 수만 있다면 집안의 모든 사람과 모든 것이 "창피해"라고 말해야 합
니다. 모든 시민이 밤에 잠들지 않고 나랏일이나 집안일의 많은 부분을 b
처리해야 하는데 관리는 도심에서, 바깥주인과 안주인은 여염집에서
그렇게 해야 합니다. 잠을 많이 자는 것은 본성상 몸에도 혼에도 맞지
않고, 이런 것들과 관련된 활동에도 도움이 되지 않습니다. 잠들어 있

36 780b 이하 참조.

37 Pytho. 델포이의 옛 이름.

는 사람은 죽은 사람만큼이나 아무 쓸모가 없으니까요. 그러나 우리
c 가운데 신체 활동과 지적 활동에 남달리 관심이 많은 사람은 되도록 오래 깨어 있으며, 건강에 필요한 만큼의 시간만을 잠을 위해 남겨둡니다. 그리고 제대로 습관을 들이면 그것으로 충분합니다. 도시에서 밤에 깨어 있는 관리들은 적이든 시민이든 악한 자에게는 두려움의 대상이고, 올바르고 절제 있는 사람에게는 존경과 찬탄의 대상입니다. 그들은 자신들에게도 나라 전체에도 유익합니다. 그렇게 보낸 밤은 앞서 언급한 이익들 외에도 나라의 모든 구성원의 혼에 용기를 불어넣을 것입니다.

학교와 교과목

d 다시 날이 밝으면 아이는 교사에게 가야 합니다. 양떼나 다른 가축 떼를 목자 없이 지내게 해서는 안 되듯이, 아이를 교사[38] 없이 지내게 해서도 안 되고, 노예를 주인 없이 지내게 해서도 안 됩니다. 모든 동물 중에 아이가 가장 다루기 어렵습니다. 사고의 샘물이 아직 올바른 방향으로 물길을 트지 못한 만큼 아이는 음험하고 교활하여 동물 중에서
e 가장 제멋대로이기 때문입니다. 그래서 아이는 말하자면 수많은 고삐로 묶어야 합니다.

처음에 아이가 보모와 엄마의 곁을 벗어날 때는 아직은 어리고 미숙한 까닭에 가정교사를 통해 그래야 하고, 나중에는 자유민답게 온갖 과목의 교사와 교과목 자체를 통해 그래야 합니다. 하지만 소년 자신이나 가정교사나 교사가 못된 짓을 저지르는 것을 적발하면 자유민은 누구나 처벌해야 하며, 이 경우 소년을 노예 다루듯 처벌해야 합니다.

누가 그런 못된 짓을 저지르는 것을 적발하고도 응분의 처벌을 하지 809a
않으면 크게 망신당해야 하며, 아이들을 감독하도록 선출된 법률 수호자는 우리가 말한 그런 사람을 적발하고도 응분의 처벌을 하지 않거나 제대로 처벌하지 않은 사람을 감시해야 합니다. 또한 이 법률 수호자는 늘 날카로운 눈으로 아이들의 교육을 효과적으로 감독하며, 아이들의 본성을 언제나 법률에 따라 좋은 쪽으로 인도함으로써 바른길로 이끌어야 합니다.

교육 감독관에게 내리는 입법자의 지시사항: 교과 과정

하지만 어떻게 해야 우리의 법률이 이 교육 감독관을 적절히 교육할 b
수 있을까요? 여태까지 명확한 것은 아무것도 말하지 않고, 어떤 것은 말하고 어떤 것은 말하지 않았으니까요. 그에게는 가능하다면 아무것도 빠뜨리지 말고 모든 것을 일일이 설명해야 합니다. 그가 남에게 길라잡이 겸 교육자가 되도록 말입니다. 합창가무와 관련해서는 어떤 가락과 춤을 선택하거나 수정하여 봉헌해야 하는지 이미 논의한 바 있습니다.[39] 하지만 아이들의 가장 훌륭한 감독관이여, 우리는 아직 어
떤 종류의 산문 작품을 어떤 방법으로 그대의 제자인 아이들이 이용 c
해야 하는지 설명하지 않았습니다. 물론 우리는 그들이 군사 기술을

38 paidagogos. 아이를 학교에 데려갔다가 데려오는 학식 있는 노예. 문맥에 따라 '개인 교사' '가정교사'로 옮길 수도 있다. 여기서는 '교사'로 옮겼다.

39 799a 이하, 802a 이하 참조.

연습하고 배워야 한다고 말했습니다.[40] 하지만 첫째, 읽고 쓰기와 둘째,
뤼라 연주와 산술에 관해서는 무엇을 배워야 할까요? 우리는 그들이 저
마다 전쟁을 수행하고 집안일을 돌보고 국가를 경영하는 데 필요한 만
큼은 이것들을 배워야 한다고 주장했습니다.[41] 같은 이유에서 그들은
별, 해, 달 같은 천체의 운행에 관해서도 각 국가가 이 분야에서 조정할
필요를 느낄 때 도움을 줄 수 있을 만큼은 지식을 습득해야 합니다. 그
d 게 무슨 뜻이냐고요? 날들은 달[42]들로 무리 지어지고, 달들은 해[43]들
로 무리 지어져 계절과 제물과 축제가 자연스러운 순서에 따라 제자리
를 지키게 될 것이고, 그러면 국가는 살아 있고 깨어 있으면서 신들에게
합당한 경의를 표하고, 사람들은 이런 것들에 관해 더 유식해질 것이라
는 뜻입니다. 벗이여, 이 모든 것을 입법자는 그대에게 충분히 설명하지
e 않았습니다. 그러니 다음에 말할 것들에 주의를 기울이십시오.

우선 그대는 쓰기와 읽기에 관해, 우리가 말했듯이, 충분한 설명을
듣지 못했습니다. 우리가 불만스러워하는 점은 이런 것입니다. 절도 있
는 시민이 되려는 사람은 이 과목을 철저히 배워야 하는지, 아니면 아
예 배우려고 하지 말아야 하는지 그대는 아직 설명을 듣지 못했다는
것입니다. 뤼라의 경우도 마찬가지입니다. 단언컨대, 아이들은 이런 과
목을 배워야 합니다. 쓰기와 읽기를 배우는 데는 열 살 된 아이의 경우,
810a 3년 정도면 충분합니다. 뤼라 연주는 열세 살에 시작하여 3년 동안 계
속해서 배워야 합니다. 아버지도 아이도 교과목이 좋거나 싫어서 이
학습 기간을 연장하거나 단축해서는 안 됩니다. 그것은 법률에 반합니
다. 불복하는 자는 우리가 곧 언급할,[44] 학교의 포상에서 실격시켜야

합니다. 하지만 그대는 먼저 이 기간에 학생은 무엇을 배우고 교사는
무엇을 가르쳐야 하는지 알아야 합니다. 아이들은 읽고 쓸 수 있을 때 b
까지 문자 공부를 해야 합니다. 그러나 정해진 기간 내에 타고난 재능
이 충분히 발휘되지 않는 아이들에게는 빨리 쓰거나 예쁘게 쓰라고
재촉하지 말아야 합니다.

읽을거리의 선택

이번에는 뤼라 반주가 없는 시인들의 작품을 공부하는 문제가 제기됩
니다. 이들 작품 가운데 일부는 운율을 갖춘 것이지만 일부는 리듬의
분절이 전혀 없는데, 이것들은 단순히 일상적인 말을 재현한 것으로
리듬도 없고 선법도 없습니다. 그런 작품을 쓴 수많은 작가 가운데 몇 c
몇은 우리에게 위험한 글을 남겼습니다. 더없이 훌륭한 법률 수호자들
이여, 여러분은 이런 글을 어떻게 처리할 참이오? 또는 입법자는 어떻
게 해야 그런 글을 처리할 올바른 방법을 여러분에게 제시하는 것일까
요? 입법자는 아마 당혹해할 것입니다.

클레이니아스 손님, 그대가 말씀하시는 그 어려움이란 도대체 뭐죠? 그대는 정말로 당혹해서 그런 말씀을 하시는 것 같습니다.

40 794c 이하 참조.
41 747b 이하 참조.
42 영어의 month.
43 영어의 year.
44 832e 이하 참조.

아테나이인 제대로 알아맞히셨습니다, 클레이니아스님. 그대들 두 분은 내 입법에 참여하신 만큼 나는 어려워 보이는 것과 그렇지 않은 것은 당연히 그대들에게도 말씀드려야겠지요.

d **클레이니아스** 어떻습니까? 지금 이런 것들과 관련하여 무슨 말씀을 하시려는 것입니까? 그대는 대체 어떤 경험을 하신 것입니까?

아테나이인 말씀드리지요. 수만 명이 하는 말을 반박한다는 것은 결코 쉬운 일이 아닙니다.

클레이니아스 뭐라고요? 그대는 정말로 우리가 앞서 입법에 관해 말한 것들이 몇몇 사소한 세부 사항에서만 대중의 편견에 상반된다고 생각하십니까?

아테나이인 그건 참으로 옳은 말씀입니다. 내가 보기에 그대는 우리가 가는 길은 많은 사람이 싫어하지만 적잖은 다른 사람이 좋아하고, 수
e 적으로는 적지만 질적으로 더 우월한 사람이 좋아하는 만큼 후자의 지원을 믿으면서 현재의 논의가 우리에게 열어준 입법의 길을 머뭇거리지 말고 대담하고 단호하게 나아가라고 요구하는 것 같으니 말입니다.

클레이니아스 물론입니다.

아테나이인 그렇다면 머뭇거리지 않겠습니다. 그래서 말씀드리는데, 우리에게는 6보격운율과 3보격운율[45]과 모든 종류의 운율로 시를 짓는 시인들이 아주 많은데, 이들 중 더러는 진지함을 더러는 희극적인 효과를 목표로 삼습니다. 그리고 많은 사람의 주장에 따르면, 젊은이들을 제대로 교육하려면 그들의 머리를 이런 시인들 속에서 키우고 그 속에 푹 빠지게 해야 합니다. 그들이 시인들을 통째로 외우도록 자주

시 낭송을 듣고 방대한 지식을 습득하게 함으로써 말입니다. 그런가 811a
하면 다른 사람들은 모든 시인의 걸작을 발췌하되 거기에 온전한 시구들을 포함시키면서, 우리 학생 중 누군가 풍부한 경험과 많은 학식을 통해 훌륭하고 지혜로운 사람이 되려면 이것들을 외우고 기억해야 한다고 주장합니다. 그대는 내가 이들 주장 가운데 어떤 것이 옳고 어떤 것이 옳지 않은지 이들에게 솔직하게 밝히기를 원하십니까?

클레이니아스 왜 아니겠습니까?

아테나이인 그렇다면 한마디로 어떻게 말해야 이들 모두를 정당하게 b
평가하는 것일까요? 이렇게 말하면 아마 모두가 내게 동의할 것입니다. 이들 시인은 저마다 걸작도 많이 썼지만 졸작도 많이 썼다고 말입니다. 그러면 많이 배우는 것은 아이들에게 위험하다고 나는 주장합니다.

클레이니아스 그러면 그대는 법률 수호자에게 어떻게 하라고 권하시겠습니까?

아테나이인 무엇에 관해 말씀입니까?

클레이니아스 모든 아이에게 어떤 것을 배우게 하고 어떤 것을 배우지 c
못하게 할 것인지 결정하기 위해 그가 눈여겨보아야 할 본보기에 관해서 말입니다. 망설이지 말고 말씀해주십시오.

45 hexameter, trimeter. 전자는 주로 서사시에서 쓰이고, 후자는 연극의 대사에서 많이 쓰인다.

정해진 텍스트: 플라톤의 『법률』에서 발췌한 것

아테나이인 클레이니아스님, 어떤 의미에서 내게는 행운이 따라주는 것 같습니다.

클레이니아스 어떤 점에서 말입니까?

아테나이인 본보기라면 전혀 궁하지 않다는 점에서 말입니다. 우리가
새벽부터 여태껏 계속해온 논의들 — 거기에는 신들에게서 받은 영감
같은 것이 깃들어 있는 것 같습니다 — 을 뒤돌아보면 내 눈에 그것들
d 은 꼭 문학 작품 같습니다. 말하자면 내 선집(選集)을 보고 내가 엄청
난 희열을 느끼는 것은 결코 놀랄 일이 아닐 것입니다. 운문으로 되었
건 이처럼 자유로운 산문으로 되었건 간에 내가 배웠거나 들은 모든
논의 가운데 이 논의들이 가장 적절해 보일뿐더러 젊은이들이 듣기에
가장 적당해 보이니까요. 그래서 나는 교육 담당 법률 수호자에게 이
보다 더 훌륭한 본보기를 추천할 수 없을 것 같습니다. 그는 아이들에
e 게 우리의 이런 논의나 그와 비슷한 것을 가르치도록 교사에게 요구해
야 합니다. 만약 그가 시나 산문에서 이런 것들을 발견하거나, 또는 글
로 쓰여지지 않았지만 지금 우리의 논의들과 비슷한 것에 우연히 마
주친다면 그냥 지나치지 말고 글로 써두게 해야 합니다. 무엇보다 그는
교사에게 이런 논의들을 배우고 칭찬하도록 강요해야 하며, 교사 가운
데 그런 것들을 마음에 들어하지 않는 자들은 협력자로 삼지 말고 자
신의 칭찬에 동조하는 자들만 협력자로 삼아 그들에게 아이들의 학습
812a 과 교육을 맡겨야 합니다. 그러면 읽기와 쓰기와 그것들을 가르치는
교사에 대한 내 이야기는 이쯤에서 끝내기로 합시다.

음악

클레이니아스 손님, 우리의 원래 계획에 비추어볼 때 우리가 논의하기로 한 주제에서 벗어난 것 같지는 않습니다. 하지만 우리의 논의가 전체적으로 옳은지 옳지 않은지는 자신 있게 말하기 어려운 것 같습니다.

아테나이인 클레이니아스님, 그것은 여러 번 말했듯이 우리가 법률에 대한 논의를 마치고 나면 저절로 밝혀질 것입니다.

클레이니아스 옳은 말씀입니다. b

아테나이인 읽기와 쓰기 교사 다음에는 뤼라 교사에게 우리가 말을 걸어야 하지 않을까요?

클레이니아스 물론입니다.

아테나이인 우리가 뤼라 교사에게 이 악기를 가르치는 일과 이 분야의 교육 전반에 관련된 임무를 배정할 때는, 우리의 이전 논의들[46]을 기억해야만 할 것 같습니다.

클레이니아스 어떤 논의들 말씀이죠?

아테나이인 생각건대, 우리는 디오뉘소스 합창가무단의 60세 된 가수
들은 리듬과 선법의 구성에 특히 민감해야 한다고 주장한 바 있습니
다.[47] 그들이 좋은 음악적 모방 또는 나쁜 음악적 모방을 만나 혼이 감 c
정을 느끼게 될 때 좋은 모방에 바탕을 둔 작품은 선택하고 나쁜 모방
에 바탕을 둔 작품은 거부할 수 있도록 말입니다. 말하자면 그들은 전

46 664e 이하, 669b 이하 참조.

47 670a~b 참조.

자는 널리 보급하고 노래함으로써 젊은이의 혼을 매혹하여 모든 젊은 이가 저마다 자신들을 뒤따라 이런 모방을 통해 미덕에 이르는 길로 나아가도록 요구해야 합니다.

클레이니아스 참으로 맞는 말씀입니다.

d **아테나이인** 그러기 위해 뤼라 교사와 그의 제자는 개별 현이 명확한 소
리를 내도록 뤼라의 음도 이용해야 합니다. 현의 음을 노랫말의 음과 일
치시킴으로써 말입니다. 그러나 독자적인 정교한 가락을 연주하기 위
해 뤼라를 사용해서는 안 됩니다. 말하자면 뤼라의 현은 가락을 작곡
한 시인의 것과 다른 음을 내서는 안 됩니다. 간격이 작은 음정이 간격
이 큰 음정과 결합해도 안 되고, 빠른 템포가 느린 템포와 결합해도 안
e 되며, 저음이 고음과 결합해도 안 됩니다. 마찬가지로 뤼라 음악의 리듬
도 온갖 종류의 장식으로 잔뜩 모양을 내서는 안 됩니다. 이 모든 것은 3
년 안에 속성으로 음악의 실용적인 지식을 습득하려는 학생에게는 가
르치지 말아야 합니다. 정해진 필수 과목이 사소하지도 않고 적지도 않
기에 젊은이들은 무엇보다도 빨리 배워야 하는데, 그렇게 서로 상충되
는 요소는 배우기 어렵게 만드니까요. 우리 논의가 진척되면 머지않아
이들 과목이 어떤 것인지 드러날 것입니다. 음악에 관한 일은 우리의
교육 담당관이 그런 식으로 감독해야 합니다. 노랫가락과 노랫말과 관
813a 련하여 합창가무단의 교사가 어떤 것을 가르쳐야 하는지는 우리가 아
까 자세히 설명한 바 있습니다.[48] 그때 우리가 주장하기를, 복을 가져
다주는 즐거움을 제공함으로써 국가에 득이 되도록 그런 것들은 봉헌
되어야 하며 축제에 적절히 배정되어야 한다고 했습니다.

클레이니아스 그 또한 맞는 말씀입니다.

아테나이인 더없이 맞는 말이고말고요. 그러니까 시가 감독관으로 임명된 자는 이런 것들도 우리한테서 넘겨받아 감독하게 하되, 행운이 그와 함께하도록 기원합시다.

체력 단련 (2)

하지만 우리는 춤과 체력 단련 일반에 관해 앞서 말했던 것들을 보완해
야 합니다. 시가의 경우 교사를 위해 빠진 부분을 우리가 보완한 것처 b
럼 체력 단련의 경우에도 그렇게 하자는 말입니다. 소년들도 소녀들도
춤추는 법과 체력 단련하는 법을 배워야 하니까요. 그렇지 않습니까?

클레이니아스 그렇고말고요.

아테나이인 그런데 철저히 훈련시키려면 소년들은 남자 무용 교사가, 소녀들은 여자 무용 교사가 지도하는 것이 더 적절할 것입니다.

클레이니아스 그렇게 하도록 합시다.

아테나이인 그러면 가장 할 일이 많은 관리를 또다시 부르기로 합시다.
청소년 감독관 말입니다. 시가와 체력 단련을 감독하게 되면 그에게는 c
여가가 거의 나지 않을 것이기에 하는 말입니다.

클레이니아스 그런데 나이가 지긋한 사람이 어떻게 그토록 많은 일을 감독할 수 있지요?

48 798d~802e 참조.

아테나이인 벗이여, 그건 쉬운 일입니다. 법률은 그에게 남녀 시민 가운데 그가 원하는 사람들을 보조 감독관으로 고를 권한을 주었고 앞으로도 줄 것이니까요. 그는 누구를 골라야 하는지 알 것이며, 또한 현명하게도 자신의 직책에 경외심을 갖고 있고 자기 직책의 중요성을 명확
d 히 알고 있는지라 고를 때 실수하지 않으려고 애쓸 것입니다. 그는 젊은 세대가 제대로 교육받고 앞으로도 제대로 교육받아야만 모든 것이 우리를 위해 순항하리라는 것을 알고 있을 테니까요. 반면 그렇지 못하면 — 그 결과는 언급할 가치도 없습니다. 우리는 지금 새 나라를 건설하고 있는 만큼 그런 것은 입 밖에 내지 않을 것입니다. 모든 것을 전조로 보려는 사람들을 존중하는 뜻에서 말입니다. 그런데 춤과 체력 단련을 위한 운동에 관해서도 우리는 이미 많은 말을 했습니다.[49] 우
e 리는 궁술, 모든 종류의 무기 던지기, 가벼운 방패 다루기, 중무장하고 싸우기, 전술적 전개, 모든 종류의 행군, 야영, 기병대의 여러 가지 규율 같은 군사 훈련을 모두 체력 단련에 포함시키니까요.

이들 과목을 위해서는 국가에서 급료를 받는 공공의 교사들이 있어야 하며, 소년들과 남자들은 물론이고 소녀들과 여자들도 이들의 제자가 되어야 합니다. 소녀들과 여자들도 그런 기술들을 알아야 하니까요. 그들은 소녀일 때는 모든 종류의 무장 놀이[50]와 전투 기술을 실
814a 습하고, 성인 여자가 되면 전술적 전개와 전열 갖추기와 전투 장비를 벗었다가 다시 입기를 익혀야 합니다. 언젠가는 전군(全軍)이 나라를 떠나 국외로 진군해야만 하므로 아이들과 그 밖의 다른 주민이 보호받지 못하고 뒤에 남게 될 경우, 여자들이 이들을 지켜줄 수 있기 위해서라도 말

입니다. 또한 이민족이든 헬라스인들이든 외부에서 강력한 대군이 쳐들어와서 — 이 역시 전혀 불가능한 일이 아닙니다 — 국가의 존립을 위해
절망적인 항전을 해야만 한다고 가정해보십시오. 이때 나라의 여자들이 b
잘못된 교육을 받은 탓에 새끼들을 위해 온갖 위험을 무릅쓰며 가장 강력한 짐승과도 싸우다 죽을 각오가 되어 있는 어미 새들만도 못하다는 것이 밝혀진다면 나라 망신일 것입니다. 항전하는 대신 여자들이 곧장 성소로 몰려가 제단과 신전들을 모두 가득 메워서 본성적으로 가장 비겁한 동물이라는 오명을 인류에게 안긴다면 대체 어떻게 되겠습니까?

클레이니아스 손님, 그런 일이 일어난다면 손해도 손해지만, 분명 나라 c
망신이겠네요.

아테나이인 그렇다면 여자들이 적어도 그 정도로 전투 기술을 연마하는 것을 소홀히 해서는 안 되며, 그것은 남녀 시민 모두의 관심사가 되어야 한다고 법률로 정할까요?

클레이니아스 아무튼 나는 동의합니다.

레슬링

아테나이인 레슬링[51]에 관해서 우리는 일부는 언급했지만,[52] 내가 보기

49 794c~796d 참조.

50 pyrrhiche. 퓌르리코스(Pyrrhichos)라는 스파르테 사람이 창안했다고 한다.

51 pale.

52 795d~796a 참조.

에 가장 중요해 보이는 것은 언급하지 않았습니다. 하지만 그것은 누
가 동시에 몸으로 시범을 보이지 않으면 말로 설명하기가 쉽지 않습니
d 다. 그러니 이에 대한 판단은 뒤로 미룹시다. 우리가 말한 것들을 구체
적인 예로 뒷받침하여, 모든 몸동작 중에서 레슬링에 포함된 동작이
전투에 필요한 동작에 가장 가깝다는 것을, 특히 우리는 이런 동작 때
문에 레슬링을 훈련해야지 레슬링 때문에 전투 동작을 훈련해서는 안
된다는 것을 입증할 때까지는 말입니다.[53]

클레이니아스 좋은 말씀입니다.

춤

아테나이인 그러면 레슬링 학교의 의미에 대해서는 이 정도면 충분히
언급한 것이라고 해둡시다. 누가 나머지 전신 운동의 대부분은 춤이라
e 고 말한다면 그는 옳게 말하는 것입니다. 춤에는 두 종류가 있다고 보
아야 합니다. 그중 하나는 더 아름다운 몸동작을 모방하며 고상함을
지향하고, 다른 하나는 더 추한 몸동작을 모방하며 천박함을 지향합
니다. 또한 천박함에도 두 종류가 있고, 진지함에도 두 종류가 있습니
다. 진지함의 한 종류는 전쟁과 격렬한 노고에 휘말린 아름다운 몸과
용감한 혼을 모방하고, 다른 종류는 번영하는 가운데 적당한 즐거움
을 누리는 절제 있는 혼을 모방합니다. 그런 춤은 본성상 '평화의 춤'이
815a 라고 부르는 것이 적절할 것입니다. 그러나 '평화의 춤'과는 성격이 다
른 전투적인 춤은 '무장 놀이'라고 부르는 것이 옳을 겁니다. 그것은 비
키거나 물러서거나 뛰어오르거나 몸을 구부려 온갖 타격과 날아오는

무기를 피하는 동작을 모방하는가 하면, 그와 반대되는 동작, 즉 화살
을 쏘거나 창을 던지거나 온갖 무기로 타격할 때의 공격적인 자세를 모
방하기도 합니다. 훌륭한 몸과 혼을 모방하는 이런 춤을 출 때는 대체 b
로 사지를 곧게 편 채 몸을 긴장 상태로 유지해야만 합니다. 이런 자세
는 옳지만 이와 반대되는 자세는 옳지 못한 것으로 배척해야 합니다.

평화의 춤과 관련하여 우리가 주목해야 할 점은 연출자가 언제나
자신의 춤을 좋은 법률 아래서 자란 사람들에게 적합하도록 훌륭하
게 전승하는 데 성공하느냐 아니면 실패하느냐 하는 것입니다. 따라서
우리는 먼저 논쟁의 여지가 있는 춤을 논쟁의 여지가 없는 춤과 구분 c
해야 합니다. 우리는 이 둘을 어떻게 정의하고, 어떻게 구분해야 할까
요? 박코스 신도들의 광란과 관계가 있는 모든 춤은 춤추는 자들의 주
장에 따르면 그들이 요정[54]들, 판[55]들, 세일레노스들과 사튀로스[56]들
이라고 부르는 취객을 모방하는 것으로 정화의식 때나 비의(秘儀)의
입교식 때 추는데, 이런 부류의 춤은 전체적으로 '평화의 춤'이라고도
'전쟁의 춤'이라고도 할 수 없으며, 무엇이라고 규정하기가 쉽지 않습
니다. 내 생각에 가장 좋은 방법은 그것을 '전쟁의 춤'이나 '평화의 춤' d
에서 떼어내 이 부류의 춤은 국가에는 아무런 의미도 없다고 선언하

53 803d 참조.

54 Nymphe. 그리스 신화에 나오는 여자 요정.

55 Pan. 반인반수의 목신(牧神)으로 헤르메스와 요정 사이에서 태어났다.

56 세일레노스(Seilenos)는 주신 디오뉘소스를 수행하는 반인반수의 개인 교사이고, 사튀로스(Satyros)들은 디오뉘소스를 따라다니는 반인반수의 종자(從者)들이다.

는 것입니다. 그러면 우리는 이 부류의 춤은 지금 있는 그 자리에 그대
로 내버려두고, 둘 다 논쟁의 여지없이 우리의 주목을 받을 만한 '전쟁
의 춤'과 '평화의 춤'으로 되돌아갈 수 있을 것입니다.

비전투적인 무사 여신은 어떨까요? 그녀가 신들과 신들의 아들들
을 기리기 위해 주도하는 춤은 모두 평안한 감정을 표현하는 단 하나
e 의 유형이 될 것입니다. 이것은 다시 두 종류로 나눌 수 있는데, 그중 하
나는 노고와 위험에서 벗어나 행복한 상태에 다다른 사람이 느끼는
아주 강렬한 기쁨을 표현하고, 다른 하나는 과거의 행복이 보존되어
증대된 사람들이 느끼는 더 차분한 기쁨을 표현합니다.

그런데 이런 상태들에서는 누구나 기쁨이 더 크면 몸동작도 더 클
것이며, 기쁨이 더 작으면 몸동작도 더 작을 것입니다. 또한 더 절도 있
816a 고 용감하도록 더 훈련받은 사람은 몸동작이 더 작을 것이고, 비겁하
고 절도 있도록 훈련받지 못한 사람은 몸동작이 더 크고, 자세가 더 격
렬하게 변합니다. 일반적으로 노래를 부르건 말을 하건 목소리를 사용
하는 사람은 누구나 몸이 꼼짝 않고 가만있을 수 없습니다. 그래서 말
하는 것을 몸짓으로 모방하는 데서 무용술 전체가 생겨난 것입니다.
이 모든 상태에서 우리 가운데 더러는 말한 것과 조화를 이루는 몸짓
b 을 하고, 더러는 그러지 못합니다. 사실 우리에게 전해진 많은 옛 명칭
은 곰곰이 생각해보면 그 적합성과 정확성 때문에 칭찬받아 마땅합니
다. 그런 것 가운데 하나가 평안한 상태에 있지만 절도 있는 즐거움만
을 누리는 사람들이 추는 춤에 붙여진 명칭입니다. 그런 춤들에 처음
으로 이름을 붙인 사람이 누구든 간에 그의 말은 옳고 음악가답고 합

리적이었습니다. 그는 그런 춤 전체에 '엠멜레이아'[57]라는 명칭을 부
여함으로써 두 부류의 고상한 춤을 확립했는데, 그가 '무장 놀이'라고
부른 '전쟁의 춤'과 '엠멜레이아'라고 부른 '평화의 춤'이 그것입니다.
그렇게 그는 각각의 부류에 적절하고 알맞은 이름을 지어준 것입니다. c
이런 부류를 입법자는 개략적으로 설명해야 하고 법률 수호자는 찾아
내야 하며, 일단 찾아내면 춤을 시가의 다른 요소들[58]과 결합하여 축
제와 제례 의식마다 거기에 맞는 것을 배정해야 합니다. 이처럼 모든
춤을 질서 정연하게 봉헌한 뒤에는 춤이나 노래의 어떤 특징도 변경해
서는 안 됩니다. 같은 나라와 같은 시민들이(그들은 최대한 같은 부류
의 사람들이어야 합니다) 같은 방법으로 같은 즐거움을 누리는 것, 그 d
것이 바로 행복하게 잘사는 비결입니다.

희극

우리가 요구하는 특징을 갖춘 합창가무에서의 아름다운 몸과 고상한
혼의 역할에 대해서는 이쯤 해둡시다. 그러나 우리는 대화와 노래와 춤
에 의한 희극적인 모방을 통해 우스꽝스럽고 희극적인 효과를 산출하
는 일에 몰두하는 연기자들의 추한 몸과 생각도 고찰하고 알아보아야
합니다. 누가 사물을 분별하고 판단하려면, 우스꽝스러운 것을 모르면 e

57 emmeleia. '조화로운'이란 뜻이다.

58 가사와 반주 악기 등등.

진지한 것을 이해할 수 없고, 반대되는 것을 모르면 어떤 것도 이해할 수 없으니까요. 우리가 미덕에 조금이라도 관여하고자 한다면 진지하면서도 희극적일 수는 없습니다. 그래서 우리는 우스꽝스러운 것을 알아야 합니다. 무지한 탓에, 불필요하게 우스꽝스러운 것을 행하거나 말하는 일이 없도록 말입니다. 희극적인 흉내 내기는 노예나 고용된 외국인에게 맡기고, 어느 누구도 그런 것을 진지하게 받아들여서는 안 됩니다. 시민은 남녀 불문하고 그런 것을 배우다가 눈에 띄어서는 안 되며, 그런 것의 모방물은 언제나 뭔가 새로운 것을 보여주어야만 합니다.

비극

817a 이상으로 우리가 '희극'이라고 부르는, 웃음을 자아내는 놀이는 법률과 이론에 의해 정리된 것으로 합시다.

'진지한' 시인들이라고 불리는 비극시인들은 어떨까요? 그들 중 몇 명이 우리에게 다가와 이렇게 묻는다고 생각해보십시오. "여러분, 우리는 여러분의 도시와 나라를 방문해도 됩니까, 아니면 방문하면 안 됩니까? 그리고 우리의 작품을 갖고 가도 됩니까, 아니면 여러분은 이와 관련하여 어떻게 하기로 결정했습니까?" 이들 영감 받은 자에게 우
b 리가 어떻게 말해야 옳은 대답이 될까요? 내 생각에 이렇게 대답하는 것이 옳을 것 같습니다. "더없이 훌륭한 분들이여, 우리 자신도 비극시인이며, 우리의 비극은 우리가 창작할 수 있는 가장 아름답고 가장 훌륭한 작품입니다. 우리의 정체 전체는 가장 아름답고 가장 훌륭한 삶을 모방하도록 구성되어 있습니다. 우리는 이것이야말로 진실로 가장

참된 비극이라고 주장합니다. 우리도 여러분과 같은 장르의 시를 짓는
시인이며, 가장 훌륭한 드라마의 예술가이자 배우로서 여러분의 경쟁
자입니다. 그런데 가장 훌륭한 드라마는 그 본성상 참된 법률만이 완 c
성할 수 있습니다. 우리는 그렇게 희망합니다. 그러니 여러분이 시장에
무대를 설치하고 우리보다 목소리가 더 큰, 목청 고운 배우들을 등장
시키는 것을 우리가 쉬이 허용할 것이라고 기대하지 마십시오. 또한 여
러분이 아이들과 여인들과 온 군중에게 열변을 토하며 같은 관행에 대
해 우리와 같은 말을 하는 것이 아니라 우리와 대체로 상반되는 말을
하는 것을 우리가 허용할 것이라고도 기대하지 마십시오. 방금 말한
것을 하도록 여러분에게 허용한다면 사실 우리 자신도 국가 전체도 완 d
전히 실성한 것이겠지요. 여러분이 작시한 것이 낭송하기 적합한 것인
지, 공연할 수 있는 것인지 아닌지 관청에서 결정하기도 전에 한다면
말입니다. 그러니 매력적인 무사 여신들의 후예들이여, 먼저 우리의 노
래와 비교할 수 있도록 여러분 노래를 우리 관리에게 제시하십시오.
만약 여러분이 말한 것이 우리가 말한 것과 같거나 더 나은 것으로 밝
혀지면, 우리는 여러분에게 합창가무단을 제공할 것입니다. 그러나 그
러지 못하면, 친구들이여, 우리는 그럴 수가 없습니다."

그러면 합창가무 일반과 그것의 교습과 관련하여 이런 것들을 법률 e
에 의해 정해진 관습으로 삼되, 노예를 위한 것과 주인을 위한 것을 구
분하기로 합시다. 여러분이 동의한다면 말입니다.

클레이니아스 지금 당장에는 어찌 동의하지 않을 수 있겠습니까?

산술

아테나이인 자유민을 위해서는 아직 세 가지 교과목이 남아 있습니다.
그중 하나는 계산과 수에 관한 것이고, 두 번째 것은 길이와 평면과 부
피의 측정에 관한 것이며, 세 번째 것은 천체의 주기와 그것의 상호관
818a 계에 관한 것입니다. 이런 교과목들은 대중들까지 세세히 배울 필요
가 없고, 선택된 소수만이 배워야 합니다. 그들이 누군지는 우리 논의
가 끝나갈 무렵에 때가 되면 말할 것입니다. 그러는 것이 적절할 테니
까요. 그러나 대중은 어떨까요? 필수적인 기초지식이라고 불러 마
땅한 것을 모른다는 것은 수치스러운 일이겠지만, 모두가 이런 교과
목들을 세세히 안다는 것은 쉽지도 않거니와 사실상 가능하지도 않습
니다. 하지만 그중 필요한 것 없이는 지낼 수 없으며, 신과 관련하여 "신
b 도 분명 필연에 맞서 싸울 수는 없다"는 말을 처음 한 사람도 그 점을
염두에 두었던 것 같습니다. 여기서 말하는 '필연'이란 아마도 신적인
필연을 의미하겠지요. 왜냐하면 그런 말을 인용하는 사람들이 대부
분 그러듯이 이 말을 인간적인 필연에 적용한다면 그것은 더없이 어리
석은 주장이 될 테니까요.

클레이니아스 손님, 그런 교과목들에서 인간적인 필연이 아니라 신적인
필연이란 대체 어떤 것들입니까?

c **아테나이인** 이런 것들이라고 생각합니다. 인류를 책임지고 감독할 수
있기 위해서 모든 신과 수호신과 영웅이 반드시 실천하고 알아두어야
하는 것들 말입니다. 아무튼 인간은 그런 신적인 기준에 크게 못 미칠
것입니다. 만약 인간이 하나 둘 셋도 짝수나 홀수 일반도 모르고 셈할

줄도 전혀 모르며, 밤과 낮을 계산할 줄도 모르고 해와 달과 다른 천체
들의 운행에 관해 무지하다면 말입니다. 그러면 가장 아름다운 교과
목 가운데 어느 하나라도 배우려는 사람이 이 교과목들을 다 배울 필
요가 없다고 생각하는 것은 아주 어리석은 짓입니다. 하지만 그것들 d
가운데 어떤 부분을 얼마나 그리고 언제 배워야 합니까? 어떤 것은 함
께 배우고 어떤 것은 따로 배워야 합니까? 그것들을 어떻게 종합해야
합니까? 이런 것들이 우리가 대답해야 할 질문들입니다. 그러면 우리
는 이런 예비지식의 인도를 받아 나머지 교과목들로 나아갈 것입니
다. 이런 사정이 필연성에 따른 절차의 자연적인 순서이니 어떤 신도
지금은 맞서 싸우지 못하고 앞으로도 맞서 싸우지 못할 것입니다.

클레이니아스 손님, 그렇게 말씀하시니 그대의 제안은 옳고 자연스러운 e
것 같습니다.

아테나이인 아닌 게 아니라 그렇습니다, 클레이니아스님. 하지만 그런 것들을 미리 입법하기는 어렵습니다. 그러니 그대만 괜찮으시다면, 정확한 입법은 다음 기회로 미루기로 합시다.

클레이니아스 손님, 우리가 보기에 그대는 그런 문제들에 관해 우리의 습관화된 경험 부족을 우려하시는 것 같군요. 하지만 그런 우려는 근거 없는 것입니다. 그러니 그 때문에 숨기지 말고 그대가 생각하는 바를 우리에게 말씀해주십시오.

아테나이인 지금 말씀하신 그 점도 우려되지만 더 우려하는 것은 그런 819a
교과목들에 전념하지만 그릇되게 전념한 사람들입니다. 어떤 분야에
완전히 무지한 사람은 위험하거나 재앙을 불러오지 않지만, 잘못된 지

도 아래 많은 것을 경험하고 많은 것을 아는 사람은 훨씬 더 큰 피해를 안겨주니까요.

클레이니아스 맞는 말씀입니다.

아테나이인 따라서 우리는 자유민은 이런 교과목들을 각각 적어도 아
b 이귑토스의 대다수 어린아이 수준만큼은 배워야 한다고 주장해야 하
는데, 그들은 읽기와 쓰기를 배우면서 그런 지식을 습득하기 시작합니
다. 첫째, 셈과 관련해서는 꼬마둥이들을 위하여 놀이 삼아 배우는 교
과들이 고안되었습니다. 이를테면 일정 수의 사과나 화환을 더 많은
수의 사람이나 더 적은 수의 사람에게 나눠주거나,[59] 권투 선수나 레슬
링 선수를 번갈아가며 순서대로 쉬게 하거나 짝을 지어 싸우게 하는
c 것입니다.[60] 또한 교사는 놀이 삼아 금잔과 청동잔과 은잔 등등을 뒤
섞은 다음 그것들을 종류별로 나눠줍니다. 교사는 내가 말한 이런 기
본적인 산술을 아이들 놀이에서 없어서는 안 될 부분으로 이용함으로
써 제자들이 군영을 설치하고 군대를 인솔하여 행군시키거나 집안일
을 경영하는 데 도움이 되게 하는가 하면, 제자들을 자기 자신에게 더
d 쓸모 있고 더 깨어 있는 인물로 만듭니다. 그다음으로 교사는 아이들
이 길이와 넓이와 부피를 가진 모든 것을 측정하는 법을 배우게 함으
로써 이와 관련하여 모든 인간에 내재하는 우스꽝스럽고 수치스러운
무지에서 벗어나게 해줍니다.

클레이니아스 특히 어떤 종류의 무지를 말씀하시는 것인가요?

아테나이인 친애하는 클레이니아스님, 나도 이와 관련하여 우리의 상황이 어떤지 나중에야 들었습니다. 일단 듣고 나서 놀라움을 금치 못

했고, 인간이 그렇게 돼지처럼 어리석다는 것이 믿기지 않았습니다.
나는 나 자신뿐만 아니라 헬라스인 전체가 부끄러웠습니다. e

클레이니아스 왜죠? 무슨 말씀인지 설명해주십시오, 손님.

아테나이인 설명하겠습니다. 그보다는 그대에게 질문함으로써 밝히겠습니다. 간단히 대답해주십시오. 그대는 '길이'가 무엇인지 알고 계시겠지요?

클레이니아스 물론입니다.

아테나이인 어떻습니까? '넓이'도 알고 계시나요?

클레이니아스 알고말고요.

아테나이인 이것들이 두 가지이고, 이것들에 이어 세 번째 것은 '부피'라는 것도 알고 계신가요?

클레이니아스 왜 아니겠습니까?

아테나이인 그대는 이 모든 것을 같은 척도로 잴 수 있다고 생각하지 않으십니까?

클레이니아스 잴 수 있다고 생각합니다.

아테나이인 생각건대 하나의 길이는 다른 길이와 비교해서, 하나의 넓
이는 다른 넓이와 비교해서, 하나의 부피는 다른 부피와 비교해서 잴 820a

59 이를테면 사과가 60개 있을 경우 받을 사람이 1명이면 60개를, 2명이면 30개씩, 3명이면 20개씩, 4명이면 15개씩, 5명이면 12개씩, 6명이면 10개씩 나눠줄 수 있을 것이다.

60 출전 선수들이 짝수일 때는 모두 싸울 상대가 있지만 홀수일 때는 부전승으로 올라가는 선수가 있으므로 이런 행운은 골고루 배분되어야 할 것이다.

수 있을 것입니다.

클레이니아스 그렇고말고요.

아테나이인 만약 이들 가운데 어떤 것은 절대적으로도 유사하게도 잴 수 없고, 어떤 것은 그럴 수 있어도 어떤 것은 그럴 수 없는데도[61] 그대는 그것들을 다 같은 척도로 잴 수 있다고 생각한다면, 그대는 이런 것들에 대한 그대의 생각이 어떻다고 보십니까?

클레이니아스 분명 보잘것없겠지요.

아테나이인 부피에 대한 길이와 넓이의 관계 또는 넓이와 길이의 상호관계는 어떤가요? 우리 헬라스인들은 모두 그런 것들을 어떤 의미에서 같은 척도로 잴 수 있다고 생각하지 않나요?

b **클레이니아스** 전적으로 동의합니다.

아테나이인 그러나 그것들을 결코 같은 척도로 잴 수 없는데도 내가 말했듯이 '우리 헬라스인들이 모두' 그것들을 같은 척도로 잴 수 있다고 믿는다면, 우리는 그들 모두를 부끄러워하며 이렇게 말해야 하지 않을까요? "헬라스인 중에서도 가장 훌륭한 분들이여, 이것은 모르면 수치스럽다고 우리가 말한 것들[62] 중 하나가 아닌가요? 꼭 필요한 것을 아는 것은 별로 자랑스러운 일이 못 되지만 말입니다."

클레이니아스 왜 아니겠습니까?

c **아테나이인** 그 밖에도 우리가 말한 것들과 비슷한 과오를 많이 낳는 이와 유사한 다른 문제가 있습니다.

클레이니아스 어떤 문제죠?

아테나이인 같은 척도로 잴 수 있는 것과 잴 수 없는 것은 어떤 자연법칙에 근거하느냐는 문제 말입니다. 그것을 검토하고 구별할 수 없다면, 우리는 바보 멍청이가 될 테니까요. 우리는 경쟁심에서 이런 문제를 서로에게 계속해서 제시해야 합니다. 그럴 여가가 난다면 말입니다. 그러는 것이 노인들에게는 장기보다 더 개명된 소일거리입니다.

클레이니아스 그러겠지요. 하지만 장기와 이들 교과목은 크게 다른 것 d
같지 않습니다.

아테나이인 이들 교과목을 젊은이들이 배워야 한다고 나는 주장합니다. 그것들은 해롭지 않고 어렵지도 않으니까요. 그것들은 놀이 삼아 배울 수 있으며, 우리 국가에 해롭기는커녕 유익할 것입니다. 그러나 누가 동의하지 않는다면, 우리는 그의 말에 귀를 기울여야 합니다.

클레이니아스 왜 아니겠습니까?

아테나이인 그게 사실이라는 것이 밝혀지면 이들 교과목은 받아들여지겠지만, 그렇지 않다는 것이 밝혀지면 배제될 것입니다.

클레이니아스 당연히 그러고말고요. e

아테나이인 클레이니아스님, 그러면 우리 입법에 빈틈이 없도록 이들 교과목을 일단 필수 과목으로 정할까요? 국가의 나머지 정체를 논하는 것과는 별도로 말입니다. 그것들이 신탁자인 우리나 수탁자인 여러분의 마음에 들지 않으면 '담보물'처럼 도로 찾을 수 있게요.

61 무리수는 유리수와 같은 척도로 나타낼 수 없다. 예를 들어 정사각형의 대각선과 변의 길이(길이가 1인 정사각형의 대각선은 $\sqrt{2}$이므로)를 같은 유리수로 나타낼 수는 없다.

62 818a 참조.

클레이니아스 그대의 말씀처럼 그렇게 맡겨두는 것이 옳겠습니다.

천문학

아테나이인 그다음에는 아이들에게 천문학을 가르치자는 제안에 여러분이 동의하는지 여부를 생각해보십시오.

클레이니아스 의견을 말씀하십시오.

아테나이인 이와 관련하여 도저히 참을 수 없는 아주 이상한 일이 벌어지고 있습니다.

821a **클레이니아스** 그게 뭐죠?

아테나이인 우리는 최고신과 우주를 탐구해서는 안 되고 그 원인을 규명하려고 애써도 안 된다고 말합니다. 그것은 불경한 짓이라는 것이지요. 그러나 사실은 그와 정반대인 것 같습니다.

클레이니아스 무슨 말씀이신지요?

아테나이인 내 말이 여러분에게는 이상하게 들리겠지요. 여러분은 그런 말이 노인에게는 어울리지 않다고 생각할 것입니다. 하지만 누가 어떤 교과목이 아름답고 참되며 국가에 유익하고 신의 마음에 쏙 드는
b 것이라고 생각한다면, 이를 말하지 않을 수는 없겠지요.

클레이니아스 일리 있는 말씀입니다. 하지만 별들과 관련하여 우리가 어떻게 그런 종류의 교과목을 찾아낼 수 있을까요?

아테나이인 훌륭하신 분들이여, 오늘날 우리 헬라스인들은 거의 모두 위대한 신들인 해와 달[63]에 관해 거짓말을 퍼뜨리고 있습니다.

클레이니아스 그게 어떤 거짓말이지요?

아테나이인 우리는 해와 달은 물론이고 다른 천체도 같은 궤도를 돌지 않는다고 주장합니다. 그들을 '떠돌이별'[64]이라고 부르면서 말입니다.

클레이니아스 손님, 제우스에 맹세코 그대의 말씀이 옳습니다. 나도 평 c
생 동안 샛별과 개밥바라기와 몇몇 다른 별이 같은 궤도를 돌지 않고 이리저리 떠도는 것을 여러 번 보았습니다. 그러나 해와 달이 늘 그렇게 떠돈다는 것은 누구나 아는 사실입니다.

아테나이인 메길로스님과 클레이니아스님, 나는 우리 시민들과 젊은이
들이 하늘의 신들에 대해 그 정도는 배워야 한다고 봅니다. 그들이 제 d
물을 바치고 경건한 마음으로 기도할 때 하늘의 신들에 대해 불경한 말이 아니라 경건한 말을 하도록 말입니다.

클레이니아스 옳은 말씀입니다. 첫째, 그대가 말씀하시는 것이 배울 수 있는 것이라면 말입니다. 또한 우리가 지금 하늘의 신들에 대해 옳지 않은 말을 하지만 배움을 통해 옳은 말을 하게 된다면, 나도 그런 교과목을 그 정도까지 배워야 한다는 데 동의합니다. 그러니 그대는 최선을 다해 명확하게 설명하십시오. 우리는 열심히 따라가며 배울 것입니다.

아테나이인 내가 말하는 것은 배우기 쉽지 않지만 아주 어렵지도 않고 e
시간이 많이 걸리는 것도 아닙니다. 그 증거로, 나는 그것에 관해 젊어서 들은 것도 아니고 오래전에 들은 것도 아니지만, 지금 오래 걸리지 않고 여러분에게 설명할 수 있습니다. 그것이 어려운 것이라면 나 같은

63 Helios, Selene.

64 planetes. 행성.

노인이 여러분 같은 노인들에게 결코 설명할 수 없겠지요.

822a **클레이니아스** 맞는 말씀입니다. 그런데 젊은이들은 배워야 하지만 우리
는 배우지 못할 것이라고 그대가 주장하는 그 놀라운 교과목은 대체
무엇입니까? 그것에 관해 적어도 그 정도만큼은 최대한 자세히 설명
해주십시오.

아테나이인 그리해보아야겠지요. 여러분, 해와 달과 다른 천체들이 떠
돈다는 믿음은 옳지 못하고, 사실은 그와 정반대이니까요. 그것들은
저마다 여러 궤도를 따라 움직이는 것처럼 보여도 사실은 여러 궤도가
아니라 언제나 하나의 궤도를 원을 그리며 돌기 때문이지요. 또한 그
b 중 가장 빠른 것이 부당하게도 가장 느린 것으로 여겨지고, 가장 느린
것이 가장 빠른 것으로 여겨지고 있습니다. 사실이 그러한데 우리가
그렇게 생각하지 않는다면, 우리는 올림피아 경기에서 가장 빠른 말
이나 가장 빠른 장거리 달리기 선수를 가장 느리다고 말하고 가장 느
린 선수를 가장 빠르다고 말하며 찬가를 지어 패자를 승자로 찬양하
는 구경꾼보다 더 나을 게 없을 것입니다. 인간일 뿐인 달리기 선수에
게 바치는 우리의 찬가는 적절하지 않고 달갑지 않을 것입니다. 올림
c 피아에서는 그런 실수는 우스꽝스러울 뿐입니다. 그러나 우리가 지금
신들에게 같은 실수를 범한다면 그것은 전혀 우스꽝스럽지 않을 것이
며, 우리가 찬가를 통해 신들에 대해 거짓 소문을 퍼뜨린 것이 신들에
게는 조금도 달갑지 않을 것입니다.

클레이니아스 사실이 그렇다면, 참으로 맞는 말씀입니다.

아테나이인 그러니 내 말이 옳다는 것을 우리가 증명하면, 그런 교과목

들은 앞서 말한 수준까지[65] 배워야 하지만, 증명하지 못하면 그만두어야겠지요? 우리 사이에 그렇게 합의된 것으로 할까요?

클레이니아스 물론입니다. d

사냥: 성문법과 불문율 (2)

아테나이인 그렇다면 이제 아이들의 교육을 위한 교과목들에 관한 우리의 법규는 마무리된 것으로 보고, 사냥과 그 밖의 그와 유사한 모든 것에 대해서도 전과 같은 방법으로 고찰해야 합니다. 입법하는 것만으로 입법자의 임무가 완수된 것은 아니기 때문입니다. 입법자는 입법에 더하여 본성상 훈계와 법률 사이의 중간지대에 속하는 것들도 제시해야 하니까요. 우리는 논의하면서 그것과 누차 마주쳤는데, 이를테면 e
아주 어린 아이들의 양육에 관해 논의할 때에[66] 그랬습니다. 우리는 그 정도의 교육은 암시하기만 하면 족하다고 생각하지만, 그런 암시를 법률이라고 생각하는 것은 아주 어리석은 짓입니다. 법률과 정체 전체가 그런 식으로 성문화되었다 하더라도, "여기 법률에 가장 훌륭하게 봉사하고 진심으로 복종하는 시민이 있습니다"라고 말하는 것으로는 미덕에서 탁월한 시민에 대한 그대의 찬사는 완전하지 못합니다. 이렇게 말해야 그대의 찬사는 더 완전할 것입니다. "그가 훌륭한 사람인 823a
것은 법률의 형태를 띠든 칭찬이나 비난의 형태를 띠든 입법자의 성문

65 821d 참조.

66 788a 이하, 793e~794d 참조.

법에 평생토록 변함없이 복종했기 때문입니다." 따라서 입법자가 진
실로 해야 할 일은 단순히 법률을 성문화하는 것이 아니라, 거기에 자
신이 훌륭하다고 생각하는 것과 훌륭하지 않다고 생각하는 것에 대
한 설명을 섞는 것입니다. 그리고 완전한 시민은 법금으로 법적 제재를
가하는 것보다 이런 것을 더 구속력이 있는 것으로 간주해야 합니다.

우리는 지금의 주제를, 말하자면 증인으로 부를 수 있다면 우리가
b 말하고자 하는 것이 무엇인지 더 분명히 밝힐 수 있을 것입니다. '사냥'
은 아주 다양한 활동이지만 오늘날 대부분 하나의 명칭에 포함되기
때문입니다. 물살이 동물 사냥도, 날짐승 사냥도, 뭍살이 동물 사냥도
다양하기는 마찬가지입니다. 야생동물 사냥만 있는 게 아니라, 또한
인간 사냥을 주목해야 합니다. 전쟁과 관련된 것도 있지만(침략자들
의 약탈 행위와 군대에 의한 군대 사냥이 여기에 속합니다), 또한 여러
가지 이유에서 사냥감을 뒤쫓는 '연인'들의 사냥도 있는데, 그 이유는
c 어떤 때는 칭찬받을 만하지만 어떤 때는 비난받아 마땅합니다. 그런데
입법자가 사냥에 관해 법률을 제정할 때는 이런 것을 설명하지 않은
채 내버려둘 수도 없고, 모든 경우에 대해 일일이 규정과 처벌 조항을
정함으로써 법적으로 위협을 가할 수도 없습니다. 그렇다면 우리는 이
런 것들을 어떻게 다루어야 합니까? 입법자는 '이런 것들이 젊은이들
에게 적합한 훈련이자 활동일까, 아닐까?'라고 자문해보고 나서 여러
가지 사냥을 칭찬하거나 비난해야 합니다. 한편 젊은이들은 예상되는
d 즐거움이나 노고에 휘둘리지 말고 그 말을 들어야 하며, 처벌하겠다고
위협하는 세세한 법조항보다는 온정적인 권장 사항을 이행하는 데 더

주의를 기울여야 합니다.

이런 것들을 머리말로 말했으니 이제 우리는 여러 형태의 사냥을 적
절히 칭찬하거나 비난할 수 있는데, 그것은 젊은이들의 혼에 좋은 영
향을 끼치는 종류는 칭찬하되 다른 종류는 비난하는 것입니다. 그렇
다면 그다음 순서로 젊은이들에게 기도조로 말하기로 합시다. "친구
들이여, 바라건대 바다에서 고기잡이를 하거나 낚시질하거나 물살이
동물을 사냥하고 싶은 욕구와 열정이 결코 자네들을 사로잡지 않기 e
를! 깨어 있건 잠들었건 게으름뱅이를 위해 힘들이지 않고 사냥하게
해주는 통발에도 의지하지 않기를! 바다에서 인간을 사냥하거나 해
적질하고자 하는 욕구가 엄습하여 자네들을 야만적인 사냥꾼과 무법
자로 만들지 않기를! 자네들에게는 농촌에서나 도시에서 도둑질하
겠다는 생각이 조금도 들지 않기를! 또한 날짐승 사냥에 대한 유혹과
욕구도 자유민답지 못한 것인 만큼 어떤 젊은이에게도 엄습하지 않기
를! 그러면 우리 선수에게는 뭍살이 동물을 사냥하고 포획하는 것이 824a
남네. 그중 한 종류는 교대로 잠을 자는 자들의 이른바 '야간 사냥'인
데 이것은 게으른 사람들을 위한 것이니 칭찬받을 것이 못 되네. 애쓰
는 사이에 짬짬이 휴식을 취하는 사냥도 노고를 마다하지 않는 혼의
승리에 의해서가 아니라 야수들의 야만적인 힘이 그물과 올가미에 의
해 제압되는 것인 만큼 그 점에서는 마찬가지일세. 이제 모두에게 하나
밖에 남지 않은 최선의 것은 말과 개와 사냥꾼 자신의 몸을 이용한 네
발짐승 사냥인데, 이 경우 사람들은 네발짐승을 모두 달리기와 후려치
기와 무기 던지기로 제압하고 제 손으로 사냥하네. 신적인 용기를 북

돋는 일에 관심이 있는 사람이라면 말일세."

이 발언은 이 분야 전체와 관련하여 우리가 칭찬하고 비난하는 것에 대한 설명으로 보아도 될 것입니다. 그러나 법률은 이렇습니다. 진정으로 신적인[67] 이들 사냥꾼이 마음 내키는 곳에서 마음 내키는 대로 사냥하는 것은 어느 누구도 막아서는 안 됩니다. 그러나 그물과 덫에 의존하는 야간 사냥꾼이 아무 때나 아무 곳에서나 사냥하는 것은 어느 누구도 허용해서는 안 됩니다. 휴경지나 산속에서는 날짐승 사냥꾼을 막아서는 안 됩니다. 경작지나 신성한 땅에서는 지나가는 행인이 그를 쫓아내야 합니다. 물살이 동물 사냥꾼은 독즙으로 물을 흐리게 하지 않는 한, 항구와 신성한 강과 늪과 호수를 제외하고는 어디서나 사냥하는 것을 허용해야 합니다.

이제 우리는 교육에 관한 법규가 최종적으로 마무리되었다고 말해도 좋을 것입니다.

클레이니아스 참 듣기 좋은 말씀입니다.

67 631b 이하 참조.

제 8 권

제 13 부 체육 경기와 군사 훈련

축제 준비

아테나이인 그다음으로 우리가 할 일은 축제를 준비하고 입법화하는 것인데, 어느 신에게 어떤 축제를 바치는 것이 국가에 더 좋고 더 적당한지는 델포이의 신탁이 말해줄 것입니다. 그러나 축제를 언제 개최하고, 그 수는 얼마가 되어야 하는지 법률로 정하는 것은 우리가 알아서 할 일이겠지요. 828a

클레이니아스 축제의 수와 관련해서는 아마 그렇겠지요.

아테나이인 그렇다면 먼저 그 수를 말해봅시다. 축제의 수는 365보다 적어서는 안 됩니다. 적어도 한 명의 관리가 국가와 시민들과 그들의 재산을 위해 어떤 신이나 수호신에게 늘 제물을 바치도록 말입니다. 해설자[1] 와 남녀 사제와 예언자는 법률 수호자와 모임을 갖고 입법자 b

1 759c 이하 참조.

가 빠뜨릴 수밖에 없는 세세한 부분을 메워야 합니다. 그런 빠진 부분을 찾아내는 것도 이들이 할 일입니다. 법률은 각 부족에게 이름을 부
c 여하는 12신을 위한 12축제가 있음을 선언할 것입니다. 이 신들 각각에게 시민들은 매달 제물을 바치며 합창가무단과 음악 경연과 체육 경기를 신들의 특성과 그때그때의 계절에 맞게 배정할 것입니다. 그들은 여자들을 위한 축제도 마련하되 그중 어떤 것들은 여자들끼리만 개최하고, 어떤 것들은 남자들에게도 개방할 것인지 정해야 합니다. 또한 그들은 지하의 신들에게 어울리는 예배를 우리가 '하늘의 신들'이라 불
d 러야 할 신들과 그들의 수행원에게 어울리는 예배와 섞지 말고 구분해야 하며, 지하의 신들에게 어울리는 축제는 플루톤[2]에게 바쳐진 열두 번째 달[3]에 법률에 따라 배정해야 합니다. 전사는 이 신을 혐오해서는 안 되고, 오히려 언제나 인류의 위대한 시혜자로 존중해야 합니다. 내 진심으로 단언컨대, 혼과 몸이 결합하는 것은 이 둘이 분리되는 것보다 결코 더 낫지 않기 때문입니다.[4]

군사 훈련

그 밖에도 이런 행사를 만족스럽게 배분하려는 사람이 명심해야 할 것이 한 가지 더 있습니다. 여가와 생필품이 풍족하다는 점에서 오늘날 우리 나라에 비견될 수 있는 나라는 어디에도 찾아볼 수 없지만, 우리
829a 나라도 한 개인처럼 행복하게 살아야 한다는 겁니다. 그런데 행복한 삶을 위한 첫째 요건은 남에게 불의를 저지르지 않고 남에게 불의를 당하지도 않는 겁니다. 이 요건의 앞부분은 그다지 어렵지 않습니다. 그

러나 불의를 당하는 것에 면역력을 갖는다는 것은 아주 어려운 일이며, 그런 면역력을 완전하게 갖추는 유일한 방법은 완전하게 훌륭해지는[5] 것입니다. 국가에 대해서도 같은 말을 할 수 있습니다. 국가가 훌륭하면 평화롭게 살 수 있지만, 국가가 나쁘면 전쟁과 내전에 시달릴 것입니다.
b 사실이 그렇다면 모든 시민은 평화롭게 살 때 군사 훈련을 해야지 전쟁이 발발할 때까지 미루어서는 안 됩니다. 따라서 지각 있는 국가라면 매달 적어도 하루는, 당국자들이 옳다고 생각하면 여러 날 동안 추위나 더위를 가리지 않고 군사 훈련을 해야 합니다. 여기에는 여자들과 아이들을 포함하여 온 주민이 참가해야 합니다. 이때 온 주민을 이끌고 나갈 것인지 아니면 부대별로 이끌고 나갈 것인지는 당국자들이 결정할 일입니다. 그들은 제물 바치는 의식에 이어 건전한 놀이도 공연해야 하
c 는데, 여기에는 실제 전투 장면을 최대한 실감나게 모방하는 전쟁놀이가 포함되어야 합니다. 그런 날에는 매번 우승상과 장려상을 수여하며 경기에서뿐만 아니라 일상생활에서의 각 개인의 행적에 따라 찬양하는 노래나 질책하는 노래를 지어주되, 가장 훌륭하다고 생각되는 자는

2 Plouton. 저승의 신 하데스의 다른 이름.

3 지금의 6월 말과 7월 초에 해당하는 스키로포리온(Skirophorion) 달. 그리스에서는 비가 자주 오고 온난 다습한 겨울에 파종하여 지금의 5월에 수확하고, 비가 적게 오고 고온 건조한 여름에는 농사를 짓지 않으므로 이때를 플루톤에게 배정한 것이다.

4 철학은 혼을 몸에서 최대한 분리시키는 것이라는 주장에 대해서는 『파이돈』 64d~65a, 80a~81d 참조.

5 agathos.

칭송하고 그렇지 못한 자는 비난해야 합니다. 하지만 아무나 그런 노
래를 지어서는 안 됩니다. 첫째, 그런 사람은 50세 이하여서는 안 되고,
그다음으로 시적 재능과 음악적 재능은 타고났지만 이렇다 할 훌륭한
d 업적을 하나도 남기지 못한 사람이어서는 안 됩니다. 노래로 불려야 할
것은, 설령 걸작 음악을 남기지는 못했어도 그들 자신도 유능하며 훌륭
한 업적 덕분에 나라에서 존경받는 그런 사람들의 시들입니다. 교육 감
독관[6]과 법률 수호자가 이들을 선발하여, 이들에게만 노래에서 언론
자유의 특권을 부여하고 다른 사람들에게는 부여하지 않을 것입니다.
e 검증받지 못한 노래는 어느 누구도 불러서는 안 됩니다. 그것이 설령
타뮈라스[7]와 오르페우스의 찬가보다 더 달콤하다고 할지라도 말입니
다. 우리 시민들은 건전하다고 판단되어 신들에게 바쳐진 시들이나 적
절하게 말했다고 판단되는 훌륭한 사람들이 비난하거나 찬양하는 시
들만 노래해야 합니다. 군사 훈련과 작시에 관한 언론자유와 관련하여
나는 여자와 남자에게 똑같은 규정이 적용되어야 한다고 주장합니다.

입법자는 마음속으로 이렇게 자문하며 곰곰이 생각해보아야 합니
다. '자, 이제 국가 전체를 정비했으니 나는 어떤 사람들을 양육할 것인
830a 가? 수만 명의 경쟁자가 기다리고 있는 결전에 대비한 선수들[8]이 아닐
까?' 누가 "물론입니다"라고 대답한다면 옳게 대답하는 것이겠지요.
어떻습니까? 우리가 권투 선수나 팡크라티온 선수나 그 밖의 그런 경
기에 출전할 다른 선수들을 기르고 있다면, 적수에 대비해 날마다 연
습경기를 해보지도 않고 아무 준비도 없이 곧바로 경기장에 나갈까
요? 우리가 권투 선수라면 경기가 열리기 여러 날 전부터 싸우는 법을

배우고 나중의 승리를 위해 싸울 때 써먹을 온갖 기술을 열심히 연습 b
하고 흉내 내지 않을까요? 그리고 실제 경기를 되도록 실감나게 모방
하기 위해 손에 가죽띠[9]를 감는 대신 연습용 글러브를 끼고 주먹을 날
리거나 피하는 법을 최대한 많이 연습하지 않을까요? 그리고 연습 상
대가 부족한 경우에는 바보들이 비웃을까 두려워서 생명 없는 인형을
걸어놓고 그것을 상대로 연습할 용기조차 없을까요? 사실 생명이 있 c
건 없건 연습 상대가 아무도 없을 경우, 우리는 말 그대로 자신을 상대
로 혼자서 권투 연습을 하지 않을까요? 아니면 허공에 주먹을 날리는
권투 연습을 무엇이라고 말할 수 있을까요?

클레이니아스 방금 말씀하신 것 말고 다른 것이라고 말할 수 없겠지요, 손님.

아테나이인 어떻습니까? 우리 나라 군대가 생명과 아이들과 재산과 국
가 전체를 위해 싸운답시고 매번 그런 선수들보다 덜 준비된 상태로
감히 싸움 중에서도 가장 중대한 싸움에 임하려 한다면? 그래서 시민 d
들의 입법자가 그들끼리의 연습이 어떤 사람들에게는 우습게 보일까
두려워 제 임무를 소홀히 한다면? 무장하지 않은 소규모 훈련은 되도
록 매일 하되 합창가무와 모든 종류의 체력 단련도 이런 목적에 맞도

6 765d~766b 참조.

7 Thamyras. 트라케 출신의 전설적인 가인. 『일리아스』 2권 594행 이하 참조.

8 athletes.

9 실제 권투 경기 때는 손을 보호하기 위해 가죽띠를 감았다.

록 조정하고, 무장한 대규모 훈련은 매달 한 번 이상 시행하라고 지시
e 하는 임무 말입니다. 그럴 경우, 시민들은 전국적으로 서로 경쟁할 것
이고, 진지를 함락시키고 매복하는 훈련을 함으로써 실전을 방불케
할 것입니다. 이때 시민들은 조금은 위험한 날아다니는 무기를 던져야
합니다. 우리는 그들이 서로 전혀 두렵지 않은 놀이를 하는 것이 아니
라, 서로 간에 공포감을 불러일으켜 어느 정도는 용감한 자와 비겁한
자를 구별하게 해주기를 원합니다. 그러면 입법자는 용감한 자에게는
831a 명예를, 비겁한 자에게는 불명예를 올바르게 배분함으로써 온 시민을
평생토록 지속되는 실전에 능한 전사로 만들 수 있을 것입니다. 누가
그런 상황에서 죽더라도 그런 살인은 본의 아닌 것으로 간주되어 입
법자는 살인자가 일단 법에 따라 정화되면 그의 손은 정화된 것으로
선언해야 합니다. 입법자는 무엇보다도 설령 몇 사람이 죽는다 해도
그들 못지않은 훌륭한 사람들이 태어나 그들의 자리를 메울 테지만,
두려움이 죽고 나면 그런 모든 연습에서 용감한 자와 비겁한 자를 구
b 별할 잣대가 없어질 것이기에 그것은 국가에 저것[10]보다 훨씬 더 큰 재
앙이 될 것이라고 생각할 것입니다.

클레이니아스 손님, 우리는 그런 훈련이야말로 모든 국가가 법률로 정하여 준수해야 한다는 데 동의합니다.

올바른 군사 훈련의 장애물들

아테나이인 그런데 우리 모두는 오늘날 어떤 국가에서도 그런 합창가무와 경쟁이 소규모로밖에 이루어지지 않고 있는 이유를 알고 있을까

요? 그것은 대중과 그들 입법자의 무지 탓이라고 말할까요?

클레이니아스 그런 것 같습니다.

아테나이인 결코 그렇지 않습니다, 축복받은 클레이니아스님. 우리는 c
거기에는 두 가지 원인이 있으며, 그것이면 충분하다고 말해야 합니다.

클레이니아스 그게 어떤 것들이죠?

아테나이인 그중 하나는 부에 대한 욕구인데, 그것은 자기 개인의 재산 말고 다른 것에는 아주 잠시라도 신경 쓰지 못하게 합니다. 그래서 모든 시민의 혼이 여기에 매달리게 되면 그날그날의 이익말고 다른 것에는 결코 관심을 가질 수 없습니다. 모두들 돈벌이에 도움이 되는 것이면 무
엇이든 배우고 연습하려고 저마다 기를 쓰지만 다른 것은 다 비웃습니 d
다. 따라서 이것이 국가가 군사 훈련이나 그 밖의 다른 훌륭하고 아름다운 활동을 진지하게 받아들이려 하지 않는 한 가지 원인이라고 생각할 수 있습니다. 오히려 각자는 금과 은에 대한 만족할 줄 모르는 욕구 때문에 부자가 될 수만 있다면 고상하건 야비하건 수단과 방법을 가리지 않으며, 어떤 짓이 경건하건 불경하건 아주 수치스럽건 문제 삼지 않
고 거리낌없이 해치웁니다. 그것이 그가 돼지처럼 무엇이든 먹고 마실 e
수 있게 해주고 온갖 종류의 애욕에 탐닉하게 해준다면 말입니다.

클레이니아스 옳은 말씀입니다.

아테나이인 그렇다면 나는 한 가지 원인은 설명했습니다. 우리는 이런

10 다소 위험한 훈련.

집착을 국가가 군사적인 목적이나 그 밖의 다른 목적을 위해 적절하게 훈련받는 것을 방해하는 첫 번째 장애물로 간주합시다. 그리하여 본성적으로 예의 바른 사람들은 장사꾼이나 선주(船主)나 단순한 하인
832a 이 되고, 용감한 사람들은 도둑과 강도, 신전 털이범, 싸움꾼, 참주적인 인간이 됩니다. 하지만 때로 그들은 타고난 재능이 부족한 것이 아니라 운이 나쁠 뿐입니다.

클레이니아스 무슨 말씀이신지요?

아테나이인 그들의 혼은 평생 배고픔에 시달려야 하는데, 그런 그들을 내가 어찌 불운하다고 말하지 않을 수 있겠습니까?

클레이니아스 그렇다면 그것이 한 가지 원인이군요. 두 번째 원인은 무엇이라고 말씀하시겠습니까, 손님?

아테나이인 상기시켜주어서 고맙습니다.

b **메길로스** 그대의 주장에 따르면, 우리 모두를 사로잡아 제대로 군사 훈련을 못하게 막는, 평생 동안 지속되는 만족할 줄 모르는 욕구가 한 가지 원인입니다. 그렇다고 합시다. 이번에는 두 번째 원인을 말씀해주십시오.

아테나이인 내가 무슨 말을 해야 할지 몰라서 말하기를 꾸물댄다고 생각하십니까?

메길로스 아닙니다. 하지만 우리가 보기에 그대는 일종의 증오심에서 그런 성격을 지금의 우리 논의가 요구하는 것 이상으로 매도하시는 것 같군요.

아테나이인 그대들의 질책은 아주 정당합니다. 두 분은 그다음 이야기도 듣고 싶으신 것 같군요.

클레이니아스 말씀 계속하십시오.

아테나이인 나는 그 원인이 내가 우리 논의에서 앞서[11] 누차 언급한 민 c
주정체, 과두정체, 참주정체 같은 '정체답지 않은 것'들에 있다고 주장
합니다. 그중 어느 것도 진정한 의미의 정체가 아니고, '당파지배'[12]라
고 해야 가장 옳게 말하는 것일 테지만요. 그중 어느 것도 자발적인 치
자들이 자발적인 피치자들을 다스리는 것이 아니라, 저마다 언제나 폭
력을 사용하여 비자발적인 피치자들을 제멋대로 다스리는 것이니까
요. 또한 치자들은 피치자들이 두려워 이들 중 누가 고상해지거나 부
자가 되거나 강해지거나 용감해지거나 특히 전사가 되는 것을 결코 자
진하여 허용하지 않습니다. 이것들이 모든 악의, 특히 우리가 언급한
바 있는 악의 주된 원인입니다. 그러나 우리가 입법하고 있는 지금의 d
이 정체는 이 두 가지 악을 다 피했습니다. 우리 국가는 더없이 여가를
즐길 것이고, 시민들은 서로 참견하지 않고 자유롭게 살아갈 것이며,
우리의 이런 법률 덕분에 시민들이 돈벌레가 되는 일은 사실상 없을
것 같습니다. 그러니 이런 정체가 오늘날의 정체 가운데 유일하게 우
리 논의에서 자세히 설명한 바 있는 전쟁놀이를 겸한 군사교육[13]을 위
한 여지를 제공할 것이라고 생각하는 것은 온당하고 합리적입니다.

클레이니아스 좋은 말씀입니다.

11 712c 이하, 715b~d 참조.

12 stasioteia.

13 795e~796e 참조.

각종 경기

아테나이인 그다음으로 우리가 체육 경기와 관련하여 명심해야 할 것
e 은 전쟁 훈련에 도움이 되는 것은 연습도 하고 우승자를 위해 상도 제정
하되 그렇지 못한 것은 그만두어야 하는 것이 아닐까요? 그런데 우리가
원하는 경기들을 처음부터 규정하고 법으로 정하는 것이 더 나을 것입
니다. 그렇다면 먼저 경주와 속도 경기 일반을 정해야 하지 않을까요?

클레이니아스 정해야지요.

아테나이인 전투에 가장 쓸모 있는 것은 몸의 민첩함인데, 그중 하나는
833a 손의 사용에 관계되고, 다른 하나는 발의 사용에 관계됩니다. 발이 빠
르면 달아나거나 적을 따라잡을 수 있고, 힘과 체력이 요구되는 근접
전에서는 손이 빨라야 합니다.

클레이니아스 물론입니다.

아테나이인 그러나 무기가 없다면 그중 어느 것도 큰 도움이 되지 못할 것입니다.

클레이니아스 어떻게 도움이 되겠습니까?

아테나이인 우리 경기에서는 요즘 흔히 그러듯 전령이 먼저 단거리 달리
기 선수를 호출할 것인데, 그러면 그는 완전 무장하고 입장할 것입니다.
우리는 무장하지 않은 경쟁자들에게는 시상하지 않을 것입니다. 먼저
육상 경기장의 주로(走路)를 무장하고 한 번 달릴 주자가 입장하고, 두
b 번째는 두 번 달릴 주자가 입장하고, 세 번째는 중거리 달리기 선수가 입
장하며, 장거리 달리기 선수가 네 번째로 입장할 것입니다. 다섯 번째 선
수는 중무장을 하고 있어 우리는 그를 '중무장' 달리기 선수라 부를 것

인데, 우리는 맨 먼저 그를 내보내 아레스[14]의 신전까지 왕복 60스타디
온의 거리를 달리게 할 것입니다. 그는 비교적 평탄한 주로를 달리겠지
만 궁수의 장비를 모두 갖춘 두 번째 주자는 언덕들과 변화무쌍한 지
형을 지나 아폴론과 아르테미스[15]의 신전까지 100스타디온의 주로를
달릴 것입니다. 이들 주자가 돌아오기를 기다리는 동안 우리는 다른 c
경기들을 개최하고 각 경주의 우승자에게 상을 줄 것입니다.

클레이니아스 옳은 말씀입니다.

아테나이인 우리는 이들 경기에는 세 부류가 있다고 생각합시다. 그중
하나는 소년들을 위한 것이고, 다른 하나는 젊은이들을 위한 것이며,
또 다른 하나는 성인 남자들을 위한 것입니다. 젊은이들과 소년들이
궁수와 '중무장' 주자로서 서로 겨룰 때는 젊은이들을 위한 주로는 온
전한 주로의 3분의 2가 되게 하고, 소년들을 위한 주로는 온전한 주로
의 절반이 되게 할 것입니다. 여자들의 경우, 아직 결혼 적령에 이르지
않은 소녀들은 옷을 벗고 참가하여 경기장을 한 번이나 두 번 또는 중 d
거리 주로나 장거리 주로를 달리되 경기장 안에서만 경주해야 합니다.
13세에서 결혼 적령기까지의 소녀들은 적어도 18세가 될 때까지는 이
런 경기에 참가해야 하며, 20세가 넘으면 참가하지 않아도 됩니다. 그

14 Ares. 전쟁의 신.

15 아폴론과 아르테미스(Artemis)는 제우스와 레토 사이에서 태어난 쌍둥이 남매 신으로 아폴론은 궁술과 음악과 예언과 치유의 신이고 처녀 신 아르테미스는 사냥의 여신이자 어린 야생동물의 보호자이기도 하다.

러나 이들은 적절한 의상을 걸치고 이런 경주들에 참가해야 합니다.

무장 경기

남자들과 여자들의 경주에 관해서는 이쯤 하고, 이번에는 힘겨루기에 관해 논하기로 합시다. 우리는 레슬링 경기나 오늘날 유행하는 다른
e 남성 경기 대신 우리 시민들이 무장한 채 1대 1이나 2대 2에서 최고 10 대 10까지 패를 지어 서로 겨루게 할 것입니다. 승자가 되려면 어떤 공격을 피하고 어떤 공격을 가해야 하며 얼마나 많은 점수를 따야 하는지와 관련해서는, 마치 오늘날 레슬링의 경우 전문가들이 어떻게 하는 것이 레슬링을 잘하고 못하는 것인지 정했듯이, 우리도 무장 경기의 전문가를 초빙하여 누구를 이런 경기에서 진정한 승자로 보아야 하는지, 진정한 승리를 위해 그는 어떤 공격을 피하고 어떤 공격은 가해야
834a 하는지와 마찬가지로 패자를 결정할 규정을 법으로 정할 수 있도록 도와달라고 전문가에게 요청해야 합니다. 아직 결혼하지 않은 여성 참가자들에게도 같은 규정이 적용되어야 합니다. 우리는 팡크라티온을 대체할 각종 경무장보병 경기를 신설할 것인데, 참가자들의 무기는 활, 가벼운 방패, 투창 그리고 손이나 투석기로 던지는 돌멩이가 될 것입니다. 여기서도 우리는 규정을 정하여 그런 규정을 최대한 충족시키는 사람에게 우승상을 수여할 것입니다.

경마

b 그다음으로 우리는 경마에 관한 규정을 정해야 합니다. 물론 이곳 크

레테에서는 많은 말이 별로 필요하지 않아 틀림없이 말을 사육하는 일과 경마에 상대적으로 관심이 덜하겠지요. 이 나라에서는 어느 누구도 전차를 끌 말을 사육하지 않고 그런 일에는 명예욕이 강한 것 같지 않은 만큼, 우리가 만약 이 고장의 관습에 맞지 않는 경기를 신설한다면 지각없는 짓처럼 보일뿐더러 실제로 지각없는 짓일 것입니다. 하 c
지만 만약 아직 젖니를 갈지 않은 망아지나, 다 자란 말과 그런 망아지의 중간쯤 되는 말이나, 다 자란 말을 타고 필마단기로 달리는 기수에게 상을 주기로 한다면, 우리는 크레테의 지형에 맞는 경마 경기를 신설할 것입니다. 그러니 기수는 법률에 따라 이런 종목에서 서로 겨룰 것이고, 부족별 지휘관과 기병대장[16]이 이런 모든 경기와 말을 타지 않은 무장 경기에서 누가 승자인지 결정할 것입니다. 만약 무장하지 않은 참가자를 위해 경기를 신설한다면 우리는 여기에서도 체력 단련 경기에서도 입법자로서의 소임을 다하지 못할 것입니다. 그리고 크레테 d
인은 말 위에서 활을 쏘고 창을 던지는 데 능한 만큼 사람들의 오락을 위해 그런 종류의 경기도 신설할 것입니다. 하지만 여자들이 이런 경기에 참가하도록 법률과 규정으로 강요하는 것은 적절치 못합니다. 그러나 이전의 훈련이 습관화되어 소녀 또는 처녀로서 참가하는 것을 그들의 본성이 허용하고 그들이 거부감을 느끼지 않는다면, 사람들은 나무라지 말고 참가하도록 허용해야 합니다.

16 755c~756b 참조.

결론

e 이제 마침내 각종 경기와 체력 단련 학습에 대한 우리 논의가 마무리된 것 같으며, 우리는 이런 경기들과 학교에서의 일상생활에서 얼마나 노력해야 하는지 알았습니다. 시가의 역할에 대한 논의도 대체로 마무리되었습니다. 그러나 음송시인와 비슷한 연기자와 축제에 필요한 합창가무단의 경연은 신들과 신들의 동반자들에게 연월일이 배정된 뒤에 조정될 것입니다. 그때 우리는 축제를 2년마다 아니면 4년마다 개
835a 최할 것인지, 신들은 어떤 방식으로 어떻게 축제들을 배정하기를 암시하는지 알 수 있을 것입니다. 그때 우리는 각종 시가 경연도 개최될 것으로 예상해야 합니다. 이것은 경기 조정자와 젊은이 교육 담당관과 법률 수호자의 소관으로, 이들은 모두 특별 위원으로 만나 스스로 입법자가 되어 언제 누가 누구와 함께 각각의 합창가무와 무용 경기를 할 것인지 결정합니다. 이들 경연이 리듬 및 무용과 결합될 때 노랫말
b 과 노래와 선법과 관련하여 저마다 어떤 것들이어야 하는지는 첫 번째 입법자가 누차 설명한 바 있습니다. 그러니 두 번째 입법자는 자신이 입법할 때 그가 한 대로 따라하며 개별 제례에 적합한 경연을 적당한 때에 배정함으로써 국가가 즐길 수 있는 축제를 제공해야 합니다.

제14부 성(性)에 대한 태도의 문제점들

공식적인 문제점들

이런 문제들과 이와 유사한 문제들을 법률로 조정하는 것은 어렵지도
않거니와, 이런저런 변경을 가한다 해도 국가에 크게 이롭지도 않고
해롭지도 않을 것입니다. 그러나 적잖은 차이가 나며 사람들을 설득하 c
기 어려운 다른 것들은 신만이 해낼 수 있습니다. 우리가 신에게서 직
접 어떤 지시를 받는 것이 가능하다면 말입니다. 하지만 그것은 불가
능하므로 우리에게는 솔직함을 무엇보다도 높이 평가하여 국가와 시
민을 위해 최선이라고 믿는 정책을 말하는 대담한 사람이 필요할 것
같습니다. 그는 혼이 타락한 청중 앞에서 연설하면서 정체 전체에 부
합하고 어울리는 것은 준수하고 가장 큰 욕구들[17]은 거부하라고 명령
할 것입니다. 그러면서 그는 어느 누구의 도움도 받지 못하고 이성을
길라잡이 삼아 혼자 걸어가겠지요.

클레이니아스 손님, 또 무슨 이야기를 하고 있는 것입니까? 무슨 말씀 d
을 하시려는 건지 우리는 아직도 모르겠습니다.

아테나이인 당연하지요. 여러분에게 더 자세히 설명해보겠습니다. 내가 교육에 관해 논하게 되었을 때 청춘 남녀가 서로 친근하게 사귀는 모습이 보였습니다. 그러자 당연한 일이지만 불안한 느낌이 들기 시작

17 782d 참조.

했습니다. 청춘 남녀가 영양 상태가 양호할뿐더러 방종[18]을 효과적으
e 로 억제하는 힘들고 굴욕적인 노고에서 해방되고 제물과 축제와 합창
가무가 평생토록 모두의 관심사인 그런 국가를 어떻게 다루어야 할지
의문이 들었기 때문이지요. 가능한 범위 안에서 법률로 구현된 이성[19]
은 수많은 사람을 거듭 파멸에 빠뜨린 욕구에 탐닉하는 것을 삼가라
고 명령합니다. 그러면 우리 국가의 구성원은 어떻게 해야 그런 욕구
를 삼가게 될까요?

사실 대부분의 욕구는 우리가 이미 제정한 법규에 의해 억제되는데,
836a 이는 놀랄 일이 아닙니다. 이를테면 지나친 부를 금하는 법률은 절제 있
는 삶에 적잖은 도움이 될 것이며, 우리의 교과과정 전반에도 그런 목적
에 유용한 법률이 포함되어 있습니다. 또한 한눈팔지 않고 젊은이들을
포함해 이런 것들을 감시하도록 엄격히 훈련받은 관리의 눈도 사람이
할 수 있는 범위에서는 최대한 다른 욕구를 억제할 수 있습니다. 그러나
남녀 아이들에 대한 사랑과 여자에 대한 남자의 사랑과 남자에 대한 여
b 자의 사랑으로 말하자면, 이런 애욕은 개인과 국가 전체에 수많은 고통
의 원인이 되었거늘 그런 것들은 어떻게 예방할 수 있으며, 무슨 약을 써
야 우리가 그 모든 경우에 그와 같은 위험에서 벗어날 수 있을까요?

그것은 쉬운 일이 아닙니다, 클레이니아스님. 크레테 전체와 라케다
이몬은 우리가 일반적인 관습에서 벗어나는 법률을 제정할 때 많은 점
에서 적잖은 도움을 주는 것이 사실이지만, 애욕과 관련해서는 우리끼
c 리 하는 말이지만 우리와 그들은 정반대입니다. 누가 자연의 이치에 따
라 라이오스[20] 이전의 법률을 도입하면서 남자는 여자와 성교해야지

남자나 소년과 성교해서는 안 된다고 주장하며 그 증거로 동물의 세계 에서는 자연의 이치에 배치되므로 수컷끼리는 성교하지 않는다는 사실을 지적한다고 가정해보십시오. 그러나 크레테와 라케다이몬에서는 그 논리가 통하지 않을 것이고, 그는 아무도 설득하지 못할 것입니다.

게다가 이런 관행은 입법자가 언제나 염두에 두어야 한다고 우리가
주장하는 것과 양립할 수 없는데, 그것은 바로 우리가 제정한 규정 가 d
운데 어떤 것이 미덕에 이바지하고, 어떤 것이 이바지하지 않는지 늘 묻는 것입니다. 자, 지금 이 경우 그런 관행은 바람직하거나 결코 수치스러운 것이 아니라는 법률을 통과시키기로 합의한다고 가정해보십시오. 그런 관행이 미덕에 얼마나 이바지할까요? 유혹당한 자의 혼에 용기라는 성품이 생겨날까요? 아니면 유혹하는 자의 혼에 절제라는 자질이 생겨날까요? 아니면 아무도 그런 주장에 설득당하지 않고, 그
와는 정반대일까요? 쾌락에 굴복하는 나약한 자는 누구나 나무라고, e
여자 노릇을 하는 여자 같은 남자는 누구나 비난하지 않을까요? 그러니 어떤 사람이 그런 법률을 제정하겠습니까? 아무도 제정하지 않을

18 hybris. 또는 교만, 오만.

19 logos.

20 라이오스(Laios)는 아버지를 죽이고 어머니와 결혼한 테바이 왕 오이디푸스(Oidi-pous)의 아버지이다. 그는 젊었을 때 정변을 피해 아가멤논의 할아버지 펠롭스의 궁전에 피신해 있다가 펠롭스의 서자로 미소년인 크뤼십포스(Chrysippos)에게 반해 테바이로 납치해 갔는데, 이것이 훗날 그리스 전역에 유행한 어린 소년에 대한 동성애의 시작이었다고 한다.

것입니다. 적어도 그가 참된 법률이 무엇인지 안다면 말입니다. 우리
837a 는 이것이 참이라는 것을 어떻게 입증할 수 있을까요? 누가 그런 것을 올바로 고찰하려면 우애와 욕구와 이른바 애욕의 본성을 분석해야 합니다. 여기에는 두 종류가 있고 거기에 더하여 이 둘의 결합에서 세 번째 종류가 생기지만 셋 모두 같은 이름을 갖고 있어, 그것이 끝없는 혼동과 혼란을 야기하기 때문입니다.

클레이니아스 어째서 그렇습니까?

세 종류의 우애

아테나이인 두 사람이 미덕이 비슷하거나 대등할 때 우리는 그들을 친구라고 부릅니다. 또한 부류가 다르지만 가난한 사람도 부자의 친구라고 부릅니다. 어느 경우든 우애가 강렬해지면 우리는 이를 '사랑'[21]이라 부릅니다.

b **클레이니아스** 옳은 말씀입니다.

아테나이인 그런데 정반대되는 사람들 사이의 우애는 무시무시하고 거칠며 상호적인 경우가 매우 드뭅니다. 그러나 비슷한 사람 사이의 사랑은 차분하고 평생토록 상호적입니다. 이 둘의 결합에서 생기는 세 번째 종류도 있는데, 여기서 문제점은 이런 종류의 사랑에 사로잡힌 사람이 추구하는 것이 무엇인지 알기 어렵다는 것입니다. 그에게는 두 가지 사랑에 의해 상반된 방향으로 이끌리므로 혼란스럽다는 또 다른 어려움이 있습니다. 한쪽 사랑은 애인의 젊음을 즐기라고 명령하고, 다른 쪽
c 사랑은 그것을 금하니 말입니다. 몸을 사랑하여 익은 과일처럼 몸의 청

춘의 꽃을 따기를 갈망하는 사람은 상대방의 성격과 기질 따위는 아랑곳없이 욕망을 충족시키라고 자신에게 명령합니다. 그러나 몸에 대한 욕구를 부차적인 것으로 간주하고 상대방을 욕구하지 않고 응시하는 것으로 만족하는 사람은, 말하자면 혼으로서 혼을 갈망하는 사람은 몸으로서 몸의 욕구를 충족시키는 것을 방종으로 볼 것입니다. 또한 그는 절제, 용기, 고매함과 지혜를 경외하고 존중하기에 순결한 애인과 더불어 언제나 순결한 삶을 살기를 원할 것입니다. 처음 두 가지 사랑이 d
이렇게 섞인 것이 우리가 조금 전에 '세 번째'라고 말한 그 사랑입니다. 이렇듯 사랑에는 여러 종류가 있습니다. 법률은 이것들을 모두 금지하고 우리의 공동체 밖으로 추방해야 합니까? 아니면 분명 우리는 미덕을 지향하며 젊은이를 최대한 훌륭하게 만드는 사랑은 우리 나라에 생겨나기를 바라지만, 다른 두 가지는 가능하다면 금하지 않을까요? 아니면 우리는 무엇이라고 말할까요, 친애하는 메길로스님?

메길로스 아테나이인이여, 이 주제에 관해 참으로 좋은 말씀을 해주셨 e
습니다.

아테나이인 메길로스님, 짐작컨대 나는 그대의 동의를 얻은 것 같군요. 그러니 나는 이 주제에 대해 스파르테 법이 어떻게 보는지 캐물을 필요 없이 그대가 내 논의에 동의한 것으로 만족할 것입니다. 나중에 나는 다시 이 주제로 돌아가 클레이니아스님도 내 논의에 동의하도록 말

21 eros.

로 호릴 것입니다. 지금은 두 분 다 내 논의에 동의한 것으로 치고, 우리 법률을 끝까지 논의하도록 합시다.

클레이니아스 참으로 옳은 말씀입니다.

838a **아테나이인** 내게는 지금 그런 법률을 도입할 묘책이 있기는 한데, 그것은 어떤 의미에서는 쉽지만, 다른 관점에서는 더없이 어렵습니다.

클레이니아스 무슨 말씀이신지요?

아테나이인 우리도 알다시피, 대부분의 사람은 비록 법을 무시하는 경향이 있지만 잘생긴 사람과 성관계를 맺지 못하도록 제지당하고 있습니다. 마지못해서가 아니라 최대한 자발적으로 말입니다.

클레이니아스 언제 그렇다는 것입니까?

아테나이인 누군가의 형제나 누이가 아름다울 때지요. 또한 같은 법은
b 비록 성문화되지 않았더라도 누군가 아들이나 딸과 은밀히 또는 공개적으로 동침하거나 다른 방법으로 애무하는 것을 매우 효과적으로 제지합니다. 아니, 그런 성관계에 대해서는 대부분의 사람이 욕구조차 느끼지 못합니다.

메길로스 맞는 말씀입니다.

아테나이인 그런데 이런 종류의 쾌락에 대한 욕구는 몇 마디 말로 억누를 수 있지 않을까요?

클레이니아스 그게 어떤 말이죠?

아테나이인 그런 행위는 불경하기 짝이 없고 신들에게 미움 받으며 가
c 장 수치스럽다는 주장 말입니다. 우리가 그런 쾌락을 삼가는 것은 어느 누구도 그런 행위에 대해 다르게 말하는 것을 듣지 못하기 때문이

아니라, 우리 각자가 태어나자마자 어디서나 늘 그런 말을 듣기 때문입니다. 우리는 희극은 물론 가끔은 진지한 비극에서도 그런 말을 듣습니다. 튀에스테스나 오이디푸스나 누이와 은밀히 살을 섞은 마카레우스[22]가 무대에 등장할 때면 말입니다. 우리는 자신이 저지른 범죄에 대한 벌로 이들이 모두 자살하는 것을 지켜봅니다.

메길로스 아무도 감히 법률에 도전하지 않을 때는 여론이 놀라운 영향 d
력을 갖는다는 점에서 그것은 더없이 옳은 말씀입니다.

아테나이인 그러면 방금 우리가 한 말은 옳은 말입니다. 입법자가 인간을 잔인하게 지배하는 어떤 욕구를 길들이려고 한다면, 그 공격 방법을 아는 것은 쉬운 일입니다. 그는 노예든 자유민이든 여자든 아이든 온 나라가 예외 없이 이런 여론은 종교적 배경에서 나왔다고 믿게 해
야 합니다. 그는 이런 법률을 그보다 더 튼튼한 반석 위에 올려놓을 수 e
없을 것입니다.

메길로스 물론입니다. 하지만 어떻게 해야 모두가 자발적으로 그런 말을 하고 싶게 만들 수 있을까요?

아테나이인 좋은 지적을 해주셨습니다. 내가 우리의 이 법률과 관련하여 아이의 출산이라는 자연스러운 목적을 위해서만 성관계를 허용하고, 고의적으로 인류를 절멸시키는 동성애 관계나 정액이 뿌리를 내

22 튀에스테스(Thyestes)는 펠롭스의 아들로 형수인 아에로페(Aerope)와 간통했고, 오이디푸스는 어머니인줄도 모르고 테바이의 왕비 이오카스테(Iokaste)와 결혼했으며, 마카레우스(Makareus)는 누이 카나케(Kanake)와 살을 섞었다.

려 개체로 성장할 수 없는 바위나 돌에 사정하는 일을 금지할 방책이 있
839a 다고 말했을 때, 내가 염두에 둔 것은 바로 그 점이었으니까요. 또한 우
리는 우리의 정액이 싹을 틔우기를 원하지 않는 여자의 밭도 멀리해야
합니다. 지금 이 법률은 부모와 자식 간의 성관계에 대해서만 효력을 발
휘하지만, 만약 이 법률이 항구적인 효력을 갖게 되어 당연한 일이지만
다른 불법적인 관계에서도 우위를 차지한다면, 그것은 수많은 좋은 일
이 일어나게 해줄 것입니다. 첫째, 그것은 자연의 이치에 따르는 것이기
에 미쳐 날뛰는 성욕과 온갖 종류의 간음은 물론이요 과도하게 먹고 마
b 시는 것을 삼가도록 해줄 것이며, 남자들이 자기 아내를 좋아하게 만
들 것입니다. 누가 이런 법률을 통과시킬 수 있다면 그 밖에도 좋은 일
이 아주 많이 일어날 것입니다. 하지만 몸 안에 정액이 그득 들어 있는
어떤 성급한 젊은이가 우리 곁에 서 있다가 이런 법률을 도입한다는 말
을 듣는다면 어리석고 되지도 않을 법률을 제정한다고 우리를 비난하
며 아마 고래고래 고함을 지를 것입니다. 내게는 이런 법률이 일단 도입
c 되면 그것에 항구적인 효력을 부여할 수 있는, 어떤 점에서는 가장 쉽지
만 어떤 점에서는 가장 어려운 방책이 있다고 말했을 때, 나는 바로 이
런 종류의 항의를 염두에 두었습니다. 그것이 가능하며, 어떻게 가능한
지 아는 것은 아주 쉽습니다. 만약 이 법규가 충분한 종교적 배경을 갖
게 된다면 모든 혼을 지배할 것이며, 제정된 법률에 두려움을 느껴 무조
건 복종하게 만들 거라는 게 우리의 주장이니까요. 그러나 오늘날 우리
는 설령 그런 조건들이 충족된다 하더라도 사람들은 여전히 우리가 실
패할 것이라고 믿는 지경에 이르렀습니다. 그것은 마치 공동식사 제도

가 불가능할 것이라고 생각하는 것과도 같습니다. 사람들은 온 나라가 그런 관행을 항구적으로 유지할 수 있을지 불신하니까요. 물론 여러분의 나라에서 그런 불신은 사실에 의해 반박되었지만, 그곳에서도 그런 관행을 여자들에게 적용하는 것은 자연의 이치에 맞지 않는다고 여기고 있습니다. 그래서 이런 불신 때문에 나는 이 두 가지 제안[23]에 법률의 항구성을 부여하기는 매우 어렵다고 말한 것입니다. d

메길로스 옳은 말씀입니다.

아테나이인 그렇더라도 그런 어려움들은 인간의 능력을 넘어서는 것이 아니라 극복될 수 있습니다. 여러분이 원하신다면 내가 설득력 있는 증거를 제시해볼까요?

클레이니아스 물론입니다.

자제력의 중요성

아테나이인 누가 성적 쾌락을 더 쉽게 삼가고 이에 관련된 규정을 절도 있게 지킨다면, 그것은 그가 체력 단련을 게을리하지 않아 몸의 상태가 좋을 때일까요, 아니면 몸의 상태가 나쁠 때일까요? e

클레이니아스 체력 단련을 게을리하지 않았을 때 그러기가 훨씬 더 쉽겠지요.

아테나이인 우리는 타라스의 익코스[24]가 올륌피아 경기와 다른 경기

23 여자들을 위한 공동식사 제도와 부자연스러운 성관계의 추방.

840a 들을 위해 그런 자제력을 보였다는 것을 들어서 알고 있지 않나요? 그
는 경기에서 우승하고 싶은 데다 관련 기술뿐 아니라 절제를 곁들인
용기를 혼 안에 갖고 있어, 강도 높은 훈련을 받는 기간 동안 여자는 물
론이고 소년도 건드리지 않았다고 합니다. 크리손과 아스튈로스와 디
오폼포스[25]와 그 밖의 수많은 사람에 관해서도 우리는 같은 말을 들
었습니다. 하지만 클레이니아스님, 그들은 혼과 관련해서는 나와 그대
b 가 다루고 있는 시민들보다 훨씬 덜 훈련되어 있습니다. 그들의 몸은
훨씬 더 건장하지만 말입니다.

클레이니아스 옳은 말씀입니다. 옛사람들은 이 선수들에게 실제로 그런 일이 있었다고 분명히 전하고 있으니까요.

아테나이인 어떻습니까? 이 사람들은 단순히 레슬링이나 달리기 경기
에서 우승하기 위하여 대부분의 사람이 행복이라고 여기는 것을 감히
멀리했거늘, 우리 나라 젊은이들은 그보다 더 훌륭한 경기에서의 승리
c 를 위해 자제할 능력이 없을까요? 당연한 일이지만 이런 승리야말로
가장 훌륭한 승리라고 믿게 하려고 우리가 그들을 어려서부터 설화와
시와 노래로 매혹하는데도 말입니다.

클레이니아스 그게 어떤 승리죠?

아테나이인 쾌락에 대한 승리 말입니다. 이 싸움에서 이기면 그들은 행복한 삶을 살 것이나, 이 싸움에서 지면 그와 정반대의 삶을 살게 될 것입니다. 그 밖에 그런 짓은 매우 불경하다는 두려움도 그들에게 전에 그들보다 못한 자들이 극복했던 충동을 극복할 힘을 주지 않을까요?

클레이니아스 어쨌거나 그럴듯한 말씀입니다.

아테나이인 우리는 성에 관한 법률을 고찰하다가 대중의 타락 때문에 이 d
런 곤경에 처하게 되었습니다. 그래서 나는 이에 관한 우리의 법규가 큰
무리로 태어나서 새끼를 낳을 때가 될 때까지는 교미하지 않고 순결한
상태로 사는 새떼나 다른 야생동물보다는 우리 시민들의 수준이 더 낮
아서는 안 된다고 선언함으로써 논의를 진척시켜야 한다고 주장합니다.
그러다가 적령기가 되면 그것들은 호감에 따라 수컷은 암컷과 암컷은
수컷과 짝짓기를 하며, 그 뒤로는 처음에 서로 사랑에 빠졌을 때의 약속 e
을 굳게 지키면서 여생을 경건하고 올바르게 살아갑니다. 우리 시민들
은 분명 동물들보다는 더 나아야 합니다. 그러나 다른 헬라스인들과 이
민족이 대대적으로 '무질서한 사랑'에 빠지는 것을 보고 들으면 시민들
은 타락하게 되고 자제력을 잃을 것입니다. 그럴 경우, 법률 수호자는 입
법자가 되어 그들을 위해 두 번째 법률을 생각해내야 할 것입니다.
클레이니아스 방금 제정한 법률을 그들이 시행할 수 없다고 생각한다 841a
면, 그대는 그들에게 어떤 법률을 제정하라고 권하시겠습니까?

아테나이인 그야 분명 차선의 것을 권해야겠지요, 클레이니아스님.

클레이니아스 그게 어떤 법률이죠?

아테나이인 쾌락의 힘이 유입되어 자라는 것을 막으려면 힘든 노고를

24 Ikkos. 익코스는 기원전 476년(?) 올림피아 5종경기의 우승자로 당대의 가장 훌륭한 훈련사로 유명했다. 『프로타고라스』 316d 참조. 타라스(Taras)는 남이탈리아의 항구도시이다.

25 Krison, Astylos, Diopompos. 세 명 모두 올림피아 달리기 경주에서 우승했다. 크리손도 『프로타고라스』 335e에서 언급되고 있다.

통해 그것을 몸의 다른 부분으로 유도해야 합니다. 이는 부끄러움을
느끼지 않고는 성교에 탐닉할 수 없을 경우에 가능합니다. 부끄러우
b 면 성교에 드물게 탐닉하게 되고, 드물게 탐닉하면 성욕의 강제력은
더 줄어들 것입니다. 따라서 우리 시민들은 성에 관한 문제에서는 완
전히 삼가는 것은 아니더라도 은밀히 행하는 것을 관행과 불문율이
요구하는 예의라고 여기고, 은밀하지 못한 것을 수치스러운 것으로 여
겨야 합니다. 그러면 우리는 수치스러운 것과 명예로운 것의 두 번째
법적 기준, 다시 말해 이상적인 기준이 아니라 차선의 기준을 갖게 될
c 것입니다. 그리하여 우리가 '자신에게 지는 자들'[26]이라 부르는, 단일
집단을 이루는 성격이 타락한 자들은 세 부류에 포위당한 포로가 되
어 법을 어기지 못하도록 강요받는 것입니다.

클레이니아스 그게 어떤 부류이지요?

두 가지 대안 법률

아테나이인 신들에 대한 경외심, 명예욕, 그리고 몸의 아름다움이 아니
라 혼의 아름다움에 대한 욕구가 그것입니다. 그것은 이야기 속에나
나올 법한 경건한 소원이라고 여러분은 말하겠지요. 그럴지도 모르지
요. 그러나 그런 소원이 이루어지면 세상은 엄청난 이득을 볼 것입니
d 다. 신이 원하신다면, 우리는 성에 대한 두 가지 태도 가운데 어느 하나
를 강요할 수 있을 것입니다. 그중 하나는 어느 누구도 감히 결혼한 자
기 아내말고 다른 고귀한 여자 시민 누구와도 성관계를 갖거나, 첩의
몸에 부정한 서자의 씨를 뿌리거나, 자연의 이치를 무시하고 남자들

에게 불모(不毛)의 씨를 뿌리지 못하게 하는 것입니다. 아니면 우리는
남색(男色)을 일절 금하는 한편, 남자가 신들의 축복을 받으며 신성한
결혼식을 올린 아내말고 다른 여자와는 돈으로 샀건 다른 방법으로
구했건 남자든 여자든 아무도 모르게 성관계를 가져야 한다고 강요할 e
수 있을 것입니다. 만약 그가 이를 비밀에 부치는 데 실패할 경우, 그가
외국인보다 더 나을 게 없다는 이유로 그를 국가의 모든 영예로운 관
직에서 배제하더라도 우리는 아마 올바르게 입법하는 것이 될 것입니
다. 이 법률을 하나라고 부르건 아니면 둘이라고 부르건, 성적 충동과
사랑의 욕구가 합법적으로 또는 불법적으로 서로 성관계를 갖도록 우 842a
리를 몰아댈 때마다 이 법률이 우리를 지배해야 합니다.

메길로스 아테나이에서 온 손님이여, 나는 그대의 이 법률을 기꺼이 받아들이고 싶습니다. 하지만 클레이니아스님이 이 주제에 대해 어떻게 생각하는지는 스스로 말씀해야겠지요.

클레이니아스 이따가 그렇게 하겠습니다, 메길로스님. 때가 되었다 싶으면 말입니다. 지금은 이분께서 입법의 다음 단계로 나아가는 것을 막지 맙시다.

메길로스 옳은 말씀입니다.

26 626e 참조.

제15부 농업, 경제, 무역

식량 공급 (1)

b **아테나이인** 지금 우리 논의가 도달한 단계에서 공동식사는 이미 제도
화되었으며, 우리 주장에 따르면 다른 나라는 어려울지 몰라도 이곳
크레테에서는 그것이 옳다는 데 의문을 제기할 사람은 아무도 없다는
것입니다. 하지만 공동식사를 어떻게 제도화하지요? 크레테 식으로
할까요, 라케다이몬 식으로 할까요?[27] 아니면 이 둘보다 우리에게 더
적합한 제3의 유형이 있나요? 그것을 알아내는 것은 어려운 일이 아니
며 알아낸다 해도 얻을 게 많지 않을 것 같습니다. 공동식사는 오늘날
잘 제도화되어 있으니까요.

c 다음 문제는 공동식사에 적합하도록 식량 공급을 체계화하는 것입
니다. 다른 나라에는 식량 공급원이 많고 다양합니다. 우리 나라보다
두 배 이상 많습니다. 대부분의 헬라스인에게는 식량이 뭍길과 바닷길
로 공급되지만, 우리 시민들에게는 뭍길로만 공급되니까요. 그리 되면
입법자에게는 일이 더 쉬워집니다. 그럴 경우, 법률의 수가 절반 아
d 니 절반 이하라도 충분할 것이고, 또한 법률은 자유민이 준수하기 더
적합할 것입니다. 우리 나라 입법자는 해운, 무역, 소매, 숙박, 관세, 광
산, 금전대부 등등으로 골머리를 앓을 필요가 없어, 이런 것들은 제쳐
두고 농부와 목자와 양봉가와 이들의 생산품을 보관하는 자들과 이들
의 장비를 관리하는 자들을 위해 입법할 것입니다. 결혼, 출산, 육아,
e 아동 교육과 관리의 임명 같은 주요 주제에 관한 법률을 이미 제정한

터라 그가 다음에 입법해야 할 주제는 식량 공급과 식량 생산에 기여하는 일꾼들이니까요.

농업 관련 법률

먼저 이른바 '농업 관련' 법률부터 제정합시다. 첫 번째 법률은 경계의 보호자 제우스의 것으로 그 내용은 다음과 같을 것입니다.

누구도 이웃한 동료 시민의 것이든 (변경에 토지를 소유하고 있을
경우) 이방인의 것이든 경계석을 옮겨서는 안 됩니다. 그것이야말로 843a
'신성불가침한 것에 손대는 것'[28]임을 알아야 합니다. 신에게 맹세한
친구의 땅과 적의 땅을 경계 짓는 작은 돌멩이를 옮기느니 차라리 경
계를 이루지 않는 큰 바위를 옮겨야 할 것입니다. 전자의 경우 동료 부
족원의 보호자 제우스가 증인이고, 후자의 경우 외국인의 보호자 제
우스가 증인이니까요. 둘 중 어느 쪽이든 제우스를 자극하면 참혹한
전쟁이 벌어집니다. 법률에 복종하는 자는 법률의 처벌을 피할 것이나
법률을 무시하는 자는 이중의 처벌을 받을 것인데, 첫째는 신에게 받
는 벌이고, 둘째는 법률에 의해 받는 벌입니다. 누구도 임의로 이웃의 b
경계석을 옮겨서는 안 됩니다. 누가 경계석을 옮기면 누구든 원하는

27 아리스토텔레스에 따르면, 크레테에서는 공동식사 비용을 공금으로 충당하고 라케다이몬에서는 시민 각자가 균일하게 부담했는데, 비용을 부담할 수 없는 라케다이몬인은 공동식사에서 배제되고 시민권을 박탈당했다고 한다. 『정치학』(*ta Politika*) 1271a 26~37, 1272a 12~26 참조.

28 직역하면 '옮겨서는 안 되는 것을 옮기는 것'이다.

자가 땅주인에게 그를 신고하고, 땅주인은 그를 법정으로 데려가야 합니다. 그런 재판에서 유죄 판결을 받는 자는 몰래 또는 강제로 토지의 재분배를 시도한 자로 간주되어야 합니다. 패소한 자가 어떤 벌을 받고 벌금을 얼마나 물어야 할지 결정할 때 법정은 그 점을 명심해야 합니다.

이웃에 대한 의무

다음은 이웃 사이에 일어나는 수많은 사소한 권리 침해 문제입니다.
c 그런 권리 침해가 되풀이되면 적대감이 쌓여 이웃끼리 관계가 견딜 수
없이 악화됩니다. 그래서 누구든 이웃의 감정을 상하게 하지 않으려고
무슨 일이든 해야 하고, 특히 밭갈이할 때 이웃의 토지를 침범하는 일
이 일절 없도록 조심해야 합니다. 남을 해코지하는 것은 어렵지 않고
누구나 할 수 있지만, 남을 이롭게 하는 것은 누구나 할 수 있는 일이
아니니까요.

밭갈이할 때 경계를 넘어 이웃의 토지를 침범하는 자는 피해를 배
d 상해야 하며, 그런 파렴치하고 비열한 태도를 바로잡기 위해 피해자에
게 피해 금액의 두 배를 따로 지불해야 합니다.

이런 경우와 이와 유사한 경우에는 농촌 감독관이 감시인, 재판관, 사정인 노릇을 하되, 중대한 사건에는 앞서 말했듯이[29] 12인조 대원 전체가, 경미한 사건에는 그들의 대장이 그렇게 해야 합니다.

누가 남의 땅에 가축을 방목하면 이들 관리가 피해를 눈으로 확인하여 판결을 내리고 벌금을 산정해야 합니다. 또한 누가 꿀벌이 좋아하도록 냄비를 요란하게 두드림으로써 남의 꿀벌을 유인하여 제 것으

로 만들면 그 피해액을 배상해야 합니다. 또한 누가 이웃의 숲에 불이 e
옮겨 붙지 않도록 충분한 예방조치를 취하지 않고 자기 숲에 불을 지
르면 관리가 결정한 벌금을 물어야 합니다. 누가 나무를 심으면서 그
나무와 이웃의 토지 사이에 적당한 간격을 남겨두지 않을 때에도 같
은 규정을 적용해야 합니다.

용수 공급 (1)

이런 것들은 수많은 입법자가 충분히 언급한 것들로 우리는 그들의 법
률을 이용해야지, 평범한 입법자가 다룰 수 있는 수많은 사소한 것까
지 우리 국가의 위대한 설계자가 입법해주기를 요구해서는 안 됩니다. 844a
이를테면 농업 용수(用水)와 관련하여 옛 법률이 훌륭하게 제정되어
있는데, 굳이 우리 논의에 넘치도록 물을 댈 필요는 없을 것입니다. 그
러나 자기 땅에 물을 대고 싶은 사람은 그의 수원이 공공 저수지이고
그가 지표면에 드러난 어떤 개인의 샘물을 가로채지 않는다면 그렇게
해도 좋습니다. 그는 원하는 경로로 물을 끌어가되 집이나 신전이나
무덤을 경유해서는 안 되고, 물대기 공사 이상의 피해가 발생하게 해
서도 안 됩니다. 그러나 어떤 지역에서는 원래 토양이 건조한 탓에 땅 b
에 빗물이 고이지 않아 식수가 부족할 수 있습니다. 그럴 경우 땅주인
은 진흙층까지 땅을 파야 하며, 그렇게 깊이 파도 물이 나오지 않으면

29 761d~e 참조.

그의 식솔이 마실 정도의 물을 이웃한테서 구해 와야 합니다. 그러나
이웃도 물이 달리면 그는 이들과 물을 나누어야 하며, 농촌 감독관이
c 정해놓은 할당량만큼만 매일 가져가야 합니다. 아래쪽에 사는 사람이
빗물이 흘러가는 것을 봉쇄함으로써 위쪽에 사는 사람이나 담을 사이
에 두고 사는 사람에게 피해를 주거나, 반대로 위쪽에 사는 사람이 빗
물을 함부로 내려보내 아래쪽에 사는 사람에게 피해를 줄 수 있습니다.
만약 당사자가 이 문제에서 서로 협력할 의사가 없으면, 누구든 원하는
사람이 도성에서는 도성 감독관에게, 농촌에서는 농촌 감독관에게 신
고하여, 양쪽이 각각 어떻게 해야 하는지 감독관들이 조정하게 해야
d 합니다. 시기심 많고 고집스러운 심성 때문에 조정에 따르지 않는 자는
재판을 받아야 합니다. 그래서 유죄 판결을 받으면 그는 관리에게 불복
종한 죄로 피해자에게 피해액의 두 배를 물어주어야 합니다.

수확

각자는 대략 이런 원칙에 따라 수확에 참여해야 합니다. 수확의 여신[30]
은 자애롭게도 우리에게 두 가지 선물을 주었는데, 한 가지는 디오뉘
소스에게는 즐거움이지만 저장할 수 없는 것[31]이고, 다른 한 가지는
본성상 저장할 수 있는 것입니다. 그래서 수확에 관한 우리 법률은 다
음과 같아야 합니다.

누구든 아르크투로스 별이 뜨는 것[32]과 일치하는 수확기가 되기도
e 전에 제 땅에서 난 것이든 남의 땅에서 난 것이든 설익은 포도송이나
무화과를 맛보는 자는, 자기 나무에서 땄을 때는 디오뉘소스에게 50

드라크메를 빚지고, 이웃의 나무에서 땄을 때는 100드라크메를, 남의
나무에서 땄을 때는 100드라크메의 3분의 2를 빚지는 것입니다.

오늘날 고품질이라 불리는 포도송이나 무화과를 수확하기를 원하
는 자는 그것들이 자기 나무에서 난 것일 경우, 원하는 대로 원하는 때
에 수확해도 좋습니다. 그러나 그가 그것을 허가도 받지 않고 남의 나
무에서 딸 경우, "네가 놓아두지 않은 것은 옮기지 말라"는 법률에 따 845a
라 언제나 처벌받아야 합니다. 노예가 주인의 허락을 받지 않고 그런
과일에 손을 대면 포도송이에 붙어 있는 포도 열매나 무화과나무에
서 딴 무화과 열매의 수만큼 매질을 당해야 합니다.

고품질 과일을 구매한 거류민[33]은 원한다면 그것을 수확해도 좋습
니다. 내방한 외국인이 길을 가다가 과일이 먹고 싶을 경우, 원한다면
우리의 손님 접대의 일부로서 자신과 수행원 한 명이 먹기 충분할 만
큼의 고품질 과일을 무료로 따도 좋습니다. 그러나 외국인이 이른바 b

30 가을의 여신인 오포라(Opora).

31 포도.

32 Arktouros. 목동자리의 가장 크고 밝은 별로, 이 별이 해돋이 직전에 나타나는 때는 추분 전후이다.

33 거류민(metoikos 복수형 metoikoi)이란 자진하여 타국에 체류해 사는 외국인을 말하는데, 특히 개방적인 국제도시 아테나이에 거류민이 많았다. 그들은 토지를 소유하지 못하고 시민과 합법적으로 결혼하지 못한다는 것 외에는 사실상 모든 시민권을 행사했으며, 시민보다 재산세를 좀 더 많이 내고 인두세도 냈으며 병역 의무와 돈이 많이 드는 공공 봉사의 의무도 졌다. 그들은 주로 상업과 공업에 종사했고 은행가, 선주, 수입업자, 청부인으로서 주요 업무를 수행했다. 그들 중에서 의사, 철학자(아리스토텔레스), 소피스트(프로타고라스), 웅변가(뤼시아스), 희극 작가(필레몬)가 배출되기도 했다.

설익은 과일 따위를 우리와 나누는 것은 법률로 금해야 합니다. 외국인이 주인이든 노예든 법률을 몰라 그런 과일에 손을 대면, 그가 노예일 경우 매질로 처벌하되 자유민일 경우에는 건포도나 포도주, 건무화과 형태로 저장하기에 적합하지 않은 다른 과일[34]을 따라고 일러준 다음 훈방해야 합니다.

배, 사과, 석류 등등은 몰래 따더라도 수치스러운 일로 여길 필요는
c 없지만, 그것들을 따다가 잡힌 자가 30세 미만일 경우, 상해를 입히지 않고 때려서 내쫓아야 합니다. 시민은 그렇게 맞아도 법적으로 배상받을 수 없습니다. (외국인은 고품질 포도나 무화과와 마찬가지로 이런 과일들도 나눠 먹을 수 있게 해야 합니다.) 30세 이상 된 사람이 그런 과일들을 따서 그 자리에서 먹고 하나도 가져가지 않는다면 외국인과 같은 조건으로 그것들을 나눠 먹게 해야 합니다. 그러나 그가 법률에
d 불복하면 누군가 훗날 그의 그런 행위를 그때의 심판관에게 상기시킬 경우, 미덕의 경쟁에서 실격당하는 위험을 감수하게 해야 합니다.

용수 공급 (2)

물은 원예에 가장 중요한 영양소이지만 오염되기 쉽습니다. 물과 협력하여 땅에서 나는 모든 식물을 성장시키는 흙과 태양과 바람은 독극물이나 빼돌리기나 도둑질에 의해 쉽게 오염되지 않지만, 물은 그런 모
e 든 위험에 노출되어 있기 때문입니다. 그래서 물은 법률의 도움이 필요한데, 그것은 이런 것이어야 합니다. 누가 샘이든 저수조든 남의 수원을 독극물이나 땅파기나 도둑질로 고의로 망쳐놓으면 피해자는 피해

액을 적어내고 도성 감독관의 판결을 구해야 합니다. 독극물로 물을 오염시킨 것으로 누가 유죄 판결을 받으면 벌금에 더하여 샘이나 저수조를 정화하게 하는데, 그 방법은 상황과 고소인에 따라 해설자가 정하는 규정을 따라야 합니다.

수확물 반입

누구든 자신이 수확한 것은 무엇이든 원하는 경로를 통하여 반입할 846a
수 있습니다. 그가 누구에게도 피해를 주지 않거나 이웃에게 주는 피
해보다 자신이 얻는 이익이 세 배 이상일 경우에는 말입니다. 이런 일
에는 관리가 감독자 노릇을 해야 하는데, 이는 남이 원치 않는데도 자
기 재산으로 고의로 남이나 남의 재산의 일부에 강제로 또는 몰래 다
른 피해를 주는 모든 경우에도 마찬가지입니다. 피해액이 300드라크
메를 초과하지 않을 때는 피해자가 이를 관리에게 알리고 배상을 받
게 해야 합니다. 그러나 남에게 청구하는 금액이 300드라크메를 초과 b
할 때는 그는 사건을 공공 법정에 제소하여 그곳에서 가해자한테서 배
상받아야 합니다. 만약 관리 가운데 누가 부당한 판결로 벌금을 확정
한 것으로 판단되면, 피해자는 그에게 피해액의 두 배를 청구할 수 있
습니다. 모든 소송에서 관리들의 부당행위를 고소하고자 하는 사람
은 누구든 공공 법정에 제소할 수 있게 해야 합니다. 이처럼 벌금을 부

34 익은 과일.

과하기 전에 고소장 제출, 출두 명령, 두 명 또는 적당한 수의 증인 소환
c 과 관련하여 반드시 지켜야 할 사소한 소송 규정이 수없이 많습니다. 이
런 사소한 규정은 입법하지 않고 방치해서도 안 되겠지만, 연로한 입법
자가 주목해야 할 만큼 중요한 것은 아닙니다. 따라서 이런 경우들을 위
해서는 젊은 입법자들이 이전 사람들의 큰 틀을 자신들의 작은 틀을 위
한 본보기로 이용함으로써, 그리고 그것들이 실제로 얼마나 필요한 것
인지 경험을 통해 배움으로써 입법해야 하며, 모든 세부 사항이 만족스
럽게 제정되었다고 판단될 때까지 시행착오를 거듭해야 합니다. 그리
하여 이런 수정 과정이 끝나고 마지막으로 적절한 형태를 갖추면 젊은
입법자들은 시민들이 평생 동안 그 규정을 지키도록 해야 합니다.

장인들

d 장인[35] 일반과 관련하여 우리의 방침은 이런 것이어야 합니다. 첫째,
우리 나라 시민은 손재주를 천직으로 삼는 자들 축에 끼어서는 안 되
며, 그의 하인도 그래서는 안 됩니다. 많은 훈련과 지식을 요하는 시민
의 천직은 공동체의 질서를 확립하고 유지하는 것인데, 이것은 부업
삼아 할 일이 아니기 때문입니다. 두 가지 직업 또는 천직에 효과적으
e 로 종사하는 것은 물론이고, 한 가지 직업에는 스스로 종사하고 다른
한 가지 직업에서는 거기에 종사하는 일꾼을 감독하는 것조차도 인간
에게는 사실상 불가능합니다. 따라서 우리 나라에서 이것은 기본 원
칙이어야 합니다. 금속공은 목수가 되어서는 안 되고, 목수는 자기 직
업에 종사하는 대신 남이 금속공 일을 하는 것을 감독해서는 안 됩니

다. 물론 그는 그러면 자기 직업에 종사할 때보다 더 많은 수익을 올리
기 때문에 자기를 위해 일하는 수많은 하인을 감독하는 것이 더 지각 847a
있는 행동이라는 핑계를 댈 것입니다. 천만의 말씀! 우리 나라에서 각
자는 직업을 하나만 가져야 하며, 그것으로 생계를 꾸려나가야 합니
다. 이 법률을 수호하는 것은 도성 감독관들의 몫입니다. 시민으로 태
어나 자란 사람이 미덕을 함양하는 대신 어떤 기술 쪽으로 이탈하면
그들은 그가 바른길로 돌아올 때까지 비난과 불명예로 벌주어야 합니
다. 외국인이 두 가지 직업에 종사하면 감독관들은 투옥이나 벌금이 b
나 추방으로 벌주어 그가 여러 사람 역할이 아니라 한 사람 역할을 하
도록 강요해야 합니다. 장인들의 품삯과 그들이 주문받은 작업의 취소
와 남이 그들에게 또는 그들이 남에게 행한 불의와 관련해서는 그 피
해액이 50드라크메를 넘지 않을 때는 도성 감독관이 조정하고, 50드라
크메를 초과할 때는 공공 법정이 법률에 따라 결정해야 합니다.

수입과 수출

우리 나라에서는 어느 누구도 수출품이나 수입품에 관세를 물어서는
안 됩니다. 그러나 유향, 종교 의식에 쓰이는 그런 종류의 외국산 향료, c
자주색 염료나 우리 나라에서 나지 않는 기타 염료, 불필요한 목적을
위해 수입품에 의존하는 그 밖의 다른 기술에 관련된 것은 어느 누구

35 demiourgos.

도 수입해서는 안 되며, 반드시 나라 안에 있어야만 하는 것은 어느 누구도 수출해서는 안 됩니다. 이 모든 것에 대해서는 5명의 연장자들 다음으로 나이 많은 12명의 법률 수호자가 감시자이자 감독자 노릇을 해야 합니다.

d 무기와 기타 군사 장비와 관련해서는 우리가 군사적인 목적을 위해
기술이나 식물이나 광물이나 묶는 것이나 동물을 수입할 필요가 있을
경우, 국가가 그 물품들을 인수하고 대금을 지불해야 하므로 그것들을
수입하고 대신 다른 물품을 수출하는 업무는 기병대장과 장군이 관장
해야 합니다. 이를 위해서는 법률 수호자가 적절한 법률을 충분히 제정
할 것입니다. 그러나 이윤을 노리고 이런 또는 다른 전쟁 물자를 소매하
e 는 행위는 우리 나라의 전 농촌과 전 도성에서 금지해야 합니다.

식량 공급 (2)

식량 공급과 농산물의 분배와 관련해서는 크레테의 법률에 가까운 방
식이 옳고 타당한 것 같습니다. 모든 시민은 모든 농산물을 소비되는
순서에 따라 12부분으로 나누어야 합니다. 다른 모든 수확물과 각 지
848a 역에서 팔리는 가축들도 같은 방식으로 나누어야 하겠지만, 밀과 보
리를 예로 들어봅시다. 각각의 12분의 1은 비율에 따라 세 부분으로
나누어야 하는데, 한 부분은 시민을 위한 것이고, 다른 한 부분은 시민
의 하인을 위한 것이고, 셋째 부분은 장인과 외국인 일반을 위한 것입
니다. 여기에는 우리와 함께 거주하며 생필품이 필요한 거류민과 공적
인 업무나 사적인 업무로 그때그때 내방하는 손님도 포함됩니다. 모든

생필품의 이 셋째 부분은 반드시 팔게 하되, 다른 두 부분은 아무것도
팔게 해서는 안 됩니다. 그런데 어떻게 해야 이것들을 가장 옳게 분배 b
할까요? 우선 분명한 것은 우리가 어떤 의미에서는 동등하게 분배하
지만 어떤 의미에서는 동등하지 않게 분배한다는 것입니다.

클레이니아스 무슨 말씀이신지요?

아테나이인 땅에서 나서 자라는 것들은 아마도 어떤 것은 더 못하고 어떤 것은 더 나을 수밖에 없을 것입니다.

클레이니아스 왜 아니겠습니까?

아테나이인 이 점에서 세 부분 가운데 어느 것도 다른 두 부분보다 더
나아서는 안 됩니다. 주인을 위한 부분도, 노예를 위한 부분도, 외국인
을 위한 부분도 말입니다. 모든 집단에게 같은 몫이 동등하게 분배되
어야 합니다. 시민은 각각 두 몫을 받아 그것들을 노예와 자신이 보호 c
하는 자유민에게 재량껏 분배하되, 질과 양을 결정하는 권한은 그에
게 있습니다. 그러고 남는 것은 땅에서 나는 것을 먹고 자라는 가축의
총 사육 두수를 세어 거기에 비례하여 분배해야 합니다.

주택

그다음으로 주민을 위해 따로따로 주택을 마련해야 하는데, 이렇게 하
는 것이 적절합니다. 12개 마을이 있어야 하는데, 각각의 마을은 나라
를 12지역으로 나눈 것의 중앙에 있어야 합니다. 각 마을에서 이주민 d
은 먼저 신들과 신들을 수행하는 수호신들의 신전과 시장[36]을 위한 부
지를 골라야 합니다. 마그네시아의 지역 신들이 있거나, 아직도 사람

들의 기억 속에 남아 있는 다른 옛 신들의 성소가 있다면, 이들에게 옛 사람들이 그랬듯이 경의를 표해야 합니다. 각 지역마다 이주민들은 헤스티아와 제우스와 아테나와 해당 지역의 수호신을 위해 신전을 건립
e 해야 합니다. 그런 다음 그들은 먼저 이들 신전 주위의 가장 높은 곳에 빙 돌아가며 집들을 지어 파수병에게 가장 튼튼한 방어 진지가 되게 해야 합니다.

그러고 나서 국토의 나머지 부분을 위해 장인을 13개 집단으로 나눌 것입니다. 한 집단은 도성에 정주하게 할 것인데, 이들 또한 도성 전체의 12부분에 맞춰 12하위 집단으로 나눈 다음 도심 외곽에 빙 돌아가며 배치할 것입니다. 각 농촌 지역에는 농부에게 유용한 장인 부류가 정착할 것입니다. 이들은 모두 농촌 감독관의 우두머리의 감독을 받아야 합니다. 이들이 농부에게 불편을 가장 적게 끼치면서 가장 큰
849a 도움을 주려면 각 지역에 어떤 종류의 장인들이 얼마나 필요하며 그들이 어디에 거주해야 하는지 결정하기 때문입니다.

시장 질서

시장에 관한 모든 일은 시장 감독관들[37]이 처리해야 합니다. 그들의 첫 번째 직무는 사람들이 비행을 저지르지 못하도록 시장 주위의 신전을 감시하는 것이고, 두 번째 직무는 사람들이 서로 간의 거래에서 절도를 지키는지 지키지 않는지 지켜보다가 처벌이 필요한 사람은 처벌하는 것입니다. 그들은 무엇보다 외국인에게 팔도록 시민들이 지시받
b 은 모든 상품이 법률이 정한 대로 거래되는지 살펴보아야 합니다. 법

률은 한 가지여야 합니다. 매달 초하룻날에는 외국인에게 팔도록 되
어 있는 상품의 몫을 중개인, 즉 시민을 위해 중개인 노릇을 하는 외국
인 또는 노예가 시장에 갖고 나와야 합니다. 첫 번째 상품은 12분의 1
몫인 곡물입니다. 그러면 이 첫 번째 장에서 외국인은 한 달 동안 소비
할 곡물과 관련 상품을 구입합니다. 매달 초열흘날에는 한 달 동안 소
비하기에 충분한 액체를 팔 사람은 팔고 살 사람은 사야 합니다. 세 번
째 장이 서는 스무날에는 개인이 사거나 팔 필요가 있다고 생각하는
가축의 거래가 이루어져야 합니다. 또한 농부가 팔려고 내놓고 외국인 c
이 구입할 수밖에 없는 도구와 제품, 이를테면 가죽 제품, 옷가지, 직물
이나 펠트 제품 등등도 이때 거래되어야 합니다. 그러나 이런 상품과
보릿가루나 밀가루나 각종 먹을거리는 시민이나 그의 노예에게 소매
로 판매해서는 안 되고, 이들이 소매로 구입해서도 안 됩니다. 그러나
외국인의 시장에서는 외국인이 곡물과 포도주를 장인과 그의 노예에 d
게 이른바 '소매'로 팔아도 됩니다. 또한 가축을 잡아 해체할 때도 푸주
한은 그 고기를 외국인이나 장인과 그들의 노예에게 팔아야 합니다.
또한 누구든 원하는 외국인은 아무 날에나 어떤 종류의 땔나무를 지
역 중개인한테서 도매로 구입해 원하는 때에 원하는 만큼 다른 외국인 e
에게 팔아도 됩니다. 각자에게 필요한 그 밖의 모든 상품과 도구는 공
동시장으로 운반해 지정된 장소에서 판매해야 합니다. 법률 수호자는

36 agora.

37 763e~764b 참조.

시장 감독관과 도성 감독관과 더불어 적당한 장소를 물색하여 각각
의 상품을 어디서 팔 것인지 정해줄 것입니다. 그들은 정해진 장소에
서 물건과 돈 또는 돈과 물건을 맞바꾸고, 대가를 받지 않고는 어떤 것
850a 도 넘겨주지 못하게 해야 합니다. 그러나 상대방을 믿고 넘겨주는 사람
은 그 대가를 받건 받지 못하건 그런 위법한 행위에는 소송을 제기할
수 없으므로 참고 견뎌야 합니다. 누가 법의 허용 기준치보다 더 비싸
게 사거나 팔았을 경우, 법은 정해진 한도 이상 또는 이하로 재산이 늘
어나거나 줄어드는 것을 금하기에, 초과분은 즉시 법률 수호자에게 신
고하게 하되[38] 부족분은 취소하게 해야 합니다. 거류민들의 재산 등록
에 대해서도 같은 규정이 적용되어야 합니다.

거류민들

원하는 사람은 누구든 다음과 같은 명시적인 조건들로 거류민이 될
b 수 있습니다. 외국인을 위한 거주지가 있어, 정주하기를 원하고 정주할
수 있는 사람은 누구든 그곳에 거주할 수 있습니다. 외국인은 기술이
있어야 하고, 등록일로부터 20년 이상 체류해서는 안 됩니다. 그는 점
잖게 처신하는 것말고는 거류세나 매매세는 한 푼도 내지 않아도 됩니
다. 체류 기간이 만료되면 그는 재산을 갖고 떠나야 합니다. 그러나 그
가 체류 기간에 국가에 상당한 공을 세웠음을 입증할 수 있고, 체류 기
간을 일시적으로 또는 종신토록 공식적으로 연장해달라는 자신의 요
c 구를 들어주도록 평의회와 민회[39]를 설득할 자신이 있으면, 출두하여
국가를 설득해야 합니다. 그가 설득에 성공하면, 국가가 그에게 용인

하는 것은 무엇이든 전폭적으로 허용되어야 합니다. 거류민의 아이들은 장인이 되어야 하며, 그들이 15세가 되면 거류민으로서의 체류 기간이 시작된 것으로 보아야 합니다. 이런 조건들로 그들은 20년 동안 체류한 뒤, 가고 싶은 곳으로 떠나야 합니다. 그러나 더 체류하기를 원한다면, 똑같은 방법으로 허가를 받은 뒤 그렇게 해도 좋습니다. 떠나는 거류민은 이전에 관리에게 적어낸 등록 사항을 말소한 뒤 떠나야 합니다.

38 '신고한다' 함은 여기서 '몰수한다'는 뜻인 것 같다.

39 boule kai ekklesia.

제9권

제16부 형법

머리말

853a **아테나이인** 다음 차례는 우리 입법의 자연스러운 순서에 따라 우리가 지금까지 언급한 행위들에 대한 소송[1]이 될 것입니다. 우리는 농사와 농사에 관련된 것[2]에 대해서는 어떤 행위들이 제소되어야 하는지 어느 정도 언급했으나, 가장 중요한 행위들은 아직 언급하지 않았습니다. 우리가 다음에 할 일은 이런 행위들을 하나씩 열거하고 그것들이 각각 어떤 처
b 벌을 받아야 하며 어떤 법정에 배정되어야 하는지 말하는 것입니다.

클레이니아스 옳은 말씀입니다.

아테나이인 우리가 지금 제정하려는 모든 것을 입법한다는 것 자체가 어떤 의미에서는 수치스러운 일입니다. 잘 다스려질 것이고 미덕의 실천에 유리한 모든 조건을 구비할 것이라고 우리가 주장하는 그런 나라에서 말입니다. 이런 나라에서 다른 나라에서나 볼 수 있는 가장 나쁜 형태의 사악함에 빠져들 사람들이 태어날 것이라고 생각한다는 것은, 그래서 입법자가 그런 사람들이 나타날 것으로 예상하고는 법률로 위

협하는 것이라고 생각한다는 것은 그 자체가 내가 말했듯이 어떤 의미
에서는 수치스러운 일입니다. 그것은 우리가 그런 사람들이 틀림없이 c
나타날 것이라고 보고 그들이 나타나면 겁주거나 벌주기 위하여 그런
사람들에 대비해 입법해야 한다는 것을 의미합니다. 하지만 우리는 지
금 옛날 입법자들처럼 신들의 아들들과 영웅들을 위해 입법하는 것이
아닙니다. 전해오는 이야기에 따르면, 당시의 입법자들은 신들의 자손
으로서 역시 신들의 자손인 다른 사람들을 위해 입법했다고 합니다.
그러나 우리는 인간으로서 인간의 자식들을 위해 입법하고 있습니다.
따라서 우리 시민 가운데 누군가 차돌같이 단단하여 삶아도 물러지
지 않을까 우리가 우려하더라도 비난받을 일은 아닙니다. 마치 차돌 d
을 아무리 삶아도 부드러워지지 않듯이, 그런 사람들은 강력한 법률
에 의해서도 유순해지지 않기 때문입니다.

그래서 나는 이런 사람들 때문에 누가 그런 범죄를 저지를 것에 대
비해 먼저 신전 털이에 관한 법률을 제정할 것입니다. 우리는 제대로
교육받은 시민이 그런 병에 걸리기를 원하지 않고 예상하지도 않습니
다. 하지만 그들의 노예와 외국인과 외국인의 노예는 가끔 그런 범죄
를 시도하겠지요. 주로 이들 때문에 또한 인간 본성의 일반적인 약점 854a
을 예방하는 조치로서 나는 신전 털이와 치유하기 어렵거나 불가능한
그 밖의 다른 모든 유사 범죄에 대해 말할 것입니다.

1 dike.

2 842e 참조.

신전 털이

이 모든 법률 앞에는 우리가 앞서 합의한 바에 따라[3] 최대한 간단하게 전문을 붙여야 합니다. 성물을 절취하고 싶은 나쁜 충동으로 낮에는 자극받고 밤에는 잠 못 이루는 사람이 있다고 가정해보십시오. 그대는 그에게 다음과 같이 말하고 훈계할 수 있을 것입니다.

b 여보시오, 신전을 털러 가라고 지금 그대를 재촉하는 나쁜 충동은 인간에게서 비롯된 것도 아니고 신에게서 비롯된 것도 아니오. 그것은 정화되지 않은 오래된 비행으로 인하여 인간 안에서 생겨나는 일종의 광기의 등에[4]로서 파멸을 안겨주며 사방을 돌아다니니 그대는 각별히 경계해야 할 것이오. 그 경계란 것이 어떤 것인지 알아두시오. 그러고 싶은 생각이 들면 마귀를 내쫓는 의식에 참가하고, 속죄의 제물에 마음을 돌리는 신들의 신전을 찾아가 탄원하고, 그
c 대의 공동체에서 유덕하기로 이름난 사람들과 교유하시오. 모든 사람은 고상한 것과 올바른 것을 존중해야 한다고 그들이 말하는 것을 듣고, 그대 자신도 그렇게 말하도록 노력하시오. 그러나 사악한 자들의 무리에게서는 뒤돌아보지도 말고 달아나시오. 그러면 그대의 병세는 다소 호전될 것이오. 그러지 못하면 죽음을 더 고상한 대안으로 여기고 세상을 하직하시오.

이것이 나라를 망치는 온갖 불경한 짓을 꾀하는 자들에게 우리가 들려주는 서곡[5]입니다. 말을 듣는 사람에게는 법률이 침묵을 지킬 것

이나 말을 듣지 않는 사람에게는 법률이 서곡에 이어 큰 소리로 노래 부를 것입니다.

> 신전을 털다가 잡힌 자가 외국인이나 노예일 경우, 이마와 양손에 d
> 불운의 낙인이 찍히고, 재판관들이 결정하는 수만큼의 매를 맞은
> 뒤 발가벗은 채로 국경 밖으로 내던져질 것이다.

신전 털이범은 아마 그런 벌을 받아야 정신을 차리고 더 나은 사람
이 될 것입니다. 무엇보다도 법률에 의한 처벌에는 나쁜 의도가 없고,
그 효과는 대체로 다음 둘 중 하나입니다. 말하자면 그것은 벌받는 사
람을 더 유덕하게 만들거나 덜 사악하게 만듭니다. 어떤 시민이 신들 e
과 부모와 국가에 대해 말할 수 없이 중대한 범죄를 저지른 것으로 밝
혀지면 사형에 처해야 합니다. 재판관은 그가 어릴 때부터 그처럼 양
육되고 교육받았음에도 가장 큰 악행을 삼가지 못했다는 점을 고려하
여 그를 이미 치유할 수 없는 사람으로 여겨야 합니다. 사형은 그에게
는 가장 경미한 처벌입니다. 사실 그가 이름 없이 국경 밖으로 쫓겨가 855a
면 본보기가 되어 남을 이롭게 할 것입니다. 그러나 그의 자식들과 가
족은 아버지의 성품을 멀리할 경우, 훌륭하고 용감하게 악을 피해 선

3 722c 참조.

4 쇠파리의 일종.

5 전문(前文).

으로 향한 자들이라는 명성을 얻고 칭찬도 듣게 될 것입니다.

할당 토지의 크기와 수가 언제나 똑같아야 하는 국가에서는 그런
범죄자 중 누군가의 재산을 국가가 몰수한다는 것은 적절하지 않을
것입니다. 그러나 범죄를 저지른 사람을 벌금형에 처하는 것이 마땅하
b 다면, 그에게 할당 토지의 기본 시설을 초과하는 재산이 있을 경우, 그
초과분만 벌금으로 물리고 그 이상 물려서는 안 됩니다. 법률 수호자
는 등록된 사항[6]을 면밀히 조사하여, 할당 토지 가운데 어느 것도 자
금이 부족하여 놀리는 일이 없도록 사사건건 정확한 사실을 재판관
들에게 보고해야 합니다. 누가 더 많은 벌금을 물어야 마땅하다고 생
각될 경우, 그의 친구 중 몇 명이 분담해서 보석금을 냄으로써 그가 풀
려나도록 하지 않는다면, 그는 공개적으로 더 오래 구금되고 여러 가
c 지 굴욕을 감수하는 벌을 받아야 합니다. 그러나 어느 누구도 단 한 번
의 범죄로 시민권을 완전히 박탈당해서는 안 됩니다. 설령 그가 국외
로 추방당하는 죄를 지었다 하더라도 말입니다. 우리가 내릴 처벌은
사형, 구금, 태형, 여러 가지 굴욕적인 자세로 서 있거나 앉아 있기, 시
골로 추방되어 먼 변경에 있는 신전들 앞에 서 있기, 그런 처벌이 필요
하다고 우리가 방금 언급한 경우들에 벌금을 물리는 것입니다.

주요 범죄의 재판 절차

사형에 해당하는 범죄의 경우, 법률 수호자들과 지난해의 관리 중에
d 서 공적에 따라 선발된 자들이 재판관이 되어야 합니다. 이런 사건의
제소 방법, 출두 명령 같은 자세한 소송 절차는 우리의 뒤를 이을 입법

자들의 관심사여야 합니다. 우리가 할 일은 표결에 관해 입법하는 것입니다. 투표는 공개적으로 진행되어야 합니다. 그러나 그전에 우리 재판관들은 피해자와 가해자를 마주하고 나이 순서대로 나란히 붙어 앉게 합니다. 여가가 있는 시민은 모두 이런 재판에 참석하여 주의 깊게 방청해야 합니다. 먼저 피해자가 한바탕 발언을 하고, 두 번째는 가 e
해자가 그렇게 합니다. 이들의 발언이 끝나면 가장 나이 많은 재판관이 발언 내용을 세세히 따지며 신문을 시작합니다. 누가 재판 당사자들이 말했거나 말하지 않은 것에 대해 더 자세히 알고 싶으면 최고 연장자 다음에는 다른 재판관들이 나이 순서대로 신문합니다. 그러나 더 알고 싶은 것이 없는 재판관은 신문을 다음 재판관에게 넘깁니다. 발언한 내용 중에 중요하다고 여겨지는 것들은 문서에 모든 재판관의 서명을 받아 봉인한 다음 헤스티아 여신의 제단에 보관해야 합니다. 856a
다음 날 그들은 같은 장소에 다시 모여 같은 방식으로 신문하고 심리한 뒤 조서에 다시 서명합니다. 이런 과정을 세 번 거치며 증거와 증인들을 충분히 검토한 뒤 재판관은 저마다 힘닿는 데까지 최대한 올바르고 참된 재판을 하겠다고 헤스티아 여신의 이름으로 맹세하며 신성한 한 표를 던집니다. 이런 재판을 그들은 이런 식으로 마무리해야 합니다.

6 744d~745a, 850a 참조.

정체 전복 시도

b 신들에 대한 범죄 다음 차례는 정체 전복 시도입니다. 법률을 인간에게 예속시킴으로써 노예로 만들고 국가를 특정 파당에 종속시키되 이 모든 것을 폭력으로 관철하고 내전도 불사하는 자를 우리는 국가 전체의 최대의 적으로 간주해야 합니다. 이런 범죄에 관여하지는 않지만 국가의 최고위 관리이면서도 이런 범죄를 적발하지 못하거나 적발하더라
c 도 비겁하게 몸을 사리며 조국을 위해 범죄자를 응징하지 못하는 자가 사악함의 서열에서 두 번째여야 합니다. 조금이라도 쓸모 있는 사람이라면 음모를 꾸미는 자를 관청에 고발하고, 힘으로 그리고 불법적으로 정체를 전복하려 한 죄로 그를 법정에 제소해야 합니다. 이 경우 재판관들은 신전 털이범을 재판할 때와 같은 사람들이고, 전체 재판 과정도 그때와 같이 진행하며, 사형에 처할 것인지는 다수결로 정해야 합니다.

d 대개 아버지가 받은 치욕이나 처벌은 자식들에게 연좌되지 않습니다. 아버지뿐만 아니라 조부와 증조부가 잇달아 사형 판결을 받은 경우를 제외하고는 말입니다. 이 경우 국가는 그 자식들을 그들의 가족이 이주해온 원래 고국으로 돌려보내되 할당 토지의 기본 시설을 제외한 모든 재산을 갖고 가게 해야 합니다. 그러고 나서 10세가 넘은 아들을 한 명 이상 둔 시민들의 아들 중에서 아버지나 조부나 외조부가 지
e 명하면, 그중에서 10명을 추첨으로 뽑은 다음 그 명단을 델포이로 보내야 합니다. 그러면 신이 선발한 자가 나라를 떠난 자의 집에 더 나은 행운을 바라며 후계자로 입주해야 합니다.

클레이니아스 좋은 말씀입니다.

반역죄

아테나이인 누가 반역죄로 재판을 받는 세 번째 경우에도 사건을 심리하는 재판관과 재판 절차에 같은 규정이 적용되어야 합니다. 마찬가지로 세 경우에는 단일 법률을 적용하여, 이들 범죄자, 즉 반역자와 신전털이범과 국법을 힘으로 전복하려는 자의 자식들을 나라에 머무르게 857a
할 것인지 나라를 떠나게 할 것인지 결정해야 합니다.

제17부 형벌의 이론

도둑질: 모든 도둑질은 같은 벌을 받아야 하는가

또한 도둑질한 것이 큰 것이든 작은 것이든 모든 도둑에게는 단일 법률과 형벌을 적용해야 합니다. 누가 그런 재판에서 패소하고 할당 토지 이상의 재산을 갖고 있어 벌금을 물 수 있다면, 훔친 물건 값의 두 배에 맞먹는 벌금을 물어야 합니다. 그럴 능력이 없으면 벌금을 다 물거나 승소한 피해자를 설득할 때까지 구금되어야 합니다. 만약 누군가 공 b
공의 것을 훔친 죄로 유죄 판결을 받으면 국가를 설득하거나 훔친 것의 두 배를 물어주어야 구금에서 풀려납니다.

클레이니아스 손님, 우리가 어떻게 훔친 것이 크건 작건, 훔친 장소가 신성한 곳이건 세속적인 곳이건, 그 밖에도 훔친 정황이 다르더라도 도둑에게는 아무런 차이가 없다고 주장할 수 있습니까?

형벌권의 이론적 토대

아테나이인 좋은 질문을 해주셨습니다, 클레이니아스님. 나는 정신없
c 이 휩쓸려가다가 그대에게 부딪히는 바람에 정신이 번쩍 들며 아까 생
각했던 것이 다시 떠오르는군요. 그것은 지금의 우리 처지가 그러하
듯, 법률을 제정하려는 지금까지의 어떤 시도도 제대로 수행되지 않
았다는 것입니다. 그게 무슨 뜻이냐고요? 우리가 오늘날 입법의 대상
이 된 모든 사람을 노예 의사에게 치료받는 노예들에 비유했을 때,[7] 그
것은 잘못된 비유가 아니었습니다. 이론적인 토대 없이 경험에 근거하
d 여 의술을 시행하는 이들 의사 가운데 한 명이 자유민 환자와 대화를
나누는 자유민 의사를 만난다면 어떤 일이 일어날지 잘 알아두어야
합니다. 자유민 의사는 철학자처럼 논의하며 몸의 일반적인 본성으로
거슬러 올라가 병을 그 뿌리에서부터 포착하려 할 것입니다. 그러나
다른 의사는 당장 웃음을 터뜨리며 이른바 대부분의 '의사'가 그런 경
우에 늘 입에 담는 말을 내뱉을 것입니다. "바보 같으니라고! 당신은 환
자를 치료하는 것이 아니라 교육하고 있구려. 환자가 건강해지는 것이
아니라 의사가 되어야 하는 것처럼 말이오."

e **클레이니아스** 그가 그렇게 말하는 것은 옳지 않나요?

아테나이인 그럴지도 모르지요. 법률에 대해 지금 우리처럼 말하는 사람은 시민을 교육하는 것이지 입법하는 것이 아니라는 점을 명심하고 있다면 말입니다. 그러면 그가 그렇게 주장하는 것도 옳지 않을까요?

클레이니아스 아마도 옳겠지요.

아테나이인 하지만 지금 우리는 유리한 처지에 있습니다.

클레이니아스 어떤 점에서 그렇지요?

아테나이인 입법할 필요가 없다는 점에서 그렇습니다. 우리는 각종 정 858a
체를 검토하며 최선의 정체와 수용할 수 있는 최소한의 정체를 어떻게 실현할 수 있는지 알아보기만 하면 되니까요. 특히 이 점은 우리의 입법에 적용되는 것 같습니다. 여기서는 우리가 원한다면 최선의 정체를 고찰할 수도 있고, 원한다면 또 우리가 수용할 수 있는 최소한의 정체를 고찰할 수도 있습니다. 그러니 이 둘 중 마음에 드는 쪽을 선택하기로 합시다.

클레이니아스 손님, 우리는 우스꽝스러운 선택을 제시하고 있습니다.
우리는 그야말로 내일로 미룰 수가 없어 어쩔 수 없이 당장 입법해야 b
만 하는 입법자의 처지가 되겠군요. 신이 허락하신다면 우리는 석공이나 어떤 다른 건축물을 세우기 시작하는 일꾼처럼 자재를 아무렇게나 모아두었다가 앞으로 지을 건축물에 적합한 것을 서두르지 않고 고를 수 있을 것입니다. 그러니 우리는 자신을 강요에 못 이겨 무엇인가를 짓는 사람이 아니라, 서두르지 않고 시간의 일부는 자재를 준비하는 데 쓰고 일부는 자재를 조립하는 데 쓰는 사람이라고 생각합시다. 그
러면 우리의 법률은 부분적으로 이미 제정되었고, 부분적으로는 준 c
비되었다고 말하는 것이 옳을 것입니다.

아테나이인 아무튼 클레이니아스님, 입법을 개관하는 것이 사안의 성

7 720a~e 참조.

격에 더 맞는 방법인 것 같습니다. 그렇다면 청컨대 입법자들에 관해 이런 점을 고찰하기로 합시다.

클레이니아스 그게 어떤 점이지요?

아테나이인 나라에는 많은 작가의 저술과 연설문이 있고, 입법자들의 것도 있을 것입니다.

클레이니아스 왜 아니겠습니까?

아테나이인 그렇다면 우리는 누구의 저술에 주의를 기울여야 합니까?
d 우리는 사람이 어떻게 인생을 살아가야 하는지에 대한 조언을 산문이나 운문으로 기록한 시인과 그 밖의 다른 사람의 저술은 읽고, 입법자들의 저술은 무시해야 합니까? 아니면 오히려 입법자들의 저술에 특히 주의를 기울여야 합니까?

클레이니아스 입법자들의 저술에 훨씬 더 주의를 기울여야겠지요.

아테나이인 그런데 저술가 중에 입법자만이 미덕과 좋음과 올바름에 대해 조언해서는 안 되며, 그만이 그런 것들의 본성이 무엇이며, 행복해지려는 사람은 그런 것들을 어떻게 실천해야 하는지 가르쳐주어서는 안 될까요?

클레이니아스 왜 안 되겠습니까?

e **아테나이인** 하지만 호메로스와 튀르타이오스와 다른 시인에게는 자신의 저술에 인생과 관습에 관해 나쁜 규칙을 써놓은 것이 수치스러운 일이지만, 뤼쿠르고스[8]와 솔론과 그 밖의 입법자로서 저술 활동을 한 다른 사람에게는 덜 수치스러운 일일까요? 오히려 나라 안에 유통되는 모든 저술 가운데 법률에 관한 저술이 두루마리가 펼쳐질 경우, 가

장 고상하고 훌륭한 것으로 드러나야 하고 다른 사람의 저술은 이들 저술을 본보기로 삼거나 이들 저술과 다른 소리를 내면 웃음거리가 되어 859a
야 한다고 보는 것이 옳지 않을까요? 그렇다면 우리가 볼 때 나라의 법률은 어떻게 작성되어야 할까요? 작성된 법률은 아버지와 어머니처럼 자애롭고 지혜로운 모습으로 등장해야 하나요, 아니면 참주나 독재자처럼 명령과 위협을 벽에 써 붙여놓고 가버려야 하나요? 그러면 우리는 지금 법률에 대해 바른 마음가짐으로 말하려 할 것인지 결정해야 합니
다. 성패를 떠나 우리는 아무튼 우리의 선의를 보여줄 것입니다. 우리가 b
그 길을 가다가 어려움에 봉착하면 그것을 받아들이도록 합시다. 행운이 우리와 함께하기를! 신이 원하신다면 우리는 성공하겠지요.

클레이니아스 좋은 말씀입니다. 그대가 제안하신 대로 합시다.

아테나이인 먼저 우리는 내친걸음에 신전 털이범과 도둑질 일반과 온갖 비행을 계속 고찰해야 할 것이며, 우리는 입법하고 있는 중이므
로 어떤 것은 이미 입법했으나 다른 것은 아직도 고찰하는 중이라는 c
사실에 짜증을 내서는 안 됩니다. 우리는 입법자가 되고 있는 중이고 아마도 그렇게 되겠지만, 아직은 입법자가 아니니까요. 그러니 내가 말한 것들을 내가 말한 방식으로 고찰하는 데 여러분이 동의하신다면 그러도록 합시다.

클레이니아스 전적으로 동의합니다.

8 Lykourgos. 스파르테의 전설적인 입법자.

올바른 것과 고매한 것의 관계

아테나이인 그러면 아름다운 것과 올바른 것 일반과 관련하여 우리가
지금 어디까지 의견을 같이하고 어디까지 의견을 달리하는지 명확히
알아보도록 합시다. 또한 대중은 어디까지 의견을 같이하며, 그들 사
이에는 어떤 의견 차이가 있을까요?(우리와 대중 사이에 작은 차이라
d 도 있기를 바란다고 우리가 주장하는 것은 당연한 일이니까요.)

클레이니아스 우리 사이에 도대체 어떤 차이가 있다는 거죠?

아테나이인 설명해보겠습니다. 올바른 것 일반과 관련하여 올바른 사
람과 올바른 사물과 올바른 행위는 모두 고매하다는 데 우리는 의견
을 같이합니다. 따라서 누가 올바른 사람은 몸이 추하더라도 성격이
e 더없이 올바르니 아주 고매하다고 주장한다면 그는 틀린 말을 하는 것
이 아닐 것입니다.

클레이니아스 옳은 말 아닌가요?

아테나이인 그렇겠지요. 하지만 만약 올바른 것이 모두 아름답다면 그 '모두'에는 우리가 행하는 것 못지않게 우리가 당하는 것도 포함된다는 것을 주목해야 합니다.

클레이니아스 그래서요?

아테나이인 우리가 행하는 올바른 행위는 그것이 올바름에 관여하는 그만큼 고매함에도 관여합니다.

클레이니아스 물론입니다.

아테나이인 그렇다면 우리는 당하는 행위는 올바름에 관여하는 그만
860a 큼 아름다움에도 관여한다는 데 동의한 것이 아닐까요? 그래야만 우

리 논의가 모순에 빠지지 않을 테니까요.

클레이니아스 맞는 말씀입니다.

아테나이인 그러나 우리가 당하는 행위는 올바르지만 동시에 추하다는 데 동의한다면, 올바른 것과 고매한 것은 상반될 것입니다. 우리는 올바른 행위를 더없이 수치스러운 행위라고 말했으니까요.

클레이니아스 무슨 말씀이신지요?

아테나이인 그건 이해하기 어렵지 않습니다. 우리가 조금 전에 제정한 법률은 우리가 지금 말하는 것들과 전적으로 상반되는 것처럼 생각될 수도 있으니까요.

클레이니아스 우리가 말하는 어떤 것들 말씀입니까?

아테나이인 우리는 신전 털이범과 적절하게 제정된 법률의 적은 사형 b
을 당해야 옳다고 확정했습니다. 그러나 그때 우리는 수많은 유사한 법률을 제정하려다가 중단했는데, 그렇게 당하는 고통은 수와 크기가 한정되어 있지 않고 모든 고통 가운데 가장 올바르지만 가장 수치스럽기도 하다는 것을 알았기 때문입니다. 그렇게 보면 올바른 것과 고매한 것은 때로는 똑같아 보이지만 때로는 정반대로 보이지 않을까요?

클레이니아스 그럴 것 같습니다.

아테나이인 그래서 그런 것들과 관련하여 대중은 일관성 없이 '고매한 c
것'과 '올바른 것'은 별개라고 말합니다.

클레이니아스 아닌 게 아니라 그런 것 같습니다, 손님.

고의적으로 불의한 자는 아무도 없다

아테나이인 그러니 클레이니아스님, 이런 것들과 관련하여 우리가 어느 정도 일관성이 있는지 다시 검토해봅시다.

클레이니아스 일관성이라니, 어떤 일관성 말씀인가요?

아테나이인 앞서의 논의에서[9] 나는 명시적으로 말했습니다만, 만약 아까 그러지 않았다면 지금이라도 그렇게 말하는 것으로 가정합시다.

클레이니아스 그게 뭐죠?

d **아테나이인** 모든 나쁜 사람은 모든 점에서 본의 아니게 나쁘다는 것 말입니다. 그렇다면 나의 다음 논의는 필연적으로 이럴 것입니다.

클레이니아스 어떻다는 거죠?

아테나이인 불의한 자는 사악하지만, 사악한 자는 본의 아니게 사악하다는 것입니다. 하지만 자발적인 행위가 본의 아니게 행해졌다고 생각하는 것은 이치에 맞지 않습니다. 따라서 불의를 본의 아닌 것으로 보는 사람에게는 불의한 짓을 하는 자는 본의 아니게 그러는 것으로 보일 것입니다. 지금 나도 거기에 동의하지 않을 수 없습니다. 나도 모든
e 나쁜 사람은 본의 아니게 불의를 저지른다고 인정하니까요. 설령 이기고 싶고 주목을 받고 싶어서 본의 아니게 불의한 자들이 있기는 해도 많은 사람이 의도적으로 불의를 저지른다고 누가 주장하더라도, 나는 그런 주장을 거부하고 내 주장을 고수할 것입니다. 그런데 나는 어떻게 해야 논리의 일관성을 유지할 수 있을까요? 클레이니아스님과 메길로스님, 두 분이 내게 이렇게 묻는다고 가정해보십시오. "그러면 손님, 그대는 마그네시아인들의 국가를 위해 어떻게 입법하라고 우리에

게 조언하시겠습니까? 우리는 그들을 위해 입법해야 합니까, 입법하지 말아야 합니까?" "당연히 입법해야지요" 하고 나는 대답할 것입니다. "그러면 그대는 그들에게 고의적인 불의와 본의 아닌 불의를 구별해주고, 우리는 고의적인 범행과 비행은 더 엄하게 처벌하고 본의 아닌 범행과 비행은 더 가볍게 처벌해야 합니까? 아니면 자발적인 불의 861a
같은 것은 없다고 믿고 모든 불의를 똑같이 처벌해야 합니까?"

클레이니아스 옳은 말씀입니다, 손님. 그런데 방금 말씀하신 것을 우리가 어떻게 이용할까요?

아테나이인 좋은 질문입니다. 먼저 이렇게 이용하기로 합시다.

클레이니아스 어떻게요?

아테나이인 돌이켜 생각해보면, 조금 전에 올바름과 관련하여 우리는 큰 혼란을 겪고 있고 서로 의견을 달리한다고 말했는데 그 말은 전적으로 옳습니다. 그 점을 명심하고 다시 자문해보도록 합시다. "우리는 b
이런 문제들과 관련하여 혼란에서 벗어날 출구를 찾지 못했고, 고의적인 불의와 본의 아닌 불의라는 두 범주를 구별하지도 못했습니다. 모든 국가에 일찍이 존재했던 모든 입법자는 이것들을 별개의 것으로 다루었고, 이런 구별은 그들의 입법에 반영되었습니다. 그러면 우리의 조금 전 명제가 마치 신이 내려주신 결정인 양 이런 의견 차이를 모두 제압할 수 있을까요? 그렇게 말하기만 하고 그 정당성을 논리적으로

9 731c, 734b 참조.

c 증명하지 않은 채 법률을 제정하면 되는 것입니까?" 그것은 불가능합
니다. 입법하기 전에 우리는 먼저 불의에는 두 가지가 있다는 것과, 그
것들의 차이가 무엇인지 반드시 밝혀야 합니다. 우리가 이 두 가지를
처벌할 때 모두가 우리의 규정을 따르게 되어, 어떤 처벌이 적합하고
어떤 처벌이 적합하지 않은지 어느 정도 판단할 수 있도록 말입니다.

클레이니아스 옳은 말씀입니다, 손님. 우리는 모든 불의는 본의가 아니
라는 주장을 포기하든지, 아니면 먼저 둘을 개념적으로 구별하고 나
d 서 우리 주장이 옳다는 것을 증명하든지 둘 중 한 가지를 해야 합니다.

아테나이인 이 둘 중 첫 번째 것은 나로서는 도저히 받아들일 수 없습니다. 내가 진리라고 믿는 것을 주장하지 않는 것 말입니다. 그것은 법도 아니고 경건하지도 못하니까요. 그러나 이 둘이 본의 아님과 고의성에 의해 구별되지 않는다면 무엇에 의해 구별될까요? 만약 다른 어떤 것에 의해 구별된다면, 우리는 어떻게든 그것을 밝혀야 합니다.

클레이니아스 전적으로 동의합니다, 손님. 우리가 다른 방법으로 문제에 접근하는 것은 불가능합니다.

가해와 불의의 차이: 처벌의 목적

e **아테나이인** 그렇게 될 것입니다. 자, 시민들이 모여 함께 살면 서로 가해
하는 경우가 분명 허다한데, 고의적인 경우도 많고 본의 아닌 경우도
많습니다.

클레이니아스 왜 아니겠습니까?

아테나이인 하지만 누가 모든 가해 행위는 불의라고 생각하고는 가해

하는 경우에도 불의는 의도적인 것과 본의 아닌 것 두 가지라는 결론
을 내려서는 안 됩니다.(전체적으로 볼 때 본의 아닌 가해 행위가 의도
적인 가해 행위보다 적지도 않고 작지도 않기에 하는 말입니다.) 여러
분은 그보다는 오히려 내가 지금 말하려고 하는 것이 의미 있는 말인 862a
지 아니면 허튼소리인지 검토해보십시오. 클레이니아스님과 메길로
스님, 내 주장인즉 누군가 그럴 의도 없이 본의 아니게 남에게 해를 입
혔다면 불의를 행하기는 했으되 본의 아니게 행한 것이라는 게 아닙니
다. 나는 또한 그것을 본의 아닌 비행이라는 취지로 입법하지도 않을
것이며, 그런 가해 행위는 경중을 막론하고 전혀 불의로 간주하지 않
을 것입니다. 반대로 우리는 혜택을 베푸는 자가 옳지 못하게 베풀면
불의를 저지르는 것이라고 종종 말합니다. 내 견해가 옳다면 말입니 b
다. 친구들이여, 사실 우리는 누가 남에게 무엇을 준다고 해서 덮어놓
고 올바르다거나 누가 남에게서 빼앗는다고 해서 무조건 불의하다고
말해서는 안 됩니다. '올바르다'는 표현은 성격과 자질이 올바른 사람
이 베푼 혜택이나 끼친 가해 행위에만 사용해야 하며, 입법자가 눈여
겨보아야 할 것도 바로 이 점입니다.[10] 입법자는 불의와 가해 행위, 이
두 가지를 주목해야 하며, 입은 손해를 법률에 힘입어 최대한 배상해
야 합니다. 그는 잃어버린 것은 복구하고, 누가 넘어뜨린 것은 일으켜 c
세우고, 죽거나 다친 것은 온전하게 만들어야 합니다. 그리고 일단 배

10 행위의 결과만으로 올바른지 올바르지 않은지 결정하지 않고, 그 행위자가 어떤 성격과 자질로 그렇게 했는지, 곧 행위보다는 혼의 상태에 주목해야 한다는 주장이다.

상을 하고 나면 모든 가해 행위의 가해자와 피해자가 적이 되는 대신 친구가 되도록 법률을 통해 노력해야 합니다.

클레이니아스 그가 그러는 것은 잘하는 것입니다.

아테나이인 또한 불의한 가해 행위는 물론이고 누가 불의한 행위로 남을 이롭게 할 경우에 얻는 불의한 이득 역시 혼의 질병인 만큼 치유할 수 있을 때는 치유해야 합니다. 하지만 우리는 어떤 방향으로 불의를 치유할 것인지 말해야 합니다.

클레이니아스 어떤 방향으로 치유한다는 거죠?

d **아테나이인** 누가 크든 작든 불의를 저지르면 그가 앞으로는 그런 범죄
를 고의적으로 저지를 엄두를 내지 못하게 하거나 현저하게 덜 자주
저지르도록 가르치고 강요해야 합니다. 피해 배상에 더해서 말입니다.
그러기 위해 말이나 행동, 즐거움이나 괴로움, 명예나 불명예, 벌금이
나 선물을 이용할 수 있을 것입니다. 한마디로 무슨 수를 써서라도 불
의는 미워하되 정의는 사랑하거나 적어도 미워하지 않게 만드는 것, 바
e 로 이것이 가장 고상한 법률이 할 일입니다. 하지만 입법자가 어떤 사람
들은 그래도 치유될 수 없다고 생각할 경우에는 어떤 처벌을 법률로 정
해야 합니까? 입법자는 그런 사람들은 계속해서 살아 있는 것이 본인
들에게도 더 나은 것이 아니라는 것을 알게 될 것입니다. 그런 사람들
은 세상을 떠남으로써 첫째, 불의를 저질러서는 안 된다는 본보기를 보
여주고 둘째, 국가가 악인들에게서 벗어나게 되어 남을 이중으로 이롭
863a 게 할 것입니다. 그래서 입법자는 그들의 범죄를 처벌하기 위해 그런 사
람을 사형에 처해야 하지만, 그 밖의 경우에는 그래서는 안 됩니다.

클레이니아스 아주 적절한 말씀인 것 같습니다. 하지만 다음 두 가지를 더 자세히 설명해주시면 고맙겠습니다. 첫째는 불의와 가해 행위의 차이가 무엇인가 하는 것이고, 둘째는 고의적인 것과 본의 아닌 것의 차이가 이들 경우에 어떻게 적용되는가 하는 것입니다.

불의의 세 가지 원인

아테나이인 요청하시니 설명해보겠습니다. 여러분은 분명 논의를 하다
가 혼에 대해 다음 정도는 서로 말하기도 듣기도 할 것입니다. 혼의 구 b
성 요소('부분' 또는 '상태'라 해도 무방합니다) 가운데 하나는 기개[11]
인데, 다투기 좋아하고 감당하기 힘든 이 타고난 충동은 비이성적인
힘으로 많은 것을 파괴한다고 말입니다.

클레이니아스 물론입니다.

아테나이인 그다음으로 우리는 '즐거움'[12]과 '기개'를 구별합니다. 우리는 즐거움은 기개와 정반대되는 힘에 근거하여 권력을 행사한다고 말합니다. 즐거움은 저항할 수 없는 강제력을 가진 기만을 곁들인 설득으로 원하는 것은 무엇이든 이루니까요.

클레이니아스 그러고말고요.

아테나이인 무지[13]가 범죄의 세 번째 원인이라고 누가 말한다면 그는 c

11 thymos. 문맥에 따라서 '분노' '격정' 등으로 옮길 수도 있다.

12 hedone.

13 agnoia.

거짓말을 하는 게 아닙니다. 사실 입법자가 무지를 다음 두 종류로 나눈다면 더 잘하는 것입니다. 그중 하나는 '단순한' 무지로 그는 이것을 경미한 범죄의 원인으로 여깁니다. 다른 하나는 '이중의' 무지로, 누군가 무지에 사로잡혀 있을뿐더러 설상가상으로 사실은 아무것도 모르면서 잘 아는 것처럼 자신이 지혜롭다고 착각하는 경우입니다. 그래서 그런 무지가 권력과 힘에 의해 뒷받침되면, 입법자는 이를 중대하고 야
d 만적인 범죄 행위의 원인으로 간주할 것이나, 거기에 힘이 결여되면 어린아이나 노인의 가벼운 범죄의 원인으로 간주할 것입니다. 그는 물론 이런 행위를 범죄로 보고 이에 대해 마치 범죄자를 대할 때처럼 법률을 제정하겠지만, 그 법률은 너그럽고 관용을 베푸는 그런 것일 겁니다.

클레이니아스 일리 있는 말씀입니다.

아테나이인 그런데 우리는 어떤 사람은 즐거움과 기개에 이기지만, 어떤 사람은 진다는 데 사실상 모두 동의합니다.

클레이니아스 그러고말고요.

아테나이인 그러나 우리는 어떤 사람은 자신의 무지에 이기지만, 어떤 사람은 진다는 말은 들어보지 못했습니다.

e **클레이니아스** 참으로 맞는 말씀입니다.

아테나이인 그런데 이런 것들은 모두 각자를 그가 실제로 이끌리고 의도하는 것과는 반대 방향으로 이끈다고 우리는 말합니다.

클레이니아스 그럴 때가 부지기수지요.

올바른 것과 불의한 것을 세 가지 원인으로 설명하다

아테나이인 이제 나는 내가 말하는 '올바른 것'과 '불의한 것'이 무엇을
의미하는지 간단하고 명확하게 구별할 수 있을 것 같습니다. 나는 기
개, 두려움, 즐거움, 괴로움, 시기심, 욕구가 혼을 전제적으로 지배하는
것을 가해 여부를 떠나 일반적으로 '불의'라고 공언합니다. 그와는 달
리 국가나 개인이 어떻게 그런 것을 달성할 수 있다고 생각하건 가장 864a
훌륭한 것에 대한 믿음이 혼을 지배하고 각자를 조정한다면 설령 그
가 약간의 실수를 한다 해도, 우리는 그런 의미로 행해진 모든 것과 그
런 지배에 복종하는 인간 본성의 부분은 올바르며 인간에게는 평생토
록 가장 훌륭한 것이라고 말해야 합니다. 설령 대부분 사람이 그런 상
황에서 발생하는 가해 행위를 '본의 아닌' 불의라고 부르더라도 말입
니다. 하지만 우리는 지금 말꼬리를 물고 늘어지려는 것이 아닌 만큼, b
범죄에는 세 종류가 있다는 것이 밝혀졌으니 먼저 이 점을 마음에 새
겨야 할 것입니다. 그중 한 종류는 괴로움이며, 우리는 이를 '기개'나
'두려움'이라고 부릅니다.

클레이니아스 그렇습니다.

아테나이인 두 번째 종류는 즐거움과 욕구로 구성되며, 세 번째 종류는 별개의 것으로 예상과 가장 훌륭한 것에 대한 참된 의견[14]을 노리는 것으로 구성됩니다. 그런데 이 마지막 범주를 두 번 나누면[15] 세 유형이

14 doxa. 문맥에 따라서 '판단'으로 옮길 수도 있다.

되니 지금 우리 논의에 따르면 모두 다섯 유형이 됩니다. 따라서 우리
c 는 다섯 유형에 알맞는 서로 다른 법률을 제정해야 하는데, 그것들은 두 가지 주된 범주에 포함됩니다.

클레이니아스 그게 어떤 것들입니까?

아테나이인 첫째 범주는 범죄가 공공연하게 폭력적으로 저질러진 모든 경우와 관련됩니다. 둘째로 어둠 속에서 기만적으로 은밀하게 일어나는 범죄가 있습니다. 때로는 이 두 방식이 결합된 경우도 있는데, 그럴 경우 우리 법률이 제 구실을 다하려면 더없이 가혹해야 합니다.

클레이니아스 확실히 그런 것 같습니다.

제18부 살인에 관한 법률

면책

아테나이인 그렇다면 이야기가 옆길로 새기 시작한 그곳으로 되돌아가
d 법률 제정 작업을 완수하기로 합시다. 신전 털이범과 반역자에 관련된 법률은 이미 제정했습니다. 또한 우리는 기존 정체를 전복하기 위해 법률을 짓밟는 자도 다루었습니다. 이런 범죄를 저지르는 자는 미쳤거나, 아니면 병이 들었거나 나이가 너무 많거나 철없는 아이여서 미치광이나 다를 게 없는 사람일 것입니다.

만약 그때그때 선출되는 재판관들에게 범인이나 그의 변호인의 청원으로 범인이 그런 상태에 있다는 명확한 증거가 제시되고 범인이 범

죄를 저질렀을 때 그런 상태에 있었다는 판결이 나면, 남에게 끼친 피해 e
는 반드시 다 갚게 하되 다른 벌은 면제해주어야 합니다. 그가 누군가를 살해하여, 그의 손이 살인 행위에서 정화되지 않은 경우를 제외하고는 말입니다. 그 경우는 다른 나라의 다른 고장으로 가서 1년 동안 객지살이를 해야 합니다. 그가 법으로 정한 기한 전에 돌아오거나 고국의 어느 지역에든 발을 들여놓으면, 법률 수호자는 그를 공공 감옥에 2년 동안 수감했다가 2년이 경과한 뒤에 감옥에서 풀어주어야 합니다.

본의 아닌 살인

우리는 내친걸음에 모든 종류의 살인에 적용할 포괄적인 법률을 주저 865a
없이 제정합시다. 먼저 폭력에 의한 본의 아닌 살인을 다루기로 합시다.

누가 적이 아닌 사람을 본의 아니게 살해할 경우, 경기나 공공 축제에서 그 자리에서 사망하건 부상당해 나중에 사망하건 또는 전쟁을 하다 그리되었건 또는 군사 훈련 중에 갑옷을 입지 않은 채 투창 연습
을 하거나 중무장을 하고 전투 행위를 흉내 내다가 그리되었건 가해자 b
가 일단 델포이에서 받아온 관련법에 따라 정화되면 정결한 것으로 보아야 합니다. 환자가 치료를 받다가 의사의 의도에 반해 사망하면 법률에 따라 의사도 정결한 것으로 보아야 합니다.

만약 자기 손으로 남을 살해하되 본의가 아니라면 그가 무장하지

15 863c~d 참조. '무지'는 단순한 것과 이중적인 것으로 나뉘고, '이중적인 것'은 '권력이 수반되는 것'과 '권력이 결여된 것'으로 나뉘는 것을 말한다.

않은 맨몸이나 도구나 무기로 그리했건, 마실 거리나 먹을거리를 제공
c 하거나 불이나 냉기를 이용해 질식시킴으로써 그리했건, 자기 몸이나
남의 몸으로 그리했건 어떤 경우에도 그는 제 손으로 그렇게 한 것으로
간주되어 다음과 같이 벌금을 물어야 합니다. 노예를 살해할 경우, 그
는 죽은 자가 자기 노예라고 생각하고 그에 따라 죽은 노예의 주인에게
손해를 배상해야 합니다. 아니면 그는 죽은 노예의 두 배가 되는 값을
벌금으로 내야 하며, 그 값은 재판관들이 산정합니다. 또한 그는 경기
중에 겨루다 상대를 죽이게 되는 경우보다 더 규모가 큰 정화의식을 더
d 자주 치러야 하며, 이런 정화의식은 신탁에 의해 선출된 해설자[16]가 주
관해야 합니다. 자기 노예를 살해한 경우라면, 일단 정화의식을 치르
고 나면 법적으로 살인죄를 벗습니다. 본의 아니게 자유민을 살해한
경우라면, 노예를 살해한 자와 똑같은 정화의식을 치러야 합니다.

오래전부터 전해오는 다음과 같은 옛이야기를 무시해서는 안 됩니
다. 자유로운 마음으로 살다가 폭력에 의해 살해된 사람은 갓 죽었을
e 때는 가해자에게 분노한답니다. 폭력을 경험한 탓에 공포와 겁으로
가득 차 자기에게 친숙한 장소에서 살인자가 돌아다니는 것을 보면 겁
에 질린다지요. 그래서 불안한 나머지 기억을 우군(友軍) 삼아 전력을
다해 가해자와 그의 행위를 불안하게 만든다고 합니다. 따라서 살인
자는 1년 내내 사시사철 피살자를 피하고 온 나라 안에서 피살자에게
친숙한 장소를 멀리해야 합니다. 피살자가 외국인이면 살인자는 같은
866a 기간 동안 그 외국인의 고국을 찾아서는 안 됩니다. 자진하여 이런 법
률에 복종한다면 고인의 가장 가까운 친족은 과연 그러는지 그를 지

켜보다가 용서하고 그와 사이좋게 지내도 그 친족의 행동은 아주 적절
합니다. 그러나 살인자가 복종하지 않고 무엇보다도 정화되지 않은 채
감히 신전에 들어가서 제물을 바치거나, 그다음으로 정해진 기한까지
국외에 머물지 않으면, 피살자의 가장 가까운 친족이 그를 살인죄로 b
제소하고 유죄 판결을 받을 경우, 그는 모든 벌금을 두 배로 물어야 합
니다. 가장 가까운 친족이 범행을 제소하지 않으면, 부정(不淨)이 그에
게 전가된 것으로 보아야 하는데 이는 피살자가 복수해줄 것을 요구
하기 때문입니다. 원하는 사람은 누구든 이런 친족을 제소하여 그가
법에 따라 5년 동안 조국을 떠나 있게 강요할 수 있습니다.

만약 외국인이 나라에 거주하는 외국인을 살해하면 원하는 사람은
누구든 그를 같은 법률로 제소할 수 있습니다. 살인자가 거류민일 경 c
우 1년 동안 추방하며, 살인자가 거류민이 아닌 외국인일 경우 피살자
가 외국인이건 거류민이건 시민이건 정화의식을 치르는 것에 더하여
이런 법률을 제정하는 나라에서 평생 동안 추방합니다. 살인자가 불
법적으로 돌아올 경우, 법률 수호자는 그를 죽음으로 벌해야 하며 그
에게 재산이 있을 때는 이를 피살자의 가장 가까운 친족에게 넘겨주
어야 합니다. 하지만 만약 그가 바닷가에서 난파당하여 본의 아니게 d
돌아오면, 바닷물에 발이 젖는 곳에 야영을 하며 출항할 기회를 엿
보아야 합니다. 하지만 만약 그가 누군가에 의해 억지로 육지로 끌려

16 759c 참조.

오면 맨 먼저 그와 마주친 국가의 관리가 그를 풀어주고 무사히 국외
로 내보내야 합니다.

홧김의 살인

만약 누가 자유민을 제 손으로 죽이되 화가 나서 그랬다면, 이를 우선
두 가지로 나누어야 합니다. 갑작스러운 충동을 억제하지 못해 살해
e 의도 없이 그 자리에서 구타나 그와 유사한 방법으로 누군가를 살해
하되 바로 자신의 행동을 후회하는 사람들도 모두 홧김에 그러는 것이
고, 말이나 위신을 떨어뜨리는 행동에 모욕감을 느껴 앙갚음하기 위해
작정하고 누군가를 나중에 살해하되 자신의 행동을 후회하지 않는
사람들도 모두 홧김에 그런 겁니다. 따라서 두 가지 살인이 있으며, 둘
867a 다 사실상 홧김에 저지르는 것이지만 자발적인 것과 본의 아닌 것의
중간에 있다고 말해야 가장 옳을 것입니다. 하지만 이들 유형은 저마
다 양 극단의 한쪽을 닮았습니다. 순간적인 충동을 억제하지 못해 당
장 앙갚음하는 것이 아니라 원한을 품고 있다가 나중에 계획적으로 앙
갚음하는 자는 고의적인 살인자를 닮았고, 원한 없이 사전 계획 없
이 그 자리에서 앙갚음하는 자는 본의 아닌 살인자에 가깝기 때문입
니다. 그렇더라도 그는 완전히 본의 아닌 살인자가 아니라 본의 아닌
살인자를 닮았을 뿐입니다.

b 따라서 홧김에 저지른 살인의 경우, 입법할 때 그 살인을 고의적인
것으로 보아야 할지 아니면 본의 아닌 것으로 보아야 할지 결정하기 어
렵습니다. 현실에 가장 부합하는 최선의 방법은 둘 다를 닮은 것으로

간주하고 고의성 유무에 따라 구별하여 홧김에 고의적으로 살해하는
자는 상대적으로 더 엄하게 처벌하고 고의성 없이 그 자리에서 살해
하는 자는 더 가볍게 처벌하도록 입법하는 것입니다. 더 큰 악을 닮은
것은 무겁게 처벌하고, 더 작은 악을 닮은 것은 가볍게 처벌해야 하니
까요. 따라서 우리 법률도 거기에 따라야 합니다. c

클레이니아스 전적으로 동의합니다.

아테나이인 그러면 우리 주제로 되돌아가 이렇게 말합시다. 만약 누가
자유민을 자기 손으로 살해하되 사전 계획 없이 홧김에 일어난 행위라
면, 그는 대개 화내지 않고 살해한 자가 받아 마땅한 벌을 받는 것에 더
하여 노여움을 다스리는 법을 배우도록 2년 동안 추방되어야 합니다.
만약 누가 홧김에 살해하되 사전에 계획된 범행이라면, 그는 대개 앞 d
서 언급한 자와 같은 벌을 받는 것에 더하여 앞서 언급한 자가 2년 동
안 추방되는 데 반해 3년 동안 추방되어야 합니다. 화를 많이 낸 만큼
더 오래 벌을 받아야 하니까요.

그런 경우에는 다음과 같이 추방에서 돌아오게 해야 합니다. 이
를 위해 아주 정확하게 입법하기는 어렵습니다. 때로는 두 살인자 가
운데 법이 판단하기에 더 잔혹한 자가 더 유순한 자일 수 있고 더 유순
한 자가 더 잔혹할 수 있으며, 후자가 더 잔혹하게 살해했을 수도 있고
전자가 더 유순하게 살해했을 수도 있으니까요. 하지만 대개는 방금 e
말한 대로일 것입니다. 법률 수호자들은 이런 모든 사실을 인지해야
하며, 각각의 경우 추방 기간이 경과하면 자기들 중에서 12명을 재
판관으로서 국경으로 보내야 합니다. 그사이 이 12명은 추방된 자

들의 행동을 면밀히 검토한 뒤 이들을 용서하고 돌아오도록 허락할 것인지 법적으로 결정해야 합니다. 그리고 추방된 자들은 이들 관리의 판결에 따라야 합니다.

868a 그들 중 어느 쪽이든 추방되었다가 돌아와 다시 홧김에 같은 범행을
저지르면 추방하여 다시는 돌아오지 못하게 해야 합니다. 그가 돌아온다면 외국인이 돌아왔을 때[17]와 같은 벌을 받아야 합니다. 자기 노예를 살해한 자는 정화의식을 치러야 합니다. 남의 노예를 홧김에 살해한 자는 주인에게 피해액의 두 배를 지불해야 합니다. 이 모든 유형의 살인자 가운데 누구든 법률에 불복하여 정화되지 않은 상태로 시장이나 경
b 기장이나 다른 신성한 장소를 더럽히면, 원하는 자는 누구든 살인자는
물론이고 살인자가 그런 짓을 하도록 방치한 피살자의 친족을 고발하고 그들이 벌금과 다른 비용을 두 배로 물도록 해야 하며 납부된 벌금은 법에 따라 고발한 자가 가질 수 있게 해야 합니다. 만약 노예가 홧김에 제 주인을 살해하면, 피살자의 친족들은 어떤 경우에도 살려두지 않
c 는다는 것말고는 살인자를 마음대로 다루어도 좋으며 그래야 죄 없이
정결합니다. 만약 노예가 제 주인이 아닌 자유민을 홧김에 살해하면, 주인은 그 노예를 피살자의 친족들에게 넘겨주어야 합니다. 그러면 이들은 범인을 반드시 처형하되 그 방법은 자신들이 선택합니다.

친족 살해에 대한 특별 규정

드문 일이기는 하지만 아버지나 어머니가 홧김에 구타하거나 다른 폭력적인 방법으로 아들이나 딸을 살해하면, 다른 자들과 똑같은 정화

의식을 치르고 3년 동안 추방해야 합니다. 살인자들이 돌아오면 여자 d
살인자는 남편과, 남자 살인자는 아내와 헤어져야 하며 더는 자식을
생산해서는 안 됩니다. 또한 그들은 자신들에 의해 자식이나 형제를
잃은 사람들과 화로나 가정을 다시 공유해서는 안 되고 함께 종교 의
식에 참가해도 안 됩니다. 누가 불경하여 이런 규정에 불복하면 누구
든 원하는 사람이 그를 불경죄로 고발할 수 있어야 합니다.

남편이 홧김에 결혼한 자기 아내를 살해하거나 아내가 남편을 홧김
에 살해하면, 그들은 똑같은 정화의식을 치르고 3년 동안 추방되어야 e
합니다. 그런 짓을 저지른 자가 돌아오면 자식들과 함께 종교 의식에 참
가해서도 안 되고 같은 식탁에서 함께 식사해서도 안 됩니다. 부모나 자
식이 이에 불복하면 누구든 원하는 사람이 불경죄로 고발할 수 있어야
합니다. 홧김에 형제가 형제나 누이를 살해하거나 누이가 형제나 누이
를 살해하면, 이들에게도 정화의식과 추방 기간과 관련하여 부모와 자
식들에게 적용된 것과 똑같은 규정을 적용해야 합니다. 곧 그들은 자신
들에 의해 형제자매를 잃은 형제자매나 자신들에 의해 자식을 잃은 부
모와 화로나 가정을 공유해서도 안 되고 함께 종교 의식에 참가해서도
안 됩니다. 만약 누가 이에 불복하면 당연히 그런 불경과 관련하여 이 869a
미 제정된 법률에 따라 고발될 것입니다. 누가 부모에 대한 분노를 억제
하지 못해 광기에 사로잡힌 나머지 부모 가운데 한쪽을 감히 살해한다

17 866c 참조.

면, 피살자가 죽기 전에 자진하여 살인자를 용서해줄 경우, 살인자는 본의 아닌 살인을 저지른 자와 같은 정화의식을 치러야 합니다. 그 밖의 다른 점에서도 이들처럼 한다면 정화된 것으로 볼 수 있습니다.

b 그러나 피살자가 용서해주지 않는다면, 그런 짓을 저지른 자는 수많은 법률에 의해 제소될 것입니다. 범인은 그런 범행에 대해 극형을 받을 것이며 이는 불경죄와 신전 털이의 경우에도 마찬가지입니다. 그는 아버지의 몸이라는 신전을 털어 그 목숨을 빼앗았으니까요. 따라서 한 사람이 여러 번 죽을 수 있다면 홧김에 그런 짓을 저지른 친부 살해범이나 친모 살해범이야말로 여러 번 죽어 마땅합니다. 오직 이 경우는 어떤 법
c 률도 살해하는 것을 용납하지 않을 것입니다. 자기 목숨을 지키기 위해 정당방위를 하는 경우에도 자기를 세상에 낳아준 아버지나 어머니를 살해해서는 안 됩니다. 오히려 법률은 그가 그런 짓을 저지르느니 온갖 고통을 감수하라고 가르칠 것입니다. 이런 범인에게 사형말고 다른 어떤 벌을 법으로 정해야 적절하겠습니까? 그러니 홧김에 아버지나 어머니를 살해한 자는 그 벌로 사형에 처하기로 확정합시다.

정당방위를 위한 살인

내전 중에 벌어진 전투나 그와 비슷한 상황에서 형제가 형제를 살해하
d 되 먼저 싸움을 걸어온 피살자에 맞서 자기를 지키려고 그랬다면, 그는 마치 적군을 살해한 것처럼 죄가 없는 것으로 간주해야 합니다. 시민이 시민을 살해하거나 외국인이 외국인을 살해하는 경우에도 마찬가지입니다. 또한 정당방위로 시민이 외국인을 살해하거나 외국인이

시민을 살해하는 경우에도 죄가 없는 것으로 간주해야 합니다. 노예가 노예를 살해하는 경우에도 마찬가지입니다. 그러나 노예가 정당방위로 자유민을 살해하면, 그에게는 친부 살해범과 같은 법률을 적용해야 합니다. 또한 앞서 말한 친부 살해에 대한 면죄(免罪) 규정[18]은 이 e
런 모든 범죄를 면죄해줄 때에도 적용됩니다. 누가 자진하여 누군가의 죄를 면제해주면, 범인은 살인을 본의 아니게 저지른 것처럼 정화의식을 치러야 하며 법에 따라 그를 1년 동안의 추방형에 처해야 합니다.

고의적인 살인과 그 원인들

이상으로 홧김에 저지른 폭력적이고 본의 아닌 살인에 대해서는 충분히 논의한 것으로 합시다. 우리의 다음 과제는 사전에 계획되고 전적인 불의에서 비롯되는 고의적인 살인에 대해 논의하는 것인데, 이런 범죄는 쾌락과 욕구와 시기심을 제어하지 못해서 생깁니다.

클레이니아스 옳은 말씀입니다.

아테나이인 이번에도 먼저 그런 범죄의 원인이 얼마나 많은지 힘닿는 데까지 말해보기로 합시다. 가장 큰 원인은 갈망[19]으로 황폐해진 혼에 870a
군림하는 욕구입니다. 그런 일은 특히 대중의 열망이 가장 강하고 흔한 곳에서 일어납니다. 인간의 타고난 사악함과 잘못된 교육으로 말미암아 돈은 그들 안에서 충족될 수 없으며 끝없이 재물을 취득하려는

18 869a 참조.

19 pothos.

수만 가지 욕망을 낳는 힘을 갖기에 하는 말입니다. 교육이 잘못된 것
은 헬라스인들과 이민족 사이에 널리 퍼져 있는 부에 대한 유해한 찬
b 양 탓입니다. 사실 부는 좋은 것들[20] 중에서 세 번째에 지나지 않는데
도 그들은 최고의 것으로 판단함으로써 후손과 자신을 망치고 있습
니다. 모든 국가가 추구해야 할 가장 고상한 최선의 정책은 부는 몸을
위하여 존재하고 몸은 혼을 위하여 존재하는 것이라고, 부에 대해 진
실을 알리는 것입니다. 부는 본성상 좋은 목적들에 이바지하지만, 부
자체는 몸과 혼의 미덕 다음으로 셋째 자리를 차지합니다. 따라서 이
c 런 논리는 행복해지려는 사람은 부유해지려고만 할 것이 아니라, 올바
르고 절제 있게 부유해지려고 노력해야 한다는 점을 가르쳐줄 것입니
다. 이 점을 명심하는 국가들에서는 다른 살인에 의한 정화가 필요한
살인 사건은 일어나지 않을 것입니다. 그러나 지금은 이 주제에 관해
논의하기 시작했을 때 말했듯이, 부에 대한 욕망이야말로 고의적인
살인을 극형에 처하게 하는 가장 중대한 원인 중에 하나입니다.

두 번째 원인은 명예를 사랑하는 혼의 습성입니다. 그런 습성은 시
기심을 발동시키는데, 시기심은 특히 시기하는 사람들에게 위험한 동
거자이지만 국가의 가장 훌륭한 시민들에게도 위험할 수 있습니다. 세
번째로, 죄지은 자의 비겁한 두려움 때문에 수많은 살인 사건이 일어
d 났습니다. 누가 어떤 범죄를 저지르고 있거나 이미 저질렀을 때 아무
도 모르기를 원하는데 다른 방법이 없을 경우, 이를 폭로할 만한 사람
을 죽여 없앤다는 말입니다.

이런 말은 이런 범죄 일반에 적용되는 전문이 될 수 있을 것입니다.

또한 우리는 밀교 의식에서 이런 문제들에 진지하게 관여하는 사람들 한테서 듣고는 많은 사람이 믿어 의심치 않는 이야기도 들려주어야 합니다.

그런 범죄에 대한 벌은 저승에서 받으며, 누가 이 세상으로 다시 돌 e
아오면 반드시 자연의 이치에 따라 죗값을 치러야 하는데, 그것은 그
가 남에게 행한 대로 당하고, 이번에는 남의 손에 유사한 운명을 당하
여 이승을 하직해야 한다는 것입니다. 누가 이를 믿고는 우리의 전문
을 듣는 것만으로도 그런 벌을 진심으로 두려워한다면 이에 관련된 법
률을 읊조릴 필요가 없습니다. 그러나 믿지 않는 자에게는 이런 법률 871a
이 제정되어야 합니다. 계획적으로 불의하게 동료 시민을 자기 손으로
살해하는 자는, 누가 범인에게 금하건 금하지 않건 사람들이 흔히 모
이는 장소에서 배제되어야 하며 신전이나 시장이나 항구나 다른 공공
집회장을 더럽혀서는 안 됩니다. 법률 자체가 이를 금하기 때문입니다.
법률은 국가 전체를 위하여 이를 공개적으로 금하고 있고 언제까지나
금할 것입니다. 죽은 자와는 친가 쪽이나 외가 쪽으로 사촌 이내이면 b
서 범인을 제소하지 않거나 그가 그런 장소에서 배제되었다는 사실을
통보할 의무를 다하지 않는 자가 있다면 첫째, 신들의 노여움과 함께
그 부정(不淨)은 그가 받아야 합니다. 또한 그가 법률의 저주를 받으
면 사람들이 그를 성토할 것입니다. 둘째, 누구든 죽은 자를 위해 복수

20 ta agatha.

하려는 사람이 그를 제소할 수 있어야 합니다. 죽은 자를 위해 복수하
c 기를 원하는 자는 목욕재계하고 이를 위해 신이 정해주는 그 밖의 관
행을 이행하고 나서 공개적으로 고지한 뒤 범인한테 찾아가 법률에 따
른 형벌의 집행에 응하도록 강요해야 합니다.

이런 일들을 할 때 국가에 살인 사건이 일어나지 않도록 돌보는 것
이 관심사인 신들에게 수없이 기도하고 제물을 바쳐야 한다는 것을 증
명하는 것은 입법자에게 어려운 일이 아닙니다. 그런 신들이 어느 신
들이며, 그런 소송을 어떻게 시작하는 것이 종교적 요구에 가장 부응
d 하는지는 법률 수호자가 해설자와 예언자와 신의 도움으로 정해야 합
니다. 그들은 제소할 때 이를 준수해야 하며, 이런 사건의 재판관들은
신전 털이범에 대한 최종 판결 재판관들이라고 우리가 말한[21] 바로 그
재판관들이어야 합니다.

유죄 판결을 받은 자는 사형에 처해야 하며 피살자의 나라에 매장
되지 못하게 해야 합니다. 그렇게 해야 우리는 그가 용서받지 못했음
을 보여줄 수 있고 불경을 피할 수 있습니다. 범인이 도주하여 재판받
기를 거부하면 영구히 추방해야 합니다. 만약 그런 자가 피살자의 나
라에 발을 들여놓으면 죽은 자의 친족이나 시민 중 누구든 그자와 마
e 주치는 자는 그자를 죽이거나(그래도 그는 벌받지 않습니다), 아니면
결박하여 이 사건을 재판한 재판관들에게 처형하도록 넘겨주어야 합
니다. 고발하는 자는 고발당한 자에게 즉시 보증인을 요구해야 하며,
고발당한 자는 담당 재판관들의 눈에 믿음직해 보이는 보증인을 세워
야 합니다. 그러면 이들 믿음직한 세 보증인이 고발당한 자를 법정에

출두시키겠다고 보증해야 합니다. 만약 보증인을 세우기를 거부하거나 세울 수 없다고 하면, 관리들이 그를 체포하여 구금하고 있다가 법정에 출두시켜야 합니다.

누가 자기 손으로 살인은 하지 않고 살인의 계획만 세운 경우, 그가 872a
의도를 갖고 모의함으로써 살인에 책임이 있는데도 살인으로 더럽혀진 혼으로 나라 안에서 계속 살아간다면, 보석(保釋)을 제외하고는 앞서와 같은 법 절차에 따라 재판받아야 합니다. 그가 유죄 판결을 받을 경우, 고향에 묻히는 것은 허용되지만 그 밖의 사항에서는 그도 앞서 말한 경우[22]를 위해 제정된 것과 똑같은 규정에 의해 처벌받아야 합니다. 실제 살인이나 단순한 살인 모의에 관한 똑같은 규정은 외국인이 외국인을 제소하거나, 시민이 외국인을 또는 외국인이 시민을 제소하
거나, 노예가 노예를 제소할 때도 적용되어야 합니다. 다만 보석은 여 b
기서 제외됩니다. 이와 관련하여 자기 손으로 살해한 자만이 보증인을 세워야 한다고 방금 말했는데, 살인죄로 추방을 고지하는 자는 이런 경우들에도 동시에 보증인을 세울 것을 요구해야 합니다.[23] 노예가 자기 손으로 또는 모의하여 자유민을 의도적으로 살해하고 유죄 판결을 받으면 국가의 공공 사형 집행인은 피살자의 무덤이 있는 쪽이면

21 855c 참조.

22 고의적으로 자기 손으로 살해하는 경우.

23 시민에게는 자기 손으로 살해한 경우에만 보증인을 세울 것을 요구하지만 외국인과 노예에게는 무조건 보증인을 세울 것을 요구해야 한다는 뜻인 것 같다.

서 범인이 무덤을 볼 수 있는 지점으로 끌고 가서 고발하는 자가 지시
c 하는 수만큼 그에게 매질을 하고, 살인자가 매를 맞고도 살아 있으면
사형을 집행해야 합니다. 만약 누가 자신의 수치스럽고 사악한 행위를
폭로할까 두려워서 또는 그와 유사한 동기에서 아무 잘못도 없는 노예
를 살해한다면, 그런 노예의 죽음에 대해 그는 시민을 살해한 죄로 재
판받는 것에 준해서 재판받아야 합니다.

친족 살해

입법하는 것조차 무섭고 역겹지만 그렇다고 입법하지 않을 수 없는 범
죄가 일어날 수도 있는데, 살인자가 자기 손으로 저지르건 단지 모의했
d 을 뿐이건 고의적이고 모든 점에서 불의한 친족 살해가 그것입니다. 이
런 범죄는 대개 잘못 다스려지고 있거나 교육제도가 잘못된 국가들에
서 발생하지만, 때로는 예상치 못한 나라에서 일어날 수도 있습니다.
그래서 우리가 할 일은 조금 전의 우리 설명[24]을 되풀이하는 것입니다.
누가 이것을 들으면 가장 불경한 살인을 자진하여 더 기꺼이 삼갈 수
있으리라 기대하면서 말입니다. 이것은 '이야기'라고 하건 '설명'이라
e 고 하건 그 밖의 무엇이라고 하건 옛날 사제들의 입을 통해 우리에게
분명히 전해져왔습니다.

정의의 여신[25]은 친족의 피의 복수자로서 감시를 게을리하지 않는
데, 방금 말한 법률을 이용해 그런 짓을 저지른 자는 반드시 자기가 저
지른 것과 같은 짓을 당하게 합니다. 누가 아버지를 살해한다면, 언젠
가는 반드시 자식들의 손에 강제로 똑같은 일을 당할 것입니다. 누가

어머니를 살해한다면, 반드시 여자로 다시 태어나 훗날 자기가 낳은
자식들 손에 생을 마감할 것입니다. 가족의 피가 더럽혀졌을 때는 다
른 정화의식은 없고, 범행한 혼이 그런 살인을 같은 살인으로 되갚음 873a
으로써 모든 친족의 노여움을 달래고 가라앉히기 전에는 부정(不淨)
의 흔적이 지워지지 않기 때문입니다. 사람들은 신들이 내리는 이런
보복이 두려워서 자제합니다.

그러나 누가 비참한 상태에 제압되어 그런 범죄를 저지를 때는 입법
자가 그런 자들에 대하여 다음과 같이 입법합니다. 그들이 자진하여
계획적으로 아버지나 어머니나 형제나 자식들의 몸에서 감히 혼을 빼
앗을 경우, 공공장소로부터 배제하는 공고[26]와 보증인은 앞의 경우들 b
에서 언급한 것과 같아야 합니다. 누가 앞서 말한 사람 중 한 명을 살해
하여 그런 살인으로 유죄 판결을 받을 경우, 재판관을 보조하는 자들
과 관리들은 그를 처형한 다음 도성 밖 지정된 삼거리에 벌거벗긴 채
내던져야 합니다. 그러면 모든 관리가 온 나라의 이름으로 저마다 돌
멩이를 하나씩 가져와 시신의 머리에 던짐으로써 온 나라를 정화해야
합니다. 그런 다음 그들은 시신을 변경으로 운반하여 법에 따라 매장 c
하지 않고 내던져야 합니다.

24 870d 참조.

25 디케(Dike). 제우스와 법도의 여신 테미스 사이에서 태어난 딸이다.

26 871a 참조.

자살

그런데 '가장 가깝고 가장 친한' 사람을 죽이는 자는 어떤 벌을 받아
야 할까요? 국가가 판결을 통해 지시한 것도 아니고, 극심하고 피할 수
없는 불운으로 강요당한 것도 아니며, 감내할 수 없고 더불어 살 수 없
는 치욕을 당한 것도 아닌데 나태함과 남자답지 못한 비겁함 때문에
자신에게 불의한 판결을 내림으로써 운명이 정해준 자기 수명을 단축
d 하여 자신을 살해하는 자 말입니다. 이 경우 어떤 정화의식을 치르고
어떻게 매장해야 하는지 신이 알고 있으니, 가장 가까운 친족들이 해
설자들과 관련법에 문의하여 그들이 지시하는 대로 처리해야 합니다.
그러나 그렇게 죽는 자들은 첫째, 단독으로 매장해야 하며 그들 옆에
는 아무도 매장해서는 안 됩니다. 그들은 또한 12지역의 변경에 있는
이름 없는 황무지에 이름 없이 묻혀야 하며, 그들의 무덤은 비석이나
비명으로 확인할 수 없게 해야 합니다.

동물이나 무생물에 의한 살인

e 짐 나르는 동물이나 다른 어떤 동물이 사람을 죽일 때는, 공공 경기장
에서 경기를 하다가 사고가 발생한 경우를 제외하고는 친족들은 살인
한 동물을 살인죄로 제소해야 합니다. 가장 가까운 친족이 원하는 농
촌 감독관들을 원하는 수만큼 지명하면 이들이 사건을 재판해야 합
니다. 동물이 유죄 판결을 받으면 그들은 그 동물을 죽여 국경 밖으로
던져야 합니다. 어떤 무생물이 인명을 빼앗을 때는 그것이 벼락이나
하늘에서 날아온 그런 물체가 아니라 사람이 그 위에 떨어지거나 그것

이 사람 위에 떨어져서 사람을 죽이는 어떤 다른 물체일 경우, 가장 가 874a
까운 친족이 가장 가까운 이웃을 재판관으로 임명하여 자신과 고인
의 친족 전체를 위해 정화의식을 치러야 합니다. 그 물체가 유죄로 판
명되면 동물의 경우와 같은 방식으로 국경 밖으로 던져버려야 합니다.

가해자를 알 수 없는 살인

누가 죽은 채로 발견되었는데 살인자를 알 수 없고 추적해도 찾을
수 없다면, 살인자에 대해 앞서의 경우들처럼 똑같이 경고해야 합니
다. 제소자는 제소한 뒤 아무개를 살해한 자는 유죄가 입증되었으니
신전이나 고인의 나라 어느 곳에도 발을 들여놓아서는 안 된다고 시장 b
에서 공개적으로 알려야 하며, 만약 그자가 나타났다가 발각되면 처형
되어 묻히지도 못한 채 피살자의 나라 밖으로 내던져질 것이라고 위협
해야 합니다.

무고(無辜)한 살인

그런 종류의 살인에 대한 법률은 이쯤 해둡시다. 하지만 다음과 같은
상황에서는 살인자가 무고하다고 보는 것이 옳을 것입니다. 재물을 훔
치려고 밤에 자기 집에 침입한 도둑을 잡아 죽이는 경우, 그는 무고합
니다. 정당방위를 하다가 노상강도를 살해하는 경우에도 무고합니다. c
자유민 여인이나 소년을 누가 성폭행할 경우, 그 피해자 또는 피해자
의 아버지, 형제, 아들들이 그자를 살해해도 벌받지 않습니다. 자신의
결혼한 아내가 폭행당하는 것을 발견하고 폭행범을 살해하는 경우, 법

률은 그를 무고한 것으로 간주합니다. 또한 아무 불경한 짓도 저지르
지 않은 아버지의 목숨을 구하려다가 또는 자기 어머니나 자식들이나
d 형제들이나 자기 자식들의 어머니를 구하려다가 누군가를 죽이는 경
우에도 그는 전적으로 무고합니다.

제19부 상해

머리말

사람이 살아 있는 동안 혼에 필요한 양육과 교육 — 이런 필요가 충족
되면 삶은 살 가치가 있지만 충족되지 않으면 살 가치가 없습니다 — 그
리고 폭력에 의한 죽음에 뒤따라야 할 응징에 관한 법률은 이상으로 완
성된 것으로 간주합시다. 또한 우리는 몸의 양육과 교육도 논의했습니
다. 이와 관련된 주제는 상호 간의 본의 아닌 폭행과 고의적인 폭행입니
다. 따라서 우리는 그런 것들에 어떤 종류가 있고, 얼마나 많으며, 그 각
e 각은 어떤 형벌에 처해야 마땅한지 되도록 정확하게 규정해야 합니다.
그것이 우리 입법의 다음 주제가 되는 것이 옳을 것 같습니다.

입법자가 되려는 사람이라면 가장 하찮은 자라도 상해(傷害)와 상해로 인한 불구를 살인 바로 다음으로 다룰 것입니다. 상해도 살인과 마찬가지로 여러 범주로 분류해야 합니다. 어떤 것은 본의 아닌 것이고, 어떤 것은 홧김에 저지른 것이고, 어떤 것은 두려움에서 저지른 것이며, 어떤 것은 계획적이고 고의적인 것입니다. 이 모든 범주 앞에 우

리는 다음과 같이 머리말을 덧붙여야 합니다.

사람들은 반드시 법률을 제정하고 법률에 따라 살아야 합니다. 그 875a
러지 않으면 사람들은 사나운 야수와 다를 게 하나도 없을 것입니다.
그 이유는 사회적인 관계에서 무엇이 인간에게 유익한지 알 수 있을뿐
더러 언제나 최선의 것을 실현할 용의와 능력이 있을 만큼 충분한 자
질을 타고나는 사람은 아무도 없기 때문입니다. 첫 번째 어려움은 진
정한 통치술이 보살펴야 하는 것은 사적인 것이 아니라 공적인 것이라
는 것을 아는 것입니다. 공적인 것은 나라를 결속시키지만 사적인 것
은 나라를 분열시키며, 사적인 것보다 공적인 것이 증진되면 개인도 b
공동체도 똑같이 혜택을 받기 때문입니다.

두 번째 어려움은 누가 이 모든 것이 진리라는 것을 이론적으로 충
분히 이해하더라도 나중에 국가에 대해 절대 권력을 행사하고 감사를
면제받게 되면 결코 자신의 신념에 충실할 수 없으리라는 겁니다. 그렇
게 되면 그는, 평생 공적인 것을 우선적으로 증진시키며 자신의 사적인
것을 공적인 것에 종속시킬 수 없을 것입니다. 오히려 그의 인간적 본성
은 언제나 자기 몫 이상으로 더 많이 가지려는 욕구와 사익을 추구하
는 쪽으로 그를 재촉하니, 그는 비이성적으로 고통을 피하고 쾌락을 추 c
구하며 이 둘을 더 올바른 것과 더 훌륭한 것보다 더 우선시할 것입니
다. 그러면 그의 안에 어둠이 생겨나 그 자신과 온 나라를 온갖 악으로
가득 채울 것입니다. 물론 누군가 신의 섭리에 의해 그런 자질을 타고나
그런 지위를 갖게 된다면 그는 어떤 법률의 지배도 받을 필요가 없을 겁
니다. 어떤 법률이나 규정도 지식[27]보다 더 강력하지는 못하고, 지성[28]

d 이 참되고 본성상 진실로 자유롭다면 모든 것을 지배해야지 어떤 것에 종속되어 그것의 노예가 된다는 것은 도리에 맞지 않으니까요. 하지만 그런 자질은 지금 어디에도 없습니다. 조금씩이라면 몰라도. 그래서 우리는 법률과 규정이라는 차선책을 선택해야 하는데, 법률과 규정은 일반적인 경우에는 대비하지만 개별적인 모든 경우에 대비하지는 못합니다.

법정의 재량권

내가 이런 말을 한 것은 우리가 지금 남에게 상해를 입히거나 남을 해코지한 자에게 어떤 벌이나 벌금을 부과해야 하는지 정하려 하기 때문입니다. 물론 누구나 우리의 말허리를 끊으며 이렇게 묻는 것은 쉽
e 기도 하고 옳기도 하겠지요. "남에게 상해를 입히다니, 누가 누구에게 언제 어떻게 입힌다는 거죠? 그런 일이 벌어지는 상황은 천차만별일 텐데요." 따라서 이런 사건은 모두 법정의 판단에 맡길 수도 없고, 그렇다고 일절 맡기지 않을 수도 없습니다. 그러나 모든 경우에 한 가지만은 법정의 판단에 맡겨야 하는데, 그것은 범죄가 실제로 발생했느냐 아니냐를 결정하는 일입니다. 그렇지만 그런 범죄를 저지른 자가 벌금
876a 을 얼마나 물고 어떤 처벌을 받아야 하는지 결정하는 일을 법정에 맡기지 않고, 입법자가 몸소 크고 작은 모든 사건에 대해 일일이 입법한다는 것은 사실상 불가능합니다.

클레이니아스 그렇다면 어떻게 결론 내려야 합니까?

아테나이인 우리의 결론은 어떤 것은 법정에 맡겨야 하지만 다른 것은 법정에 맡길 것이 아니라 입법자가 몸소 입법해야 한다는 것입니다.

클레이니아스 어떤 것이 입법되어야 하고, 어떤 것이 법정의 판단에 맡
겨져야 합니까?
아테나이인 그와 관련하여 우리는 다음을 주목하는 것이 옳겠지요.
우리는 국가에서 배심원들이 보잘것없고 벙어리 노릇을 하며 저마다 b
자기 판단을 숨기고 비밀투표로 판결을 정하는 것을 봅니다. 이보다
더 나쁜 것은 배심원들이 사건을 심리할 때 조용히 하는 것이 아니라
마치 극장에 와 있기라도 한 것처럼 요란하게 떠들어대며 양편의 연사
를 번갈아 큰 소리로 칭찬하거나 비난할 때입니다. 이 모든 것은 대개
온 나라를 큰 곤경에 빠뜨립니다. 이런 법정을 위해 입법하도록 강요받
는 것은 행운은 아니지만, 만약 강요받는다면 아주 경미한 사건에 대 c
해 형량을 결정하는 일은 법정에 맡기되 대부분의 사건에 대해서는
자신이 명시적으로 입법해야 합니다. 누가 그런 정체를 위해 입법해야
한다면 말입니다.

하지만 법정이 잘 확립되어 있고 배심원이 될 사람들이 훌륭한 교
육을 받고 철저히 검증된 국가에서는 유죄 판결을 받은 범인이 어떤
형벌을 받고 얼마나 많은 벌금을 물어야 하는지 결정하는 일은 대부
분의 경우, 그런 배심원들에게 맡기는 것이 옳고 타당합니다. 그러니 d
지금 우리가 잘못된 교육을 받은 배심원들조차도 잘 판별하여 피해와
가해에 합당한 형벌을 각각의 범죄에 부과할 수 있는 가장 중대하고

27 episteme.

28 nous.

가장 흔한 사건들을 그들의 재량에 맡기더라도 비난받아서는 안 될 것
입니다. 우리가 입법해주는 사람들이 그런 사건들을 재판하기에 조금
도 부족함이 없다고 생각하는 만큼, 우리는 대부분의 결정을 그들에
e 게 맡겨야 합니다. 하지만 우리는 앞서 입법을 하면서 재판관이 올바
름의 경계를 넘어서는 일이 없도록 본보기를 제시하기 위하여 형벌의
밑그림을 그려야 한다는 것을 누차 말과 행동으로 보여주었습니다.[29]
그렇게 하는 것은 그때도 더없이 옳았지만, 우리가 다시 입법하기 시작
하는 지금도 역시 옳습니다.

고의적인 상해

따라서 상해에 대한 우리의 법률은 다음과 같이 제정해야 합니다. 누
가 법률이 그렇게 하도록 시키지 않는데도 동료 시민을 고의적으로 살
해하려다 살해하지 못하고 상해만 입힌다면, 그런 의도를 가지고 상
877a 해를 입힌 자는 동정받을 여지가 없습니다. 그런 자는 살인자와 똑같
이 취급해야 하며 살인죄로 재판받게 해야 합니다.

그러나 우리는 피해자를 완전한 파멸에서 구해준 행운을 존중하고, 가해자와 피해자를 불쌍히 여겨 피해자의 부상이 치명적인 것이 되고 가해자의 악운이 가해자에게 저주를 안기는 것을 막아준 수호신에게 경의를 표해야 합니다. 우리는 당연히 수호신에게 감사하고 그의 뜻을 거역하지 말아야 합니다.

상해를 입힌 자는 사형은 면하되 이웃나라로 추방되어 자기 재산에
b 서 생기는 수익을 계속해서 누리며 그곳에서 여생을 보내야 합니다.

부상당한 자가 입은 피해는 그가 전적으로 배상해야 하며, 그 금액은
사건을 재판한 법정에서 산정합니다. 법정은 피해자가 상해로 인해 죽
었다면 가해자를 살인죄로 재판했을 사람들로 구성됩니다. 자식이 부
모에게 또는 노예가 제 주인에게 계획적으로 상해를 입힐 경우, 그 형
벌은 사형이어야 합니다. 형제가 형제나 자매에게 또는 자매가 형제나
자매에게 상해를 입히고 계획적으로 상해를 입힌 것으로 유죄 판결을 c
받을 경우, 그 형벌은 사형이어야 합니다.

살해할 의도로 남편에게 상해를 입히는 아내 또는 아내에게 상해
를 입히는 남편은 영구 추방해야 합니다. 그들에게 미성년인 아들이
나 딸이 있을 경우, 수탁자가 그들의 재산을 관리하고 아이들을 마치
고아인 것처럼 돌보아야 합니다. 자식들이 성인일 경우, 재산은 자식
들이 소유하되 추방당한 자를 부양할 의무는 지지 않습니다. 이런 불 d
운을 당한 자[30]에게 자식이 없을 경우, 내종사촌과 외종사촌의 자식
들에 이르기까지 추방당한 자의 친인척이 모임을 갖고 법률 수호자 및
사제와 의논하여 국가에서 5,040번째인 이 가구를 위해 상속인을 정
해야 합니다. 그들은 5,040 가구 가운데 어느 가구도 그 점유자나 그의
가족 전체에 속한다기보다는 공적인 의미에서나 사적인 의미에서나
국가의 재산이라는 점을 명심해야 합니다. 그래서 국가는 자기 가구 e
들이 최대한 정결하고 행복하도록 최선을 다해야 합니다.

29 770b, 846b~c 참조.

30 가해자.

그래서 어떤 가구가 동시에 불행하고 불경해져서 그 임자가 결혼하지 못했거나 결혼해도 대를 이을 자식을 남기지 못한 데다 고의적인 살인이나 그 형벌로 법률에 의해 사형이 명시되어 있는 신들 또는 동료 시민에 대한 다른 범죄 행위로 유죄 판결을 받을 때, 또는 누가 남손이 없이 영구 추방될 때는 먼저 그 가구를 법에 따라 깨끗이 정화해야 합니다. 그
878a 런 다음 방금 말했듯이 친척들이 모임을 갖고 법률 수호자와 의논하여 나라에서 어느 가족이 가장 덕망 있고 흥성하며 자식들이 많이 태어났는지 찾아내야 합니다. 그들은 그 가정에서 고인의 아버지와 선조를 위하여 한 아이를 아들로 입양하여 좋은 전조가 되도록 그들의 이름을 붙여주며, 입양한 아이가 자식들을 낳아주고 자신의 양아버지보다 더 성공적으로 화로를 지키고 세속적인 것과 신성한 것을 돌보도록 해달라고
b 기도해야 합니다. 그렇게 친척들은 법에 따라 그를 상속인으로 임명해야 합니다. 하지만 우리가 말한 그런 재앙을 당한 죄인은 이름도 없고 자식도 없고 재산도 없이 무덤 안에 누워 있게 내버려두어야 합니다.

홧김의 상해

경계가 경계와 곧바로 맞닿아 있다는 것은 보편적인 진리가 아닌 것 같습니다. 어떤 경우에는 두 경계 사이에 각각의 경계에 맞닿아 있는 중립지대가 있습니다. 우리가 말한 홧김에 저지른 행위가 그렇습니다. 그것은 본의 아닌 행위와 고의적인 행위의 중간에 속하는 것이니까요. 따라
c 서 홧김의 상해에 대한 우리의 규정은 다음과 같아야 합니다. 누가 유죄 판결을 받았는데 상처가 치유할 수 있는 것으로 밝혀지면 우선 피해

액의 두 배를 물어주어야 합니다. 상처가 치유할 수 없는 것으로 밝혀지
면 피해액의 네 배를 물어주어야 합니다. 상처를 치유할 수 있다 하더라
도 피해자를 보기 흉하게 일그러뜨린 경우, 피해액의 세 배를 물어주어
야 합니다. 누가 남에게 상해를 입히되 적에 맞서 조국을 위해 싸울 수
없게 만듦으로써 피해자뿐 아니라 국가에도 해를 끼치는 경우, 다른 형
벌에 더하여 국가에도 피해를 배상해야 합니다. 말하자면 그는 자신의
군복무에 더하여 부상자를 대신하여 전열(戰列)에 편입됨으로써 그의 d
군복무도 마쳐야 합니다. 그렇게 하지 않을 경우, 원하는 사람은 누구든
그를 병역 기피자로 제소할 수 있어야 합니다. 피해액의 두 배 또는 세 배
또는 네 배를 배상할 것인지는 그를 유죄로 판결한 재판관이 결정합니
다. 친척이 친척에게 이와 똑같은 방법으로 상해를 입힐 경우, 내종사촌
과 외종사촌의 자식들까지 남녀 친인척이 모임을 갖고 결정을 한 뒤 피
해액 산정을 친부모에게 맡겨야 합니다. 피해액 산정에 이의가 있을 경 e
우, 남자 쪽 친척의 산정이 구속력을 갖게 해야 합니다. 그들도 합의를
이끌어내지 못하면 사건을 최종적으로 법률 수호자에게 넘겨야 합니
다. 자식이 부모에게 그런 상해를 입힐 경우, 재판관들은 반드시 양자가
아닌 친자가 있는 60세 이상 된 남자들로 구성해야 합니다. 누가 유죄
판결을 받을 경우, 이들 재판관은 그런 짓을 저지른 자는 죽어야 하는
지, 아니면 더 엄한 벌[31]을 받아야 하는지, 아니면 조금 경미한 벌을 받

31 매장을 금하는 것.

879a 아야 하는지 결정해야 합니다. 범죄자의 친척은 설령 법률이 요구하는 나이가 되더라도 어느 누구도 재판관이 되어서는 안 됩니다.

노예가 홧김에 자유민에게 상해를 입힐 경우, 주인은 그 노예를 상해 입은 사람에게 넘겨 임의로 처분할 수 있게 해야 합니다. 만약 그 노예를 넘겨주지 않으면 주인이 피해를 배상해야 합니다. 주인이 그것은 노예와 부상자가 공모한 짓이라고 주장한다면, 주인은 법정에서 시비를 가려야 합니다. 승소하지 못할 경우, 주인은 피해액의 세 배를 물어야 합니다. 승소할 경우, 주인은 노예와 공모한 자를 유괴죄로 제소할 수 있습니다.

본의 아닌 상해

b 누가 본의 아니게 남에게 상해를 입힐 경우, 피해액만 배상하면 됩니다. 어떤 입법자도 우연까지 규제할 수는 없기 때문입니다. 재판관들은 부모에게 상해를 입힌 자식을 심판하기 위해 임명된 것과 같은 사람들이어야 하며, 이들은 또한 피해액도 산정해야 합니다.

제20부 폭행

학대

우리가 지금까지 언급한 모든 상해는 폭행을 수반하는데, 폭행을 수반하기는 온갖 종류의 학대[32]도 마찬가지입니다. 학대와 관련하여 모든 남자, 여자, 아이가 명심해야 할 것은 이 점입니다. 연장자는 연소자

보다 더 존경받는데 신들 사이에서도 그렇고, 안전하고 행복하게 살아
가고 싶어하는 인간들 사이에서도 그렇습니다. 따라서 나라에서 연소 c
자가 연장자를 폭행하는 것을 보는 것은 수치스러운 광경이며, 신도
보기 싫어합니다. 연소자가 연장자에게 매를 맞고 차분하게 화를 참
는 것은 당연한 일이며, 그럼으로써 자신이 늙었을 때 그와 같은 명예
를 요구할 수 있습니다.
그렇다면 우리의 법률은 다음과 같아야 합니다. 우리 나라에서는
저마다 연장자에게 말과 행동으로 경의를 표해야 합니다. 남자든 여
자든 자기보다 스무 살 많은 사람에겐 아버지나 어머니 대하듯 조심
스럽게 대해야 하며, 출산의 신들을 위해서라도 자기 부모와 비슷하게 d
나이 많은 사람에겐 누구든 구타하지 말아야 합니다. 마찬가지로 거
주한 지 오래된 거류민이든 최근에 이주해온 사람이든 외국인을 구타
하는 것도 삼가야 합니다. 자신이 먼저 공격하든 정당방위를 위해서
든 그런 사람을 감히 구타로 응징하려고 해서는 안 됩니다. 만약 외국
인이 자기를 때리는 것은 오만불손한 짓이니 벌받아 마땅하다고 생각
한다면, 외국인을 구타할 것이 아니라 외국인이 다시는 시민을 구타할
엄두를 내지 못하도록 외국인을 붙들어 도성 감독관의 관청으로 연행 e
해야 합니다. 도성 감독관은 범인을 넘겨받아 외국인을 보호하는 신
들을 존중하는 마음으로 심문해야 합니다. 만약 외국인이 실제로 부

32 aikia.

당하게 시민을 구타했다고 판단되면, 그들은 외국인에게 그가 때린 횟수만큼 태형을 가해 그의 대담성에 종지부를 찍어야 합니다. 그러나 외국인이 불의를 저지르지 않았을 경우, 그들은 외국인을 연행해온 자를 위협하고 나무라며 둘 다 방면해야 합니다.

880a 누가 동갑이거나 자기보다 나이는 더 많지만 자식이 없는 사람을 구타할 경우, 노인이 노인을 공격하건 젊은이가 젊은이를 공격하건 구타당하는 사람은 자연스러운 방법으로, 즉 무기 없이 맨손으로 방어해야 합니다. 그러나 40세 이상인 사람이 감히 남과 싸움을 벌인다면 먼저 공격하건 정당방위를 하건 노예의 심성을 가진 무뢰한이라고 불릴 것이고, 이처럼 명예를 손상하는 평을 들음으로써 응분의 벌을 받게 될 것입니다.

이런 권고에 잘 따르는 사람은 문제될 게 없을 것입니다. 그러나 이런
b 전문을 무시하는 완고한 사람은 다음 규정을 더 주목해야 합니다. 만약 누가 자기보다 스무 살 또는 그 이상 나이 많은 사람을 구타하는데 목격자가 같은 또래도 아니고 나이가 더 적지도 않다면, 그는 싸우는 사람들을 뜯어말려야 합니다. 그러지 않으면 그는 법의 눈에 비겁자로 보일 것입니다. 만약 목격자가 구타당한 사람과 같은 또래이거나 나이가 더 적다면, 그는 불의를 당하는 사람이 친형제나 아버지나 나이 더 많은 친척인 양 도와주어야 합니다. 또한 연장자를 감히 앞서 말했듯이 구타하는 자는 폭행죄로 재판받아야 합니다. 그리고 유죄 판결을 받으
c 면 1년 이상 수감되어야 합니다. 만약 재판관들이 더 장기간의 수감을 결정하면, 그렇게 결정된 기간이 구속력을 갖습니다. 외국인이나 거류

민이 자기보다 스무 살 또는 그 이상 나이 많은 사람을 구타할 경우, 목
격자에 의한 도움에 관한 규정은 똑같은 구속력을 갖습니다. 그런 죄로
유죄 판결을 받은 사람이 외국인이고 거류민이 아닐 경우, 그 형벌로 2
년 동안 수감되어야 합니다. 범법자가 거류민일 경우라면, 법정이 더 장
기간의 형을 부과하지 않는 한 3년 동안 수감되어야 합니다. d

이런 폭행 사건과 마주친 목격자가 법에 따라 도움을 주지 않을 때
는 벌금을 물게 해야 합니다. 최고 재산등급에 속하는 자는 100드라크
메, 두 번째 재산등급에 속하는 자는 50드라크메, 세 번째 재산등급에
속하는 자는 30드라크메, 네 번째 재산등급에 속하는 자는 20드라크
메를 물게 해야 합니다. 이 경우 법정은 장군, 파견대장, 부족별 지휘관,
기병대장으로 구성해야 합니다.

부모와 조상에 대한 폭행

어떤 법률은 정직한 사람들을 위해 그들이 우애롭게 살자면 서로 어떻
게 교제해야 하는지 가르치기 위해 제정된 것 같고, 어떤 법률은 교육 e
받기를 거부하고 성격이 거친 탓에 온갖 악에 빠지지 않을 정도로 순
화된 적이 없는 자들을 위해 제정된 것 같습니다. 내가 지금 하려는 말
을 말하게 만드는 사람들은 이들이며, 입법자가 적용될 일이 없기를
바라면서도 법률을 제정하지 않을 수 없는 것도 이들을 위해서입니다.
누가 아버지나 어머니나 조상들에게 감히 손찌검하고 폭행하려 한다
고 가정해보십시오. 그런 자는 하늘의 신들의 노여움도 지하에서 기
다리고 있다는 벌도 두려워하지 않을 것이며, 전혀 모르는 것을 알고 881a

있기라도 한 것처럼 누구나 말하는 오래된 설화도 무시할 겁니다. 그
래서 그는 범법자가 될 것인데, 그런 자에게는 아주 강력한 억제력이 필
요합니다. 죽음은 아주 강력한 억제력이 못되고, 저승에서 그런 자들
을 기다리고 있다는 고통이 죽음보다 더 강력한 억제력이 되겠지요. 하
지만 이런 고통의 위협이 틀림없는 사실이라 해도 이런 혼들에게는 전
혀 억제력을 행사하지 못합니다. 만약 억제력을 행사한다면 모친 살해
b 사건이나 다른 선조들에 대한 불경하고 대담한 구타 사건은 결코 일어
나지 않을 테니까요. 따라서 사람들이 살아 있는 동안 이곳 지상에서
그런 범죄 행위 때문에 받는 벌이, 가능하다면 저승에서 받는 벌 못지
않아야 합니다. 그러면 우리의 다음 입법은 다음과 같아야 합니다.

실성하지 않은 자가 아버지나 어머니 또는 이들의 아버지나 어머니
를 감히 구타할 경우 첫째, 목격자는 앞서의 경우와 똑같이 도와주어
야 합니다. 도와주는 자가 거류민일 경우, 그는 경기 때 앞자리에 초빙
해야 합니다. 도와주지 않을 경우, 그는 나라에서 영구 추방해야 합
c 니다. 거류민이 아닌 외국인이 도와줄 경우에는 칭찬하고, 도와주지
않을 경우에는 비난해야 합니다. 노예가 도와줄 경우에는 자유민이
되게 하고, 도와주지 않을 경우에는 매 100대를 맞게 해야 합니다.

그런 일이 시장에서 일어날 경우, 태형은 시장 감독관이 집행하고,
시내라도 시장 밖에서 일어나면 도성 감독관 중 상주하는 이가 집행하
고, 농촌 지역 어딘가에서 일어나면 농촌 감독관의 우두머리가 집행
해야 합니다. 목격자가 토박이일 경우, 아이건 남자건 여자건 누구나
d "이런 불경한 자가 있나"라고 고함지르며 그를 제지해야 합니다. 제지

하려고 하지 않는 자는 법에 따라 가족과 아버지의 보호자인 제우스의 저주를 받아야 합니다.

누가 부모를 폭행한 죄로 유죄 판결을 받으면 그는 첫째, 도성에서 나라의 다른 지역으로 영구 추방되어야 하고, 모든 신성한 장소를 피해야 합니다. 그가 모든 신성한 장소를 피하지 않으면 농촌 감독관이 그를 태형으로 다스리거나 다른 방법으로 임의 처분해도 좋습니다. 그가 도성으로 돌아오면 그에게는 사형을 선고해야 합니다. 어떤 자유민이 그런
사람과 함께 먹거나 마시거나 그와 비슷한 방법으로 함께하면 설령 어 e
딘가에서 마주쳐 인사차 만지기만 해도, 그는 자신이 저주받은 운명에 동참했다고 생각하고 정화의식을 치르기 전에는 신전이나 시장이나 도성의 어느 곳이건 들어가서는 안 됩니다. 그가 법에 불복하여 법을 무시하고 신전이나 도성을 더럽히는데도 관리 중 그런 사실을 인지하고도 아무도 법정에 제소하지 않는다면, 그것이 임기 말의 감사 때 자신에
대한 가장 중대한 문책 사항 중 하나라는 것을 알게 해야 합니다. 882a

노예가 자유민을 폭행한 경우

외국인이든 시민이든 자유민이 노예에게 구타당하는데 목격자가 도와주지 않으면, 재산등급에 따라 정해진 벌금을 물게 해야 합니다.

목격자는 구타당한 자와 힘을 모아 노예를 묶어 피해자에게 넘겨주
어야 하며, 피해자는 노예를 넘겨받아 결박한 다음 주인에게 피해를 b
주지 않는 범위 내에서 자기가 원하는 만큼 매질을 하고 나서 합법적으로 소유하도록 노예를 주인에게 돌려주어야 합니다. 그 법률은 이러

해야 합니다. 관리의 명령 없이 자유민을 구타한 노예는 결박해야 합
니다. 그의 주인은 그를 구타당한 사람한테서 인수하되, 노예가 자기
c 는 결박당하지 않은 채 살 가치가 있다고 구타당한 자를 설득하기 전
에는 노예를 풀어주어서는 안 됩니다. 쌍방이 모두 여자인 사건에서
도, 여자가 남자를 제소할 때나 남자가 여자를 제소할 때도 동일한 규
정을 적용해야 합니다.

제10권

제21부 종교

불경의 세 근원

아테나이인 폭행에 대해서는 이쯤 하고, 이번에는 폭력 행위 일반에 적 884a
용될 수 있는 하나의 포괄적인 규정을 말해두기로 합시다. 남의 재산
은 어느 누구도 가져가거나 취해서는 안 됩니다. 또한 어느 누구도 주
인의 허락을 받지 않고는 이웃의 물건을 어떤 것도 사용해서는 안 됩
니다. 그런 행위야말로 방금 언급한 모든 악의 원천이었고 원천이며 원
천일 것이기 때문입니다. 나머지 폭력 행위 가운데 가장 심각한 것은
젊은이들의 방종과 오만입니다. 이런 행위들은 신성한 것들에 대하여
자행될 때 가장 심각하고, 공동체 전체에 속하거나 국가의 하위 단위
인 부족이나 기타 단체에 속하는 신성한 것들에 대하여 자행될 때
그 피해가 특히 심각합니다. 순서상으로나 심각성에서 두 번째는 개 885a
인에게 신성한 것들과 무덤에 대하여 그런 행위가 자행될 때이고, 세
번째는 앞서 언급한 것들[1] 말고 부모에게 폭력을 행사할 때입니다. 네
번째 폭력 행위는 누가 관리들을 무시하고 그들의 허락을 받지도 않고

그들에게 속하는 것을 가져가거나 옮기거나 사용할 때입니다. 다섯 번째는 개별 시민의 시민으로서의 권리를 침해하는 것인데, 이는 법적으로 제재받아야 합니다. 우리는 이 모든 개별적인 경우에 적용될 수 있는 하나의 포괄적인 법률을 만들어야 합니다. 은밀히 행했건 공공연하게 행했건 폭력적인 신전 털이에 관해서는 어떤 벌을 받아야 하는
b 지 이미 포괄적으로 논의한 바 있습니다. 그러나 신들에 대해 방자한 말을 하거나 신들의 이익에 반하는 행동을 하는 경우 어떻게 처벌해야 하는지 말하기에 앞서, 우리는 권고의 말을 전문으로 덧붙여야 합니다. 권고의 말은 다음과 같아야 합니다.

신들에 대한 세 가지 오류

법에 따라 신들이 존재한다고 믿는 사람들은 어느 누구도 고의적으로 불경한 짓을 저지르거나 불법한 말을 입 밖에 내지 않습니다. 만약 누가 그런다면, 그것은 다음 세 가지 오해의 가능성 가운데 어느 하나 때문입니다. 말하자면 그들은 내가 말했듯이 신들이 존재하지 않는다고 믿거나 둘째, 신들이 존재하기는 하지만 인간사에 무관심하다고 믿거나 셋째, 제물을 바치거나 기도를 올리면 쉽게 신들의 마음을 돌릴 수 있다고 믿습니다.

c **클레이니아스** 그러면 우리는 이런 사람들을 어떻게 대하고 그들에게 무엇이라고 말해야 합니까?

아테나이인 클레이니아스님, 먼저 그들이 우리를 경멸하며 농담조로 무엇이라고 말할 것으로 예상되는지 그들에게 직접 들어봅시다.

클레이니아스 그게 뭐죠?

아테나이인 그들은 아마 우리를 조롱하며 이렇게 말할 것입니다. "아테
나이 분과 라케다이몬 분과 크노소스 분이여, 여러분의 말씀이 맞습
니다. 우리 가운데 일부는 실제로 신들의 존재를 전혀 믿지 않고, 다른
일부는 여러분이 말씀하시는 것처럼 신들의 존재를 믿으니까요. 그래
서 우리는 여러분이 법률과 관련하여 요구한 것[2]을 여러분에게 요구 d
합니다. 말하자면 여러분은 우리를 사납게 위협하기 전에 먼저 적절한
증거를 제시하며 신들이 존재한다는 것을, 그리고 신들은 선물에 홀
려 올바름을 외면하기에는 너무나도 훌륭하다는 것을 설득하고 가르
치려고 노력해야 합니다. 지금 우리는 가장 훌륭하다는 시인과 연사,
예언자와 사제, 그 밖의 수많은 사람한테서 그런 말과 그와 비슷한 말
을 듣고는 대부분이 불의한 짓을 저지르지 않으려고 노력하는 것이 아
니라 먼저 저질러놓고는 나중에 바루려고 하니까요. 그래서 우리는 스 e
스로 사납지 않고 점잖다고 자부하는 여러분 같은 입법자에게 먼저
우리를 설득해달라고 부탁하는 것입니다. 신들이 존재한다는 것과 관
련하여 여러분이 남보다 훨씬 더 우아하게 말씀하시지는 않더라도 진
리와 관련하여 더 훌륭하게 말씀하신다면, 우리는 아마 여러분에게
설득될 것입니다. 우리가 무리한 요구를 하는 것이 아니라면 여러분은
우리의 청을 들어주려고 노력하십시오."

1 869a~c, 877b, 878e, 880e~881a 참조.

2 719e 이하, 857c 이하 참조.

클레이니아스 그런데 손님, 그대는 신들이 존재한다는 진리야말로 설명하기 쉽다고 생각하지 않으십니까?

886a **아테나이인** 어째서 그렇지요?

클레이니아스 먼저 대지와 태양과 별들과 우주를 보십시오. 또한 계절이 질서정연하게 이어지고 연월로 나뉘는 것을 보십시오. 게다가 모든 헬라스인과 이민족이 신들은 존재한다고 믿습니다.

오류의 원인들

아테나이인 클레이니아스님, 나는 이들 사악한 자들이 우리를 경멸하지 않을까 당황스럽습니다. 아니, 두렵습니다. 여러분은 우리가 그들과 의견을 달리하는 진정한 이유를 알지 못하니까요. 여러분은 그들
b 의 혼이 불경한 삶으로 이끌리는 것은 단지 쾌락과 욕구를 자제할 능력이 없기 때문이라고 생각합니다.

클레이니아스 그 밖의 이유가 있을 수 있습니까, 손님?

아테나이인 그 영향권 밖에 살기에 여러분은 사실상 전혀 알지 못하는 숨은 이유가 하나 있지요.

클레이니아스 지금 말씀하시는 그게 뭐죠?

아테나이인 최고의 지혜[3]로 통하지만 많은 어려움을 안겨주는 무지[4] 말입니다.

클레이니아스 무슨 말씀이신지요?

아테나이인 내가 알기로 여러분의 나라에는 정체의 훌륭함 때문에 없
c 는 것이지만, 아테나이에는 이야기 책들이 있습니다. 그것들은 더러는

운문으로, 더러는 산문으로 신들에 대해 이야기하고 있는데, 그중 가
장 오래된 것들은 하늘과 그 밖의 것들이 처음에 어떻게 생겨났는지
이야기하고 나서 이야기를 시작한 지 오래지 않아 신들의 탄생에 관해
자세히 기술하고, 태어난 뒤에 신들이 어떻게 어우러졌는지 이야기합
니다. 이 저술들은 오래된 탓에 다른 점에서는 청중에게 좋은 영향을
미치는지 나쁜 영향을 미치는지 평가하기가 쉽지 않습니다.

그러나 부모를 봉양하고 섬기는 일과 관련해서는 나는 결코 그것들이 d
좋은 영향을 미친다거나 전적으로 진실을 말한다고 칭찬하지 않겠습
니다. 그런 옛이야기들은 그냥 내버려두고 신들이 좋아하는 방식으로
이야기하라고 합시다. 하지만 요즘 현자들의 가르침이 유해한 영향을
미치는 것에 대해서는 책임을 물어야 합니다. 그자들의 논법은 이렇습
니다. 그대와 내가 신들이 존재한다는 증거로 방금 언급한 해, 달, 별,
대지를 제시하며 그것들이 바로 신이고 신적인 존재들이라고 주장하
면, 이들 현자들에 의해 오도된 자들은 그런 것들은 흙과 돌에 불과한 e
만큼 그럴듯한 수사(修辭)로 아무리 치장을 해도 인간사에 신경 쓸 수
는 없다고 주장할 것입니다.

클레이니아스 손님, 방금 말씀하신 그런 논법은 하나뿐이라 해도 반박하기가 어렵습니다. 그런데 비슷한 논법이 부지기수이니, 반박하기가

3 phronesis.

4 amathia.

더욱 어렵겠군요.

아테나이인 어떡할까요? 우리는 무엇을 말하고 어떻게 행동해야 합니까? 우리는 마치 불경한 배심원단 앞에서 재판받는 것처럼 우리의 입법에서 비롯된 잘못을 변론할까요? 그들은 우리에게 말합니다. "신들
887a 이 존재한다고 여러분이 입법한다는 것은 놀라운 일이 아닐 수 없소." 우리는 변론할까요, 아니면 우리의 전문이 법률보다 더 길어지는 일이 없도록 입법으로 되돌아갈까요? 불경해지려는 자들에게 그들이 해명해보라고 요구하는 모든 점을 우리가 적절히 설명하여 그들이 신들을 두려워하고 양심의 가책을 느끼게 한 뒤에 필요한 법률을 제정한다면, 우리 이야기가 적잖이 길어질 테니까요.

b **클레이니아스** 그렇다 하더라도 손님, 우리가 이야기하고 있는 상대적으로 짧은 시간에 누차 말했듯이,[5] 지금 당장에는 긴 설명보다 짧은 설명을 선호할 이유가 없습니다. 흔히 말하듯, 우리를 바싹 뒤쫓아오는 사람은 아무도 없으니까요. 또한 가장 훌륭한 것보다 더 짧은 것을 선호한다면, 우리는 가소롭고 비열하게 보일 겁니다. 가장 중요한 것은 신들은 존재하고, 신들은 선하며,[6] 인간보다도 신들이 정의를 더 존중한다는 우리의 주장이 어떻게든 설득력을 갖는다는 것입니다. 그것이야
c 말로 우리의 모든 법률을 위한 가장 아름답고 훌륭한 전문이 될 테니까요. 그러니 싫증 내지 말고 서두르지도 말고 우리가 이런 토론을 위하여 동원할 수 있는 설득의 능력을 남김없이 다 동원하여 가능한 한 상세히 설명합시다.

신들이 존재하지 않는다는 견해에 대한 반박

아테나이인 그대의 방금 그 말씀은 나에게 우리의 설명이 성공하도록 기도하라고 요구하는 것 같습니다. 그대는 그만큼 열성적이고 집요하니까요. 그래서 설명을 더는 미룰 수가 없군요. 그렇다면 자, 어떻게 해야 화내지 않고 신들이 존재한다고 말할 수 있을까요? 우리에게 이런 설명을 하도록 강요했고 지금도 강요하는 자들에게는 화를 내며 분개 d
하지 않을 수 없으니까요. 그들은 젖먹이였던 아주 어린 시절부터 보모와 어머니한테 들은 설화를 믿기를 거부하니 말입니다. 아이들은 때로는 농담조로, 때로는 진지하게 그런 설화를 주문처럼 들려주는 것을 들었습니다. 또한 아이들은 제물을 바치며 기도할 때도 그런 이야기를 되뇌는 것을 들었으며, 아이들이 보고 듣기 좋아하는 제례 의식의 일부로서 그런 이야기를 실제로 공연하는 것을 보았습니다. 또한
그들은 자기 부모가 자신들은 실제로 존재하는 신들에게 기원하고 탄 e
원하는 것이라고 굳게 믿고 자신들과 가족을 위해 간절하게 기도하는 것을 보았습니다. 또한 아이들은 해와 달이 뜨거나 질 때 헬라스인들과 이민족이 행복할 때나 불행할 때나 모두 부복(俯伏)하는 것을 보고 들었습니다. 그들은 신들은 실제로는 존재하지 않는 것이 아니라 신들이 존재한다는 것은 의심할 여지없이 확실하다고 믿은 것입니다.

그런데 어떤 사람들이 이 모든 증거를 얼빠진 사람이라도 볼 수 있는

5 701c~d, 722a, 781e, 858a 이하 참조.

6 agathos.

888a 데도 그럴 만한 아무런 이유도 없이 무시하며 우리가 말한 것을 설명해
보라고 요구한다면, 어떻게 이들을 부드러운 말로 타이르며 무엇보다
도 신들은 존재한다는 것을 가르칠 수 있겠습니까? 그럼에도 그래보아
야겠지요. 한쪽은 쾌락에 대한 탐닉 때문에,[7] 다른 쪽은 그런 사람들에
대한 분노 때문에 양쪽이 동시에 미치는 것은 바람직하지 않으니까요. 그
러니 우리는 그처럼 생각이 타락한 사람들에게 노여움을 가라앉히고 부
드럽게 이렇게 전문을 말하되, 그중 한 명과 대화한다고 생각합시다.
"여보게 젊은이, 자네는 아직 젊고 시간이 가면서 자네가 지금 갖고
b 있는 많은 생각이 정반대로 바뀔 걸세. 그러니 중대사에 대한 판단은 훗
날로 미루게. 그런데 지금 자네가 아무것도 아니라고 여기는 가장 중요
한 일은 신들에 대해 바른 견해를 갖고 고매하게 사느냐, 아니면 그러지
못하느냐는 걸세. 그래서 나는 자네에게 먼저 신들과 관련하여 결코 반
박할 수 없는 중대한 진실을 말해주겠네. 그것은 바로 신들에 대해 그
런 의견을 갖는 것은 자네나 자네 친구들이 처음이자 유일한 사람들이
아니라는 걸세. 그것은 환자 수가 증가할 때도 있고 감소할 때도 있지만
온 세상이 앓고 있는 병일세. 나는 그런 사람을 많이 만나본 터라 자네
c 에게 단언하겠는데, 젊어서 신들이 존재하지 않는다고 확신한 사람치
고 늙어서도 그런 견해를 고수하는 사람은 아무도 없었네.
그러나 신들에 대한 다른 두 그릇된 의견은 많은 사람이 아니라 몇몇
사람이 고수하고 있는데, 그중 하나는 신들이 존재하기는 하지만 인간
사에 무관심하다는 것이고, 다른 하나는 무관심하지는 않지만 인간이
제물을 바치고 기도를 올리면 쉽게 신들의 마음을 돌릴 수 있다는 것일

세. 그러니 자네가 내 말을 듣고 기다리며 사실이 자네가 믿는 그대로인 d
지 아닌지 검토하면서 모든 사람, 특히 입법자에게 문의해봐야만 어느 쪽 주장이 진실인지 알게 될 걸세. 그동안에는 신들과 관련하여 감히 어떤 불경도 저지르지 말게. 자네를 위해 입법하는 사람이 현재에도 미래에도 이 일들이 어떻게 되는 것인지 자네에게 가르쳐줘야 하니까."

클레이니아스 손님, 지금까지 우리는 아주 훌륭하게 말했습니다.

무신론자의 이론

아테나이인 그런데 메길로스님과 클레이니아스님, 우리는 자신도 모르는 사이에 놀라운 이론과 맞닥뜨렸군요.

클레이니아스 어떤 이론 말씀인가요?

아테나이인 많은 사람이 가장 지혜롭다고 여기는 이론 말입니다. e

클레이니아스 더 자세히 설명해주십시오.

아테나이인 어떤 사람들은 생겨난 모든 것과 생기는 모든 것과 생겨날 모든 것이 그렇게 생겨나는 것은 자연이나 기술 또는 우연 덕분이라고 주장할 것입니다.

클레이니아스 옳은 말 아닌가요?

아테나이인 그들은 지혜로운 사람들이니 옳은 말을 한다고 보아야겠
지요. 하지만 우리는 그들을 뒤따라가며 그 학파의 이론이 실제로 어 889a

7 886a 참조.

떤 것인지 살펴보기로 합시다.

클레이니아스 당연히 그래야겠지요.

아테나이인 그들의 주장에 따르면, 세상에서 가장 크고 고매한 것들은 분명 자연과 우연의 산물이고 더 작은 것들은 기술의 산물이라는 것입니다. 기술은 이미 생성된 크고 일차적인 산물들을 자연으로부터 넘겨받아 더 작은 것들을 만들고 형성하는데, 그래서 이것들은 대개 인공물이라고 불립니다.

클레이니아스 무슨 말씀이신지요?

b **아테나이인** 다음과 같이 더 정확히 말해보겠습니다. 그들의 주장에 따르면 불, 물, 흙, 공기는 자연과 우연 덕분에 존재하고, 그중 어느 것도 기술 덕분에 존재하는 것이 아니며, 대지, 해, 달, 별 같은 이차적인 물체들은 전혀 혼이 없는 이들 요소에서 생겨났다는 것입니다. 이들 요소가 각자 운동하는 것은 저마다 내재해 있는 힘의 우연성 때문인데, 이들 힘은 뜨거운 것과 찬 것, 건조한 것과 습한 것, 부드러운 것과 단단한 것이 적절히 혼합되고 그 밖의 대립되는 것들이 섞일 때 피할 수 없
c 이 발생하는 여러 가지 우발적인 결합에 좌우된다는 것입니다. 이런 과정에 힘입어 하늘과 하늘에 있는 모든 것이 생겨났고, 뒤이어 계절이 정해짐으로써 모든 동물과 식물이 생겨났다는 것입니다. 그리고 이 모든 것의 원인은 지성도, 신도, 기술도 아니고, 우리가 말했듯이 자연과 우연이라는 것입니다. 기술은 살아 있는 피조물에 의해 나중에 생
d 겨난 것으로 사멸하는 존재의 사멸하는 자식이지요. 기술은 나중에 진실에는 관여하지 못하고 기술 그 자체처럼 영상에 불과한 몇 가지

놀이를 만들어냈습니다. 회화와 음악과 이것들에 봉사하는 모든 기술
의 산물 말입니다. 그러나 가치 있는 것을 만들어내는 어떤 기술이 있
다면 그것은 의술과 농업과 체육처럼 자연과 협력하는 것들입니다. 이
학파의 주장에 따르면, 특히 정치는 자연에는 조금 관여하고 대부분
이 기술에 관여하며 마찬가지로 입법도 자연이 아니라 기술에 의해 존 e
재하며 그것의 법조항은 전적으로 인위적이라는 것입니다.

클레이니아스 그게 무슨 말씀이신지요?

아테나이인 클레이니아스님, 이들이 신들과 관련하여 맨 먼저 주장하
는 것은 신들은 기술에 의해 존재하고 자연에 의해 존재하지 않는 법
적인 규약인데, 이런 규약은 개별 집단이 입법할 때 어떻게 합의하느
냐에 따라 그때그때 다르다는 것입니다. 특히 자연에 의해 고매한 것
과 법에 의해 고매한 것은 별개의 것이며, 자연에 의한 정의의 기준 같
은 것은 존재하지 않는다는 것입니다. 오히려 사람들은 그런 기준을
두고 끊임없이 다투며 자꾸 바꾸는데, 일단 바뀐 것은 기술과 법률에
의해 생겨나고 분명 자연에 의해 생겨난 것이 아닌데도 그것이 만들어 890a
진 순간부터 구속력을 갖는다는 것입니다.

친구들이여, 이 모든 것이 젊은이들이 지혜롭다고 생각하는 사람들의 이론입니다. 산문작가나 시인인 그들은 가장 정의로운 것은 힘으로 관철하는 것이라고 주장합니다. 그래서 젊은이들 사이에 불경 풍조가 만연하게 되었는데, 그들은 법률이 믿으라고 말하는 그런 신들은 존재하지 않는다고 주장합니다. 그래서 사람들을 자연에 따른 올바른 삶으로 이끄는 그들 때문에 분쟁이 발생하는데, 그런 삶이란 사실은 남

을 지배하는 삶이지 법에 따라 남에게 봉사하는 삶이 아닙니다.

b **클레이니아스** 손님, 참으로 유해한 이론을 말씀해주셨습니다. 그것은 공동체인 국가에서나 개별적인 가정에서나 젊은이들에게 파멸을 안겨줄 것이 틀림없습니다.

무신론자를 반박하기란 쉽지 않다

아테나이인 맞는 말씀입니다, 클레이니아스님. 그들이 오래전부터 그렇게 무장하고 있는데 입법자는 무엇을 해야 한다고 생각하십니까? 입법자는 대중 앞에 서서 만약 신들이 존재한다는 것을 인정하지 않고 신들은 법률에서 말하는 그런 존재라고 믿고 생각하지 않으면 처벌하겠다고 모든 시민을 위협하면 될까요? 입법자는 고매한 것과 올바
c 른 것과 가장 중요한 것은 물론이고 미덕과 악덕을 조장하는 모든 것과 관련해서도 똑같은 위협을 할 수 있습니다. 말하자면 그는 시민은 자신이 성문법으로 지시한 대로 생각하고 행동해야 한다고 요구하며, 법률에 순종하지 않는 자는 누구든지 그 벌로 사형에 처해지거나 매를 맞고 수감되거나 시민으로서의 권리를 박탈당하거나 재산을 몰수당한 채 추방되어야 한다고 역설할 수 있습니다. 그보다는 오히려 사람들을 위해 입법할 때, 그들을 최대한 고분고분하게 만들기 위해 입법자는 말을 하되 설득력 있게 말해야 하지 않을까요?

d **클레이니아스** 당연히 그래야겠지요, 손님. 오히려 이 분야에서는 설득의 여지가 제한적이지만 조금이라도 가치 있는 입법자라면 지치지 말고 사람들 말마따나 목청을 돋우어 신들이 존재한다는 오래된 학설

을 지지하고 그대가 방금 검토하신 다른 이론들을 뒷받침해야 합니다. 그는 무엇보다도 법률 자체와 기술을 자연에 의해 또는 자연 못지않은 원인에 의해 존재하는 것으로 옹호해야 합니다. 올바른 논리에 따르면 그것들은 지성의 산물이니까요. 내 생각에 그것이 그대의 주장인 것 같고 나도 거기에 동의합니다.

아테나이인 더없이 열성적인 클레이니아스님, 어떻습니까? 그런 주제 e
들을 대중 앞에서 그런 식으로 말하면 이해하기도 어렵고 너무 길어지지 않을까요?

클레이니아스 어떻습니까, 손님? 우리는 술 취함과 시가에 관한 그처럼
긴 논의도 견뎌냈거늘, 신들과 신적인 것들에 관한 긴 논의라고 해서
견뎌내지 못할 것이 있겠습니까? 게다가 긴 논의는 지혜로운 입법에
더없이 큰 도움이 될 것입니다. 법률의 명령은 일단 성문화되고 나면 891a
언제까지나 변하지 않기에 언제나 검토의 대상이 될 수 있기 때문입니
다. 그것이 처음에는 알아듣기 어렵더라도 두려워할 필요가 없습니다.
이해력이 떨어지는 사람도 자꾸 되돌아가 그 명령을 검토할 수 있으니
까요. 또한 그것들이 길기는 해도 유익하다면, 이 때문에라도 누가 이
런 논의를 힘닿는 데까지 돕지 않는다는 것은 이치에 맞지도 않고 불
경한 것 같습니다.

메길로스 손님, 클레이니아스님의 말씀이 지당한 것 같습니다.

아테나이인 메길로스님, 당연히 클레이니아스님의 말씀대로 해야겠지 b
요. 그런 논의가 사실상 온 인류 사이에 널리 퍼져 있지 않다면 신들이 존재한다는 것을 증명하기 위한 논의는 필요 없겠지요. 그러나 현재

상황에서는 선택의 여지가 없습니다. 가장 중요한 법률이 악당에게 짓밟히는데, 그런 법률을 지키는 것이 입법자말고 다른 누구의 임무이겠습니까?

메길로스 다른 누구의 임무도 아닙니다.

c **아테나이인** 클레이니아스님, 이번에도 그대의 의견을 말씀해주십시오. 그대도 우리 논의에 참여해야 하니 말입니다. 그런 주장을 하는 사람은 불과 물과 흙과 공기를 만물의 시초로 여기며 이를 '자연'이라고 부르고, 혼은 이런 것들에서 나중에 생겨난 것이라고 생각하는 것 같습니다. 아니, 그는 단순히 그렇다고 생각만 하는 것이 아니라, 자신의 논의를 통해 그렇다고 증명해보이려는 것 같습니다.

클레이니아스 물론입니다.

아테나이인 제우스에 맹세코, 그렇다면 우리는 이로써 일찍이 자연 탐구에 전념했던 모든 사람의 지각없는 의견들의 원천을 찾아낸 것이 아
d 닐까요? 그들의 논리를 하나하나 살펴보고 검토해보십시오. 만약 불경한 이론에 집착하여 남을 그리로 이끄는 자들이 자신의 논리를 잘 사용하는 것이 아니라 잘못 사용하는 것으로 밝혀진다면, 그것은 적잖이 중대한 일이니까요. 그런데 내가 보기에 그들은 실제로 잘못 사용하는 것 같습니다.

클레이니아스 좋은 말씀입니다. 하지만 어떻게 잘못 사용하는지 설명해보십시오.

아테나이인 그러면 이제 우리는 익숙하지 않은 문제들과 씨름해야 할 것 같군요.

클레이니아스 망설이지 마십시오, 손님. 우리가 그런 설명을 시도하면 입법의 영역에서 벗어날 것이라고 그대가 생각하신다는 것을 알고 있습니다. 하지만 그래야만 지금 우리 법률에서 신들로 기술되는 존재들 e
이 제대로 기술된다는 데 대해 다른 방법으로는 합의에 도달할 수 없다면, 손님, 우리는 당연히 그런 방법으로 설명해야 합니다.

혼의 우위 (1)

아테나이인 그러면 나는 이제 다음과 같은 좀 익숙하지 않은 논의를 제시해야 할 것 같습니다. 불경한 자들의 혼을 빚어낸 논의에 따르면, 만물의 생성과 소멸의 제1원인인 것[8]이 처음이 아니라 나중에 생겨난 것이고 나중에 생겨난 것이 처음이라는 겁니다. 그리하여 이들은 신들의 진정한 본성을 오해하게 된 것입니다.

클레이니아스 아직은 무슨 말씀인지 모르겠습니다. 892a

아테나이인 친구여, 거의 모든 사람이 혼에 관해서 그 본성과 힘을 알지 못하고 오해한 것 같습니다. 혼에 관한 다른 점들은 차치하고 사람들은 특히 혼의 탄생에 대해 모릅니다. 혼은 일차적인 존재들 가운데 하나이고, 모든 물체보다 먼저 태어났으며 물체의 모든 변화와 변형을 주도합니다. 그게 사실이라면 혼과 같은 부류인 것은 무엇이든 물체에 속하는 것들보다 당연히 먼저 생성되지 않았을까요? 혼 자체가 물체 b

8 혼.

보다 더 오래된 것이니까요.

클레이니아스 당연하지요.

아테나이인 그렇다면 의견, 배려, 지성, 기술과 법률이 단단한 것과 부드러운 것, 무거운 것과 가벼운 것보다 앞서는 것입니다. 특히 크고 일차적인 작품과 행위는 첫 번째 범주에 속하므로 기술의 소산인 반면 자연의 산물과 우리 적대자들의 잘못된 용어를 사용하자면 자연 자체는 기술과 지성에서 비롯되는 이차적인 산물일 것입니다.

c **클레이니아스** '잘못된' 용어라니 그게 무슨 뜻입니까?

아테나이인 그들이 사용하는 '자연'이란 용어는 일차적인 것들의 생성을 의미합니다. 그러나 불이나 공기가 아니라 혼이 먼저이고, 혼이 일차적으로 생겨난 것 중 하나라는 것이 밝혀진다면, 혼이야말로 무엇보다도 '자연'이라고 말하는 것이 사실상 가장 옳을 것입니다. 혼이 몸보다 더 오래된 것임을 증명할 수 있다면 그게 사실일 것입니다. 그러나 그렇지 못하면 사실이 아닐 것입니다.

클레이니아스 참으로 맞는 말씀입니다.

d **아테나이인** 그렇다면 바로 이것이 우리가 다음에 씨름해야 할 문제겠지요?

클레이니아스 물론입니다.

아테나이인 그것은 아주 교활한 주장인 만큼, 우리 같은 늙은이들은 교활한 주장의 젊음과 새로움에 속아 넘어가 그것을 놓쳐버리고는 큰 것을 계획했다가 작은 것에도 실패하는 우스꽝스러운 바보처럼 보이지 않도록 조심해야 합니다. 자, 생각해보십시오. 이를테면 우리 셋이서

급류를 건너야 하는데 셋 중 가장 젊고 급류에 경험이 많은 내가 이렇
게 말한다고 가정해보십시오. "나이 많은 두 분도 강을 건널 수 있겠는 e
지 아니면 상황이 어떠한지 알아보기 위해 그대들을 안전한 곳에 남겨
둔 채 내가 몸소 먼저 시험해보겠습니다. 두 분도 건널 수 있는 것으로
밝혀진다면, 나는 여러분을 불러 여러분이 건널 수 있도록 내 경험을
제공할 것이나, 여러분은 건널 수 없는 것으로 밝혀진다면 위험은 나
혼자 감당할 것입니다." 그렇다면 나는 분명 합리적인 제안을 하는 것
입니다. 지금 우리가 당면한 논의도 건너기에는 너무 깊어 여러분에게
는 건너는 것이 힘에 부칠 것입니다. 나는 대답하는 데 경험이 많지 않 893a
은 여러분에게 계속해서 질문을 던져 멍하게 하고 현기증 나게 하고 싶
지 않습니다. 그러면 여러분은 결코 즐겁지 않은 품위 없고 굴욕적인
상황에 처할 테니까요. 그러니 이렇게 하는 게 좋겠습니다. 먼저 내가
질문할 테니 여러분은 편안히 들으십시오. 그러고 나서 답변도 내가 하
겠습니다. 혼에 관해 철저히 논의하여 혼이 몸보다 먼저라는 것을 증
명할 때까지 나는 이런 식으로 논의 전체를 진행할 것입니다.

클레이니아스 손님, 우리가 보기에 참으로 훌륭한 제안을 하신 것 같습니다. 말씀하신대로 실행해주십시오.

운동의 열 가지 종류

아테나이인 자, 우리가 신들에게 도움을 청할 필요가 있다면 지금이야 b
말로 그때입니다. 그러니 신들의 존재를 증명하기 위해서 신들에게 간
절히 도움을 청하되, 당면한 고찰이라는 깊은 물속으로 들어갈 때에

는 마치 안전 밧줄에 의지하듯 신들의 도움에 의지합시다. 그런데 그
런 주제들에 관해 이런 질문을 받을 때는 이렇게 대답하는 것이 내게
는 가장 안전해 보입니다. 누군가 묻는다고 가정해보십시오. "선생이
시여, 모든 것이 정지해 있고, 움직이는 것은 하나도 없나요? 아니면
그와 정반대인가요? 그도 아니면 어떤 것들은 움직이고, 어떤 것들은
c 정지해 있나요?" 나는 대답할 것입니다. "어떤 것들은 움직이지만, 어
떤 것들은 정지해 있습니다." — "그렇다면 필시 정지해 있는 것이 정
지해 있고, 움직이는 것이 움직일 공간이 있지 않을까요?" — "왜 아
니겠습니까?" — "그렇다면 어떤 것들은 한 장소에서 그렇게 하고 어
떤 것들은 여러 장소에서 그렇게 할 것입니다." 우리는 말할 것입니다.
"'한 장소에서 움직이는' 것들이란 그 중심을 움직이지 않게 하는 능
력을 가진 것을 이르는 것인가요? 이를테면 원은 정지해 있다고 일컬
어져도 구체(球體)는 회전합니다." — "그렇습니다." — "우리는 그렇
게 회전할 경우, 중심에서 가까운 점들과 먼 점들이 동시에 서로 다른
d 원을 그린다는 것을 아는데, 그 원들의 운동은 이러한 반지름에 따라,
그리고 빠름과 느림에 비례하여 서로 달라집니다. 이런 운동에서 온
갖 놀라운 현상이 비롯되는데, 이런 점들이 느림과 빠름에 비례하여
큰 원과 작은 원을 동시에 그리기 때문입니다. 그것은 사실상 불가능
하다고 생각되는 현상입니다." — "참으로 맞는 말씀입니다." — "그
리고 '여러 곳에서 움직이는' 것들이란 언제나 한 장소에서 다른 장소
로 이동하는 것들을 이르시는 것 같군요. 그것들의 접촉면은 하나뿐
e 일 때도 있고, 구르기 때문에 여럿일 때도 있습니다. 물체는 때때로 서

로 마주치는데, 움직이는 물체가 정지해 있는 물체와 충돌하면 깨지지
만 맞은편에서 달려오는 다른 물체와 충돌하면 서로 결합하여 둘 사
이의 중간 것이 됩니다." —"나도 그대가 말씀하신 대로라는 데 동의
합니다." —"또한 물체가 결합하면 불어나고 물체가 분리되면 쇠퇴합
니다. 물체의 기존 상태가 손상되지 않고 남아 있는 동안에는 말입니
다. 그러나 결합이나 분리로 기존 상태가 남아 있지 않으면, 그 물체는 894a
소멸됩니다. 그런데 모든 것이 생성되려면 어떤 조건이 충족되어야 할
까요? 분명 최초[9]의 충동이 성장하여 두 번째 단계에 이르고 이어서
그다음 단계인 마지막 세 번째 단계에 이르러서는 감각적 지각 능력을
가진 것들에게 감각적으로 지각될 때입니다. 이러한 변화와 변형 덕분
에 모든 것이 생겨납니다. 물체는 같은 것으로 남아 있는 한 실제로 존
재하지만, 다른 상태로 바뀌면 완전히 소멸된 것입니다."

친구들이여, 이로써 우리는 모든 종류의 운동[10]을 말하고 열거하지 b
않았나요? 두 종류말고는 말입니다.

클레이니아스 두 종류라니, 그게 어떤 것들이죠?

아테나이인 우리의 모든 질문은 사실상 그 두 종류를 위해서 제기된 것입니다.

클레이니아스 더 자세히 말씀해주십시오.

9 arche.

10 운동의 종류는 모두 여덟 가지이다. ① 중심이 고정된 회전운동 ② 이동(미끄러짐이나 구르기) ③ 결합 ④ 분리 ⑤ 성장 ⑥ 쇠퇴 ⑦ 생성 ⑧ 소멸.

아테나이인 아마도 혼을 위해서였을 것입니다. 그렇지 않은가요?

클레이니아스 물론입니다.

아테나이인 그중 한 종류는 다른 것을 언제나 움직일 수 있지만 자신은
움직일 수 없는 운동입니다. 다른 한 종류는 결합과 분리, 성장과 쇠퇴,
생성과 소멸의 과정을 통하여 자신도 다른 것도 언제나 움직일 수 있
c 는 운동입니다. 이것들을 우리의 운동 총목록에서 또 다른 유형이라
고 합시다.

클레이니아스 그렇다고 합시다.

아테나이인 그렇다면 다른 것을 언제나 움직이고 다른 것에 의해 변하는 종류는 우리가 아홉 번째라고 할 것입니다. 한편 자신도 다른 것도 움직이고 모든 능동적이고 수동적인 과정에 적합하며 진실로 모든 존재의 변화와 운동의 원천이라고 불리는 운동은 열 번째라고 할 것입니다.

클레이니아스 전적으로 동의합니다.

아테나이인 그러면 이 열 가지 운동 가운데 어느 것이 가장 강력하고
d 특히 효과적이라고 판단하는 것이 옳을까요?

클레이니아스 자신을 움직일 수 있는 운동이 이루 말할 수 없이 탁월하고 다른 것들은 모두 그만 못하다고 단언해야겠지요.

아테나이인 좋은 말씀입니다. 그렇다면 우리가 앞서 주장한 것 중에 정확하지 못한 것이 있으면 한두 군데 바로잡아야겠습니다. 그래야 하지 않을까요?

클레이니아스 그게 어떤 것들이죠?

아테나이인 우리가 열 번째 운동에 관해 말한 것은 옳다고 할 수 없습

니다.

클레이니아스 왜죠?

아테나이인 우리 논리에 따르면, 그것은 생성에서나 영향력에서나 첫
번째입니다. 그다음 것을 방금 우리는 불합리하게도 '아홉 번째'라고 e
불렀지만 그것은 두 번째 것입니다.

클레이니아스 무슨 말씀이신지요?

아테나이인 이렇습니다. 어떤 것이 다른 것을 변화시키고 이것이 또 다
른 것을 변화시키는 과정이 계속된다면, 그중 하나가 변화의 첫 번째
원인일까요? 다른 것에 의해 움직이는 것이 어떻게 변화의 첫 번째 원
인이 될 수 있겠습니까? 그것은 불가능합니다. 그러나 자신을 움직이
는 것이 다른 것을 변화시키고 이것이 또 다른 것을 변화시켜 운동이
수천 가지 사물로 점진적으로 확산된다면, 자신을 움직이는 변화말고 895a
무엇이 그것들의 모든 운동의 제1원리[11]일 수 있겠습니까?

클레이니아스 참으로 훌륭한 말씀을 하시니 우리가 동의하지 않을 수 없군요.

아테나이인 또한 이런 식으로도 자문자답해봅시다. "우리의 동료 철학
자 대부분이 감히 주장하듯, 온 우주가 어떻게 해서든지 결합하여 정
지해 있다고 가정해보십시오. 우리가 열거한 운동 가운데 어느 것이
그 안에서 맨 먼저 일어날 수밖에 없을까요?" "그야 자신을 움직이는 b

11 arche.

운동이겠지요. 선행하는 충동이 존재하지 않는 상황에서는 어떤 선행하는 충동도 다른 것으로부터 전이될 수 없으니까요. 따라서 자신을 움직이는 운동이 모든 운동의 시초이며 정지해 있는 사물과 움직이는 사물 사이에서 맨 처음 발생한 것입니다. 그러니 우리는 자신을 움직이는 운동이 모든 변화 중에서 가장 오래되고 가장 강력한 것이고, 다른 것으로 변화하는 것은 두 번째라고 결론짓지 않을 수 없습니다."

클레이니아스 참으로 맞는 말씀입니다.

혼은 자신을 움직인다

c **아테나이인** 우리의 논의가 이 대목에 이르렀으니, 다음 질문에 대답하도록 합시다.

클레이니아스 그게 어떤 질문이지요?

아테나이인 만약 자신을 움직이는 이런 운동이 흙이나 물이나 불로 구성된 것들에서(흙으로만 또는 물로만 또는 불로만 구성되건 이것들의 혼합으로 구성되건) 일어나는 것을 본다면, 우리는 그런 사물의 상태를 무엇이라고 말해야 합니까?

클레이니아스 어떤 사물이 자신을 움직인다면 우리는 그것이 살아 있다고 말해야 하는지 물으시는 것입니까?

아테나이인 그렇습니다.

클레이니아스 물론 살아 있지요. 왜 아니겠습니까?

아테나이인 어떻습니까? 무엇인가가 혼을 갖고 있는 것을 우리가 볼 경우에도 상황은 마찬가지가 아닌가요? 우리는 그것이 살아 있다는 데 동의해야겠지요?

클레이니아스 그럴 수밖에 없겠지요.

아테나이인 잠깐만! 모든 사물과 관련하여 그대는 세 요소를 인정할 준 d
비가 되어 있는 것 같군요. 그렇지 않습니까?

클레이니아스 무슨 말씀이신지요?

아테나이인 첫 번째 것은 자신을 움직이는 것이 실제로 존재한다는 것이고, 두 번째 것은 그것의 정의(定義)이며, 세 번째 것은 이름입니다. 또한 존재하는 모든 것과 관련하여 두 가지 질문을 제기할 수 있습니다.

클레이니아스 어째서 두 가지인가요?

아테나이인 우리는 때로는 이름만 제시하고 그것을 정의하기를 요구하는가 하면, 때로는 정의를 제시하고 이름을 요구합니다.

클레이니아스 그러면 우리가 지금 말하고자 하는 것은 이런 것인가요?

아테나이인 어떤 것 말씀입니까?

클레이니아스 사물은 대개 둘로 나뉘며, 몇몇 수의 경우에도 이는 마찬 e
가지입니다. 그런 수는 '짝수'라는 이름을 가지며 그것의 정의는 '동등한 두 부분으로 나뉘는 수'입니다.

아테나이인 그렇습니다. 내가 말하는 것은 그런 것입니다. 우리가 이름을 대고 정의를 요구하든, 아니면 정의를 하고 이름을 요구하든 우리는 같은 것을 말하는 것이 아닌가요? 우리가 그것을 '짝수'라고 부르든, '둘로 나뉘는 수'라고 정의하든 우리가 말하는 것은 같은 것이니까요.

클레이니아스 그렇고말고요.

아테나이인 그렇다면 우리가 혼이라고 부르는 것의 정의는 무엇인가

896a 요? 방금 말한 '자신을 움직일 수 있는 운동' 말고 다른 표현으로 그것을 정의할 수 있을까요?

클레이니아스 우리 모두가 '혼'이라고 부르는 존재가 '자신을 움직이는 운동'이라는 표현으로 정의한 바로 그것이라는 말씀이신가요?

혼의 우위 (2)

아테나이인 그렇습니다. 그게 사실이라면 우리는 혼이 존재하고 존재했고 존재할 모든 것의 생성과 운동과 이와 반대되는 것들의 첫 번째 원인과 같은 것이라는 사실이 충분히 증명되지 않았다고 아쉬워할 텐
b 가요? 무엇보다도 혼이 모든 것의 모든 변화와 모든 운동의 원인이라는 것이 밝혀졌는데도 말입니다.

클레이니아스 아닙니다. 운동의 시초이니 혼이 모든 것 중에서 가장 오래된 것임이 충분하고도 남을 만큼 밝혀졌습니다.

아테나이인 그러나 어떤 사물이 다른 것에 의해 움직인다면, 그것은 결코 독자적인 자기 운동의 능력을 부여받지 못합니다. 따라서 그런 파생된 운동은 둘째이거나, 어떤 사람은 훨씬 하위로 자리매김하려 할 것입니다. 그것은 말 그대로 '혼 없는' 물체의 변화에 불과하니까요.

클레이니아스 옳은 말씀입니다.

c **아테나이인** 그러니까 혼이 물체보다 먼저이고 물체는 나중에 와서 두 번째 자리를 차지하며, 혼은 지배하고 물체는 본성상 혼의 지배를 받는다는 우리의 주장은 올바르고 결정적이어서, 더없이 참되고 완전할 것입니다.

클레이니아스 더없이 참되겠지요.

아테나이인 우리가 기억하기에, 만약 혼이 물체보다 더 오래되었다는 것이 밝혀진다면, 혼에 속하는 것들도 물체에 속하는 것들보다 더 오래되었을 것이라는 데 우리는 앞서 합의했습니다.

클레이니아스 그러고말고요.

아테나이인 그러면 습관, 성향, 의지, 헤아림, 참된 의견, 배려와 기억이 d
몸의 길이, 너비, 깊이와 힘보다 먼저 생겨났습니다. 정말로 혼이 몸보다 먼저라면 말입니다.

클레이니아스 당연하지요.

아테나이인 그다음으로 우리가 혼을 만물의 원인으로 간주하려 한다면, 혼이야말로 좋은 것과 나쁜 것, 고매한 것과 추한 것, 올바른 것과 올바르지 못한 것과 이런 것들과 반대되는 모든 것의 원인이라는 것도 인정해야 하지 않을까요?

클레이니아스 왜 아니겠습니까?

아테나이인 혼은 무엇인가가 움직이는 곳에서는 어디에나 내재하며
조종하니, 하늘도 혼이 조종한다고 주장해야 하지 않을까요? e

클레이니아스 당연히 그래야겠지요.

아테나이인 혼은 하나일까요, 여럿일까요? 여럿입니다. 내가 두 분 대신 대답하겠습니다. 아무튼 우리는 혼이 둘 이상이라고 보아야 합니다. 좋은 일을 하는 혼과 그와 반대되는 일을 하는 혼 말입니다.

클레이니아스 전적으로 옳은 말씀입니다.

아테나이인 좋습니다. 혼은 자신의 운동에 힘입어 하늘과 대지와 바다

897a 에 있는 모든 것이 운동하게 만드는데, 혼의 운동은 소원, 고찰, 배려, 숙고, 옳은 의견과 잘못된 의견, 기쁨과 슬픔, 용기와 두려움, 사랑과 미움이라는 이름을 갖습니다. 또한 혼은 이런 것들과 같은 종류이거나 1차적인 운동도 이용하는데, 이런 운동은 물체의 2차적인 운동을 넘겨받아 모든 것이 성장하거나 쇠퇴하게 하거나, 분리되거나 결합하게 하면서 거기서 생겨나는 것에 열기와 냉기, 무거움과 가벼움, 단단
b 함과 부드러움, 하양과 검정, 쓴맛과 단맛이 수반되게 합니다. 혼이 이 모든 것을 이용하고, 신들에게도 진정한 의미에서 신이라 할 수 있는 지성을 조력자로 삼을 때마다 모든 것을 올바르고 행복한 것으로 인도합니다. 그러나 혼이 비(非)지성과 결합하면 모든 것에서 이와 정반대되는 결과를 가져옵니다. 우리는 사실이 그렇다고 인정할까요, 아니면 사실은 그와 다를 수 있다고 여전히 의심할까요?

클레이니아스 조금도 의심하지 않습니다.

혼이 천체를 움직인다

아테나이인 그러면 우리는 어떤 종류의 혼이 천체와 대지와 그것들의 회전 전체를 조종한다고 말해야 할까요? 지혜롭고 미덕으로 가득 찬
c 혼일까요, 아니면 그 어느 것도 갖추지 못한 혼일까요? 여러분은 우리가 이 문제에 다음과 같이 대답하기를 원하십니까?

클레이니아스 어떻게 말입니까?

아테나이인 우리는 이렇게 말해야겠지요. "여보시오, 만약 천체와 그 안에 있는 모든 것의 궤도와 운동이 지성의 운동과 회전과 계산과 같은

본성을 갖고 비슷한 방법으로 나아간다면, 우리는 분명 최선의 혼이 온 우주를 보살피며 최선의 길로 인도한다고 주장해야 합니다."

클레이니아스 옳은 말씀입니다.

아테나이인 "하지만 만약 우주가 미친 듯이 무질서하게 나아간다면, d
우리는 우주를 관장하는 것은 나쁜 혼이라고 말해야 합니다."

클레이니아스 그 또한 옳은 말씀입니다.

아테나이인 "그렇다면 지성의 운동은 어떤 본성을 갖고 있습니까?" 친구들이여, 이것은 지혜롭게 대답하기 어려운 질문입니다. 그러니 여기서는 여러분이 대답할 수 있도록 내게 도움을 청하는 것이 정당화될 수 있습니다.

클레이니아스 좋은 제안입니다.

아테나이인 하지만 이 질문에 대답하되 우리는 사멸하는 눈들이 지성을 쳐다봄으로써 제대로 알 수 있을 것이라고 생각해서는 안 됩니다. 말하자면 태양을 직접 쳐다봄으로써 〔눈이 멀게 되어〕 대낮에 암흑
을 끌어들이는 일이 없도록 합시다. 우리는 질문 받은 것의 이미지[12]를 e
쳐다봄으로써 시력을 보호할 수 있을 것이란 말입니다.

클레이니아스 무슨 말씀이신지요?

아테나이인 열 가지 운동 가운데서 지성을 닮은 것[13]을 우리의 이미지로 삼기로 합시다. 나는 여러분과 함께 그것을 상기하면서 질문에 대

12 eikon.

13 893b 이하 참조.

답할 것입니다.

클레이니아스 참으로 좋은 제안입니다.

아테나이인 그때 말한 것 중에 만물은 움직이거나 정지한다고 우리가 주장한 것만큼은 아직 기억하고 있겠지요?

클레이니아스 예.

아테나이인 움직이는 것 가운데 어떤 것들은 한곳에서 움직이고, 다른
898a 것들은 여러 곳에서 움직인다고 주장했던 것도요?

클레이니아스 그렇고말고요.

아테나이인 이 두 운동 가운데 언제나 한곳에서 움직이는 것은 구르는 수레바퀴처럼 어떤 중심점 주위를 도는 것이 필연적인데, 이런 종류의 운동이 지성의 회전운동과 가장 유사하고 비슷합니다.

클레이니아스 무슨 말씀이신지요?

아테나이인 지성과 한곳에서 움직이는 운동은 둘 다 같은 의미에서 같
b 은 방법으로 같은 곳에서 같은 것 주위로 같은 것과 관련하여 하나의 법과 하나의 질서에 따라 움직인다고 주장하며 그 둘을 구르는 수레바퀴에 비긴다면, 우리는 결코 말로 빚어내는 보잘것없는 영상 제작자로 보이지는 않을 것입니다.

클레이니아스 지당한 말씀입니다.

아테나이인 이번에는 그와는 달리 같은 의미에서도 아니고, 같은 방법으로도 아니며, 같은 곳에서도 아니며, 같은 것 주위로도 아니며, 같은 것에 관련되지도 않으며, 한곳에서 일어나지도 않으며, 계획되지도 조직화되지도 체계화되지도 않는 운동을 생각해보십시오. 그런 운동이

야말로 온갖 비지성과 같은 부류가 아닐까요?

클레이니아스 참으로 맞는 말씀인 것 같습니다.

아테나이인 그렇다면 이제는 우리를 위해 모든 것이 돌게 하는 것은 혼 c
이므로 회전하는 천체가 도는 것은 필시 최선의 혼 또는 다른 종류의 혼이 배려하고 조종하기 때문이라고 어렵지 않게 단언할 수 있겠군요.

클레이니아스 손님, 지금까지 말한 것으로 미루어 천체가 회전하는 것은 완전한 미덕을 갖춘 하나나 여러 혼 덕분이라는 것을 부정한다는 것은 신성 모독에 해당할 것입니다.

아테나이인 클레이니아스님, 그대는 우리의 논의를 그야말로 귀담아들
으셨군요. 다음도 귀담아들으십시오. d

클레이니아스 그게 뭐죠?

아테나이인 혼이 해와 달과 다른 천체를 모두 돌리는 것이라면, 혼은 그 각각을 개별적으로 돌리지 않을까요?

클레이니아스 물론이지요.

아테나이인 그렇다면 이 천체 중 하나에 관해 논의해봅시다. 그러면 그 결과가 다른 천체에도 모두 적용된다는 것을 알게 될 것입니다.

클레이니아스 어떤 천체 말씀입니까?

아테나이인 해 말입니다. 누구나 해의 몸은 볼 수 있지만, 해의 혼을 볼 수 있는 사람은 아무도 없습니다. 볼 수 없다는 점에서는 살아 있건 죽어가건 다른 생물의 혼도 마찬가지입니다. 하지만 몸의 감각기관으로
는 감지할 수 없고 지성에 의해서만 알 수 있지만 그런 혼이 우리 주위 e
를 에워싸고 있다고 믿을 만한 상당한 근거가 있습니다. 그러니 우리는

지성과 사고를 동원해 혼에 관해 다음의 사실도 파악하기로 합시다.

어떻게 혼이 천체를 움직이는가

클레이니아스 그게 뭐죠?

아테나이인 만약 혼이 해를 조종한다면, 혼은 셋 중 한 방법으로 그렇게 한다고 말해도 우리는 사실상 틀리지 않을 것입니다.

클레이니아스 셋이라니 그게 뭐죠?

아테나이인 혼이 이 가시적인 둥근 몸 안에 내재해서 마치 우리의 혼이 우리를 사방으로 데리고 다니듯이 어디든 혼이 가는 곳으로 그 몸을
899a 데리고 다니거나, 혼이 어떤 이들이 주장하듯 불이나 모종의 공기에서 몸을 획득하여 몸[14]을 다른 몸으로 억지로 밀어내거나 셋째로, 혼은 그 자체는 몸이 없어도 엄청나고 놀라운 다른 힘을 갖고 있어 해를 조종할 것입니다.

클레이니아스 그렇습니다. 혼이 만물을 조종하는 것은 틀림없이 이 셋 중 한 방법에 의해서일 것입니다.

아테나이인 잠깐만 기다려주십시오. 혼이 우리 모두에게 빛을 가져다주는 것은 혼이 해 안에 머물며 해를 전차처럼 몰기 때문이건, 밖에서 해를 움직이기 때문이건, 다른 수단을 쓰기 때문이건 모든 사람이 혼을 신으로 여겨야 합니다. 그러는 것이 옳지 않을까요?

b **클레이니아스** 바보가 아닌 이상 당연히 그래야겠지요.

아테나이인 우리는 이제 모든 별과 달과 연월(年月)과 계절과 관련해서도 같은 주장말고 달리 다른 말을 할 수 있겠습니까? 혼이나 혼들, 그

것도 모든 미덕을 갖춘 훌륭한 혼들이 이 모든 현상의 원인임이 밝혀졌다고 말입니다. 그리고 혼들이 모든 천체를 조종하는 것은 혼들이 살아서 몸 안에 존재하기 때문이건 어떤 다른 수단을 쓰기 때문이건, 우리는 이들 혼들이 신들이라고 주장할 것이라고 말입니다. 이 모든 것에 동의하면서도 '만물은 신들로 가득 차 있다'는 사실을 부정하는 것을 용납할 사람이 있을까요?

클레이니아스 손님, 그렇게 정신 나간 사람은 아무도 없을 겁니다. c

아테나이인 그렇다면 메길로스님과 클레이니아스님, 우리는 여태껏 신들을 믿지 않는 사람에게 우리의 규준을 정해주고, 그의 곁을 떠나기로 합시다.

클레이니아스 어떤 규준 말씀인가요?

아테나이인 그는 혼을 만물이 생겨난 최초의 원인이라고 단정하는 것은 잘못이고 우리가 거기에서 추론한 것 역시 모두 잘못된 것임을 증명하든지, 아니면 우리보다 더 나은 말을 할 수 없으면 우리가 하는 말을 믿고 신들이 존재한다는 것을 믿으며 여생을 보내야 한다는 것입니다. 그러면 신들이 존재한다는 것을 믿지 않는 사람들에게 우리가 d
신들이 존재한다는 것을 증명하며 말한 것이 이미 충분한지, 아니면 아직도 부족한지 살펴보기로 합시다.

클레이니아스 손님, 조금도 부족하지 않습니다.

14 해.

신들은 인간사에 무관심하다고 믿는 자에게 주는 권고의 말

아테나이인 그렇다면 이상으로 무신론자에 대한 우리의 논의는 마무리된 것으로 합시다. 그다음으로 우리는 신들이 존재한다고 믿지만 신들은 인간사에 무관심하다고 믿는 사람에게 권고해야 합니다. 우리는 이렇게 말합시다. "여보시오, 그대가 신들의 존재를 믿는다는 사실은 그대와 신들 간의 어떤 친족 관계가 그대를 그대의 동류에게로 이끌

e 어 그 관계를 존중하고 그 관계의 존재를 믿게 만들기 때문일 것이오. 그대를 불경으로 이끄는 것은 사생활과 공적 생활에서 보이는 사악한 자와 불의한 자의 행운입니다. 하지만 그들은 사실 전혀 행복하지 못합니다. 비록 세상 사람은 옳지 못하게도 그들을 엄청나게 행복하다고 여기고 온갖 종류의 시와 이야기가 그들을 잘못 찬양하고 있지만 말

900a 이오. 또 사람들이 노년의 종말에 이르러 최고위직에 오른 자손들을 뒤에 남겨두는 것을 보는데, 소문으로 들었건 직접 목격했건 이들 중 다수가 끔찍한 불경을 많이 저질렀고 그런 불경에 힘입어 변변치 못한 신분에서 참주가 되거나 최고 권좌에 오른 것을 확인하게 되면, 그대는 안절부절못할 것이오. 이 경우 그대는 분명 신들과 친족 관계에 있는지라 이 모든 현상을 신들의 탓으로 돌리고 싶지도 않고 마음이 혼

b 란스럽지만 신들에게 화를 낼 수도 없어, 신들이 존재한다고 믿지만 신들은 인간사에 무관심하다는 현재의 심적 상태에 이른 것이라오. 그러니 그대의 생각이 더 불경해지는 것을 막기 위하여, 질병이 아직 초기 단계에 있을 때 논의를 통해 물리칠 수 있는지 살펴보기로 합시다. 우리는 완전한 무신론자에 맞서 철저히 논의했던 것도 이용할 것입니다.

그것을 다음 논의에 연결시킴으로써 말입니다."

클레이니아스님과 메길로스님, 여러분은 앞서 그랬듯이 젊은이를 c
대신하여 대답해주십시오. 논의하는 것이 어려워지면 조금 전에 그랬듯이. 내가 두 분한테서 넘겨받아 여러분이 강을 건너게 할 것입니다.[15]

클레이니아스 좋은 생각입니다. 그대는 그렇게 하십시오. 그러면 우리는 힘닿는 데까지 그대가 제안하시는 대로 할 것입니다.

신들이 인간사에 관심을 가진다는 증거

아테나이인 신들은 특별히 큰일 못지않게 작은 일에도 관심을 가진다는 것을 우리 젊은이에게 보여주기란 아마 어려운 일이 아닐 것입니다.
그는 조금 전에 우리가 논의하는 자리에 머물며, 신들은 모든 미덕에 d
서 탁월한 만큼 우주를 보살피는 것을 자신들의 가장 고유한 임무로 여긴다는 말을 들었을 테니까요.

클레이니아스 그는 틀림없이 그렇게 말하는 것을 들었을 것입니다.

아테나이인 그다음으로 도대체 어떤 미덕을 갖추고 있기에 우리가 신들은 훌륭하다[16]고 말하는지 반대론자가 우리와 함께 고찰하게 하십시오. 자, 우리는 절제와 지성의 소유는 미덕의 특징이지만, 그와 반대되는 것들은 악덕[17]의 특징이라고 말하겠지요?

15 892d 이하 참조.

16 agathos.

17 kakia.

클레이니아스 네, 우리는 그렇게 말합니다.

e **아테나이인** 어떻습니까? 용기는 미덕의 특징이고, 비겁함은 악덕의 특징이라고 말하겠지요?

클레이니아스 물론입니다.

아테나이인 그렇다면 그중 한쪽은 수치스럽지만, 다른 쪽은 고상하다고 말할까요?

클레이니아스 당연히 그래야겠지요.

아테나이인 그리고 만약 그런 저열한 자질들이 누군가의 특징이라면 그 자질들은 우리의 특징이고, 신들은 많고 적고를 떠나 그런 자질들에 영향을 받지 않는다고 우리는 말하지 않을까요?

클레이니아스 누구나 그렇다는 데에도 동의할 것입니다.

아테나이인 어떻습니까? 무관심과 나태와 방종은 혼의 미덕에 속하는 것으로 볼까요? 아니면 어떻다고 말씀하시겠습니까?

클레이니아스 어떻게 그럴 수 있겠습니까?

아테나이인 그렇다면 악덕에 속하는 것으로 볼까요?

클레이니아스 네.

901a **아테나이인** 그러면 미덕에 속하는 자질들은 그것들과 반대되겠군요?

클레이니아스 그렇습니다.

아테나이인 어떻습니까? 방종하고 무관심하고 나태한 사람은 모두 우리가 보기에 '침 없는 수벌'[18]과 다름없다고 시인이 말하는 그런 사람이 되겠지요?

클레이니아스 그의 비유는 아주 적절합니다.

아테나이인 그렇다면 우리는 신이 자기가 싫어하는 그런 성격을 갖고 있다고 말해서도 안 되고, 누가 그러한 주장을 하면 용납해서도 안 됩니다.

클레이니아스 안 되고말고요. 어떻게 용납할 수 있겠습니까?

아테나이인 어떤 특정한 활동 영역을 보살피는 것이 누군가의 특별한 b
임무인데, 그가 큰일에만 전념하느라 작은 일에 무관심하다고 가정해 보십시오. 우리는 어떤 논리를 따라야 오판하지 않고 그런 사람을 칭찬할 수 있겠습니까? 이 문제를 다음과 같이 봅시다. 그렇게 행동하는 자는 신이든 인간이든 두 범주에 속하지 않을까요?

클레이니아스 두 범주라니, 도대체 어떤 범주를 말하는 것입니까?

아테나이인 그는 작은 일에 무관심해도 자신의 임무 전체에는 아무 차이가 없다고 생각하거나, 아니면 작은 일이 중요하다 하더라도 나태하 c
고 방종하게 살면서 작은 일에 무관심하는 것입니다. 아니면 그가 작은 일에 무관심한 다른 이유가 있을 수 있을까요? 물론 모든 것을 보살필 능력이 없어 신이나 어떤 변변찮은 사람이 힘에 부치거나 능력이 달리는 것을 보살피지 못하는 경우에는 큰일이든 작은 일이든 무관심한 것이라 할 수 없겠지요.

클레이니아스 없고말고요.

아테나이인 이번에는 우리의 두 반대론자가 우리 세 사람의 질문에 대답하게 합시다. 그들은 둘 다 신들이 존재한다는 것을 인정하지만 한 d

18 헤시오도스, 『일과 날』 304행.

쪽은 신들을 매수할 수 있다고 생각하고 다른 쪽은 신들은 사소한 일에 무관심하다고 생각합니다. "먼저, 그대들 두 사람은 신들은 모든 것을 알고, 보고, 들으며, 지각될 수 있고 알 수 있는 것은 무엇이든 신들이 모를 수 없다고 주장하는 것입니까? 이것이 그대들의 주장입니까? 아니면 어떻다는 것입니까?"

클레이니아스 "그렇습니다."

아테나이인 어떻습니까? "신들은 필멸의 존재와 불사의 존재가 할 수 있는 것은 무엇이든 할 수 있다"고도 그들은 말하겠지요?

클레이니아스 그들은 물론 거기에도 동의할 것입니다.

e **아테나이인** 또한 우리 다섯 명은 신들은 훌륭하고 완전하다는 데 동의했습니다.

클레이니아스 그랬고말고요.

아테나이인 신들이 우리가 동의하는 그런 존재라면 그들이 무엇인가를 나태하거나 방종하게 행한다는 것은 전적으로 불가능합니다. 우리 인간 사이에서는 나태는 비겁함에서 생겨나고, 유약함은 나태와 방종에서 생겨나니까요.

클레이니아스 참으로 옳은 말씀입니다.

아테나이인 게으르고 유약한 탓에 무관심한 신은 아무도 없습니다. 비겁함에 관여하는 신은 분명 아무도 없을 테니까요.

클레이니아스 지당한 말씀입니다.

902a **아테나이인** 그렇다면 만약 신들이 정말로 우주의 사소한 일에 무관심하다면, 신들이 그렇게 하는 것은 그런 사소한 일은 보살필 필요가 없

다는 것을 알기 때문이거나, 아니면 지식의 부족말고 무슨 다른 설명 이 가능하겠습니까?

클레이니아스 다른 가능성은 없습니다.

아테나이인 그렇다면 더없이 훌륭하고 탁월한 분이여, 우리는 그대가 신
들은 무지하며 무지하기에 당연히 돌보아야 할 것에 무관심하다고 말
씀하시는 것으로 해석할까요? 아니면 신들은 이러한 의무를 알지만 가
장 하찮은 자들이 그렇게 한다고 사람들이 말하듯, 자신들이 행하는
것보다 달리 행하는 것이 더 훌륭하다는 것을 알면서도 쾌락이나 고통 b
에 제압되어 그리하지 않는다고 말씀하시는 것으로 해석할까요?

클레이니아스 어찌 그럴 수 있겠습니까?

아테나이인 그런데 인간의 삶은 분명 혼의 세계와 관계가 있으며, 인간 자신도 모든 동물 중에서 가장 신을 두려워하지 않나요?

클레이니아스 아닌 게 아니라 그런 것 같습니다.

아테나이인 또한 우리는 사멸하는 동물은 모두 신들의 소유물이고, 온 하늘도 그렇다고 주장합니다.

클레이니아스 왜 아니겠습니까?

아테나이인 그렇다면 누가 이런 것들은 신들에게는 작은 것이라고 주
장하건 큰 것이라고 주장하건 내버려둡시다. 신들은 가장 잘 보살피고 c
가장 훌륭한 분들인지라 우리의 주인인 신들이 우리를 소홀히 한다
는 것은 어떤 경우에도 적절하지 않을 것입니다. 이것들에 더하여 다
음도 살펴보기로 합시다.

클레이니아스 그게 뭐죠?

아테나이인 감각적 지각과 힘 사이의 관계 말입니다. 이 둘은 쉬움과 어려움과 관련하여 본성적으로 서로 반대되지 않을까요?

클레이니아스 무슨 말씀이신지요?

아테나이인 작은 것은 큰 것보다 보거나 듣기가 더 어렵습니다. 하지만 누구에게나 작고 적은 것이 그와 반대되는 것보다 운반하거나 지배하거나 돌보기가 더 쉽습니다.

d **클레이니아스** 훨씬 쉽지요.

아테나이인 의사가 환자의 전신을 치료하라는 지시를 받았는데, 큰 기관은 치료할 의사도 있고 능력도 있지만 개별적인 지체와 작은 부분은 소홀히 한다면, 환자의 전신을 잘 치료할 수 있을까요?

클레이니아스 절대로 그럴 수 없을 것입니다.

아테나이인 선장이나 장군이나 가장이나 정치가나 그런 종류의 다른
e 사람도 적고 작은 것 없이는 많고 큰 것에 성공하지 못할 것입니다. 석수도 작은 돌 없이는 큰 돌이 잘 놓이지 않는다고 주장하니 말입니다.

클레이니아스 어찌 잘 놓일 수 있겠습니까?

아테나이인 우리는 신이 인간 장인들보다 못하다고 생각해서는 안 됩니다. 인간 장인들은 자질이 훌륭할수록 크든 작든 자기 분야에 속하는 일을 더 정확하고 더 완벽하게 해냅니다. 그러므로 가장 지혜롭고
903a 보살필 의사도 있고 능력도 있는 신이 마치 게으르고 비겁한 탓에 힘든 일을 회피하는 사람처럼 돌보기 더 쉬운 작은 것은 전혀 돌보지 않고 큰 것만 돌본다고 생각할 수는 없습니다.

클레이니아스 손님, 우리는 신들에 관한 그런 견해는 절대로 받아들이

지 맙시다. 그것은 경건하지도 않고 참되지도 않은 견해를 받아들이는 것일 테니까요.

아테나이인 이제야 우리가 신들의 무관심을 나무라기 좋아하는 자에게 완벽한 답변을 한 것 같군요.

클레이니아스 네.

아테나이인 아무튼 우리의 논의는 그가 자기 주장이 옳지 않다는 데에 동의하게 만들었습니다. 하지만 그를 설득하려면 몇 가지 주문(呪文) b
이 필요할 것 같습니다.

클레이니아스 그게 어떤 것들이죠, 손님?

신들의 정의와 혼의 운명

아테나이인 우리는 젊은이를 우리의 논리로 설득합시다. "우주를 돌보는 이는 전체가 보존되고 탁월하도록 모든 것을 정돈했으며, 우주의 각 부분은 자신의 수동적인 역할과 능동적인 역할을 능력껏 적절히 수행하고 있다네. 이들 부분에는 수동적인 기능과 능동적인 기능의 가장 미세한 부분에 이르기까지 통치자들[19]이 임명되어, 이들이 우주
의 마지막 하위 부분까지 완전하게 만든다네. 이 완고한 친구여, 자네 c
역시 그런 부분의 하나로 비록 아주 작기는 하지만 언제나 전체를 바라보며 전체에 기여한다네. 하지만 자네는 모든 부분적인 것은 온 우

19 신들과 그들의 조력자인 수호신들을 말하는 것 같다.

주가 행복한 삶을 누리도록 전체를 위하여 생성되며, 우주가 자네를 위해 생성된 것이 아니라 자네가 우주를 위해 생성된 것임을 간과했네. 자네도 알다시피, 모든 의사와 솜씨 좋은 장인은 언제나 전체를 위해 작업하고 일반적으로 가장 훌륭한 것을 산출하도록 자료를 다루며
d 부분이 전체에 기여하게 만들지 전체가 부분에 기여하게 만들지 않는다네. 하지만 자네는 자네의 위치가 공동의 생성 덕분에 우주뿐만 아니라 자네를 위해서도 최선이라는 것을 모르기 때문에 못마땅해하는 것이라네. 그런데 혼은 때로는 이 몸과 때로는 저 몸과 결합하여 자기 자신이나 다른 혼으로 인하여 끊임없이 온갖 가능한 변화를 겪는 까닭에, 장기 두는 기사[20]가 할 일이라고는 더 나아지는 성격은 더 나은 자리로 더 못해지는 성격은 더 못한 자리로 옮겨 그것들이 저마다 적
e 절히 합당한 운명을 겪게 하는 것밖에 남은 것이 아무것도 없다네."

클레이니아스 어떻게 옮긴다는 거죠?

아테나이인 우주를 보살피는 것이 신들에게는 얼마나 쉬운 일인지도 이런 식으로 설명해줄 수 있을 것입니다. 만약 누가 언제나 우주를 바라보며[21] 하나에서 여럿을 또는 여럿에서 하나를 만들어내려고 하는 대신 이를테면 불을 찬물로 변형하는 식으로 모든 것을 변형하고 형성
904a 하려 한다면, 첫 번째 또는 두 번째 또는 세 번째 생성 뒤에는 다시 조정된 우주 안에 무수히 많은 변화가 존재할 것입니다. 하지만 우주를 보살피는 이에게 그것은 놀랍도록 쉬운 일입니다.

클레이니아스 무슨 말씀이신지요?

아테나이인 이런 말입니다. 우리의 왕[22]이 보았던 것은, 우리의 모든 행

위에는 혼이 깃들어 있고 많은 미덕과 악덕이 내포되어 있다는 것과, 몸과 혼의 결합은 법률이 인정하는 신들처럼 영원하지는 않지만 파괴
될 수 없다는 것과(이 둘 중 하나가 파괴되었다면 어떤 생물도 생성될 b
수 없었을 테니까요), 혼 안의 좋은 요소는 본성상 언제나 유익하지만 나쁜 요소는 해롭다는 것입니다. 이 모든 것을 보면서 신은 우주에서 가장 쉽고 가장 효과적으로 미덕은 이기고 악덕은 지도록 각 부분이 자리잡게 한 것입니다. 신은 실제로 이런 원대한 뜻을 품고 어떤 것이 생성되면 언제나 어떤 자리를 차지하고 어떤 곳에 정착하도록 구상했
습니다. 그러나 신은 어떤 종류의 사람이 되느냐 하는 것은 우리 각자 c
의 의사에 맡겼습니다. 그대도 아시다시피, 우리가 특정 상황에 반응하는 방식은 거의 매번 우리의 욕구와 심리 상태에 따라 결정됩니다.

클레이니아스 아닌 게 아니라 그런 것 같습니다.

아테나이인 "그리하여 혼을 가진 모든 것은 변화의 원인이 내재하기에 변하며, 이렇게 변할 때 운명의 질서와 법칙에 따라 이동한다네. 성격의 변화가 작고 미미할 때는 작은 수평적 장소 이동이 수반되지만, 불
의로 심각하게 변화할 때는 혼이 하데스[23] 또는 그와 비슷한 이름으로 d
불리는 하계(下界)의 깊숙한 곳으로 내려가게 하는데, 하계는 사람들

20 신.

21 영국 옥스퍼드 대학교에서 출간한 버넷(Burnet) 판에 따라 me를 빼고 읽었다.

22 '우주를 보살피는 이' 또는 신.

23 Hades. 저승의 신 또는 저승.

이 살아 있을 때도 몸에서 분리되었을 때도 출몰하여 두려움에 떨게 한다네. 어떤 혼이 자신의 의지와 남과의 교제에 큰 영향을 받아 남달리 악덕과 미덕으로 충만하다고 생각해보게. 그 혼이 신적인 미덕과의 교류를 통해 각별히 신적으로 변하면 그것을 겪는 장소 역시 각별
e 한 곳으로 바뀌어서, 신성한 길을 따라 더 나은 다른 곳으로 옮겨진다네. 그러나 그 반대의 경우, 혼은 자기 삶을 그와 반대되는 곳으로 옮길 걸세. 그리고 소년이여, 아니, 젊은이여, 신들은 자네를 소홀히 한다는 자네 믿음에도 불구하고

이것이 올림포스에 사는 신들의 정의라네.[24]

더 나빠지는 자는 더 나쁜 자들에게 가고 더 나아지는 자는 더 나은 자들에게 가며, 살아서나 골백번 죽어서나 동류가 동류에게 당하는
905a 것이 마땅한 것을 당하고 행하는 것 말일세. 자네도 운이 따르지 않는 다른 사람도 결코 이런 판결을 피했다고 큰소리치지 못할 걸세. 재판관들은 이런 판결을 특별히 중요시했기 때문일세. 그러니 이런 판결을 피하도록 각별히 조심해야 하네. 땅속 깊은 곳으로 숨을 수 있을 만큼 작아지거나 하늘로 높이 날아오르더라도 자네는 이런 판결을 피하지 못할 것이며, 아직 지상에 살아 있건 저승으로 내려갔건 더 먼 곳으로
b 옮겨졌건 자네는 응분의 벌을 받을 테니 말일세. 자네가 불경한 행위나 그와 비슷한 악행에 의해 변변찮은 신분에서 거물이 되는 것을 보았기에 불행하다가 행복해졌다고 생각하는 자들에 대해서도 같은 말

을 할 수 있을 걸세. 이런 행위는 자네가 보기에는 신들의 무관심을 반영하는 거울과 같겠지만, 이는 신들이 우주에 어떻게 기여하는지 자네가 모르기 때문일세. 자네는 참으로 담대한 사람일세. 그런 지식은 c
자신에게 필요 없다고 생각한다면 말일세. 하지만 그런 것을 모른다면 아무도 인생의 행복과 불행이 무엇인지 윤곽조차 그릴 수 없을뿐더러 논리적으로 설명할 수도 없을 걸세. 그러니 여기 있는 클레이니아스님과 우리 노인네들이 자네가 신들에 관해 말하는 것을 잘 모른다고 자네를 설득한다면, 아마 신이 직접 자네를 흔쾌히 도와줄 걸세. 그러나 더 자세한 설명이 필요하다면 우리가 세 번째 반대론자에게 말하는 d
동안 귀를 기울이게. 자네에게 약간의 지성이라도 있다면 말일세."

나는 신들은 존재하며 인간을 보살핀다는 것을 우리가 그런대로 증명했다고 주장하고 싶습니다. 그러나 여전히 불의한 자들에게 선물로 신들의 마음을 달랠 수 있다는 견해가 남아 있는데, 이런 견해에는 누구도 동의해서는 안 되며, 우리는 가능한 온갖 방법으로 이를 논박해야 합니다.

클레이니아스 참으로 고매한 말씀입니다. 또한 그대가 말씀하신 대로 합시다.

아테나이인 그러면 자, 신들에 맹세코, 정말로 신들을 달랠 수 있다면 어떤 방법으로 할 수 있을까요? 신들은 무엇이어야 하며, 어떤 신들이 e

24 『오뒷세이아』 19권 43행. 여기서 '정의'로 옮긴 dike는 『오뒷세이아』에서는 대개 '습관'으로 옮겨진다.

어야 할까요? 신들이 온 하늘을 영원히 조종하려면 반드시 통치자여야 할 것입니다.

클레이니아스 그렇습니다.

아테나이인 그렇다면 신들은 어떤 통치자를 닮았을까요? 아니면 어떤 통치자가 신들을 닮았을까요? 우리는 작은 것을 큰 것과 비교함으로써 우리 목적에 맞는 통치자를 찾아낼 수 있을 겁니다. 신들을 닮은 것은 경주마의 기수일까요, 아니면 함선의 선장일까요? 신들을 군대의 장군과도 비유할 수 있을 겁니다. 또한 신들은 질병과의 전쟁에서 몸을 돌
906a 보는 의사나, 대개 식물의 생장을 위태롭게 하는 계절을 초조하게 기다리는 농부나 양치기를 닮았을 수도 있습니다. 우주는 많은 좋은 것과 많은 나쁜 것으로 가득 차 있는데 나쁜 것의 수가 더 많다는 데 동의한 터라, 우리는 그런 전쟁은 끝나지 않으며 놀라운 경각심을 요구한다고 주장합니다. 그러나 신들과 수호신들은 우리의 동맹군이고, 우리는 신
b 들과 수호신들의 소유물입니다. 우리를 파괴하는 것은 어리석음과 결합된 불의와 교만이며, 우리를 구해주는 것은 지혜로움과 함께하는 정의와 절제입니다. 이런 것은 신들의 혼이 깃든 능력 안에 깃들지만, 그중 일부는 이곳의 우리 사이에도 나타나는 것을 분명히 볼 수 있습니다. 지상에는 부당 이득을 취한 분명 동물적인 혼들이 많이 사는데, 그들은 감시견이든 목자든 가장 높은 주인이든 수호자들의 혼 앞에 엎드려 감언이설과 일종의 주문으로 자신들은 악당들이 주장하듯, 벌받지
c 않고도 사람들 사이에서 이득을 챙길 수 있노라고 설득하려 합니다. 그러나 우리는 방금 말한 '제 몫보다 더 챙기기'[25]라는 악덕은 살과 피

안에서 나타나면 '질병', 계절 따라 세월 따라 나타나면 '역병', 국가와 정체 안에서 나타나면 같은 악덕이라도 '불의'[26]라고 주장할 것입니다.

클레이니아스 전적으로 동의합니다.

아테나이인 전리품 가운데 일부를 떼어주기만 하면 신들은 불의한 자 d
와 불의를 행하는 자를 언제나 용서한다고 주장하는 자들은 틀림없이 말할 것입니다. 만약 늑대가 전리품을 조금 떼어 감시견에게 주면 감시견은 선물에 마음이 누그러져서 늑대가 가축 떼를 찢도록 허용할 것이라고 말입니다. 바로 이것이 신들도 달랠 수 있다고 주장하는 자들의 논리 아닌가요?

클레이니아스 아닌 게 아니라 그런 논리입니다.

아테나이인 앞서 말한 수호자 가운데 누구와 신들을 비교해야 웃음거
리가 되지 않을 수 있을까요? '신들에게 바치는 술과 구운 제물'[27]에 e
회유되어 바른 항로에서 벗어나 배와 선원을 좌초하게 하는 선장에 비길까요?

클레이니아스 그건 말도 안 됩니다.

아테나이인 신들은 아마 경주의 출발선에 정렬해 섰다가 선물에 매수되어 다른 팀에게 승리를 양보하는 기수에 비유되어서도 안 될 것입니다.

클레이니아스 그런 비유를 하시다니, 그것은 신들을 헐뜯는 것입니다.

25 pleonexia.

26 adikia.

27 『일리아스』 9권 500행.

아테나이인 또한 신들은 장군, 의사, 농부, 목자 그리고 늑대에게 홀린 감시견에도 비유될 수 없습니다.

클레이니아스 말조심하십시오. 어찌 그럴 수 있겠습니까?

907a **아테나이인** 그런데 모든 신은 우리에게 가장 위대한 수호자들이며 가
장 큰일을 보살피지 않나요?

클레이니아스 그야 물론입니다.

아테나이인 그렇다면 우리는 가장 훌륭한 것을 보살필뿐더러 보살피는 기술이 탁월한 신들이 감시견이나 보통 사람보다 못하다고 말할까요? 이들도 불의한 자들이 불경한 방법으로 제공하는 선물에 매수되어 올바른 것을 저버리는 짓은 결코 하지 않을 텐데 말입니다.

b **클레이니아스** 물론입니다. 그런 주장은 용납할 수 없습니다. 인간이 범
하는 온갖 불경 중에서도 이런 견해를 고수하는 자야말로 가장 사악
하고 가장 불경한 자로 심판받아 마땅합니다.

머리말의 마무리

아테나이인 이제 우리는 신들은 존재하며, 신들은 우리를 보살피며, 정의에 반해서는 결코 신들을 달랠 수 없다는 이 세 명제를 충분히 증명했다고 말할 수 있겠지요?

클레이니아스 왜 아니겠습니까? 아무튼 우리는 그대의 그런 논리에 동의합니다.

아테나이인 하지만 우리는 이들 악당에게 이기고 싶은 마음에서 마치
c 논쟁하듯 논리를 전개한 것 같습니다. 그리고 클레이니아스님, 우리가

이기고 싶어한 것은, 만약 그 악당들이 토론에서 이기면 자신들에게
는 신들에 관한 자신들의 온갖 견해에 따라 제멋대로 행동할 수 있는
권한이 있다고 믿지 않을까 두려웠기 때문입니다. 그래서 우리는 젊은
이들처럼 힘주어 말하고 싶었던 것입니다. 그러나 우리가 이 사람들이
자신들을 미워하게 만들고 정반대되는 성격에 호감을 갖도록 설득하
는 데 조금이라도 기여했다면, 불경에 관한 우리 법률의 전문은 성공 d
적이었다고 할만 합니다.

클레이니아스 그럴 희망이 있습니다. 그렇지 않더라도 적어도 그런 성격의 주제를 논의했다고 입법자가 비난받는 일은 없을 것입니다.

아테나이인 이제는 전문에 이어 우리가 법률 해설자로서 모든 불경한 자는 경건한 삶을 위해 종전의 생활태도를 버리라고 공표해두는 게 옳을 것입니다. 그런 다음 불복종하는 경우에는 다음과 같은 불경에 관한 법률을 적용해야 합니다.

불경죄를 다스리는 법률

누가 말이나 행동으로 불경을 저지를 경우, 그 자리에 있던 사람이 관 e
리들에게 신고함으로써 법률을 수호하는 데 협조해야 하며, 이를 통보
받은 최초의 관리는 피고인을 법률에 따라 이런 사건을 재판하는 법
정으로 데려가야 합니다. 관리가 사건을 통보받고도 이런 의무를 다하
지 않을 경우, 누구든 법률을 옹호하길 원하는 사람이 그 관리를 불경
죄로 제소할 수 있어야 합니다. 누가 유죄 판결을 받을 경우, 법정은 불
경을 저지른 자 각자에게 따로따로 형벌을 부과해야 합니다. 모든 경 908a

우에 구금 조치가 취해져야 합니다. 나라에는 세 감옥이 있습니다. 그 중 하나는 대다수 범죄자의 신병을 안전하게 구금하기 위해 시장 근처에 있는 일반 감옥입니다. 두 번째 것은 새벽 회의[28]의 회의장 근처에 있는데 '교화소(敎化所)'라 불립니다. 세 번째 것은 농촌 지역 한복판의 외지고 지세가 아주 험한 곳에 있는데, 이 감옥의 이름에는 '징벌'의 뜻이 내포되어 있습니다.

두 종류의 불경죄

b 불경에는 우리가 이미 언급한 바 있는 세 원인이 있고, 각각의 원인은 두 가지로 나뉘므로 불경죄를 범하는 자들은 여섯 범주로 구분하는 것이 바람직하며, 각 범주에 부과되는 처벌도 종류와 정도가 서로 달라야 합니다. 먼저 완전한 무신론자를 생각해보십시오. 어떤 자는 〔무신론자이긴 하지만〕 본성적으로 올바른 성격을 타고나 사악한 자를 미워하고, 불의를 싫어하고 불의한 짓을 하려 하지 않고, 올바르지 못한 자는
c 피하고 올바른 자는 좋아할 수 있습니다. 그런가 하면 다른 자는 만물에 신이 없다는 견해에 더하여 쾌락을 추구하고 고통을 피하고 싶은 절제할 수 없는 충동의 제물이 되고, 기억력이 좋고 통찰력이 예리할 수도 있습니다. 이들은 둘 다 무신론이라는 공통된 질병을 앓고 있지만, 남에게 해악을 끼친다는 점에서는 전자가 후자보다 훨씬 덜 위험합니다. 전자는 신들과 제물과 맹세에 대해 솔직히 말하고 남을 놀려댐으로써,
d 계속해서 벌받지 않는다면, 아마 남도 자기와 같은 사람으로 만들 것입니다. 반대로 후자는 전자와 같은 견해를 갖고 있지만 이른바 '재주꾼'

인지라 교활하고 음흉합니다. 그래서 이 유형에서 수많은 예언자와 온
갖 요술사가 배출되고, 때로는 참주와 대중 연설가, 장군과 사적인 밀교
의식을 이용하여 음모를 꾸미는 자와 이른바 '소피스트'의 책략이 생겨
납니다. 따라서 무신론자는 서로 다른 여러 유형이 있을 수 있지만 입법
을 위해서는 두 집단으로 나눌 필요가 있습니다. 위선적인 무신론자는 e
한두 번이 아니라 여러 번 죽어 마땅하지만, 다른 유형은 훈계와 더불
어 구금이 요구됩니다. 마찬가지로 신들은 세상사에 무관심하다는 믿
음도 두 범주를 낳고, 신들은 달랠 수 있다는 믿음 역시 다른 두 범주를
낳습니다. 이것들의 구분에 대해서는 이쯤 해둡시다.

불경죄에 대한 처벌

성품이나 기질이 나쁜 것이 아니라 어리석음으로 말미암아 불경죄를
범한 자들은 재판관이 법률에 따라 5년 이상 '교화소'에 구금해야 하 909a
며, 이 기간에는 훈계하고 혼을 구제하기 위해 방문하는 새벽 회의 참
석자말고는 어떤 시민도 그들과 접촉해서는 안 됩니다. 구금 기간이
만료되면 그들 가운데 마음이 건전해 보이는 자는 마음이 건전한 자
들과 살게 하되, 그렇지 못하고 같은 죄로 또다시 유죄 판결을 받는 자
는 사형에 처해야 합니다.

그런데 신들이 존재한다는 것을 믿지 않거나, 신들은 세상사에 무

28 951d~952e 참조.

관심하거나 달랠 수 있다고 믿는 것에 더하여 야수같이 되는 다른 부
b 류의 인간도 있습니다. 그들은 인간을 멸시하며 살아 있는 많은 사람
을 현혹하는가 하면, 죽은 자의 혼을 불러낼 수 있다고 말하며 제물과
기도와 주문의 힘을 빌려 신들을 설득하겠노라고 약속함으로써 돈 때
문에 개인과 가정 전체와 나라를 완전히 망치려 합니다. 이런 자 중에
누가 유죄 판결을 받으면, 법정은 법률에 따라 나라 한가운데에 있는
c 감옥에 구금하여 그를 처벌해야 합니다. 자유민은 어느 누구도 결코
그런 자를 방문해서는 안 되며, 법률 수호자가 정해준 양식은 노예가
건네주어야 합니다. 그가 죽은 뒤에는 시신은 매장하지 말고 국경 밖
으로 내던져야 합니다. 만약 어떤 자유민이 그를 매장하는 데 도움을
주면, 누구든 원하는 사람이 불경죄로 제소할 수 있어야 합니다. 유죄
판결을 받은 자가 시민이 되기에 손색없는 자식들을 남길 경우, 고아
d 감독관이 그들의 아버지가 유죄 판결을 받은 날로부터 아이들을 여
느 고아들 못지않게 보살펴야 합니다.

사설 성소의 금지

이 모든 범죄자에게 적용되는 하나의 일반법이 제정되어야 하는데, 그것은 법률에 반하는 종교행사를 금지함으로써 그들 대부분이 말과 행동으로 신들에게 불경죄를 덜 범하게 하고, 무엇보다도 그들을 계몽하는 데 일조할 것입니다. 그들 모두를 위해 다음과 같이 포괄적인 법률을 제정해야 합니다. 어느 누구도 가정집에 성소를 두어서는 안 됩니다. 제물을 바치고 싶은 사람은 공공 성소에 가야 하며, 자신의 제물은 그

것을 봉헌할 의무가 있는 남녀 사제에게 맡겨야 합니다. 그러고 나서 e
그와, 누구든 그가 동참하기를 원하는 사람이 함께 기도해야 합니다.
이런 규정을 지키는 것은 이런 이유 때문입니다. 신전을 세우고 신들
을 모시는 것은 쉬운 일이 아니며, 제대로 하려면 심사숙고해야 합니
다. 사람들이 대개 어떻게 하는지 보십시오. 특히 모든 여자와 병에 걸
리거나 위험에 처하거나 어떤 종류의 것이든 곤경에 처한 사람이나, 그
와는 반대로 행운을 만난 사람이 어떻게 하는지 보십시오. 그들은 아
무것이나 손에 닥치는 대로 봉헌하고 제물을 바치겠다고 서약하며 신 910a
들과 수호신들과 신들의 자녀들에게 신전을 세우겠다고 약속합니다.
또한 깨어 있는 상태나 꿈속에서 환영을 보고 느끼거나 나중에 그런
환영을 떠올리며 다시 느끼는 두려움에 쫓겨 그들은 저마다 치료제를
찾는데, 그 결과 정결한 공간이나 그런 일을 겪은 장소에 제단과 성소
를 세워 모든 집과 마을을 그런 것으로 가득 채우곤 합니다. 방금 말한
법률은 이런 이유 때문에라도 지켜져야 하지만 거기에는 또 다른 목적 b
이 있습니다. 곧 불경한 자들이 제물과 기도로 은밀히 신들을 달랠 수
있으리라고 믿고는 가정집에 성소와 제단을 세워 몰래 그런 짓을 하는
것을 방지하는 것입니다. 이는 그들의 불의를 한없이 키워 그들 자신
뿐만 아니라 그들보다 더 훌륭하지만 그들을 용납한 자들도 신들의 노
여움을 살 것이며, 그리하여 어찌 보면 당연한 일이지만 온 나라가 이
들 불경한 자의 죄를 함께 갚을 것입니다. 하지만 신은 입법자를 나무
라지 않을 것입니다. 이런 법률이 제정될 테니까요.

가정집에 성소를 세우는 것을 금해야 합니다. 누가 공공 성소가 아 c

닌 성소를 두고 거기서 신들을 경배하다가 발각되면 그 소유자가 남자
건 여자건 중대하고 불경한 불의를 저지르지 않았을 경우, 사실을 인
지한 자가 법률 수호자들에게 신고해야 합니다. 그러면 이들이 사설
성소를 공공 신전으로 옮기도록 명령하고, 명령에 불복하는 자에게는
그것을 다 옮길 때까지 벌금을 물려야 합니다. 그러나 만약 누가 사유
지에 성소를 세우거나 공공장소에서 나라가 받드는 신들에 포함되지
않는 아무 신에게나 제물을 바침으로써 어린아이의 사소한 불경죄가
d 아니라 어른의 심각한 불경죄를 저지른 것으로 판명되면, 부정한 손으
로 제물을 바친 죄로 사형에 처해야 합니다. 법률 수호자는 범죄가 어
린아이가 저지를 법한 경미한 것인지 아닌지 판단한 뒤 사건을 법정으
로 옮겨 불경을 저지른 자에게 법정이 정한 형을 집행해야 합니다.

제11권

제22부 재산법

타인의 재산에 대한 존중

아테나이인 다음으로 우리가 적절히 조정해야 할 것은 상호 거래입니다. 이에 대한 일반적인 규정은 다음과 같을 것입니다. 가능하다면 어느 누구도 주인의 동의를 구하지 않고는 개인 재산을 건드리거나 조금이라도 옮겨서는 안 됩니다. 나도 지각이 있다면 남의 재산을 같은 원칙에 따라 대해야 합니다. 913a

땅속에 묻힌 보물의 취득

먼저 내 선조 가운데 한 명이 아닌 사람이 자신과 자기 가족을 위해 감춰둔 보물을 예로 들어봅시다. 나는 그런 것을 발견하게 해달라고 신 b
들에게 기도해서는 안 되고, 발견할 경우 옮겨도 안 되며, 이른바 점쟁이와 의논해도 안 됩니다. 그들은 땅속에 묻힌 것을 취득하라고 어떻게든 내게 조언할 것입니다. 그러나 내가 그것을 취득함으로써 얻게 될 금전적 이득이라고 해봐야 그것을 취득하지 않음으로써 미덕과 도덕

적 올바름에서 얻는 것에 필적하지 못할 것입니다. 호주머니에 돈을 채
우기보다 혼에 정의를 채우기를 택함으로써 더 못한 재물 대신 더 나
은 재물을 나의 더 나은 부분에 갖게 되는 것이니까요. "옮기지 말아
c 야 하는 것은 옮기지 마라"[1]라는 규칙은 많은 경우에 적용되는데, 지
금 이 경우도 그중 하나입니다. 우리는 그런 태도와 관련해 그렇게 하
는 것은 자손에게 이롭지 못하다는 설화를 믿어야 합니다. 누가 자식
생각도 않고 입법자도 아랑곳하지 않고 그 자신도 그의 아버지도 그
의 선조 가운데 한 명이 놓아둔 것도 아닌 것을 놓아둔 사람의 승낙
도 받지 않고 옮긴다고 가정해보십시오. 그리하여 그가 가장 고매한
법률을, 더없이 고상한 사람[2]이 "네가 놓아두지 않은 것은 집지 마라"
d 는 말로 표현한 가장 간명한 법률을 파괴한다고 생각해보십시오. 이
두 입법자[3]를 무시하고 자신이 놓아두지도 않았으며 언제나 사소한
것이 아니라 때로는 큰 보물일 수도 있는 것을 집어 가는 사람은 어떤
처벌을 받아야 할까요? 그가 신들에게 어떤 처벌을 받을지는 신이 압
e 니다. 그런 일을 맨 먼저 인지한 사람은 그런 일이 도성 내에서 일어날
때는 도성 감독관에게, 도성의 시장에서 일어나면 시장 감독관에
914a 게, 농촌에서 일어나면 농촌 감독관과 그들의 우두머리에게 신고해
야 합니다. 일단 신고받으면 국가는 델포이로 사람을 보내 그 신[4]이 문
제의 돈과 그것을 옮긴 자와 관련하여 무슨 말을 하건 신탁이 시키는
대로 해야 합니다.

신고한 자가 자유민일 경우에는 유덕하다는 평판을 얻겠지만, 자
유민이 신고하지 않은 경우에는 사악하다는 평판을 얻도록 해야 합니

다. 신고한 자가 노예일 경우, 국가는 그에게 자유를 부여하되 그 주인 에게는 당연히 그를 구입한 값을 배상해야 합니다. 그러나 노예가 신고하지 않은 경우, 사형에 처해야 합니다.

일반 습득물

순서상 그다음은 중요하거나 사소한 것에 이와 비슷한 규정을 적용하 b
는 것이겠지요. 누가 자신의 어떤 재물을 고의로 또는 본의 아니게 어딘가에 놓아두는 경우, 그것을 발견하는 사람은 누구든 그런 것은 법률에 의해 길가의 여신[5]에게 봉헌된 만큼 그 여신이 지키고 있다고 믿고 그대로 두어야 합니다. 누가 이런 규정을 무시하고 그것을 집어 집으로 가져가면, 그가 노예이고 그 물건이 값나가는 것이 아닐 경우, 30
세 넘은 행인에게 호되게 매질을 당해야 합니다. 그가 자유민일 경우, c
자유민답지 못하고 법을 무시한다고 여겨지는 것에 더하여 그가 옮긴 물건 값의 열 배를 그 물건을 놓아둔 사람에게 물어야 합니다.

1 684e, 843a 참조.

2 아테나이의 입법자 솔론.

3 솔론과 마그네시아의 입법자.

4 아폴론.

5 헤카테(Hekate). 전쟁, 경기, 마술, 농경 등을 관장하는 여신으로 지옥의 개를 끌고 교차로에 나타난다고 한다. 여기서는 '헤카테의 저녁식사'와 연관된다. 매달 그믐에 새 달을 맞는 정화의식으로 교차로에 있는 여신상의 발 앞에 저녁식사가 차려지는데, 이는 가난한 이들에게 주어지는 먹을거리였다.

다툼의 대상이 된 재물

또한 만약 A가 크든 작든 자기 재물의 일부를 갖고 있다고 B를 제소하
고, B는 그것을 갖고 있다는 것은 인정하지만 그것이 A의 것이라는 사
실을 부인하면, 그 재물이 법에 따라 관청에 등록되어 있을 경우, A는 B
를 관청으로 소환하고 B는 그곳에서 문제의 재물을 제시해야 합니다.
물건이 제시되고 서로 다투는 당사자 가운데 어느 한 명의 재산으로 문
d 서에 등록된 것으로 밝혀지면 그 임자가 그것을 갖습니다. 하지만 그 재
물이 그 자리에 없는 제3자에게 속하는 것으로 밝혀지면 두 당사자 가
운데 더 믿음직한 보증인을 내세우는 쪽이 문제의 제3자에게 인도하기
위하여 그 자리에 없는 쪽을 대신하여 자신이 소지할 권리를 행사하여
그 재물을 가져가야 합니다. 문제의 재물이 관청에 등록되어 있지 않을
경우, 판결이 날 때까지 가장 연로한 세 명의 관리에게 맡겨두어야 합니
다. 압류물이 가축일 경우, 이와 관련된 재판에서 패소하는 자가 관리들
e 에게 사료비를 물어야 합니다. 관리들은 3일 이내에 판결해야 합니다.

노예와 해방노예에 대한 처우

정신이 온전하다면 누구든 원하는 사람은 자기 노예를 포박하여 불경죄를 범하지 않는 범위 내에서는 제 마음대로 해도 됩니다. 그는 도주하지 못하도록 친족이나 친구를 위해 달아난 노예를 체포해도 됩니다. 그러나 누가 노예로 끌려가는 자를 방면해주기를 원한다면 끌고 가는 사람은 그 노예를 포기해야 하며, 노예를 방면하려는 사람은 믿음직한 보증인 세 명을 내세워야 합니다. 이런 조건으로 노예는 방면되어야 하고,

다른 조건으로 방면되어서는 안 됩니다. 이런 조건을 어기고 누가 노예 915a
를 방면하려 하면 폭행죄로 제소할 수 있고, 유죄 판결을 받으면 노예
를 끌고 가던 자에게 고소장에 적힌 피해액의 두 배를 물어야 합니다.

해방노예가 자기를 해방시켜준 사람에게 봉사하지 않거나 충분히
봉사하지 않을 경우, 체포해도 좋습니다. 그 봉사란 한 달에 세 번 해방
노예가 자기를 해방시켜준 사람의 집을 찾아가서 옳고 행할 수 있는 일
이면 무엇이든 시키는 대로 하고, 결혼과 관련해서는 전(前) 주인이 옳
다고 생각하는 대로 하는 것입니다. 해방노예는 자기를 해방시켜준 사
람보다 더 부유해서는 안 되며, 더 부유하면 그 초과분은 주인 몫이 됩니 b
다. 해방노예는 20년 이상 나라에 체류해서는 안 되고, 관리와 자기를 해
방시켜준 사람에게서 체류 허가를 받지 못하면 다른 외국인처럼[6] 자신
의 전 재산을 갖고 떠나야 합니다. 해방노예나 다른 외국인이 취득한
재산이 세 번째 재산등급[7]에 허용된 한계를 초과하면 그가 이 초과분
을 취득한 날로부터 30일 이내에 자기 재산을 갖고 떠나야 하며, 그에
게는 관리에게 체류 허가를 연장해달라고 요구할 권리가 없습니다. 해 c
방노예가 이런 규정에 불복하다가 법정에 끌려와 유죄 판결을 받으면
사형에 처해져야 하며, 그의 재산은 국가가 몰수해야 합니다. 이런 사
건들은 소송 당사자가 이웃들 앞에서, 말하자면 자신들이 뽑은 재판
관들 앞에서 해결을 보지 못하면 부족 법정에서 재판받아야 합니다.

6 850b~c 참조.

7 744b~745a, 754e 참조.

제23부 상거래법

판매와 교환에 관한 법률

만약 남의 가축이나 어떤 재물을 제 것이라고 주장하는 사람이 생기
d 면 그것을 소유한 사람은 그것을 판매한 사람이나, 지불 능력이 있고
고소 가능한 기증자나 그 밖의 방법으로 정당하게 양도받은 사람에게
반송해야 합니다. 그가 시민이나 국내 거주 거류민일 경우 30일 이내
에 반송해야 하고, 외국인일 경우 5개월 이내에 반송해야 하는데, 그중
가운데 달은 하지가 든 달이어야 합니다.[8]

외상거래의 금지

누가 구입이나 판매를 통하여 물건을 남과 교환할 경우, 시장의 정해
진 장소에서 물건을 넘겨주고 맞돈을 받음으로써 교환 행위가 이루어
e 져야하고 다른 곳에서는 그렇게 해서는 안 됩니다. 또한 어느 누구도
외상으로 물건을 구입하거나 판매해서는 안 됩니다. 누가 교환하는 상
대방을 믿고 다른 방법으로 다른 장소에서 남과 교환한다면, 방금 언
급한 조건에 따르지 않은 판매 행위에는 법률상의 청구권이 없다는 점
을 알아야 합니다. 기부금의 경우 누구든 원하는 사람은 친구로서 친
구들로부터 기부금을 거둘 수 있습니다. 그러나 기부금 문제로 다툼
을 벌일 경우, 여기서는 어떤 경우에도 법에 호소할 길이 없음을 알아
야 합니다.

반환

물건을 판매하고 50드라크메 이상의 대금을 받은 사람은 반드시 그 나라에 10일 동안 체류해야 하고, 구입자는 판매자의 주소를 알아야 합 916a
니다. 그런 거래에서 흔한 불만 사항을 처리하고 법적으로 허용되는 반환이 가능하도록 하기 위해서입니다. 합법적인 반환이나 반환 거부는 다음과 같이 이루어져야 합니다. 누가 폐병이나 결석이나 배뇨곤란이나 이른바 '신성한 병'[9]이나 보통 사람은 진단할 수 없는 만성적이고 치료하기 어려운 다른 신체적 또는 정신적 질환을 앓는 노예를 팔 경우, 구매자가 의사나 체력 단련사거나 판매자가 구매자에게 그런 사실을 미리 알렸을 경우, 구매자는 판매자에게 그런 노예를 반환할 권리가 b
없습니다. 그러나 전문 지식이 있는 사람이 그런 노예를 문외한에게 판매할 경우, 구매자는 6개월 이내에 반환할 수 있습니다. 단, 간질의 경우에는 반환 기간을 1년으로 연장할 수 있습니다. 그런 사건의 재판은 양쪽이 공동으로 지명한 의사 3명이 입회한 가운데 진행되어야 하며, 판매자가 패소할 경우, 판매가의 두 배를 물어줘야 합니다. 그러나 문 c
외한이 다른 문외한에게 그런 노예를 팔 경우, 앞서 말한 경우와 똑같이 반환할 수 있고 의사 입회하에 재판받을 수 있지만 패소자는 판매가만 물어주면 됩니다. 노예가 살인자이고 구매자와 판매자가 둘 다 이 사실을 알고 있다면 구매자는 반환할 권리가 없습니다. 그러나 구

8 그리스에서는 봄부터 가을까지가 항해의 적기이다.

9 간질.

매자가 그런 사실을 모르고 산 경우, 그런 사실을 안 즉시 반환할 권리를 가집니다. 그런 사건의 재판은 가장 젊은 법률 수호자 5명의 입회하에 진행되어야 하며, 만약 판매자가 그런 사실을 알고 판매했다고 판
d 결이 나면 그는 해설자의 규정에 따라 구매자의 집을 정화해야 하며, 판매가의 세 배를 물어줘야 합니다.

위조와 기만

화폐[10]를 화폐 또는 생명이 있거나 생명이 없는 다른 것과 교환하는 자는 그런 것을 법에 따라 언제나 순수한 상태로 주고받아야 합니다. 우리 입법의 다른 부분에서도 그랬듯이 이와 관련된 범죄 전반에도 전문(前文)을 앞세우기로 합시다. 모든 시민은 위조와 거짓말과 사기를 같은 종류라고 생각해야 합니다. 대중은 흔히 이런 행위가 적기에 행해지기만 하면 대체로 정당하다고 주장하는데 그것은 그릇된 주장
e 입니다. 적절한 때와 장소를 규정하지 않고 모호한 상태로 남겨둠으로써 그들이 하는 말은 자신들에게도 남에게도 큰 피해를 주기 때문입니다. 하지만 입법자는 이런 모호함을 용납해서는 안 되며, 넓든 좁든 언제나 한계를 분명히 해두어야 합니다. 그러니 우리도 몇 가지 한계를 설정하기로 합시다. 신들에게 몹시 미움받고 싶지 않다면 어느 누구
917a 도 신들을 증인으로 부를 때 거짓말하거나 기만하거나 말이나 행동으로 속여서는 안 됩니다. 신들을 무시하고 거짓 맹세를 하는 자나, 그다음으로는 자기보다 더 우월한 자의 면전에서 거짓말을 하는 자가 그런 자입니다. 그런데 나쁜 사람보다 더 우월한 것은 좋은 사람이고, 젊은

이보다 더 우월한 것은 대개 노인입니다. 따라서 부모가 자식보다, 남
자가 여자와 아이보다, 다스리는 자가 다스림 받는 자보다 더 우월합니
다.[11] 이들 우월한 자는 지도적인 위치에 있을 때는 물론이고 특히 국가
의 관직에 있을 때는 모두에게 존경받는 것이 적절합니다. 그리고 이 점
을 강조하는 것이 우리의 당면 논의의 목적입니다. 인간을 존중하고 신 b
들을 우러르기는커녕 시장 감독관의 규정과 경고에도 불구하고 신들
을 증인으로 부르고 맹세하며 시장에서 위조품을 처분하는 자는 모두
거짓말쟁이이고 사기꾼이기 때문입니다. 우리의 종교적 순수성과 고결
함의 수준이 대체로 낮다는 점을 고려할 때 함부로 신들의 이름을 부르
기 전에 다시 한번 생각한다는 것은 분명 좋은 관행입니다.

그러나 누가 이에 불복할 경우, 다음과 같은 법률에 호소해야 하는
데, 그것은 시장에서 물건을 파는 자는 팔 물건의 값을 두 가지가 아니
라 한 가지만 말해야 한다는 것입니다. 그가 한 가지로 값을 매기지 못 c
하면 당연히 자기 물건을 도로 가져가야 하고, 그날은 값을 올리거나
내려 매겨서는 안 됩니다. 또한 팔려고 내놓은 물건을 치켜세우거나 그
품질이 우수하다고 맹세해서도 안 됩니다. 누가 이런 규정에 불복할
경우, 지나가는 시민이 30세 이상이면 아무나 그를 벌주고 때리되 그
자신은 벌받지 않게 해야 합니다. 행인이 이런 규정을 몰라 불복하는
경우, 법률을 위배했다는 질책을 받아야 합니다.

10 nomisma.

11 690a 이하, 714e, 879b 참조.

d 누가 이런 경고를 귓등으로 흘리며 위조품을 팔 경우, 그런 줄 알고
있고 이를 입증할 수 있는 행인은 당국에 이를 입증해야 합니다. 행인
이 노예나 거류민일 경우, 위조품은 자기가 갖되, 시민일 경우 시장을
관장하는 신들에게 봉헌해야 합니다. 시민이 범법자를 밝히지 않으면
신들의 물건을 빼앗은 만큼 악당으로 선언되어야 합니다. 그런 위조품
을 팔다가 적발된 자는 그 위조품을 빼앗기는 것에 더하여 그가 그 물
e 건 값으로 요구한 금액의 드라크메당 한 대씩 매를 맞아야 합니다. 이
때 그가 왜 매를 맞는지 전령이 먼저 시장에서 공고해야 합니다. 시장
감독관과 법률 수호자는 판매자의 위조와 비행과 관련하여 전문가
에게 자문하여 판매자는 무엇을 해야 하고, 무엇을 해서는 안 되는
지 성문화해야 합니다. 그런 다음 이런 규정을 기둥에 새겨 시장에서
거래하는 자들에게 명확한 지침이 되도록 시장 감독관의 집무실 앞에
918a 전시해야 합니다. 도성 감독관의 직무가 무엇인지는 우리가 이미 충분
히 논의했습니다.[12] 그러나 그들이 추가적인 규정이 필요하면 법률 수
호자와 의논하여 누락되었다고 생각되는 것을 성문화하고, 자신의 옛
직무와 새 직무를 자기 집무실 앞에 있는 기둥에 새겨야 합니다.

소매

위조 행위 다음은 소매 행위입니다. 우리는 이 분야 전반에 대하여 먼
저 조언하고 논의한 다음 입법하기로 합시다. 소매 행위는 국가에 일반
b 적으로 해를 끼치기 위해 생겨난 것이 아니라 그와 정반대입니다. 어떤
종류의 물품이 불균등하고 고르지 않게 분배되어 있을 때, 그것을 고

르고 균등하게 분배하는 자가 어찌 좋은 일을 하는 사람이 아니겠습
니까? 우리는 이런 재분배는 화폐의 힘에 의해 이루어지며, 이것은 상
인이 해야 할 일이라고 말합니다. 그리고 임금노동자, 여관 주인, 더러
는 더 존경스럽고 더러는 덜 존경스러운 다른 일꾼도 물품을 균형 있 c
게 분배함으로써 공동체의 필요를 충족시키는 기능을 합니다. 그런데
왜 상업은 저급하고 평판이 좋지 않은 직업이 되었으며, 왜 상인은 욕
먹게 되었을까요? 우리가 상업 전체는 아니더라도 그중 일부 분야라
도 입법을 통해 개선할 수 있도록 그 이유를 알아봅시다. 그것은 결코
하찮은 일이 아니며 상당한 능력을 요구하는 것 같습니다.

클레이니아스 무슨 말씀이신지요?

아테나이인 친애하는 클레이니아스님, 드문 재능을 타고난 데다 최고의
교육을 받은 소수의 사람들만이 무엇인가가 필요하고 갖고 싶을 때 자 d
제력을 발휘할 수 있고, 많은 돈을 벌 기회가 생길 때 그들만이 냉정을
잃지 않고 많은 양 대신 적정량을 택합니다. 반면에 대다수 사람은 그
와 정반대입니다. 말하자면 그들은 한도 끝도 없이 욕구하고, 적당한 이
익을 얻을 수 있을 때 충족될 수 없는 욕구를 추구하는 쪽을 택합니다.
그리하여 모든 종류의 소매업과 도매업과 숙박업이 욕을 먹고 아주 평
판이 좋지 못한 것입니다. 그런 일은 일어나서도 안 되고 일어나지도 않
겠지만, 모든 점에서 가장 훌륭한 어떤 남자들이 — 우습게 들리겠지만 e

12 759a 이하, 763c~e, 849e, 881c 참조.

말하지 않을 수 없군요 — 얼마 동안 숙박업이나 소매업이나 그와 비슷
한 직업에 종사하도록 강요받았다고, 또는 어떤 여자들이 어떤 운명의
필연에 의해 그런 삶을 강요받았다고 가정해보십시오. 우리는 곧 그런
직업 하나하나가 얼마나 친절하고 바람직한지 알게 될 것이며, 정직하
게 종사하면 그런 사람은 모두 어머니나 보모처럼 존중받을 것입니다.
919a 그런데 지금 어떤 일이 벌어지고 있습니까? 누군가 사방으로 먼 길이 뻗
어 있는 외딴 곳에 소매업을 위해 집을 짓고는 지친 나그네를 반가운 숙
소에 맞아 세찬 폭풍의 희생자에게는 평화와 평온을, 무더위에 고통받
는 자에게는 시원함을 제공합니다. 하지만 그런 다음 그는 그들을 친구
로 대하고 음식 대접에 더하여 우정의 선물을 제공하는 대신 자기 손아
b 귀에 들어온 적군 포로 취급을 하며 부당하고도 엄청난 액수의 몸값을
받고 풀어줍니다. 지친 나그네를 돕는 직업이 이런 악평을 듣게 된 것은
그런 업종 전반에서 행해지는 그렇고도 그런 탈선 행위들 때문입니다.

이에 대해 입법자는 어떤 경우에도 대책을 강구해야 합니다. 질병이
나 그 밖에도 많은 예를 들 수 있지만, "상반된 두 적을 상대로 싸우기
는 어렵다"는 옛말이 옳습니다.[13] 질병의 경우가 그렇고, 그 밖에도 그
런 예들은 많습니다. 실제로 우리는 지금 이 분야에서 가난과 부라는
c 두 적을 상대로 싸우고 있는데, 부는 우리의 혼을 사치로 타락시키고,
가난은 고통을 통해 우리의 혼을 파렴치하게 만듭니다. 이성적인 국가
에서 이런 질병을 퇴치할 구제책은 무엇일까요? 첫째, 소매상 수를 최
소한으로 줄이는 것이고 둘째, 설령 타락하더라도 국가에 큰 해악을
끼칠 수 없는 부류에게 소매업을 맡기는 것이고 셋째, 그런 업종에 종

사하는 자들이 너무 쉽게 철면피가 되고 비열한 인간이 되지 않게 할 d
방책을 세우는 것입니다.

이런 전문에 이어 우리는 이런 것들에 관하여 행운이 함께하기를 기
대하며 다음과 같은 법률을 제정하기로 합시다. 신이 지금 마그네시아
를 다시 일으켜 세우며 그곳에 주민을 이주시키고 있는데, 그곳의 화
덕 5,040개 가운데 하나를 가진 주민은 어느 누구도 자의든 자의가 아
니든 소매상이나 도매상이 되어서는 안 되며, 똑같은 봉사를 되돌려
주지 않는 사인 그 누구에게도 하인처럼 봉사해서는 안 됩니다. 단, 아 e
버지와 어머니와 먼 조상과 연장자에 대한 봉사는 예외입니다. 그들이
자유민이고 그의 봉사가 자유민다울 때는 말입니다. 무엇이 자유민답
고 무엇이 자유민답지 못한지 법률로 명확히 규정하기란 쉬운 일이 아
니며, 이 점은 자유민답지 못함을 싫어하고 자유민다운 것에는 헌신적
이라고 정평이 난 사람들이 결정해야 합니다.

술수를 써서 자유민에게 금지된 방법으로 소매업에 종사하는 자가
있으면 원하는 사람은 누구든, 미덕에서 으뜸간다는 평판을 듣는 사람
들로 구성된 법정에 씨족의 체면을 깎은 죄로 제소해야 합니다. 그가 어
울리지 않는 직업에 종사함으로써 선조의 화덕을 더럽혔다는 판결을
받을 경우, 1년 동안 구금되고 풀려난 다음에는 그런 활동을 그만두어
야 합니다. 그만두지 않는다면, 그런 자는 2년 동안 구금하고 새로 유죄 920a

13 『파이돈』 89c 참조.

판결을 받을 때마다 구금 기간을 계속해서 두 배로 늘려야 합니다.

두 번째 법률은 다음과 같습니다. 소매업에 종사하려는 자는 거류민이거나 외국인이어야 합니다. 세 번째 법은 그런 사람은 국내에서 함께 사는 동안 되도록 더 훌륭하고 되도록 덜 악하게 살아야 한다는 것입니다. 그러기 위해 법률 수호자는 훌륭한 가문과 훌륭한 교육 덕분에 범법자와 사악한 인간이 되는 것을 막기가 쉬운 사람들만의 수호자
b 로 여겨져서는 안 됩니다. 그런 혜택을 누리지 못하는 데다 악덕으로 인간을 강력하게 유인하는 직업에 종사하는 까닭에 더 세심하게 감시할 필요가 있는 사람들도 있습니다. 다양하고 수많은 유사 활동을 포함하는 소매업과 관련하여, 말하자면 그중에서 국가에 꼭 필요하다고 간주되어 남겨두기로 결정된 소매업 분야와 관련하여 법률 수호자들은, 우리가 앞서 이와 유사한 행위인 위조와 관련하여 그들에게 지시
c 한 대로,[14] 각 분야의 전문가들을 만나야 합니다. 이들과 만나서 얼마를 받아야 필요 경비를 빼고 소매상에게 적정 이윤이 남을지 찾아내야 합니다. 적정 비율을 찾아내면 이를 공시한 뒤, 일부는 시장 감독관이, 일부는 도성 감독관이, 일부는 농촌 감독관이 각종 소매상에게 요구해야 합니다. 그리하면 소매업은 모든 주민에게 유익하고, 그것을 이용하는 사회 구성원에게 해악을 가장 덜 끼칠 것입니다.

계약의 불이행

d 누가 합의한 계약을 이행하지 못할 경우, 그가 법률이나 법령이 금하는 행위를 하기로 계약했거나 부당한 압력을 받아 동의했거나 불의의

사고로 인하여 본의 아니게 계약을 이행할 수 없는 경우가 아니라면, 이런 계약 불이행에 대한 재판은 부족 법정에서 진행되어야 합니다. 당사자가 그러기 전에 중재인들, 즉 이웃들 앞에서 화해할 수 없을 때는 말입니다.

장인과의 고용 계약

기술로 우리의 삶을 윤택하게 해주는 장인의 부류는 아테나와 헤파이스토스[15]의 보호를 받고, 다른 기술 즉, 방어술에 의해 이들 장인의 e
생산품을 보호해주는 자들은 아레스[16]와 아테나의 보호를 받습니다. 후자의 부류 역시 이들 신들에게 봉헌되었다는 것은 타당합니다. 실제로 이 두 부류는 지속적으로 국가와 주민들을 돌보는데, 후자는 전쟁의 투쟁을 주도함으로써 그리하고 전자는 보수를 받고 도구와 물건을 생산함으로써 그리합니다. 따라서 그들이 자신들의 조상인 신들을 경외한다면 직업과 관련하여 거짓말을 하는 것을 창피스러운 일로 여길 921a
것입니다. 어떤 장인이 사악함 때문에 정해진 기간 안에 제품을 완성하지 못하고 자신의 생계를 보장해주는 신을 존중하기는커녕 마음의 눈이 멀어 자기와 각별히 가까운 사이이니 그 신이 자기를 용서해줄

14 917e 참조.

15 아테나는 아테나이의 수호 여신으로 전쟁과 직조와 공예의 여신이고, 헤파이스토스(Hephaistos)는 불과 대장장이 신이다.

16 아레스는 전쟁과 맹목적인 살육의 신이다.

것이라고 착각한다면, 그는 첫째, 신에게 벌금을 물어야 하고 둘째, 그
의 경우에 적용할 수 있는 법조항에 따라 그를 고용한 사람에게 거짓
말을 한 제품 값을 빚진 것으로 보아 처음부터 다시 정해진 기간 안에
보수를 받지 않고 제품을 완성해야 합니다.

b 판매자에게 그랬듯이[17] 법률 또한 일을 맡는 사람에게 이득을 취하
려고 너무 높은 값을 매기지 말고, 실제 가격만 부르라고 조언합니다.
일을 맡는 사람은 장인인지라 그 일의 가치를 아는 만큼 그도 그럴 의
무가 있습니다. 자유민의 나라에서 장인은 기본적으로 공명정대하고
정직한 자기 기술을 이용하여 문외한을 교묘하게 속이려고 해서는 안
되며, 그럴 경우 피해자가 가해자를 제소할 수 있어야 합니다. 반면에
c 장인에게 일을 시킨 자가 합법적인 합의에 따라 제대로 대금을 지불하
지 않고 국가의 공동 시민으로서 국가를 수호하는 제우스와 아테나
를 무시하며 작은 이익을 탐하여 공동체의 결속력을 느슨하게 할 경
우, 법률은 신들의 도움을 받아 국가의 응집력을 강화해야 합니다.

완성된 제품을 인수하고도 정해진 기간 안에 대금을 지불하지 않
는 자가 있다면, 대금의 두 배를 갚게 합니다. 만 1년이 경과하면 대부
d 금 일반은 이자를 물지 않는다는 규정에도 불구하고 매달 드라크메당
1오볼로스[18]의 이자를 물어야 합니다. 이 경우 재판은 부족 법정에서
진행해야 합니다.

군사기술 장인

우리가 장인 일반에 대해 언급했으니 내친걸음에 장군이나 군사기술

전문가처럼 우리를 전쟁에서 안전하게 지켜주는 직업에 종사하는 자들에 대해서도 언급하는 것이 공정할 것입니다. 이들도 종류가 다르지만 다른 장인들과 마찬가지로 장인이므로, 그들 중 누가 자의 또는 타의로 공적인 일을 맡아 잘해낸다면 법률은 그에게 명예라는 군인의 e
품삯을 정직하게 지급하는 자를 칭찬하는 일에 결코 지치지 않을 것입니다. 그러나 시민이 훌륭한 군사 활동의 혜택을 받고도 대가를 지불하지 않는다면 법률은 시민을 비난할 것입니다. 그러니 군사 활동과 관련해서는 다음과 같은 규정 겸 칭찬을 시민 대중에게 강요하기보다는 권고하기로 입법합시다. 용감한 행동이나 탁월한 군사작전으로 온 나라의 구원자가 된 훌륭한 사람들에게는 명예를 수여하되 두 번 922a
째 명예가 주어져야 합니다. 왜냐하면 최고의 명예는 훌륭한 입법자들의 성문화된 훌륭한 규정을 남달리 존중할 줄 아는 것으로 밝혀진 사람들에게 맨 먼저 주어져야 하기 때문입니다.

제24부 가족법

유언장 작성

이상으로 우리는 사람과 사람 사이의 가장 중요한 거래에 대한 규정을

17 917b~d, 920a~c 참조.

18 1드라크메는 6오볼로스이다.

고아와 보호자에 의한 고아의 보살핌에 관한 것만 제외하고는 사실상 다 만들었습니다. 그러니 우리는 전자를 논의한 데 이어 후자에 대해
b 서도 어떻게든 규정을 만들 필요가 있습니다. 우리의 모든 규정은 두 가지 기본 사실에서 출발해야 합니다. 사람들은 죽음을 앞두고 유언장으로 자신의 재산을 정리하고 싶어하며, 때로는 유언장을 남기지 않은 채 죽기도 합니다. 얼마나 어렵고 까다로운 문제입니까, 클레이니아스님? 그래서 나는 이 점을 염두에 두고 "필요가 있다"고 말한 것입니다. 이런 문제를 규정하지 않고 내버려둔다는 것은 있을 수 없습니다. 누가 삶의 종말에 이른 상태에서 유언장을 작성한 경우 거기에 절대적
c 이고 무조건적인 효력을 인정한다면, 각자는 법의 정신과 살아남는 사람의 성향은 물론이고 유언장을 작성하기로 결심하기 이전의 자기 의도에도 배치되는 여러 가지 조치를 취할 테니까요. 무엇보다도 우리는 죽음이 임박하다 싶으면 대개 분별력이 없고 심약해집니다.

클레이니아스 손님, 그게 무슨 말씀이신지요?

아테나이인 클레이니아스님, 죽음이 눈앞에 다가온 사람은 다루기 어렵고, 입법자가 듣기에 매우 걱정스럽고 거북한 말을 마구 쏟아냅니다.

클레이니아스 어째서 그렇습니까?

d **아테나이인** 그는 모든 것에 주인 노릇을 하고 싶은 나머지 대개 화를 내며 말하곤 합니다.

클레이니아스 어떤 말을 한다는 거지요?

아테나이인 "신들이시여!" 하고 그는 말합니다. "내가 내 것을 내가 원하는 사람에게 줄 수 없다면 참으로 끔찍한 일입니다. 왜 나는 내게 좋

은 친구로 또는 나쁜 친구로 밝혀진 바에 따라 누구에게는 더 많이 주고 누구에게는 더 적게 주어서는 안 되는 것입니까? 나의 질환과 노령, 여러 가지 불운이 그들을 충분히 가려냈는데도 말입니다."

클레이니아스 손님, 그대는 그의 말이 옳다고 생각하지 않으십니까?

아테나이인 클레이니아스님, 내가 보기에 옛날의 입법자들은 안이하 e
게도 인간의 조건을 피상적으로 관찰하고 생각한 다음 입법한 것 같
습니다.

클레이니아스 무슨 말씀이신지요?

아테나이인 클레이니아스님, 옛날 입법자들은 그런 말이 두려워서 자
기 재산을 아무 제약 없이 자기 뜻대로 처분하는 것을 허용하는 법률
을 제정했습니다. 그러나 나와 그대는 그대의 나라에서 죽음이 임박 923a
한 사람들에게 더 적절한 답변을 할 것입니다.

우리는 말할 것입니다. "친구들이여, 말 그대로 하루살이들이여, 여
러분의 현재 상황에서 여러분은 자신의 재산은 물론이고, 퓌토[19]의 명
문(銘文)[20]이 요구하듯 자신을 알기도 어렵소. 그래서 나는 입법자로
서 여러분도 여러분의 이 재산도 여러분에게 속하는 것이 아니라 과거
와 미래의 여러분의 씨족 전체에 속하며, 여러분의 씨족과 그것의 재
산은 국가에 속한다고 선언하오. 그러니 나는 여러분이 질병이나 노령 b

19 Pytho. 델포이의 옛 이름.

20 "너 자신을 알라!"(gnothi sauton). 『카르미데스』 164d~e, 『프로타고라스』 343b, 『필레보스』 43c 참조.

에 시달릴 때 누가 아부로 환심을 사서 최선의 것에 반하는 유언장을 작성하도록 여러분을 감언이설로 꾀는 것을 자의로는 용납하지 않을 것이오. 오히려 나는 국가 전체와 씨족에게 최선의 것을 주목하여 입법할 것이며, 당연히 개인의 이익은 덜 중시할 것이오. 그러니 여러분은 지금 인간 본성을 따라야 하는 그 길을 계속해서 가되 우리에게
c 상냥함과 호의를 보이시오. 우리는 여러분의 나머지 일을 힘닿는 데까지 최선을 다해 돌볼 것이며, 어떤 것은 돌보고 어떤 것은 돌보지 않는 일은 없을 것이오."

유언법과 상속법

클레이니아스님, 이것이 살아 있는 자들과 죽어가는 자들 모두를 위한 전문 겸 위로의 말이 되게 합시다. 실제 법률은 다음과 같습니다.

유언장을 작성하여 재산을 처분하는 사람이 아이들의 아버지일 경우 첫째, 아들들 가운데 누가 할당 토지의 상속인이 될 자격이 있다고 생각하는지 적어야 합니다. 또한 그는 나머지 아들 가운데 누구를 경우에 따라 남에게 양자로 보낼 것인지도 적어야 합니다. 하지만 그러고
d 도 그에게 어떤 할당 토지의 상속인으로도 입양되지 못하여 아마도 법에 따라 식민시로 보내질 것으로 예상되는 아들이 있으면, 아버지는 이 아들에게 조상 전래의 할당 토지와 그에 관련된 모든 장비를 제외한 자신의 재산 중에서 자기가 원하는 만큼 줄 수 있어야 합니다. 그런 처지에 있는 아들이 여럿이면, 아버지는 할당 토지를 초과하는 자기 재산을 자기가 원하는 비율로 분배할 수 있습니다. 그러나 집이 있는 아들

에게는 자기 재산을 분배해서는 안 되며, 딸의 경우도 마찬가지입니다.
딸이 약혼한 경우에는 딸에게 재산을 분배해서는 안 되고, 약혼하지 e
않은 경우에만 분배해야 합니다. 그러나 유언장이 작성된 뒤에 아들
들 또는 딸들 중 한 명이 마그네시아에 할당 토지를 소유한 것으로 밝
혀지면, 자신이 물려받은 것을 유언장 작성자의 상속인에게 넘겨주어
야 합니다. 유언장 작성자에게 남손은 없고 여손만 있을 경우, 그는 자
기가 원하는 딸에게 남편을 골라주고 그를 자기 아들 겸 상속인으로
적어야 합니다. 친자든 양자든 아들이 어른이 되기 전에 죽으면, 유언
장 작성자는 누가 자기 아들의 후계자가 되어야 더 행운이 따를지 적 924a
어둠으로써 이런 불상사에 대비해야 합니다. 자식이 한 명도 없는 사
람이 유언장을 작성할 경우, 할당 토지 외에 자신이 취득한 재산의 10
분의 1을 떼어 누구든 원하는 사람에게 주어도 좋습니다. 그러나 나머
지는 모두 양자를 위해 남겨두어야 합니다. 그래야만 그에게 허물이
없고, 양자는 법의 축복을 받는 가운데 그에게 고마워할 것입니다.

누가 자기 자식들에게 보호자가 필요해서 죽기 전에 유언장을 작성
하면서 어떤 사람들이 얼마나 많이 그의 자식들의 보호자가 되기를
원하는지 적고 그가 선택한 자들이 이에 기꺼이 동의할 경우, 그가 이 b
렇게 보호자를 선택해 적어둔 것은 구속력을 갖습니다. 그러나 누가
아예 유언장을 남기지 않거나 보호자를 선택하지 않고 죽을 경우, 친
가 쪽으로 가장 가까운 친족 2명과 외가 쪽으로 가장 가까운 인척 2명
이 고인의 친구 중 1명과 함께 공인된 보호자로 활동해야 하며, 법률
수호자는 보호자가 필요한 고아들에게 이들을 보호자로 임명해야 합

c 니다. 보호자와 고아에 관한 모든 업무는 법률 수호자 중에서 가장 나
이 많은 15명이 담당하되, 연장순으로 3명씩 집단으로 나누어 5년 임
기가 만료될 때까지 한 집단이 한 해를, 다른 집단이 그다음 해를 담당
함으로써 되도록 업무가 중단되지 않게 해야 합니다.

누가 유언장을 작성하지 않은 채 죽고 자식들을 보호자가 필요한 상
태로 남겨둘 경우, 아이들의 고통을 덜어주기 위해 똑같은 법률이 적용
d 되어야 합니다. 그러나 그가 불의의 사고로 딸들만 남길 경우, 그는 입
법자가 딸들의 결혼과 관련하여 세 고려사항 중에 친족 관계와 할당
토지의 보존이라는 두 가지만 고려하더라도 용서해야 합니다. 아버지
가 고려함 직한 세 번째 사항은 모든 시민 가운데 성격이나 습관을 보
나 그에게는 아들이 되고 딸에게는 배우자가 될 자격이 있는 자를 고
e 르는 것인데, 이것은 검증할 수 없으므로 도외시합시다. 따라서 이러한
상황에서 우리가 제정할 수 있는 최선의 법률은 다음과 같을 것입니다.
누가 유언장을 작성하지 않은 채 죽고 딸들만 남길 경우, 고인과 아버지
가 같은 형제나 어머니가 같은 형제가 할당 토지가 없으면 고인의 딸과
할당 토지를 차지해야 합니다. 그런 형제는 없고 형제의 아들이 있을
경우, 양쪽의 나이가 비슷하면 그에게도 같은 규정이 적용됩니다. 이들
이 한 명도 없고 누이의 아들이 있을 경우, 그에게도 같은 규정이 적용
됩니다. 네 번째는 고인의 아버지의 형제이고, 다섯 번째는 고인의 아버
지의 형제의 아들이고, 여섯 번째는 고인의 아버지의 누이의 아들입니
925a 다. 그리고 누가 딸들만 남기는 모든 경우, 친족의 권리는 촌수에 따라
형제, 형제의 아들, 누이의 아들의 순이고, 같은 항렬 내에서는 남자 쪽

이 여자 쪽에 우선합니다. 결혼 적령기인지의 여부는 판관이 남자는 알
몸을 보고 여자는 배꼽까지 벗은 상태를 보고 결정해야 합니다. 가족
에게 고인의 형제의 손자나 고인의 할아버지의 아들에 이르기까지도
친척이 없을 경우, 여자아이가 자기 보호자와 의논하여 다른 시민 중
에서 남자를 골라 쌍방이 동의하면 그 남자는 고인의 상속인이자 이 b
딸의 신랑이 되어야 합니다. 하지만 인생사는 예측을 불허하는 법. 때
로는 국가 안에 그런 남자들이 아주 부족할 수 있습니다. 그래서 여자
아이가 국내에서 남편을 구하기 어려워 식민시로 파견된 누군가를 보
고는 그가 자기 아버지의 재산을 상속받기를 원할 경우, 그가 그녀의 친
척이면 법의 규정에 따라 유산을 상속받아야 합니다. 그러나 그가 친척
이 아니고 나라에 그녀의 가까운 친척이 아무도 없을 경우, 고인의 딸과 c
보호자의 선택에 의해 그가 그녀와 결혼하고 고국으로 돌아와 유언장
을 남기지 않은 그녀 아버지의 할당 토지를 차지할 권리를 갖습니다.

누가 유언장을 작성하지 않은 채 죽고 대를 이을 아들도 딸도 없을 경
우, 다른 일들은 앞서 말한 법률의 지배를 받아야 합니다. 그러나 씨족
의 남자와 여자가 부부로서 대가 끊긴 그 집으로 가서 그때마다 할당
토지의 합법적인 임자가 되어야 합니다. 여자 쪽의 우선순위는 다음과
같습니다. 첫째는 고인의 누이이고, 둘째는 고인의 형제의 딸이고, 셋째 d
는 고인의 누이의 딸이며, 넷째는 고인의 아버지의 누이이고, 다섯째는
고인의 아버지의 형제의 딸이며, 여섯째는 고인의 아버지의 누이의 딸
입니다. 이 여자 중 한 명이 우리가 앞서 입법한 대로 촌수와 종교적 요
구[21]에 따라 앞서 말한 남자[22] 중 한 명과 가정을 이루어야 합니다.

법률의 가혹함을 어떻게 완화할 것인가

그러나 우리는 그런 법률이 가혹하다는 것을 잊어서는 안 됩니다. 고인의 가까운 친족에게 친척 여자와 결혼하라고 명령하는 것은 때로는 가
e 혹할 수 있습니다. 그런 법률은 어느 모로 보나 그런 지시를 기꺼이 따르느니 차라리 다른 일이라면 무엇이든 당할 각오를 할 만큼 사람들이 꺼리는 온갖 사회적인 어려움을 전혀 고려하지 않는 것 같으니까요. 결혼하도록 지시받은 남자 또는 여자가 앓고 있는 신체적, 정신적 질병과 장애 같은 것들 말입니다. 어떤 사람들은 입법자가 이런 것들에는 전혀 주의를 기울이지 않는다고 생각하겠지만, 그들의 생각은 옳지 못합니다. 그러니 우리는 입법자와 입법의 대상이 되는 사람들을 위하여 일종의 공동 전문(前文)을 작성하여, 후자에게는 입법자가 공동 이익을 보살
926a 피느라 각자의 개인적인 사정에는 잘 대처하지 못하더라도 용서하도록 부탁하고 전자에게는 입법자가 그런 사정을 모르고 지시한 사항이 간혹 이행되지 못하더라도 이해하고 용서하도록 부탁합시다.

클레이니아스 손님, 그런 어려움들에는 어떻게 대처하는 것이 가장 적절할까요?

아테나이인 클레이니아스님, 그런 법률과 입법의 대상이 되는 사람들 사이에서 중재할 사람들을 선출해야겠지요.

클레이니아스 무슨 말씀이신지요?

아테나이인 아버지가 부유한 조카는 자진하여 삼촌의 딸을 아내로 삼
b 으려 하지 않을 때도 있을 것입니다. 제가 잘난 줄 알고 더 나은 집안의 딸과 결혼하고 싶어서 말입니다. 그런가 하면 입법자가 지시하는 것이

엄청난 재앙을 안겨줄 때는 누군가 법률에 불복하지 않을 수 없을 때도 있을 것입니다. 이를테면 미쳐 있거나 상대방의 인생을 살 가치가 없게 만들 다른 무서운 신체 질환이나 정신 질환을 앓고 있는 배우자와 그가 결혼하도록 법률이 강요할 때는 말입니다.

그러니 이와 관련해서는 우리의 다음과 같은 제안을 법률로 정하기
로 합시다. 어떤 사람들이 세부 사항 특히 결혼과 관련된 유언에 관하 c
여 제정된 법률을 공격하며, 입법자 자신이 살아서 이 자리에 있다면
자기는 결코 양쪽이 지금 강요당하고 있는 것처럼 이 여자에게 장가들
고 저 남자에게 시집가라고 강요하지 않았을 것이라고 맹세하는데, 친
척 또는 보호자 중 누군가는 법률이 요구하는 대로 해야 한다고 우긴
다면, 우리는 입법자가 남자 고아와 여자 고아의 아버지 노릇을 하고 그
들의 이익을 위해 중재하도록 15명의 법률 수호자를 남겨두었다고[23] 말
해야 합니다. 그런 문제로 다투는 사람들은 이들에게 가서 판단을 구해 d
야 하고, 이들의 판결은 법적 효력을 가진 것으로서 반드시 이행되어야
합니다. 그러나 소송 당사자 중 어느 한쪽이 그것은 법률 수호자에게 너
무 큰 권한을 부여하는 것이라고 생각하면, 선발된 재판관들[24]의 법정
으로 상대방을 데리고 가서 쟁점에 관한 판단을 구해야 합니다. 패소하

21 741b~c 참조.

22 924e 참조.

23 924b~c 참조.

24 767c~d 참조.

는 쪽은 입법자에게 꾸지람을 듣고 치욕을 당해야 하는데, 지각 있는 사람에게는 이것이 거액의 벌금보다 더 무거운 벌로 느껴질 것입니다.

고아 돌보기

e 이제 고아들은 두 번째로 태어나게 될 것입니다. 고아들이 처음 태어
난 뒤에 받아야 할 양육과 교육에 관해서는 우리가 이미 논의한 바 있
습니다.[25] 이렇게 아버지 없이 두 번째로 태어난 뒤에는 우리는 고아 신
세가 된 아이들이 되도록 자신의 불행에 연민의 정을 덜 느끼게 할 방도
를 강구해야 합니다. 첫째, 우리는 법률 수호자들을 원래 어버이 대신
이들 못지않은 어버이로 임명하여, 그들이 해마다 3명씩 고아들을 친
자식처럼 돌보게 할 것입니다. 그리고 우리는 이들 관리와 보호자에게
지침이 되도록 고아들의 교육에 관한 적절한 전문을 작성할 것입니다.

927a 앞서 우리는 죽은 뒤에 고인의 혼은 어떤 힘을 갖고 있어 그 힘으로
인간사에 관여한다고 말한 바 있는데,[26] 이는 시의적절한 발언이었던
것 같습니다. 이런 교리를 담은 이야기들은 매우 길지만 사실입니다.
그리고 그런 이야기들은 많기도 하고 아주 오래된 만큼 우리는 믿어야
합니다. 또한 우리는 입법자를 바보 멍청이라고 생각하지 않는 한 이것
들이 이러하다는 입법자의 말을 믿어야 합니다. 이것들이 본성적으로
b 그렇다면 보호자는 첫째, 고아들의 외로움을 감지하는 하늘의 신들
을 두려워해야 하며 둘째, 본능적으로 자기 자손들을 각별히 보살피
는 고인들의 혼을 두려워해야 합니다. 고인들의 혼은 자기 자손을 존
중하는 자에게는 호의적이고, 학대하는 자에게는 적대적입니다. 또한

보호자는 최고의 명예를 누리는 살아 있는 고령자를 두려워해야 합니다. 훌륭한 법치 아래서 행복을 누리는 국가에서는 손자들은 이들 노인을 사랑하고 존중하며 즐겁게 살아가고, 노인들은 그런 일에 귀가 c
밝고 눈이 밝습니다. 노인들은 이런 일들과 관련하여 공정한 자에게는 호의를 보이지만 고아와 외로운 사람에게 횡포를 부리는 자에게는 노발대발하는데, 이들을 자기들에게 맡겨진 가장 중요하고 신성한 보호대상으로 간주하기 때문입니다. 조금이라도 지각 있는 보호자 또는 관리는 이 모든 것에 주의를 기울이며 고아들의 양육과 교육에 관심을 가져야 하고, 마치 자기 자신과 가족을 이롭게 하는 양 힘닿는 데까지 온갖 가능한 방법으로 그들에게 잘해주어야 합니다.

누가 법률의 전문에 복종하여 고아에게 횡포를 부리지 않는다면 이
런 행위에 대한 입법자의 진노를 체험하지 않을 것입니다. 그러나 누가 d
복종하기를 거부하고 아버지나 어머니를 여읜 아이에게 불의한 짓을 하면, 그가 양쪽 부모가 모두 살아 있는 아이에게 범죄를 저질렀을 경우, 물었어야 할 피해액의 두 배를 물어주어야 합니다. 그런데 보호자가 고아들을 다루거나 관리가 보호자를 감독할 다른 입법이 필요할까요? 이미 그들은 제 자식을 교육하고 자기 사유재산을 감독해봄으로
써 자유민 아이를 양육하는 방법에 대해 본보기를 갖고 있고 게다가 e
이 문제들과 관련하여 명확히 규정된 법률을 갖고 있습니다. 그렇지

25 2권과 7권에서. 특히 789b~794d 참조.

26 865e 이하 참조.

않다면 보호자에 관한 법규를 본질적으로 다른 별도의 범주에 속하는 것으로 제정하고, 특별 규정을 통하여 고아의 삶을 보통 아이의 삶과 구별하는 것도 의미가 있겠지요. 그러나 사실 우리 나라에서는 고아로 사는 것이 친아버지 밑에서 사는 것과 크게 다르지 않습니다. 물론 남이 귀하게 여기느냐 그렇지 않느냐, 남이 얼마나 잘 보살펴주는가와 관련해서는 고아의 삶이 대개 덜 바람직하겠지만 말입니다.

928a 그래서 법률은 고아에 관한 법규라는 이 주제와 관련하여 그토록 장황하게 권고와 위협의 말을 늘어놓은 것입니다. 하지만 여기서 다음과 같은 위협의 말을 해두는 것도 시의적절할 것입니다. 누구든 남자아이나 여자아이의 보호자 노릇을 하는 자나 법률 수호자 중에서 보호자의 감독관으로 임명된 자는 고아 신세가 된 아이를 제 자식 못지않게 사랑해야 하며, 피후견인의 재산을 자기 재산 못지않게, 아니 더 열심히
b 보살펴야 합니다. 그리고 보호자 노릇을 하는 사람은 누구나 고아에 관한 이 한 가지 법률은 반드시 지켜야 합니다. 그러나 누가 이 법률에 반해 이런 점들에서 다르게 행동한다면, 그가 보호자일 경우에는 관리가 처벌하고, 그가 관리일 경우에는 선발된 재판관의 법정으로 보호자가 관리를 데려가 법정이 산정한 피해액의 두 배를 벌금으로 물려야 합니다. 또한 보호자가 아이의 친척이나 시민에게 아이를 소홀히 하거나 아이에게 해를 입힌다는 의심을 받는다면, 그들은 같은 법정으로 그를 데
c 려가야 합니다. 그가 유죄 판결을 받으면 산정 피해액의 네 배를 벌금으로 물리되, 벌금의 반은 아이 몫이 되게 하고 나머지 반은 사건을 제소한 자의 몫이 되게 해야 합니다. 고아가 성년이 되고 나서 자신이 보호

자에게 학대받았다고 생각하면, 보호 기간이 만료된 지 5년 이내에 능력 없는 보호자를 제소할 수 있어야 합니다. 보호자가 유죄 판결을 받을 경우, 법정은 그가 받아야 할 형벌이나 물어야 할 벌금을 정해야 합니다. 관리 중 한 명이 임무 소홀로 인하여 고아에게 해를 끼쳤다고 유
죄 판결을 받을 경우, 법정은 그가 아이에게 얼마를 물어주어야 하는 d
지 산정해야 합니다. 그러나 옳지 못한 의도에서 그랬다면, 산정된 벌금을 무는 것 이외에 법률 수호자의 직책에서 그를 퇴출시켜야 하며, 정부는 국가와 나라를 위해 그를 대신할 새 법률 수호자를 임명해야 합니다.

상속권 박탈

아버지와 아들 사이, 아들과 아버지 사이의 불화가 도를 넘을 때가 허다합니다. 이 경우 아버지는 자기가 원한다면 아들이 법적으로 더는
자기 아들이 아니라고 전령을 시켜 공개적으로 선포할 법적 권위를 입 e
법자가 자기에게 부여해야 한다고 생각하기 쉽습니다. 반면 아들은 자기 아버지가 질병이나 노령으로 창피스러운 상태가 되면 정신이상이라고 아버지를 신고할 자격이 있다고 믿습니다. 이런 일은 대개 성격이 아주 악한 사람들 사이에서 일어나기 마련입니다. 어느 한쪽만 나쁠 경우, 이를테면 아들은 나쁘지만 아버지는 나쁘지 않거나 그 반대일 때는, 그런 적대감에서 불화가 생기지 않기 때문입니다.

그런데 다른 나라에서는 아버지에 의해 상속권이 없어진 것으로 선포된 아들의 시민권이 반드시 상실될 필요는 없지만, 이 법률이 적용될 마그네시아에서는 아버지에 의해 상속권이 박탈당한 남자는 반드

929a 시 외국으로 이주해야 합니다. 5,040 세대에서 단 한 세대도 늘어나서는 안 되기 때문입니다. 따라서 법적으로 이런 처벌을 당하기 전에 그런 아들은 자기 아버지뿐 아니라 씨족 전체에 의해 퇴출되어야 합니다. 그런 경우는 다음과 같은 법률에 따라 처리해야 합니다. 그게 정당하든 부당하든 자기가 낳아 기른 자식을 불행히도 홧김에 씨족에서 퇴출시키기를 원하는 경우가 있다면, 경솔하게 대뜸 그리하게 해서는
b 안 됩니다. 그는 먼저 사촌까지 자기 쪽 친족과 아들의 어머니 쪽 친척을 모두 불러모은 다음, 이들 앞에서 아들을 고발하고 씨족 전체에 의해 씨족 공동체에서 왜 아들이 퇴출되어야 마땅한지 설명해야 합니다. 아들에게도 자기가 그런 벌을 받는 것이 부당함을 입증할 수 있도록 답변할 기회가 주어져야 합니다. 아버지가 그들을 설득하여 친척의 과반수가 찬성표를 던지면(아버지 자신과 어머니, 제소된 아들은 투
c 표에서 제외되며, 아직 성년이 되지 않은 남자와 여자도 마찬가지입니다), 이런 방법과 이런 과정으로 아버지가 아들의 상속권을 박탈할 수 있지만, 다른 방법으로는 결코 그럴 수 없습니다. 어떤 시민이 상속권을 박탈당한 자를 아들로 입양하기를 원한다면, 어떤 법률도 그를 제지해서는 안 됩니다. 젊은이들의 성격은 본성상 그들이 살아 있는 동안 그때그때 많은 변화를 겪기 때문입니다. 그러나 상속권을 박탈당
d 한 지 10년이 지나도록 아무도 아들로 입양하려 하지 않는다면, 감독관은 식민시로 보내야 하는 다른 자녀들과 함께 같은 식민시에 제대로 정착할 수 있도록 보살펴야 합니다.

아버지의 금치산 선고

어떤 질병이나 노령, 괴팍한 성미 또는 이 셋 모두에 해당해 보통 노인
보다 더 정신 상태가 정상이 아니지만 동거하는 가족말고는 아무도 이
를 모른다고 가정해보십시오. 그런데 그런 자가 자기 재산은 자기 마
음대로 처분할 수 있다는 이유로 가산을 탕진하는데, 아들은 어쩔 줄
몰라 하며 아버지를 정신이상자로 신고하기를 망설인다고 가정해보
십시오. 이 경우 아들이 지켜야 하는 법률은 다음과 같습니다. 먼저 그 e
는 법률 수호자 가운데 나이 많은 자들을 찾아가서 아버지의 불행을
설명해야 합니다. 그러면 그들은 적절히 조사한 뒤 신고해야 할지 말
아야 할지 그에게 조언해야 합니다. 신고하라고 조언하는 경우, 그들
은 신고인을 위하여 증인이 되고 변호인이 되어야 합니다. 정신이상자
로 판명되면 그는 앞으로 자기 재산의 가장 작은 일부도 처분할 권리
를 갖지 못하고 여생 동안 어린아이 취급을 받아야 합니다.

이혼과 재혼

남편과 아내가 불행하게도 성격이 서로 맞지 않아 도저히 화합할 수 930a
없을 경우, 이런 사건은 법률 수호자 가운데 중간 나이의 남자 10명과
결혼을 관장하는 비슷한 나이의 여자[27] 10명이 처리해야 합니다. 그들
이 부부를 화해시킬 수 있다면 그런 조정은 법적 효력을 갖게 해야 합

27 773a~d 참조.

니다. 그러나 부부의 감정이 너무 격해 있으면 그들은 힘닿는 데까지
각자에게 맞는 짝을 찾아야 합니다. 그리고 이런 사람들은 십중팔구
성격이 거칠 수 있으므로, 그들은 성격이 더 유순하고 차분한 사람과
b 부부의 연을 맺어주려고 노력해야 합니다. 갈라설 때 자식이 없거나
적은 부부는 자식을 생산하기 위해서라도 재혼해야 합니다. 그러나 이
미 자식이 충분히 있을 때는 이혼과 재혼은 함께 늙어가며 서로 보살
피기 위한 것이어야 합니다.

배우자의 죽음

아내가 여자아이나 남자아이를 남기고 죽을 경우, 우리가 제정할
법률은 남편에게 계모는 들이지 말고 이미 태어난 자식을 손수 양육
하라고 권고는 하되 강요는 하지 않을 것입니다. 그러나 자식이 없는
경우라면 가정과 나라를 위해 자식을 충분히 생산할 때까지 재혼해
c 야 합니다. 남편이 적정수의 자식을 남기고 죽을 경우, 아이들 어머니
는 집에 남아 아이들을 양육해야 합니다. 그러나 그녀가 남편 없이 건
강하게 살기에는 너무 젊다고 판단되면, 그녀의 친척들은 결혼을 감독
하는 여자들에게 신고하여 그런 경우, 그들 자신과 그녀들이 적절하
다고 생각하는 바를 실행해야 합니다. 아직 자식이 없을 경우, 친척들
은 그 점도 고려해야 합니다. 법적으로 적정한 자녀의 수는 최소한 아
들 하나와 딸 하나입니다.

신분이 다른 부부 사이에서 태어난 아이

태어난 아이의 부모가 누구인지에 대해 의견이 일치해도 아이가 부모 d
가운데 어느 쪽에 귀속되어야 하는지 결정할 필요가 있을 수 있는데,
그 규정은 다음과 같습니다. 여자 노예가 남자 노예나 자유민 또는 해
방 노예와 성관계를 맺은 경우, 거기서 태어난 아이는 무조건 여자 노
예의 주인에게 귀속됩니다. 자유민 여자가 남자 노예와 성관계를 맺은
경우, 거기서 태어난 아이는 남자 노예의 주인에게 귀속됩니다. 자유
민 남자가 자기 여자 노예와 또는 자유민 여자가 자기 남자 노예 사이
에서 자식을 낳고 이 사실이 명명백백할 경우 여자 관리는 자유민 여 e
자가 낳은 아이를 그 아버지와 함께, 법률 수호자는 자유민 남자의 아
이를 그 어머니와 함께 다른 나라로 내보내야 합니다.

효도와 불효

신이건 사람이건 지성이 있다면 어느 누구도 부모를 홀대하라고 권하
지 않을 것입니다. 오히려 우리는 신을 섬기는 일에 관한 다음과 같은 전
문이 부모를 존중하거나 무시하는 일에 적용해도 옳은지 알아봐야 할
것입니다. 신들과 관련해 인간에게는 예로부터 두 가지 관습이 있습니
다. 말하자면 우리는 많은 신[28]을 우리 눈으로 볼 수 있기 때문에 경배 931a
하고, 다른 신들[29]의 경우 그들을 닮은 신상을 세우는데, 비록 생명이 없

28 천체.

29 전통적인 신들.

지만 우리가 이 조상(彫像)을 경배하면 살아 있는 진짜 신들이 아주 고마워하며 호의를 베푼다고 믿습니다. 누군가의 집안에 아버지와 어머니 또는 이들의 아버지나 어머니가 오래되어 깨지기 쉬운 보물처럼 있다면, 그가 화롯가에 그런 성소를 두고 제대로 보살피는 동안에는 어떤 경배의 대상도 그를 더 이롭게 할 수 없다는 것을 결코 잊어서는 안 됩니다.

b **클레이니아스** '제대로'라니, 그게 무슨 뜻이죠?

아테나이인 설명하겠습니다. 친구들이여, 그런 것이야말로 들어볼 만하지요.

클레이니아스 어서 말씀하십시오.

아테나이인 우리가 듣기로 오이디푸스[30]는 아들들에게 홀대받았을 때
이들을 저주했는데, 온 세상 사람이 전하는 바에 따르면 신들은 그의
저주를 듣고 이루어주었다고 합니다. 아뮌토르도 홧김에 아들 포이닉
스[31]를 저주하고 테세우스는 자기 아들 힙폴뤼토스[32]를 저주했는데,
그런 경우는 부지기수입니다. 이 모두가 분명히 보여주는 것은 부모가
c 자식을 저주하면 신들이 들어준다는 것입니다. 자식에 대한 부모의
저주야말로 다른 사람에 대한 어느 누구의 저주보다 효과가 있으며,
이는 참으로 당연하기 때문입니다. 이처럼 신들이 자식에게 남달리 홀
대받은 아버지나 어머니의 기도를 들어준다는 것이 사실이라면, 부모
가 우리의 효도에 크게 기뻐한 나머지 자식에게 복을 내려달라고 간
절히 기도하면 신들은 이번에도 기꺼이 그 기도를 들어주고 우리에게
복을 내려줄 것이라고 생각하는 것은 당연하지 않을까요? 그렇지 않
d 다면 신들은 결코 복을 공정하게 나눠주는 분들이 아닐 텐데, 단언컨

대 그것은 신들에게 가장 어울리지 않는 일일 것입니다.

클레이니아스 그렇고말고요.

아테나이인 그렇다면 조금 전에 말했듯이, 우리는 신들이 보기에 연로한 아버지나 할아버지 또는 똑같은 축복의 능력을 가진 어머니보다 더 존경스러운 신상은 가질 수 없다고 생각해야 합니다. 누가 그들을 섬기고 존중하면 신들이 기뻐할 테니까요. 그렇지 않다면 신들이 그들의 기도를 들어주지 않겠지요. 우리의 조상이라는 '살아 있는 사당'은 e
생명 없는 신상보다 더 놀라운 것입니다. '살아 있는 사당'은 우리가 섬기면 우리를 위해 기도해주고 홀대받으면 우리를 방해하는데, 생명 없는 신상은 그 어느 것도 할 수 없으니까요. 그래서 누가 아버지나 할아버지나 조상을 제대로 섬기면, 하늘의 복을 받는 데 가장 효과적인 신

30 테바이 왕 오이디푸스는 본의 아니게 아버지를 죽이고 어머니와 결혼했음을 알고 제 손으로 눈을 찔렀지만, 나중에 고향을 떠나기 싫어졌을 때 두 아들 에테오클레스(Eteokles)와 폴뤼네이케스(Polyneikes)가 자기를 돌봐주지 않자 "칼로 유산을 나누어라!"라고 저주하며 고향을 떠난다. 소포클레스의 『콜로노스의 오이디푸스』(*Oidipous epi Kolonoi*) 1375행 이하, 아이스퀼로스의 『테바이를 공격하는 일곱 장수』(*Hepta epi Thebas*) 772행 이하 참조.

31 포이닉스(Phoinix)는 아뮌토르(Amyntor)의 아들로 어머니의 간청을 받아들여 아버지의 애첩과 동침한다. 그러자 이를 알게 된 아뮌토르가 포이닉스에게 자식이 생기지 않게 해달라고 저주하자 저주가 이루어진다. 『일리아스』 9권 446행 이하 참조.

32 힙폴뤼토스(Hippolytos)는 아테나이 왕 테세우스의 아들로, 구애를 거절당한 젊은 계모 파이드라(Phaidra)가 오히려 자기가 구애를 받았다는 거짓 편지를 남기고 자살하자 아버지에게 저주받고 집을 나가 마차 사고로 죽는다. 에우리피데스, 『힙폴뤼토스』 884행 이하 참조.

상을 갖게 될 것입니다.

클레이니아스 참으로 훌륭한 말씀이군요.

아테나이인 지각 있는 사람은 누구나 어버이의 기도를 두려워하고 존중합니다. 그런 기도가 이루어진 적이 허다하다는 것을 알기 때문이
932a 죠. 자연의 이치가 그러하기에 훌륭한 사람에게 연로한 조상은 살아 있는 동안에는 마지막 순간까지 하늘이 내린 복이고 세상을 떠나면 다음 세대에게 통한의 대상이며, 악인에게는 두려움의 대상인 것입니다. 따라서 각자는 이런 권고에 따라 법이 정한 온갖 명예로써 자기 부모를 공경해야 합니다.

그래도 누가 이런 전문을 귓등으로 흘린다는 소문이 들린다면 그에게는 당연히 다음과 같은 법률이 적용되어야 합니다. 이 나라에서 누
b 가 부모를 당연히 그래야 하는 것보다 소홀히 보살피고, 자기 아들이나 모든 자손의 소원이나 자기 자신의 소원보다 부모의 소원을 더 이루어주려고 노력하지 않는다면, 홀대받은 부모는 이 사실을 몸소 또는 사람을 시켜 법률 수호자 중 가장 나이 많은 3명과 결혼을 감독하는 여자 중 3명에게 신고해야 합니다. 그러면 이들 관리가 사건을 맡아 범법자가 30세 이하의 젊은 남자일 경우, 매질과 구금으로 처벌해야
c 합니다. 범법자가 여자일 경우, 40세까지는 같은 벌로 처벌해야 합니다. 이보다 더 나이 많은 사람이 계속해서 부모를 홀대하거나 사실상 학대한다면 101명의 가장 연로한 시민으로 구성된 법정에 소환되어야 합니다. 누가 유죄 판결을 받을 경우, 법정은 그가 어떤 처벌을 받을지 또는 얼마나 많은 벌금을 물어야 할지 정하되 인간이 받거나 물 수 있

는 어떠한 처벌이나 벌금도 배제해서는 안 됩니다. 누가 학대받고도 신 d
고할 수 없을 경우, 이를 인지한 자유민이면 누구든 관리에게 신고해
야 합니다. 만약 신고하지 않으면 그는 악당으로 간주되어야 하며, 원
하는 사람은 누구든 그 가해에 대해 제소할 수 있어야 합니다. 신고자
가 노예라면, 그에게 자유가 주어져야 합니다. 신고자가 학대한 사람
이나 학대받은 사람의 노예라면 관청에서 그를 해방해야 합니다. 신고
자가 다른 시민의 노예라면, 국고에서 그의 주인에게 그를 구입한 대
금을 지불해야 합니다. 관리는 신고한 데 대한 보복으로 아무도 그런
사람을 해코지하지 못하게 유의해야 합니다.

제25부 기타 입법

독극물과 주문에 의한 치명적이지 않은 상해

우리는 독극물에 의한 치명적인 상해에 대해서는 이미 언급한 바 있습 e
니다만,[33] 누가 마실 거리나 먹을거리나 연고를 이용해 입히는 의도적
이고 계획적인 다른 상해는 아직 논의하지 않았습니다. 인간들 사이
에서 두 가지 독극물이 사용되고 있어서 이 문제를 충분히 논의하기
어렵게 합니다. 우리가 방금 명시적으로 언급한 종류는 몸이 자연 법

33 865b 참조.

933a 칙에 따라 어떤 물질에 의해 상해를 입는 것입니다. 다른 종류는 마술이나 주문이나 이른바 '주술'을 이용해, 감히 누군가를 해코지하려는 자는 자신이 실제로 그렇게 할 수 있다고 믿게 하고, 피해자들은 분명 그렇게 마법을 거는 능력을 가진 자에 의해 자신들이 피해를 입고 있다고 믿게 합니다. 이런 것들과 이런 종류의 현상은 그 실상을 쉽게 파악할 수 없거니와, 누가 안다 하더라도 남을 설득하기도 쉽지 않습니

b 다. 또한 사람들이 서로 불신하는 경우에는, 설령 문간이나 삼거리나 부모의 무덤에서 밀랍으로 빚은 모상(模像)을 보더라도 그런 것에 대해 확실히 알지 못하는 만큼 대수롭지 않은 것들이라고 설득하는 것도 부질없는 짓입니다.

따라서 우리는 독극물을 사용하는 방법이 두 가지라는 점을 고려해 독극물 사용에 관한 법률을 두 가지로 나눌 것입니다. 먼저 우리는

c 독극물을 쓰려는 이들에게 그런 일은 시도하지도 말고, 대중을 어린아이처럼 겁주고 놀라게 하지도 말라고, 사람들의 그런 공포심을 치유하도록 입법자와 재판관들을 강요하지 말라고 간청하고 권고하고 조언할 것입니다. 우선 우리는 독극물을 사용하려는 사람은 예언자나 점쟁이가 아닌 한 자기가 무슨 짓을 하는지 모르고 행동하는 것이고, 전문 의료인이 아닌 한 몸에 어떤 영향을 미칠지 모르고 행동하는 것

d 이라는 점을 지적할 것입니다. 그래서 독극물 사용에 관한 우리의 법률은 다음과 같이 쓰일 것입니다.

의사가 누군가에게 독극물을 사용해 당사자나 그의 식솔에게 치명적인 상해를 입히지는 않지만 그의 가축이나 벌떼에게 치명적이거나

그 밖의 상해를 입힐 경우, 독극물을 사용한 것으로 유죄 판결을 받으
면 사형에 처해야 합니다. 범인이 전문가가 아닐 경우, 법정은 그가 어
떤 벌을 받거나 얼마나 많은 벌금을 물어야 하는지 결정해야 합니다.
예언자나 점쟁이가 마술이나 주문이나 주술이나 그런 종류의 다른 독
극물로 누군가에게 사실상 상해를 입힌 것으로 밝혀지면 사형에 처해 e
야 합니다. 그러나 누군가 예언술도 모르고 그런 독극물을 사용한 것
으로 유죄 판결을 받으면, 그에게도 똑같은 처분이 내려져야 합니다.
말하자면 그가 어떤 벌을 받거나 얼마나 많은 벌금을 물어야 하는지
법정이 정해야 합니다.

절도와 강도: 처벌의 목적

누가 훔치거나 빼앗음으로써 남에게 해를 입힐 경우, 피해액이 많으면
피해자에게 많이 배상하고 피해액이 적으면 적게 배상해야 합니다. 그
러나 어떤 경우에도 가해자는 손해를 충분히 배상할 수 있을 만큼 벌
금을 물어야 합니다. 또한 각자는 개과천선을 위해 자신의 범죄에 상
응하는 벌금을 추가로 물어야 합니다. 그래서 젊음이나 그 밖의 이유 934a
로 설득되어 남의 어리석음으로 인하여 잘못을 저지른 자는 더 가벼
운 벌금을 물게 하되, 비겁함과 두려움 또는 어떤 욕구나 시기심 또는
치유하기 어려운 분노의 제물이 될 때처럼 자신의 어리석음과 쾌락과
고통에 대한 자제력 부족으로 잘못을 저지른 자는 더 무거운 벌금을
물게 해야 합니다. 이렇듯 추가로 벌금을 물리는 것은 그가 죄를 지었
기 때문이 아니라 — 이미 일어난 일은 되돌릴 수 없으니까요 — 앞으 b

로는 그 자신도 그가 벌받는 것을 보는 사람도 불의를 전적으로 미워하도록 하거나, 적어도 그런 재앙에서 아주 벗어나게 하기 위해서입니다. 이 모든 이유에서 그리고 이 모든 점을 고려해 법률은 훌륭한 궁수처럼 개개의 경우에 범죄의 경중도 반영하면서 피해자의 손해도 충분히 배상할 처벌을 적중시켜야 합니다. 재판관도 같은 임무를 수행하는 만큼, 유죄 판결을 받은 자가 어떤 처벌을 받아야 하는지 또는 얼마나 많은 벌금을 물어야 하는지 정하도록 법률이 그에게 위임할 경우에는
c 입법자를 보좌하는 역할을 해야 합니다. 그러나 입법자는 화가처럼 자신의 성문법 조항에 상응하는 경우를 보여주는 밑그림을 그려야 합니다. 메길로스님과 클레이니아스님, 이것이 우리가 전심전력으로 해야 할 일입니다. 곧 우리는 모든 절도와 강도짓에 대한 처벌이 어떤 것이어야 하는지 말해야 합니다. 신들과 신들의 자녀들이 우리가 이 분야에 대해 입법하는 것을 허락한다면 말입니다.

광기

미치광이는 공공장소에 모습을 드러내서는 안 됩니다. 그의 가족은
d 어떤 수단을 동원해서라도 가정집에서 그를 지켜야 합니다. 그렇지 못할 경우, 그의 가족은 벌금을 물어야 하는데, 최고 재산등급에 속한다면 그들이 감시하지 못한 자가 노예든 자유민이든 100드라크메를, 두 번째 재산등급에 속한다면 80드라크메를, 세 번째 재산등급에 속한다면 60드라크메를, 네 번째 재산등급에 속한다면 40드라크메를 물어야 합니다.

욕설

광증은 증상도 원인도 여러 가지입니다. 방금 언급한 경우는 질병 탓
이지만, 불행하게도 급한 성미를 타고난 데다 나쁜 교육 탓에 증상이
악화되어 사소한 말다툼에도 서로 고래고래 고함을 질러대는 사람도 e
있습니다. 그런 태도는 훌륭한 법률을 가진 국가에서는 어떤 경우에
도 바람직하지 않습니다. 따라서 모든 욕설에 대해 다음과 같은 단 하
나의 법률이 적용되어야 합니다. 즉 어느 누구도 남에게 욕설을 해서
는 안 됩니다. 남과 토론하다가 의견이 다를 때는 상대방과 방청자를
가르치고 자신도 배워야지 어떤 경우에도 욕설을 해서는 안 됩니다.
사람들이 서로 저주를 해대고 욕쟁이 아낙처럼 함부로 욕설을 퍼붓기 935a
시작하면 말이 씨가 되어 거기서 실제로 가장 심각한 증오심과 불화가
싹트기 때문입니다.

그렇게 말하는 사람은 자신의 가장 추한 감정을 충족시켜 분노의 불
길이 활활 타오르게 함으로써 한때 교육에 의해 순화되었던 자기 혼의
부분을 도로 야만 상태로 돌리게 되는데, 그렇게 원한에 찬 삶은 그를
야수로 만들며, 그가 거두어들이는 것은 분노의 씁쓸함뿐입니다. 또한
그런 상황에서는 누구나 대개 상대방을 비웃는 말을 하게 되는데, 그런 b
태도가 몸에 밴 사람이라면 진지한 생활방식에서 어느 정도 일탈하고
이전의 고매함을 대부분 잃어버리곤 합니다. 그래서 신전이나 공공 제
례나 경기장이나 시장이나 법정이나 공적인 자리에서는 어느 누구도
남을 비웃는 말을 입 밖에 내서는 안 됩니다. 그럴 경우 담당 관리는 반
드시 처벌해야 합니다. 그러지 않으면 그는 공훈 상을 받을 자격을 상실

c 합니다. 그가 법률을 무시하고 입법자가 그에게 부과한 임무를 수행하지 않았기 때문입니다. 만약 다른 장소에서 누가 먼저 시작하건 대응하기 위해서건 욕설을 삼가지 않는다면, 목격자가 연장자일 경우, 나쁜 동반자인 분노에게 우호적인 자를 매질로 쫓아버림으로써 법률을 도와야 합니다. 그러지 않을 경우, 목격자에게 정해진 벌금을 물려야 합니다.

희극에 대한 검열

지금 우리 주장에 따르면 욕설에 휘말린 사람은 남을 우스꽝스럽게 만들지 않고는 토론을 진행할 수 없는데, 그런 태도가 분노에서 비롯
d 될 때는 우리가 비난한다는 것입니다. 그러면 어떨까요? 우리는 사람들을 웃음거리로 만들려는 희극시인들의 열성은 용인해야 할까요? 그들이 자신들의 희극에서 시민을 웃음거리로 만들 때 분노하지 않는다면 말입니다. 아니면 우리는 희극을 농담조냐 아니냐에 따라 두 종류로 나눌까요? 그럴 경우 농담조의 희극시인에게는 분노하지 않고 농담
e 조로 남을 조롱하는 것은 허용하되, 앞서 말했듯이 누가 분노하지 않고 아주 진지하게 남을 조롱하는 것은 금지할까요? 우리는 분명 분노에 관한 이런 규정을 포기해서는 안 되겠지요. 하지만 우리는 누구는 그래도 되고, 누구는 그래서는 안 되는지 법률로 정해야 합니다.

희극시인이나 단장격 시를 짓는 시인이나 서정시 시인에게는 분노를 하건 하지 않건 서술이나 흉내 내기로 시민 중 누군가를 웃음거리로 만드는 것을 엄격히 금해야 합니다. 이 규정에 불복하는 자는 경연
936a 을 주관하는 자들이 그날로 나라 밖으로 내쫓아야 합니다. 그러지 않

으면 그들은 300드라크메의 벌금을 물어야 하는데, 이것은 그 이름으
로 경연이 벌어지고 있는 신에게 바쳐져야 합니다. 전에 서로에 대해 시
를 짓도록 허용된 자들[34]은 분노하지 않고 남을 농담조로 웃음거리로
만드는 것이 허용될 것이나, 그들이 분노하여 진지하게 남을 조롱하
는 것은 허용해서는 안 됩니다. 이 두 종류를 구분하는 일은 청년 교육
전반에 대한 감독관에게 맡겨야 합니다. 감독관이 승인하는 것은 작
가가 공연해도 되지만, 그가 승인하지 않는 것은 작가 자신이 연출해 b
서도 안 되고, 자유민이건 노예건 누군가에게 연출하도록 가르쳐서도
안 됩니다. 그런 일을 하다 발각될 경우, 그는 악당이자 법률의 적이라
는 오명을 감수해야 합니다.

구걸

동정받아 마땅한 것은 굶주림이나 그와 같은 것에 시달리는 사람이
아니라, 절제 있거나 다른 종류의 미덕을 갖고 있거나 미덕을 향해 나
아가고 있음에도 어떤 불행에 시달리고 있는 사람입니다. 따라서 노예
건 자유민이건 그런 사람이 어느 정도 제대로 다스려지는 국가나 공동
체에서 전혀 보살핌을 받지 못해 알거지가 된다는 것은 아주 놀라운
일입니다. 그러니 입법자로서는 그런 경우들에 대비해 다음과 같은 법 c
률을 제정하는 것이 안전할 것입니다.

34 817b~c 참조.

우리 나라에서는 어느 누구도 거지가 되어서는 안 됩니다. 그리고 누가 구걸하려 하거나 계속 비럭질로 생계를 유지하려 한다면, 시장에서는 시장 감독관이, 도성에서는 도성 감독관이, 다른 지역에서는 농촌 감독관이 국경 바깥으로 내쫓아 국토가 그런 인간으로부터 완전히 깨끗해지게 해야 합니다.

노예에 의한 피해

d 남자 노예나 여자 노예가 남의 재산의 일부를 손상시킬 경우, 경험 부
족이나 부주의한 처리 따위의 잘못이 피해자에게 전혀 없다면, 노예
의 주인은 피해액을 전액 배상하거나 가해 노예를 넘겨주어야 합니다.
그러나 노예를 빼앗을 요량으로 피해자와 가해 노예가 짜고 소송을 제
기한 것이라고 노예 주인이 맞고소할 경우에는 피해자인 것처럼 주장
하는 자를 상대로 공모죄로 고소해야 합니다. 노예 주인이 승소할 경
e 우에는 법정에서 산정하는 노예 값의 두 배를 받아야 합니다. 패소할
경우에는 피해액을 배상하고 노예도 넘겨주어야 합니다. 짐을 운반하
는 짐승이나 말, 개 또는 다른 동물이 이웃의 재산 일부를 손상시킨 경
우, 주인은 같은 기준에 따라 피해를 배상해야 합니다.

증인의 진술

누가 증인으로 출석하기를 고의적으로 거부하면 그의 증언이 필요한 자는 그를 공개적으로 소환해야 합니다. 소환받은 자는 법정에 출두해야 합니다. 그가 무엇인가를 알고 있어 말하려 한다면 증언하도록

해야 합니다. 그러나 아무것도 아는 게 없다고 주장하면, 정말로 아는
것이 아무것도 없다고 제우스와 아폴론과 테미스[35]의 이름으로 맹세 937a
하고 소송에서 벗어나게 해야 합니다. 누가 증언하도록 소환받고도 응
하지 않으면, 피해액에 대해 법에 따라 제소되어야 합니다.

배심원은 자기가 증인으로 소환되어 증언한 사건에는 투표하지 못
하게 해야 합니다. 자유민 여자에게는 40세 이상이면 법정에서 증언하
고 변호하는 것이 허용되어야 하고, 남편이 살아 있지 않으면 소송을
제기하는 것도 허용되어야 합니다. 남편이 살아 있으면 증언하는 것만
허용돼야 합니다. 남녀 노예와 어린아이에게는 살인 사건에 한해서 증 b
언하고 변호하는 것을 허용해야 합니다. 그 증언이 거짓으로 드러날 경
우, 법정에 출두시키겠다고 믿음직한 보증인이 보증한다면 말입니다.
소송 당사자 중 어느 쪽이 누가 위증을 했다고 주장하는 경우, 최종 판
결이 나기 전에 증언의 전부나 일부에 대해 이의를 제기해야 합니다.
이의 신청서는 양쪽 당사자가 봉인한 뒤 관리가 보관하다가 위증 재판
때 제시해야 합니다. 위증죄로 두 번 유죄 판결을 받은 자에게는 어떤 c
법도 그가 증언하도록 강요해서는 안 되며, 세 번 유죄 판결을 받으면
더이상 증언을 허용해서는 안 됩니다. 만약 그가 세 번 유죄 판결을 받
은 후에도 감히 증언한다면 원하는 사람은 누구든 그를 관리에게 신
고해야 하며, 관리는 그를 법정에 넘겨야 합니다. 그리고 그가 유죄 판

35 테미스(Themis)는 법도(法度)의 여신이다.

결을 받을 경우, 사형에 처해야 합니다.

승소한 측이 거짓 증언을 이용해서 승소한 까닭에 법정이 증언을
d 받아들이지 않기로 결정했는데, 그런 증언의 반 이상이 거짓으로 밝
혀질 경우, 그러한 증언에 의해 패소한 소송은 재심해야 하며, 과연 이
런 증언에 근거해 판결이 내려졌는지의 여부를 검토하여 결정해야 합
니다. 그리고 어느 쪽으로 결정나는지에 따라 이전 재판이 법적 효력
을 갖는지도 법정에서 자동적으로 결정될 것입니다.

법률의 왜곡과 고소의 남발

인생에는 고매한 것들이 많지만 그중 대부분에는 본성적으로 말하자
면 결함이 있어, 이것이 그것들을 오염시키고 망치고 맙니다. 인간을
개명시킨 정의를 예로 들어봅시다. 정의가 인간 사회에 어찌 축복이
e 아닐 수 있겠습니까? 정의가 축복이라면, 정의의 옹호 역시 어찌 축복
이 아닐 수 있겠습니까? 그러나 이런 것들은 고매하지만 '기술'이라는
미명 뒤에 숨어 있는 사악함 때문에 악명이 높습니다. 무엇보다도 우
리는 소송을 진행하고 법률 고문을 할 수 있는 어떤 기술이 있어 그것
938a 이 개별 사건의 옳고 그름에 관계없이 승소하게 해주며, 이런 기술 자
체와 그것의 도움으로 작성된 언변의 선물은 돈이라는 대가를 지불하
면 누구든지 이용할 수 있다는 말을 듣습니다. 이런 기술은 그것이 진
짜 기술이든 아니면 경험과 관행에서 생겨난 기술에도 미치지 못하는
요령이든 간에, 가능하다면 우리 나라에서는 절대로 자라나지 못하게
해야 합니다. 입법자는 명령에 복종하는 자들에게는 정의에 반하는

말을 하지 말고 다른 나라로 떠나라고만 요구할 것입니다. 그러나 누가
그의 말에 불복하면 법률은 다음과 같이 선언할 것입니다. 어느 누가 b
재판관들의 마음속에서 정의의 힘을 뒤집고 부적절하게 소송을 제기
하거나 법률 자문을 하려는 것으로 판단되면, 누구든 원하는 자는 잘
못된 소송과 잘못된 법률 자문 행위로 그를 제소하여 선발된 재판관
들의 법정에서 재판받게 해야 합니다. 그가 유죄 판결을 받으면, 법정
은 그가 돈을 좋아하기 때문에 아니면 이기기를 좋아하기 때문에 그
런 짓을 한 것인지 판단해야 합니다. 만약 그가 이기기를 좋아해서 그
랬다고 판단되면, 법정은 그가 얼마 동안 누군가를 제소하거나 남이
제소하는 것을 돕지 못하게 해야 할 것인지 결정해야 합니다. 만약 그 c
가 돈을 좋아해서 그랬다고 판단되면, 외국인일 경우 나라를 떠나 다
시는 돌아오지 못하게 하며, 돌아올 경우 사형에 처해야 합니다. 시민
일 경우 돈에 대한 사랑에 전념한 까닭에 사형에 처해야 합니다. 그리
고 누군가 이기기를 좋아해서 그런 짓을 한 것으로 두 번 유죄 판결을
받으면 사형에 처해야 합니다.

제 12권

외교 사절단 단원이 저지른 범법 행위

941a **아테나이인** 누가 국가의 사절 또는 전령을 사칭하며 다른 나라와 불법적으로 협상하거나, 실제로 파견되기는 했으나 그가 전하도록 명령받은 것과 다른 전언을 전하거나, 반대로 적국이나 우방에서 돌아와 이들 나라의 답변을 사절이나 전령으로서 잘못 전한 것으로 밝혀지면, 그는 헤르메스[1]와 제우스의 전언과 지시에 대해 불경죄를 저지른 자
b 로 제소되어야 합니다. 그가 유죄 판결을 받을 경우, 어떤 벌을 받을지 또는 벌금을 얼마나 물지 정해야 합니다.

공유재산 훔치기

재물을 훔치는 것은 비열한 짓이고, 재물을 빼앗는 것은 파렴치한 짓입니다. 제우스의 아들들은 기만과 폭력을 좋아하지 않는지라 어느 누구도 훔치거나 빼앗은 적이 없습니다. 그러니 어느 누구도 그런 짓에 관한 시인이나 이야기꾼의 거짓말에 속아넘어가 신들도 그런 짓을 하는 만큼 자기가 훔치거나 빼앗더라도 부끄러운 짓을 하는 것이 아니라고 믿어서는 안 됩니다. 그것은 사실도 아니고 있을 법하지도 않으며,

그런 짓을 함으로써 법을 어기는 자는 신들이거나 신들의 자녀일 수
없습니다. 입법자는 세상의 모든 시인보다 이런 것들을 당연히 더 잘 c
알아야 합니다. 따라서 우리의 이런 주장에 설득당하는 사람은 행복
하고 언제까지나 행복할 것입니다. 그러나 이런 주장을 믿지 않는 사람
은 앞으로 다음과 같은 법률과 맞서 싸워야 할 것입니다. 작은 것이든
큰 것이든 공유재산을 훔치는 자는 똑같은 처벌을 받아야 합니다. 작
은 것을 훔치는 자는 훔치려는 욕구는 똑같은데 능력이 모자라고, 자
기가 놓아두지 않은 큰 것을 옮기는 자는 전적으로 불의하기 때문입니 d
다. 따라서 법률이 보기에 한쪽이 다른 쪽보다 더 가벼운 벌을 받아 마
땅한 것은 훔친 것의 크기 때문이 아니라, 어쩌면 한쪽은 치유될 수 있
지만 다른 쪽은 치유될 수 없기 때문입니다. 그래서 누가 외국인이나
노예를 제소하여 공유재산을 훔쳤음을 입증하는 경우, 법정은 치유될
개연성을 보고 어떤 벌을 받거나 벌금을 얼마나 물어야 하는지 정해 942a
야 합니다. 제대로 교육받은 시민이 조국을 약탈하거나 공격했다고 유
죄 판결을 받을 경우, 현행범으로 체포되든 그렇지 않든 사실상 치유
될 수 없다고 보고 사형에 처해야 합니다.

군복무

군복무는 많은 조언과 많은 규범이 필요한 분야입니다. 그러나 가장

1 헤르메스(Hermes)는 신들의 전령이다.

중요한 것은, 남자든 여자든 어느 누구도 지휘관이 없어서는 안 되며,
어느 누구도 모의전이나 실전에서 혼자서 독자적으로 행동하는 버릇
b 을 들이게 해서는 안 된다는 것입니다. 우리는 전쟁 시에도 평화 시에
도 항상 지휘관을 주목하고 따르며 살아야 하며, 사소한 일도 지휘관
이 시키는 대로 해야 합니다. 이를테면 명령이 떨어지면 우리는 정지
하고, 행군하고, 훈련하고, 씻고, 먹고, 경계를 서거나 전언을 전달하기
위해 밤에 일어나고, 위험 속에서도 지휘관의 지시 없이는 적군을 추
c 격하지 않고, 적군 앞에서 퇴각해서는 안 됩니다. 한마디로 우리는 동
료와 떨어져서 무엇을 하겠다는 엄두도 내지 못하도록 자신을 조절해
야 합니다. 그리하여 우리는 되도록 언제나 남들과 함께 동시에 공동
으로 영위하는 삶을 살아야 합니다. 전쟁에서의 안전과 최후 승리를
위해서는 이보다 더 훌륭하고 더 강력하고 더 효과적인 수단은 존재하
지도 않고 앞으로 존재할 수도 없을 것이기 때문입니다. 이것은 평화
시에 어릴 적부터 훈련해야 합니다. 남을 통솔하기도 하고 남에게 통
d 솔받기도 하는 것 말입니다. 통제 없는 상태[2]는 모든 인간은 물론이고
인간에게 종속된 모든 동물의 삶에서 무조건 배제되어야 합니다.

모든 합창가무는 전쟁과 관련된 탁월함을 염두에 두고 연출해야
하고, 모든 민첩함과 경쾌함도 사람들은 같은 목적을 위해 습득해야
하며, 먹을거리와 마실 거리, 추위와 더위, 딱딱한 잠자리를 참는 것 역
시 그 점에서는 마찬가지입니다. 가장 중요한 것은 인공적인 보호물[3]
로 감쌈으로써 머리와 두 발의 타고난 힘을 약화시켜, 우리의 타고난
펠트 모자와 신발[4]이 저절로 자라는 것을 저해해서는 안 된다는 것입

니다. 이런 맨 끝부분들의 상태가 좋으면 몸 전체의 힘이 최고조로 유 e
지되는 데 도움이 되지만, 그것들이 망가지면 몸 전체도 망가지기 때문입니다. 두 발은 몸 전체를 섬기는 가장 고분고분한 머슴이고, 머리는 본래 가장 중요한 신체 기관들이 자리잡고 있는 곳인지라 가장 주 943a
인다운 주인입니다.

이것이 젊은이가 귀기울여야 하는 군대생활에 대한 찬사이며, 그 법률은 다음과 같습니다. 소집이나 특별근무를 명령받은 사람은 군복무를 해야 합니다. 장군들의 허가도 받지 않고 출두도 하지 않은 겁쟁이가 있다면, 그는 장군들이 전장에서 돌아온 뒤 군복무를 하지 않은 죄로 이들 앞에서 제소되어야 합니다. 그런 사건들은 참전한 병사들이 군복무의 종류별로 재판관이 되어 중무장 보병과 기병과 다른 병과
(兵科)의 병사가 따로 재판을 합니다. 그래서 중무장 보병은 중무장 보 b
병 앞으로, 기병은 기병들 앞으로, 다른 병사는 자신과 같은 병과의 병사들 앞으로 소환되어야 합니다. 피고인이 유죄 판결을 받을 경우, 앞으로는 어떤 무공 훈장도 탈 수 없고 남을 병역기피자로 고발할 수 없을뿐더러 이에 더하여 법정은 그가 어떤 벌을 받거나 벌금을 얼마나 물어야 하는지 정해야 합니다. 병역기피에 대한 재판이 끝나고 나면
지휘관은 병사들을 병과별로 다시 소집하여 지원자는 누구든 동료 병 c

2 anarchia.

3 모자와 신발.

4 자신의 머리털과 발바닥. 이를테면 소크라테스는 겨울에도 맨발로 다녔다고 한다.

사들 앞에서 무공 심사를 받아야 합니다. 이때 그가 제시하는 증거나 증언은 이전의 전쟁이 아니라 최근의 전쟁에 관련된 것이어야 합니다. 각 병과의 우승상은 올리브 관(冠)으로 하는데, 우승자는 이것을 전쟁의 신 가운데 자기가 좋아하는 신의 신전에 글을 새겨서 자기가 1등상, 2등상 또는 3등상을 받았다는 평생의 증거로 봉헌해야 합니다. 누
d 가 출정했다가 지휘관이 부대를 철수시키기 전에 귀가하면, 병역기피죄를 다루는 것과 같은 법정에서 탈영죄로 제소되어야 합니다. 그가 유죄 판결을 받을 경우, 앞서 말한 것과 같은 벌을 받아야 합니다.

전투 장비의 유기

누구나 제소할 때는 고의적이든 고의적이 아니든 남을 부당하게 처벌받게 하는 것이 아닌지 조심해야 합니다. 사람들이 말하기를 정의의
e 여신[5]은 염치의 여신[6]의 딸이라고 하는데[7](이것은 사실입니다), 두 분 다 본성적으로 거짓[8]을 미워하기 때문입니다. 그래서 우리는 다른 일에도 정의를 거스르지 않도록 조심해야 하지만, 특히 전장에서 전투 장비를 유기하는 일과 관련해서도 그래야 합니다. 말하자면 우리는 어쩔 수 없이 전투 장비를 유기하는 행위를 수치스러운 것으로 비난해서는 안 되며, 무고한 사람을 부당한 죄로 제소해서도 안 됩니다. 이런 경우들을 구별하기란 결코 쉬운 일이 아니지만, 그럼에도 법률은 어떻게
944a 든 그런 경우들을 서로 구별해야 합니다. 설화를 빌려 설명해봅시다. 이를테면 파트로클로스[9]가 수많은 사람이 그랬듯이 전투 장비들도 없이 막사로 운반되었다가 다시 살아났다면 — 시인에 따르면 테티스[10]

와의 결혼식 때 신들이 펠레우스에게 신부 지참금으로 주었다는 그 전투 장비들은 헥토르가 가져갔다고 합니다[11] — 당시의 모든 악당은 전투 장비를 유기했다고 메노이티오스의 아들을 비난할 수 있었을 것입니다. 또한 전투 장비는 절벽에서 추락하는 바람에 잃을 수도 있고, 바다에서 잃을 수도 있으며, 악천후와 싸우다가 갑자기 불어난 홍수에 휩쓸리는 바람에 잃을 수도 있습니다. 또한 그중에는 변명 삼아 읊어대는 것도, 와전되기 쉬운 불행을 정당화하기 위한 것도 부지기수일 것입니다. 그래서 우리는 최선을 다해서 더 크고 더 심각한 불행을 그와 다른 불행과 구별해야 합니다. 대개는 비난의 표현을 변화시킴으로써 차이를 나타낼 수 있습니다. 예를 들어 "그는 방패를 유기했다"는 표현은 때로는 "그는 방패를 잃었다"는 표현으로 적절히 대치할 수 있습니다. 누가 어떤 힘에 의해 방패를 빼앗긴다면, 그는 고의로 방패를 던지는 사람과 같은 의미에서 방패를 유기하는 사람일 수 없습니다. 두 경우는 근본

b

c

5 디케(Dike).

6 아이도스(Aidos).

7 헤시오도스, 『일과 날』 254d 이하 참조.

8 pseudos.

9 파트로클로스는 메노이티오스(Menoitios)의 아들로 트로이아 전쟁 때 그리스군 제일의 용장 아킬레우스의 전우이자 죽마고우이다. 그는 아킬레우스의 전투 장비로 무장하고 트로이아군을 추격하다가 적장 헥토르(Hektor) 손에 죽고 전투 장비도 빼앗긴다.

10 테티스(Thetis)는 바다의 신 네레우스(Nereus)의 딸로 인간인 펠레우스(Peleus)와 결혼하여 영웅 아킬레우스의 어머니가 된다.

11 『일리아스』 16권 끝부분, 17권 125행 이하, 18권 78행 이하 참조.

적으로 다릅니다. 따라서 법률에서는 다음과 같이 표현되어야 합니다.

적군에게 따라잡힌 자가 돌아서서 갖고 있는 전투 장비로 자기를 지키지 않고 전투 장비를 고의로 떨어뜨리거나 내던짐으로써 고상하고 행복한 영웅적인 죽음 대신 비겁자의 수치스러운 삶을 택한다면, 그렇
d 게 전투 장비를 잃는 자는 전투 장비를 유기한 죄로 처벌받아야 합니다. 그러나 그가 앞서 말한 다른 방법으로 전투 장비를 잃는다면 재판관은 그런 정상을 참작해야 합니다. 나쁜 사람을 개과천선하도록 처벌할 필요는 있어도, 불운한 사람을 처벌할 필요는 없습니다. 그것은 소용없는 짓이니까요. 그렇다면 자기를 지켜줄 수 있었을 전투 장비를 내던지고 도주한 자에게는 어떤 처벌이 적절할까요? 사람들이 말하기를 신은 텟살리아 사람 카이네우스[12]를 여자에서 남자로 변신시켰다
e 고 하는데, 불행히도 인간은 그와 반대로 할 능력이 없습니다. 우리가 그와 반대로 남자를 여자로 변신시킬 수 있다면, 그것이 자기 방패를 던진 사람에게 어떤 의미에서 가장 적절한 처벌이 되겠지요. 하지만 그것이 불가능한 만큼 우리는 거기에 최대한 가까이 다가가기로 합시다. 말하자면 그는 목숨을 너무나도 사랑하므로 위험을 무릅쓰는 일 없이 여생을 오명 속에서 최대한 오래 살도록, 그런 사람들에게는 다음과 같은 법률을 적용합시다.

누가 수치스럽게 전투 장비를 버린 죄로 유죄 판결을 받으면, 장군
945a 이나 다른 군 지휘관은 그를 다시 병사로 기용하거나 어떤 부서에 배치해서는 안 됩니다. 이를 어긴다면 감사관은 겁쟁이를 재배치한 지휘관이 최고 재산등급에 속할 경우 1,000드라크메, 두 번째 재산등급에

속할 경우 500드라크메, 세 번째 재산등급에 속할 경우 300드라크메,
네 번째 재산등급에 속할 경우 100드라크메를 벌금으로 물려야 합니
다. 한편 유죄 판결을 받은 겁쟁이는 본성이 여자 같은 만큼 남자가 겪
는 위험에서 배제되는 것에 더하여 최고 재산등급에 속할 경우 1,000
드라크메, 두 번째 재산등급에 속할 경우 500드라크메, 세 번째 재산
등급에 속할 경우 300드라크메, 네 번째 재산등급에 속할 경우 앞서 b
언급한 자처럼 100드라크메를 벌금으로 물어야 합니다.

감사관의 필요성

감사관들에 대해서는 어떤 정책을 채택하는 것이 적절할까요? 관리
중 일부는 추첨 운이 좋아 1년 임기로 임명되고, 다른 관리들은 후보
자 가운데서 여러 해 임기로 임명되니 말입니다. 이런 관리들의 감사
관으로는 어떤 사람이 적격일까요? 만약 그들 중 누군가 업무의 무게
에 눌리고 업무를 제대로 수행할 능력이 부족하여 무엇인가를 뒤틀리
게 처리한다면, 누가 그런 사람을 바룰 수 있을까요? 미덕에서 관리들 c
을 능가하는 관리들의 관리를 찾아낸다는 것은 결코 쉬운 일이 아닙
니다. 그래도 우리는 신과도 같은 그런 감사관들을 찾아내려고 노력해
야 합니다. 그 이유는 이렇습니다. 국가에는 그것의 해체를 막아주는

12 카이네우스(Kaineus)라는 라피타이족(Laphitai) 전사는 원래 소녀였는데 포세이돈에 의해 남자로 변신했다고 한다. 오비디우스(Ovidius), 『변신 이야기』(*Metamorphoses*) 12권 171행 이하 참조.

중요한 부분들이 많이 있는데, 배에는 삭구와 선체를 감싸는 밧줄이 있고 몸에는 근육과 힘줄이 있는 것과 같은 이치입니다. 그런 것들은 산재해 있고 경우에 따라 수많은 다른 이름으로 불리지만 근본적으로는 같은 것입니다. 그런데 감사관 직이야말로 국가가 존속하느냐 해체
d 되느냐를 결정하는 가장 중요한 직책입니다. 감사관이 감사를 받는 관리보다 더 훌륭하고, 나무랄 데 없는 정의를 나무랄 데 없는 방법으로 행사함으로써 이를 입증한다면, 온 나라가 번성하고 번창합니다. 그러나 관리들에 대한 감사가 달리 행해지면 국가의 모든 정치활동을 하나로 묶어주는 정의감이 사라지고, 그 결과 관리들은 모두 제 갈 길을
e 가고 더이상 같은 목표를 향해 나아가지 않습니다. 오히려 그들은 하나의 나라를 여러 나라로 쪼개며 내분으로 가득 채워 급속히 망하게 합니다. 그래서 감사관들의 덕성은 놀랄 정도로 뛰어난 것이어야 합니다. 그러니 우리는 그들을 다음과 같은 방법으로 배출하도록 합시다.

감사관의 선출과 직무

매년 하지가 지나자마자 온 시민이 헬리오스[13]와 아폴론의 공동 성역에 모여 자기들 가운데 세 명의 이름을 신에게 공개해야 합니다. 시민
946a 은 저마다 자기말고 모든 면에서 가장 훌륭하다고 생각하는 50세 이상 된 남자 한 명을 추천해야 합니다. 표를 많이 얻은 사람의 수가 짝수일 경우, 반이 될 때까지 줄입니다. 그 수가 홀수일 때는 최소 득표자를 제외하고 그렇게 합니다. 그런 다음 득표수에 따라 반은 배제하고 반은 남깁니다. 여러 명이 득표수가 같아 반을 초과할 때는 나이가 적

은 사람 순으로 초과분을 배제합니다. 그러고 나머지 선발된 자 중에 b
서 득표수가 같지 않은 3명이 남을 때까지 다시 투표로 선출해야 합니
다. 3명 모두 또는 그중 2명의 득표수가 같을 때는 운과 요행에 맡기고,
우승자와 1등과 2등을 투표로 가려 이들에게 올리브 관을 씌워주어
야 합니다. 그리고 그들 모두의 탁월함을 포상한 다음, 이제 신의 뜻에
따라 다시 구원받은 마그네시아인들의 국가는 자국의 가장 훌륭한 사
람 셋을 헬리오스에게 내보이며 그들이 감사관의 업무를 수행하는 동 c
안 옛 관습에 따라 아폴론과 헬리오스에게 공동의 만물로서 바친다
고 온 시민에게 선포해야 합니다. 첫해에는 그런 감사관 12명을 임명하
여 75세까지 직위를 유지하게 하고, 이후에는 매년 3명씩 추가합니다.

감사관들은 모든 관리를 12개 집단으로 나누어 자유민에게 어울리
는 모든 조사 방법을 이용하여 그들의 행위를 살펴야 합니다. 감사를
하는 동안에는 자신들이 선출된 장소인 아폴론과 헬리오스의 성역 d
안에 거주해야 합니다. 그들이 퇴직을 앞둔 관리들을 단독으로 또는
동료들과 협력하여 감사한 경우, 각각의 관리가 감사관의 결정에 따라
어떤 처벌을 받아야 하는지 또는 벌금을 얼마나 물어야 하는지 시장
게시판에 서면으로 공개해야 합니다. 관리 중에 자신에 대한 결정이
불편부당하다고 인정하지 않는 자는 감사관들을 선발된 재판관들[14]
앞으로 소환해야 합니다. 그래서 그가 감사 결과 무죄 방면되면 원할

13 Helios. 태양신.

14 767c~d, 926d 참조.

e 경우, 감사관들을 고발할 수 있어야 합니다. 그러나 유죄 판결을 받고 감사관들이 그를 사형에 처하기로 결정한 경우에는 형량을 더 늘릴 수 없는 만큼 두말없이 사형에 처해야 합니다. 그의 벌금을 두 배로 늘릴 수 있는 경우, 그가 두 배를 물게 해야 합니다.

이번에는 감사관에 대한 감사는 어떤 것이어야 하며, 어떻게 진행되어야 하는지 들을 차례입니다. 온 나라가 최고의 수훈상을 받을 자격
947a 이 있다고 생각한 이 사람들은 살아 있는 동안 모든 축제에서 앞자리를 차지해야 합니다. 또한 헬라스인들이 제사나 관람이나 다른 종교적 목적을 위해 함께 모일 때 국가에서 파견하는 사절단의 인솔자는 감사관 중에서 선발해야 합니다. 그리고 시민 중에 오직 감사관만이 월계관으로 머리를 장식할 수 있어야 합니다. 그들은 모두 아폴론과 헬리오스의 사제여야 합니다. 매년 선출된 감사관 중에서 으뜸이라고 판
b 단되는 사람이 그 해의 대사제가 되며, 시민들은 그의 이름을 기록하여 국가가 존속하는 한 그것이 연호(年號)를 대신하게 해야 합니다.

감사관의 장례식

감사관이 사망하면 그의 시신 안치와 장례식과 무덤은 보통 사람을 위한 것과는 규모가 달라야 합니다. 시민은 모두 흰옷을 입어야 하고, 장례식은 만가나 비탄 없이 진행됩니다. 대신 15명의 소녀로 구성된 합창단과 15명의 소년으로 구성된 다른 합창단이 관대(棺臺) 양 옆에 자
c 리잡고 죽은 사제를 위해 교대로 찬가를 부르며 온종일 그의 행복을 찬송합니다. 이튿날 새벽, 체력 단련장에 다니는 젊은이 중에서 고인

의 친척이 선발한 100명이 관대를 무덤으로 운반합니다. 행렬은 아직
미혼인 젊은이들이 각자 고유한 군장을 갖추고 인솔해야 합니다. 말하
자면 기병대는 군마를, 중무장 보병대는 중무장을 갖추어야 하고, 다
른 부대들도 그렇게 합니다. 관대 주위에서는 소년들이 앞에서 국가 d
를 부르고, 소녀들과 가임기를 넘긴 여인들이 그 뒤를 따릅니다. 그리
고 남녀 사제들이 그 뒤를 따릅니다. 이들은 물론 다른 장례식에는 참
가하지 않지만, 퓌티아[15]의 신탁이 그러도록 승인한다면 이 장례식에
는 참가합니다. 그래도 부정을 타지 않을 테니까요. 감사관의 무덤은
지하에 다공질(多孔質)의 가장 단단한 돌로 만든 장방형 현실(玄室)
로 합니다. 그 안에 돌 의자들을 나란히 갖다놓고 그 위에 축복받은 고 e
인을 안치합니다. 둥글게 봉분을 쌓고 그 주위에 작은 나무숲을 조성
하되, 한쪽은 틔어놓습니다. 다음에 묻힐 사람을 위해 흙더미를 쌓을
필요가 있을 때 무덤을 확장할 수 있도록 말입니다. 또 감사관들을 기
리기 위해 해마다 시가 경연과 육상 경기, 마술(馬術) 경기를 개최합니
다. 물론 이런 명예는 모두 감사를 통과한 감사관에게 주어집니다.

감사관에 대한 처벌

어떤 감사관이 자신의 직위가 선출직임을 믿고는 선출된 뒤 나쁜 사람이 됨으로써 인간적인 약점을 드러낸다면, 법률은 누구든 원하는

15 퓌티아는 델포이의 아폴론 신전에서 신탁을 인간에게 전달하는 예언녀이다.

948a 사람이 그를 고발하도록 지시할 것입니다. 재판은 법정에서 다음과 같이 진행될 것입니다. 법정은 첫째 법률 수호자들로, 그다음에는 살아 있거나 퇴직한 감사관들로 구성되며, 선발된 재판관들의 법정이 여기에 추가됩니다. 고발인은 피고인에 대해 '아무개는 그런 특별 대우를 받고 그런 관직에 오를 자격이 없다'는 취지의 고발장을 작성해야 합니다. 피고인이 유죄 판결을 받을 경우, 관직과 무덤과 그에게 부여된 기타 명예를 박탈해야 합니다. 그러나 고발인이 전체 투표수의 5분의 1
b 을 득표하지 못하면 최고 재산등급에 속할 경우 1,200드라크메, 두 번째 재산등급에 속할 경우 800드라크메, 세 번째 재산등급에 속할 경우 600드라크메, 네 번째 재산등급에 속할 경우 200드라크메를 벌금으로 물어야 합니다.

선서

라다만튀스[16]는 그가 사건을 판결한 방법 때문에 경탄의 대상이 될 만합니다. 그는 동시대 사람들은 신들이 분명 존재한다고 믿는다는 것을 알았지요. 그럴 만도 하지요. 당시 사람들은 대부분 자기들이 실제로 신들의 자손이라고 믿었고 전설에 따르면 그도 그중 한 명이었으니까요. 그래서 그는 재판 업무를 사람에게 맡길 것이 아니라 신들에게 맡겨야 한다고 생각했기에 신속하고 바르게 판결할 수 있었습니다. 말하자
c 면 그는 쟁점이 무엇이든 소송 당사자가 선서를 하게 함으로써 사건들을 신속하고 안전하게 처리했던 것입니다. 하지만 요즘은 어떤 사람들은 우리가 말했듯이[17] 신들이 존재한다는 것을 전혀 믿지 않는가 하면,

다른 사람들은 신들은 인간사에 무관심하다고 믿습니다. 그러나 가장
수가 많고 가장 고약한 부류는 보잘것없는 제물을 바치며 조금 아첨을
떨면 신들이 큰돈을 훔치도록 도와주고 온갖 중벌에서 구해준다고 믿
습니다. 그러니 요즘 세상에서는 라다만튀스 식 재판 방식은 적절하지
않을 것입니다. 신들에 대한 사람들의 생각이 바뀌었으니 법률도 바뀌 d
어야 합니다. 자기 업무가 무엇인지 아는 입법자라면 양쪽 소송 당사자
가 선서하는 것을 폐지해야 합니다. 누가 남을 제소할 경우 선서하지 않
고 제소 내용을 서면으로 작성하고, 상대방도 마찬가지로 부인하는 내
용을 서면으로 작성하여 선서하지 않고 관리에게 제출해야 합니다. 나
라 안에서는 소송이 많이 제기되는 만큼 우리 시민의 거의 절반이 거짓
선서를 했으며, 그럼에도 공동식사 때나 다른 공적 또는 사적 집회에서 e
아무런 양심의 가책 없이 함께하는 것은 실로 끔찍한 일이니까요.

그러니 재판에 임하기 전에 재판관에게 선서를 요구하는 법률을 제
정하기로 합시다. 또한 이 법률은 선서를 하고 투표를 하건 아니면 신
전에서 투표석을 가져와서 투표를 하건 국가를 위해 관리를 선출하는
자에게는 누구에게나 적용되어야 합니다. 또한 합창가무와 각종 시가 949a
경연의 심판관과 육상 경기나 마술 경기의 감독관 또는 심판관도 선
서를 해야 합니다. 사람이 판단하기에 거짓 선서를 해서 아무것도 얻
을 게 없는 모든 일의 판관 역시 그래야 합니다. 그러나 부인을 하고 그

16 1권 주 5 참조.

17 886d 이하, 891d 이하 참조.

것을 뒷받침하는 선서를 하는 자에게 큰 이익이 생길 것이 명백한 경우에 재판관은 소송 당사자에게 선서를 받지 않고 사건을 심리하고 재판해야 합니다.

b 대체로 재판을 주관하는 관리들은 누가 믿음성 있게 보이려고 맹세를 하며 말하거나, 자신이나 가족을 저주하거나, 꼴사납게 탄원하거나, 여자처럼 흐느껴 울지 못하게 해야 하며, 그가 품격 있는 말로 자신의 법적 주장을 하고 상대방의 법적 주장에 귀기울이게 해야 합니다. 그렇지 않으면 관리들은 그가 본론에서 이탈하는 것을 제지하며 다시 본론으로 되돌아가도록 지시해야 합니다.

그러나 외국인은 원한다면 지금처럼 구속력 있는 선서를 서로 주고
c 받을 수 있게 해야 합니다. 외국인들은 이 나라에서 늙어가지도 않을 뿐더러 이 나라에 살면서 그들처럼 살아갈 수 있는 다른 사람들을 남기기 위해 이 나라에 둥지를 틀지도 않을 테니까요. 또한 외국인이 외국인을 고소할 경우, 재판은 같은 규정[18]에 따라 진행되어야 합니다.

출연(出捐) 거부

자유민이 태형이나 구금이나 사형에 해당하는 일이 아니라 이를테면 합창가무단이나 축제 행렬이나 공공 제례에 참여하기를 거부하거나 평화 시의 제례나 전쟁 시의 조세에 기여하지 않음으로써 국가에 불
d 복하는 경우가 더러 있는데, 이 모든 경우 맨 먼저 해야 할 일은 피해액을 산정하는 것입니다. 그다음으로 피고인은 국법에 따라 담보를 잡게 되어 있는 관리에게 담보를 제공해야 합니다. 피고인이 담보를 잡힌 뒤

에도 불복하면 담보물은 매각하고 그 대금은 나라에 귀속되어야 합니다. 더 심한 처벌이 필요할 경우 관련 관리는 이 완고한 자에게 적절한 벌금을 부과하고, 지시받은 대로 하겠다고 동의할 때까지 법정에 소환 e
해야 합니다.

외부 세계와의 관계

무역을 하지 않아 땅에서 거두는 것이 유일한 재원인 국가는 자국민의 외국 여행과 외국인의 수용과 관련하여 확실한 정책을 갖고 있어야 합니다. 이런 문제들과 관련하여 조언을 할 때 입법자는 먼저 되도록 설득해야 합니다. 국가 간의 교류는 본성상 온갖 관습을 뒤섞어놓는데, 낯선 방문객들과 본토박이들이 서로를 바꿔놓기 때문입니다. 그리 950a
고 이것은 건전한 법치가 이루어지는 건강한 사회에서는 최대의 재앙입니다. 그러나 대부분의 국가는 훌륭한 법률을 갖고 있지 않아, 그들의 시민들이 외국인을 자기들 나라에 받아들임으로써 뒤섞이든 아니면 그들 자신이 젊어서 또는 늙어서 원하는 때에 원하는 나라에 여행함으로써 뒤섞이든 별반 차이가 없습니다. 하지만 시민들이 외국인을 받아들이기를 거부하거나 자신들이 외국으로 나가지 않는 것은 불가능할뿐더러 세상의 다른 사람들에게 거칠고 불친절해 보일 것이며, 외 b
국인을 배척하는 배타적이고 무뚝뚝하고 야만적인 자들이라는 악평

18 '시민들을 위한 것과 같은 규정'이란 뜻인 것 같다.

을 들을 것입니다. 그런데 남에게 훌륭해 보이느냐 나쁘게 보이느냐 하는 것은 결코 사소한 문제가 아닙니다. 대부분의 사람들은 미덕의 실체를 제대로 모르더라도 남을 보고 누가 훌륭하고 누가 나쁜지 판단하지 못할 정도는 아니니까요. 사악한 자에게도 어떤 초자연적인 본
c 능이 깃들어 있어, 가장 사악한 악당조차도 더 나은 사람과 더 못한 사람의 차이를 이해하고 설명할 수 있습니다. 따라서 외부 세계에 평판이 좋은 것을 높이 평가하라는 권고는 대부분의 국가에게는 훌륭한 권고입니다. 그러나 가장 올바르고 중요한 것은, 완전한 인간이 되려는 사람은 자신이 진실로 훌륭하다면 평판이 좋은 삶을 추구하되 훌륭하지 않다면 결코 그래서는 안 된다는 것입니다. 그러니 우리가 지금 크레테에서 건설 중인 국가가 미덕과 관련하여 사람들 사이에서 가장
d 고상하고 가장 훌륭한 평판을 듣는 것은 당연한 일일 것입니다. 또한 계획대로 된다면 헬리오스와 다른 신들이 굽어보는 모든 나라와 국가 중에서도 마그네시아는 훌륭한 법치를 누리는 몇 안 되는 국가 가운데 하나가 되리라고 기대해도 좋을 것입니다.

외국 여행

외국에 있는 장소로 여행하는 일이나 외국인을 받아들이는 일과 관련해서는 다음과 같이 해야 합니다. 첫째, 40세가 안 된 사람에게는 어떤 경우에도 외국 여행을 허용해서는 안 됩니다. 그다음으로 누구든지 개인적인 용무가 아니라, 전령이나 사절이나 이런저런 참관인처럼 공적인 용무가 있을 때만 외국으로 여행하는 것이 허용되어야 합니다. 전

시에 군복무를 하느라 외국에 나가 있는 것을 공적인 용무로 인한 외 e
국 여행에 포함시키는 것은 적절하지 않을 것입니다. 우리는 아폴론을
기리기 위해 퓌토에서 개최되고, 제우스를 기리기 위해 올륌피아에서
개최되고, 네메아와 이스트모스에서 개최되는 제례와 경기에 참가하
도록 사절단을 보내되,[19] 우리 시민 중에서 가장 고상하고 훌륭한 사
람을 되도록 많이 보내야 합니다. 이들은 이런 신성하고 평화로운 모임
들에서 우리 나라의 명망을 떨치고, 전장에서 군대가 얻은 것에 필적 951a
하는 명성을 얻을 것입니다. 그리고 그들이 귀국하면 젊은 세대에게
다른 나라의 사회적, 정치적 관습은 그들 자신의 것보다 열등하다는
것을 알려줄 것입니다.

시찰단

또한 법률 수호자의 허락을 받아 다른 시찰단도 파견해야 합니다. 만약 어떤 사람이 외국인의 생활상을 시간적인 여유를 더 갖고 시찰하고 싶어한다면 어떤 법률도 이를 제지해서는 안 됩니다. 모든 교류가 단절

19 퓌토 경기(ta Pythia)는 예언과 음악의 신 아폴론을 기리기 위해 델포이에서 4년마다 개최되었다. 고대 그리스의 4대 경기 가운데 가장 규모가 컸던 올륌피아 경기(ta Olympia)는 최고신 제우스를 기리기 위해 펠로폰네소스 반도 서북부 엘리스(Elis) 지방의 소도시 올륌피아에서 4년마다 개최되었다. 네메아 경기(ta Nemeia)는 제우스를 기리기 위해 코린토스 시 남서쪽에 있는 네메아(Nemea)에서 개최되었고, 이스트모스 경기(ta Isthmia)는 해신 포세이돈을 기리기 위해 코린토스 시의 지협(地峽 isthmos)에서 격년으로 개최되었다.

b 된 까닭에 나쁜 사람도 좋은 사람도 경험해보지 못한 국가는 충분히
개명되고 완벽해질 수 없기 때문입니다. 또한 국가는 법률의 존재 이
유를 이해하지 못하고 단순히 습관화하는 것만으로는 자신의 법률을
수호할 수 없을 것입니다. 대중 가운데는 비록 소수에 불과하지만 신
의 영감을 받은 사람들이 있기 마련인데, 그들과의 교류는 매우 가치
있는 일이며, 그들은 좋은 법질서를 갖춘 국가 못지않게 법질서가 형편
없는 국가에서도 가끔 태어납니다. 그러므로 좋은 법질서를 갖춘 국가
c 의 시민은 자신이 타락하지 않을 사람이라면 자기 나라 관습 중에 기
초가 튼튼한 것은 더 강화하고 결함이 있는 것은 개선하기 위해 언제
나 뭍길로든 바닷길로든 그런 사람들을 찾으러 나가야 합니다. 이렇게
시찰하며 찾아다니지 않는다면 국가는 완전한 상태로 머무를 수 없으
며, 잘못 시찰할 경우에도 역시 그럴 것입니다.

클레이니아스 어떻게 해야 이 두 가지 요구가 충족될 수 있겠습니까?

아테나이인 이렇게 하면 되겠지요. 첫째, 이런 종류의 우리 시찰인은 50
d 세가 넘어야 합니다. 그다음, 법률 수호자는 그를 마그네시아인들의
본보기로 외국으로 내보내려 하는 만큼, 그는 다른 점에서도 그렇지만
특히 전쟁에서 이름을 날린 시민 중 한 명이어야 합니다. 60세가 넘으
면 그는 시찰 활동을 그만두어야 합니다. 그가 이 10년 중에서 원하는
횟수만큼 시찰한 다음 귀국하면 입법에 관해 검토하는 자들의 모임[20]
에 출두해야 합니다. 이 모임은 일부는 젊은이들로, 일부는 원로들로
구성되며 매일 새벽부터 해 뜰 때까지 회합을 가져야 합니다.[21] 모임은
e 첫째 수훈을 세운 사제들, 그다음으로 그때그때 나이가 가장 많은 법

률 수호자 10명, 새로 임명된 교육 전반의 감독관과 그의 전임자들로
구성됩니다. 이들 구성원은 어느 누구도 혼자 참석해서는 안 되고, 각
자 자신이 뽑은 30세에서 40세 사이의 젊은이 한 명을 대동해야 합니
다. 그들의 모임에서 담론은 언제나 자신들의 국가의 입법 문제와 그
들이 외국에서 배웠을 수 있는, 이 주제와 관련된 다른 중대사에 집
중되어야 합니다. 그들의 담론은 무엇보다도 배워두면 입법 문제에 952a
더 명확한 견해를 갖는 데 도움을 주지만 배우지 않으면 입법 문제에
관한 견해가 희미하고 모호한 상태로 남아 있게 한다는 점에서 탐구
를 촉진할 것으로 생각되는 공부와 관련이 있어야 합니다.

이들 공부 가운데 나이가 더 많은 구성원이 인가하는 것을 젊은 구
성원은 열성을 다해 배워야 합니다. 초대받은 젊은이[22] 중 누가 부적격
자로 판단되면, 모임의 구성원 전원이 그를 초대한 자를 나무라야 합니
다. 이들 젊은이 가운데 이름을 날리는 자들은 나머지 시민들이 각별 b
히 눈여겨 지켜보며, 그들이 올바른 행동을 하면 존중하되 대부분의
다른 젊은이보다 더 못한 자로 드러나면 다른 젊은이보다 더 멸시해야
합니다. 외국의 법제도를 시찰한 사람은 귀국하자마자 이 모임에 참석
해야 하며, 입법과 교육이나 양육 문제에 관해 어떤 정보를 제공할 수
있는 사람을 찾아냈거나, 스스로 무엇인가를 생각해낸 뒤 돌아왔다면

20 903a, 909a 참조.

21 807d 이하 참조.

22 방금 말한 30대 젊은이들.

구성원이 모두 모인 앞에서 이를 보고해야 합니다. 그가 더 나빠지지
c 도 더 나아지지도 않고 돌아왔다고 판단되면 그들은 열성을 봐서라도
그를 칭찬해야 합니다. 그러나 훨씬 나아졌다고 판단되면, 살아 있는
동안에는 그를 훨씬 더 칭찬해주고 죽은 뒤에는 이 모임의 권능으로
여러 가지 적절한 명예를 부여해야 합니다. 그러나 타락해서 돌아왔다
고 판단되면 전문가인 체하는 이 시찰인이 상대가 젊었건 늙었건 어느
누구에게도 말을 걸지 못하게 해야 하며, 관리들이 시키는 대로 한다
d 면 사인으로 살게 해야 합니다. 이를 어기고 어떤 교육 문제나 법률 문
제에 참견하다가 법정에서 유죄 판결을 받으면, 그는 사형에 처해져야
합니다. 법정에 소환되어야 함에도 관리들이 아무도 그를 소환하지 않
는다면, 포상을 심사할 때 관리들은 그것에 벌점을 부과해야 합니다.

외국인 방문객

외국 여행은 어떻게 해야 하며, 어떤 사람이 외국 여행을 해야 하는지
에 대해서는 이쯤 해둡시다. 그다음으로 우리는 외국에서 오는 방문객
을 반가이 맞아야 할 것입니다. 논의할 만한 외국인에는 네 부류가 있
e 습니다. 항시 방문하는 첫째 부류는 대개 여름에 철새처럼 규칙적으
로 옵니다. 그들 중 대부분은 이윤을 좇아 날개가 달린 듯 여름에 새떼
처럼 바다를 건너 외국의 도시들로부터 날아옵니다. 그러면 이들을 맞
도록 임명된 관리들이 시장이나 항구나 도성 밖에 있지만 도성에서 가
까운 공공건물들에 이들을 수용하되, 이 부류의 방문객 가운데 어느
953a 누구도 새로운 관습을 소개하지 못하게 하고, 이들이 관련된 소송을

공정하게 처리하고 이들과의 교류를 최소한으로 줄여야 합니다. 둘째
부류는 가장 기본적인 의미의 관람자로서, 구경거리를 눈으로 보고
음악 공연을 귀로 듣기 위해 찾아오는 자들입니다. 이런 방문객 모두
를 위해 신전 근처에 편의시설을 제공할 숙소들을 마련해두어야 하며,
사제들과 신전 관리인들이 그들을 돌보고 보살피게 해야 합니다. 그러
다가 그들이 적정 기간 머물며 보고 들으러 온 것을 보고 들은 뒤에는
해를 입히거나 해를 입지 않고 떠나가게 해야 합니다. 누가 그들에게 b
또는 그들이 누군가에게 불의한 짓을 하면 피해액이 50드라크메 이하
일 경우, 사제들이 재판관 노릇을 해야 합니다. 피해액이 그 이상일 경우
그런 사람들을 위한 재판은 시장 감독관 앞에서 진행되어야 합니다.

셋째 부류의 방문객은 공적인 용무로 외국에서 오는 사람들인데 국
비로 영접해야 합니다. 그런 사람들은 장군과 기병대장, 파견대장만이
영접해야 하며, 그를 보살피는 일은 그에게 숙식을 제공하는 관리가 평 c
의회 구성원[23]들과 함께 책임져야 합니다. 드물기는 하지만 넷째 부류
의 방문객이 도착하는 경우도 있습니다. 그러나 우리가 내보내는 시찰
단에 상응하는 사람이 외국에서 우리를 찾아오면 그는 첫째, 50세 이하
여서는 안 되며, 또한 그의 의도는 다른 나라의 제도보다 월등히 고매한
그 무엇을 보기 위해서이거나, 그런 것을 다른 나라에 알려주기 위해서
라야 합니다. 그런 방문객은 모두 초대받지 않고도 부유하고 현명한 사 d

23 prytanis.

람들의 문전에 나타날 수 있게 해야 합니다. 그런 사람은 그 자신이 부유하고 현명하니까요. 그는 자기가 그런 주인에게 걸맞은 손님이라고 확신하며 이를테면 교육 전체를 감독하는 사람이나 미덕으로 상을 받은 사람의 집을 방문할 수 있어야 합니다. 그리고 이들 중 이 사람 또는 저 사람과 함께 지내며 정보를 교환한 뒤, 친구로서 친구들에게서 적당한 선물을 받고 적절히 존경받고 나서 떠나게 해야 합니다. 이런 법률에
e 따라 우리는 남녀 불문하고 모든 외국인 방문객을 맞고 우리 시민을 외국으로 내보내야 합니다. 그렇게 우리는 손님들의 보호자인 제우스에게 경의를 표해야 하며, 오늘날 네일로스[24]의 자식들이 그러듯이, 음식이나 제물로[25] 또는 야만적인 포고로 외국인을 배척해서는 안 됩니다.

보증

누가 보증을 설 때는 명시적으로 하되, 거래액이 1,000드라크메 이하일 때는 3명 이상의 증인 앞에서, 1,000드라크메 이상일 때는 5명 이상
954a 의 증인 앞에서 모든 합의 내용을 문서로 세세히 작성해야 합니다. 중개인은 제소할 수 없거나 지불 능력이 전혀 없는 판매자를 위해 보증을 서야 하며, 판매자와 똑같이 제소될 수 있어야 합니다.

가택수색

누가 남의 집을 가택수색하고 싶으면 셔츠만 입고 허리띠를 두르지 않은 채 법으로 정해진 신들에게 자기가 찾고 있는 것을 찾아낼 것으로 확신한다고 맹세하고 나서 그리해야 합니다. 그러면 상대방은 그가 봉

인된 재산과 봉인되지 않은 재산을 모두 포함하여 자기 집을 수색하도록 해야 합니다. 수색하기를 요구하는 사람에게 누가 이를 허락하지
않는다면, 수색을 방해받은 쪽은 자기가 찾고 있는 물건 값을 산정한 b
뒤 법정으로 가야 합니다. 피고인이 유죄 판결을 받을 경우, 산정된 금액의 두 배를 배상금으로 물어야 합니다. 집주인이 집을 떠나 있을 경우, 그 집에 거주하는 자는 수색을 요구하는 자가 봉인되지 않은 재산을 수색할 수 있게 해야 합니다. 봉인된 재산은 수색하는 자가 나란히 봉인하고 나서 자기가 원하는 사람을 5일 동안 감시자로 세워야 합니다. 집주인이 더 오래 집을 떠나 있을 경우, 상대방은 도성 감독관을 데
려와 봉인된 것의 봉인을 해제하고 나서 수색한 다음 가족과 도성 감 c
독관의 입회하에 다시 이전처럼 봉인해야 합니다.

소유권 청구의 소멸시효

소유권 다툼이 있을 경우 다음과 같은 소멸시효가 있어, 이 기간이 경과한 뒤에는 소유자의 소유권에 이의를 제기할 수 없습니다. 물론 마그네시아에서는 토지와 가옥에 대한 소유권 다툼은 없습니다. 그러나 다른 소유물과 관련해서는 누가 무엇을 도성이나 시장이나 신전에서 공개적으로 사용하고 있고 아무도 그것을 되찾으려 하지 않는데 소유자가 분명 그것을 숨기려 하지 않았음에도 누가 그동안 내내 그것을 찾고

24 Neilos. 나일 강을 이르는 그리스어 이름.

25 고대 이집트인들은 자신들의 제례에 외국인이 참가하는 것을 금했다고 한다.

있었다고 주장할 경우, 이렇게 한쪽은 그것을 소유하고 있고 다른 쪽
d 은 찾고 있는 상태가 1년 동안 지속된다면 1년이 경과한 뒤에는 아무
도 그것의 소유권을 요구할 수 없습니다. 누가 어떤 물건을 도성이나
시장이 아니라 농촌에서 공개적으로 사용하고 아무도 5년 동안 그것
을 자기 것이라고 주장하지 않는다면, 5년이 경과한 뒤에는 어느 누구
도 그 소유권을 회복할 수 없습니다. 누가 어떤 물건을 도성에 있는 집
안에서 사용할 경우 소멸시효는 3년이고, 눈에 띄지 않게 농촌에 보관
e 할 경우 소멸시효는 10년으로 합니다. 그러나 외국에서 사용할 경우,
어디서 그것을 찾아내는 데 아무리 오래 걸려도 소유권의 소멸시효가
없습니다.

법정 출두 방해

누가 소송 당사자나 증인이 법정에 출두하는 것을 강제로 방해할 경
우, 그가 방해하는 자가 자기 노예나 남의 노예라면 그 재판은 성립되
지 않고 무효가 됩니다. 누가 자유민을 방해할 경우, 재판이 성립되지
955a 않는 것에 더하여 1년 동안 구금되고, 누구든 원하는 사람이 그를 납
치범으로 제소할 수 있어야 합니다.

경기 참가 방해

누가 경쟁 상대가 육상 경기나 시가 경연이나 다른 경기에 참가하는 것을 강제로 방해할 경우 원하는 사람은 누구든 경기 감독관들에게 알려야 하며, 그러면 감독관들은 경기 참가를 원하는 사람이 자유롭

게 경기에 참가할 수 있게 해주어야 합니다. 그러나 감독관들이 그렇
게 할 수 없고 방해한 사람이 경기에서 우승할 경우, 그들은 방해받은
사람에게 우승상을 주고 방해받은 사람이 원하는 신전에 그의 이름 b
을 우승자로 새겨야 합니다. 방해한 사람이 그런 경기와 관련하여 봉
헌물을 바치거나 기록을 남기지 못하게 해야 하며, 경기 승패를 떠나
피해액을 배상하도록 제소해야 합니다.

장물 취득

누가 장물인 줄 알면서도 장물을 취득할 경우, 도둑과 같은 벌을 받아야 합니다.

추방당한 자 숨겨주기

추방당한 자를 숨겨주면 사형에 처해야 합니다.

개인적인 전쟁

각자는 국가의 친구나 적을 자기 친구나 적으로 여겨야 합니다. 누가
국가의 지시 없이 개인적으로 누구와 화친을 맺거나 전쟁을 한다면, c
그런 경우에도 사형에 처해야 합니다. 국가의 한 부분이 어떤 부분과
독자적으로 화친을 맺거나 전쟁을 할 경우, 장군은 이런 행위에 책임
있는 자를 법정에 소환해야 합니다. 피고인이 유죄 판결을 받을 경우
사형에 처해야 합니다.

뇌물

조국을 위해 어떤 봉사를 하는 자는 선물을 받지 않고 봉사해야 합니다. "나쁜 짓을 하고 선물을 받아서는 안 되겠지만, 좋은 일을 해주면 선물을 받아야 한다"고 변명해서는 안 되며, 그런 변명은 칭찬할 만한
d 말도 아닙니다. 그것은 판단하기 쉽지 않거니와 판단한다고 해도 판단을 고수하기가 쉽지 않기 때문입니다. 가장 안전한 길은 법률에 귀기울이며 봉사의 대가로 선물을 받지 말라는 법률의 명령에 복종하는 것입니다. 불복종하는 자가 유죄 판결을 받을 경우, 두말없이 사형에 처해야 합니다.

과세

다음은 국가에 낼 세금에 관해 논할 차례입니다. 여러 가지 이유에서 각자는 자기 재산을 평가받아야 하며, 부족 구성원은 자신의 연간 수확량을 농촌 감독관에게 서면으로 신고해야 합니다. 관리가 두 가지 과세 방법 중 더 편리하다고 생각되는 방법을 이용할 수 있도록 말입
e 니다. 말하자면 관리는 매년 개별 산정 금액 전체 중에서 일부를 징수할 것인지, 아니면 그 해 연간 수입의 일부를 징수할 것인지 결정할 수 있는데, 여기서 공동식사를 위해 내는 돈은 제외됩니다.

신들에게 바치는 공물

절도 있는 사람이 신들에게 바치는 공물은 절도 있는 것이어야 합니다. 토지와 모든 시민의 가정에 있는 화덕은 이미 신들에게 바쳐진 것인

지라 어느 누구도 그것을 신들에게 두 번 바치면 안 됩니다. 금과 은은
다른 나라에서 신전에서도 가정집에서도 시기심을 불러일으킵니다. 956a
생명 없는 몸에서 베어 온 상아는 정결한 봉헌물이 아니며, 무쇠와 청
동은 전쟁 도구입니다. 나무로 된 선물은 통나무로 만든 것일 때는 취
향에 따라 공공 신전에 바쳐도 좋으며, 돌로 된 선물의 경우도 마찬가지
입니다. 피륙을 바칠 때는 한 여인의 한 달 작업량을 초과하지 않는 것
이어야 합니다. 신들에게는 대체로 흰색이 가장 적합하며, 피륙의 경우
는 특히 그렇습니다. 전쟁을 위한 장식물말고는 염료를 사용해서는 안 b
됩니다. 신들에게 가장 어울리는 선물은 새들과 한 화가가 하루만에
완성할 수 있는 그림입니다. 다른 봉헌물도 모두 이에 준해야 합니다.

3심제도

우리는 국가 전체가 어떤 부분으로 나뉘고 그것들이 얼마나 많아야
하는지 이미 철저히 논의했고 모든 중요 분야의 법률행위를 위한 법률
도 최선을 다해 입법했으니, 이제 소송 절차에 관해 다루어봅시다. 1심
법정은 원고와 피고가 합의해 선택한 재판관으로 구성되는데, 이들 c
은 사실은 중재인이지만 여기서는 '재판관'이라는 명칭이 더 적절합
니다. 2심 법정은 마을 주민과 12부분으로 나뉜 부족 구성원으로 구
성됩니다. 1심 법정 재판관들 앞에서 합의에 이르지 못할 경우 소송 당
사자는 이들 앞에서 다시 다툴 수 있지만, 더 많은 비용을 물 각오를 해
야 합니다. 즉 피고가 두 번째로 패소하면, 소장에 적힌 금액의 5분의
1을 추가로 내야 합니다. 이들 재판관이 불만스러워서 세 번째로 다투

d 고 싶으면 사건을 선발된 재판관들 앞으로 가져가야 하는데, 여기서
도 패소하면 산정된 금액의 1.5배를 내야 합니다. 반면 원고가 1심 법
정 재판관 앞에서 패한 뒤 가만있지 않고 2심 법정으로 가서 승소하면
소장에 적은 금액의 5분의 1을 추가로 받게 하고, 패소하면 그 금액만
큼 벌금을 물게 합니다. 소송 당사자가 이전 판결에 승복하지 못하고
3심 법정으로 갈 경우 피고가 패소하면 앞서 말했듯이 산정된 금액의
1.5배를 물고 원고가 패소하면 산정된 금액의 절반을 물게 합니다.

소송 절차의 기타 요점과 법률 공부의 중요성

e 배심원들을 추첨하고 충원하는 일, 개별 법정을 위해 시중드는 사람
들을 임명하는 일, 이 모든 일이 시행되어야 할 시기를 정하는 일, 투표
방법, 일정의 연기, 재판 절차에서 이와 유사한 온갖 불가피한 세부 사
항, 다시 말해 재판 순서를 추첨으로 정하고 답변과 법정 출두를 강제
하는 일 등등에 관해서는 이미 앞서 논의한 바 있지만,[26] 옳은 것은 두
957a 번이고 세 번이고 말하는 것이 좋습니다. 그런 모든 사소한 규정은 찾
아내기가 쉬운지라 원로 입법자가 남겨두면 젊은 입법자가 보완하면
될 것입니다. 사적인 법정[27]에서는 이 방법이 적절할 것입니다. 그러나
공적인 일반 법정과 각종 관리가 그때그때 임무 수행을 위해 이용해야
하는 법정에는 다른 접근 방법이 필요합니다. 수많은 국가에서 유능한
사람들이 훌륭한 규정을 수없이 만들어놓았으니, 우리 법률 수호자
b 들은 그것을 우리가 지금 건설 중인 국가에 맞추면 될 것입니다. 그런
규정 하나하나가 만족스럽다고 생각될 때까지 검토하고 실제 경험을

통해 개선하면서 말입니다. 그러고 나서 그들은 그 규정들을 최종적으로 승인하고 불가역적인 것으로 봉인하여 평생토록 준수해야 합니다.

그다음으로 재판관의 침묵과 말의 절제와 이와 반대되는 것들과, 다른 나라에서의 수많은 올바르고 훌륭하고 고매한 것들과는 다른 것들이 있는데, 우리는 이에 대해 일부는 이미 논의한 바 있고,[28] 일부
는 끝에서 논의할 것입니다. 정의에 따라 공정한 재판관이 되고자 하 c
는 사람은 이 모든 것을 명심하고 이런 것들에 관한 저술을 구해서 공부해야 합니다. 모든 배움의 대상 가운데 법률 교과만큼 배우는 사람을 더 훌륭하게 만들 수 있는 것은 없기 때문입니다. 그것이 제대로 작성된 것이라면 말입니다. 그렇지 않다면 우리의 신적이고 경탄할 만한 법률[29]이 지성[30]과 유사한 이름을 갖고 있다는 것은 우연의 일치겠
지요. 또한 운문이나 산문으로 누군가를 칭찬하거나 비난하는 발언 d
은 글로 쓰인 것일 수도 있고 우리가 이기고 싶어 토론하거나 생각 없이 동의할 때 일상 대화에서 나온 것일 수도 있는데, 입법자의 저술은 이 모든 것의 명확한 시금석이 되어야 합니다. 훌륭한 재판관이 이런 저술을 다른 발언에 대한 해독제로 자신 안에 갖고 있는 한 자신과 국
가를 바르게 인도할 것입니다. 그는 훌륭한 사람들 안에는 정의가 존 e

26 766d 이하, 846b 이하 참조.

27 767b, 956b 참조.

28 776d, 855d, 876c, 949b 참조.

29 nomos.

30 nous. 714a 참조.

속하여 자라나게 하고, 악인들한테서는 무지와 무절제와 비겁함, 한
마디로 모든 불의를 추방하려고 최선을 다해야 합니다. 이것은 어디까
지나 판단들이 치유될 수 있는 악인들의 이야기입니다. 하지만 진실로
운명에 의해 도무지 개과천선할 여지가 없는 그런 상태에 있는 혼들에
958a 게는 재판관과 지도자가 치료제로 사형을 처방한다면 온 나라에서 칭
찬받아 마땅할 것이며,[31] 이는 몇 번이고 되풀이해서 말해도 좋을 것입
니다.

판결의 집행

그 해의 소송이 다 종결되고 나면 판결의 집행에 다음과 같은 법률을
b 적용해야 합니다. 먼저, 판결을 내린 관리들은 양도할 수 없는 것[32]을
제외하고는 패소한 쪽의 전 재산을 승소한 쪽에게 양도하게 하되, 그
때그때 표결 직후 재판관들이 듣는 앞에서 전령을 시켜 그리해야 합
니다. 재판이 열린 달의 다음달이 지나도록 패소한 자가 소송 결과를
양쪽이 모두 만족하도록 처리하지 않으면, 판결을 내린 관리가 승소한
자의 요청에 따라 패소한 자의 재산을 넘겨주어야 합니다. 그러나 패
c 소한 자가 빚을 갚을 길이 없고 부족액이 1드라크메 이상일 경우, 승소
한 쪽에 빚을 다 갚을 때까지 그는 남을 제소할 수 없지만, 다른 사람은
그를 제소할 수 있습니다. 유죄 판결을 받은 자가 유죄 판결을 내린 관
리들을 방해할 경우, 그렇게 방해받은 관리는 그자를 법률 수호자의
법정으로 소환해야 합니다. 그런 재판에서 유죄 판결을 받는 자는 국
가 전체와 법률을 전복하려는 자로서 사형에 처해야 합니다.

장례 규정

인간은 태어나 자라서 자식을 낳고 기르며 공정하게 거래를 하면서 남
에게 불의를 행하면 배상금을 물고 남에게서 불의를 당하면 배상금 d
을 받다가, 그렇게 법을 지키는 가운데 늙으면 자연의 이치에 따라 세
상을 하직하게 됩니다. 남자나 여자가 죽으면 우리는 어떻게 해야 할
까요? 첫째, 우리는 지하의 신들과 이 세상의 신들을 위해 지켜야 할
종교 의식에 관해서는 해설자의 지시가 갖는 절대적인 권위를 인정해
야 합니다. 묘는 봉분이 크건 작건 경작할 수 있는 땅에 써서는 안 되 e
고, 산 사람에게 가장 피해를 적게 주고 망자의 육신을 받아들여 감추
는 것말고는 아무짝에도 쓸모없는 땅에 써야 합니다. 어머니 대지의
타고난 비옥함에 힘입어 인간에게 식량을 대줄 땅은 산 사람이건 죽
은 사람이건 산 사람에게서 빼앗아서는 안 되기 때문입니다. 봉분은
다섯 사람이 닷새 동안 쌓을 수 있는 것보다 높아서는 안 되며, 비석은
고인의 생애에 대한 찬사를 네 줄의 영웅시 시행[33]으로 담는 데 필요한 959a
것보다 커서는 안 됩니다. 집에서 시신을 관대에 안치하는 기간은 당사
자가 기절한 기간이 아니라 정말로 죽었다는 것을 확인하는 데 필요한
것보다 길어서는 안 됩니다. 대체로 죽은 지 사흘 되는 날에 시신을 무
덤으로 운구하는 것이 적당할 것입니다.

31 728c, 854e 참조.

32 할당 토지.

33 hexameter. 서사시에서 사용하는 형식.

우리는 입법자가 말하는 것은 무엇이든 믿어야겠지만 특히 혼은 몸
보다 절대로 우월하며, 살아 있을 때도 우리 각자의 자아를 구성하는
b 것은 바로 혼이며, 몸은 닮은꼴로 우리 각자를 따라다닌다는 가르침
을 믿어야 합니다. 이는 시신은 고인의 모상에 불과하다는 말이 옳다
는 것을 의미합니다. 입법자에 따르면 우리가 불멸의 혼이라 부르는 우
리의 진정한 자아는 조상 전래의 법률이 말하듯, 자기에 대해 해명하
기 위해 다른 신들[34]에게로 떠나간다고 합니다. 이는 훌륭한 사람에게
는 고무적이겠지만 나쁜 사람에게는 참으로 두려운 일이겠지요.

또한 일단 죽은 사람은 별로 도와줄 게 없습니다. 살아 있는 동안 모
c 든 친척이 그를 도왔어야 했습니다. 그가 살아 있는 동안 되도록 올바르
고 경건하게 살다가 죽은 뒤에는 내생에서 죗값을 치르는 일이 없도록
말입니다. 그러니 우리는 지금 묻힌 이 살덩어리가 정말로 우리 아들이
나 형제나 그 밖에 우리가 애도하며 묻는다고 생각하는 그 사람이라고
믿고 가산을 탕진해서는 안 됩니다. 대신 우리는 그가 사실은 자기 운명
을 다 채우고서 떠나갔고, 우리는 가진 것을 선용(善用)해야 하며 혼이
떠나고 없는 그 몸을 지하 세계의 신들에게 바쳐진 제단의 일종이라고
d 여기며 거기에 적정 금액만 써야 합니다. 적정 금액은 입법자가 산정하
는 것이 가장 온당할 것입니다. 그러면 다음과 같이 법률로 한도를 정
하기로 합시다. 전체 장례비로 최고 재산등급에 속하는 시민은 500드
라크메 이상, 두 번째 재산등급에 속하는 시민은 300드라크메 이상,
세 번째 재산등급에 속하는 시민은 200드라크메 이상, 네 번째 재산등
급에 속하는 시민은 100드라크메 이상을 써서는 안 됩니다.

법률 수호자들은 많은 활동을 하고 많은 것을 보살펴야 하지만, 그
들에게 우선적인 관심사는 평생토록 아이들과 어른들과 모든 연령층 e
을 보살피는 것입니다. 특히 누가 죽을 때가 되면 그의 가족이 법률 수
호자 한 명을 초빙해 감독을 맡기는데, 장례식이 훌륭하고 검소하게
치러지면 감독을 맡은 법률 수호자에게 명예가 되고, 훌륭하게 치러
지지 않으면 치욕이 될 것입니다. 시신을 관대에 안치하는 일과 그 밖
의 것은 관행에 따라 진행하지만, 다음 규정은 법률을 제정하는 정치
가에게 관행이 양보해야 합니다. 고인을 위해 곡(哭)을 하게 하거나 못 960a
하게 하는 것은 꼴사나운 일이지만, 만가는 금해야 하며 집안에서만
곡소리를 내게 해야 합니다. 시신을 탁 트인 거리로 운구하거나 거리를
지날 때 곡소리를 내는 것도 못하게 해야 합니다. 또한 운구 행렬은 날
이 새기 전에 도성 밖으로 나가야 합니다. 이에 관한 규정에 대해서는
이쯤 해둡시다. 이를 지키는 자는 벌받지 않을 것이나, 한 명의 법률 수
호자에게 불복하는 자는 이들 모두에 의해 이들 모두가 승인한 벌을
받게 합니다. 고인을 매장하는 다른 방법과 친부 살해범이나 신전 털 b
이범 등 우리가 매장을 거부하는 범죄자들에 관해서는 이미 앞서 논
의하고 입법하였으니,[35] 이로써 우리 입법은 사실상 완성되었습니다.

34 저승의 신들.

35 717d~e, 873a~d, 874a~b, 909c, 947b~e 참조.

어떻게 해야 국가가 온전하게 보전될 수 있는가

우리가 무엇을 성취하거나 획득하거나 설립했다고 해서 전체를 완성
한 것은 아닙니다. 우리가 만든 것을 위해 완전하고 항구적인 보전 수
단을 확보했을 때라야 우리가 해야 할 일을 다 했다고 생각할 수 있습
c 니다. 그때까지는 전체가 완성된 것으로 보아서는 안 됩니다.

클레이니아스 좋은 말씀입니다, 손님. 하지만 무엇을 염두에 두고 그런
말씀을 하셨는지 더 자세히 설명해주십시오.

아테나이인 클레이니아스님, 옛날 표현 가운데 많은 것이 매우 적절하
지만, 특히 운명의 여신들[36]의 이름이 그런 것 같습니다.

클레이니아스 어떤 이름 말씀입니까?

아테나이인 첫째는 라케시스이고, 둘째는 클로토이고, 셋째는 제비뽑
기로 정해진 것을 보전하는 아트로포스인데, 그녀는 물렛가락에 자아
d 진 실을 되돌릴 수 없는 것으로 만드는 여인에 비유되고 있지요.[37] 바로
이런 것이 국가와 시민에게도 몸의 건강과 보전뿐 아니라 혼 안에 법
의 지배, 그보다도 오히려 법의 보전을 가능하게 해줄 것입니다. 실제
로 우리 법률에는 이런 것이 부족한 것 같습니다. 우리의 법률을 본성
상 되돌릴 수 없는 것으로 만드는 수단 말입니다.

클레이니아스 그건 심각한 문제입니다. 모든 것에 그런 자질을 부여할
수 있는 수단을 찾아내는 것이 정말로 불가능하다면 말입니다.

e **아테나이인** 하지만 그건 가능합니다. 이제 나는 그것을 분명히 알았습

니다.

클레이니아스 그러면 우리가 논의한 법률을 위해 이런 자질을 찾아낼 때까지 결코 포기하지 맙시다. 모래 위에 누각을 세우려고 헛수고를 하는 것이야말로 가소로운 일이니까요.

아테나이인 그렇게 권고하시는 것이 옳습니다. 나도 그대와 전적으로 동감입니다.

클레이니아스 좋은 말씀입니다. 그렇다면 그대는 우리 정체와 법률을 위한 보전 수단이 무엇이며, 우리가 그것을 어떻게 구성할 수 있다고 생각하십니까?

새벽 회의의 구성원과 직무

아테나이인 우리 나라에는 다음과 같은 모임이 있어야 한다고 우리가 961a
말하지 않았던가요?[38] 그때그때 가장 연장자인 법률 수호자 10명과 뛰어난 공훈을 세운 모든 사람이 법률을 보전할 특별한 방법을 찾아 외국에 시찰 나갔다가 돌아온 사람들과 모임을 가져야 합니다. 이들 시찰자는 무사히 귀국한 뒤 먼저 회의 구성원에게 자격 심사를 받은 뒤
모임에 참석해야 합니다. 또한 각 구성원은 30세 이상 된 젊은이 한 명 b
씩을 대동해야 하는데, 그러기 전에 먼저 그 젊은이가 자질과 교육에

36 7권 주 22 참조.
37 『국가』 617 이하 참조.
38 951d 이하 참조.

서 자격이 있는지 심사해야 합니다. 그런 다음 그는 이렇게 선발된 젊은이를 다른 구성원에게 소개해야 합니다. 후보자가 다른 구성원의 승인을 받으면 구성원으로 받아들여지지만, 그렇지 못하면 내려진 결정은 다른 사람, 특히 거부된 당사자에게는 비밀에 부쳐야 합니다. 그리고 회의는 각자가 다른 사적인 또는 공적인 업무에서 가장 한가한 새벽녘
c 에 개최해야 합니다. 앞서 우리가 대략 그런 말을 하지 않았던가요?

클레이니아스 아닌 게 아니라 그랬지요.

아테나이인 그러면 나는 이 모임으로 되돌아가 다음과 같이 말하고 싶습니다. 누가 그것을 국가 전체를 위해 닻처럼 내린다면 그리고 그것이 필요한 조건을 다 갖춘다면, 그것은 우리가 원하는 것을 다 보전해줄 수 있을 거라고요.

클레이니아스 어째서 그렇습니까?

아테나이인 이제는 우리가 열성을 다해 제대로 설명해야 할 알맞은 때가 됐습니다.

클레이니아스 참으로 좋은 말씀입니다. 뜻대로 하십시오.

d **아테나이인** 클레이니아스님, 모든 것에는 무슨 활동을 하건 자신을 보전해줄 수 있는 것이 있는데 우리는 그것이 무엇인지 알아야 합니다. 이를테면 동물의 경우, 본성상 그것은 무엇보다도 혼과 머리입니다.

클레이니아스 그건 또 무슨 말씀이신지요?

아테나이인 동물은 이 둘의 상태가 양호하면 보전됩니다.

클레이니아스 어째서 그렇습니까?

아테나이인 혼 안에는 다른 것들에 더하여 지성이 있고, 머리에는 다른

것들에 더하여 시각과 청각이 있으니까요. 간단히 말해 지성이 가장 훌륭한 지각과 결합해 하나가 되면 그것이야말로 각 동물을 보전해주는 것이라고 불리어 마땅할 것입니다.

클레이니아스 아닌 게 아니라 그렇군요.

아테나이인 당연히 그렇지요. 하지만 지성은 지각과 어떻게 결합해야 e
폭풍우에도 좋은 날씨에도 선박을 보전할 수 있을까요? 선박의 경우,
선장과 선원들이 자신들의 지각을 선장의 지성과 결합함으로써 자신
들과 선박에 속하는 모든 것을 보전하는 것이 아닐까요?

클레이니아스 그야 물론이지요.

아테나이인 그런 예를 많이 들 필요는 없고 군대를 통솔하는 장군이나
인체를 돌보는 의사를 예로 들어봅시다. 그들 각자가 자신이 맡은 것
을 제대로 보전하기 위해서는 무엇을 목표로 삼아야 할까요? 장군은 962a
승리와 적군에 대한 우위를, 의사와 조수는 몸을 건강한 상태로 유지
하는 것을 목표로 삼아야 하지 않을까요?

클레이니아스 왜 아니겠습니까?

아테나이인 그러나 의사가 우리가 방금 '건강'이라고 부른 몸의 상태를 모르거나 장군이 승리와 그 밖에 우리가 방금 언급한 다른 것들을 모른다면, 그들이 저마다 자기 분야에서 지성을 갖고 있다고 볼 수 있을까요?

클레이니아스 어찌 그럴 수 있겠습니까?

아테나이인 국가의 경우는 어떨까요? 누가 정치가가 추구해야 할 목표
를 모른다는 것이 확실하다면 그런 사람이 첫째, 통치자라고 불릴 자 b

격이 있으며 둘째, 어떤 제도가 추구하는 목표도 모르면서 그 제도를 보전할 수 있을까요?

클레이니아스 어찌 그럴 수 있겠습니까?

아테나이인 그렇다면 지금 우리의 경우, 식민시 건설이 마무리되려면 거기에는 그것이 무엇이든 간에 우리가 말하는 정치가의 목표를 알고, 둘째, 어떤 방법으로 그런 목표를 달성할 수 있는지 알며, 어떤 법률과 어떤 사람들이 이를 위해 좋은 또는 나쁜 조언을 하는지 아는 요
c 소가 있어야 합니다. 만약 국가에 그런 요소가 없다면, 그런 국가가 지성과 지각이 없어 매사를 되는대로 아무렇게나 처리하더라도 놀랄 일이 아닐 것입니다.

클레이니아스 맞는 말씀입니다.

아테나이인 그렇다면 우리 나라의 어느 부분이나 제도에 그런 종류의 보호 장치가 마련되어 있을까요? 우리가 말할 수 있을까요?

클레이니아스 손님, 자신 있게 말할 수는 없습니다. 하지만 내가 알아맞혀야 한다면, 그대의 말씀은 새벽에 개최해야 한다고 그대가 방금 말씀하신 그 회의를 가리키는 것 같습니다.

d **아테나이인** 제대로 알아맞혔습니다, 클레이니아스님. 지금의 우리 논의가 말해주듯, 이 모임은 모든 미덕을 구비해야 합니다. 그리고 으뜸가는 미덕은 여러 목표 사이에서 헤매지 말고 언제나 단 하나의 목표를 주시하며 거기에 모든 화살을 쏘아대는 것입니다.

클레이니아스 전적으로 동의합니다.

아테나이인 이제 우리는 나라들의 법제도가 그토록 갈팡질팡해도 왜

조금도 놀랄 일이 아닌지 그 이유를 알 수 있습니다. 그것은 나라마다 입법의 목표가 다르기 때문입니다. 또한 어떤 사람들에게는 정의란 더 나은 자들이건 더 못한 자들이건 어떤 부류가 국가를 지배하는 것을 e
의미하며, 다른 사람들에게는 정의란 그들이 남의 노예건 아니건 부유해질 수 있는 기회를 의미한다는 것도 놀랄 일이 아닙니다. 또 다른 사람들은 무턱대고 자유로운 삶을 추구합니다. 어떤 입법자들은 두 가지를 염두에 두며, 그들의 법률은 자신들을 위해서는 자유를 확보하고 다른 국가들에게는 주인 노릇을 하겠다는 이중의 목표를 추구합니다. 그래서 스스로 가장 지혜롭다고 생각하는 입법자들도 단 하나의 목표가 아니라 이런 것들이나 이런 것들과 유사한 것을 추구하는데, 그것은 그들이 보기에 다른 것들이 지향해야 할 가장 가치 있는 것을 특정할 수 없기 때문입니다.

미덕은 하나인가 여럿인가

클레이니아스 그러면 손님, 우리가 오래전에[39] 정한 방침은 옳은 것이 963a
아니었나요? 우리는 우리의 모든 법률은 언제나 단 하나의 목표를 지향해야 한다고 주장했으며, 그것은 미덕이라고 부르는 것이 전적으로 옳다는 데 합의했으니 말입니다.

아테나이인 네, 그랬지요.

39 630e 이하 참조.

클레이니아스 또한 우리는 미덕은 네 가지로 구성된다고 말한 것 같습니다.

아테나이인 물론입니다.

클레이니아스 또한 이 모두를 주도하는 것은 지성이고, 다른 세 가지와 그 밖의 모든 것은 지성을 지향해야 한다고 우리는 말했습니다.

아테나이인 클레이니아스님, 그대는 정말 잘 따라오시는군요. 남은 논
b 의에서도 따라오십시오. 선장과 의사와 장군의 경우, 우리는 그들의 지
성이 단 하나의 적절한 목표를 지향한다고 지적한 바 있습니다. 그런데
우리는 지금 정치가의 지성이 무엇인지 검토하고 있는 만큼, 그것이 사
람인 것처럼 이렇게 물어보기로 합시다. "오오 놀라운 이여, 그대의 목
표는 무엇이오? 의사의 지성은 그것이 추구하는 단 하나의 목표를 분
명히 말할 수 있소. 그런데 누구보다도 지혜롭다고 자부하는 그대는
그대의 단 하나의 목표를 말해줄 수 없단 말이오?" 아니면 메길로스
님과 클레이니아스님, 그대들 두 분이 정치가의 지성을 대신하여 답변
하며 그것의 목표가 무엇이라고 생각하시는지 정확히 말씀해주실 수
c 있겠습니까? 내가 가끔 많은 다른 사람을 위해 그들의 생각을 두 분에
게 자세히 설명했듯이 말입니다.

클레이니아스 우리는 전혀 그렇게 할 수 없습니다, 손님.

아테나이인 어떻습니까? "나는 그것이 자기 목표를 총체적으로 파악할 뿐더러 그런 목표를 다양한 맥락에서 보려고 노력해야 한다고 생각합니다"라고 답변한다면 말입니다.

클레이니아스 어떤 맥락들 말씀이죠?

아테나이인 이를테면 우리는 미덕에는 네 가지가 있다고 주장했는데,

네 가지가 있다는 것은 분명 그것들 하나하나를 별개의 것으로 여겨야 한다는 것을 의미합니다.

클레이니아스 물론입니다.

아테나이인 하지만 우리는 그 모두를 하나의 이름으로 부릅니다. 우리는 용기[40]를 미덕이라고 말하고, 지혜[41]도 미덕이라고 말하며, 다른 두 가지도 그렇게 부르니까요. 그것들은 사실은 여럿이 아니라 모두 하나, d
즉 미덕인 것처럼 말입니다.

클레이니아스 확실히 그렇습니다.

아테나이인 두 미덕과 나머지 미덕이 어째서 서로 구별되어 저마다 다른 이름을 갖는지 설명하기는 어렵지 않습니다. 하지만 우리가 어째서 이 둘에 미덕이라는 같은 이름을 부여하며, 다른 것들에도 그러는지 설명하는 것은 더는 쉬운 일이 아닙니다.

클레이니아스 무슨 말씀이신지요?

아테나이인 내 말뜻을 설명하기는 어렵지 않습니다. 우리 가운데 한쪽은 질문을 하고, 다른 쪽은 답변하기로 합시다.

클레이니아스 그건 또 무슨 말씀이죠?

아테나이인 그대는 내게 이렇게 물으십시오. "그대는 왜 둘을 미덕이라 e
는 하나의 이름으로 부르다가 이번에는 두 미덕을 다시 용기와 지혜라고 일컫는 것입니까?" 내가 그 이유를 말씀드리지요. 그중 하나인 용기

40 andreia.

41 phronesis.

는 두려움에 맞서는 것인데, 그것은 야수와 인간 특히 어린아이의 성격에서도 발견됩니다. 혼은 이성[42] 없이도 자연적으로 용감해지니까요. 반면 혼은 이성 없이는 지혜로울 수도 지성을 가졌을 수도 가지고 있을 수도 앞으로 가질 수도 없을 것입니다. 이 둘은 전혀 별개의 것이니까요.

클레이니아스 맞는 말씀입니다.

964a **아테나이인** 용기와 지혜가 왜 서로 다른 두 가지인지 내가 설명해드렸
으니, 그대는 그것들이 왜 하나이고 같은 것인지 내게 말씀해주십시
오. 그대도 아시겠지만, 그대가 할 일은 그것들이 넷인데도 왜 하나인
지 내게 설명해주는 것입니다. 그대는 그것들이 하나임을 증명하고 나
서 어째서 그것들이 넷인지 설명해달라고 요구하십시오. 그런 다음 우
리는 이름이 있고 정의(定義)가 있는 어떤 대상에 대해 적절한 지식을
갖고 싶어하는 사람은 정의는 몰라도 이름만 알면 충분한지 검토하기
로 합시다. 오히려 무엇인가 되려는 사람이라면 이토록 중요하고 고상
b 한 일들에 대해 그런 것들을 다 알지 못한다는 것은 치욕이 아닐까요?

클레이니아스 아무튼 그런 것 같습니다.

아테나이인 입법자와 법률 수호자에게, 그리고 미덕에 힘입어 자신이 다른 누구보다도 우월하다고 생각하며 그래서 상을 받기까지 한 사람에게 우리가 지금 논의하고 있는 자질 즉 용기, 절제, 정의, 지혜보다 더 중요한 것이 있을까요?

클레이니아스 어떻게 있을 수 있겠습니까?

아테나이인 그렇다면 이 분야에서 해설자, 교사, 입법자는 공동체의 나
c 머지 구성원의 수호자로서 지식과 정보가 필요하거나 죄를 지어 처벌

과 견책이 필요한 자에게 어떤 역할을 해야 할까요? 그들은 미덕과 악덕이 어떤 힘을 갖는지 설명하고 가르치는 데 다른 누구보다 탁월해야 하지 않을까요? 아니면 우리 나라를 방문한 시인이나 자칭 '젊은이 교육자'가 모든 미덕에서 우승한 사람보다 더 탁월하다고 볼 수 있을까요? 미덕에 대해 정확히 알아서 말과 행동에서 유능한 수호자가 없는
나라가 바로 수호자가 없기 때문에 오늘날 많은 국가와 똑같은 운명 d
을 당한다는 게 놀랄 일일까요?

클레이니아스 결코 놀랄 일이 아닌 것 같습니다.

아테나이인 어떻습니까? 우리가 지금 말하는 것을 실행해야 합니까, 아니면 어떻게 해야 합니까? 우리는 미덕이 무엇인지 설명하고 실행하는 데 우리의 수호자가 대중보다 더 훌륭한 자질을 갖추도록 대책을 강구해야 합니까? 아니면 어떻게 해야 우리 나라는 자체 안에 그런 수호자를 가짐으로써 현명한 사람의 머리와 지각을 닮을 수 있을까요?

클레이니아스 손님, 우리가 말하는 닮은 점이란 무엇이며 어떻게 닮았다는 것입니까?

아테나이인 분명 국가 자체는 몸통에 해당됩니다. 그리고 자질이 훌륭 e
하고 혼 전체가 날카롭기에 선발된 젊은 수호자들은 말하자면 정수리에 거주하며 온 나라를 조망합니다. 그리고 수호 활동을 하며 감지한 것을 모두 기억해두었다가 국가에서 일어나는 일을 일일이 도성의 원

965a 로 수호자들에게 보고합니다. 그러면 수많은 중요한 문제에 남다른 통찰력을 갖고 있기에 지성에 비유되는 원로들은 이를 심의하되 심의할 때 젊은이들을 조력자로 이용합니다. 이렇게 양쪽이 진정으로 함께 국가 전체를 구하고 보전할 수 있도록 말입니다. 우리는 국가가 이런 식으로 정비되어야 한다고 말할까요, 아니면 어떻게 정비되어야 한다고 말할까요? 이를테면 국가는 남보다 더 수준 높은 훈련과 교육을 받은 몇 사람을 갖는 대신, 모든 시민이 같은 수준을 유지하게 해야 합니까?

클레이니아스 하지만 손님, 그건 불가능합니다.

새벽 회의 구성원의 특별 교육

b **아테나이인** 그렇다면 우리가 앞서 언급한 것보다 더 수준 높은 교육으로 넘어가야겠군요.

클레이니아스 아마도 그래야 할 것 같습니다.

아테나이인 우리가 조금 전에 대충 언급한 것[43]이 우리에게 필요한 것일까요?

클레이니아스 분명 그런 것 같습니다.

아테나이인 어떤 분야에서 진실로 유능한 장인이나 수호자는 어떤 사물의 수많은 사례를 볼 수 있을 뿐만 아니라 하나의 중심 개념을 알게 될 때까지 파고들어야 하며, 그것을 알게 되면 여러 가지 세부 사항은 전체 그림 안에 안배할 수 있을 것이라고 우리는 말하지 않았던가요?

클레이니아스 맞습니다. 우리는 그렇게 말했지요.

c **아테나이인** 그런데 여럿이자 서로 다른 사례들에서 하나의 이데아를

볼 수 있는 것보다 어떤 사물을 더 정확하게 보고 관찰하는 방법이 있을 수 있을까요?

클레이니아스 아마도 없겠지요.

아테나이인 클레이니아스님, '아마도'가 아니라 정말로 그보다 더 믿음직한 방법은 누구에게도 없습니다.

클레이니아스 손님, 내 그대를 믿고 동의하니, 우리는 그런 방법으로 논의하도록 합시다.

아테나이인 그러면 우리는 우리의 신적인 정체의 수호자들에게 먼저
네 가지 미덕 모두에서 공통된 요소를, 즉 하나이지만 용기와 절제,정 d
의와 지혜에서 발견되기에 우리가 보기에 '미덕'이라고 통칭될 수 있는 요소를 정확히 보도록 강요해야 할 것 같습니다. 친구들이여, 우리가 원한다면 이 요소를 지금 꼭 붙들고 놓지 말아야 합니다. 그것이 하나이건 전체이건 둘 다이건 그 밖의 어떤 것이건 우리가 관찰해야 하는 것의 본질을 충분히 설명할 때까지는 말입니다. 그것을 놓친다면
우리는 그것이 여럿인지, 넷인지, 하나인지 설명하지도 못하면서 미덕 e
과 관련하여 만족스러운 상태에 있을 것이라고 기대할 수 있을까요? 천만의 말씀. 그럴 경우 우리 자신의 조언을 따르려 한다면 그런 지식이 우리 국가 안에 자리잡도록 다른 방책을 강구해야 할 것입니다. 그러나 우리가 그런 시도를 완전히 포기하기로 결정한다면 포기해야겠지요.

43 963b 이하 참조.

클레이니아스 손님, 손님을 보호하는 신[44]에 맹세코, 우리는 그런 계획을 결코 포기해서는 안 됩니다. 그대의 말씀이 지당한 것 같으니까요. 하지만 누가 어떻게 그런 대책을 강구해야 하나요?

966a **아테나이인** 방법의 문제는 뒤로 미루기로 하고, 먼저 대책을 강구하는 것이 필요한지 아닌지 우리끼리 합의하여 결정합시다.

클레이니아스 그래야겠지요. 그럴 수 있다면 말입니다.

아테나이인 어떻습니까? 그건 아름다움과 좋음의 경우에도 마찬가지인가요? 우리 수호자들은 이 둘이 저마다 여럿이라는 것만 알면 되나요, 아니면 어째서 어떤 의미에서 그것들이 하나인지도 알아야 합니까?

클레이니아스 그들은 그것들이 어떻게 해서 하나인지도 알아야 할 것 같습니다.

b **아테나이인** 어떨까요? 그들이 그것을 알기는 하지만 말로 증명할 수 없다면 말입니다.

클레이니아스 어떻게 그런 일이 있을 수 있겠습니까? 그대가 말씀하시는 것은 노예에게나 어울리는 마음 상태입니다.

아테나이인 어떻습니까? 모든 진지한 것과 관련된 우리 주장은 같은 것이 아닐까요? 진실로 법률 수호자가 되려는 사람은 법률의 진정한 본성을 진실로 알아야 할뿐더러 고매한 행위와 고매하지 못한 행위를 그 본성에 따라 판단함으로써 그것을 말로 설명하고 실행에 옮길 수도 있어야 합니다.

클레이니아스 왜 아니겠습니까?

신들에 대한 지식의 중요성

아테나이인 또한 우리가 진지하게 설명했던[45] 신들에 관한 지식이야말로 확실히 가장 훌륭한 것 중 하나일 것입니다. 인간이 알 수 있는 한, 신들이 존재한다는 것과 신들이 분명 어떤 힘을 갖는지 아는 것 말입니다. 따라서 우리는 대다수 시민은 법률의 자구를 따르기만 하면 용서해주되, 수호자가 되려는 사람이 신들의 존재와 관련된 모든 증거를 포착하려고 노력하지 않는다면 용납해서는 안 됩니다. 말하자면 우리는 신들에 관한 일에 자질을 타고나지 못했거나 진력하지 않는 사람은 법률 수호자로 선출하거나, 미덕이 탁월하다는 이유로 상을 받게 해서는 안 됩니다. c d

클레이니아스 그런 일에 게으르거나 무능한 자를 그런 영광에서 배제하는 것은 그대의 말씀처럼 어쨌든 옳은 일입니다.

아테나이인 앞서 논의한 바에 따르면[46] 신들이 존재한다고 믿게 만드는 이유는 아시다시피 두 가지입니다.

클레이니아스 그게 어떤 것들이죠?

아테나이인 하나는 혼에 대한 우리의 주장인데, 운동이 생성에 힘입어 영원히 유동하는 존재의 원천을 제공한 모든 것 중에서도 가장 오래되고 가장 신적인 것이 혼이라는 것입니다. 다른 주장은 별들과[47] 우주 e

44 제우스.

45 10권 참조.

46 893b 이하 참조.

에 질서를 부여한 지성이 통제하는 다른 것들의 운행에 관련된 것입니
다. 이 모든 것을 전문가의 눈으로 조심스럽게 관찰한 사람은 사실 대
중이 예상하는 것과 정반대되는 것을 경험하지 못할 정도로 무신론자
967a 가 된 적이 없습니다. 천문학과 그에 관련된 필수 과목을 공부하는 사
람은 사건이 필연에 의해 일어나는 것이지 좋은 것을 실현하려는 의지
의 힘에 의해 일어나는 것이 아니라는 것을 발견하기에 무신론자가 된
다고 대중은 생각하니 말입니다.

클레이니아스 그렇다면 어떻게 된다는 거죠?

아테나이인 지금은 상황이 정반대가 되었습니다. 앞서 말했듯이 사상
가들이 천체를 혼이 없는 것으로 보던 시기와 달라졌지요. 하지만 그
b 때에도 천체는 경탄의 대상이었고, 그것을 꼼꼼히 공부한 사람들은
오늘날 사실로 믿어지는 것을 의심했습니다. 말하자면 천체에 혼이 없
고 따라서 지성이 없다면 그렇게 놀랍도록 정확하게 계산될 수 없었을
것이라는 거죠. 또한 그때에도 하늘에 있는 모든 것에 질서를 부여한
것은 지성이라고 과감히 주장하는 사람들이 있었습니다. 하지만 같은
사상가들이 혼이 사물보다 먼저 생겼다는 혼의 본성을 오해하고는 혼
은 나중에 생긴 것이라고 착각함으로써, 말하자면 우주를 뒤집어놓았
c 고 자신들의 이론도 완전히 뒤집어놓았습니다. 그들은 눈앞의 증거를
보고는 하늘에서 움직이는 모든 것은 돌과 흙과 수많은 혼 없는 다른
물질로 가득 차 있고, 이것들이 온 우주의 원인 노릇을 한다고 결론 내
렸으니까요. 이런 결론 때문에 이들 철학자는 온갖 무신론적이고 역겨
운 이론에 마음이 사로잡혔고, 특히 시인들이 그들을 욕하고 싶어서

철학자들을 공연히 짖어대는 개에 비유하는가 하면, 그 밖에도 허튼 소리를 해댔습니다.[48] 그러나 지금은 말씀드렸듯이 상황이 정반대가 d
되었습니다.

클레이니아스 어째서 그렇습니까?

아테나이인 필멸의 인간 중에 어느 누구도 방금 말한 두 가지 진리를 파악하지 못한다면 신들에 대해 확고한 신심을 가질 수 없습니다. 첫째, 혼은 생성된 모든 것 중에서 가장 오래된 것이고 불멸하며 모든 물체
들을 지배한다는 것입니다. 둘째, 우리가 앞서 누차 설명한 것처럼 천 e
체들 사이에서 있는 것들을 지성이 통제한다는 것입니다. 또한 법률 수호자는 이런 것들에 선행하는 필수 교과들을 습득하고 이런 것들이 공통으로 갖고 있는 것을 철학자의 눈으로 개관하며 관습들 및 법규
들과 조화를 이루도록 적용해야 합니다. 끝으로 가능하다면 그는 정의 968a
(定義)를 규정할 수 있어야 합니다. 그러나 이런 지식을 습득하여 평범한 미덕[49]의 수준을 넘지 못하는 사람은 국가 전체의 통치자로서는 충분하지 못하겠지만 다른 통치자들의 조력자는 될 수 있습니다. 클레이니아스님과 메길로스님, 이제 우리는 통치자들의 야간 회의가 앞서 설명한 교육을 받고 나면 법적으로 국가를 보전하기 위한 수호 기구가
될 것이라는 취지의 법률을 이미 언급한 모든 법률에 추가할 것인지도 b

47 898c 이하 참조.

48 『국가』 607b~c 참조.

49 710a 참조.

생각해보아야 합니다. 아니면 우리에게 다른 대안이 있습니까?

클레이니아스 손님, 그럴 수만 있다면 당연히 추가해야겠지요. 우리가 성공할 가능성이 제한적이라 하더라도 말입니다.

새벽 회의 구성원의 충원과 교육 과정

아테나이인 그러면 우리 모두 그런 일에 열성을 다하도록 합시다. 나는 그런 일에는 경험도 많고 그 분야는 오랫동안 연구한 터라 기꺼이 여러분의 협조자가 되고 싶습니다. 나는 아마도 나말고 다른 협조자들도 찾아낼 수 있을 것입니다.

클레이니아스 우리는 무엇보다도 사실상 신 자신도 우리를 인도하게 될
c 그 방향으로 나아가야 합니다. 우리가 지금 논의하고 찾아내려는 것은, 우리에게 어떤 방법이 옳은가 하는 것입니다.

아테나이인 메길로스님과 클레이니아스님, 그런 회의체가 설치되기 전에는 그것의 활동을 입법화한다는 것은 불가능합니다. 그때는 필요한 지식을 습득한 사람들이 무엇이 필요한지 결정해야겠지요. 하지만 그런 회의체가 성공적으로 설치되려면 지금은 거듭된 논의를 통한 가르침이 필요합니다.

클레이니아스 어째서 그렇습니까? 그 말씀을 우리는 어떻게 이해해야 합니까?

아테나이인 맨 먼저 우리는 당연히 나이와 학습 능력, 성격과 생활습관
d 에 근거해 수호자의 직책에 적합한 후보자 명단을 작성해야 할 것입니다. 그다음 문제는 그들이 무엇을 배워야 하는가 하는 것인데, 그것은

스스로 알아내기도 쉽지 않거니와 그것을 알아낸 다른 사람을 찾아내
어 그에게서 배우기도 쉽지 않습니다. 이런 것들에 더하여 각각의 과목
을 언제 얼마나 오래 배워야 하는가 하는 문제도 있습니다. 그러나 이
런 규정을 성문화한다는 것은 시간 낭비일 것입니다. 문제의 과목에 대
한 지식을 완전히 흡수하여 동화시키기 전에는 알맞은 때에 그 과목을 e
배우고 있는지 배우는 사람에게도 분명하지 않을 테니까요. 따라서 이
런 모든 세부 사항을 '말할 수 없는' 것이라고 부르는 것은 잘못이겠지
만, '미리 말할 수 없는' 것이라고 부르는 것은 옳을 것입니다. 미리 말
한다고 해도 우리가 논의하는 문제들은 조금도 밝혀질 수 없으니까요.

맺는말

클레이니아스 상황이 그렇다면 우리는 어떻게 해야 합니까, 손님?

아테나이인 친구들이여, 우리에게는 사람들 말마따나 모든 가능성이
열려 있습니다. 우리의 정체 전체가 6이 연달아 세 번 나와서 이기거나
1이 연달아 세 번 나와서 질[50] 각오가 되어 있다면 그렇게 해야겠지요. 969a
나도 우리가 지금 논의하기 시작한 교육과 양육에 대한 내 견해를 말
하고 설명함으로써 여러분과 위험을 분담하겠습니다. 물론 이 위험은
작은 것이 아니며 다른 것들과는 비교가 안 됩니다. 클레이니아스님,
청컨대 그대는 이 점을 명심하십시오. 그대는 마그네시아인들의 나라

50 주사위놀이에서 세 번 다 최고점인 6점을 던지면 이기고, 세 번 다 최저점인 1점을 던지면 진다.

(또는 신들이 어떻게 부르건 간에)를 건설하십시오. 성공적으로 건설하면 그대는 더없이 큰 명성을 얻을 것이며, 적어도 그대의 후계자들과
b 는 비교할 수도 없을 만큼 가장 용감하다는 평판을 결코 비켜갈 수 없을 것입니다. 그리고 사랑하는 동료들이여, 우리의 이 놀라운 회의체가 생겨난다면 그때는 나라를 이 회의체에 맡겨야 하며 사실상 오늘날의 입법자 중에 아무도 이의를 제기하지 않을 것입니다. 우리는 조금 전에 머리와 지성을 하나의 형상으로 결합하며 그것은 꿈이라고 말했는데,[51] 그 꿈은 엄연한 현실이 될 것입니다. 회의체 구성원이 엄격히
c 선발되고 적절히 교육받고 일단 교육받은 뒤에는 나라의 성채[52]에 거주하면서 국가를 보전하는 능력에서 우리가 지금까지의 생에서 유례를 찾아볼 수 없는 수호자들이 된다면 말입니다.

메길로스 친애하는 클레이니아스님, 지금 여기서 말한 모든 것으로 미루어 우리는 국가 건설을 포기하든지, 아니면 우리의 손님을 떠나보내지 말고 간청도 하고 온갖 수단을 동원해 국가 건설의 협력자로 삼든지 해야 할 것 같습니다.

d **클레이니아스** 지당한 말씀입니다, 메길로스님. 내 그렇게 할 테니, 그대도 나를 도와주십시오.

메길로스 나도 돕겠습니다.

51 964d 이하 참조.

52 akropolis.

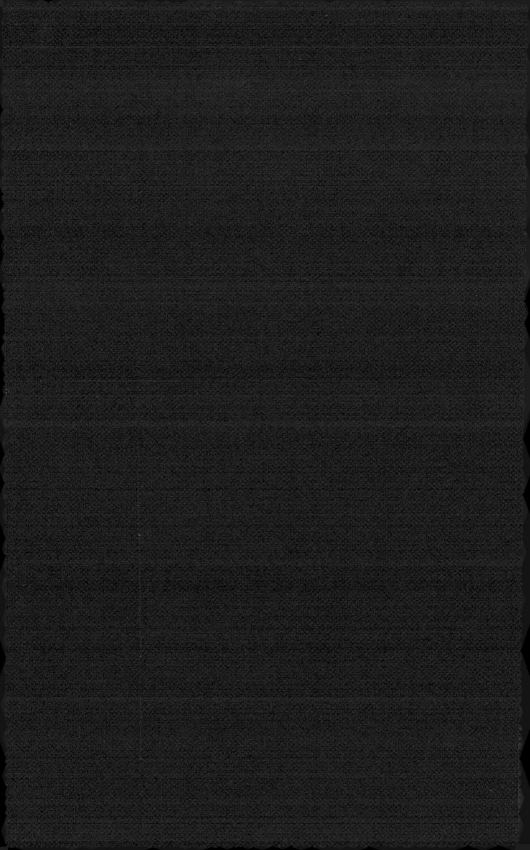